阳泉郊区法院志

《阳泉郊区法院志》编纂委员会 编

方志出版社

图书在版编目（CIP）数据

阳泉郊区法院志 /《阳泉郊区法院志》编纂委员会编. --北京：方志出版社，2015.12

ISBN 978-7-5144-1570-4

Ⅰ. ①阳… Ⅱ. ①阳… Ⅲ. ①郊区—法院—概况—阳泉市 Ⅳ. ①D926.22

中国版本图书馆CIP数据核字(2015)第049050号

阳泉郊区法院志

编　　者：《阳泉郊区法院志》编纂委员会
责任编辑：冯松
出 版 人：冀祥德
出 版 者：方志出版社
地址　北京市朝阳区潘家园东里9号（国家方志馆4层）
邮编　100021
网址　http://www.fzph.org
发　　行：方志出版社发行中心
电话（010）67110500
经　　销：各地新华书店
印　　刷：石家庄联创博美印刷有限公司
开　　本：889×1194　　1/16
印　　张：39.75
字　　数：874 千字
版　　次：2015年12月第1版　　2015年12月第1次印刷
印　　数：0001～1000 册

ISBN　978-7-5144-1570-4　　**定价**：300.00元

《阳泉郊区法院志》
编纂委员会

主任委员： 冯晋明

副主任委员： 张海忠　董新河　任学斌　杨志荣　罗小萍
王培忠　蔡春喜　高志亮　任继华　史计平

统　筹： 王培忠

总　纂： 闫建生

执　笔： 赵贵田　闫建玫　王拉寿

编　辑： 任丽莉　黄彦江　李军军　王拉寿　武炳卿
吴晓霞　赵毓丹　李玉萍　吕佳佳　郭睦羽

阳泉市郊区行政区划图

阳泉市郊区人民法院位于荫营镇下荫营村

义井人民法庭位于义井镇晋东大厦一层

河底人民法庭位于河底中学背后

平坦人民法庭位于阳泉日报社二层

2016 年 5 月投入使用的阳泉市郊区人民法院新办公大楼

有良知方解法之公义

善人文解持律之尺度

陈明华

陈明华为阳泉市中级人民法院党组书记、院长

苏秀瑞为中共阳泉市郊区委员会书记

► 2010年6月28日，最高人民法院党组成员、政治部主任周泽民（左三），山西省高级人民法院党组书记、院长左世忠（左四），阳泉市委常委、政法委书记陈继光（右三）在郊区法院视察调研。右二为郊区法院院长冯晋明。

◄ 2010年6月8日，最高人民法院党组成员、政治部主任周泽民，山西省高级人民法院党组书记、院长左世忠在郊区法院视察。

► 2013年8月26日，阳泉中院院长陈明华（左二）在郊区调研，右一为郊区法院院长冯晋明。

◀ 2013年8月26日，郊区法院院长冯晋明（右一）同阳泉中院法官到农村调研，右二为阳泉中院常务副院长王志德。

► 2012年9月4日，阳泉中院党组书记、院长陈明华（左二）在郊区法院新审判大楼建筑工地调研，左一为阳泉中院党组成员、纪检组长刘敬辉，右一为郊区法院院长冯晋明。

◀ 2012年9月4日，阳泉中院党组书记、院长陈明华（中）在郊区法院河底法庭调研，右三为阳泉中院党组成员、纪检组长刘敬辉，左三为郊区法院院长冯晋明。

阳泉郊区人民法院历任院长

武义祯
1975 年 2 月～1984 年 4 月

孙喜爱
1984 年 4 月～1987 年 4 月

侯　艾
1987 年 4 月～1995 年 3 月

王立明
1995 年 4 月～2002 年 4 月

付金林
2002 年 4 月 ~2003 年 4 月

李保来
2003 年 4 月 ~2007 年 4 月

冯晋明
2007 年 4 月 ~

阳泉市郊区人民法院领导班子成员

左起：专职审委会委员史计平，党组成员、纪检组长王培忠，党组成员蔡春喜，副院长杨志荣，党组成员、副院长董新河，党组书记、院长冯晋明，党组成员、副院长张海忠，党组成员、副院长、兼执行局长任学斌，党组成员、政治处主任罗小萍，党组成员高志亮，专职审委会委员任继华

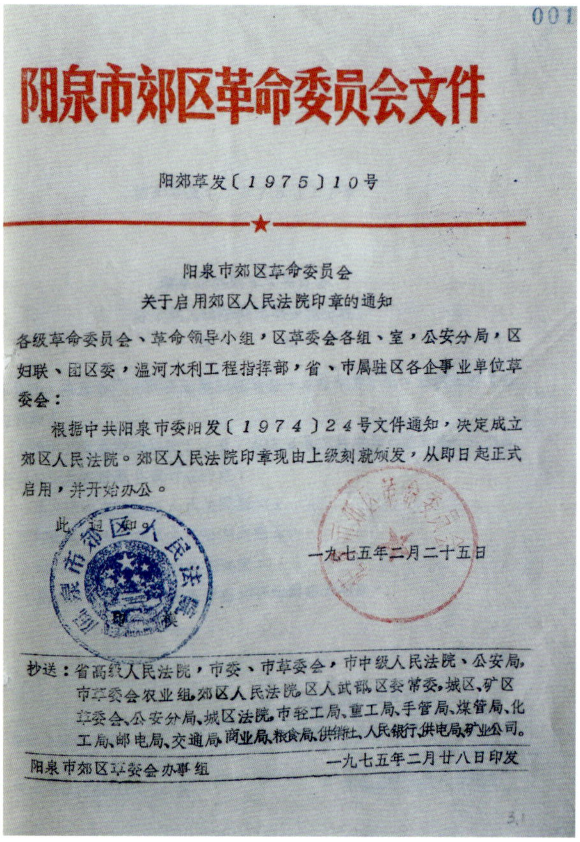

阳泉市郊区革命委员会文件

阳郊革发〔1975〕10号

阳泉市郊区革命委员会
关于启用郊区人民法院印章的通知

各级革命委员会、革命领导小组，区革委会各组、室，公安分局，区妇联、团区委，温河水利工程指挥部，省、市局驻区各企事业单位革委会：

根据中共阳泉市委阳发〔1974〕24号文件通知，决定成立郊区人民法院。郊区人民法院印章现由上级刻制颁发，从即日起正式启用，并开始办公。

此印

一九七五年二月二十五日

抄送：省高级人民法院，市委、市革委会，市中级人民法院、公安局，市革委会农业组，郊区人民法院，区人武部，区委常委，城区、矿区革委会、公安分局，城区法院，市轻工局、重工局、手管局、煤管局、化工局、邮电局、交通局、商业局、粮食局、供销社、人民银行、供电局、矿业公司。

阳泉市郊区革委会办事组　　一九七五年二月廿八日印发

1975 年 2 月 25 日
郊区人民法院成立文件

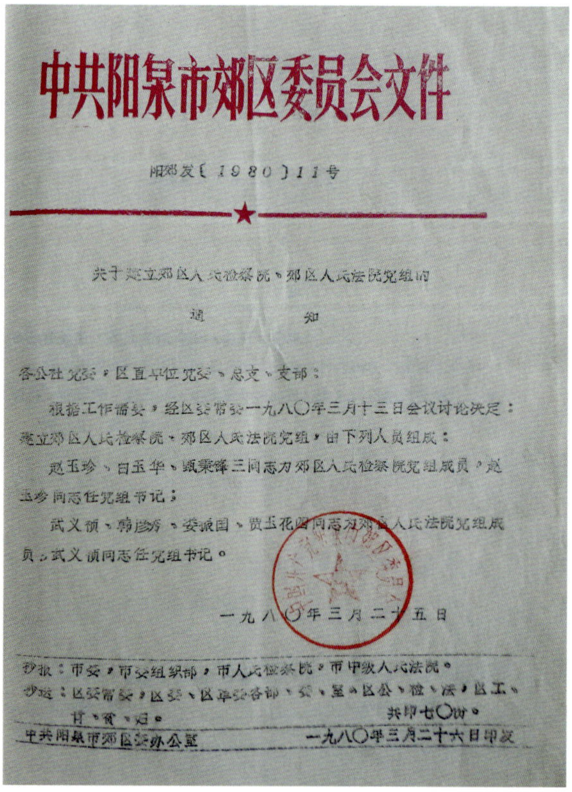

中共阳泉市郊区委员会文件

阳郊发〔1980〕11号

关于建立郊区人民检察院、郊区人民法院党组的
通　　知

各公社党委，区直单位党委、总支、支部：

根据工作需要，经区委常委一九八〇年三月十三日会议讨论决定：建立郊区人民检察院、郊区人民法院党组，由下列人员组成：

赵玉珍、白玉华、甄秉锋三同志为郊区人民检察院党组成员，赵玉珍同志任党组书记；

武义祯、韩彦秀、姿振国、贾玉花四同志为郊区人民法院党组成员，武义祯同志任党组书记。

一九八〇年三月二十五日

抄报：市委，市委组织部，市人民检察院，市中级人民法院。
抄送：区委常委，区委、区革委各部、委、室，区公、检、法，区工、青、贫、妇。　　共印七〇份。

中共阳泉市郊区委办公室　　一九八〇年三月二十六日印发

1980 年 3 月 25 日
郊区人民法院党组成立文件

阳泉市郊区法院志·序

陈明华

在举国上下学习贯彻党的十八届四中、五中全会精神，落实“依法治国”各项举措，大力推进“四个全面”进程之际，《阳泉郊区法院志》经过编纂人员严谨、艰苦考证和编修，通过了国家方志出版社审核，并由该社正式出版，全国新华书店发行。谨向郊区法院党组、全体干警和编纂人员表示热烈祝贺。

盛世修志，镜鉴明德，昭示得失，明察兴替。志书的编纂，自古以来均被称为上善之举。《阳泉郊区法院志》以全面、系统、翔实的史实记载，存史传代，师泽怀惠，服务当今，与时俱进，全志以多个编、章、节、目，记叙了郊区法院历经整整40年的岁月沧桑和建设发展，详略结合，文字简洁，极具郊区特色和郊区品质，对积累和保存人民法院历史文化，研究人民法院历史和现状，总结基层人民法院管理经验，制定人民审判事业的长远发展规划，提供了科学的依据和历史借鉴，对继武前贤、以史为鉴、文化育警、科教兴院和促进两个文明建设，有着极其重要的现实意义和深远的历史意义。

《阳泉郊区法院志》也是该院精神文明建设的重要组成部分，对推进人民法院文化建设大发展、大繁荣具有积极的促进作用，既是郊区人民法院一部波澜壮阔的创业史，也是一部进行人民法院传统教育的好教材。回首40年，身沐风雨，步履坎坷，历尽沧桑，郊区人民法院从创立之初的7名干警，一处农家小院，发展到现在办公和审判场所楼宇化、交通和装备现代化、档案管理和司法统计电算化，通讯和信息发布网络化，堪称成绩斐然，七任院长，拼搏进取，悉心任事，秉公执法，各有建树，可称成就辉煌。2012年8月，被山西省高级人民法院授予“全省优秀法院”，而且以硬件强、执法严、服务好、声誉美、效率高等显著优势，成为阳泉市郊区、阳泉市法院系统和山西省政法战线的品牌单位。

古人曰：“修志可以存史，可以资政，可以教化”，“治天下者以史为鉴，治郡国者以志为鉴”。我国古代就有盛世修志、清明撰史之说，更有修志以“传承中华文明、服务当代社会、惠泽子孙后世”的优良传统，修志的目的在于用志，唯有用志，才能体现志书的价值，为当代资政，为后世所鉴，在衷心祝愿《阳泉郊区法院志》出版发行的同时，衷心希望郊区法院干警学史用志，从历史中汲取丰富的人民审判事业的成功经验，发扬光荣传统，实现以史为鉴、继承遗产、服务当代、凝聚力量、促进发展、创造未来的目标。

（序者为阳泉市中级人民法院党组书记、院长）

阳泉市郊区人民法院简述

阳泉市郊区人民法院成立于1975年2月，审判辖区地处太行山西麓，东南方面与平定县接壤，西北方面与寿阳县、盂县为邻，中部环绕阳泉市城区、矿区、开发区。地理坐标为北纬地处北纬37° 47′ ~ 38° 05′，东经113° 19′ ~ 113° 43′。东西宽33公里，南北长35公里，总面积626平方公里。截至2015年2月，审判辖区拥有常住人口有28.6余万。郊区人民法院设在阳泉市郊区荫营镇下荫营村（荫营东大街）。

据历史记载，早在旧石器时代，此处即有人类繁衍生息和从事农牧业和桑蚕业活动的遗迹，从西汉至民国时期，先后分属上艾县、石艾县、广阳县、平定县和盂县。1947年5月，在中国共产党领导下，中国人民解放军解放阳泉全境，并设立阳泉市人民政府；7月，成立阳泉市第二区人民政府，是为阳泉市郊区的雏形，人民审判工作随之开展。之后，阳泉市郊区行政区划经过多次变动，到1984年基本定型。经过21世纪初的撤乡并镇，全区将原13个乡镇，合并为4乡4镇，辖184个村委会和两个居委会。

郊区人民法院成立于1975年，到2015年，在整整40年的发展历程中，其队伍建设、机构设置、审判执行和行政后勤工作，均发生了巨大变化。

建院初期，全院仅有7名工作人员，设办公室、民事审判庭两个工作机构，办公场所为38平方米的一个农村院落，交通工具为一辆旧式公用自行车。经过40年的艰苦创业，到2015年2月，全院正式编制的干警56名，内设办公室、政治处、监察室、立案庭、刑庭、民一庭、民二庭、民三庭、行政庭、审监庭、未成年人案件综合审判庭、执行一庭、执行二庭、法警大队和河底、平坦、义井三个基层人民法庭，共17个办公、办事、办案机构。法院办公大楼总建筑面积达7180平方米，拥有27台各式警备车辆和现代化水平较高、配置较为齐全的办公设备和设施。全院档案管理、司法统计工作实现了电算化，通讯和信息发布系统实现了网络化，后勤服务及警备勤务管理实现了现代化。

其刑事审判，依法严厉打击域内严重刑事犯罪分子，授权审判上级法院指定管理的其他重大刑事案件，有力地维护了阳泉市郊区的社会治安秩序，为郊区人民提供了安居乐业的生产、生活和工作、学习环境。民事审判注重调整社会矛盾、婚姻家庭关系和各类经济纠纷，促进社会和谐。行政审判在公平保护诉讼双方当事人的前提下，既保证了当事人的合法权益，也促进了人民政府各行政机关依法行政，为全区经济又好又快发展提供了法律保障。

2009 年 4 月，阳泉市郊区人民法院被山西省劳动竞赛委员会、山西省高级人民法院荣记集体一等功；2010 年 11 月，该院未成年人案件综合审判庭被全国妇女联合会授予“全国维护妇女权益先进集体”；2012 年 1 月，受到山西省依法治理领导组表彰奖励，同年 8 月，被山西省高级人民法院授予“全省优秀法院”。

凡　例

一、本志以辩证唯物主义和历史唯物主义为指导，全面、系统、客观地记述阳泉市郊区人民法院的发展历程，力求做到思想性、科学性和资料性的统一。

二、本志纪事时限为1975年至2015年。个别内容酌情追溯。

三、本志纪事范围，阳泉市郊区人民法院。

四、本志设七编，编下分章、节、目。志前置概述、大事记，章或编后设附录。体裁采用述、记、志、传、图、表、录，以志为主。

五、本志人物主要收录为阳泉市郊区人民法院司法审判做出重要贡献的代表人物。

六、本志采用公元纪年。

七、本志对频繁使用的较长名称和词组，酌情简称或缩写。如阳泉市郊区人民法院，简称“阳泉郊区法院”或“郊区法院”。中国共产党，简称“中共”。发展国民经济的第N个五年计划，简称“N五”计划。阳泉市中级人民法院简称“阳泉中院”。

八、本志采用规范的现代汉语记述。行文力求朴实、简练、流畅。计量单位、数字用法遵照现行国家标准，根据阳泉市郊区具体情况，某些计量单位、数字，则仍采用地方传统用法，如亩、斤、两、尺、丈等。

九、本志数据来源于历年司法统计报表、历届人代会《法院工作报告》、历年总结。

十、本志资料出自阳泉市郊区档案馆、报刊、史志类专著，以及国家、省、市有关部门的文件，并进行了考证，行文中一般不再注明出处。

目　录

第一编　机构设置

第二编 审 判

第三编 政治工作和队伍建设

第四编 文化建设

第五编 行政管理

第六编 人 物

第七编 文献辑录

大 事 记

1974 年

2 月 19 日 中共阳泉中院党组以“阳发〔1974〕3 号”文件，请示中共阳泉市委：“城区、矿区、郊区三个区人民法院的印章已有（由，原文如此，编者注）最高人民法院发来，但目前我市三个区人民法院尚未建立，为了适应对敌斗争的需要和便利工作，根据省法院指示”，提出尽快成立三个区人民法院的意见。编制 11 人，干部配备由各区和阳泉中院共同协商解决，并报阳泉市委批准。

1975 年

1 月 15 日 中共阳泉中院党组以“阳发〔1975〕2 号”文件，向中共阳泉市委提议成立城区、矿区、郊区人民法院，提议武义祯任郊区人民法院院长，娄振国任副院长。

2 月 25 日 阳泉市郊区革命委员会根据中共阳泉市委“阳发〔1974〕24 号”通知，下发“阳郊革发〔1975〕10 号”《关于启用郊区人民法院印章的通知》：“由最高人民法院刻就下发的‘阳泉郊区人民法院印章’正式启用，阳泉市郊区人民法院正式成立，任命武义祯为郊区人民法院院长，娄振国为副院长”。

3 月 7 日 阳泉市郊区革命委员会下发“阳郊革发〔1975〕11 号《关于武义祯等同志职务任免的通知》，根据中共阳泉市委“阳发〔1975〕24 号”文件精神，经市委 1975 年 2 月 29 日常委会讨论决定，任命武义祯为郊区法院院长，娄振国任副院长。建院之初，全院有干警 7 人，受理郊区所辖人民公社、生产大队和审判辖区内各厂矿企业的民事案件及自诉刑事案件。

6 月 16 日 郊区法院在河底公社河底大队召开公判大会，8000 余人冒雨参加。中共阳泉市郊区委员会副书记史吉文、公安分局局长耿义德、河底公社党委书记高秀明讲话，宣布对强奸幼女犯葛某、坏分子侯锁忠的逮捕决定，对违法犯罪的刑满释放人员樊保孩拘留决定，并对杨吉太盗窃集团一案和诈骗犯石宽等四名罪犯进行了公判。会后，将荫营煤矿同日召开的对敌斗争大会上宣布逮捕、拘留的 12 名罪犯，连同河底公判、逮捕、拘留的 7 名罪犯，在全区进行游行批判（时称游斗），对群众进行法制教育。

7月1日 郊区法院编印第一期简报《加强对敌斗争，保卫抗旱夏收》。

9月14日至17日 全国“农业学大寨会议”在昔阳县召开之际，经中共阳泉市郊区委批准，郊区革命委员主持，召开全区民政和法院民事工作会议。参加会议的有各公社分管民政的书记或主任、各生产大队民政或调委会主任112人（多数民政兼任调委会主任）。

12月31日 根据中共阳泉市郊区委员会“阳郊发〔1975〕39号”文件《中共阳泉市郊区委员会关于建立河底公社炼焦厂、郊区法院党支部的批复》，武义祯任郊区法院党支部书记。

是年 郊区法院办理各类民事案件120余起。

1976年

9月 山西省高级人民法院在昔阳县召开全省司法工作学大寨现场会，郊区人民政府和郊区法院均派员参加。会后，郊区法院学习推广昔阳县司法工作“小事不出队（车间），大事不出社（厂），矛盾不上交，解决在基层”经验，坚持走群众路线，全区9个公社中，有7个公社建立调解委员会，所有生产大队均建立起调解委员会。

9月9日 毛泽东主席逝世，郊区法院全体干警参加了由郊区革命委员会核心小组组织的追悼纪念活动。

10月9日 阳泉市司法工作会议结束，郊区法院掀起学习贯彻会议精神高潮。

是年 按照区委和上级法院安排，仅有的7名干警中，除一名留守法院，接待来信来访群众外，6名干警全部携带案卷下乡，白天和人民公社社员一起参加劳动，夜间作调查研究，处理和调解各类民事案件，全年人均参加集体生产劳动40余天。

是年 全院接待来信来访227件，件件有登记，件件有着落。全年办理诉讼民事案67件，含上年积案40件，到年底审结94件，办结积案18件，比上一年度积案下降12件，为28件，降幅30%。

1977年

1月13日 中共阳泉市郊区委员会下发“阳郊发〔1977〕第5号”《关于韩彦秀同志任职的通知》；中共阳泉市委组织部下发“〔1976〕16号”文件，韩彦秀任郊区法院副院长。

12月28日至29日 郊区法院参与组织并参加了全区司法会议，各人民公社分管政法的书记（副书记）、各生产大队分管民政、治保和调解委员会主任，共300余人参加会议。

是年　全院抽调 4 名干警参加区委组织的“党的基本路线教育工作队”，在完成郊区区委交办的基本路线教育任务同时，对所包生产大队调解委员会进行了整顿，实现了所包大队民事纠纷案和轻微刑事案不出村的目标。4 名干警协助所在大队处理大小案件 32 件。

是年　全院收案 69 起。其中，民事案件 62 件，刑事案 7 件；结案 62 件，结案率为 89.86%。

1978 年

7 月和 9 月，郊区法院领导先后两次参加省、市司法会议，批判林彪、江青集团在司法战线上的“三否定一砸烂”；批判“打人有理论”“审判程序繁琐论”及“无法可依，有法不依、执法不严”问题。

是年　郊区法院向阳泉市郊区区委呈报了“尽快解决郊区法院成立近四年尚没有编制的问题”，“尽快纠正法院八个工作人员，抽四人当工作队员，抽两名院领导服务中心工作，仅留两名普通工作人员无法正常开展工作的错误安排”。希望“区委把法院工作放在依法治国的重要位置”的报告，引起区委及上级法院的高度重视。

是年　郊区法院遵照“依靠群众、调查研究、就地解决、调解为主”的民事工作方针，依靠基层社队调解组织就地办案，全年各公社共收案 317 件，自己调处 193 件，上交区法院 73 件，14 件易办案件由信访部门办理。

是年　全院干警携卷深入基层，就地调处，使 80% 的案件得以就地解决。

是年　全院受理民事案件 140 件，轻微刑事案件 15 件，处理完毕 105 件。年底突击结案 49 件。

1979 年

6 月　《中华人民共和国刑法》《中华人民共和国刑事诉讼法》正式颁布，从 1980 年 1 月 1 日起正式施行。

12 月　郊区法院向区委提交了《扩充编制，改变办公条件，成立基层法庭的请示报告》。

是年　郊区法院抽出 2 名干警参与区委组织的“政策落实办公室”工作，平反、纠正文化革命时期形成的一批“冤、假、错”案。

是年　郊区民事案件和自诉刑事案件呈大幅度上升趋势。其中，新收民事案件 151 件，比 1975 年至 1978 年每年收案平均数增长 71%，主要原因是：中共十一届三中全会后，落实中央两个农业文件，房屋所有权与地基使用权问题凸现，其他民事纠纷随之大量诉至法院。

1980年

1月1日 《中华人民共和国刑法》《中华人民共和国刑事诉讼法》正式施行，郊区法院开始用《两法》规范刑事案件的审判工作。

3月13日 中共阳泉市郊区委员会决定成立中共阳泉市郊区党组，武义祯任党组书记。同日，中共阳泉市郊区委员会决定由武义祯、娄振国、韩彦秀、贾玉花、赵维田，组成阳泉市郊区人民法院审判委员会。并于3月25日、4月12日，先后下发“阳郊发〔80〕11号”文件和“阳郊发〔80〕15号”文件，正式公布了3月13日“关于成立郊区人民法院党组决定”和“关于郊区人民法院审判委员会决定”。

是年 按照中央有关指示，郊区法院开展“复查旧案”工作，本着实事求是原则，对20世纪60年代初本区范围内，在“四清运动”中判决的、本人提出申诉的24件案件，进行全面落实，冤、假、错案得到妥善处理。

是年 郊区法院加强对基层调解组织工作的指导，全区各公社共建立调解组织187个，全年调解一般民事案件920余件，处理解决自诉刑事案件100余件，是法院全年受理民事案件数量的四倍。

是年 根据“中发〔64〕号”文件精神，郊区法院增加工作人员13名，其中10人正式调入，3人为“三不动”人员（即：工资不动、人事关系不动、粮油不动，笔者注）。

是年 根据《两法》精神，郊区法院增设刑事审判庭和司法科，并任命了相应的庭、科、室负责人。

1981年

7月15日 郊区法院学习贯彻“全国整顿社会治安会议”精神，同郊区公安分局、检察院共同召开打击处理违法犯罪分子大会，从重从快惩办了一批严重破坏社会秩序的刑事犯罪分子。

是年 全院干警认真学习贯彻“中发〔81〕21号”文件，开展社会治安综合治理大会战。

是年 全区基层调解委员会进一步建立健全，13个公社180个生产大队和企业普遍建立起调解委员会，共200个，全年共调处各类民事纠纷2244件，为法院全部民事案件审结数的10倍。

是年 东村公社红土岩大队及时调解处理一起婚姻纠纷案件，防止了矛盾的激化，避免了一起死亡事故。

是年 郊区法院党组组织全院干警认真学习了《中共中央关于若干历史问题的决议》。

是年 为解决“执行难”问题，郊区法院组织了专门执行队伍，采取各种有效措施，对拒不执行法院判决的当事人予以处理，下烟大队社员范忠花抗拒执行，郊区法院依法将其逮捕，并进行了公开审判，在强制的措施面前，范忠花认罪服判，最后得以免除刑事处罚。

是年 3 人调入郊区法院工作，以充实司法队伍。

是年 郊区法院购置三轮摩托车 1 辆，解决干警下乡、法警送达司法文书和提审犯罪嫌疑人进行开放审理的交通问题。

1982 年

3 月 1 日 为进一步发挥人民法院审判职能，加强各类案件的审理，推进法院各项工作规范化，适应改革开放的形势要求，根据各项不同工作的要求和职责范围，区法院制定了从院长到其他所有工作人员的《岗位责任制》，明确规定了每个工作人员工作要求和职责，对郊区法院各项工作走向规范化、制度化，具有重要的里程碑意义。

3 月 17 日 经济审判庭成立伊始，就公开审理了尹庆亮、米恒盈贪污一案，并根据犯罪事实和情节，依法从轻判处贪污犯尹庆亮有期徒刑 2 年，缓刑 2 年，判处米恒盈有期徒刑 8 个月，缓刑 1 年。

3 月 20 日 根据郊区法院院长武义祯提议，经郊区第九届人大常委会第四次会议于 1982 年 3 月 17 日讨论并通过，任命武义祯、韩彦秀、娄振国，贾玉花、赵维田为郊区法院审判委员会委员；任命韩彦秀、娄振国、贾玉花为郊区法院副院长；任命赵维田为郊区法院刑事审判庭庭长，李森林为郊区法院经济审判庭庭长，孙喜爱为郊区法院民事审判庭庭长，邵八锁为郊区法院民事审判庭副庭长；任命孙三元、王五保、赵鹏为郊区法院审判员。

9 月至 10 月 为提高办案质量，法院刑事审判庭对 1981 年度审结并判决的 54 件公诉刑事案件，进行了认真的复查，对发现的问题进行了纠正。

是年 郊区法院根据中共中央、国务院和全国人大常委会关于打击经济领域犯罪的两个决定，审理经济犯罪案件 9 案 19 人，其中，判决 4 案 7 人，发还检察院 5 案 12 人，取得打击经济领域犯罪活动的初步胜利。

是年 郊区法院组织干警学习《中华人民共和国民事诉讼法》。

是年 郊区法院党组组织全院干警分四批，参加区委组织的中共十二大文件的学习，同时学习了政治经济学理论，该院干警在全区干部统考中人均考分，排名全区第二。

是年 郊区法院副院长娄振国出席了山西省政法战线表彰大会。

1983年

1月10日 郊区法院明确提出："要更加自觉、更加明确地把主要精力放到保卫和促进以经济建设为中心的社会主义现代化建设上来"。

2月 郊区法院在平坦乡平坦垴村设立"阳泉市郊区人民法院平坦人民法庭"，以方便平坦、义井、辛兴、旧街等乡镇群众民事诉讼。

8月11日至14日 院长武义祯出席中共山西省委、山西省高级人民法院召开的全省法院院长会议。大会传达了中共中央和全国人大常委会关于严厉打击刑事犯罪活动、加强社会治安综合治理的指示和决定，对各级法院开展严厉斗争作了安排部署。

8月 "严打"斗争在中共郊区区委统一领导下，公、检、法、司总动员，在全区开展严厉打击严重刑事犯罪运动。

9月 根据授权郊区法院公开审判杨付生、石树生、王正生抢劫、强奸集团案，对9名被告抢劫、强奸一案依法判处，其中3人被判处死刑。这是阳泉市郊区法院判处的唯一一例死刑案件。

是年 该院民事审判庭按照本年度开始执行的《中华人民共和国民事诉讼法》，对255件民事案件进行了认真的审理并予结案，结案率为88%。

是年 为适应日益增多的经济案件的审理工作，经郊区法院党组研究，并报区委和市中院批准，成立了经济审判庭。

是年 在审理辛兴地区"夜袭队"石树生、杨付生为首的抢劫集团案时，刑庭审判人员反复查阅案卷，认真核对口供，并到现场实地查证，发现王正生犯有抢劫、强奸等严重罪行。此前，公安、检察机关皆认为"罪证取不到"，未对王正生的罪犯行为予以追究。查明情况后，郊区法院依法逮捕了抢劫集团主犯王正生，经审理，王正生对所犯罪行供认不讳，刑事审判庭依法判处王正生无期徒刑。

是年 年近六十的信访办接待员王五保，全年接待群众来信来访近千人/次，处理信件225件，审结民事案件46件，被评为郊区1983年度"模范党员"和出席阳泉市政法战线的"一等先进工作者"。

是年 审判员任怀金、书记员王家华和汽车司机张润旭在去旧街办案途中，驱车追缉并抓获了一名抢劫犯。

是年 郊区法院推行岗位责任制，进一步落实案件承包。进一步明确了各庭领导和审判员的结案指标：即经济犯罪和合同纠纷案每人全年审结15件，刑事诉讼、自诉案每人审结30件，民事案件每人审结45至50件。公诉案必须在规定时限内审结，刑事自诉案和民事案在收案后3个月内审结，到年底刑事自诉案力争结清，民事案件积案下降到30件以下。

1984年

3月 郊区法院在河底镇河底村设立“阳泉市郊区人民法院河底人民法庭”。

3月 郊区法院分别在荫营、河底设立两个法律咨询站，制作宣传栏，印发宣传材料，开展维护妇女儿童合法权益的宣传活动，并与郊区广播站联合举办每周一次的法律知识讲座，法院领导给学校师生亲授法制课，受教育人数超过6万人/次。

4月 孙喜爱被任命为阳泉市郊区人民法院党组书记、院长。

5月10日 经中共阳泉市常委“〔83〕第5号”《议定事项通知书》批准成立的河底人民法庭正式办公，法庭设在河底大队原公社家属二楼，管辖范围即河底、东村、燕龛三个公社及其驻地各厂矿。

9月11日 阳泉市郊区第十届人民代表大会常务委员会第三次会议任命韩彦秀为区人民法院副院长，韩彦秀、赵维田审判委员会委员，王五保为审判员。

11月 中共十二届三中全会公报发表，郊区法院组织全体干警，集中三天时间，学习《中共中央关于经济体制改革的决定》。

是年 阳泉市人民政府下发文件，修建桃北东路，责成阳泉市建设局、市政公司负责开工前的民居拆迁工作。由于赔偿标准明显低于当时的市场行情和郊区人民政府相关标准，下五渡大队社员周茂棣，将阳泉市建设局和阳泉市政公司诉至郊区法院并胜诉，郊区法院责令阳泉市建设局和阳泉市政公司按郊区政府的拆迁标准，给予周家拆迁赔付，是该院第一起“民告官”胜诉案件。

是年 郊区法院申请兴建办公大楼的报告，获区委、区政府和阳泉中院批准。

是年 郊区法院对建院10年的历史档案、文献资料进行整理归档。

是年 在“严打”斗争中，郊区法院注重案件质量，要求办案人员把握“两个基本区分”：区分“基本事实清楚”和“事实基本清楚”的界限，区分“基本证据充分”和“证据基本充分”的界限，审结83件刑事案件中，仅有2件上诉发还重审后改判，其中有1件为漏罪加刑。

是年 平坦人民法庭采取“以会代训”方法，指导基层司法人员发挥司法助理员的作用，把矛盾化解在村、乡镇。

1985年

9月18日～23日 中国共产党全国代表大会在北京召开，大会闭幕后，郊区法院党组成员组织五人宣传队，深入到李家庄乡各村宣讲党代会精神。

是年 郊区法院贯彻“从重从快、一网打尽”的严打方针，及时审理重大刑事案件，打击了严重刑事犯罪分子的嚣张气焰。

是年 为加强基层民调工作，郊区法院用“短期集中、以会代训”形式，对全区13个乡镇及所属厂矿的600余名司法、民调人员进行培训，提高了他们开展司法调解工作能力，使全院全年民事案收案数比上年下降23%。

是年 郊区法院认真贯彻落实全国经济审判工作会议精神，积极开展经济审判工作，全年审结经济案件40起，标的额80万元，结案率为85%。

是年 为进一步加强社会治安综合治理，郊区法院承包三郊、平坦、西南舁三个乡的综治工作，法院干警深入群众广泛开展法制教育，院领导分别为3000余名师生讲授法制知识。上述三个乡进入“全区社会治安基本好转乡镇”行列。

1986年

是年 遵照中共中央书记处、国务院关于在十三大召开前，把“文革期间”在“左”的思想指导下处理错了的历史问题，实事求是纠正过来的指示，郊区法院对1966年前原属平定法院管辖判决、后划归郊区管辖的97案116人的反革命和其他政治性案件进行认真复查，对原判处的11案12人“反革命政治案件”进行了纠正，宣告12名被告人无罪。

是年 郊区法院采取“以会代训”的“短期培训”方法，与司法部门配合对13个乡镇和厂矿的600名司法、调解人员进行业务培训，提高了他们的业务素质和工作能力，使大量民事纠纷解决在基层、解决在萌芽状态。

是年 郊区法院根据郊区区委要求，配合其他司法部门，选派法制辅导员，认真编写法律教材，为区直机关副科级以上干部300余人讲授法制知识。

是年 法院领导深入三郊、西南舁、平坦、义井等乡镇，组织治保、调解、民政干部系统学习《刑法》《民法通则》，并深入学校，为中、小学生面授法制课程23次，办专题讲座61期，推广了东村乡山底村、河底镇关家峪村和白泉乡下白泉村的普及法律知识和社会治安综合治理经验。

是年 副院长韩彦秀被评为市级“先进个人”。

1987年

10月7日 阳泉市郊区汉河沟煤矿职工马玉德、马来锁，因阻碍审判人员执行公务，并诽谤、诬陷办案人员，被郊区法院拘留15天。

1988年

9月8日　郊区法院5名干警执行公务遭围打。

1989年

5月　北京发春夏之交生政治风波，郊区法院党组组织党员、干警学习中共中央、国务院决定及邓小平、江泽民讲话，学习中共十三届三中、四中全会公报。

5月17日至6月21日　区法院党组研究制定了外出办案干警“不围观、不信谣、不传谣、不离队”的工作纪律。

是年　郊区法院充分发挥三个基层人民法庭的作用，就地审结民事、经济案件，以减少群众的诉讼之累，减轻法院干部的办案压力。平坦法庭审结案件122件，比上年增加了52%；荫营法庭审结案件92件，比上年增长24%；河底法庭结案70件，比上年增长27%。

是年　郊区法院在刑事审判中充分发挥合议庭的作用，改变了过去刑事案件全部由审判委员会包揽决定的习惯做法，使合议庭真正成为有职、有权、有责的审判实体，本年度全院评议案占结案总数的比例由1987年的25%、1988年的61.9%，提高到1989年的81%；案件优良率从1988年的96%，上升到1989年的100%；民事案件质量评比，继1988年全市5个基层法院排名第一之后，1989年案件优良率提高到98%，仍居全市5个基层法院之首。

1990年

2月　郊区法院从维护稳定、解决群众最关心、审判人员最头痛的“执行难”问题上入手，依法办案、集中执行了16件当事人拒不履行法律义务的民事案件，依法维护了公民和法人的合法权益。

5月起　郊区法院认真贯彻“严打”方针，积极参加确保“亚运”和“国庆”安全专项斗争，及时审理严重刑事犯罪案件。

8月　郊区法院紧密联系工作实际，开展纪律作风整顿。

10月　法院对新选出的20余名人民陪审员，进行为期三天的岗前业务培训。内容以程序法为主，兼顾实体法，包括《刑事诉讼法》《民事诉讼法》《行政诉讼法》和《民法通则》《经济合同法》。

12月22日　山西省法院系统业余法律大学工作阳泉现场会在阳泉市召开，郊区法院有关领导参加了会议。

是年，最高人民法院“业余大学”教学工作检查组，到郊区法院检查指导工作，对郊区法院的“业大”教学进修工作给予高度评价。至年底，全院有8名干警在“业大”学习后取得大专文凭，12名干警参加大专函授和专业证书培训。

是年 法院干警配合公安、检察、司法机关干警，深入市、区看守所，对在押人员进行宣传教育，督促在押人员交代余罪，揭发同案罪犯。38名在押人员交待余罪和揭发同伙犯罪共61案。

是年 平坦、荫营、河底三个基层人民法庭，共审结各类民事案件596件，占全院受理和审结民事案件总数的80%。

是年 郊区法院开展“双百分自我评查活动”，坚持季末各庭自查、半年庭间互查、年终全院巡回评查，案件质量显著提高。

是年 郊区法院认真抓审判队伍的自身建设。有3个庭（室）和8名干警，受到阳泉中院表彰，并分别荣记三等功，12名干警受到市、区政府的表彰。

1991年

3月 郊区法院经济审判庭依法审理了郊区荫营镇下千亩坪村耐火厂被江苏省邳县某企业起诉催债案，经过5个月的努力，解开了一条5个企业连环拖欠4年之久的外债链，清理回债权50.15万元，这一案件是郊区法院经济庭审理的第一起“三角债务案”。

是年 根据中央和最高人民法院指示精神，郊区法院配合公、检、司开展“反盗窃专项斗争”，判决盗窃类案件45起，70余名盗窃分子受到严惩。

是年 为扩大“反盗窃斗争”战果，促进社会治安综合治理，郊区法院先后在荫营、东村、白泉、平坦、西南异等乡镇，召开集中公开宣判大会5次，判决犯罪案件26起，涉案罪犯计49人，先后有5万余人/次参加了公判大会。

是年 在纪念中国共产党诞生70周年之际，郊区法院党组开展系列活动：一是学唱革命歌曲；二是创办“学习燕居谦，争做好党员”专栏；三是组织党员、干警看电影《焦裕禄》；四是组织全体党员、团员、入党积极分子到狮脑山百团大战纪念馆接受革命传统教育，有力地促进了法院党的组织建设、思想建设和作风建设。

是年 按照中共中央组织部和最高人民法院的指示精神，郊区法院认真开展整顿执法队伍工作，进一步加强廉政建设。

是年 郊区法院以“业大”教育为主体，开展多个层次、多种形式的业务学习，全院有20名干警完成了大专函授和专业证书的结业培训，有10名干警考上“业余法律大学”。

1992 年

1月 郊区法院组织干警学习贯彻邓小平南巡讲话。

3月21日至26日 郊区法院开展执行会战，首批提起执行程序一年以上的18件“老大难”经济、民事、行政案件，全部执行到位。

3月30日 根据阳泉中院统一部署，郊区法院开展执行大会战。

6月15日 郊区法院对肆意虐待三岁养子、且情节严重的史拉存依法予以逮捕。

7月25日 郊区法院召开严厉打击刑事犯罪活动群众大会，公开宣判严惩了一批严重危害社会治安和经济建设的刑事犯罪分子。

1993 年

3月20日 山西省高院部署打击“车匪路霸”专项斗争。郊区法院开展为期一年的打击“车匪路霸”活动。

5月 梁德广被山西省高级人民法院荣记个人二等功。

6月 郊区法院制定《错案责任追究制度》，并开展案件评查工作，无论是刑事案件，还是民事、经济案件的审理质量，均有明显的提高，全年无一例错案发生。

是年 郊区法院把严惩经济犯罪、重处腐败分子作为审判工作的重点。

是年 郊区法院成立土地法庭和公路法庭，针对公路沿线违法、违规、违章占地状况，组织干警开展专项整治活动，形成了规范公路管理的强大攻势，十余户非法占地的路边饭店业主自动拆除了违法建筑。

是年 为了增强区内企业法人的合同意识，郊区法院送法进企，对13个乡镇200多个企业和区直企业的法人进行“讲法疏导”，提高了执行《合同法》的自觉性。

是年 郊区法院经济审判庭树立服务意识，努力拓展服务领域，不断改进审判作风，全年审结经济纠纷案件350件，结案率高达90.4%，结案金额高达1762.86万元。

1994 年

11月 郊区法院按照上级法院的要求，进一步开展“严打”专项活动。

是年 郊区法院贯彻中共中央关于《整治农村社会治安的决定》，坚持“严打”方针，保持“严打”声势，对32件盗窃案、14件抢劫案和5件强奸案主犯给予严厉打击。

是年 郊区法院受理辖区内首例名誉纠纷案件，办案人员先后深入实地，走访了2000多名当事人，实地调查取证，经认真合议开庭审理，支持了原告的诉求，教育了被告。

是年 郊区法院经济审判工作再上新台阶，全年处理合同纠纷356件，使1229万元呆滞资金从债务链中解脱出来，盘活了企业资金。

是年 按照省政法委的统一安排，郊区法院开展整顿执法队伍工作。

是年 郊区法院建立健全岗位责任制，增强了干警廉洁从警的责任意识，一批30岁左右、成绩突出的青年干部走上中层干部岗位。

1995年

12月20日晚 该院财务室内被盗，丢失现金3171.29元，13支手枪险遭盗窃。

是年《中华人民共和国法官法》于7月1日正式颁布实施。为提高广大干警对《法官法》的认识，法院在2月、7月先后两次组织干警学习《法官法》，同时把落实《法官法》与从严治院、秉公办案结合起来，开展“创服务佳绩，攀执法高峰”活动。

是年 郊区法院结合学习孔繁森活动，在干警思想、业务工作和作风建设上狠下功夫，认真开展为人民服务的宗旨教育，引导干警树立正确的人生观，增强服务意识，山西省高级人民法院以《工作简报》的形式，推广该院整顿教育的经验。

是年 郊区法院多途径强化业务建设，整体审判水平显著上升，办案质量和效率稳步提高，全年民事、刑事、经济、行政案件审理实现了无超期审理、无超期未提起执行程序、无超期归档。

是年 郊区法院被中共郊区区委命名为“精神文明先进单位”“综合治理达标单位”“先进党支部”“先进团支部”，以综合考评最高分，被郊区人大评为“信任单位”。

是年 通过“法律业余大学”的学习，有82%的干警取得大专以上学历，其中，近三分之一干警持有“双学历”“双文凭”。

是年 郊区法院与上级法院联合召开宣判大会4场次，自行组织召开公判大会11场次，累计参会群众达14万人。

是年 郊区法院有六项指标名列全市各县区法院前茅。受理案件441件；受理标的达3637万元；结案359件；审结经济案标的额2861万元；执行到期案件计309件，比率为87%；实际回款率达86%，标的额为2460万元。

1996年

1月2日 郊区法院召开1996年度案件质量评查工作预备会。此次评查共抽调24名审判骨干，分四个小组评查。

3月 郊区法院党组全面贯彻全省政法工作会议精神，适时提出力创“五新”（斗争要有新举措；打击要有新力度；宣传要有新突破；工作要有新部署；稳定要有新局面）的“严打”思路。

4月 郊区法院开展“整纪刹风”教育和“揭、摆、议”活动，针对存在的问题，制定了整改措施，有力地促进了干警的遵纪守法意识，遏制了徇私枉法、吃请受贿、攀比享乐等不正之风。

6月 阳泉市法院系统“破产案件审判工作座谈会”在郊区法院召开。会上，该法院介绍了破产案件审理程序的具体操作、实体法的具体适用，以及在职职工的安置和债权债务的处置等方面的经验，受到与会者好评。

7月 郊区法院经济审判庭受理了第一起企业破产案件，这也是阳泉市首例企业破产案件。

8月 山西省高院和阳泉中院视察郊区法院民事审判和法庭工作。

12月25日 为贯彻执行《中华人民共和国妇女儿童合法权益保障法》，依法保护妇女儿童的合法权益，根据上级法院决定和《中华人民共和国人民法院组织法》，郊区法院成立“阳泉市郊区维护妇女儿童合法权益法庭”，与民事审判庭合署办公，任新义兼庭长，王慧清、张海忠、杜军兼任助理审判员兼书记员。聘请郊区妇联张风瑞、贾秋云为阳泉市郊区维护妇女儿童合法权益法庭特邀陪审员。“维权法庭”负责检查、监督并承办涉及侵害妇女儿童合法权益的重大、疑难案件。

12月 全市“企业破产案件审理经验交流会”在郊区法院召开，经济审判庭庭长魏仕琪代表该院，在会上作了经验介绍，受到中共阳泉市委政法委、阳泉中院领导一致好评。

是年 郊区法院刑事审判庭被中共阳泉市委政法委授予“严打斗争先进集体”。庭长陈福顺被荣记三等功，罗小萍、靳占阳、史计平、戴宣英、翟希等分别受到省、市、区的表彰。

是年 为适应经济发展的形势，及时处理经济案件，郊区法院成立经济审判二庭，审判人员从8人增加至14人。全年受理经济纠纷案件701件，标的额8900万元，审结682件，标的额6402万元，审结率为97%，执行回款4056万元，比上年度增加71%，提前15天完成区委、区政法委下达的4000万元清欠任务，创全市法院系统之最佳成绩。同时审理破产案件13件，标的额为14584万元，创历史纪录，受到市、区表彰。

是年 郊区法院开展评选优秀审判员、书记员、执行员和优秀法律文书的系列业务活动，组织干警开展经验交流，案例研讨，促进庭审改革中新经验、新办法的交流。

是年 郊区法院加强廉政建设，设置举报箱，公布举报电话，聘请13名人大代表、15名政协委员，担任法院廉政监督员，自觉接受群众监督、党和人大监督和新闻媒体监督。全院干警全年拒贿420余人/次，价值46000多元。

是年，郊区法院共受理各类案件2123件，审结2044件，结案率达96.3%，创下建院以来年度收案、结案、结案率、审结标的、执行标的、人均办案数和办案质量七项最高纪录。受理刑事案件241件457人。其中，公诉案226件439人，附带民事案件9件，裁定减刑5件，终止当事人死亡1件，案件比上年增长32.4%，人数增长47.9%，全部审结结案率为100%，提前19天完成了全年的审判任务，被评为出席市的先进集体。

1997年

1月2日 郊区法院李永祥、高志亮、李慧斌、赵建军、韩文华等5名干警晚上加班后回家路上，在经济技术开发区将手持菜刀、砍伤出租车司机、意欲杀害司机抢劫汽车的凶犯杨晶擒获，并扭送公安机关。省高院对勇擒凶犯的5名干警予以表彰嘉奖，李永祥荣记个人二等功，高志亮、李慧斌、赵建军、韩文华荣记个人三等功。

1月20日 郊区法院召开1996年度“双先”表彰大会。阳泉中院院长段奇耀、副院长李建忠，区委副书记靳富兴、区人大常委会副主任张世温、区政协副主席贾贵堂出席会议。

2月20日 根据山西省高级人民法院紧急通知，经郊区法院党组研究决定，成立“法院处理突发事件分队”，共12人，队长由赵鹏担任，副队长为陈福顺、秦建明。

3月25日上午 法院全体干警收听收看邓小平同志追悼大会电视实况。

7月 在“创高素质法官队伍，创高标准文明法院，创高水平审判业绩”创优争先活动中，法官翟希被评为“山西省百名好法官”，并受到表彰。

是年 新修改的《中华人民共和国刑事诉讼法》和《中华人民共和国刑法》分别于当年1月1日和10月1日正式施行。为贯彻《两法》，郊区法院党组组织干警进行学习培训。5期培训累计28天，派员外出学习30余人/次，并组队参加了阳泉法院系统《两法百题竞赛》，观看了模拟庭审录像。

是年 郊区法院狠抓硬件设施配套工作。投资20万元改建小法庭3个，原有大审判庭安装了音响设备，配备齐全了审判台、审判员座椅，对办公区和审判区进行了分离，进一步改善了执法环境。

是年 郊区法院大力开展法制宣传，积极参与社会治安综合治理，制作法制宣传版面12块，到各乡镇庙会现场集中宣传13次，并在各宣传现场设立咨询台，接受群众法律咨询上千人/次；散发宣传材料计5000余份，利用有线广播宣讲法律知识40余次，收到了良好的社会效果。

是年 郊区法院把1997年确定为经济审判工作的“奋斗年、服务年、形象年”，并制定了奋斗目标，分解清欠任务，签订“军令状”，经全体干警共同努力，至12月29日，共清回欠款6066万元，圆满完成了区委、区政府下达的6000万元清欠任务。

是年 区委、区政府决定修建“李荫路”，并作出了“加快荫营镇区建设步伐”的决定，郊区法院积极响应号召，注重为公路和镇区建设“清障开路”。共清除难缠户81户，排除妨害干扰事件21件35人/次，协助土地部门执行行政案件26起。

1998年

3月 郊区法院党组成员、政治处主任罗小萍被阳泉市妇女联合会授予“全市三八红旗手”。

3月 全国政法系统教育整顿工作正式开始。

5月21日 郊区法院邀请30余名人大代表和政协委员，召开征求意见座谈会。

9月 郊区法院成立审判监督庭。

10月1日 郊区法院立案庭正式成立，罗小萍任第一任庭长。同时充实了执行庭，全院实现了“立案、审判、执行、监督”四分离。

10月至12月 开展集中清理执行积案活动。

12月 郊区法院经济审判二庭被中共山西省委、山西省人民政府授予“全省先进模范集体”称号，庭长任继华出席颁奖仪式，并与省委书记胡富国、省长孙文盛、省高院院长李玉臻合影留念。

是年 郊区法院充分发挥基层人民法庭的作用，把民事纠纷案件尽量消化在基层，河底、荫营、平坦法庭共审结各类民事案件588件，占全院民事案件审结总数的86%以上。

是年 郊区经济审判再上新台阶，全年受理经济案571件，审结561件，比率为98.24%，标的额高达28600万元人民币。

是年 郊区法院制定《立案工作程序的暂行规定》。

1999年

1月14日 任新义任郊区法院纪检组长、党组成员。

2月5日 郊区人民代表大会常委会下发“阳郊人发”〔1999〕4号”公告，郊区法院审判员常奕因犯受贿罪，被城区人民法院判处有期徒刑一年、缓刑两年，其审判员职务自然撤销。

8月 郊区法院荣获全市社会主义劳动竞赛三等奖。

9月 郊区法院民事审判庭庭长王慧清被授予“阳泉市职业道德建设标兵”。

是年 郊区法院刑事审判庭依法对12名未成年罪犯宣布缓刑，并同单位、家庭签订《帮教协议书》，实行定期回访，集中汇报制度。同时加大对判缓人员的监管改造，12个未成年罪犯认罪服法，无一例出现重新违法犯罪行为。

是年 郊区法院民事审判工作“以庭审为中心”，进一步规范民事诉讼。全年493件民事案件全部公开开庭审理，共举证2660份，上诉发还重审率和改判率分别比上年度下降36%和28%。

是年 郊区法院审理各类经济案件301件，标的5015万元，共为全区86个企业，清理回债权3000万元，使12个濒临倒闭的企业起死回生。

是年 法院党组本年度狠抓对法官的思想教育，固定每周五为“学习日”，全年组织干警开展专题学习、讨论50余次。

是年 审判员王慧清在“全区人民满意的政法干警”评选中名列榜首，受到嘉奖。

2000年

3月 郊区法院开展“争当人民满意的好法官，争创人民满意的好法院”活动。

3月 张丽华被阳泉中院授予“优秀女法官”。

4月 郊区法院全面推行《审判流程管理制度》。

4月 院长王立明因健康原因经批准休养，副院长陈福顺主持法院全面工作。

7月 郊区法院开展审判长、独任审判员选任工作，在公开标准，公开条件、公开程序、公开结果基础上，经报名、书面考试、庭审观摩打分、民主测评等一系列程序，26人被任命为审判长，2人被任命为独任审判员。

10月 立案大庭、大小法庭、机关大楼装修工程全面启动。

12月 郊区法院办公大楼改建工程全面竣工。

12月 全市法院系统立案流程管理及硬件设施建设现场会议在郊区法院召开。全市法院系统主要领导莅临现场，陈福顺副院长代表郊区法院党组作了经验介绍。

是年 郊区法院进一步加强基层人民法庭的建设和改造，投资6万余元，改建了基层法庭，为各基层法庭配备了电脑、警车，充实审判力量。全年各法庭就地办案、就地审理、受理案件370件，诉讼调解127件，占全院审理民事案件总数的77%。

是年 全院干警有业余大学毕业生46名，在读5名。大学本科学历12人，研究生在读1人，大学专科以上学历人数占全员的86%。

是年 郊区法院实行“办案经费定额，办公费用定额，车辆统归办公室调拨”制度，全年节省经费10万余元。

2001年

1月 在全区“先进集体、劳动模范表彰大会”上，中共郊区区委、区政府授予郊区法院“精神文明先进单位”。

3月 郊区法院继续深入开展“争创人民满意的好法院，争当人民满意的好法官”活动。

4月 郊区法院被授予“省级人民满意的好法院”。

4月 山西省高级人民法院院长李玉臻到郊区法院视察，对该院“创优”工作给予高度评价。

5月 郊区法院开展“一教育、三整顿”活动。

5月20日 由执行一庭、执行二庭牵头组织的第四次执行大会战召开执行大会，依法拘留了拒不执行生效法律文书的被执行人。

6月 山西省高级人民法院授予郊区法院“基层建设先进单位”。

8月 罗小萍当选“阳泉市第九次党代会代表”。

8月 在“全区人民满意的政法干警”评选活动中，法官王慧清以最高得票率，被评为“阳泉市郊区人民满意的政法干警”。

10月 山西省高级人民法院为郊区法院法官刘伟荣记“个人三等功”。

11月 根据最高人民法院相关精神，郊区法院开展机构改革工作，初步完成了定员、定编、定岗任务。

是年 郊区法院撤销荫营、平坦两个基层人民法庭。

是年 郊区法院经济二庭变更为执行二庭。

是年 郊区法院对申诉案件实行申诉听证制度，29件申诉案件及时审结。

是年 郊区法院共受理各类案件1549起，审结1475起，标的3100万元。其中，刑事案审结116件158人，附带民事44件，民事案审结567件，经济案审结168件，标的为1600万元。执行各类案件413件，执结历年欠款1600万元。执结各类案件413件，执结历年积案111件。

2002年

1月21日 经阳泉市郊区第十四届人民代表大会常务委员会第二十六次会议通过，同意王立明院长因机构改革提出的辞去阳泉市郊区法院院长职务的请求，并向区十四届人民代表大会第五次会议备案。任命付金林为阳泉市郊区法院副院长、代理院长，免去陈福顺阳泉市郊区法院副院长职务。

3月22日 山西省高级人民法院授予郊区法院“基层建设先进单位”。

3月 郊区法院司法警察大队重新组建，军队转业干部赵红武为法警大队大队长。

3月 史先玲被任命为郊区法院常务副院长，李永祥被任命为副院长，张丽华被任命为法院纪检组长。

3月 根据最高人民法院指示精神，郊区法院政工科更名为政治处，罗小萍被任命为政治处主任。

4月 在郊区召开的十四届人民代表大会上，付金林当选为阳泉市郊区法院院长。

4月 法官王慧清被山西省高级人民法院授予“人民满意的好法官”，并荣记个人二等功。

5月 该院机关东配楼建设工程启动。

6月21日 区委政法委召集区公、检、法、司“四长”及其办公室、政工科（处）负责人召开专门会议，讨论出台了《重大事项请示报告制度》。

6月29日 在阳泉市郊区第十四届人民代表大会第六次会议上，区法院代院长付金林作郊区法院《工作报告》。

6月 郊区人大常委会选举任命任怀金为郊区法院副院长。

7月 经批准，增补任怀金、李永祥、张丽华、罗小萍和蔡春喜为中共郊区法院党组成员。

7月 中共阳泉市委政法委在郊区法院召开现场会议，推广该院法警队建设和车辆管理改革经验。

9月 郊区法院成立执行局，下设执行一庭和执行二庭。

11月上旬 根据阳泉中院统一部署，郊区法院全面展开执行队伍教育整顿专项活动。

11月27日 郊区法院党组对全院中层干部和庭室人员进行调整，张丽华，罗小萍，梁德广、董新河、冯素林、任继华被任命为审判委员会委员；蔡春喜被任命为执行局局长，高志亮任副局长；张海忠任刑事审判庭庭长；梁德广任民事审判二庭庭长；史计平任民事审判三庭庭长；董新河任行政审判庭庭长；王慧清任立案庭庭长；任学斌任审判监督庭庭长；翟希任河底人民法庭庭长；靳占阳任执行一庭庭长；任继华任执行二庭庭长；秦建明任办公室主任；赵建军等13人被任命为各庭室副职；王恕被任命为审判员。

是年 全院受理刑事案件计117件，涉案160人，审结116件计159人；审结经济案件168件，标的1120万元；审结民事案件441件，执行各类案件507件。审结行政案件2件。

是年 法官翟希受到山西省高级人民法院的表彰。

2003 年

1 月 27 日 郊区法院执行局开展执行会战。

2 月 郊区法院法官史计平被山西省高级人民法院荣记个人二等功。

3 月 郊区法院举行执行局挂牌仪式。

4 月 李保来在郊区十五届人大第一次会议上，当选为阳泉市郊区法院院长。

4 月 4 日 为搞好民事审判工作，更好地服务于人民群众，郊区法院副院长李永祥、纪检组长张丽华、民事审判三庭庭长史计平，带领民事审判三庭全体干警前往义井镇，与义井镇有关领导及所辖的 13 个行政村的分管领导、民调人员进行了座谈。

4 月 13 日 根据阳泉市和郊区防治“非典”工作具体部署，郊区法院党组召开防治“非典”工作专题会议进行研究，制定措施，在防“非典”的药品设备上舍得投入，在经费十分紧张的情况下，先后投资近万元，购置了体温计、消毒剂、喷壶，并每三天为全体干警每人购置一副防“非典”中药药剂，使防“非典”工作得到进一步加强。

4 月 21 日 根据区委、区政府和阳泉中院关于开展优化发展环境、评优评差“双评”活动的要求，全院各庭室开展了自查自评活动。

4 月 25 日 市纪委、市政法委、市委组织部、市人事局制定的《政法干警十条禁令》后，郊区法院制定了《关于贯彻落实“十条禁令”的实施意见》，召开了全院干警动员大会，层层发动，形成了落实“十条禁令”的良好氛围。

5 月 郊区法院成立防控“非典”领导组及办公室，认真贯彻执行区委、区政府关于防控非典型肺炎的一系列文件精神，依法维护和上级领导机关针对“非典”工作的严肃性和权威性，切实保障人民群众的生命安全。

5 月 7 日 郊区法院召开“双评”活动再动员大会，院党组全体成员和全院干警共 60 余人参加了大会，会议由常务副院长史先玲主持。会上还宣读了中级法院《关于开展“优化服务环境，改进审判作风，树立行业新风”评优评差活动的实施方案》和该院《关于开展优化发展环境，改进审判作风，树立行业新风”评优评差活动的实施方案》，对该院的“双评”活动做了具体安排部署。会上，全体干警积极响应院党组号召，开展了“抗非典、献爱心” 捐款活动，踊跃向战斗在抗击“非典”第一线的医务人员奉献爱心，共捐款 1880 元。

5 月 27 日 郊区法院召开党组扩大会议，参加会议的有院党组全体成员和各庭室负责人，会上，李保来院长就如何贯彻落实中院《关于全市法院开展队伍集中教育整顿的实施意见》做了详细安排部署。教育整顿活动要以提高法官职业道德为主题，从思想、作风、纪律、内部管理等方面进行整顿。各庭室要从自身实际出发，各自解决自身一个重点问题，要把集体组织学习和个人自学结合起来，一周时间顺利完成此项活动。

10月 河底人民法庭被山西省高级人民法院授予“模范人民法庭”称号。

11月 郊区法院法警队被山西省高级人民法院评为“先进法警队”。冯素林被评为“全省优秀调解工作者”。

是年 郊区法院开展“三查三看三对照”为内容的“揭、摆、议”活动和警示教育，印制发放警示教育材料4期68份（见《第三编·第三节》）。

是年 郊区法院共审结刑事案件95件，民商事案件680件，行政案件13件，申诉案件15件，执结案件578件，共计1381件。成绩显著，受到区委和区政府及阳泉中院的好评。

是年 全院共预防有信访苗头的案件59件，处结信访案件25件，实现了全年赴京、赴省涉诉上访“零纪录”的目标，名列全市法院系统前茅。

2004年

1月13日 郊区法院将历时二年追讨回的50000元农民工工资工程款，全部给付给河南籍农民工李俊发。自此，备受新闻媒体关注的阳泉市建筑装潢设计施工有限公司恶意拖欠河南籍农民工工资款全部执结。

1月15日 郊区法院召开2003年度全院工作总结表彰大会，区领导王梦贺、王如生、曹玉平、申彦杰、葛军义等出席。院长李保来主持会议，作全院工作总结报告。会上，对民事审判庭等7个先进集体、杨铁福等9名办案标兵和25名先进个人进行了表彰。

2月17日 阳泉市郊区召开“2003年度先进集体劳动模范表彰”大会，郊区法院被授予“2003年度廉政建设先进集体”光荣称号。

3月1日 郊区法院被中共阳泉市委政法委授予“公正执法先进单位”荣誉称号。

3月3日 郊区法院常务副院长史先玲、刑事审判庭庭长张海忠率有关干警出席了阳泉市第一监狱召开的“2003年度评审、总结、奖励大会”，并对服刑人员进行“遵纪守法、接受改造、洗心革面、重新做人”的法制教育。

3月6日至3月31日 郊区法院审判员王利军带着6个案卷赴外省、市清欠，经过25天的辛勤奔波，为当事人直接清回欠款15万元，清回债权400余万元，受到了院领导的表扬和当事人的称赞。

3月10日 郊区法院干警响应区计划生育委员会号召，每人向区计划生育协会捐款10元人民币，用以“救助贫困母亲”。

3月12日 中共郊区区委副书记、区纪检委书记王梦贺，区委常委、组织部长董玉鲜深入郊区法院调研，并宣读了区委《关于董新河等11位同志非领导职务的任职决定》。

3月18日　郊区法院副院长李永祥、民事三庭庭长史计平深入平坦镇，指导综合治理和民事调解工作，并给平坦镇镇村两级的民政民调人员讲授有关法律课程。

4月　郊区法院干警积极投身于在全市开展的“端正干警品行，强化内部管理和集中教育整顿活动”，由于部署早、行动快、措施硬、效果好，经市政法委检查、验收、评比，郊区法院名列全市法院系统第一名，并在全市29个政法单位中名列第二，受到了市政法委的表彰。

4月12日至16日　郊区法院党组组织全院干警开展“我为党组成员献计策”活动，收回各种意见、建议120余条。

5月11日至14日　郊区法院河底法庭的干警利用郊区河底村传统庙会现场通过广播、传单等方式，向人民群众宣传《宪法》《民法通则》《婚姻法》和《农村土地承包法》等法律知识，并以个案为载体，以案讲法、增强了法制教育的亲和力和感染力。

5月17日　阳泉市政法委派验收组深入郊区法院，检查验收该院的“教育整顿工作”。

5月17日　郊区法院召开“公正执法树形象”活动动员大会，对“公正执法树形象”和“涉诉上访专项治理”工作进行了具体安排。

6月上旬　郊区法院干警捐款1400余元，成立司法救助基金会，向弱势群体提供司法救助。成立伊始，即为家庭困难的涉诉当事人西南舁乡高计毛支付了司法鉴定费用，给予一定的资助。

6月17日　郊区法院在西南舁乡西南舁村召开严厉打击刑事犯罪宣判大会，依法对李强、王竹青、高峰、高明鹏四名抢劫盗窃被告人进行了公开宣判，3000余名村民参加大会。

6月19日　郊区法院召开“被判缓刑人员思想汇报会”，四十余名被判处缓刑人员到会汇报各自的思想改造的情况，接受了法制、法规、教育，签署并宣读了自觉改造的《保障书》，区公检法领导史先玲、李军、张贵深、贾俊明及西南舁派出所领导参加了会议。

6月29日　郊区法院党组邀请郊区区委常委、组织部长董玉鲜为全体干警讲授党课。

7月5日　郊区法院全体干警参加了院党组召开的“学长霞、树形象、促审判”主题教育活动动员大会。学习任长霞活动在该院进一步掀起高潮。

7月12日　郊区法院组织部分干警深入下白泉村传统庙会现场，向群众进行法制宣传、散发各种法制宣传资料200余份，回答群众提出的法制咨询60余条。

7月14日　郊区法院组织全体干警参加了区委、区政府组织召开的以“立党为公、执法为民”为主题的市政法委劳模报告团先进事迹报告会。

8月5日上午　中共郊区区委书记荆东生、区长王湜洲、区人大常委会主任胡金贵，区政协主席潘换梅，区政法委书记王如生、区人大常委会副主任曹玉平等到郊区法院观摩庭审。

8月5日下午　在中共阳泉市委常委、市政法委书记段永章陪同下，山西省高级人民法院院长李玉臻，率全省11个地、市的中级人民法院长，到郊区法院检查指导工作。

8月10日　当事人向郊区法院赠送锦旗，赞扬法官杨铁福是“司法为民，一身正气”的好法官。法官杨铁福受理柳沟村村民闫玉明工伤赔偿案期间，数十次奔走于双方当事人之间，最终在2004年7月底将57000元的赔偿款全额执行完毕。

8月17日　郊区法院在荫营地区传统庙会之际，在崇文广场举办了大型法律宣传咨询活动，共展示自制法制宣传版面两组，发放法制宣传资料4000余份，解答群众的法律咨询500余人/次。

9月1日　郊区法院会同郊区司法局、郊区公安分局，对全区的100余名民事调解干部进行了以“婚姻、家庭纠纷的调解”“人身损害赔偿纠纷的调解”为主要内容的集中培训，郊区法院民事庭法官负责宣讲。

9月中旬　郊区法院民事审判庭审理李秋陵诉康顺来相邻关系纠纷一案，特邀区人大代表吕天佑、葛会林出席旁听，对审判过程进行监督。

9月中旬　在为期一周的全市法院系统第四届运动会上，郊区法院代表队获得佳绩，4个集体项目均居前三名，其中，中华牌取得第一名；单项比赛中，任怀金获网球第一名，李松青获围棋第一名，李永祥、任学斌获华牌第一名，另有4人获得亚军，3人位列第三名。

12月20日　区委组织部派检查组对郊区法院的党组工作进行检查指导，对该院的党建工作予以充分的肯定。

12月27日　郊区法院义井巡回法庭在市农业大厦正式挂牌成立。负责管辖义井镇发生的民商事案件。

是年　郊区法院组队参加区委组织的“两个条例”知识竞赛，在决赛中取得较好成绩。

2005年

1月28日　阳泉市档案局组织专家对郊区法院档案管理达标升级工作进行验收考评，郊区法院档案管理工作达省二级目标管理标准。

2月1日　郊区法院召开2004年度总结表彰大会，刑事审判庭等7个单位被授予“先进集体”，杨铁福等16名“办案”能手和20名干警被评为“先进个人”。

2月7日　郊区法院召开“保持共产党员先进性动员大会”，对教育活动进行全面部署，全院干警参加会议。

2月28日 在郊区“2004年度先进集体劳模表彰大会”上，郊区法院被评为区级“先进集体”“党风廉政建设先进集体”，法官王志宏被评为“区级劳动模范”。

2月 郊区法院张丽华被授予“全国法院系统纪检监察工作先进个人”荣誉称号。

3月6日 郊区法院邀请曾在郊区“中华魂”读书演讲比赛中获得一等奖的旧街乡联校教师田慧清和河底镇东村小学教师甄华荣为广大党员上党课，广大党员从中深受教育。

3月7日 郊区法院组织全体共产党员、入党积极分子和离休老干部，赴狮脑山百团大战纪念碑前重温入党誓词，接受革命传统教育。

3月7日 阳泉市委驻郊区“保持共产党员先进性教育活动”督导组，听取郊区法院党支部关于“保持共产党员先进性教育活动”活动的汇报，对郊区法院进一步搞好共产党员先进性教育活动进行指导。

3月11日 郊区法院召开“开展保持共产党员先进性教育活动”主题研讨会。市委驻郊区保持共产党员先进性督导组组长张王亮、组员白敬文，及区委组织部副部长武志明到会指导。

3月21日 郊区法院统一组织全院党员进行保持共产党员先进性教育活动理论知识闭卷测试。

3月23日 郊区法院召开全院干警会，传达学习中纪委《关于建立健全教育、制度、监督并重的惩治和预防腐败体系实施纲要》。

3月24日 郊区法院、检察院邀请10多名区人大代表和政协委员到郊区检察院召开座谈会，征求人大代表和政协委员对法院和检察院工作的意见和建议。

3月24日 郊区法院召开中层以上党员干部座谈会，揭摆出审判工作、案件质量、作风纪律、廉政建设、内部管理等方面存在的突出问题36条，制定了8项整改措施。

3月 郊区法院组织全体干警观看《内蒙第一贪——内蒙古国税局原局长肖占武受贿警示录》。

4月1日 为切实提高司法能力、改进办案作风，郊区法院开展“百村千人问卷调查”活动，法官们利用双休日，深入100多个行政村，向1000余名人民群众虚心征求对审判工作的意见和建议，及时帮助他们解决生产生活中遇到的法律难题，并发放法制宣传资料5000余份，加强法院与群众的关系，促进了审判工作的开展。

4月3日 郊区法院召开全体党员大会，总结保持先进性教育活动第一阶段工作，安排部署转入分析评议阶段的工作，保持共产党员先进性教育活动引向深入。

4月20日 郊区法院党组按照先进性教育活动的要求，召开党组民主生活会，党组成员开诚布公讲真话、讲实话、讲心里话，对于自己思想工作作风上的差距严于剖析，对干警的意见和建议诚恳接受，取得较好成效。

4月28日　郊区法院召开全体党员大会，对先进性教育活动第二阶段工作进行总结。院党组书记、院长李保来作报告，并对党组成员的住房情况进行了通报。

是月　郊区法院法官梁德广利用业余时间，创立《百姓法缘》网站，设“法缘救援”“法缘新闻”“专题报道”“百姓论坛”“古人说法”“百姓法官”“法缘案例”“百姓故事”“百姓参谋”等栏目，深受广大群众的喜爱。

5月20日　郊区法院召开全体党员大会，动员和部署先进性教育活动整改提高阶段工作。

6月6日　郊区法院召开全院干警大会，对“规范司法行为、促进司法公正”活动进行部署。一是成立活动领导小组，把专项整改活动作为事关法院全局的大事抓紧抓好。二是制定具体活动实施方案，确保活动深入扎实开展。三是自觉查摆和解决工作中存在的问题，规范司法行为，促进司法公正。四是加强监督检查，促进司法工作规范化建设。

6月17日　郊区十五届人大十六次会议审议并通过了郊区法院院长李保来提请任命人民陪审员的议案。区人大常委会主任胡金贵，为张斌武等23人颁发《人民陪审员任命书》。

6月25日　郊区法院对23名人民陪审员进行业务培训。

7月　为进一步搞好“规范司法行为，促进司法公正”专项整改活动，郊区法院组织开展“四比四看”活动（见《第三编·第三节》）。

8月23日　山西省高级人民法院“专项整改活动”督察组在市、区有关领导陪同下，对郊区法院的“规范司法行为，促进司法公正活动”进行督察，督导组对郊区法院专项整治工作取得的成绩给予充分肯定。

8月31日　郊区法院组织全院干警到白泉工业园区参观，亲身体验“解放思想、干事创业、争先发展”的郊区精神。

8月　郊区法院召开联动接访动员会议，决定集中一段时间和精力解决群众涉法上访问题。

是月　郊区法院开展党风廉政知识竞答活动。

9月2日　为了将“联动大接访活动”引向深入，郊区法院院长李保来和院党组成员任怀金、罗小萍、蔡春喜、立案庭庭长王慧清等热情接待群众来访。全天共接待来访群众32名。

9月5日　区委书记王堤洲，区委常委、政法委书记王如生到郊区法院对“联动大接访活动”进行督察指导，全天接待信访当事人10名，当场解决信访问题5件，对3件信访案件作了息访安排，对2件案件的当事人进行了思想疏导。

9月7日　全国“十佳法官”、阳泉中院党组成员、执行局局长于昌明，带领阳泉中院信访办、立案庭干警，到郊区法院指导信访工作。对该院重点涉法信访案件进行具体指导，就如何搞好涉法信访工作、如何把问题解决在源头、化解在萌芽状态进行了探讨。

10月 郊区法院选取典型案例，先后安排数十名人民陪审员参加了庭审活动。

11月18日 郊区法院组织全院干警参加了由山西省高级人民法院统一命题并组织的“规范司法行为，促进司法公正”专题整改活动考试。考试内容主要以司法规范为核心，包括岗位职责、基本法律、职业纪律等。考试成绩记入本人档案，作为职务晋升、级别调整的依据，对考试不合格人员组织补考，对补考不合格的干警，则通过法定程序免去其法律职务，调离工作岗位。

11月 为进一步加强法院的党风廉政建设工作，郊区法院组织干警分期分批观看“党风廉政建设宣传教育”系列片。

是月 郊区法院利用每周政治学习时间，安排全体干警认真学习人民法院报连载的《黑土地上的女法官》，学习金桂兰法官忍着各种病痛，默默奉献基层法庭20年的先进事迹。

是月 国家司法部组织的《全国司法考试》成绩公布，郊区法院干警史忠喜以全阳泉市第一名的成绩，取得《法官资格证书》。

12月7日至8日 郊区法院全体干警参加区委组织部、区人事局举办的《中华人民共和国公务员法》和公务员公正管理核心课程培训学习。

12月20日 郊区法院开展向困难群众送温暖、献爱心活动，干警捐赠人民币4000元。

是年 郊区法院办公室王拉寿撰写的《年终总结小心误区》一文，在中国社会科学院征交活动中获“全国理论创新二等奖”，并在《山西审判》杂志2005年第1期上发表。

是年 郊区法院开始实行“判后答疑”制度。法官黄彦江、张小军审理判决的民事案件——“范素林房屋纠纷案”，经判后答疑，当事人息诉罢访。

是年 郊区法院贯彻落实最高法院《关于对经济确有困难的当事人提供司法救助的规定》，依法实行诉讼费缓交、少交和免交制度，为经济确有困难的诉讼当事人缓、减、免交诉讼费共计20余万元。

是年 郊区法院共受理各类案件1744件，办结1614件，结案率为95%。

2006年

1月 郊区法院认真落实中央一号文件，开设涉农诉讼绿色通道，并采取了两条得力措施，一是诉前协调，庭前调解，立案开庭到地头，注重调解，关注农民实际利益，二是对经济确有困难的诉讼农民当事人，进行司法救助，减缓免交诉讼费用。

1月13日 郊区法院召开2005年度总结表彰大会，表彰了刑事审判庭等8个先进集体，董新河等8名办案标兵，侯庆原等25名先进个人。

3月21日 为贯彻落实“2·22”全国、全省“打黑除恶”专项斗争精神，郊区法院召开专门会议部署开展“打黑除恶”专项斗争。成立了由院长任组长的领导组，抽调工作能力强的干警专门办理“打黑除恶”的案件，要求抓紧对重点案件的审理，造成严打声势，震慑犯罪分子。

3月 郊区法院组织全体干警学习讨论《中共中央、国务院关于推进社会主义新农村建设的若干意见》，并结合法院工作实际，进一步更新司法理念，创新工作机制，规划制定出了三项措施，服务和促进社会主义新农村建设。

3月 郊区法院开展认真学习贯彻胡锦涛总书记精辟概括和提出的“八荣八耻”讲话精神，结合工作实际，提出了贯彻“八荣八耻”讲话精神的实施意见：一是深刻理解胡总书记的讲话内涵和重要意义。二是党员领导干部要率先垂范，树立良好党风。三是争做社会主义荣辱观的模范实践者。四是提高素质树形象。

4月3日 郊区法院组织全体人民陪审员到中院参加培训。培训期间，全体人民陪审员通过经验交流、理论授课、观摩庭审、座谈研讨等教学方式，学习了刑法、刑诉法、民商法、民诉法、行政法、行政诉讼法的基础理论及运用，以及与司法审判相关的职业道德、审判纪律要求等综合基础知识，有效地提高了他们的业务素质和水平，全体人民陪审员就如何正确履行职责进行了座谈讨论。

4月13日 区法院组织举办《合同法》知识培训班，全院干警及部分人民陪审员60多人参加培训。

5月23日 市中级人民法院院长冯少勇一行到区法院调研两庭建设情况。冯少勇院长首先察看了法院审判法庭综合大楼建设现场，了解了工程进度、施工质量和安全生产情况，并实地深入白泉工业园区进行了调研。冯少勇院长在调研中充分肯定了郊区法院的工作，并提出了要求。

5月25日 郊区法院公开开庭审理原盂县安监局局长韩斌巨额财产来源不明、受贿一案。市纪检系统、政法系统、煤管系统及社会各界400多人旁听审判。

5月29日 中共阳泉市委政法委“社会主义法治理念教育活动”领导组成员深入郊区法院，检查“法治理念教育活动”开展情况，并同干警们一起观看罗干讲话视频，展开座谈讨论。

7月10日 区法院召开全院干警会，认真学习最高人民法院院长肖扬在全国法院院长会上的讲话。

7月11日 郊区法院积极投入“打黑除恶”专项斗争之中，参加政法系统组织的宣传活动，印制并发放相关的宣传资料2000余份。

7月12日 为认真贯彻中央《关于推进社会主义新农村建设的若干意见》，区委副书记、区长杨勇，区委常委、政法委书记王如生深入区法院进行工作调研。区法院院长李保来汇报了区法院工作情况。区领导对区法院所取得的成绩给予了充分肯定。

8月17日 阳泉中院院长冯少勇、副院长贾俊，区委常委、区政法委书记王如生，在郊区法院调研“两庭”建设情况，检查了郊区法院综合审判大楼建设现场和河底法庭。

9月 郊区法院纪检组贯彻区纪检委《关于开展“树荣辱观、唱正气歌”主题演唱活动的通知》精神，组织全体干警，利用业余时间，学唱指定的革命歌曲。

10月 为进一步推动社会主义法治理念教育活动，区法院召开专门会议，传达贯彻市委常委、政法委书记陈继光在全市社会主义法治理念教育工作会议上的讲话精神。

10月23日 郊区法院召开党组会议，认真学习贯彻中共十六届六中全会精神，会议由区法院党组书记、院长李保来主持召开，党组班子成员及各部门主要负责人参加了学习。

11月1日 郊区法院开始实行《涉农案件三优先制度》，即：优先立案、优先审理和优先执行。

11月 郊区法院选派优秀法官深入到西南舁中学，为该校上千名师生讲解相关法律，进行普法教育。此前，法院已选派多名优秀法官到区辖各重点中、小学校，担任法制辅导员，加强对在校学生的法制教育。

12月4日 郊区法院按照区“普法”领导组的统一部署，积极参加了以“弘扬宪法精神、构建和谐社会”为主题的普法教育活动，向群众发放了数千份法制宣传材料，还为群众解答了有关的法律问题。

12月 郊区法院“中层干部竞争上岗”工作基本结束，经过宣传发动，公布职位，自申报资格审查、书面考试、竞职演讲、信任投票、酝酿讨论，领导初定，人大任命等程序，任命任继华为庭长，李慧斌等三人为副庭长，任命史忠喜为审判员。

2007 年

1月25日 郊区法院党组召开以“加强队伍建设、促进司法公正”为主题的民主生活会，区委组织部、区纪委、区政法系统的有关领导到会指导。区法院党组书记、院长李保来作了汇报。

1月29日 郊区法院召开2006年度总结表彰大会。院长李保来全面回顾了过去一年的工作，对2007年各项工作作了安排部署。阳泉中院副院长贾俊、中共郊区区委常委、政法委书记王如生，区人大常委会副主任曹玉平、区政协副主席葛俊义等参加会议。

3月 为切实加强春节期间党风廉政建设，郊区法院开展“六个一”主题活动，把党风廉政建设和反腐败工作引向深入，涉及廉政建设的信访工作也创出了零投诉佳绩。

3月16日　郊区法院召开全院干警大会，安排部署“作风建设年、狠抓落实年”活动，要求全体干警要以“创优司法环境兴郊区、改进服务态度促发展”为主题，不断提高依法履职的能力和水平。

3月26日　郊区法院召开党组扩大会，就落实阳泉中院《关于作风建设年，狠抓落实年的实施方案》、做好本职工作进行座谈。

4月18日　史先玲被推荐为“十大道德修养典范”候选人。

4月初　冯晋明任郊区法院党组书记、代院长。4月20日，在郊区十六届人民代表大会第一次会议上当选为郊区人民法院院长。

4月　郊区法院组织干警集中学习《全国、全省法院纪检监察工作会议精神》《2007年全市法院纪检监察工作要点》。院长冯晋明要求全院干警从抓学习教育、抓防范机制、抓作风建设、抓督察警示、抓廉洁自律、抓正反典型六个方面着手，把纪检监察工作会议精神落到实处。

5月9日　郊区法院举行《党风廉政建设责任书》签订大会，党组书记、院长冯晋明与党组成员，党组成员与分管庭室，分别签订了2007年度《党风廉政建设责任书》。

5月15日　郊区法院针对河底镇牵牛镇村2006年发生的一起抢劫案件中，未成年人占绝大多数、且均被判缓刑的实际，偕同牵牛镇村、支两委领导，共同听取8名被判缓刑人员的思想汇报，了解他们的思想动态和改造情况。

5月15日　郊区法院依法对原阳泉华越机械有限责任公司董事长、阳煤集团铝铸件项目筹建处处长，阳泉市十二届人大代表、矿区第七届人大代表冯礼堂贪污、受贿一案作出判决。

5月17日　郊区法院举办“作风建设大家谈”演讲比赛，王瑞伟、任丽莉荣获特别奖；侯庆原等14人获优秀奖。

5月28日　郊区法院召开全院干警大会，就开展“干警队伍集中教育整顿专项活动”，进行广泛、深入的动员。

9月3日　郊区法院召开全院干警大会，学习贯彻中共阳泉市郊区区委、区政府《关于进一步优化经济发展环境加大招商引资力度的实施意见》。院长冯晋明就人民法院如何服务中心工作做了安排部署。

9月26日　山西省高级人民法院副院长李建忠一行在郊区法院调研。

10月30日　郊区法院组织干警学习十七大精神，院长冯晋明代表院党组，就学习贯彻十七大精神，提出具体要求。

11月16日　郊区人大常委会副主任杨承祥在郊区法院四楼会议室，为全区政法系统干警作中共十七大精神辅导报告，全区100余名干警参加会议。

11月30日 阳泉中院院长冯少勇，中共阳泉市政法委副书记安少杰，阳泉中院副院长吕冬，中共郊区区委常委、政法委书记王如生，到郊区法院调研。

是年 郊区法院法官靳占阳，因涉嫌贪污受贿被逮捕。

2008年

1月8日 郊区法院召开中层领导干部述职大会。各庭室负责人汇报2007年度主要工作，对2008年工作提出建议。院长冯晋明作总结发言。

1月10日 阳泉阳光购物中心预售商品房纠纷案108名当事人，将感谢信贴在郊区法院门前，就该案的审理和最终得以圆满执结向郊区法院干警表示感谢，一起在全市有重大影响的案件得到解决。

1月17日 郊区法院召开2007年度总结表彰大会。冯晋明院长全面回顾总结了上年度的工作，对2008年各项工作作了详细部署，对2007年度表现突出的办公室等7个先进集体、王慧清等36名先进个人进行了表彰。

4月21日 郊区法院审判法庭综合大楼改扩建落成暨执行局挂牌仪式隆重举行，“两庭”建设揭开新的一页。

5月15日 郊区法院举行汶川地震捐款活动。许多在外出差的工作人员得知消息后，委托同事代替自己捐款，向灾区群众奉献自己的爱心。

5月 郊区法院对康裕实业公司煤矿（阳泉市郊区河底镇大固庄村煤矿）重大责任事故一案作出判决：被告人张勇、鲍金寿犯重大责任事故罪，分别被判处三年又六个月有期徒刑。

5月19日下午14时 郊区法院组织干警哀悼汶川地震中遇难的同胞。

6月17日 郊区法院进行空缺中层职位竞聘演讲会，全院干警对演讲者进行了演讲表现、综合素质民主测评。

6月30日 郊区法院召开全体党员大会，院党支部副书记、纪检组长张丽华作党建工作总结。侯庆原等三名优秀党务工作者、赵建军等10名优秀共产党员受到表彰。

7月8日 郊区法院召开《郊区法院志》编纂座谈会，邀请郊区法院10多名退休的老干部、老同志进行座谈。郊区法院院志办全体工作人员参加了座谈。

7月14日 郊区法院召开党组扩大会，对新任命的中层领导干部进行集体诫勉谈话，希望新上任的中层干部算好政治账、经济账、家庭账，堂堂正正做人，清清白白为官，正确使用党和人民赋予的权力。

7月15日 郊区法院召开法院工作会议，对2008年上半年全院工作进行总结，对下半年工作进行部署。

7月17日 郊区法院举办以“迎奥运，促审判”为主题的羽毛球、乒乓球、象棋、华牌体育比赛活动，丰富干警的业余生活。

7月18日　郊区法院成立未成年人综合审判庭，未成年人案件的审理，从传统刑事、民事、行政案件审判中分离出来，有利于未成年被告或原告权益的保障。

7月23日　郊区法院召开党组紧急扩大会，对“院长大接访、干部大下访、大排查、大调处”活动进行安排部署。冯晋明院长要求全院干警，对已审结案件进行一次拉网式排查，为北京奥运会和改革开放30周年庆典，营造和谐安定的社会环境。

8月17日　郊区人大组织常委就郊区法院贯彻落实《中华人民共和国刑事诉讼法》有关情况进行执法检查。执法检查组在认真听取了郊区法院有关情况的汇报后，与郊区法院刑事审判庭及审判监督庭法官进行了座谈。检查组对郊区法院的审判工作和《刑事诉讼法》执行情况，给予充分肯定和高度评价，并提出宝贵意见和建议。

8月26日　郊区法院组织全院干警，进行中共十七大精神和胡锦涛总书记在全国政法工作会议代表及全国大法官、大检察官座谈会上重要讲话大学习、大讨论理论考试。

8月29日　郊区法院组织干警观看“颜色革命”警示教育专题片，紧密结合各自的思想认识开展深入讨论。

9月9日　郊区法院未成年人案件综合审判庭，首次采用“圆桌”审判开庭审理一宗未成年人放火、盗窃案件。

9月17日　郊区法院全体干警为庆祝郊区荫营中学建校五十周年捐款14400元。

10月15日　郊区法院未成年人案件综合审判庭的法官，偕同区教委、团区委等部门领导，在郊区荫营镇三郊中学对师生进行法制辅导。

10月　郊区法院邀请阳泉中院、郊区人民检察院、郊区公安分局、郊区司法局等有关部门负责人召开座谈会，就有关刑事案件方面的问题进行专题研讨。

11月　郊区法院决定集中一个半月时间，采取专项整顿活动与“大学习、大讨论”活动相结合，与“深入学习科学发展观”活动相结合，与“平安创建”活动相结合，与党风廉政建设相结合的方式，开展“干警队伍进行纪律作风专项整顿”，以进一步提升干警队伍素质和整体形象。

12月2日　郊区法院依法对原平定县县委常委、宣传部长梁岗平受贿、巨额财产来源不明一案进行公开审理。

12月4日　围绕“弘扬法治精神，服务科学发展”，郊区法院开展法制知识宣传和咨询，发放各种法制宣传材料500余份，悬挂横幅1条，接待咨询群众200余人/次。

12月6日　郊区法院举行未成年缓刑人员回访帮教座谈会，17名未成年缓刑人员及其家属作了思想汇报。阳泉中院、郊区教委、妇联、司法局、团区委等有关方面负责人参加。

12月12日　全区召开集中清理执行积案活动动员会。会议传达贯彻了全国集中清理执行积案活动电视电话会议精神，安排部署了全区集中清理执行积案活动。阳泉市集中清理执行积案活动领导组成员、阳泉中院副院长于昌明，中共郊区区委常委、政法委书记王如生，区人大副主任王可剑，郊区法院院长冯晋明参加会议。

12 月 24 日 阳泉中院院长王志刚到郊区法院调研指导工作。

2009 年

1 月 6 日 郊区法院召开 2008 年度中层干部述职述廉大会，17 名中层干部作了述职述廉汇报。各分管领导对各庭室工作作了点评。院长冯晋明作了大会总结。

1 月 13 日 郊区法院召开 2008 年度总结表彰大会，冯晋明院长回顾总结了过去一年的工作，对 2009 年的各项工作做了详细部署。对 2008 年度涌现出来的 7 个先进集体、8 个奥运安保工作先进庭室、39 名先进个人、16 名奥运安保先进个人进行了表彰。

2 月 12 日 郊区法院召开全院干警大会，学习贯彻中共阳泉郊区区委七届四次全会精神、区“三干”会精神和区劳模大会精神。会议传达了最高人民法院“五个严禁”（即：严禁接受案件当事人及相关人员的请客送礼；严禁违反规定与律师进行不正当交往；严禁插手过问他人办理的案件；严禁在委托评估、拍卖等活动中徇私舞弊；严禁泄露审判工作秘密）。

3 月 10 日 郊区法院院长冯晋明在河底法庭，亲自主审原告盛 ×× 诉被告李 ×× 变更抚养关系纠纷一案。

3 月 17 日 郊区法院召开全院干警大会，院长冯晋明同各庭室签订《2009 年度社会治安综合治理责任书》。

3 月 17 日 郊区法院召开党风廉政建设暨贯彻《“五个严禁”责任状》签订仪式大会。

3 月 郊区法院根据区委“学习实践科学发展观活动”领导组通知，召开党组会议进行专题研究，同时成立相应的领导机构和工作机构，研究制定了《郊区法院关于开展深入学习实践科学发展观活动的实施方案》和《学习调研阶段工作方案》及学习安排和流程。

3 月 27 日 郊区法院召开“深入开展学习实践科学发展观活动”动员大会。党组书记、院长冯晋明就活动的主要任务、学习内容、时间安排及具体要求作了安排部署，针对活动的开展提出具体要求。

3 月 27 日 郊区法院开展学习实践科学发展观“讲一天党课活动”，冯晋明院长以“深入学习实践科学发展观，推动审判工作再上新台阶”为题，为全院干警作了专题辅导报告。

4 月 郊区法院举行学习实践科学发展观活动理论测试。该院全体党员和入党积极分子参加了测试，测试题共有13个方面内容，涵盖了学习实践活动的全部，人均得分94分。

4月22日 郊区法院召开人大代表、政协委员座谈会，区人大常委会副主任王可剑和部分市、区人大代表，及政协委员参加座谈。

4月23日 中共阳泉市委常委、组织部长宋师璇，市委组织部副部长杨全生，中共阳泉市郊区区委常委、组织部长王振杰一行在郊区法院该院开展“学习实践科学发展观活动”情况进行调研。

4月 郊区法院院长冯晋明携班子全体成员就法院工作和《法院工作报告》，向郊区部分人大代表、各界人士广泛征求意见。与会人大代表对区法院的工作给予充分肯定，同时也提出意见和建议。冯晋明院长对代表们提出的意见和建议表示感谢。

5月19日 郊区法院党组召开深入学习实践科学发展观专题民主生活会。区人大党组副书记、区总工会主席、区学习实践活动检查指导组组长郭善祥，区政法委副书记、区学习实践活动检查指导组副组长张锐到会指导。

5月22日 由郊区法院与市劳教所联手共建青少年法制教育基地“送法进校园”活动正式启动，活动的第一站为旧街中学，同时郊区法院开通了法律咨询热线。本次活动得到郊区检察院、团区委、区教委、旧街乡党委政府大力支持，取得良好社会效果。

5月 郊区法院在全体党员中开展谈心活动。谈心活动坚持做到思想认识有偏差时必谈；工作遭受挫折时必谈；生活遇到困难时必谈；获得荣誉时必谈。“四个必谈”使谈心活动实现了“五化”：即超前化、目标化、经常化、情感化、效果化。

5月 郊区法院确定了“科学发展、富民强区、人民法官为人民”主题实践活动党组成员重点企业联系点，重点帮助这些企业提高应对市场风险的能力。

5月 在2008年度全省法院先进集体和先进个人表彰大会上，郊区法院被授予集体一等功，受到山西省劳动竞赛委员会、山西省高级人民法院表彰，成为阳泉市唯一获此殊荣的基层法院。

6月3日 郊区法院公开开庭审理原荫营煤矿销售科长潘红卫、张幸福涉嫌受贿一案，市、区媒体的记者和100余名该矿干部职工参加旁听。

6月9日 郊区法院召开全院干警大会，签订《保密承诺书》。郊区法院党组成员、中层干部及涉密干警50人，在《承诺书》上签字。

6月 郊区法院召开深入学习实践科学发展观活动专题会议。郊区法院院长冯晋明在会议上强调，要把服判息诉、案结事了、执行到位作为硬指标，把提升办案能力、管理能力、保障能力作为硬任务，把人民群众满意作为硬标准，围绕“三硬”标准开展工作，实现法院自身科学发展。

6月 郊区法院联系实际开展“争做文明接待窗口、争做文明接待员、争做人民群众贴心人”主题实践活动，以强化法官的责任感与事业心，积极为人民群众营造文明舒适、温暖宽松、公正可信的诉讼环境。

7月 郊区法院与荫营镇前洼村部分特困农民，结成帮扶对象。

7月17日 郊区法院审理河底信用社30多名“银行老赖”案件，11名当事人当场主动交了欠款，其他当事人均写了还款保证书。

7月20日 郊区法院召开“人民法官为人民”主题实践活动启动大会。

7月20日 郊区法院召开全院干警大会，对开展影响司法公正突出问题专项治理工作进行动员部署。

8月17日 郊区法院召开“学习实践科学发展观活动群众满意度测评会”。区学习实践科学发展观活动指导检查组第一组组长郭善祥、副组长张锐，进行现场监督指导。全院干警共74人参加测评会，经无记名投票，满意票73票，基本满意票1票，满意率98.6%，基本满意率1.4%。

8月 郊区法院组织全院干警认真收看电视连续剧《苍天》，通过收看《苍天》干警们纷纷表示，在今后工作中，一定要立足本职工作，坚持“三个至上”工作指导思想，牢记司法为民根本宗旨，为建设中国特色社会主义事业做出新的贡献。

8月 郊区法院组织行政审判人员学习最高法院7月5日公布的《关于当前形势下做好行政审判工作的若干意见》。

9月7日 郊区法院召开全院干警大会，传达“全省法院重调息诉和谐司法经验交流会”精神。要求干警牢固树立“调解是高质量审判、调解是高效益审判、调解能力是高水平司法能力”的观念。

9月11日 郊区青少年法制教育基地在郊区法院揭牌成立。

11月 在全市召开的“法治阳泉”动员大会上，郊区法院被阳泉市依法治市领导组授予“2008—2009年依法治理示范单位”。

12月29日 郊区法院召开学习实践科学发展观党组民主生活会，结合2009年全院工作，认真分析、总结党员领导干部在思想、工作、作风等方面的差距，开展批评与自我批评，确定了2010年的各项工作目标。

12月 郊区法院召开党组中心组学习（扩大）会。学习山西省委关于学习“右玉精神”的决定，总结分析前11个月审判执行工作运行情况，要求各部门进一步统一思想，坚定信心，振奋精神，狠抓落实，确保全年目标任务圆满完成。冯晋明院长主持会议，对如何学习“右玉精神”、加强司法作风建设和完成全年各项工作作了安排部署。

12月 元旦、春节来临之际，郊区法院未成年人案件综合审判庭，向经过该庭判处的未到期的未成年缓刑人员致信，对他们缓刑考验期内在改过自新的道路上取得的进步给予表扬，告诫他们珍惜自由美好的时光，继续加强法制学习，继续彻底改造自己，为早日回归阳光少年的行列而努力。

是年 郊区法院率先在全市法院系统推出目标考核办法。

是年 郊区法院在全市法院系统首家成立由财政拨款的刑事被害人司法救助基金。

2010 年

1月18日 郊区法院召开2009年度中层干部述职述廉大会，对全体中层干部进行了考核。会上，参与述职的17名中层干部将本人一年来的工作、学习、思想、作风等情况向全体干警作了汇报，各分管领导对分管各庭室本年度的工作进行了点评。

1月21日 区法院召开2009年度总结表彰大会，对2009年度表现突出的7个先进集体、39名先进个人、12名国庆安保先进个人、6名清理执行积案先进个人进行了表彰。市中级人民法院常务副院长王志德，区委常委、政法委书记王如生，区人大常委会副主任王可剑，区政府副区长田进勇，区政协副主席王振涛等市区领导出席了表彰大会。

2月 最高人民法院公布《人民法院工作人员处分条例》后，郊区法院组织党组成员、中层以上领导干部认真学习条例内容，第一时间贯彻条例精神。院长冯晋明亲自辅导。

3月29日 郊区法院召开党建暨党风廉政建设责任状签订仪式大会。会上，院党组书记、院长冯晋明与党组成员，分管院领导与分管庭室负责人，层层签订2010年度党建暨党风廉政建设责任状。

3月 区法院院党组召开会议，专题研究代表意见和建议，并就具体落实措施进行部署。党组书记、院长冯晋明要求各部门和全体干警以听取代表意见和建议为契机，认真对照检查，更加主动接受人大监督，进一步加强和改进法院工作。院党组结合郊区法院2010年工作思路和重点工作，提出五项落实措施。

4月14日 郊区法院未成年案件综合审判庭，会同区青少年法制教育基地成员单位——区少工委、区妇儿工委以及联手共建单位阳泉市劳教所、荫营地区检察院驻所检察室，深入区三泉中学、三郊中学进行普法宣传。

4月21日 郊区法院降半旗对玉树地震遇难同胞表示沉痛哀悼。院党组书记、院长冯晋明强调，全院干警要坚决响应党中央和国务院的号召，紧急行动起来，踊跃捐款捐物，发扬“一方有难、八方支援”的中华民族传统美德，为灾区重建家园、恢复生产尽自己的一份力量，共为灾区捐款5750元，用实际行动全力支援灾区人民抗震救灾。

4月28日 在郊区荫营二中校园里，由中学生组成的“模拟法庭”，开庭审理一起未成年刑事案件。郊区法院李永祥副院长及区教委、区少工委、区妇儿工委负责人领导观摩了模拟法庭的案件审理，并作了点评和法制辅导。

4月28日　郊区法院组织全体法官观看了《小官大贪》警示录。通过观看警示教育片，郊区法院的全体干警深切地感受到，人民法院干警要真正做到“权为民所用、情为民所系，利为民所谋”，赢得司法公信力，维护人民法院的良好形象。

4月　郊区法院召开党组中心组理论学习会议，认真学习了中共中央颁发的《中国共产党党员领导干部廉洁从政若干准则》，并就如何贯彻落实提出了三项具体要求。院相关领导和部门负责人就学习体会作了交流发言。

5月13日　郊区法院组织全院干警到郊区小河村郊区纪委廉政教育基地，认真接受了一次警示教育。

5月　郊区法院召开有关校园安全问题的专门会议，要求全体法官及其他工作人员进一步认清加强校园及周边安全防范工作的重要性和紧迫性，充分发挥审判职能筑牢校园的“安全网”。

5月　郊区法院未成年人案件综合审判庭受市妇联邀请，深入市交通职业学校、郊区育才学校，采用模拟法庭、法制讲座、劳教学员现身说法等形式，送法进校园，传讲“安全经”。运用真实的案例，告诫未成年学生面对不法侵害，如何自我防范，提高学生法治意识、防范意识及自我保护能力，收到了良好效果。

6月4日　区委政法委、区人民法院、区人民检察院、区公安分局联合召开公处大会，依法从重从快对涉及非法采矿及重大责任事故的违法犯罪人员进行了公开处理，有效地打击了违法犯罪人员的嚣张气焰，再次表明郊区严厉打击非法采矿工作的决心。

6月28日　郊区法院隆重召开庆祝中国共产党成立89周年暨表彰大会。全院党员及入党积极分子参加了大会。

6月　郊区法院执行局干警积极响应上级法院号召，为“6·8”暴力抗法事件中梧州市长洲区法院受伤干警捐款950元。

7月6日　郊区法院党组召开学习贯彻《廉政准则》专题民主生活会。会上，院班子成员对照《廉政准则》“八个严禁、52个不准”规定，进行了认真的自查和互查，开展了批评和自我批评。最后，院党组书记、院长冯晋明就整改落实提出四点要求。

7月26日　郊区法院召开“深入开展创先争优活动动员”大会，安排部署全院创先争优活动。会议要求全体党员在开展创先争优活动中，把握三个方面的重点开展争先创优工作：一是立足岗位职责，找准切入点。二是注重活动衔接，把握着力点。三是扎实开展活动，挖掘闪光点。

7月　郊区法院出台《关于开展建设学习型党组织的实施方案》，从四个层面努力推进学习型法院建设。第一，确定三个学习内容；第二，建立健全三项学习制度；第三，创新四项活动形式；第四，做到理论与实际四个结合。

8月12日至13日　郊区法院对新聘用的10名书记员进行了集中岗前培训。通过此次培训，新录用的书记员进一步明确了自己的工作职责，提高了责任意识，增强了组织纪律性，促进了整体素质的提高。

8月31日 省、市办案安全防范督查组莅临郊区法院，对郊区法院办案安全防范工作进行了督查。

9月 郊区法院制定《未成年人刑事案件社会调查员制度实施办法》，社会调查员的考核、招聘工作全面开展。

10月 郊区法院法警队就贯彻落实全国法院司法警察警示教育电视电话会议精神，召开专题会议进行安排部署。此次警示教育活动由院纪检组牵头，法警队组织，院党组对全体干警提出两点要求。会上，院分管领导及法警队负责人作了讲话，对每位干警提出了要求。

11月11日 郊区法院举行未成年人刑事案件社会调查员聘书发放仪式，为来自中共郊区区委政法委、郊区司法局、共青团郊区区委、郊区人大代表、政协委员、教师，及社会各界22名社会调查员颁发聘书，郊区法院首批聘任未成年人刑事案件社会调查员正式上岗。

11月 郊区法院未成年人案件综合审判庭被全国妇联授予“全国维权工作先进集体”荣誉称号。

11月 郊区法院出台《创优点评工作方案》，召开创优点评专题会议，点评程序为：院党组书记负责对党组成员进行点评，党组成员负责对分管部门党员进行点评，党支部书记负责对支部委员进行点评，以全面加强对党员和干警的考核。

11月 区创先争优活动领导组到郊区法院督促检查创先争优活动开展情况，并给予充分肯定和高度评价，鼓励郊区法院继续结合区委中心工作，通过开展创先争优活动，更好地完成审判、执行任务。

12月10日 郊区法院行政庭全体干警集中学习了从2010年11月18日起施行的《最高人民法院关于审理房屋登记案件若干问题的规定》。

是年 郊区法院受理各类案件1741件，审结1603件。

2011年

1月13日 郊区法院召开2010年度中层干部述职述廉大会，对全体中层干部进行了考核。

1月18日 郊区法院召开了2010年度总结表彰大会，冯晋明院长对2011年各项工作做了安排部署，对在2010年度工作中涌现出来的先进集体和先进个人及朱建芳等三名人民陪审员进行了表彰。

1月 郊区法院按照《关于评选“五星”党员实施方案》，评选出了“五星党员”25名，“四星级党员”17名，并在院立案大厅进行了公布。

2月22日 郊区法院召开全院干警大会，认真贯彻学习中共阳泉郊区区委七届六次全会精神，并结合法院实际提出了具体的贯彻意见。郊区法院冯晋明院长对全体干警提出新的工作要求。

2月 郊区法院2011年“集中教育培训周”拉开帷幕。这是郊区法院连续第四年在“两节”之后举办全员培训活动，旨在适应新形势对司法审判工作的新要求，不断增强法官的司法能力。

3月15日 郊区法院召开全院干警大会，会上院领导与各庭室负责人签订了2011年度社会治安综合治理责任书。

3月 郊区法院组织干警参加了区委政法委的“综治宣传月”大型法律咨询活动。参加活动的法官耐心地为在场群众解答各种法律问题，共接待咨询30余次。

3月 郊区法院根据区委关于“百个单位包村、千名干部帮农、万名党员联户”活动的安排，由专职审委史计平带队，深入郊区荫营镇前洼村，与该村两委班子进行了座谈。

5月10日 郊区法院举行河底法庭新的办公大楼开工建设奠基仪式，院长冯晋明和其他院领导，以及区发展和改革局领导、河底镇负责人参加了这次奠基仪式。

5月30日 郊区法院召开党组扩大会，认真学习传达了区第八次党代会精神，研究了落实会议精神的具体措施。大会深入学习和讨论了赵峰书记在区第八次党代会上所作的主题报告。

6月20日 郊区法院公务用车问题专项治理工作领导小组日前召开了专题会议，对活动的开展进行了部署。

6月 阳泉中院举办全市法院系统党风廉政建设知识竞赛活动。郊区法院喜获第一名。

7月4日 郊区法院召开党组扩大会，认真学习了胡锦涛总书记在庆祝中国共产党成立90周年上的重要讲话。院党组向全院干警提出以下五点要求：一是开创学习精神新局面。二是开创审判工作新局面。三是开创执行工作新局面。四是开创司法为民新局面。五是开创队伍建设新局面。

7月28日 市人大常委会调研组一行16人，在区委常委、政法委书记郭斌，区人大常委会副主任陈玉俊陪同下，深入郊区法院，就刑事审判中的相关问题进行座谈。郊区法院院长冯晋明就区法院2009年来刑事审判工作，从三个方面作了汇报。调研组领导对冯院长的汇报给予充分肯定，并提出了意见和建议。

8月 为贯彻落实中央《关于开展党政机关公务用车问题专项治理工作的实施意见》精神，郊区法院公务用车问题专项治理工作领导小组召开专题会议，对活动进行部署。

9月20日 郊区法院为增强干警的勤政廉政意识，举办“迎国庆、反腐倡廉”演讲比赛。院党组书记、院长冯晋明就演讲比赛作了点评。

9月28日 全区窗口单位和服务行业为民服务创先争优推进会在郊区法院召开。

9月 郊区法院扎实开展“千百万”活动，干警通过进村入户走访活动，了解社情民意、破解发展难题、化解社会矛盾，促进干群关系融洽、促进基层发展稳定、促进机关作风转变。

12月 郊区法院召开全院干警大会，收看詹红荔先进事迹视频报告会。会后，法院党组书记、院长冯晋明提出，全院干警要学习先进典型，在全院营造“学先进、争先进、当先进”的良好氛围。

12月 为进一步严肃工作纪律，加强机关作风建设，狠抓工作落实，郊区法院开展为期一个月的“纪律作风集中教育整顿月”活动。

是年，郊区法院全年共受理各类案件1609件，其中诉讼案件1193件，审结1158件，审结率为98%；受理执行案件416件，执结375件，执结率为90.1%。

2012年

1月6日至9日 区、市(中院)考核组分别通过听取汇报、查阅各种资料、个别谈话、发放测评表等形式对郊区法院2011年度目标任务落实情况、反腐倡廉建设等方面进行了全面细致地考核，听取了社会各界代表对法院工作的意见和建议。

1月10日 郊区法院召开2011年度中层以上干部述职述廉大会，对全体中层干部进行了考核。

1月12日 郊区法院召开2011年度总结表彰大会。冯晋明院长对2012年各项工作进行了安排部署，对在2011年度工作中涌现出来的先进集体、优秀庭长和先进个人进行了表彰奖励。

1月 郊区法院社会治安综合治理工作受到中共山西省委政法委表彰。

2月14日至15日 郊区法院集中两天时间，对法官及其他工作人员进行了全员培训。培训活动采取外出培训人员轮流授课的方式，就刑事和民事审判工作的热点难点问题进行共同学习。

2月28日 在全省法院系统党风廉政建设表彰大会上，郊区法院荣获全省法院系统“三好四廉”创建活动先进集体荣誉称号。

3月5日 郊区法院召开全院干警大会，会上院领导与各庭室负责人签订了2012年度社会管理综合治理责任书。

3月 郊区法院召开党建暨《党风廉政建设责任状》签订仪式大会。院党组书记、院长冯晋明与党组成员、分管院领导与分管庭室负责人层层签订了《2012年度党建暨党风廉政建设责任状》。

3月　郊区法院召开“保持党的纯洁性学习教育活动动员”大会。党组书记、院长冯晋明作动员讲话。同时成立“保持党的纯洁性学习教育活动领导组”，整个学习教育活动，按照《实施方案》要求积极展开、认真推进。

3月26日　郊区法院召开全院干警大会，对“忠诚、为民、公正、廉洁”为内容的政法干警核心价值观教育实践活动进行动员。

3月26日　郊区法院举办民事审判业务研讨会。此次研讨是保持共产党员纯洁性活动、政法干警核心价值观教育实践活动和“五个一”系列活动的重要组成部分，旨在进一步提高法官的能动司法能力。

4月19日　郊区法院隆重举行审判法庭大楼迁建项目开工奠基仪式。

5月15日至16日　郊区法院民一庭干警用两天时间，分别到河底镇、西南舁乡、平坦镇的部分乡村进行走访，了解村情民意，为群众提供法律咨询服务。

5月　郊区法院党组在区十七届人大二次会议期间，组织干警深入各代表团和讨论组，认真听取和征求与会人大代表的意见、建议。对于冯晋明院长在会上所作的《法院工作报告》，代表们给予高度肯定，对法院工作提出了宝贵意见和建议。

5月　郊区法院党组中心组集中学习《人民日报》近期刊发的《集中精力把两会精神贯彻好》《牢牢把握稳中求进的总基调》《满怀信心迎接党的十八大》三篇评论员文章。

5月　郊区法院召开执行工作会议，专题研究解决执行难等问题。会上通报了全市审判质效会议精神，学习了《最高人民法院关于执行权合理配置和科学运行的若干规定》等上级文件。执行局全体干警、各业务庭庭长、法警队队长参加了会议。

5月　郊区法院组织开展政法干警核心价值观教育实践活动应知应会考试。考试内容以政法干警核心价值观、人民法官职业道德基本规范、执法工作基本规范、《廉政准则》为依据，重点考察干警对主题教育实践活动内容的掌握情况。

6月27日　郊区法院干警认真收看了《居安思危》党内系列教育参考片(四集)苏联亡党亡国20年祭。

7月2日　郊区法院干警在平坦乡石板片村，开展“法律书籍进农村”赠书活动。

7月4日　郊区法院组织全体干警观看了重大革命历史题材故事片《忠诚与背叛》。观看完影片后，干警们纷纷表示一定要始终保持对党和人民的绝对忠诚，以饱满的政治热情和优异的工作成绩迎接中共十八大胜利召开。

7月5日　郊区法院举办“保持共产党员纯洁性教育”和“政法干警核心价值观活动”演讲比赛。

7月30日　郊区法院全院干警集中收看山西卫视播放的《彭云同志先进事迹报告会》，学习彭云致力于改变山村贫穷落后面貌立党为公、执政为民、扎根基层、大公无私的可贵品质和崇高精神。

7月 郊区法院组织法官深入郊区平坦镇石板片村，给村民送去了一批适用的法律法规及司法解释类书籍100余本。此次赠书是郊区法院正在开展的“双百”活动的重要组成部分。当地村民称此次活动为“及时雨”。

7月 郊区法院组织全院干警认真聆听观看了全国法院弘扬政法干警核心价值观报告会。干警纷纷表示，要以报告会成员为榜样，牢固树立大局意识，突出执法办案要务，全力做好本职工作，为建设和谐郊区，促进全区经济社会又快又好发展作出新的更大贡献。

8月7日 郊区法院党组召开2012年上半年度法院审判质效分析会，对郊区法院的审判质效进行详细分析，并提出三项措施，确保审判质效水平继续稳步提升。三项措施是指：一是以加强各项短板工作为突破，提升审判公正与效果。二是以研究质效体系规则为方法，做好案件归口管理。三是要切实加强对评价体系的综合分析。

8月9日 郊区法院为进一步强化审判质效管理，提高书记员和统计人员的素质，邀请阳泉中院资深专家为业务庭的干警授课。各庭庭长、书记员及统计员参加了培训。

8月29日 郊区法院领导和庭审观摩评查活动小组所有人员，在义井法庭观摩由任继华专委、王恕庭长主持审理的三起商事纠纷案件，是该人民法庭建庭后，首次举行观摩评查活动。

8月 山西省依法治理领导组的领导深入郊区法院，授予郊区法院“全省依法治理示范单位”荣誉称号。

8月 郊区法院召开维稳会议，学习传达贯彻省、市委以及中级法院近期召开的一系列维护社会稳定工作会议精神，采取有效措施，突出“四个强化”，努力为十八大胜利召开营造良好的社会环境。

9月4日 阳泉中院党组书记、代院长陈明华深入郊区法院，就郊区法院审判工作和队伍建设等情况进行了调研。阳泉中院常务副院长王志德，区委常委、政法委书记郭斌，区人大常委会副主任潘钰，区政协副主席刘金文陪同调研。

9月 河底法庭庭长赵建军应区司法局的邀请，到区招待所对全区100余名人民调解员进行业务培训，对如何进行诉调对接作了深入浅出的讲解。

10月11日 郊区法院隆重举行河底人民法庭新审判大楼落成仪式。市中级人民法院常务副院长王志德，区委常委、政法委书记郭斌，区人大常委会副主任王可剑、张富英，区政协副主席刘金文及相关单位领导出席。

10月18日 郊区法院召开纪律作风集中整顿活动动员会，安排部署纪律作风集中整顿活动，同时出台《郊区法院关于开展纪律作风集中整顿活动的实施意见》，就如何开展纪律作风集中整顿活动做了具体的安排部署。

10月29日 阳泉中院原院长高根楼等一行30多人，在阳泉中院党组成员、副院长刘瑞光陪同下，到郊区法院指导、视察工作，参观了郊区法院审判大楼、立案庭、审判法庭，对郊区法院各项工作取得的成绩，给予充分肯定和高度评价。

11月8日 郊区法院组织全院干警收看了中央电视台中共十八大开幕式直播。

11月20日 郊区法院理论中心学习组召开会议，认真学习习近平总书记的讲话精神。

是年，王拉寿创作的长篇报告文学《玉泉山作证》（24万字）由中国文联出版社出版，其小说集《玫瑰舞者》（22万字）由中国戏剧出版社出版。

2013年

1月6日 中共郊区区委考核组由区政协副主席杨济才带领，就郊区法院领导班子2013年度履行职责、党风廉政建设，通过听取汇报、查阅各种资料、个别谈话、发放测评表等形式，对郊区法院2012年度目标任务落实情况、反腐倡廉建设等方面进行了考核，并听取了社会各界代表对法院工作的意见和建议。

1月6日 山西省军区军事法院院长王峰一行10余人到郊区法院参观，冯晋明院长向王峰院长和随行人员介绍了郊区法院的有关情况，王峰院长对郊区法院的各项工作给予高度评价，希望郊区法院处理涉军案件时，继续保持快立、快审、快执的作风。

1月8日 中共阳泉市委政法委领导一行深入郊区法院，就郊区法院2012年度执法质量工作进行考核验收。

1月9日 阳泉中院领导一行10余人深入郊区法院，就郊区法院2012年度执法质量工作进行了考核验收。

1月15日 在郊区法院全院干警大会上，院党组对案件质量评查情况进行了通报。

2月 郊区法院根据区委的安排，由冯晋明院长亲自带队，开展“访民生、知民情、解民事”调研走访活动，共计走访了荫营镇8个行政村50户人家，入户率为11%，收集涉及司法为民、司法救助、普法宣传意见建议14条。

3月18日 郊区法院组织干警以“法官教您打官司”为内容，在郊区广场开展“公正执法宣传日”活动。

3月21日 市人大常委会副主任孙金明一行深入郊区法院，就新修订的民事诉讼法、刑事诉讼法贯彻情况进行了调研，并与公、检、法、司的领导进行了座谈。

4月 郊区法院完成了山西省法院系统《刑罚工作禁止令的适用》重点调研课题。

4月 王培忠任郊区人民法院党组成员、纪检组长，高志亮任党组成员。

5月24日 郊区法院对新提拔、调整的中层干部分别进行了履职、廉政谈话。谈话会由冯晋明院长主持，分管领导、纪检组长、政治处人员参加。冯院长和每一位新提拔、调整的中层干部进行了谈话。新任命中层干部表示，要处理好自身工作，尽快适应新岗位，从严要求，忠实履行自身职责，把各自工作搞好。

5月31日 郊区法院院领导前往郊区荫营镇三泉村中心小学，为孩子们送去3000余元的学习用品，勉励孩子们好好学习，争取早日成为社会有用的人才。

5月 为自觉接受人大监督，进一步促进审判工作的公开、公正，在区十七届人大三次会议期间，郊区法院党组组织干警深入各代表团和讨论组，认真听取和征求与会人大代表的意见、建议。

5月 为进一步搞好“四个专项治理”活动，郊区法院组织开展“四比四看”活动。“四比四看”内容主要是：第一比环境，看法院各项工作的整体推进。第二比服务，看当事人和工作对象的评价。第三比水平，看工作能力。第四比作风，看干警和法院形象。

6月20日 市中级人民法院院长陈明华一行在区委常委、政法委书记王建华，区法院院长冯晋明的陪同下，对郊区部分重点招商引资项目、新农村建设典型和郊区法院重点建设工程进行调研，征求他们对法院工作的意见和建议。

7月1日 在郊区旧街乡枣园村村委会会议室，阳泉中院和郊区法院中层以上领导干部，聆听枣园村党支部书记马玉田讲授的党课。

7月1日 阳泉中院法律服务点挂牌仪式在郊区旧街乡保安村隆重举行。

8月13日 郊区法院组织全院干警收看了“陈光礼等系列腐败案”警示片，给广大干警，特别是领导干部上了一堂警示教育课。

8月20日 郊区法院班子召开以“廉洁司法、拒腐防变”为主题的专题民主生活会。会上，院班子成员认真对照《廉政准则》，深刻地开展批评和自我批评。

8月26日 阳泉中院陈明华院长偕中院中层以上干部，在郊区西南舁乡进行法官向村官学习活动。中共郊区区委常委、政法委书记王建华，参加了学习活动。

8月28日 郊区法院行政庭公开宣判最高法院进行行政诉讼集中管辖试点后，受理的第一件行政案件，判决撤销被告阳泉市人力资源和社会保障局对原告谷小芬所作的《工伤认定不予受理决定》。

8月 郊区法院出台《关于开展党员星级管理活动的实施方案》。“方案”延续了郊区法院一直坚持的“星级党员评选”的传统做法。五星即：“办案星”，“调解星”“执行星”“保障星”“质量星”。党员星级评定将按百分制评分的方式进行，并同考核相挂钩。

9月30日 郊区法院召开纪律作风教育整顿大会，深入学习、贯彻落实中央关于改进工作作风、密切联系群众的“八项规定”。院党组书记、院长冯晋明作了重要讲话，强调要开展纪律作风整顿，进一步严肃纪律、强化作风，为审判工作提供坚强有力的纪律保证。

11月12日 郊区法院邀请省高院资深专家平磊，为全体干警举办了贴近法院工作、实用性较强的司法礼仪讲座，使全院干警对司法礼仪有了一个全新的认识。

11 月 14 日 郊区法院召开党组中心组扩大会议，专题学习十八届三中全会公报。会议由院党组书记、院长冯晋明主持，院党组成员和全体中层干部参加会议，与会人员认真学习十八届三中全会公报全文，及最高人民法院周强院长的重要讲话。

12 月 1 日 为了让广大人民群众更好地了解法院工作，阳泉市郊区人民法院网站（http://yqjqfy.chinacourt.org）正式开通。这标志着郊区法院信息化水平迈上了一个新台阶。

12 月 16 日 《人民法院报》以整版篇幅刊登了王拉寿的案件纪实文章《罪恶的嗜好》。《罪恶的嗜好》素材来源于郊区法院审理的一个刑事案件，作者通过深入采访、深入挖掘，将案件背后的故事呈现在读者面前，旨在通过这个案例，给人们一个警醒。

12 月 19 日 继中院召开“全市法院信息化暨推进司法公开工作会议”之后，郊区法院召开信息化建设及司法公开推进会。总结郊区法院信息化建设及司法公开现状的同时，对下一步全院信息化建设工作作了安排部署。

12 月 23 日 根据《最高人民法院关于进一步做好庭审安全防范工作的紧急通知》，郊区法院法警大队组织警员召开紧急会议，通报近期发生在新疆木萨尔法院发生的离婚案被告持刀行凶杀人事件，要求干警认真履行职责，切实做好庭审安全防范工作，严格落实安检责任，坚决把好“入口关”，严防各类事件的发生。

2014 年

1 月 6 日 郊区“2013 年度目标责任考核组”由区政协副主席杨济才带队，通过听取汇报、查阅资料、个别谈话、发放测评表等形式，对郊区法院 2013 年度目标任务落实情况、反腐倡廉建设等方面，进行了全面细致地考核。

1 月 15 日 郊区法院召开 2013 年度中层干部述职述廉大会，新增了对各部门的民主测评内容，测评紧紧围绕目标考核办法中所列的分项目展开，使整个述职述廉活动更具有科学性和民主性。

1 月 22 日 郊区法院召开 2013 年度年终总结表彰大会。

1 月 郊区法院集中开展为期三个月的廉洁司法教育活动，组织干警参观郊区廉政教育基地，到阳泉一监观看服刑人员现身说法。

6 月 12 日 阳泉中院党组成员、专职审委张彩虹和阳泉中院行政庭庭长一行 5 人，对全市法院行政诉讼案件相对集中管辖实施一年间的工作情况，在郊区法院进行调研。

7 月 18 日 郊区法院召开党的群众路线教育实践活动党组民主生活会。郊区党的群众路线教育实践活动领导组第 11 组组长、区人大常委会副主任王可剑到会督导并讲话，院班子全体成员参加了会议，会议由党组书记、院长冯晋明主持。专题民主生活会按照“照镜子、正衣冠、洗洗澡、治治病”的总要求，以为民务实清廉为主题，以聚集反对“四风”、服务群众为重点，密切联系思想工作实际，以整风精神开展批评与自我批评，深挖思想根源，以进一步明确努力方向和整改措施。

7月31日上午 八一建军节即将来临之际，郊区法院召开转业、退伍军人座谈会。党组书记、院长冯晋明代表院党组，向转业、退伍军人致以节日的祝福和诚挚的问候，对他们在法院工作岗位上做出的重要贡献给予充分肯定和感谢。

7月 在区“李家庄新村”杯首届职工羽毛球大赛中，郊区法院两名干警代表区政法系统，经过与区19支代表队的激烈角逐，终获第四名的好成绩。

8月 王拉寿的法学论文《法律和法律人的真谛》在国家级报刊《中国法官诗文专刊》2014年第七期上发表。

8月11日 郊区法院召开党的群众路线教育实践活动领导班子民主生活会。市委党的群众路线教育实践活动第3督导组副组长、市林业局副局长郗新华，区委党的群众路线教育实践活动第11督导组第一组长、区人大副主任、区总工会主席王可剑，及区委党的群众路线教育实践活动第11督导组全体成员出席民主生活会，对郊区法院领导班子的批评和自我批评作了点评。

8月25日 郊区法院科级非领导干部专题民主生活会召开。会议以“为民、务实、清廉”为主题，以反对“四风”、服务群众为重点，认真解决形式主义、官僚主义、享乐主义和奢靡之风问题。会上，院领导班子成员听取了10名科级非领导干部的批评与自我批评，分管领导进行了点评，冯晋明院长作了总结讲话。区委党的群众路线教育实践活动第11督导组及区委组织部、区纪检委领导参会指导。

8月 郊区法院狠抓纪检监察部门的“三转”工作。一是深入学习相关文件。二是认真组织大讨论。三是切实完善相关制度。

9月 “一村一警”活动开始以来，郊区法院着力在转变工作方式上下功夫，深入推进“六个一”。

9月16日下午 由王梦贺主任带队，区人大常委会组织部分区人大常委会委员、区人大代表，对郊区法院刑事审判工作进行视察。

10月16日上午 原告张某某不服被告阳泉市工商局城区分局行政处罚一案的庭审观摩，在郊区法院第二法庭进行，来自阳泉市各县、区行政执法机关的工作人员50多人旁听。

10月22日 郊区法院“一村一警”包村干部分管领导董新河、行政庭庭长王宝翠妥善化解一起民间纠纷。

10月27日下午 郊区法院组织全院干警学习领会中共十八届四中全会精神，并结合当前工作对贯彻落实全会精神迅速进行部署。

10月30日 郊区法院召开全院“党的群众路线教育实践活动”总结大会。区委第11督导组第一组长、区人大副主任、区工会主席（兼）王可剑，督导组组长、区妇联主席李秀芳，及督导组其他成员参加会议。

10月 郊区法院立足工作实际，针对工作方面存在的突出问题，采取分片整理的方式，对原有制度进行分析梳理，修订完善了《行政后勤管理办法》《审判委员会议事规则》多项工作制度。

10月 郊区法院召开党组扩大会，传达学习了习近平总书记在党的群众路线总结大会上的重要讲话精神。

10月 河底法庭成功处理一起群体性不当得利纠纷案件。

11月18日 由阳泉中院党组成员、纪检组长刘敬辉带队的阳泉中院司法巡查组，深入该院开展为期近两个月的司法巡查。

11月 郊区法院结合自身工作，就如何落实好"两个责任方面"提出三点建议：一是"两个责任"的落实运行机制。二是权力监督制约机制。三是案件查办工作机制。

11月 郊区法院未成年人庭审结一起未成年人致人伤害的赔偿案件。

11月 郊区法院正式启用访客实名登记系统——"访客易"，来访当事人只需将身份证、驾驶证等有效证件，往"访客机"上证件扫描处一放，几秒钟即可打印出一张《访客单》。

11月 郊区法院学习贯彻党的十八届四中全会精神做到"四结合"。一是"学研"结合。二是"学宣"结合。三是"学践"结合。四是"学考"结合。

12月18日 郊区法院召开全院干警大会，对以"深入学习贯彻习近平总书记系列重要讲话精神，净化政治生态、实现弊革风清、重塑山西形象、促进富民强省"为主题的学习讨论落实活动进行动员部署。区委第8督导组组长、区人大城环委主任侯建强出席会议并讲话。

12月 阳泉中院司法巡查工作组在郊区法院召开由区人大、区政协、区纪委、区委组织部等有关职能部门工作人员参加的征求意见座谈会，座谈会紧紧围绕阳泉中院关于司法巡查方案，就该院队伍建设、审判执行工作及廉政工作，广泛征求意见和建议。

12月 郊区法院根据中央有关条例、法规，结合自身实际，制定了《落实两个责任的实施办法（试行）》，进一步细化了党组的主体责任和纪检、监察室的监督责任。

本年度 郊区法院在立案、庭审、宣判、信访四个节点强化释法答疑工作，形成贯穿整个审判过程的"四点一线"释法答疑工作法，取得了良好社会效果。

2015年

1月7日上午 省高院召开集中开展专项整治电视电话会，左世忠院长讲话。郊区法院组织全院干警参加了电视电话会议。会后，冯晋明院长就郊区法院“学习讨论落实”活动作了具体安排。

1月7日　根据《中共阳泉市郊区委员会关于在全区深入开展学习讨论落实活动的实施意见》，郊区法院党组制定《关于开展学习讨论落实活动实施方案》。该《方案》包括一个指导思想，五项目标任务，六项抓落实和六项保障措施。学习讨论落实活动重点在班子成员及各庭室负责人中开展。这次活动的特点是不分段不转段。院党组要求各责任人要紧扣活动要求，保证活动做细、做实，确保工作、活动两不误、两促进。

1月12日　冯晋明院长就郊区法院“学习讨论落实”活动作了专题辅导。冯院长从推进法治中国建设的基本含义、主要内容、重大举措，以及领导干部如何确立法治思维等方面进行了讲解，并围绕“如何面对司法改革”等问题，与大家共同探讨学习。

1月12日下午　郊区法院“学习讨论落实”活动领导小组办公室组织全院干警，在院四楼会议室集体观看教育警示片《警钟长鸣》。

1月19日　郊区法院召开专项整治活动动员大会。会上，党组成员、纪检组长王培忠就《郊区法院关于在学习讨论落实活动中开展专项整治活动的实施方案》作了具体安排，张海忠副院长传达了区委学习讨论落实活动办公室《关于转发〈关于深入查找政治生态突出问题认真讨论整理反思剖析报告的通知〉的通知》，全院干警进行了学习讨论，并对照自身进行了反思。冯晋明院长作总结讲话，要求全院干警要从思想上认真对待，要从突出重点，增强责任心，统筹协调，做好各项工作。

1月22日　郊区2014年度目标责任考核组在区委常委、组织部部长王振杰，区政协副主席杨济才带领导下，通过听取汇报、查阅资料等形式，对该院2014年度目标任务落实情况、反腐倡廉建设等方面的工作，进行全面细致地考核。

1月28日　阳泉中院考核组对郊区法院2014年度工作情况进行考核。2014年，郊区法院全年共受理各类案件1666件（旧存24件，新收1642件），较上年同期上升33.8%。审结、执结案件1587件，结案率为95.2%。

1月29日　郊区法院召开2014年度案件评查通报会，10个案件评查小组的评查人轮流发言，冯晋明院长就案件评查工作进行了点评。

1月30日　郊区法院会同区纪委，组织全区30多名村干部，旁听在郊区法院开庭审理的一起村干部职务犯罪案件，使村干部们受到了“零距离”现场警示教育。

1月　阳泉郊区法院王拉寿创作的中篇小说《鬼楼奇案》，列入2014年度中国侦探推理小说排行榜。

2月2日　郊区法院召开“学习讨论落实”活动第二次专题讨论会，会议紧密结合专项整治活动，围绕如何通过净化政治生态，实现弊革风清，努力使人民群众从每一件司法案件都能感受到公平与正义展开，班子全体成员参加。区委第8督导组组长、区人大城环委主任侯建强，及区委政法委领导作了现场指导。

2月11日　郊区法院召开2014年度总结表彰大会，会议总结回顾了2014年度全院各项工作情况，对涌现出的先进集体、优秀庭长、先进个人和优秀人民陪审员进行了表彰，并对2015年的工作进行安排部署。全体干警参加会议，冯晋明院长讲话。

2月27日　阳泉市郊区河底镇镇党委书记段永军等镇领导，到河底法庭同干警座谈，对河底法庭2014年的社会治安综合治理工作给予高度肯定，同时预祝河底法庭在新的一年里能再创佳绩，为平安郊区作出新的成绩。

3月16日下午　郊区法院召开2015年度工作安排及党风廉政建设会议，传达上级法院的有关文件精神，冯晋明院长对2015年的工作作了安排部署，要求进一步加强党风廉政建设。冯院长与所有班子成员，各分管领导与部门负责人，签订了2015年度《党风廉政建设责任书》及《社会治安综合治理目标责任书》。

3月　郊区法院对法院文化工作提出建议：一是建议上级法院尽快完善相关的文化协会组织。二是着力破除法院文化建设是“私人劳动”的错误思想。三是着力培植重点文化人。

3月　郊区法院对信息化建设面临的问题提出三项建议：一是信息化应用有待于进一步推进。二是努力解决信息化建设经费困难，促进信息化全面发展。三是裁判文书上网引起的后续问题，须引起上级法院高度关注。四是引进计算机专门人才，进一步加强法院系统的信息化建设。

4月15日上午　利用郊区召开大民代表大会平台，郊区法院在代表们评议“一府两院”报告期间，向人大代表们发出征求意见卡100余份，恳请代表们对郊区法院的各项工作提出意见和建议。代表们畅所欲言，在肯定郊区法院工作的同时，对郊区法院的工作提出相应的意见和建议，并对郊区法院今后在适应新的形势、面对新类型案件方面的工作提出新的要求。

4月20日下午　郊区法院召开以廉政建设及作风建设再动员、再教育为内容的全院干警大会。

4月30日　郊区法院举行系列体育比赛活动，全院干警参加了乒乓球、羽毛球、踢毽、跳绳、拱猪等5个项目的比赛。

4月30日　郊区法院组织全体干警在狮脑山开展“迎五一”健身活动。

5月1日　新《行政诉讼法》及《司法解释》正式实施，为确保新法顺利贯彻落实，保护群众合法权益，郊区法院行政庭采取三项措施，为新法实施做准备：一是加强业务学习；二是加大司法宣传力度；三是畅通行政立案渠道。

5月4日　郊区法院在四楼会议室举办立案登记业务专题培训会。这次培训会继续采取由外出受训人员轮流为全院干警授课的传统方式，由立案庭庭长史历文主讲，深入浅出地解读了“立案登记制度改革的背景”、“立案登记与审查的区别”、“登记和不予登记的情形及法院应对的措施”等。冯晋明院长在培训会上对实施立案登记制度的实话提出相关要求。

5月5日　山西省委政法委专项整治督导组在郊区法院督导工作。区委政法委及区公、检、法、司的主要领导，分别向督导组汇报了专项整治活动的开展情况。督导组领导在听取各单位的汇报后，通过详细检查专项整治工作的资料、台账，并随机与干警进行走访座谈，掌握了解工作进展情况，对郊区政法部门专项整治工作取得的实效予以充分肯定。

5月8日　郊区法院未成年人案件综合审判庭王慧清庭长到河底村中心小学，为该校2000余名学生及50余名老师讲授法制课，受到广大师生们一致好评。

5月8日，郊区法院刑事审判庭处理的一起交通肇事案受害人郭继孝的四个子女，在其叔父郭忠孝带领下赠送了写有《公正执法、热心为民》的锦旗。

5月12日　郊区法院开庭审理新《行政诉讼法》施行后的第一件行政案件。开庭前，行政庭全体干警集思广益，对行政机关负责人出庭应诉及委托代理人的具体要求等，重新设计了庭审提纲，圆满完成了本次庭审。

5月19日　郊区法院党组要求专项整治活动实现“三个结合”：一是与学习贯彻各级政法工作会议、各级法院院长会议精神相结合。二是与规范司法行为相结合。三是与经济下行压力增大下法院服务中心的具体工作相结合。

5月22日　郊区法院立案登记制准备工作推行四项措施：一是提高认识，全面落实制度。二是提升业务技能，加强管理，完善服务网络流程管理。三是健全多元化纠纷解决机制。四是强化司法作风，健全立案监督。

5月28日　郊区法院举办为期一天的“人民陪审员培训会”，对30多名人民陪审员进行集中培训。冯晋明院长在开班仪式上讲话，对对全体人民陪审员提出三点期望：一是要全面了解自我，树立强烈的职业自豪感和责任感；二是要加强学习，充实自我，不断提高自身的业务素质和审判能力；三是要摆正关系，积极参与，自觉处理好人民陪审员工作与本职工作的关系。

6月8日下午　为深入开展“三严三实”专题教育，提高全院干警的政治理论素养，郊区法院党组书记、院长冯晋明为全院干警讲授党课，重点强调了三项要求：一是心要静，做到清心省事。二是气要平，做到心平气和。三是手要廉，做到两袖清风。

6月12日上午　郊区组织全区30名党员干部，在法院旁听被告人任爱成（山西省阳泉第二监狱二监区八分监区副分监区长，主任科员，专业技术一级警督）、闫建国（阳泉固庄煤矿二大队八中队材料员）受贿一案的庭审，现场接受预防职务犯罪警示教育。

6月18日　由区人大常委会副主任王可剑、张凤英带队，20多名区人大代表深入郊区法院，就郊区法院规范司法行为情况进行视察。区人大领导及代表在对该院平坦法庭和新审判法庭综合大楼视察后，又听取了该院《关于规范司法行为的情况报告》（草稿），并对报告及法院其他方面的工作提出了意见和建议。

七一前夕 郊区法院召开全体党员大会。本次党员大会与以往不同的是，未对优秀党员进行表彰，而是通过院党支部成员为全体党员讲党课的形式，迎接党的生日。本次活动紧紧围绕正在开展的“三严三实”活动展开。会后，全体党员认真结合党课分别写出了自己的心得体会。

7月6日下午 郊区法院班子召开“三严三实”专题民主生活会，党组书记、院长冯晋明主持会议。会上，冯院长带头发言，进行个人对照检查，深入查摆自己在“不严不实”等方面存在的问题，并作了诚恳的自我批评，虚心接受班子其他同志提出的批评意见。其他班子成员也联系自己的思想、工作和生活实际，逐一对照检查，剖析不严不实问题产生的根源，每个同志发言后，其他同志提出批评意见和建议，体现了严肃认真、实事求是的良好风气。最后，冯院长对各班子成员提出了新的要求。

7月10日 郊区法院集中开展2015年上半年党风廉政建设“两个责任”廉政谈话和报告工作，进一步强调“两个责任”，层层传导压力。党组书记、院长冯晋明与分管纪检的党组成员、政治处主任一起，按制度要求约谈了每一位班子成员，了解各分管庭室贯彻落实党风廉政建设的有关情况，掌握干警的思想、工作、学习、生活、家庭等方面的相关情况，遵守党的纪律、规定、制度有关情况，以及干警对院党组抓党风廉政建设方面工作的意见建议。进一步促进了全院领导班子和中层干部党风廉政建设责任的落实。

7月15日 郊区法院对如何防范虚假诉讼提出以下建议：一是加强法律宣传，引导诚信诉讼。二是强化审判职权，排除合理怀疑。三是加大惩处力度，震慑虚假诉讼。

7月21日 郊区法院经调研认为，除事实清楚、证据充分，确无证人出庭必要的案件外，证人出庭比例小的成因主要有以下几点：一、当事人缺少主动申请证人出庭的意识。二、国家对证人的保护制度和与证人出庭有关的相应补偿制度不全面，现有规定流于形式，缺乏实践指导性。三、公民法律意识滞后，欠缺行使法律权利义务的积极性。

8月26日 郊区法院组织中层干部以上20余人，观看中央党校祝彦教授作的《“三严三实”与共产党员的修养》专题讲座，进一步深刻领会“三严三实”的重大意义、丰富内涵和实践要求。之后，组织开展集中讨论，部分班子成员和庭长联系实际，进行了深刻反思，冯晋明院长作了专题讲话。

8月27日 郊区法院民二庭庭长王利军组织全庭干警，认真学习“新民间借贷司法解释”规定，针对司法解释中的新亮点，如民刑交叉问题、民间借贷利率、企业间借贷合同效力、互联网借贷平台责任等问题进行了认真探讨。

8月31日 郊区法院组织全院中层以上干部20余人，观看省委书记王儒林“三严三实”专题党课。

8月31日 郊区法院中层以上干部以“严守党的政治纪律和政治规矩”为题，联系反面典型，组织开展研讨活动。

9月13日 郊区法院刑事审判庭法官冒雨驱车近一百多里，到平定县柏井镇崔家村，为阳泉“割鼻子”一案受害人送去了法律援助。

9月14日 为纪念中国人民抗日战争暨世界反法西斯战争胜利70周年，扎实推进“三严三实”专题教育开展，郊区法院组织干警赴郊区档案馆参观档案史料图片展、档案史料实物展，通过大量典型性、代表性的历史珍贵照片资料、文史资料，了解郊区人民的苦难史、抗战史，重温当年革命烈士为郊区的解放事业和革命胜利抛头颅、洒热血的英勇事迹，接受革命传统教育。

9月27日 郊区法院法警队利用工作间隙，狠抓日常训练，特别是体能训练和岗位练兵，积极开展一系列科学规范、紧张有序的训练活动，将日常训练工作常态化。

10月20日上午 区政协在区法院听取该院关于民商事审判的工作情况汇报。

10月23日 郊区法院在荫营镇、李家庄乡、杨家庄乡、旧街乡设立法律服务点。区委常委、政法委书记王建华，区人民法院院长冯晋明等参加法律服务点揭牌仪式。设立法律服务点是郊区法院出台的一项便民利民措施，主要是为了在郊区不设法庭的乡镇进行法律宣传教育，提供法律咨询，增强群众法律意识，增进法院与群众间的沟通、交流。

10月 郊区法院开展“法庭开放日”活动，邀请郊区职业中学24名学生走进法庭，近距离接触法官，感受法院，取得良好效果。

11月13日 阳泉中院邀请部分全国、省人大代表在平定法院巨城法庭、郊区法院河底法庭，开展人大代表“旁听观摩一次庭审或调解、考察一次基础建设情况、举行一场座谈、征求一次意见”的“人大代表法庭行”活动。

第一编

机构设置

第一章 郊区人民法院

第一节 院情综述

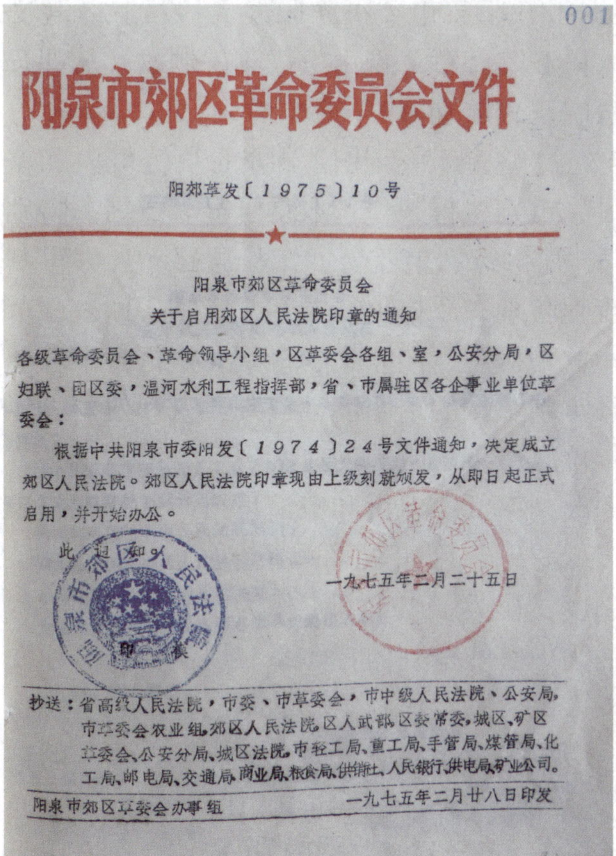
001

阳泉市郊区革命委员会文件

阳郊革发〔1975〕10号

阳泉市郊区革命委员会
关于启用郊区人民法院印章的通知

各级革命委员会、革命领导小组，区革委会各组、室，公安分局，区妇联、团区委，温河水利工程指挥部，省、市属驻区各企事业单位革委会：

根据中共阳泉市委阳发〔1974〕24号文件通知，决定成立郊区人民法院。郊区人民法院印章现由上级刻就颁发，从即日起正式启用，并开始办公。

此致知

一九七五年二月二十五日

抄送：省高级人民法院，市委、市革委会，市中级人民法院、公安局，市革委会农业组、郊区人民法院、区人武部、区委常委、城区、矿区革委会、公安分局、城区法院、市轻工局、重工局、手管局、煤管局、化工局、邮电局、交通局、商业局、粮食局、供销社、人民银行、供电局、矿业公司。

阳泉市郊区革委会办事组　　一九七五年二月廿八日印发

1975 年 2 月 25 日
郊区人民法院成立文件

阳泉市郊区人民法院于公元 1975 年 2 月成立，辖区地处太行山西麓，东南与平定接壤，西北与寿阳、盂县为邻，中部环绕阳泉市城、矿两区。地理坐标为北纬地处北纬 37° 47′ ~ 38° 05′，东经 113° 19′ ~ 113° 43′。东西宽 33 公里，南北长 35 公里，总面积 632 平方公里，截至 2014 年底，常住人口约 24 余万，郊区人民政府设在荫营镇荫营东大街。

据历史记载，在旧石器时代，人类就在此繁衍生息，从西汉至民国先后分属上艾县、石艾县、广阳县、平定县和盂县。1947 年 5 月 2 日，在中国共产党领导下，人民解放军解放阳泉。5 月 4 日，设立阳泉市人民政府。

1970 年，阳泉市郊区人民政府正式成立。经过多次变动，1984 年，该区行政区划基本稳定，下辖 13 个乡镇。2002 年，在机构改革中经撤乡并镇，将原 13 个乡镇合并为四镇四乡（荫营镇、河底镇、义井镇、平坦镇；李家庄乡、杨家庄乡、西南舁乡、旧街乡），共 184 个村委会和两个居委会。

1974 年 2 月 19 日，阳泉中院党组向中共阳泉市委呈报“阳法〔1974〕3 号”《关于建立区人民法院的请求报告》：“……城区、矿区、郊区三个区人民法院的印章已有（由，原文如此，编者注）最高人民法院发来，但目前我市三个区人民法院尚未建立，为了适应对敌斗争的需要和便利工作，根据省法院指示，经院党组会议再次讨论提出来如下意见：

一，关于城区、矿区、郊区法院的建立，由市委责成各区委负责抓紧筹建工作，各区院编制11人。二，区法院的领导干部配备，由各区委和市中级人民法院共同协商，提出各单位意见，并报市审查批准”。

1975年1月25日，阳泉中院党组“阳法〔1975〕2号”文件记载：“根据市委〔1974〕24号文件决定，我市成立郊区人民法院……并与郊区党委协商，提议武义祯同志为郊区人民法院院长……希审核批示”。

1975年2月25日，阳泉市郊区革命委员会下发“阳郊革发〔1975〕10号”《关于启用郊区人民法院印章的通知》：“根据中共阳泉市委书“阳发〔1974〕24号文件通知，决定成立郊区人民法院。‘郊区人民法院印章’现由上级刻就颁发，从即日起启用，并开始办公”。阳泉市郊区人民法院正式成立。

从1975年2月25日建院到2015年，经过整整40年几代干警的艰苦努力和奋力拼搏，阳泉市郊区人民法院干警队伍建设、审判执行工作均取得了显著成绩。特别是2007年以来，该院按照大立案、精审判、强执行、重监督的工作思路，加大审判方式改革力度，实行立审分立，推进案件流程管理，严格执行立案、管辖、回避、审限管理等审判制度，建立和完善了审判工作监督机制，使立案、审判、执行各个环节职责明确，分工合理，相互监督，不断增强审判工作的透明度，审判质量和效率逐年提高。尤其是民商事案件的调解率连续多年位居全市法院前列，实现了“结案率高、调解率高、执结率高；上诉率低、二审发回改判率低、申诉和申请再审率低；无超审限、无超期羁押、无违法审判”的“三高三低三无”目标。同时不断加强制度建设，建立健全了涵盖全院工作各个方面的规章制度，形成了以审判工作为中心的审判流程管理制度体系、以案件质量与效率评查评估为中心的审判监督体系、以法官队伍建设为中心的绩效考核、监督奖惩制度体系、以人民法庭工作为中心的基层建设制度体系和以后勤保障为中心的司法行政管理体系，形成了“用制度管人、靠制度办事”的良好氛围。2014年，该院进一步创新审判监督，认真落实公开审判制度，建立并开通了郊区人民法院网站和微博平台，审判流程公开、裁判文书公开和执行信息公开三大平台建设全面落到实处，实现了裁判文书全部上网，审判流程公开和执行信息公开。全院日常办公、档案管理、审判执行、司法统计全部实现了现代化、网络化。

2006年10月，郊区法院被山西省高级人民法院授予“全省法院新闻宣传工作先进单位”；2009年4月，被山西省劳动竞赛委员会、山西省高级人民法院荣记集体一等功；2010年11月，该院未成年人案件综合审判庭被全国妇联授予“全国维护妇女权益先进集体”。2012年8月，被山西省高级人民法院授予“优秀法院”，并荣记集体二等功。

郊区法院审判工作管辖范围区域变更一览表

序号	时间	审判管辖区域
1	1975	10个人民公社所属的145个生产大队
2	1978.1	14个人民公社所属的217个生产大队
3	1981	13个公社、192个大队和50多个企事业单位
4	1984.5	2镇11乡185个行政村，237个自然村和8个居民委员会
5	1997.1	13个乡镇和1000多个企业（约人口24万）
6	2000	3镇5乡185个行政村，8个居民委员会
7	2014	4镇4乡184年行政村，8个居民委员会

第二节　内设机构

1975年2月25日，根据中共阳泉市委文件精神，阳泉市郊区革命委员会核心小组下发文件，正式成立阳泉市郊区人民法院，任命武义祯为郊区人民法院院长，娄振国为副院长。法院成立之初，仅设办公室和民事审判庭，审理辖区内一审民事案件和自诉轻微刑事案件。

1977年，增设群众来信来访接待室和司法科。1980年3月，增设刑事审判庭，审理辖区一审刑事案件。1982年2月，增设经济审判庭，审理辖区一审经济纠纷案件。

1983年2月，在平坦乡设平坦人民法庭，审理平坦、义井、辛兴、旧街四个乡的一审民事案件。1984年2月，在河底镇设河底人民法庭，审理河底、东村、西南舁、燕龛4个乡镇和固庄煤矿、阳泉一钢的一审民事案件。1987年7月，在荫营镇设荫营人民法庭，审理荫营镇、西南舁乡、三郊乡、白泉乡及荫营煤矿一审民事案件。

1991年2月，增设政工科，分管全院政治工作；设执行庭，加大生效案件的执行力度。6月，增设告诉申诉庭，负责辖区各类案的立案、审查、受理，接待群众来信来访；设立行政审判庭，审理辖区一审行政案件。

1993年3月，增设经济调解中心，调解处理辖区的简单经济纠纷案件。

1995年2月，增设计划生育法庭，审理辖区涉及计划生育的案件。1997年5月，增设经济审判二庭，加强辖区一审经济纠纷案件的审理。根据山西省高级人民法院“晋高法政〔1997〕5号”《关于全省中级人民法院和基层人民法院机构改革的实施意见的通知》，以及区委、区政府《阳泉市郊区党政机构改革方案》，经院党组研究，阳泉市郊区法院下发“阳郊法字〔1997〕第10号”《关于机构改革的实施意见》，确定法院机构设置为八庭一室一科一队：刑事审判庭、民事审判庭、经济审判一庭、经济审判二庭、告诉申诉审判庭、行政审判庭、综合审判庭、执行庭、办公室、政工科、司法警察大队等11个内设机构。

1998年3月，增设经济审判三庭，审理区内经济案件，半年后被撤销；9月，增设立案庭，负责各类案件的立案、审查、受理工作和接待群众来信来访；原“告诉申诉庭”更名为“审判监督庭”，监督审查生效案件的申诉、提起再审案件工作。12月，撤销计划生育法庭。

2001年1月，改经济审判二庭为执行二庭。3月，撤销荫营人民法庭和平坦人民法庭，政工科更名为政治处，经济审判庭更名为民事审判三庭。2002年3月，增设执行局，下设执行一庭和执行二庭，加大了对已审判案件的执行力度。

2005年，设立义井巡回人民法庭。

2006年，成立司法警察大队，负责法院的司法警务工作。

2008年2月，增设监察室。7月，增设未成年人案件综合审判庭，负责审理辖区内涉及未成年人权益及未成年犯罪的案件。

2010年7月，恢复平坦人民法庭建制；义井巡回法庭更名为义井人民法庭，审理义井、杨家庄两乡29个行政村的一审民事案件。

至2015年底，郊区法院共设办公室、政治处、纪检组、监察室、执行局、立案庭、刑庭、民一庭、民二庭、民三庭、行政庭、审监庭、未成年人案件综合审判庭、执行一庭、执行二庭、法警队16个内设办公机构，外设河底、平坦、义井3个基层人民法庭，工作人员57人。此外，党组、审判委员会、工会等组织也一应俱全。

历任院长、副院长一览表

任职时间	院长	任职时间	副院长	任职时间	副院长
1975.2～1984.4	武义祯	1975.2～1984.4	娄振国	2013.4～	董新河
1984.4～1987.4	孙喜爱	1975.2～1990.12	韩彦秀	2013.4～	杨志荣
1987.4～1995.3	侯艾	1981.9～1984.4	贾玉华	2013.4～	任学斌
1995.4～2002.4	王立明	1984.4～1995.4	赵维田	2008.3～2013.4	蔡春喜
2002.4～2003.4	付金林	1990.4～2002.3	赵鹏		
2003.4～2007.4	李保来	1995.4～2002.1	陈福顺		
2007.4～	冯晋明	1999.4～2008.3	史先玲		
		2002.3～2011.8	李永祥		
		2002.6～2009.2	任怀金		
		2007.12～2010.9	张朝晖（挂职）		
		2008.3～	张海忠		

附：

阳泉市郊区人民法院《关于机构改革的实施意见》

（阳郊法字〔1997〕第10号）

根据省高院《关于中级人民法院和基层人民法院机构改革的实施意见》以及区委、区政府制定的《阳泉市郊区党政机构改革方案》的精神，经院党组研究，提出如下实施意见：

一、机构设置：

根据省高院晋高法政〔1997〕5号《关于全省中级人民法院和基层人民法院机构改革的实施意见》的通知，我院应设置如下庭、室、科、队：

刑事审判庭、民事审判庭、经济审判一庭、经济审判二庭、告诉申诉审判庭、行政审判庭、综合审判庭、执行庭、办公室、政工科、司法警察大队。

派出人民法庭不占内设机构数额。各庭、室、科、队设正职一名，副职一名，较大的庭室设副职两名，院领导设一正三副。

二、人员分流：

《关于区乡党政机关机构改革中人员分流的意见》在全院传达后，我院已有一名副科级干部，两名正科级干部向院党组提出退休申请，申请退休的有任义牛、邵八锁、任东晓、（赵维田的情况由区委解决）。根据干部离退休管理的规定，请组织人事部门办理离退休手续。

第二章 审判组织

第一节 审判委员会

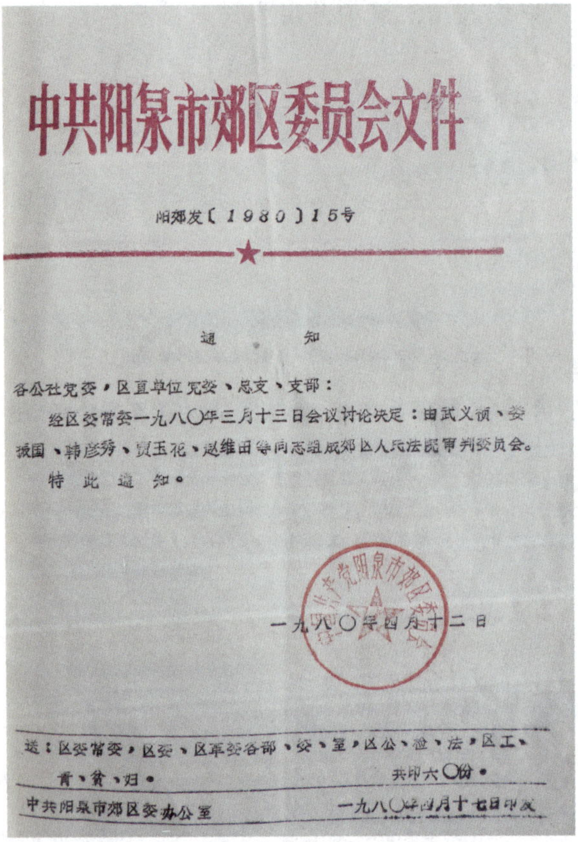
中共阳泉市郊区委员会文件

阳郊发〔1980〕15号

通 知

各公社党委，区直单位党委、总支、支部：

经区委常委一九八〇年三月十三日会议讨论决定：由武义领、娄振国、韩彦秀、贾玉花、赵维田等同志组成郊区人民法院审判委员会。

特此通知。

一九八〇年四月十二日

送：区委常委，区委、区革委各部、委、室，区公、检、法，区工、青、贫、妇。 共印六〇份。

中共阳泉市郊区委办公室 一九八〇年四月十七日印发

1980 年 4 月 12 日
郊区法院审判委员会成立文件

1980 年 3 月 13 日，经中共阳泉市郊区委员会研究决定，成立阳泉市郊区人民法院第一届审判委员会。4 月 12 日下发“阳郊发〔80〕15 号”文件，对郊区区委 3 月 13 日关于成立郊区法院审判委员会的决定正式公布。

1984 年 5 月，郊区法院第二届委员会组成，审判工作从此进入了正常运作。

审判委员会职责：负责审核全院各庭室初审拟决的重大刑事、民事、经济、行政案件；负责审核初审接待的上级交办的案件；负责审核初审待判的社会影响大的案件；负责审核发回重审的案件的审理情况；对全院的所有案件进行抽查、监督；负责审核经各庭室审理后提请改判的案件。组织对重点时期重要案件的突击审判，以及评议各庭室的年度审判工作状况。

历任审判委员会委员一览表

任职时间	姓　名	职　位	备注
1980.4 ~ 1984.4	武义祯	委员	院长
1980.4 ~ 1984.4	娄振国	委员	
1980.4 ~ 1991.3	韩彦秀	委员	
1980.4 ~ 1984.4	贾玉花	委员	
1980.4 ~ 1998.8	赵维田	委员	
1984.5 ~ 1987.9	孙喜爱	委员	院长
1987.10 ~ 1995.3	候　艾	委员	院长
1987.10 ~ 2002.11	魏仕琪	委员	
1987.10 ~ 1991.3	邵八锁	委员	
1987.10 ~ 1991.3	李　福	委员	
1987.10 ~ 2002.3	赵　鹏	委员	
1991.4 ~ 2002.9	陈福顺	委员	
1991.4 ~ 2002.3	任新义	委员	
1995.4 ~ 2002.9	王立明	委员	院长
1999.4 ~ 2008.3	史先玲	委员	
1999.2 ~ 2011.8	李永祥	委员	
2002.3 ~ 2007.3	李保来	委员	院长
2002.4 ~ 2003.4	付金林	委员	院长
2002.6 ~ 2009.2	任怀金	委员	
2002.11 ~ 2013.4	张丽华	委员	
2002.11 ~ 2012.8	冯素林	委员	
2007.12 ~ 2010.9	张朝辉（挂职）	委员	
2007.4 ~	冯晋明	委员	院长
1998.9 ~	董新河	委员	
1999.2. ~	蔡春喜	委员	
2002.11 ~	罗小萍	委员	
2002.11 ~ 2013.5	梁德广	委员	
2002.11 ~	任继华	委员	
2004.10 ~	任学斌	委员	
2006.12 ~	杨志荣	委员	
2006.12 ~	张海忠	委员	
2006.12 ~	史计平	委员	
2006.12 ~	高志亮	委员	
2006.12 ~	王慧清	委员	
2013.5 ~	杨继文	委员	
2013.5 ~	王志宏	委员	
2013.5 ~	刘　伟	委员	

第二节 合议庭

职能：1. 确定案件管理方式并进行审理；2. 认定案件证据、确认案件事实和性质；3. 适用法律法规；4. 决定案件处理结果；5. 对重大、疑难、复杂案件，合议庭意见有重大分歧的案件或合议庭与庭领导、院领导意见不一致的案件，依法提起院长提交审判委员会讨论决定；6. 安排书记员在案件管理中的辅助工作；7. 议案释法和开展审判调研；8. 对确认本合议庭承担错案责任有异议时提出申辩。

附 1：《合议执行制度》

一、合议执行，是指在案件执行过程中，遇有重大事项需要作出决定时，应采取合议的形式作出。

二、建议合议的情形

1. 追加、变更被执行主体。

2. 当事人或案外人提出异议，依法应作出答复的。

3. 采取罚款、拘留、冻结、扣划、查封、扣押等强制措施。

4. 当事人涉嫌犯罪，需移送侦察的。

5. 对案件裁定中止或终结执行的。

6. 对本院执行措施不服，向本院提出复议或异议，应当由本院答复的。

7. 对本院的执行措施或法律文书依职权进行纠正的。

8. 认为应当进行合议的其他情形。

三、合议案件应当由至少一名执行长和至少两名执行员组成合议组。

四、合议案件应当对合议过程和结果形成合议笔录，由合议组成员签字后存卷。

附 2：阳泉中院 1989 年 12 月 16 日《法院工作简报》

郊区法院在刑事审判中
充分发挥合议庭的作用

去年以来，我市郊区人民法院认真贯彻第十四次全国法院工作会议的精神，在刑事审判工作中一改过去刑事案件全部由审判委员会包揽决定的习惯做法，大胆放权，使合议庭真正成为有职有权有责的审判实体，有效地提高了办理刑事案件的质量和效率。今年一至六月份，该院审结的44件刑事一审案件，经过全年执法检查，全部属于合格或基本合格。他们的做法主要是：

一、更新观念，提高认识

郊区法院成立于一九七五年，但开展刑事审判工作是从一九七九年开始的。当时，“两法”刚刚颁行，案件数量也不多，考虑到审判人员业务上不够熟练，因此为了保证案件质量，他们采取了大小刑事案件都由审判委员会包揽的方法，合议庭只负责拿初步意见，最后意见是由审委会决定的。这种办案方法在开展刑事审判工作之初的一个时期内，对于弥补审判经验不足，保证办案质量，起了一定的积极作用。但是近几年来，由于社会主义民主与法制建设不断完善，以及案件数量的大幅度增加，这种办案方式已经远远不能适应形势的需要，弊端越来越明显。一是严重地阻碍着审判效率的提高；二是严重地影响着合议庭成员积极性的发挥；三是对于提高案件质量十分不利。在这种情况下，郊区法院党组认真分析了刑事审判工作出现的新情况，反复学习了第十四次全国法院工作会议的精神和最高人民法院领导同志的有关讲话，一致认为，扩大合议庭的权力，不仅是必要的，而且是可行的。几年来，刑事审判人员通过参加“业大”“专业证书”的学习和各种培训，知识结构有了明显改变，而且积累了一定的审判经验，业务素质有了很大的提高，特别是从一九八五年以后市中院每年组织的案件评查，进一步促使广大刑事审判人员更加牢固地树立了严格依法办事的观念。因此，只要采取有效的配套措施，放手让合议庭审判案件是完全可行的。于是，他们研究决定，审判委员会只研究：（1）重大案件，一般指判处7年以上有期徒刑的案件；（2）疑难案件，包括合议庭成员意见有重大分歧，合议庭和刑庭庭长、分管院长的意见有重大分歧的案件；（3）适用刑法59条在法定刑以下判处的案件；（4）判处缓刑或免刑的案件。其余刑事案件都由合议庭定案，分管院长把关，审判委员会不再过问，彻底摆脱传统观念的束缚，使合议庭真正成为有职、有权、有责的审判组织。

二、健全制度，强化责任

在扩大合议庭权力的同时，郊区法院及时制定了一系列配套制度，强化合议庭成员的责任。一是实行了“六共同”制度，要求合议庭成员在办理刑事案件时必须做到共同阅卷；共同提审被告人；共同进行庭前调查，核实主要的事实证据；共同研究庭审方案；共同开庭审理；共同评议案件，使合议庭成员对案件的质量共同负责。二是把审判岗位责任制引入了合议庭工作，使合议庭所办案件的质量好坏与每一个合议庭成员的工作实绩直接挂钩，作为考察任用干部的重要依据。三是强调对全部刑事案件实行“先审后定”，坚决摒弃“先定后审”的旧做法，保证合议庭全面客观地掌握案情。四是考虑到不少人民陪审员由于缺乏应有的法律专业知识，往往陪而不审，不能起到应有的作用，他们还要求合议庭成员一般都要由本院审判员担任。通过以上几项措施，调动了合议庭成员的办案积极性，强化了工作责任心，保证了案件质量的不断提高。今年上半年，该院由合议庭决定判处的一审刑事案件37件，其中被告提出上诉的只有4件，这些案件经过市中院二审，只有1件改判，其余全部维持原判。

三、加强监督，提高水平

在强化合议庭作用的基础上，郊区法院还健全了对合议庭承办案件的质量监督，促进了合议庭执法水平的提高。一是健全了层层把关制度，强化了庭长和分管院长的职责。每一个刑事案件开庭审理时，庭长和分管院长一般都要参加旁听，经过合议庭开庭审理后，要连同案卷一起报呈庭长和分管院长分别把关审阅。庭长和分管院长主要审查案件事实是否清楚，主要证据是否齐全，适用法律是否正确，法律文书表述是否准确规范。二是为了提高结案效率，他们还建立了“刑事案件运转单”制度，明确了各个环节的工作时间，防止了超时限办案。三是建立了内部案件评查制度。每个季度都要组织全体刑事审判人员对审结的案件进行一次抽查和互查，然后进行讲评，表扬先进，鞭策后进，使审判工作的执法水平不断得到提高。

一年来，郊区人民法院通过扩大合议庭权力这项改革，使该院的刑事审判工作有了长足的进步，今年他们审结的一审刑事案件质量在执法检查中受到了市中院和兄弟法院的好评，与去年同期相比，他们还多审结案件4件。到十月底，一审刑事案件结案率达到了93%。

第三节 独任庭

职能：独任庭是独任制审判，即由一人开庭审判简易案件的法庭组织形式。依照法律规定，独任庭审判的案件是：

（1）第一审的刑事自诉案件和其他轻微的刑事案件；

（2）基层人民法院及其派出的人民法庭审判简单的民事案件和经济纠纷案件；

（3）适用特别程序审理的案件，除选民资格案件或其他重大疑难案件由审判员组成合议庭审判外，其他案件由审判员一人独任审判。

第三章　审判机构

第一节　立案庭

1975年2月至1978年，群众到院咨询及诉讼，由法院内勤人员兼管立案工作。

1980年至1990年，设立来信来访接待室。

1991年6月至1998年8月，设告诉申诉庭，负责群众来信来访工作和各类案件的审理、申诉工作。

立案庭干警

1998年9月，撤销告诉申诉庭，将原告诉申诉庭部分职能划出，单独设立立案庭。

立案庭职责：审查应由本院受理的民事、行政案件的起诉，决定立案或裁定不予受理；审查应由本院受理后执行案件的申请，决定立案或裁定不予受理；对应由本院受理的刑事公诉案件进行立案登记；审查应由本院受理的申诉，申请再审案件，并对决定再审、上级指令再审进行立案登记；负责应由本院依法受理的其他案件的立案工作。对当事人申请，依法进行诉前财产、诉前证据保全；核算当事人预交的诉讼费用，审查办理缓、减、免诉讼费的审批手续；负责案件的排期开庭的安排及案件开庭公告；负责庭前诉讼文书的送达；负责案件的审限跟踪监督。

历任立案庭庭长、副庭长一览表

任职时间	庭长	任职时间	副庭长	备注
1991 ~ 1998.8	任晓东			
1998.9 ~ 2002.3	罗小萍			
2003.1 ~ 2008.7	王慧清	2002.11 ~ 2008.7	史历文	
2008.7 ~	史历文			

第二节 刑事审判庭

刑事审判庭干警

郊区法院刑事审判庭成立于1980年3月。

刑事审判职责：依照法律规定，审理应由基层法院审理的一审刑事案件；依法审查提起公诉的刑事案件，决定是否受理；审理上级法院指定管辖的有关刑事案件；承办其他有关刑事审判工作事宜。

历任刑事审判庭庭长、副庭长一览表

任职时间	庭长	任职时间	副庭长	备注
1981.9 ~ ?	赵维田	1997.5 ~ 1998.8	罗小萍	主持工作
1987.10 ~ 1989.12	赵　鹏			
1991.4 ~ 1997.4	陈福顺			
1998.9 ~ 2002.3	张丽华	1998.9 ~ 2002.10	史计平	
2002.11 ~ 2008.7	张海忠	2002.11 ~ 2006.12	杨继文	
2008.7 ~ 2013.5	杨志荣			
2013.5 ~	杨继文			

第三节 民事审判一庭

民一庭干警

郊区法院民事审判一庭成立1975年2月，时称民事审判庭。

民事审判一庭职责：负责接受与审理辖区内的民事案件；协助基层人民法庭审理本院审判委员会交办的民事纠纷案件；审理法院审判

委员会交办的、服务全局性工作的其他案件；审理由阳泉中院民事审判庭发还重审的民事纠纷案件；做好法律知识的宣传普及工作；审理婚姻家庭、劳动争议、不当得利、无因管理、房地产、不动产相邻关系案件、邻地使用权及其他不动产案件、农村承包案件；审理合同纠纷和侵权案件；指导基层法庭的工作。

历任民事审判一庭庭长、副庭长一览表

任职时间	庭长	任职时间	副庭长	备注
1980.3 ~ 1984	孙喜爱			
1984.5 ~ 1987	邵八锁			
1987.10 ~ 1990.6	魏仕琪			
1991.4 ~ 1998.9	任新义			
2002.11 ~ 2006.12	冯素林	1998.9 ~ 2002.11	张海忠	
2006.12 ~	王志宏			

第四节 民事审判二庭

民二庭干警

郊区法院民事审判二庭成立于2002年10月。

民事审判二庭职责：依法审理国内法人之间，法人与其他组织之间的合同纠纷和侵权纠纷案件；审理企业申请破产案件；审理上诉发还重审、再审的民事案件；审理金融纠纷案件等商事纠纷案件；承办本院交办的其他民事案件的审判，监督、指导各人民法庭相关民事审判工作。

历任民事审判二庭庭长、副庭长一览表

任职时间	庭长	任职时间	副庭长	备 注
2002.11 ~ 2008.7	梁德广	1991.4 ~ 1997.5	任继华	任继华为经济审判二庭副庭长
2008.7 ~	王利军	1997.5 ~ 2002.10	任继华	任继华为经济审判二庭庭长

第五节 民事审判三庭

民三庭干警

郊区法院民事审判三庭成立于2002年10月。

民事审判三庭职责：审理婚姻家庭、劳动争议、不当得利、无因管理、房地产、不动产相邻关系案件；审理邻地使用权及其他不动产案件，农村承包案件；审理合同纠纷和侵权案件；完成院审判委员会交办的，服务全局性工作的其他案件。

历任民事审判三庭庭长、副庭长一览表

任职时间	庭长	任职时间	副庭长	备注
2002.11 ～ 2008.7	史计平			其间任平坦巡回法庭庭长
2008.7 ～ 2013.5	王慧清			
2013.5 ～	李慧斌			

第六节 行政审判庭

行政庭干警

郊区法院行政审判庭成立于1991年3月。

行政庭职责：2012年以前，负责审理阳泉市郊区辖区内的一审行政诉讼案件；审查公民提起的行政起诉，决定立案或裁定不予受理；审查行政机关申请强制执行案件；承办其他行政审判工作事宜。全面贯彻《中华人民共和国行政诉讼法》，坚持依法保护公民，法人和其他组织的合法权益，理顺依法办案和维护稳定的关系，对合法有效的具体行政行为依法给予支持，对违反程序法，确有不当的具体行政行为依法予以撤销。通过行政审判工作促进行政部门的依法行政。2013年以后，负责审理阳泉市城区、盂县一审行政诉讼案件。

历任行政审判庭庭长、副庭长一览表

任职时间	庭 长	任职时间	副庭长	备 注
1997.5 ~ 1998.8	李永祥			
1998.9 ~ 2002.3	任怀金			
2002.11 ~ 2008.7	董新河			
2008.7 ~	王宝翠			

第七节　未成年人案件综合审判庭

未成年人案件综合审判庭

郊区法院未成年人案件综合审判庭成立于2008年7月8日。

未成年人案件综合审判职责：一、审理涉及未成年人刑事案件：被告为未成年人；被害人为未成年人的刑事附带民事诉讼案件；未成年人为首犯、主犯的共同犯罪案件；共同犯罪案件；未成年人被告人占到一半以上的刑事案件。二、当事人一方或双方为未成年人的民事案件，以及婚姻家庭、继承纠纷案件中涉及未成年人权益的案件。三、当事人为未成年人的行政诉讼案件。

历任未成年人案件综合审判庭庭长一览表

任职时间	庭长	任职时间	副庭长	备注
2008.7 ~ 2013.5	杨继文			
2013.5 ~	王慧清			

第八节 审判监督庭

审判监督庭干警

1980年至1991年2月，郊区法院的审查申诉和申请再审案件，一般从法院内部调整主审法官、陪审员、书记员等另组法庭进行审理。

1991年3月至1998年8月，单独设立告诉、申诉法庭，专门处理申诉与再审案件。

1998年9月，告诉申诉庭撤销，划出一部分职能，成立审判监督庭。

审判监督庭职责：负责本院刑事、民事、行政、执行案件的监督审查；审理本院已经发生效力，经审判委员会决定再审的刑事、民事、行政案件，审理院领导交办的其他案件。

历任审判监督庭庭长、副庭长一览表

任职时间	庭 长	任职时间	副庭长	备 注
		1998.9 ~ 2002.11	任学斌	主持工作
2002.11 ~ 2008.7	任学斌			
2008.7 ~	侯庆原			

第九节 执行局

1991年2月，设立执行庭，负责已审结的案件的执行工作。

2001年1月，将经济审判二庭变更为执行二庭。

2003年3月，成立执行局，下设执行一庭、执行二庭。

执行局职责：依法执行本院一审生效法律文书及法律规定应由本院执行的其他法律文书；合同行政审判庭执行需由本院执行的行政申请强制执行案件；执行上级法院指定由本院执行的案件；执行外地委托本院执行的案件；办理其他执行工作事宜。

执行局干警

历任执行局局长（庭长）、副局长一览表

任职时间	局长（庭长）	任职时间	副局长	庭 长	任职时间	备 注
2002.7 ~ 2008.2	蔡春喜	2008.6 ~	杨铁福	任福庆	2008.7 ~	执行一庭
2008.2 ~	任学斌	2008.6 ~	刘 伟	李松青	2006.12 ~	执行二庭

第十节　河底人民法庭

河底法庭位于郊区河底镇。1984 年，河底法庭借河底镇政府两间房作办公室，面积 32 平方米，配备桌、椅、柜等普通办公用具，一辆旧自行车为交通工具，1988 年动工，1990 年 6 月落成投入使用的法庭二层办公楼及三孔窑洞共 10 间，其中法庭、库房、厨房各 1 间，总面积 495 平方米，陆续配备办公电脑 3 台，办公车辆一部。2011 年 5 月，经院党组研究，启动河底法庭新审判大楼项目。2012 年 10 月 11 日，河底法庭新审判法庭正式投入使用。

该法庭设立时，其审判管区为河底镇、东村乡、燕龛乡、西南舁乡 40 个行政村及上述乡镇行政区划内的工矿企业，1994 年，在册人口 53026 人，其中，农业人口 35861 人。2002 年，郊区人民政府拆乡并镇后，审判辖区为河底镇和西南舁乡，至 2015 年底，辖区总人口为 58000 余人。

河底法庭干警

1994年，被中共山西省委授予河底法庭“全省综合治理先进单位”；1995年，被山西省高级人民法院授予该庭“全省一流法庭”称号；2003年10月，被山西省高级人民法院授予“全省模范人民法庭”称号。

历任庭长：任东晓、任义牛、刘满贵、翟希、赵建军、刘伟。

第十一节 义井人民法庭

义井法庭位于阳泉市郊区义井镇晋东大厦（原农业大厦）一层。2005年1月设义井巡回法庭。2010年7月，经山西省高级人民法院批准，义井巡回法庭更名为义井人民法庭。办公地址在阳泉市农业大厦（现晋东大厦）一层西端，无专用法庭用房，属租赁性质，使用面积120平方米，配备公务用车2辆，电脑2台，办公设施较为齐全。

义井法庭干警

法庭管辖义井镇、杨家庄乡29个行政村、34个自然村一审民事案件，辖区人口41000余人，其中，农业人口39000余人，城镇人口2000余人。

该庭是山西省“青年文明号单位”。历任庭长：任继华、王恕。

第十二节 平坦人民法庭

平坦法庭位于阳泉市城区《阳泉日报》社二楼。1983年2月组建该庭时，暂借阳泉市郊区农业系统办公楼（位于阳泉城区桃北西路北侧郊区）2间共36平方米房间办公，配备有桌、椅、柜等简单办公用品，无专用法庭和车辆。1990 年，该庭增加 6 间办公用房，计 79.2 平方米。其中，办公室 4 间，法庭 1 个，配备 2 台电脑，办公车辆 1 部。

该法庭管辖平坦镇、旧街张、辛兴乡 3 个乡镇 57 个行政村、97 个自然村，1994 年，审判辖区人口 21537 人，其中，农村人口 20265 人，城镇人口 1272 人。2002 年，郊区人民政府撤乡并镇后，审判辖区为平坦镇和旧街乡，辖区人口 24000 余人。

历任庭长：魏仕琪、蔡春喜、张丽华、董新河、杜军。

平坦法庭干警

第四章 行政机构

第一节 办公室

1975年2月，郊区法院设立办公室。是最早的两个内设机构之一。

办公室职责：负责内外联系与协调，协助院领导处理司法政务和行政后勤工作；组织安排本院各种会议和院领导公务活动；负责秘书、机要和保密指导工作；负责各类档案的收集、管理、利用；负责财务、财产、办公用品的管理工作；负责社会治安综合治理工作；负责与人大代表的联络工作；负责接待工作。

办公室干警

历任办公室主任、副主任一览表

任职时间	主 任	任职时间	副主任	备 注
1980.3 ~ ?	孙三元			
		1984.5 ~ 1987.9	李　福	
1987.10 ~ ?	邵八锁			
1993. ~ 1995.	任怀金			
		1997.5 ~ 1998.9	秦建民	主持工作
1998.9 ~ 2002.9	蔡春喜			
2002.9 ~ 2006.11	秦建民			
2006.12 ~ 2013.4	王培忠	2008.6 ~ 2013.4	黄彦江	
2013.4 ~	黄彦江			

第二节　政治处

政治处干警

郊区法院政治处前身为政工科，于1979年7月设立。2002年3月，郊区法院原政工科，更名为政治处。

政治处职责：负责队伍的思想政治工作；按照分类管理原则，搞好队伍建设；负责呈报记功、表彰、评模事项，总结推广先进典型经验；负责法官相关考试、考核、等级评定与晋升的呈报工作；负责司法警察的警衔呈报工作；负责机关干部考察、任免、调整工资、福利、辞退以及其他人事管理工作；负责离退休人员的管理、服务工作。

历任政治处主任、副主任一览表

任职时间	主 任	任职时间	副主任	备 注
2002.3 ~	罗小萍			
		2002.9 ~	李军军	

第三节 纪检组（监察室）

纪检组、监察室干警

1998年9月，郊区法院设立纪检组，负责中共阳泉市郊区法院党组织和党员的纪律检查、审判监督和党风廉政建设。

2008年7月14日，成立纪检监察室。

纪检组职能：负责法院内部中共党组织的纪律检查工作。包含法院党组内部的纪律检查工作；法院党支部及所辖中共党小组的纪律检查工作；对全院干警中的所有共产党员实施纪律检查。负责对法院所有的审判工作进行监督检查。包含对刑事审判工作、民事审判工作、经济审判工作、行政审判工作、未成年人审判工作以及案件的执行工作，发回重审工作实施检查和监督。负责对全体干部、警察、工勤人员的廉洁从政、廉政执法、廉洁工作、廉洁自律等工作的情况进行检查、监督。

历任纪检组组长、监察室主任一览表

任职时间	纪检组长	任职时间	监察室主任	备注
1999.1 ~ 2002.3	任新义			
2002.3 ~ 2013.3	张丽华			
2013.3 ~	王培忠	2008.6 ~	任丽莉	

第四节 法警大队

2002年3月，郊区法院组建司法警察大队。2003年3月，该院司法警察大队正式挂牌成立。

法警大队职责：负责本院法庭警卫，门卫值班；负责提押人犯，送达法律文书；协助执行案件；依法执行传唤、拘留、押送、看管人犯等任务，维护法庭秩序；负责拟制本院法警执勤、训练、考核等方面的规定和意见并组织实施；负责本院警械具、武装装备管理、警用标志发放；警风、警纪纠察工作；组织本院司法警察参加各级组织的业务培训。

法警大队干警

历任法警大队队长、教导员一览表

任职时间	大队长	任职时间	教导员
2002.9 ~ 2013.4	赵红武		
		2006.12 ~ 2013.5	秦安良
2013.5 ~	秦安良		

第五章 党群组织

第一节 党 组

1975年2月，郊区法院成立，武义祯任院长。1980年3月，设立阳泉市郊区人民法院党组。

职能：负责实现中共路线、方针、政策，讨论和决定本部门的重大问题，团结非党干部和群众，完成党和国家交给的任务，指导机关党支部和各党小组的工作。

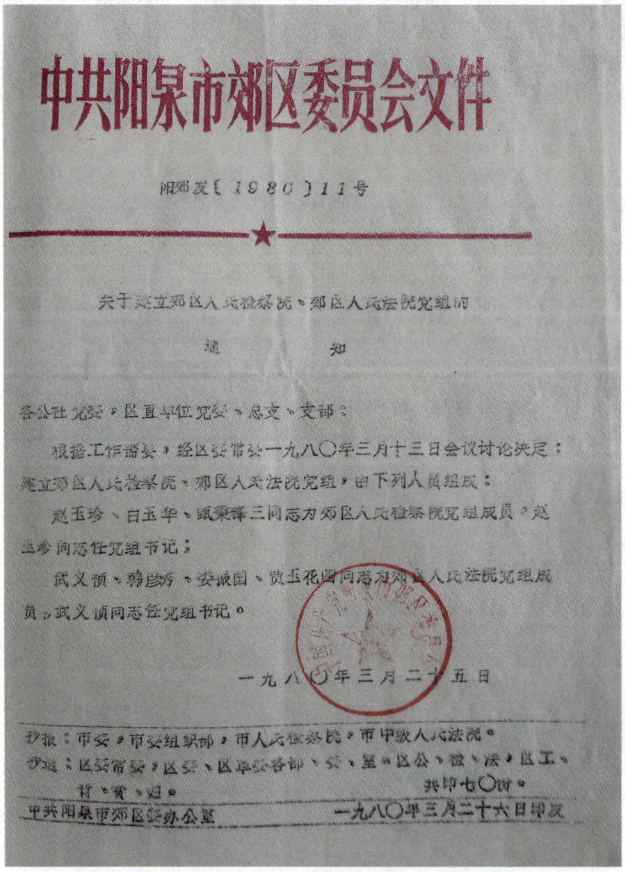

中共阳泉市郊区委员会文件

阳郊发〔1980〕11号

关于建立郊区人民检察院、郊区人民法院党组的

通 知

各公社党委，区直单位党委、总支、支部：

根据工作需要，经区委常委一九八〇年三月十三日会议讨论决定：建立郊区人民检察院、郊区人民法院党组，由下列人员组成：

赵玉珍、白玉华、甄秉锋三同志为郊区人民检察院党组成员，赵玉珍同志任党组书记；

武义祯、韩彦秀、姜振国、贾玉花四同志为郊区人民法院党组成员，武义祯同志任党组书记。

一九八〇年三月二十五日

抄报：市委，市委组织部，市人民检察院，市中级人民法院。

抄送：区委常委，区委、区革委各部、委、室，区公、检、法，区工、青、贫、妇。

共印七〇份。

中共阳泉市郊区委办公室　　一九八〇年三月二十六日印发

中共阳泉市郊区委员会1980年3月25日
关于成立郊区法院党组的文件

历任党组书记一览表

任职时间	党组书记	备注
1980.3 ~ 1984	武义祯	1975 年 2 月任院长，12 月，任党支部书记。
1984.5 ~ 1987.9	孙喜爱	院长
1987.6 ~ 1995.3	候　艾	院长
1995.4 ~ 2002.4	王立明	院长
2002.4 ~ 2003.4	付金林	院长
2003.5 ~ 2007.4	李保来	院长
2007.4 ~	冯晋明	院长

历任党组成员一览表

任职时间	姓名	职位	备注
1980.3 ~ 1981.9	娄振国	党组成员	副院长
1981. ~ 1984.4	贾玉花	党组成员	副院长
1980.3 ~ 1990.12	韩彦秀	党组成员	副院长
1987.4 ~ 1997.4	赵维田	党组成员	副院长
1991.1 ~ 2002.7	赵　鹏	党组成员	常务副院长
1997.5 ~ 2002.3	陈福顺	党组成员	副院长（主持工作）
1999.1 ~ 2002.7	任新义	党组成员	纪检组长
1998.6 ~ 2008.2	史先玲	党组成员	常务副院长
2002.7 ~ 2009.5	任怀金	党组成员	副院长
2002.7 ~ 2011.5	李永祥	党组成员	副院长
2002.7 ~ 2013.3	张丽华	党组成员	纪检组长
2002.7 ~	罗小萍	党组成员	政治处主任
2002.7 ~	蔡春喜	党组成员	执行局长（2002.7 ~ 2008.2） 副院长（2008.3 ~ 2013.4）
2007.4 ~ 2010.9	张朝晖	党组成员	副院长
2008.2 ~	张海忠	党组成员	副院长
2008.2 ~	董新河	党组成员	副院长
2013.3 ~	王培忠	党组成员	纪检组长
2013.3 ~	高志亮	党组成员	
2008.2 ~	任学斌	党组成员	执行局长

附1：《郊区法院党组议事制度》

一、时间和主持

1.党组会召开时间，依照工作的需要或议题内容而定。

2.会议由党组书记批准、主持，书记不在时，由书记指定的其他党组成员主持，每次党组议事会必须保证三分之二以上成员参加。

二、参加人员

1.院党组成员

2.列席人员：视会议内容、吸收相关部门负责人和有关人员参加。

三、议题的确立

1.党组议事会要有明确的议题，凡需提交党组议事会讨论决定的议题由各有关部门书面提出，并做好充分调查研究，有明确意见后交政治处登记汇总，报党组书记审定。

2.会议确定的议题除特殊情况外，政治处应事先通知参加会议的党组成员以便做好准备。政治处要保证会议召开前，提前半天通知参会者（特殊情况除外）。

四、议事范围

1.讨论贯彻落实党的路线、方针、政策及上级党组织、区人大及上级法院的指示、决议的执行方案、实施意见。

2.讨论党组自身建设，包括党组思想、组织、作风和制度建设等有关方面的问题。

3.讨论本院半年以上的工作计划和工作总结。

4.讨论本院内部机构设置、人员编制及干警的任免和晋升级别的决定。

5.讨论党风廉政建设、纪律检查工作问题。

6.讨论涉及全院的改革措施、队伍建设、内部管理问题。

7.讨论重大财务问题，审议全年财务计划。

8.讨论决定其他问题。

五、党组议事会议的原则

1.党组议事会实行民主集中制原则。

2.议事过程中，党组成员要充分发表自己的意见，在民主的基础上实行集中。决定问题要进行表决，重要问题发生争论时，除在紧急情况下必须按多数意见执行外，应当暂缓作出决定，进一步调查研究，交换意见，再做决定。

3.一经党组议事会形成的决定或决议，每个党组成员都要认真执行，执行中发现的问题，及时向党组主要领导反映，根据情况再行复议，不得个人随意改变。

4.党组成员要首先自觉维护决议的严肃性，严守机密。

六、会议讨论问题的催办落实

党组议事会议由政治处负责记录，党组决定的事项，政治处要及时通知各部门并经常了解党组决议的贯彻落实情况，催办落实情况要及时向党组汇报。

附 2：《党组民主生活会制度》

一、党组民主生活会每半年召开一次，由党组书记主持。

二、每次民主生活会要根据区委的要求和党组成员思想、工作等方面的情况，重点解决一至二个问题。要注意重点解决在和谐社会创建的新形势下，党组自身执行党的路线、方针、政策，遵守党的纪律、廉洁奉公、领导作风和民主集中制等方面存在的问题。

三、每次民主生活会的内容，应提前一周通知党组成员。每个人都要认真做好准备，拟出发言提纲。同时要运用多种形式，广泛听取党内外群众意见。

四、民主生活会要充分发扬民主，畅所欲言，认真开展批评和自我批评，充分体现党内生活的思想性、原则性，交流思想，统一认识。

五、因事、因病不能参加民主生活会的党组成员，要依照民主生活会内容，写出文字材料，在党组成员中传阅后附在民主生活会记录后。

六、召开民主生活会前要报告区委及通知区委有关部门。民主生活会后，要向区委写出书面报告。必要时，民主生活会内容可根据需要在一定范围内通报。

七、对民主生活会提出的需要解决的问题，要认真整改，责成专人落实，以巩固民主生活会成果。

八、党组成员平时要经常开展谈心活动，交流思想，相互谅解与支持，努力维护“一班人”的团结和统一。

附 3：《党组学习中心组学习规定》

为提高党组一班人的思想政治水平、组织领导和决策能力，切实把理论学习落到实处，特制本规定。

一、党组学习中心组的组成

1.党组成员组成党组学习中心组，必要时吸收其他有关人员参加。党组书记任学习中心组组长，主要负责审定学习计划、安排学习内容和学习研讨专题，确定学习时间并主持中心组的学习和研讨。

2.党组学习中心组学习秘书，由政治处一名干部担任；协助组长制定学习计划和安排，提供有关理论学习资料，负责学习情况和学习成果的归纳，并做好服务工作。

二、党组学习中心组学习内容

1.学习马克思列宁主义、毛泽东思想、邓小平理论以及“三个代表”重要思想和科学发展观。

2.结合不同时期形势、任务和党的中心工作，学习党的重要文献和路线、方针、政策。

3.学习社会主义市场经济理论和现代科学文化知识、法学理论、国际和国内形势等方面知识。

4.学习上级安排部署的其他学习内容。

三、学习时间和学习方法

1.坚持每周半天的学习，一般安排在每周一上午或下午。学习时间也可集中使用，但每月学习时间不得少于两天。

2.学习应做到有计划、有考勤、有记录、有笔记、有检查、有考核、有总结、有交流。坚持坐得住，学得进，想得深，议得透，不断提高学习效果。

3.把自学与集体讨论结合起来，提倡认真读书、思考问题。

四、发扬理论联系实际的学风

1.完整准确地把握邓小平理论、“三个代表”重要思想以及科学发展观的基本观点和基本精神，结合本职工作实际，对理论的有关内容进行系统钻研和理解。

2.坚持解放思想、实事求是、与时俱进的思想路线，增强贯彻执行党的基本路线、基本方针的坚定性和自觉性，服从和服务于工作大局，抓住机遇，开拓进取，提高驾驭全局能力。

3.牢记“立党为公、司法为民”的宗旨，加强党性锻炼，树立正确的世界观、人生观和价值观，坚持党的群众路线，密切联系群众，一切为了人民，一切依靠人民，坚决维护人民群众的利益，自觉接受人民群众监督。

4.严格遵守党章和各项规定，忠于宪法和法律，正确履行党和人民赋予的权力，严肃执法，秉公办案，廉洁自律，发扬艰苦奋斗的作风。

5.不断增强知识积累，掌握好本职工作的专业知识，提高司法为民能力。

五、建立集中研讨制度

1.党组学习中心组成员要边学习、边探索、边实践、边调研，就审判工作、队伍建设和法院改革中的实践问题定期进行研讨，每年至少召开两次学习交流会。

2.党组学习中心组成员每年至少写一篇联系自己工作实际，有理论深度、有情况分析、有对策措施的学习心得。

六、带动全院的学习

党组学习中心组成员在带头学习的同时，要坚持不懈地抓好党员和干警理论学习的组织领导，采取自学和集中学习、办培训班、举办报告会等多种形式进行学习，推广学习先进典型经验，在全院形成一个认真学习的风气、民主讨论的风气、积极探索的风气、求真务实的风气。

第二节 党支部

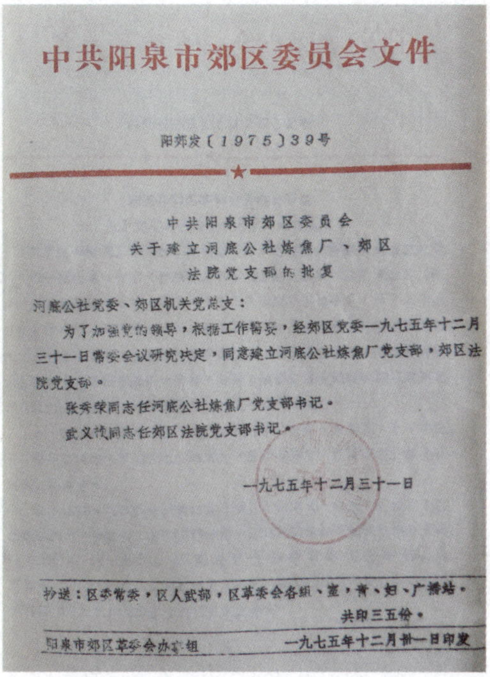
中共阳泉市郊区委员会文件

阳郊发〔1975〕39号

中共阳泉市郊区委员会
关于建立河底公社炼焦厂、郊区
法院党支部的批复

河底公社党委、郊区机关党总支：

为了加强党的领导，根据工作需要，经郊区党委一九七五年十二月三十一日常委会议研究决定，同意建立河底公社炼焦厂党支部，郊区法院党支部。

张秀荣同志任河底公社炼焦厂党支部书记。

武义祯同志任郊区法院党支部书记。

一九七五年十二月三十一日

抄送：区委常委，区人武部，区革委会各组、室，青、妇、广播站。
共印三五份。

阳泉市郊区革委会办事组　一九七五年十二月卅一日印发

1975 年 12 月 31 日
郊区法院党支部成立

阳泉市郊区法院党支部成立于 1975 年 12 月 31 日。其基本职能为：1. 宣传和执行中共的路线、方针、政策，宣传和执行党中央、上级党组织和本组织的决议，充分发挥党员的先锋模范作用，团结、组织党内外的干部和群众，努力完成本院所担负的任务。2. 组织党员认真学习马列主义、毛泽东思想、邓小平理论和“三个代表”重要思想，学习中共路线、方针、政策及决议，学习中共基本知识、学习科学、文化和业务知识。3. 对党员进行教育、管理和监督，提高党员素质，增强党性，严格党的组织生活，开展批评与自我批评，维护和执行党的纪律，监督党员切实履行义务，保障党员的权利不受侵犯。4. 密切联系群众，经常了解群众对党员、党的工作的批评和意见，维护群众的正当权力和利益，做好群众的思想政治工作。5. 充分发挥党员和群众的积极性创造性，发现、培养和推荐他们中间的优秀人才，鼓励和支持他们在改革开放和社会主义现代化建设中贡献自己的聪明才智。6. 对要求入党的积极分子进行教育和培养，做好经常性的发展党员工作，重视在工作第一线和青年中发展党员。7. 监督党员干部和其他任何工作人员，严格遵守国法政纪，严格遵守国家的财政经济法规和人事制度，不得损害国家、集体和群众的利益。8. 教育党员和群众自觉抵制不良倾向，坚决同各种违法犯罪行为作斗争。

历任党支部书记一览表

任职时间	书　记	备　注
1975.12 ～?	武义祯	
1988.6 ～?	侯　艾	
	赵　鹏	
2008.6 ～ 2013.4	张丽华	
2013.4 ～ 2015.6	王培忠（兼）	
2015.7 ～	蔡春喜	

第二编 审 判

第一章 立 案

第一节 立案审查

1975 年 2 月阳泉市郊区人民法院成立之初，人民群众到院咨询及诉讼，由法院内勤人员兼管，需人民法院受理的案件，由院长或副院长办理立案。其时，主要接受人民群众信访、法律咨询和一审民事案件。

1975 ~ 1978 年阳泉市郊区人民法院受理的首例各类案件一览表（一）

序号	时间	案件类型	案情简介
1	1975 年 1 月	继承案件	原告齐巨珍与被告齐巨宝继承纠纷，以调解方式结案
2	1975 年 1 月	所有权及相邻权纠纷	原告王万玺与被告王连生树木纠纷，以调解方式结案
3	1975 年 3 月	合同案件	原告郑秋贵与被告郑三孩房立典当纠纷，以撤诉方式结案
4	1975 年 3 月	离婚案件	原告白焕娥与被告王爱金离婚纠纷，以调解方式结案
5	1975 年 3 月	宅基地纠纷	原告姚万成与被告陈录昌地基纠纷，以调解方式结案
6	1975 年 3 月	房屋纠纷	原告韩占和与被告韩占德房产纠纷，以通知本人申诉按土地证执行方式结案
7	1975 年 3 月	抚养纠纷	原告李兴文与被告郑翠妮财产处理（抚养）纠纷，以驳回申诉方式结案
8	1975 年	人身损害赔偿	原告荆向明与被告邓香梅打架纠纷，以调解方式结案
9	1975 年	经济纠纷	原告葛立志与葛立业经济纠纷，以调解方式结案
10	1975 年	赡养纠纷	原告苗旺与被告苗玉何虐待纠纷，以与公社协商方式解决
11	1975 年	债务纠纷	原告张成桃与被告赵爱云债务纠纷，以终止方式结案
12	1975 年 11 月	房地产纠纷	原告白永思与被告张二妮房屋租赁合同纠纷，以调解方式结案

1977 ~ 1978 年阳泉市郊区人民法院受理的首例各类案件一览表（二）

序号	类 别	案件主要内容
1	扶养纠纷	1977 年 7 月受理的原告张福明与被告董玉兰离婚后生活费纠纷，以终止方式结案
2	其他纠纷	1977 年 5 月受理的原告光德胜与被告光玉春其他纠纷，以调解方式结案
3	其他纠纷	1978 年 6 月受理的原告孙琦益与被告孙师俨反攻倒算纠纷，以调解方式结案
4	其他纠纷	1978 年 5 月受理的原告李培仁与被告蔡臭孩修建山水纠纷，以判决方式结案
5	其他纠纷	1978 年 8 月受理的原告甄秉元与被告甄秉根出水纠纷，以调解方式结案

1979 年，随着《中华人民共和国刑法》《中华人民共和国民法》《中华人民共和国刑事诉讼法》《中华人民共和国民事诉讼法》等一系列法律的颁布实施，阳泉郊区法院按照法律规定，于 1980 年设立来信来访接待室，负责民事案件和自诉刑事案件的立案，及人民群众来信来访工作。依法审查、审核阳泉市郊区检察院起诉至郊区法院的刑事案件《起诉书》，并依法立案。

1983 年，郊区人民法院严格按照《中华人民共和国民事诉讼法》规定的程序和时限，办理收案、立案、司法文书送达，以及律师答辩手续等，要求转案手续必须做到案案有登记、收案有签字。

1991 年 6 月，郊区人民法院设立告诉申诉庭，负责辖区各类案件的立案、审查、受理，接待群众来信来访，首次从人民法院建制上，确立了立案审查工作在诉讼活动中的重要地位。

1997 年，郊区法院受理申诉案件 3 件，并全部复查结案。

1998 年 9 月，郊区法院撤销告诉申诉庭，设立立案庭，负责立案审查、案件受理和接待来信来访。立案审查作为法院审判工作的重要组成部分，成为法院受理案件和实施审判监督不可缺少的环节，立案庭的成立，标志着信访工作规范化、制度化工作进入一个新阶段。

郊区法院立案庭自 9 月份成立到年底，对 580 份诉状进行了审查，为符合起诉条件的 412 案，及时办理立案登记手续。经过说服调解，有 68 件（次）民事纠纷息诉。全年收取诉讼费 129822.23 元，缓交 62294.70 元。其中，刑事案件 39 件 66 人，民事案件 134 件，预收诉讼费 40825.52 元，免交 1 案 150 元：缓交 2 案 300 元，退案 1 件，不予受理 1 件。经济案件 48 件，标的额 145917.55 元，预交诉讼费 87151.71 元，缓交 61654.7 元，预收执行费 1845 元，进行法律咨询 428 人 / 次，息诉 68 件 68 人，整理诉状和法律文书 308 份。

1999 年，郊区法院制定《立案工作制度》《审判监督、督查制度》，进一步强化立案监督和审判监督、督查，对提交的 1634 份诉状，依法进行审查，对符合立案条件的 1425 案办理立案登记手续。其中，民事案件 473 件，收取诉讼费用 118346 元，减缓免交 450 元，结案 272 件。刑事案件案 94 件。经济案件 282 件，标的 76003546.83 元，收取诉讼费 300550 元。行政案 1 件，收诉讼费 30 元。本年度，经立案庭干警说服引导，有 215 个案件以调解方式息诉结案。是年，法院干警进行法律咨询 630 人 / 次。

2000 年，郊区法院按照“大立案、精审判、强执行”原则，对审判管理模式进行了改革，在全面实行立案、审判、执行、监督相互分离基础上，于 11 月 27 日，正式推行审判流程管理。为此，专门编写了《阳泉市郊区人民法院审判流程管理制度》。立案庭全权负责案件的立案审查、排期开庭、法庭选定、确定案件主审人、委派书记员、送达文书以及审限监督和程序执法监督等事宜，对案件不同审理阶段进行全程跟踪监督管理，最大限度地消除案件审判过程中可能出现的内部监督制约死角，从而成为审判运行管理的中枢机构，成为审判工作的龙头和案件运行调度中心，不仅提高了案件的运行速度和工作效率，而且使办案程序更加规范，有效地推进了审判工作具体化、专业化建设。特别是在排期开庭方面，走在全市法院系统的前列。

是年，立案庭干警牢固树立全心全意为人民服务的思想，全年接待群众来访 1200 余次，说服息诉 280 人 / 次，进行法律咨询 590 人 / 次，对符合立案条件的 1148 件案件予以立案。全年应收诉讼费 780331 元，实收 558549 元，缓收 221782 元。12 月，阳泉市法院系统立案管理现场会议在郊区法院召开，陈福顺副院长代表郊区法院党组及审委会，介绍了该院“大立案、精审判、强执行”方面的做法，阳泉中院在全市推广了郊区法院的经验。

2001 年，对符合立案条件的 1549 件刑事、民事案件及行政案件，进行了立案登记。对申诉案件，实行申诉听证制度，并成立了速裁法庭，有 29 件申诉案件，经速裁法庭及时审结。对 21 件区政法委和区人大督办、交办的案件，进行了严格审查。全年应收诉讼费 604406.61 元，实收 431360.61 元，缓收 228080 元。本年度，立案庭审结各类案件 99 件，其中，上诉 39 件，裁定撤诉 30 件，不予受理 5 件，调解 2 件，移送 1 件，送达法律文书 1900 余人 / 次，列入排期开庭的案件 1389 件，参与庭审记录 1500 余次，进行法律咨询 2000 余人 / 次，息诉 168 件，整理法律文书 938 份，接待各庭室人员 1500 余人 / 次，审限跟踪 90 案，完成外地委托送达 11 次，进行大型宣传咨询 10 次。

2002 年，为解决审判力量严重不足与审判任务日益繁重的矛盾，郊区法院从立案抓起，推行“案件繁简分流和普通程序简化审”改革，对适用简易程序审理的案件，依法用简易程序化解；对需普通程序审理的案件，尽量在现行《诉讼法》框架内，简化庭审中不必要的部分或某些次要环节快速结案，以节约审判资源，提高审判效率。是年，全院立案1131件。其中，民事案件496件，刑事案件117件，经济案件161件，执行案件208件，行政案件4件，再审案件6件，申诉案件16件。全年应收案件执行费270470元，实际收取235092元，缓收35378元。本年度，该院立案庭除审查立案外，还审结各类案件50件，其中，民事案件32件，经济案件4件，行政案件1件，申诉案件13件，审理期限均合乎法定标准，上诉案件3件，均维持原判，送达开庭传票及起应诉文书900余人/次，列入排期开庭823次，进行法律咨询2000余人/次，说服息诉83人/次，整理司法文书700余册，推进审限跟踪23件，并参与大型法律宣传教育10次。

2003年，为进一步改进审判工作作风，体现为人民服务的宗旨，实现便民利民目标，郊区法院于5月份，全面加强改革力度，在立案大庭开设收费窗口，实行立案、收费一条龙服务，以方便群众诉讼，提高工作效率。

2004年，郊区法院立案庭采取多种便民服务措施，建立绿色诉讼通道：一是推行微笑服务，把立案庭作为人民法院司法为民的窗口，做到“来有迎声，问有答声，走有送声”。二是注重司法礼仪，使用文明用语，制订出台《郊区法院文明用语》，设立专门监督电话。三是诉讼引导，告知当事人诉讼风险和向当事人说明审判流程，立案庭工作人员作为诉讼引导员，轮流在立案组值班，对前来咨询和立案人员，进行法律解答，引导当事人办理立案手续，对需要进入审理、执行程序的，由立案庭统一审查，符合立案条件的即刻办理当天分送；不符合立案条件的给予耐心解答。四是大力开展司法救助工作，对涉及下岗职工、民工追索劳务费、赡养等涉及弱势群体案件，依法为其缓减免诉讼费用，并优先立案、优先进行庭前调解，优先排期开庭。五是进一步规范立案管理，强化审判环节监督，缩短办案周期，及时处理矛盾，杜绝超审限案件发生。六是对符合法律援助条件的当事人，进行适当法律援助。对残疾人、下岗职工、外来民工、特困户等弱势群体，依法减、免诉讼费2万余元，为41名符合条件的当事人办理了缓交手续，金额达7.1万元。全年立案1196件。

2005年，郊区法院在立案环节突出“三快”：一是快速立案。对符合立案条件的，坚持随来随立；对外地当事人，采取电话立案、预约立案等多种方式，尽可能为当事人提供便诉条件。二是快速送达。案件立案后，保证在第一时间内转到送达人员手中，送达人员必须在最短时间内，将起诉状等有关法律文书，送到对方当事人手中。三是快速保全。对符合保全规定的案件，在当事人提出申请并提供担保后，及时采取保全措施，该查封的依法查封，该冻结的依法冻结，最大限度保护当事人的合法权益。全年接待来诉群众1600余（人）次，立案1221件。

是年，郊区法院进一步落实司法为民措施，为来诉群众提供便利服务。对书写起诉状有困难的群众，允许其口头起诉，符合立案条件的及时立案。对老年人、未成年人、残疾人、下岗职工等弱势群体，依法减免缓交诉讼费26万余元，为当事人提供宽松、便利的诉讼环境。

2006年，立案1371件，结案1300件，结案率95%。是年，立案庭除立足本职工作，切实加强立案工作外，还审结各类案件9件，送达开庭传票及起应诉材料1800人/次，排期开庭案1200人/次，进行法律咨询1900人/次，整理各类法律文书160份，进行案件审限跟踪178件。

2007年，继续推进立案窗口规范化建设，5月份，结合郊区委区、政府开展的“三和”创建活动，立案工作积极打造便民机制，建立信访案件绿色接处通道，开辟司法救济绿色通道，并以案件流程管理为主导，依托审判质量与效率综合评估体系，落实审判责任追究、案件质量考评、审判监督等制度，对案件从立案、审理、执行到归档进行全程管理，强化对审判的监督和管理，全年立案1897件，其中，刑事案件93件，民、商事案件1034件，执行案件743件，申诉案件12件，再审案件3件，行政案件12件。审（执）结1706件。是年，立案庭在本年度还审结各类案件5件，送达开庭传票及起应诉材料2000人/次，排期开庭案1100人/次，接受各种法律文书180份，开展法律咨询2000人/次，进行案件审限跟踪168件。

2008年，高度重视并切实加强因土地征用、城建拆迁等问题引发的群体性案件的立案审查和审理，对涉及下岗职工、农民工、妇女、残疾人等弱势群体的案件，继续依法实行诉讼费用的缓、减、免，使经济困难的当事人打得起官司。2008年，共为上述弱势群体减免诉讼费10多万元。全年共立案1984件。

2009年，郊区法院认真落实最高人民法院颁发的17项司法便民措施，最大限度实现司法惠民，为人民群众营造文明舒适、温暖宽松、公正可信的诉讼环境。一是建立便民立案通道，对法律关系明确、争议不大的纠纷，当日立案，当日调处，当日兑现，成功调结此类案件173件，自觉履行率达85%。二是建立便民诉讼通道。积极推行简易案件简化审，提高审判效率，降低诉讼成本，民事案件简易程序适用率达52%，全年审结案件平均审限为29.16天。三是建立便民服务通道。通过召开座谈会、发放调查表等形式，多渠道收集人民群众最关心的问题，有针对性地拓宽司法服务的范围。四是完善对行动不便的老人、残疾人参加诉讼提供便利的相关措施，认真落实司法救助制度，全年为7名符合救助条件的刑事被告人指定了辩护人，为生活确有困难的86名当事人和23个特困企业，减免诉讼费用48.1万元，确保经济困难的当事人打得起官司。五是开展巡回审理，选择有典型教育意义的案件巡回审理15场次，到身患重病、年老体弱的当事人家中调解、开庭245件次，最大限度减轻群众诉累。全年立案2412件，同比增长22%，净增428件，其中，诉讼案件1574件，审结1498件，审结率为95.2%。

2010年，加强审判流程管理，以统一立案和审限跟踪为基础，推行排期开庭、挂牌督办、限期结案等制度，利用审判管理信息化系统对案件实行从立案到执行的全程跟踪管理；强化案件均衡结案，每月通报各类案件的结案情况，对临近审限案件进行催办，促进办案效率提高；着力减少案卷移送、鉴定评估、裁判文书送达等非审限用时，加快办案速度，缩短办案周期，全年立案1741件，审结1603件。

2011年，进一步强化立案窗口建设，积极推进立案接待大厅规范化建设，在电子屏幕上，不间断飞播法院最新的司法为民举措、告知当事人诉讼权利和风险，以及对近期开庭的案件进行公示等。在司法便民利民上，对残疾人、文盲等弱势群体来院诉讼的案件，由立案庭工作人员义务为他们代写诉状，全年立案庭干警共代群众书写诉状36份；对住在边远地区行动不便的老年人实行电话立案，全年共有8件案件通过电话立案的方式立案。同时加强导诉员值班制度，及时引导当事人依法、按程序立案。全年立案1609件，其中，诉讼案件1193件，审结1158件，审结率为98%。

2012年，郊区法院积极推进立案接待大厅规范化建设，在电子屏幕上每天不间断飞播司法为民举措，及时告知当事人诉讼权利和风险，以方便群众诉讼。在司法便民利民上，对残疾人、文盲等弱势群体来院诉讼的案件，由立案庭工作人员义务代写诉状，全年由立案庭工作人员代写的诉状有36份；对住在边远地区行动不便的老年人，则实行电话立案，全年共有8个案件，通过电话立案方式立案。同时进一步加强导诉员值班制度，及时引导当事人进行立案。全年立案1312件，结案率达到97.7%；同时受理诉前调解案件245件，并全部办结。

2013年，成立诉讼服务中心，将各种便民利民平台予以整合，各项便民措施得以综合发挥作用，如出台《业务庭定期派员到立案庭协助诉前调解制度》，促使一大部分案件在诉讼之前得以调解结案。年内，认真贯彻各项司法为民措施，为立案庭配备了打印机和扫描仪，免费为当事人打印各种材料，共打印、复印各种材料10000余份，受到当事人称赞。全年立案1259件，审、执结1235件，结案率98%。是年，郊区法院还聘请两名人民陪审员专司诉前调解工作。

2014年，进一步继续强化诉讼服务中心建设，着力整合各种资源。在立案庭专设2名人民陪审员进行诉前调解，引导当事人正确使用查讯一体机、设立法制书柜等。对残疾人、文盲等弱势群体来院诉讼的案件，由立案庭认真做好诉求记录，及时提供全方位的法律服务；对住在边远地区行动不便的老年人实行电话立案，全年共有6件案件，通过电话立案方式立案。7月份，该院为进一步方便群众诉讼，开通了短信服务平台，受到普遍好评。在便民利民方面，郊区法院3个人民法庭经常性地开展送法下乡、巡回审理、提前预约开庭、星期天开庭等。特别是河底法庭在受理一起山东当事人离婚案中，积极尝试网上立案，收到良好效果。全年立案1642件，较上年同期上升 33.8%。审结、执结案件 1587 件，结案率为 95.2%。

2015 年，切实加强司法便民利民工作，整合各种平台，打造为民窗口，着力加强诉讼服务中心建设。做到一站式服务，一次性告知，并开通了短信平台，积极尝试进行网上立案。5 月 1 日后，根据最高人民法院《关于人民法院登记立案若干问题的规定》，该院及时将立案审查制变为立案登记制，有效解决了当事人“立案难”的问题。5 月 4 日，郊区法院在四楼会议室举办立案登记业务专题培训会。冯晋明院长在培训会上对实施立案登记提出了相关要求，一要作好立案登记相关准备工作，制作完善格式文书、登记簿等基础资料；二要明确立案登记范围，避免照单全收；三要规范立案登记的程序，加大立案公开力度；四要加强立案登记宣传，坚决杜绝有案不立、有诉不理、增设门槛等现象的发生。

本年度 5 月份，郊区法院立案登记制准备工作推行四项措施：一是提高认识，全面落实制度。对照现行立案登记的各项措施，检查清理本院目前可能存在的立案门槛、立案难问题，杜绝“有案不立、有诉不理”，全面畅通诉讼渠道，依法保障当事人诉权。二是提升业务技能，加强管理，完善服务网络流程管理。完善案件流程管理制度，建立以先进的网络技术、信息技术为核心的为审判工作服务的信息平台，实现文书制作、法律咨询等业务在网上操作、运行，加快案件流转进程，打造全新的诉讼服务平台，做好“12368 服务热线”开通准备工作，为群众提供立案、查询、预约、送达等多功能全方位的服务，提升诉讼服务水平。三是健全多元化纠纷解决机制。拟邀请各人民调解委员会定期派员，轮值我院人民调解室，在与司法行政机关联合开展的诉调对接工作的基础上，进一步开展好诉前调解工作，让更多的矛盾纠纷通过非诉讼方式处理，让司法更贴近人民群众，将矛盾化解于萌芽之时。四是强化司法作风，健全立案监督。采取值周领导干部入驻诉讼服务大厅的方式，监督检查立案窗口部门，并把立案监督与绩效考核结合起来，与评先选优相挂钩，采取“立案考核一票否决制”，倒逼法官规范立案行为。

第二节　信　访

接待群众来信来访工作，是人民法院一项经常性重要工作，郊区法院对人民群众来信来访工作历来十分重视。

1976 年，处理群众来信 110 件，接待来访 107 人 / 次，全部做到件件有登记，事事有落实。

1977 年，设立群众来信来访接待室，并设专职干部负责接待人民群众来访，处理人民群众来信。

1979年，接待群众来信来访340余件，根据情况应该由郊区法院办理的，接访干警积极认真给予人民群众回复，需其他单位或部门办理的信访案件，则分别转至相关单位，继续保持和发挥“事事有登记、件件有着落”的接访办访作风和效率。

1980年，郊区法院在接待群众来信来访工作方面做了大量的工作，全年接待来信来访1500余件/次，并及时给予复函答复和转办处理，对问题简单的申诉，则及时予以解决。

1981年，共接待群众来信、来访1500余人/次，同上年度基本持平，本着“情况有交代、问题有说明、解释政策、宣传法制”的原则，对来信上访者，做到及时答复和转办处理。是年，负责接访的王五保，仅个人就调处信访案件50余件。

1982年，随着民事案件继续上升，信访接待工作任务也明显加重，全年共接待群众来访1000余人/次，来信215件，代理省内外法院到山西省第二劳动改造支队（荫营煤矿、山西省阳泉第一监狱）代讯口供、代为宣判56件。对路途遥远、经济困难、行走不便的诉讼群众，郊区法院设法为他们解决吃住问题。信访接待室王五宝、冯素林，全年除接待当事人立案339件外，还调解解决信访案件56件。

1983年，在严打斗争中，郊区法院进一步加强信访工作，同时联合郊区其他司法行政部门，全面加强对基层调解委员会的业务指导，充分发挥其基层调解组织的作用，使大量的民事纠纷解决在基层，大量的民间矛盾处理在萌芽状态。全年接待群众来信来访近千人/次，办理来访信件255件，代外地法院讯问口供、宣读判决书36件/次。

1985年、1986年，经过从1983年到1985年的三年严打斗争，信访案件出现大量下降的趋势，全年接待来访人员217人/次，来信870件；1986年，接待来访群众289人/次，处理316份来访信件，郊区法院信访干警接待热情、办事认真、及时为来信来访群众排忧解难的精神，受到普遍好评。

1990年，接待群众来信来访149人/次，代询（讯）代送84件。1991年，接待群众来信来访300人/次，代询、代送120件。

1992年，郊区法院进一步加强信访工作，把信访接待重点放在民事审判窗口，扎扎实实为民分忧。一是改进接待制度，由民事审判庭正、副庭长轮流接待当事人，增添专职接待员，及时为来访群众解疑释难。二是健全来信来访登记制度，对来信来访或法律咨询，分门别类逐一登记，建立民情档案，逐一查证落实。三是完善接待处理制度，对当事人提出的问题，来信必复，来访必接，信访必回，消除了诸多不安定因素。如郊区白泉乡山头村在果园承包合同中，承包人未按协议履行合同，造成田园荒芜，村委决定中止合同，但不知如何处理，法官为来访者讲解了有关法律和政策规定，最终得以圆满解决。再如闫某携16岁女儿，从内蒙古到荫营煤矿探亲，在亲戚家被擒自闯入的两名陌生人强拉硬扯，女儿遭惊吓后精神痴呆，医疗花费1000余元，闫某到民庭咨询，庭长任新义就相关问题逐一耐心作解释，积极协助闫某同有关部门联系，问题很快得到解决。闫某感激地说：“原想我一个外地人到此人地两生，告状也是白的，没想到你们对我这么热情，帮了我的大忙，太感谢了”。

1993年，郊区法院信访工作：一是重点解决缠诉。对老上访户、申诉缠诉户，改单纯坐堂讲法，为携带案卷进门送法，为信访人讲明具体的案件事实根据和法律依据，使之息诉服判；对既无理又无据的重复申诉对象，依法裁定驳回申诉请求；对发现认定事实与运用法律确有错误的，及时提起审判监督程序予以再审。二是慎重做好初信初访。对当事人在初信初访中提出的问题，进行全面了解和审查，属于法院管辖范围的问题，努力在第一次提出异议后妥善处理，堵塞重信重访漏洞，及时为群众排难分忧。三是做好诉外工作，消化不安定因素。对不属法院管辖的问题，同样给予认真解答，及时转处或告知其解决问题的合法途径。对当事人之间争议较大，可能酿成不测事件的信访当事人，首先进行疏导，缓解矛盾，同时配合有关部门解决。全年接待群众来访125人/次，来信31件次，其中刑事申诉10件，民事申诉16件，行政与经济申诉5件，接待处理率为100%，做到件件有答复，案案有结果。

1994年，接待群众来信来访137人/次，复查处理11件/次，说服息诉50人/次，进行法律咨询11件/次，转至有关部门处理65件，信访案件全部做到事事有登记、件件有着落。

1996年，接待来信来访186人/次，其中，转至有关部门处理的50人（件/次），对210人/次的法律咨询给予认真解答。1997年，接待群众来信来访115人（件次），其中，转至有关部门处理的24人（件次），经接待法官说服息诉的72件（次），开展法律咨询54人/次。

1998年9月，为适应新形势下审判工作的需要，郊区法院成立立案庭，此后，接待群众来信来访成为立案庭的一项重要工作。当年即接待群众来信来访316人/次，对580份诉状进行了审查，为符合起诉条件的412件案件及时办理立案登记手续。全年开展法律咨询386人/次，经信访法官认真细致的说服引导，有68件（次）信访案件得以息诉罢访。

1999年，郊区法院制定《立案工作制度》《审判监督、督查制度》，进一步强化立案监督和审判监督、督查，全年接待群众来信来访1894人/次，接受法律咨询630人/次，是1975年建院后，来信来访人数最多的一年。

2000年，接待群众来访1200余次，说服息诉280人/次，开展法律咨询590人/次。

2001年，郊区法院进一步加强信访接待工作，全年接待群众来访400余名，经说服息诉213件/次，开展法律咨询590人/次。

2002年，接待群众来信来访265件次，开展法律咨询2340人/次。是年，郊区法院推行“院长接待日制度”，院领导对群众提出的140余个问题，及时予以答复和解决。本年度，为确保中共十六大期间信访安全，该院制定《防控和处置涉法上访人员赴省赴京上访的工作预案》，对有越级上访苗头的当事人，实行定人、定案制度，党组成员包案、包人，全区8个重点上访对象无一人在十六大期间越级上访。对35件申诉案件，严格实行听证制度和速裁制度，及时结案。对人大、政法委及上级督查督办的信访案件，依法认真办理，信访制度得到全面落实。

2003年，郊区法院面临的信访形势较为严重，在中共阳泉市政法委确定的24件涉法上访案件中，郊区法院8件，占33%。4月份，该院新一届领导班子成立，法院党组认真分析研究信访形势，深刻反思和剖析郊区法院信访工作存在问题，确立了“四个一”信访工作总体目标：一，提高案件质量，无一因审判案件质量问题而上访；二，建立信访工作机制，无一因信访工作不力而上访；三，强化干警队伍建设，无一因干警作风问题而上访；四，注重社会综合治理，无一因法院工作不到位而赴省赴京上访。为把“四个一”目标落到实处，郊区法院成立工作领导组，院长任组长，形成领导牵头、庭室配合、全院干警参与的专项治理工作网络，实行院长统揽全局总负责，分管领导包案分工负责，干警承办案件具体负责的三级信访责任制，并制定了相应的工作方案，实现了涉法上访专项治理工作制度化、经常化。在此基础上，全面实行包案领导责任制，明确包案领导和具体承办人，做到底清数明，责任到人。对有上访苗头的当事人，实行定人、定案、定措施监控制度，特别是国庆期间和全国两会期间，郊区法院专门出台确保重大政治活动期间信访工作防控预案，资金优先解决，工作人员优先安排，工作车辆优先保障。法院同上访人所在村和单位，加强信访信息交流，多方协商协调，明确各自的职责、任务明确具体，严密监控措施，结合实际进行布控，每案固定一名防控责任人、两名协调人和两名具体帮教监控人，实行昼夜24小时不间断预防控制，使上级指定的8个监控对象，无一越级上访。全年接待群众来信来访314件，进行法律咨询580余人/次，受理申诉案件25件，实现了赴省、赴京涉法涉诉“零上访”目标。

2004年，郊区法院践行司法为民要求，稳妥处理信访问题，认真开展“解决重点信访案件突击月”活动、信访工作“两级三无”联创活动和信访法规集中宣传日活动，创新工作思路，完善工作措施，努力把矛盾化解在基层。全年接待来访群众1900余人（次），审查立案1705件。一是采取信访排查、领导包案、责任到人、限期办结等措施，解决处理上访老户案件31件。二是继续实行院长接待日制度，院领导全年接待来访群众540多名，解决信访难点130件次。三是成立义井巡回法庭，解决当地群众诉讼难的问题。四是变群众上访为法官下访，实行定期排查，与重点排查相结合，对带有不稳定苗头的案件，进行逐一梳理和重点排查，将信访隐患消化在萌芽状态。五是强化“铁案”工程，防止因案件质量激化矛盾。六是积极开展业务技能培训，不断提高法官的业务技能培训，不断提高法官品格修养和适用法律能力，提高办案质量和效率。

2005年，郊区法院牢固树立“涉法信访工作也是审判工作一部分”的理念，进一步加强信访工作领导，健全信访工作机制，强化信访矛盾化解措施，全力构建大信访格局。全年处置信访案件32件。多次赴京、赴省、赴市上访的河北宝硕集团申请执行、李世英不服刑事判决、陈留柱伤害赔偿、刘丽萍人身损害赔偿等重点涉法涉诉信访案件，均得到妥善处理。其主要信访措施有八：一是求真务实，“求”当前信访形势还是非常严峻之“真”，“务”帮助群众解决实际问题之“实”；二是勇于创新，法院信访工作同区信访局、市信访局同步实行“接访诚信卡”制度；三是善于抓点，以点带面，全面推进；四是加强督办，使信访工作能够引起各级、各部门足够的重视，切实把群众利益摆在首位；五是奖惩分明，表彰先进、鞭策落后，共同进步；六是强化配合，全院各部门齐抓共管，互相沟通协调；七是警钟长鸣，实现信访工作常抓不懈；八是强化基础，进一步健全信访网络，做好基层信访工作。

本年度，为进一步规范接访行为，郊区法院要求接访人员做到“五个一”：一是以“迎”近情。当事人来访时，接访人员要起身让座、倒水、听诉，以热情的态度拉近与当事人的心理距离，增强信访工作的亲和力。二是以“疏”为主。接访人员须注意观察当事人情绪，对有群体上访和越级上访苗头的当事人，做好工作，加强疏导。三是以“导”息访。对当事人进行耐心细致、入情入理劝导，不允许因工作态度生硬、粗暴，导致矛盾激化。四是以“改”赢心。对接访中发现确有错误的案件，本着有错必纠的原则，及时通过正常程序予以纠正。五是以“纠”求实。对当事人来信来访中反映法院干警的违法违纪行为，一经查证属实，及时予以纠正。9月2日，郊区法院开展集中接访活动。李保来、任怀金、罗小萍、蔡春喜等院领导对来访、来诉群众热情接待，问明事由，倾听呼声，耐心解答，能及时解决的当即拍板，即刻答复；案情较为复杂的，做好登记工作，当即确定承办人员，指明去处。李保来院长强调：要高度重视群众来信来访工作，要把群众来信来访，当成送上门来的意见和建议，当成送上门来的评议和监督，当成送上门来的群众工作，当成送上门来的实践“三个代表”重要思想的机会，把联动大接访活动作为改进工作的有利契机，不断改进郊区法院各项工作。当天即接待群众148人，其中，接待信访当事人12人，当日答复解决问题6件，确定承办人员6件。9月7日，阳泉中院党组成员、执行局局长于昌明带领阳泉中院信访办、立案庭领导，到郊区法院指导信访工作。在听取郊区法院涉法信访汇报后，对该院重点涉法信访案件给予了具体指导，同时就如何搞好涉法信访工作，把问题解决在源头，化解在萌芽状态，进行了探讨。

2006年，为避免涉法越级上访，维护社会稳定，郊区法院采取六项措施解决涉法上访问题：一，热情接待，以诚相待，以心相比，以人为本，想方设法帮助当事人解决实际问题，把矛盾化解在基层，不得推三阻四，矛盾上交，激化矛盾；二，尊重当事人，理解、善待当事人，诚恳听取他们反映的问题，做好息诉工作，不得厌烦、歧视他们；三，冷静处理，以案说法，晓之以理，动之以情，不得动不动就打发“回去”，或“你上告去”，引发上访；四，耐心做好说服教育工作，以事实为依据，以法律为准绳，以理服人，以法服人，不得冷眼训斥，杜绝脸难看、事难办、话难听；五，及时解决处理实际问题，做到事事有答复，件件有回音，不得敷衍了事，久拖不办，造成反复上访；六，把好立案关，告知“诉讼风险”，达到一次性到位，从源头上解决矛盾纠纷，不得使当事人因输了官司、花了钱，造成无理缠诉、滥诉。

与此同时，郊区法院在信访工作中，努力探索“诉访分离、诉访相济，多元疏导，息诉罢访”信访工作机制，着力破解涉诉信访难题。一是高度重视初信初访工作，便民利民，注重疏导；二是认真开展矛盾定期排查，分析信访走向，排查苗头信息，及时做好应对工作；三是落实“定时间、定人员、定领导、定责任，包案处理”“四定一包”制度，对排查出来的矛盾，做到矛盾不化解，领导小组不解散。

2007 年 4 月，郊区人民法院新一届领导班子成立，冯晋明任党组书记、院长，信访工作得到进一步加强。是年，该院以“三和”创建活动为契机，积极打造绿色便民机制，建立信访案件绿色接处通道，开辟司法救济绿色通道。同时坚持“院长接待日”制度，落实信访工作责任制，积极引导和帮助群众，通过正常途径解决纠纷矛盾，主动征求和接受信访群众对法院工作的意见和建议 80 多条，大力消除不和谐因素，全年接待群众来访 860 余人 / 次，进行法律咨询 650 件 / 次，办理来信信访案件 12 件、申诉复查案件 12 件，妥善解决赴京、赴省、赴市上访案件 3 件。

2008 年，根据全市、全区奥运安保工作会议精神，针对法院系统涉及奥运安保主要是涉法信访案件这一实际，郊区法院继续坚持领导包案等制度，进一步建立健全矛盾纠纷排查、多渠道处理工作机制，坚持定期摸排，对排查出的不稳定因素和重点案件进行登记、分析，并有针对性地加以解决，成功地处理了一批重点赴省、进京上访案件。同时认真扎实推进“大接访”活动，7 月 23 日，郊区法院召开党组紧急扩大会，对“院长大接访、干部大下访、大排查、大调处”活动作了安排部署，全院干警对已审结的案件，进行拉网式排查，为北京奥运会和纪念改革开放 30 周年营造和谐安定的社会环境。

7 月份，冯晋明院长带队，走访缠诉重点信访户，用干警捐赠的“司法救助基金”，救助涉诉上访人，帮他们解决实际困难。冯晋明亲自到重点上访户高某家中了解实情，增进理解，化解矛盾；党组成员和各庭室领导，针对包案情况狠抓涉诉信访息诉，取得较好成效。8 月份，根据郊区区委安排，向北京派出劝返工作小组，同时在市区车站设立信访巡查岗，制定严格的交接班制度，明确巡查重点，对重点路口、要害路段、紧要部位，加大巡查次数和检查力度，并建立巡查日志，实行交接登记和重大情况通报制度。全年接待处理来信来访 860 件（人）/ 次，按照审判监督程序进入再审程序的 2 案，审结 2 件，实现了“奥运会期间无一人越级上访的目标”。

2009年，郯区法院为有效化解社会矛盾，解决群众反映突出的涉诉问题，切实维护广大人民群众的合法权益，把矛盾纠纷化解在基层，将信访突出问题解决在第一时间，每天有一位院领导负责信访接待，并在法院大厅电子屏幕公布接待时间、地点和接待领导，采取领导亲自接访、集中大接访、大下访，预约接访、带案下访、电话接访等多种方式，零距离听取和了解群众真实意愿，收到显著效果。

本年度，郯区法院进一步完善组织领导、源头治理、服判息诉和整体联动“四项机制”，严格落实源头预防、初信初访和领导包案“三大责任”，坚持院领导接待日制度，畅通信访渠道。全年接待、处理来信来访298件365人/次。新中国成立六十周年大庆期间，根据国庆安保工作部署，认真落实相关要求，进一步建立健全矛盾纠纷排查、多渠道处理工作机制，对排查出的不稳定因素和重点案件进行登记、分析，有针对性地加以解决。2009年未发生新的信访案件。

2010年，郯区法院对已办和在办案件中，可能引发涉诉上访的敏感案件、重大案件，进行拉网式排查，摸清信访对象的底数，对有信访隐患或苗头的案件，启动处置预案。同时高度重视法律释明工作，最大限度做到案结事了，并按照“四定一包”、首问负责等相关制度，严格落实信访责任制。

2011年，该院以最高人民法院“四个必须、五项制度”的出台为契机，进一步强化信访责任机制，多措并举，加强涉诉信访，从源头上预防和减少涉诉信访案件。同时继续强化“诉访分离、诉访相济，多元疏导，息诉罢访”，高度重视初信初访，认真分析信访走向，根据信访案件和信访人员，逐一制定相关的工作预案，及时做好防范应对工作，并严格按照“四定一包”（定时间、定人员、定领导、定责任，包案处理”），落实信访责任，对排查出来的矛盾，做到矛盾不化解，领导小组不解散。一批重点信访案件得到妥善解决。全年共处理信访积案、难案4件，继续保持新审案件“零上访”纪录。

2012年，郯区法院开展“清积案、化新访”活动，从诉讼源头上避免形成新的信访案件。按照“谁主管、谁负责”的原则，落实包掌握情况、包思想转化、包解决化解、包息诉罢访的“四包”责任。同时进一步完善信访工作档案，实时收录信访工作出现的新情况，掌握信息，跟进处理进程，并将此项工作与考核、司法救助等结合起来，继续保持了“零信访”的良好态势。全年处理信访积案、难案7件。

2013年，郯区法院信访案件多产生于2006年以前，经过从2007年到2012年的努力，绝大多数信访案件得到化解。本年度，为减少新的信访案件，郯区法院扎实做好审判基础工作，全面强化群众观念和办案责任心，使“涉诉信访、全院有责”的意识深入人心，在具体工作中，进一步完善信访工作档案，实时收录化解信息，跟进处理进程，并将此项工作同考核、司法救助结合起来，全年妥善处置信访难案、积案7件，继续保持新审案件“零信访”的水平。

2014年，郊区法院以党的群众路线教育活动为契机，认真落实各项涉法涉诉信访改革工作措施，强化信访案件的化解。具体工作中，进一步完善信访接待机制，实行预约接访，积极推行信访案件终身负责制。对信访案件，继续按照“谁主管、谁负责”的原则，落实包掌握情况、包思想转化、包解决化解、包息诉罢访的“四包”责任。完善信访工作档案，实时收录化解信息，跟进处理进程。并将此项工作与考核、司法救助等结合起来。本年度，按照相关文件精神，核销了各级政法部门及上级法院交办该院处置的27件信访案件。全年未发生新的信访案件。新收案件零上访成为审判工作新常态。

2015年，郊区法院扎实做好审判工作，力求从源头上预防和减少涉诉信访案件，认真落实各项涉法涉诉信访改革工作措施。在具体工作中，进一步完善信访接待机制，实行预约接访，积极推行信访案件终身负责制。对信访老案，继续按照“谁主管、谁负责”的原则，全面落实“包掌握情况、包思想转化、包解决化解、包息诉罢访”的“四包”责任制。健全信访工作档案，实时收录化解信息，跟进处理进程。并将此项工作与考核、司法救助等结合起来。全年涉及进京非访案件虽然仅有1案，经过信访干警努力，按有关规定作了核销处理。

第三节 调 解

法院调解又称诉讼调解，是指在人民法院审判人员的主持下，双方当事人就民事权益争议自愿、平等地进行协商，以达成协议、解决纠纷的活动。调解有利于化解社会矛盾，实现案结事了，有利于修复当事人之间的关系，实现和谐。郊区人民法院非常重视调解工作，坚持“依靠群众、调查研究、就地解决、调节为主”方针，充分利用人民调解在化解民事纠纷中的重要作用，有力地促进了审判工作。

1975年建院初，郊区革命委员会召开“民政和法院民事工作会议”，会议要求认真抓好调委会整建工作，充分发挥调委会的作用，对做好民事工作提出五点要求：一，以毛主席的三项重要指示为指针，学理论，抓路线，努力完成提高执行毛主席革命路线的自觉性，真正用毛主席的理论改造我们的思想，指导调解工作。二，认真贯彻执行党在民事工作中具体的工作路线和方针、政策。认真学习大寨、昔阳等单位用中共基本路线调解民事纠纷的经验。三，各大队在大力落实市委指示的“十件事”中，在年底前结合实际把整建调委会搞好。四，加强法制宣传。在学习无产阶级理论中，要认真结合本队实际，加强党和国家法制和社会治安宣传，把民事纠纷处理在萌芽状态。五，增强党的观念，加强请示、汇报制度，当好党委的参谋，主动取得党委的指示，严格遵守三大纪律八项注意。法院干警、公社民政和大队调委会成员，要自觉接受群众的监督，防止违法乱纪行为在队伍中发生。尤其对法院干警要认真监督，发现贪赃枉法和舞弊等行为，可向党委和上级法院反映。

1976年，全市司法工作会议结束后，在郊区委领导下，郊区法院狠抓各人民公社和生产大队关于会议精神的传达贯彻和落实。法院干警到多次到人民公社和生产大队，组织支总委员、革委会委员、调解委员会委员、治保主任等传达会议精神，学习会议文件。生产大队则通过广播、黑板报、政治夜校等形式，把会议精神传达到群众之中。通过学习贯彻全市司法工作会议精神，一是提高了干部和群众对司法工作的重要性的认识，认识到这项工作是关系到把无产阶级专政的任务落实到基层的大事。二是加强了组织建设。全区九个公社，有七个公社建立了调委会，有的大队对调委会进行整建。三是调动了调委会人员的积极性。四是各级党组织加强了对调委会的领导，人民法院加强了对调委会的指导，各人民公社、生产大队均有一名副书记或副主任兼管此项工作，对疑难案件直接参与处理，各生产大队基本上做到小事不出队、大事不出社，矛盾解决在基层。

1977年，郊区法院遵照“依靠群众、调查研究、就地解决、调解为主”的民事工作方针，依靠基层社队调解组织就地办案，充分发挥调委会作用，把大量矛盾解决在基层。全院8名干警，除1名病休，1名在机关负责接待处理日常事务外，其余干警均携卷下乡，深入实际，一边参加劳动，一边依靠群众调查研究，吃透案情，分清路线是非，根据中共方针、政策就地处理矛盾纠纷。是年，郊区法院干警在各人民公社收案（调解案件）317件，自己调处193件，上交郊区法院73件，除14件易办案件由信访干警办结外，全院下乡干警携带案卷深入基层，就地调处，使80%的案件得以就地解决。如荫营公社桥上大队李玉庭与老虎沟大队因地基问题发生纠纷，李玉庭多次向郊区法院和阳泉中院告状，并找区委负责人、公社领导处理，由于桥上大队不了解实情，支持了李玉庭，公社未作处理，导致简单问题复杂化。后经郊区法院干警现场调查取证，找到原房产地基的买卖纸据，认定李玉庭告状争地基无理，最后协助荫营人民公社作了处理。再如马便香和张培民离婚案件，申合顺和黄进玉的房屋纠纷，均经过法院干警反复、细致、耐心的调解工作得以最终解决。

1978年，郊区法院民事审判采取两种办法加强调解，一是依靠社、队党组织，整顿了各人民公社和生产大队调委会，向调解委员会成员讲授政策、法律和一些基本的调解技巧及办法，积极发挥社、队两级调解委的作用，支持他们尽量就地调解。是年，郊区七个人民公社收调解案317件，其中，在公社一级得到调处193件，上交至郊区法院73件，各人民公社积存51件。二是由郊区法院管理的案件，除极少数易办案件采取信调处理（信访调处，本地俗称）外，约有80%以上的调解案件，均在郊区法院干警携卷下乡时，依靠群众，实地调查研究化解。法院干警在办理调解案时，始终坚持不查清案情不结案、不取得主要证明材料不结案、不和应该联系协商的有关部门联系协商不结案、没有履行必要的法律手续不结案原则，使许多民间、邻里纠纷得到化解。

是年11月底，在郊区法院参与协助下，全区13个人民公社，先后召开各大队分管调委的支委和调委主任会议，传达贯彻全市司法工作会议精神。如李家庄公社党委，制定了本公社《调解民事纠纷办法》。荫营公社党委副书记郑丙银、平坦公社党委副书记郭喜寿，不仅亲自传达全市司法工作会议精神，而且对难办的调解案件，亲自协助兼职司法员办案，使案件得到及时处理。各生产大队同时掀起学习贯彻全市司法工作会议精神，侯家沟大队利用广播和田间地头，在社员中传达讨论。义东沟大队及时对大队调委会作了整顿，有两名支委当选调委会主任、副主任，同时狠抓调解工作，对历年来积存的24起调解案件做了处理，并制定出本大队《预防和处理纠纷办法》，在于学习贯彻全国、全省和阳泉市司法工作会议精神鼓舞下，该大队一年多未向公社上交一起调解或民事案件。

1979年，郊区法院指导各人民公社、各生产大队调解委员会成员，学习政策业务，根据“依靠群众、调查研究、就地解决、调解为主”方针，协助各基层调委会解决了大量民事纠纷，仅李家庄公社全年就调解了37件民事纠纷，仅有8件民事矛盾纠纷调解无效后，介绍到人民法院。多数公社则积极调解，尽力使矛盾少上交、不上交，从而解决了大量的人民内部矛盾，增进了人民内部团结。

1980年，郊区法院认真学习贯彻全国第二次民事审判工作会议精神及有关民事政策，深入群众，调查研究，加强了对基层调解组织工作的指导，在边工作边调解的情况下，进一步加强调解组织，落实调解人员，普遍开展了调解工作。为调解民事纠纷，落实民事政策做了大量工作。全区各公社共建立调解组织187个，调处一般民事案件920余件，处理解决自诉刑事案件100余件，两者相加，等于法院全年受理民事案件的4倍。

1981年，郊区法院更加重视各人民公社和生产大队调委会的工作，进一步加强对调委会的指导。基层调委会在各级党组织领导和人民法院指导下，就地调处了大量的民事纠纷。年内，全区组建调委会200余个，调处民事纠纷2244件，等于法院全部民事案件审结数的10倍。如东村公社红土岩大队调委会，及时调处1件因矛盾激化、险些造成人身伤亡的婚姻案件。是年，调解案件占审结案件的64%，调解率比1980年提高17%。

1983年，郊区法院在办理民事案件中，深入群众，依靠群众，调查研究，实事求是地审理和调解了一大批民事矛盾和邻里、家庭纠纷。如审理大阳泉大队吴梁珍诉兰玉珍地基纠纷一案时，审判人员五次到大阳泉调查，充分依靠群众，深入调查了解，先后向19名社员调查取证，在充分研究、认真分析案情基础上，去伪存真，分清是非，在群众支持下，经开庭审理，实事求是地审结些案，对出具伪证的人作出罚款处理，受到旁听群众的称赞。

1984年，继续贯彻调解为主的方针，加大个案调解力度。河底村村民王锁成雇工建房，因塌方压死1名工人，死者家属索要巨额赔偿无果，停尸不葬，副院长赵维田深入河底，做了大量思想工作，双方最终达成善后事宜的协议。

1985年，为加强基层民调工作，郊区法院用“短期集中、以会代训”形式，对全区13个乡镇及所属厂矿企业的600余名司法、民调人员进行培训，副院长赵维田、庭长邵八锁亲自授课，以现行政策和国家法律，结合民事纠纷案例，进行专题讲座、案例分析，有效提高了辖区民调人员自行开展司法调解工作的能力，使全院全年民事案收案数比上年下降23%。全年调解结案98件，调解率为66%，判决结案26件，占已结案的17%，其他结案25件。

1986年，郊区法院在坚持依法办案、便利群众诉讼的前提下，对影响生产建设、人民生活，且矛盾纠纷可能激化的案件及时审理，对妇女、儿童合法权益受到侵犯的案件及时审理，在开展审判工作的同时，仍然采取“以会代训，短期培训”方法，在其他司法部门配合下，再次对13个乡镇和所辖厂矿企业的600余名司法、民调人员进行业务培训，提高他们的业务素质和工作能力，使大量民事纠纷，解决在基层和萌芽状态。民事案件收案量，较上年度仍有一定幅度的下降。

从20世纪80年代中期开始到90年代中期，在近十年的时间内，人民法院从延安马锡五时期即开始沿用的“依靠群众、调查研究、就地解决、调解为主”十六字方针，逐渐演化为“一步到位、直接开庭、控辩双方当庭质证、法官居中裁判”机制，调解工作虽然在基层人民法院仍占有一定的比重，但却一度出现淡化现象。

1993年2月，被告阳泉市郊区蔬菜生产服务中心，从第三人河北省石家庄市种子公司，购进“六二三” 豆角种子1575公斤，赊给诸原告种植。其中：阳泉市郊区义井乡南庄村400公斤，播种65亩；义井乡大阳泉村100公斤，播种21亩；平坦乡龙凤沟村315公斤，播种65亩；平坦乡西河村760公斤，播种152亩。至同年6月上旬，诸原告种植的“六二三”豆角，均只长蔓不结豆角。被告在接到诸原告反映后，遂与第三人取得联系。同年7月，第三人派员到种植现场，对有关情况进行了解，与诸原告和被告协商解决未果。7月28至29日，由山西省种子质量监督检验站检验人员，组织原、被告和第三人，在田间进行详细检验和考察。并得出结论：该品种同1987年山西省农作物品种审定委员会认定的标准“六二三”架豆品种，无论从植株形状、生育特性和产品性状等方面完全不一致，属劣质晚熟品种。之后，诸原告与被告及第三人，因赔偿问题发生纠葛，于1993年11月，向郊区法院提起诉讼。郊区法院根据《消费者权益保护法》有关保护消费者合法权益的相关规定，经调解原被告达到解决纷争的协议：被告及第三人按每亩937元5角，一次性赔偿诸原告总计30万元；第三人一次性返还被告购种费9450元，并且承财产保全费12800元当中的7000元，有效地维护了农民的权益。

1994年，郊区法院始终坚持用调解方法解决矛盾纠纷。具体工作中，法院干警积极宣传法律、法规，想当事人所想，急当事人所急，只要有调解的可能，就耐心细致地做思想疏导工作，化解矛盾，消除隔阂，使双方当事人在自愿前提下达成协议，全年调解结案233件，占民事结案总数的65.2%，当事人自愿撤诉的案件达33件，占9.5%。是年，郊区法院平坦人民法庭首次采用“一步到位”、直接开庭”的审判方式，急案急办，及时调解处理了一起追诉劳动报酬纠纷案件。

1996年，郊区法院审结411件民事案件中，调解及和好、撤诉的案件达301件，占审结案件的78%。为方便群众诉讼，减轻群众诉累，在春播、秋收等农忙季节，法院干警深入田间地头，巡回审理民事案件288件，巡回审理率达70%以上，收到了“审理一案、教育一片”的良好社会效果。

从20世纪90年代中后期开始，“一步到位、直接开庭、当庭质证、居中裁判”成为主要的审判方式，到新世纪初，“能调则调、当判则判、调判结合、案结事了”成为人民法院调解工作的基本指导方针。

2003年，在非典型肺炎流行期间，郊区法院成功审结一起涉及企业改制的经济纠纷案件。阳泉市××耐火厂是郊区1997年第一批改制的企业之一。改制以后，经多年市场运作，企业的经营发展出现许多新情况、新问题，超出原转让合同所调整范围，加之耐火企业前几年生产不景气，资金周转不畅，致使该厂累计拖欠企业转让款达55万元。该院受理此案后，由于涉案标的大，属于涉及企业改制的新类型案件，法院党组高度重视，一方面全力防治非典，另一方面抓紧审理。副院长李永祥等法官，通过认真查阅案卷，耐心听取双方当事人的陈述与答辩，准确把握讼争焦点，在正确适用法律前提下，本着有利于改制企业经营与发展，兼顾双方利益的原则，做了大量深入细致的思想工作，使双方当事人最终冰释前嫌，达成调解协议，并很快履行了第一笔债款16万元。此案从审理到审结，仅用一个月时间。

是年，还调解一起在社会上产生较大影响的郊区某企业同被告韩某某房屋租赁合同纠纷一案。在诉讼期间，被告韩某认为自己是外乡人，又是被告，故对郊区法院审理案件的公平、公正性心存疑虑，便制作一块写有“阳泉投资环境差，坑害外地投资者”的木牌，先后到中共阳泉市委、阳泉市政府、阳泉中院上告上访，在城市广场、政府广场等地举牌乞讨，严重破坏了全市对外开放的形象，在社会中造成一定的负面影响。对此，郊区法院对韩某进行了严肃的批评教育，同时加大案件审理力度，先后三次开庭，四次到现场勘验，查明了本案的基本事实。经过耐心细致的说服教育和思想疏导，双方自愿达成调解协议，使案件得以妥善解决。

2004年，郊区法院在庭前调解工作中，注重借助外力促成庭前调解。一是注意发挥诉讼代理人的作用。调动他们正确指导当事人参诉的积极性，特别是调解的积极性，把握好诉讼代理人的沟通配合，促使各方当事人由对立变为协商、协调，最终握手言和。二是调动基层调解组织的积极性。依靠基层组织的支持配合，开展说教攻心，为案件的及时处理起到独特作用。三是注重对基层调解组织的指导，定期对基层调解组织人员进行业务培训，既提高基层调解组织人员的素质，又促进其协助法院、积极开展基层调解工作。四是调动当事人亲属及“说情人”的积极性。变“说情人”或“陪同人”，为“义务调解员”，帮助法官做当事人的思想工作。五是加强诉讼指导，加大调解力度，在自愿合法的原则下，对民商事案件坚持多调少判，努力做到“案结事了”。六是把案件调解率，纳入法官的岗位目标考核，充分发挥法官庭前调解、庭中调解、庭后调解作用，实现调解工作的全程化。

2005年，郊区法院按照“能调则调、当判则判、调判结合、案结事了”的要求，不断强化调解手段，加大调解力度，用足用好调解手段，在合情、合理、合法的基础上，促进社会和谐、家庭和睦。在婚姻、家庭、赡养等案件的审理中，注意保护妇女、老人、儿童和无过错方的合法权益，引导当事人正确处理婚姻家庭关系，树立良好的道德风尚，调解结案占案件总数的60%以上。如2005年原告李钢、被告张春相邻关系纠纷一案：两者系邻居，由于被告张春长期从事洗衣业务，洗衣房排水缸瓦管渗漏及洗衣房内水沟长期渗水，浸泡原告房屋墙体和地基，致原告房屋东山墙墙体出现水平裂缝，西南角墙体斜裂缝，前墙根部水平裂缝，月台、院墙、厨房出现不同程度的裂缝和倾斜，经交涉，被告虽然停用了洗衣房，但拒绝承担恢复原状和赔偿损失的责任。经郊区法院调解，双方当事人达成和解协议：被告张春赔偿原告李钢房屋损失23500元；一审案件受理费100元和其他诉讼费200元由原告李钢负担；二审案件受理费100元由被告张春负担。

2006年，郊区法院推行民事案件调解“三步曲”取得实效。2月份，在一起当事人情绪严重对立的客运合同纠纷中，该院民事法官积极唱好诉讼调解“三步曲”，使案件得以妥善解决。第一步为庭前调解，开庭前由承办法官对双方当事人的争议焦点，进行试探性调解，了解其真实想法和所要达到的诉讼目的，有针对性地做好疏导和说服工作。第二步为庭中调解，对一些案情复杂，双方争议较大的案件，在查明事实基础上，合议庭集中做好耐心细致的思想工作，从案件审判可能的结果上，从诉讼目的实现的效果上，进一步对当事人进行说服。第三步为庭后调解，主要是针对那些案情复杂、有上访苗头且经过前两轮调解，立场已有松动的当事人，承办法官采取个别谈话、背对背调解等方式方法，尽可能化解上访风险，减轻当事人诉累，节约诉讼成本。

2008年，郊区法院认真贯彻最高人民法院确立的民事工作“调解优先、调判结合”原则，不断增强调解意识，积极创新调解机制，建立健全“大调解”体系，注重发挥人民法院在“大调解”格局中的引导和保障作用，在实际工作中，力求在调解机制上改革创新，在调解方式上求实求新，采取“多听、多看、多为当事人着想”的调解艺术，多种调解方法交叉运用，全年民事案件调解率达63%以上，巡回案件审理率占总案件数的40%强。

2009年，坚持“调解优先”原则，兼顾当事人的综合、长远利益，用调解的方式，快捷、简便、经济解决诉讼纠纷，尽最大努力减少诉讼对抗性。是年，全院民事案件调解率达56%。在具体工作中，该院将诉前调解、诉中调解、诉后调解融为一体，诉前调解案件46件。邀请乡镇、村民委员会参与调解113次；安排陪审员参与调解案件121件，解决诉外矛盾纠纷50件。9月7日，郊区法院召开全院干警大会，传达“全省法院重调息诉和谐司法经验交流会”精神。要求全院干警切实转变思想观念，牢固树立三个理念：一、调解是高质量审判。调解工作做好了，能够实现化解纠纷与保护权利的有机统一，实现尊重当事人主体地位与维护法治权威的有机统一，实现便捷灵活与严格程序的有机统一，实现办案法律效果和社会效果的有机统一，完全符合现代法治精神和司法要求。二、调解是高效益审判。成功的调解既能满足当事人解决纠纷的要求，又能满足当事人追求公正的要求；成功的调解既可以减轻当事人的诉累，解决当事人诉讼难的问题，又可以节省司法资源，缓解巨大的审判压力。要纠正片面追求“一锤定音”“一判了之”的不负责任态度，强化“息诉服判才是最大效率”的观念。三、调解能力是高水平司法能力。善于裁判的能力是高水平的司法能力，善于调解的能力也是高水平的司法能力。调解工作不仅要求干警精通法律知识，善于适用法律，还要具有化解矛盾纠纷、善于做群众工作的能力。切实转变重裁判、轻调解观念，把调解作为审判工作首要选择，扩大调解适用范围，充分利用一切机会，提高调解成功率。

2010年6月27日，最高人民法院发布《进一步贯彻“调解优先、调判结合”工作原则的若干意见》。郊区法院坚持调解优先和调判结合，精心竭力维护人民群众合法权益；坚持现场立案、预约开庭、巡回审判等便民利民工作机制和矛盾调解机制，努力提升广大法官做群众工作的能力、化解矛盾的能力和做调解工作的能力，并通过大量的庭前、庭中、庭后调解，化解家庭矛盾纠纷和其他社会矛盾纠纷，有力地促进了郊区社会的和谐发展、稳定发展。

2011年，郊区法院进一步强化大调解格局建设，将劳动争议、交通事故、医疗事故等纠纷纳入诉调对接范围，整合各方力量，促进矛盾化解。全年调撤率达63%。如2011年史某某诉刘某某离婚案。2002年，当事人史某某与刘某某，在郊区民政局登记结婚，2004年，女儿刘某某出生，后因家庭琐矛盾，导致夫妻关系紧张，2011年，史某某向该院起诉离婚，要求分割共同财产。在案件审理过程中，承办法官要文洁发现双方当事人属自由恋爱结婚，虽然有矛盾，但夫妻感情并未完全破裂，庭审结束后，先后两次召集当事人调解，让双方本着互谅、互让原则，围绕相知不易、组建家庭更不容易的民俗民谚，劝他们多为孩子考虑，多为父母考虑，耐心细致做当事人的思想工作，当事人最终自愿达成和解协议，实现了破镜重圆的目的。本年度，郊区法院进一步加强刑事附带民事赔偿案件的调解力度，注重把握调解时机，特别是对那些法律知识匮乏、法制意识不强的当事人，通过讲解调解成功的同类型案件，让当事人进行比对，权衡利弊，引导他们自愿达成调解协议。当年刑事附带民事案件调解率达 68.75%，自动履行率达 100%，到位资金达 260 余万元。

2011 年，郊区法院还调解了尹汝洲、赵玉珍、王俊霞等 163 人申请的一起劳动合同补偿强制执行案。2009 年，尹汝洲、赵玉珍、王俊霞等 163 人，因与其用工单位阳泉市腾达实业总公司砖厂（义井村村办企业），就解除劳动合同经济补偿产生纠纷，后经郊区劳动争议仲裁委员会裁决，阳泉市腾达实业总公司砖厂，赔偿款共计 1043688.61 元。裁决生效后，该砖厂并未按时履行义务。2011 年，尹汝洲、赵玉珍、王俊霞等 163 人申请郊区法院强制执行。立案后，郊区法院执行局先进行解释工作，之后又根据有关法律规定，将义井村委会，追加为被执行人。在义井镇政府配合下，经多方调解，最终达成调解协议，2009 年 10 月 19 日，义井村村民委员会向尹汝洲等支付了赔偿款计 1043688.6 元。

2012 年，积极推进大调解工作机制建设，构建司法调解、行政调解和人民调解“三位一体”的诉调联动机制，在郊区形成了多元化调处社会矛盾纠纷的工作机制。在上年度出台《诉调对接实施细则》基础上，进一步加强人民法院诉讼调解，同行政、司法、公安、检察、社区、企业等各类调解机构的联动，注重发挥“和事佬”协会的作用，使各类民事纠纷化解在萌芽之中，全院民事案件数呈持续下降态势。此外，该院还落实了民调人员的补助措施，全年共发放补助金 2 万余元。

2013 年，郊区法院进一步推动完善大调解工作体系构建，注重诉前纠纷解决机制的创新。针对诉前调解工作“法院一头热”的情况，认真贯彻对民调人员的奖励办法，并全部落实到位。同时在立案大厅旁，设立诉前调解工作室，由 2 名人民陪审员兼任诉前调解员，主持诉前调解工作。同时强化立案调解工作，制定出台了一系列规章制度，明确立案调解法官职责，明确立案调解的相关规定。全年共受理诉前调解案件 174 件，全部办结。

2014 年，郊区法院将始终坚持调解优先原则，把调解工作贯穿于庭前、庭中、庭后等诉讼全过程。一是切实加强刑事附带民事案件的调解工作，把刑附民的调解作为保护被害人合法权益的重要措施，使因犯罪行为受损的社会关系得以修复、愈合和改善，为被害人挽回损失，消除矛盾冲突，全年刑事附带民事案件调解率 35.7%，自动履行率达 100%，实际到位资金达 200 多万元。二是进一步强化完善民事案件调解，在立案之前即着手进行调解，调解不成后再进入立案程序；开庭前即组织双方当事人进行调解，调解不成再进入庭审程序；在开庭时，仍然依照有关法律规定进行调解，在最终调解不成的情况下，方依法作出判决，并且对所判案件进行判后释疑。而对涉及民生的婚姻家庭、继承、赡养等案件，从换位思考的高度，将调解工作做透做细，特别是针对偏远地区的群众诉至人民法院的案件，该院坚持方便群众、服务群众的原则，将案件审理延伸到田间地头、乡村农户，2014年，该院民商事案件调撤率达62%，巡回审理率为51%，确保人民群众在每一个诉讼调解环节，都能享受到公平正义。

是年1月份，该院未成年人庭会同区人大法工委、少工委、妇联、教委、法律援助中心等部门，成功调解处理了一起诉前婚姻纠纷案件。史某与张某于二年前结婚，双方均系再婚，史某再婚时带有6岁女儿王某。在共同生活期间，张某经常殴打史某、王某，每天早晨5点，就让王某站在楼道，且不准王某在家中大便，史某向妇联寻求帮助，妇联请求郊区法院未成年人综合案件审判庭向史某、王某提供法律帮助，审判人员同区人大法工委、少工委、妇联、教委、法律援助中心工作人员，对史某、王某的生活状况，进行了调查分析研究，为其提供了解决问题的多种途径，对其将来生活予以各方面的帮助，法律援助中心律师则为史某书写了诉状，史某和张某经民政局工作人员调解，以协议方式离婚。

2015年，郊区法院继续坚持调节优先原则，把调解工作贯穿于庭前、庭中和庭后。一是切实加强刑事附带民事案件的调节工作，把刑事附带民事赔偿调解作为保护受害人合法权益的重要措施，将因犯罪行为受到损害的社会关系依法进行修复、愈合和改善，为被害人挽回一定的经济损失，消除了矛盾冲突。特别是对那些法律知识匮乏、法制意识不强的当事人，通过讲解已调解成功的同一类型案件，让当事人进行比对，权衡利弊，引导双方当事人自愿达成调解协议。二是进一步强化民事案件调节，在立案前先进行调解，调解不成再进行立案；开庭前先组织双方当事人调解，调解不成进入程序；在开庭时，依照法律的规定继续进行调解，调解不成再进行判决，同时做好判后释疑工作。三是对涉及民生的婚姻家庭、继承、赡养等案件，做到换位思考，将调解工作做透做细。四是严格依照法律程序，坚持自愿、合法原则，充分尊重当事人的意愿，不断规范调解工作，坚决杜绝为片面追求调解率而采取以判压调、以拖压调、久调不判的做法。五是加强巡回审理，将法庭开到田间地头、乡村农户。六是关注热点，妥善化解群体纠纷。六是充分考虑由于经济下行压力增大所引发的群体性纠纷日渐增多这一实际，坚持党委领导原则，注重发挥社会各方面化解矛盾的组合优势，找准自身定位，做到能动司法，严格依法把握争议焦点，平衡各方利益，维护好涉案职工、失地农民等弱势群体的合法权益，努力消除影响社会稳定的不和谐因素。

是年7月22日，该院立案庭收到平定某塑钢型材厂与肖某买卖合同纠纷起诉状后，经审查，案件事实清楚、权利义务关系明确、争议标的额属小额诉讼程序适用范围。考虑到被告肖某在四川原籍，为减少当事人诉讼成本，在征得双方当事人同意的情况下，立案庭庭长史历文与审判员史艳丽多次通过电话、短信、微信的方式与肖某沟通，进行立案调解。最终双方达成共识，肖某即时将拖欠货款给付原告，调解过程的相关内容以微信、短信截图及电话沟通内容记载，反映在案卷笔录中，该笔录及协议内容通过微信让肖某核对。充分运用信息化及电子传输技术，实现案结事了，体现了司法为民、高效便民的原则，创新了调解方式，反映了法院司法灵活、司法能动的办案方式，更是节省了当事人的诉讼成本，得到了当事人的一致认可。

附 1：《郊区法院传达贯彻落对我市司法工作情况》

（原载 1976 年 10 月 31 日《法院工作信息》第 4 期）

七六年十月九日我市司法工作会议结束后，郊区参加会议的各级干部继承伟大领袖毛主席的遗志，化悲痛为力量坚持以阶级斗争为纲，坚持党的基本路线，坚持无产阶级专政下的继续革命，及时向各级党委汇报了会议精神，在各级党委领导下，并采取了不少措施，积极地进行贯彻，现将贯彻落实情况简报如下：

一、我院及时向区委副书记史吉文、耿义德同志作了汇报，两位副书记指示：一是要抓紧传达贯彻；二是要抓贯彻落实措施。在今年八月下旬山西省司法工作学大寨现场会议后，我院全体干警对会议精神、文件学习讨论了两天，这次会议后，我们又认真地进行了学习讨论，以大寨昔阳为榜样对照检查，我们的差距主要有四条：一是学习马列和毛主席著作理论联系实际很不够，有时存在学用脱节，工作忙了就挤掉了学习。二是革命大批判不深不细，如对批邓反击右倾翻案风存在时紧时松，系统地、针对性的批判做得很差。三是工作上干劲不大，不够艰苦，存在着就事论事，深入群众调查研究不够等问题。四是思想革命化程度不高，在实际工作中为党为人民服务的自觉性较差。总之，差就差在学习毛主席思想不够，路线觉悟不高，依靠各级党的领导，依靠群众去办案不够。

二、各社队的贯彻情况：多数社队传达贯彻是好的，如李家庄、杨家庄、三郊、河底、西南舁、东村等公社及时向公社党委作了汇报，并在党委会上对会议精神作了初步讨论，成立了公社的调委会（有一名副书记或副主任兼调委会主任，武装部长、公安员、民政、妇联主任、青年团书记为成员），并提出在三秋大忙季节过后，公社要召开大队分管调委会工作的书记（主任）调委会主任会议，狠抓此项工作的贯彻落实。李家庄公社党委还找出了自己的差距，认识到过去没把此项工作列入党委议事日程，没认识到民事纠纷是反映着两个阶级两条道路两条路线斗争的问题，是对资产阶级实行全面专政的重要方面。

据初步了解大部分大队都向大队党支部作了汇报，支部作了学习讨论研究，用广播、黑板报和各种会议向群众进行宣传贯彻大会精神和大寨的经验。如下白泉大队向党支部汇报会，立即进行了讨论，支部书记郭宝玉提出本大队虽然在上级领导下做出了一点成绩，但绝不能骄傲，要认真找我们的差距，要老老实实地学习大寨昔阳经验。该大队利用广播对会议精神、大寨经验材料已宣传了数次。三郊公社马庄大队党支部在会议精神鼓舞下，认识到调解民事纠纷的重要性，该大队社员高春梅与张旺怀的离婚问题，过去没有人调解，推到公社处理，于本月的中旬在区法院任新义同志的参加下，大队办了学习班，推广大寨用党的基本路线调解民事纠纷的经验，做了认真过细的思想教育工作，终使数年不和的夫妇重归和好。

东村公社山底大队在大会前介绍到公社一起地基纠纷案，散会后认识到交公社不对，大队能够解决，就主动地要回大队处理。

三、传达贯彻较差的是荫营、白泉、燕龛三个公社，他们向公社党委汇报后未及时采取贯彻落实措施，提出三秋大忙过后再抓。

下一步的贯彻措施：

1. 必须把学习马列和毛主席著作放在首位，认真改造世界观，坚持以阶级斗争为纲，坚持党的基本路线，坚持无产阶级专政下的继续革命，从思想上真正认识司法工作的重要性，要有坚强的事业观念。

2. 每月召开一次公社调委会主任会议，汇报交流贯彻落实的经验，互相促进。

3. 区法院干警下乡一面办案，一面抓宣传贯彻落实工作。公社认真把大队的调委会在年底前整顿好，使其真正起到作用。

4. 认真抓好典型，以点带面。区的点是下白泉、下荫营两个大队，各公社都要培养一个大队为点，指导本公社工作（点，阳泉郊区俗语：即典型，“区的点”，即全区的典型；“一大队为点，即树立一个大队作为典型”，编者注）。

5. 认真学习会议文件和政策业务知识，使法院干警和社队调委会成员不断提高业务水平，区法院每周用半天时间结合研究案件学习政策业务。

6. 区法院积极会同市中级法院选择典型案件公判处理，坚决打击各种犯罪分子的破坏活动，保卫以华国锋为首的党中央，声讨“四人帮”反党罪行，继续深入批邓反击右倾翻案风，保卫农业学大寨运动的顺利开展。同时要狠抓对民事案件的处理，对现存的22起案件要分别缓急，对其中的12起积案力争年底扫清，年内现案至年底压缩到5起左右。

一九七六年十月三十日

附2：急案急办追诉报酬　一步到位化解纠纷

目前，郊区人民法院平坦人民法庭首次采用“一步到位”直接开庭的审判方式，急案急办，及时调解处理了一起追诉劳动报酬纠纷案件。

一九九四年二月，原告即24岁的两个浙江姑娘潘某、越某，被现住义井村的个体服装加工人员（同是浙江省人）的被告赵某雇佣做服装加工，当时订有劳动合同。中途因被告要介绍二原告去外地做工，原告不愿去而发生纠葛，二原告在此处各做工54天，要求解除劳动合同，赔偿因此而造成的损失，于6月22日诉讼在案。

考虑二位外地女子的人身安全，为了保护妇女儿童的合法权益，平坦人民法庭在次日一早及时采取了保全措施，传唤原、被告到庭审理。

在原告起诉，被告答辩后，针对案件事实使当事人每提一个主张即举出相应的证据，每举一个证，即由当事人质询、反驳，有理当庭说，有证当庭举，在明确了各自是非责任的基础上，经当庭主持调解，双方自愿达成了协议，即原告为被告工作54天，期间工资费由被告一次性各支付二原告各800元，共计1600元，当场结清，互不纠缠。

二原告原来想重寻住房耐心等待，没有想到平坦人民法庭能调解处理的如此神速，当她俩拿到赔偿费后，被感动得双手颤抖、热泪盈眶。

1994年6月30日

附3：七年纠纷未执行　合法调解干戈平

（《法院信息》〔1994〕第26号）

日前，一封“秉公执法”的感谢信贴到了郊区人民法院内墙，一面“明镜高悬”的锦旗送到郊区人民法院荫营人民法庭。

事情的起因还得从九年前一次车祸讲起：当事人王某（实习驾驶员）驾驶郭某的汽车，在一九八五年十一月二十九日与原告王某、路某乘坐的嘉陵车相撞，致使二原告受伤，本次事故经某区监理所一九八七年裁决，原、被告均负同等责任，原告经市一院治疗，经一九九一年我市某局鉴定后，于一九九三年七月，我市事故分管机关对原、被告各承担八千余元的损失未能达成协议，原告于一九九四年诉至郊区人民法院。

原告的请求与被告的给付数额相差甚大，审理此案不仅时间相隔太长，而且难度较大，郊区人民法院办案人员走访调查，抽调事故卷宗，通过多次调解，当事人认识不一的死结终于解开，在自愿、合法的基础上，郊区人民法院以二被告分期付清二原告8321.76元的损害赔偿调解结案。原、被告握手言和，息诉服判。

真是七年纠纷未执行，一朝化解干戈平，礼品不重一张纸，锦旗一面表寸心。

1995年1月15日

第二章 刑事审判

第一节 概 述

打击犯罪，维护稳定是人民法院的首要任务。刑事审判工作是人民法院的重要内容，是审判工作的重中之重。

1975年建院初，正值“无产阶级文化大革命”结束前夕，全国刑事审判工作仍以阶段斗争为纲，法院一方面深入发动群众，打击刑事犯罪分子的破坏活动；另一方面，号召群众开展大检举、大揭发、大批判，同各种犯罪活动和不法行为作坚决的斗争。

1976年，受理刑事自诉案件12件，其中破坏军婚案件2件，打架斗殴案件10件。

1977年，新收刑事案件7件，结案7件，年底积案1件。

1978年，全年新收轻微刑事案13件（1977年底积存1件，本年新收13件），审结10件，年底留有积案4件。

1979年7月1日，中华人民共和国第一部《刑法》和第一部《刑事诉讼法》颁布。“两法”颁行实施初期，刑事案件数量仍然较少，郊区法院从1979年开始正式开展刑事审判工作。为确保审理质量，采取大、小刑事案件，均由审判委员会研究决定的方法，合议庭提出初步意见，由审委会决定。全年共收自诉刑事案件22件，其中，伤害18件，误伤3件，其他1件，到年底审结12件，未结10件。本年度比1975年至1978年平均每年新收刑事案件6件，增加了270%。

1980年，郊区法院为规范刑事审判工作，即根据新颁布的《刑法》和《刑事诉讼法》，于3月份，正式成立刑事审判庭，开始受理审判公诉刑事案件。自此，郊区法院的刑事审判工作，进入新的历史阶段。全年共收刑事案84件（含上年底自诉积案10件）。其中，公诉案45件，自诉案39件，审结65件，在审结的案件中，公诉案42件，自诉案23件，结案率77%，未结案19件（公诉3件，自诉16件）。从公开审判情况看，公开审理13件，占应公开审理案件的34%；从案件分类上看，盗窃案16件27人，强奸案4件4人，伤害案5件8人，在押犯脱逃案4件6人，贪污、流氓、诈骗等其他犯罪案17件23人；从量刑上看，判刑8年以上3人，5年以上8年以下的5人，3年以上5年以下的16人，1年以上3年以下的23人，判处拘役罚金的5人，判处缓刑6人，无罪释放的2人；从犯罪年龄上看，不满18岁的13人，18至25岁的19人，青少年犯罪占51%；从办案时限上看，所有审结的公诉刑事案件均在一个月内审理完毕；从办案的质量上看，在已生效的判决案件中，上诉案10件，二审改判的3件，占上诉案的3%。另外对公开审理的案件，均依法实行了陪审制、合议制和辩护制。所有公诉刑事案件均在一个月内审理完毕；对公开审理的案件，均依法实行了陪审制、合议制和辩护制。

1981年，郊区法院把审判刑事案件，惩罚犯罪分子，维护社会秩序，保护国家和人民利益，作为人民法院的主要任务，全年受理刑事案85件，（包括上年底积案11件）其中，公诉案58件86人，自诉案27件。审结78件，其中，公诉案55件，自诉案18件，结案率为85%，比上年度增加8%，未结案件12件(公诉案3件，自诉案8件)，比上年下降6%。从案件分类情况来看，杀人案1件1人，故意伤害案12件19人，强奸案10件10人，抢劫案4件12人，爆炸案1件2人，盗窃案14件19人，诈骗案2件2人，虐待案1件1人，交通肇事案4件5人，赌博、投机倒把案3件10人，在押犯脱逃案4件4人，不执行判决案1件1人。从量刑情况来看，判处六年以上14人，五年以下三年以上18人，三年以下半年以上28人，判处拘役6人，处罚金的6人，判处缓刑7人，免予刑事处分9人，管制1人，无罪释放1人；从犯罪年龄上来看，不满18岁14人，18岁至25岁48人，青少年犯罪占70%，比上年度上升19%。根据《刑事诉讼法》规定，郊区法院对应公开审理的公诉案件，均依法进行公开审理，并依法实行陪审员陪审制度、合议庭合议制和辩护人辩护制；从结案时限上看，除两案因案情复杂，超过法定时限外，其他案件均在法定时限内审结。

1982年，认真贯彻执行全国第三次刑事审判工作会议精神，正确运用法律武器，打击各种犯罪活动，维护社会秩序，保护国家和人民利益。全年共受理各种刑事案71件(不包括经济犯罪公诉案)，比上年度下降16%，其中公诉案55件98人，自诉案16件。在受理的公诉案中，强奸案18件18人，抢劫案2件2人，爆炸案1件3人，盗窃案14件87人。伤害案4件9人，交通肇事案6件6人，脱逃案3件7人，妨碍公务案3件3人，破坏生产案1件2人，流氓案1件1人，责任事故案1件1人，买卖儿童案1件2人，其他案3件6人，其中，严重危害社会治安的六类案件17件86人。审结69件，结案率为97%，比上年度提高12%；在量刑上，判处有期徒刑十六年以上二十年以下的2人，六年以上十五年以下12人，五年以下57人，判处有期徒刑17人，拘役2人，管制1人，无罪释放4人。在犯罪年龄上，不满18岁的5人，18岁至25岁86人，青少年犯罪占42%，比上年下降4%；在判决案件中，上诉至阳泉中院的10件，二审维持原判的3件，发还重审的3件；受理申诉案15件，复查11件，其中，维持原判8件，改判8件。

是年，郊区法院全面贯彻中共中央、国务院、全国人大常委会《关于严厉打击经济领域犯罪》的决定，在审理人员少、任务重的情况下，边学习，边工作，边总结，开始对经济案件进行审理。3 月 17 日，公开审理尹庆亮、米恒盈贪污一案，根据犯罪事实和情节，依法从轻判处贪污犯尹庆亮有期徒刑 2 年，缓刑 2 年，判处米恒盈有期徒刑 8 个月，缓刑 1 年。全年经济犯罪立案 9 案 19 人，年终全部审结，其中判决 4 件 7 人，发还检察院 5 件 12 人，在判决的 4 件中，上诉 3 件，二审判维持原判 1 件，未审结案件 2 件，取得了“打击经济领域犯罪活动”的初步胜利。

在本年度刑事案件审理中，该院始终坚持以事实为依据，以法律为准绳原则，所审案件均做到事实清楚，证据确实，定性准确。对于依法应公开审判的 41 件公诉刑事案件，均依法实行公开审理，并认真实行陪审、合议、辩护等各种审判程序和制度。为总结刑事审判工作经验教训，提高办案质量，9 ~ 10 月间，该院对 1981 年度判处的 54 件刑事案，全部进行逐案检查，对存在的问题，均予以及时纠正。

1983 年 8 月，全国政法工作会议召开，8 月 25 日，中共中央下发《关于严厉打击刑事犯罪的决定》，中共中央办公厅《关于印发“严厉打击刑事犯罪活动，实现社会治安根本好转”(宣传纲要)》。9 月 2 日，全国人大常委会颁布《关于严惩严重危害社会治安的犯罪分子的决定》和《关于迅速审判严重危害社会治安的犯罪分子的程序的决定》。将杀人、强奸、抢劫、爆炸、流氓、致人重伤或者死亡、拐卖人口、非法制造、买卖、运输或者盗窃、抢夺枪支、弹药、爆炸物、组织反动会道门、引诱、容留、强迫妇女卖淫、传授犯罪方法等危害社会治安的犯罪确定为打击重点，均可判处死刑。对杀人、强奸、抢劫、爆炸和其他严重危害公共安全应当判处死刑的犯罪分子，可以不受《刑诉法》第 110 条规定的期限的限制，并将其上诉期限改为三日。上述文件和《决定》，包括中央领导人的重要讲话，体现了中国共产党和改革开放后中国逐步形成比较完整的关于严打思想体系，具体内容包括：（1）依法从重从快的观点；（2）要稳，要准的观点；（3）“两个基本”原则的观点；（4）死刑核准权下放的观点；（5）严打就是人民民主专政的观点；（6）严打必须长期进行的观点；（7）严厉打击刑事犯罪活动与社会治安综合治理的方针是一致的观点。

全国人大常委会通过《关于严惩严重危害社会治安的犯罪分子的决定》，要求对流氓犯罪等十几种犯罪，“可以在刑法规定的最高刑以上处刑，直至判处死刑”。人大常委会《关于迅速审判严重危害社会治安的犯罪分子的程序的决定》中规定：“对杀人、强奸、抢劫、爆炸和其他严重危害公共安全应当判处死刑的犯罪分子，主要犯罪事实清楚，证据确凿，民愤极大的，应当迅速及时审判”。《关于迅速审判严重危害社会治安的犯罪分子的程序的决定》第 2 条规定：“前条所列犯罪分子的上诉期限和人民检察院的抗诉期限，由刑事诉讼法第 131 条规定的 10 日，改为 3 日”。

从 8 月份开始，到年底五个月严打斗争中，该院审结公诉案 98 件 212 人，相当于 1 至 7 月份结案数的 3.2 倍，占全年结案数的 75%，对中央规定的七种重点打击对象，均依法执行从重从快方针。9 月份，根据最高人民法院授权规定，公开审判杨付生、

石树生、王正生抢劫、强奸集团案，对9名被告抢劫、强奸一案依法作出判决，其中3人被判处死刑，是该院唯一一次经授权判处犯罪嫌疑人死刑的案件。

是年，郊区法院根据中共中央和全国人大常委会决定，及山西省、阳泉市政法会议对刑事审判工作的要求，在严厉打击刑事犯罪活动专项斗争中，坚决贯彻执行中央“坚决打击、一网打尽、依法从重从快”方针，严惩了一大批严重危害社会治安和人民生命财产安全的犯罪分子，摧毁了一大批犯罪集团，有力地打击了犯罪分子的嚣张气焰，伸张了正义和法律威严。全年受理刑事案件132件261人，其中，公诉案128件257人（含1982年底存案2件2人），自诉案4件4人，比上年总收案数的71件116人，分别增加45.6%和54%。全年审结刑事案件131件260人，结案率99.4%，相当于1981年、1982年两年结案数的总和，未结案1件1人，是历年来刑事审判案件数量最多、审判任务最重、判刑人数最多的一年。其中，审结抢劫案件7件23人，强奸案件19件23人，流氓案件7件28人，伤害案件13件18人，盗窃案件49件93人，诈骗案件10件12人，贪污、受贿、投机倒把案件5件14人，赌博案件5件33人，其他案件12人。其中，属中央规定重点打击的七种对象38件116人，分别占结案的28%和案犯的40%，有3人以上团伙作案的23件140人，分别占案件的1.8%和案犯的54%。上诉案2件10人，由阳泉中院指定郊区法院予以重审。

年内审结的案犯中，判处死刑3人，无期徒刑1人，判处15年以上20年以下有期徒刑10人，10年以上不满15年的9人，5年以上不满10年的21人，5年以下的147人，缓刑4人，拘役30人，管制、罚金的21人，免刑的9人，无罪释放的1人；不满18岁的11人，18岁至25岁的132人，青少年犯

罪占55%。在审判活动中，对109件应公开审理和18件隐私案件，分别依法进行公开或不公开审理，但均作了公开宣判。在本年度不断深入的严打斗争中，该院根据犯罪的不同情节和后果，区别对待，依法判处。对于盗伐滥伐树林，哄抢国家物资的犯罪分子依法予以严惩；对青少年犯罪立足于教育感化和挽救。在审理案件中，做到认定事实清楚，证据确凿，定罪准确，量刑得当，确保办案质量，从快、从严、从重打击了七种刑事犯罪活动，使全区社会治安实现了根本性的好转。

1984年，郊区法院继续贯彻“从重从快，一网打尽”方针，遵循“以事实为根据，以法律为准绳”原则，加强刑事审判工作，严惩了一批严重危害社会治安的刑事犯罪分子，全年共受理刑事诉讼案件83件101人（包括公诉案件71件，自诉案件12件），12件13人经审理作退卷处理。其中，对70件85人的案件依法进行了审理和公开宣判（包括3个12月20日后起诉的案件），结案率达95%。全年审结重大盗窃案1件1人，强奸案12件13人，流氓案11件16人，盗窃案17件21人，奸淫幼女案4件4人，抢劫案1件1人，伤害案10件11人，劳改脱逃案1件1人，诈骗案2件3人，敲诈勒索案2件2人，赌博案2件5人，毁坏公私财物案1件1人，妨碍公务案1件1人，贪污案3件5人，交通肇事案2件2人。

1985年，受理各种刑事公诉案件70件94人，结案率为100%。是年，郊区法院受理的刑事案件有两个特点：一是盗窃案比例大，占全部审理案件的32%，比上年增长27%；二是劳改、劳教、刑满就业人员重新犯罪案件比重大，此类案件审结32件40人，占48%。全年审结强奸案件10件10人，流氓案件5件9人，抢劫案件1件2人，盗窃案件23件37人，贪污案件1件1人，爆炸案件2件2人，脱逃案件4件8人，诈骗案件1件1人，伤害案件15件15人，玩忽职守案件2件3人，侮辱案件1件1人，交通肇事案件2件2人，破坏生产案件1件1人，毁坏公物案件1件1人，违反危险品管理肇事案件1件1人。案犯中，被判处有期徒刑10年至15年的3人，5年至9年的13人，5年以下的58人，拘役4人，缓刑5人，因事实不清、证据不力，向检察院退卷补充侦查的9案10人，构不成犯罪的1人。

是年，为确保审判质量，郊区法院刑事审判工作一是按照“严打”部署，贯彻“从重从快，一网打尽”方针和强调稳、准、狠原则，对于重大刑事案件，如李进才等四人重大盗窃案，李成义、陈娇龙等强奸案，均依法给予从重处罚，有力地打击了犯罪分子嚣张气焰。二是坚持做到在基本事实清楚，基本证据充分的前提下进行审理，在严把收案关的同时，对事实不清、证据不力的案件，坚决发回检察院补充侦查。如甄海宝等三人流氓案，因事实不清退卷后，检察机关作出两人免予起诉的决定，全年仅以上述原因退卷的案件就达 9 案 10 人。三是严把质量关，所审结的案件全部做到事实清楚，证据充分、定性准确、量刑适当、程序合法、手续完备。

1986 年，运用法律武器，依法严惩了一批严重危害社会的犯罪分子，稳、准、狠地打击刑事犯罪分子。全年受理各种刑事案件 111 件 153 人（含 2 件 2 人自诉案），结案率 100%。其中，审结强奸案件 11 件 12 人，奸淫幼女案件 4 件 5 人，抢劫案件 4 件 9 人，流氓案件 4 件 7 人，杀人案件 2 件 2 人，爆炸案件 1 件 1 人，伤害案件 23 件 30 人，脱逃案件 8 件 10 人，盗窃案件 32 件 48 人，诈骗案件 5 件 7 人，贪污案件 6 件 8 人，赌博案件 1 件 2 人，破坏生产案件 1 件 1 人，交通肇事案件 6 件 6 人，重大责任事故案件 3 件 5 人。被判处有期徒刑 10 年以上 15 年以下的 2 人，5 年以上 9 年以下的 22 人，5 年以下的 90 人，缓刑 6 人，拘役 1 人，免予刑事处分的 2 人。所审结案件全部做到了事实清楚、证据确实、定性准确、量刑适当、程序合法、手续完备。对事实不清、证据不足的 20 件 28 人刑事案件，坚持退卷补充侦查后，准确地进行了审理，其中，2 件 2 人检察机关作出撤诉决定，上（抗）诉案件 10 件 15 人，除二审裁定重审的 2 件外，其余均维持原判，占 80%。

从 1983 年到 1986 年开展的三年严打斗争中，郊区法院在依法严惩犯罪，尤其是严惩严重刑事犯罪中，其审判辖区刑事案件主要有四个特点：

一是刑事案件上升幅度惊人。1.1985 年审结 70 件 94 人，比 1984 年 71 件 85 人略有下降，而 1986 年审结的刑事案件 111 件 153 人，又比 1985 年上升 60%。2. 重大、恶性案件数量增加，全年审理这类案件达 47 件 71 人，占 42%。3. 社会治安状况出现反复，有的地方发案率一直降不下来。

二是抢劫、盗窃等犯罪活动猖獗。1986 年审结的案件中，此类案件共 36 件 57 人，占 37%。其犯罪侵害的主要目标是公共财物，特别是生产资料和高档商品。也有侵害个体户、专业户的，多数采取撬门挖锁、翻墙入室手段，有的地区形成了盗窃、窝赃、运送、销赃的“一条龙流行作业”。

三是青少年犯罪案件明显增长，被判处的 153 名案犯中，有 99 名属青少年群体，占 64%。而青少年强奸、盗窃、抢劫罪案，分别占 66%、83% 和 100%。重要原因有二，一，黄色录像、淫秽书刊和物品一度泛滥成灾，严重毒害了青少年的心灵；二，不良的家庭教育和没有温暖的家庭环境，导致了一些青少年畸形的精神状态，独生子女教育成为“问题少年”的重要诱因，在 15 名独生子女刑事犯罪案件中，家庭过分宠娇的 7 名，8 名从小失去双亲，或寄人篱下，或流离街头，成为青少年犯罪的主要原因。

1987 年～1988 年，郊区刑事审判持续保持“严打”高压态势，严审快判，继续依法从重从快严厉打击严重刑事犯罪活动，刑事犯罪案件大幅度下降，人民群众生命和财产的安全感，进一步提升，有力地维护了全区社会治安秩序的安全稳定。

1989 年，郊区法院在刑事审判中充分发挥合议庭的作用，改变过去刑事案件全部由审判委员会研究决定的习惯做法，使合议庭真正成为有职、有权、有责的审判实体，有效地提高了刑事案件的质量和审判效率，阳泉中院于 1989 年 12 月 16 日，印发《法院工作简报》专题通报，在全市法院系统推广郊区法院的审判经验。全年审结 135 件 193 人，其中受理现行犯罪案件 130 件 192 人，包括公诉案 126 件 188 人，自诉案 4 件 4 人，并全部审结。复查申诉案 5 件 6 人，结案率 100%，比 1988 年上升 12%。在现行刑事犯罪案件中，强奸案件（包括奸淫幼女）15 件 17 人，抢劫案件 7 件 14 人，杀人案件 2 件 2 人，流氓案件 4 件 5 人，故意伤害案件 11 件 18 人，脱逃案件 9 件 15 人，盗窃案件 61 件 97 人，贪污案件 2 件 2 人，诈骗案件 2 件 2 人，重婚案件 4 件 4 人，交通肇事案件 3 件 3 人，毁坏公私财物案件 3 件 3 人，倒卖国家计划票证、重大责任事故、妨害公务、敲诈勒索、抗税和体罚虐待被监管人案件共 7 件 10 人。在判决结案 108 件 159 名案犯中，除 1 件 1 人在上诉期限外，其余 107 件 153 人，均依法如期发生法律效力，其中，判决有期徒刑 10 年以上的 8 人，5 年以上不满 10 年的 28 人，5 年以下有期徒刑的 112 人，3 年以下有期徒刑、拘役或被判处缓刑的 25 人（含拘役 6 人），免予刑事处分 3 人，宣告无罪 1 人。

1990 年，郊区法院把“稳定压倒一切”作为中心任务，依法“从重从快”打击严重刑事犯罪活动。一是对重大刑事案件提前介入，与公安、检察机关紧密配合，了解、掌握案件在侦破、预审、起诉各阶段进展情况，做到严格审查，快审快判；二是坚持在法定量刑幅度和审限内，对重大刑事犯罪案及时审理并判处；三是突出打击重点，对首要分子、惯犯、累犯和犯罪情节恶劣的犯罪分子严惩不贷，同时对具有从轻减轻情节的犯罪嫌疑人，依法予以从轻、减轻处罚，做到宽严相济。从 5 月份“严打”开始至 10 月份，郊区法院一方面开展“严打”斗争，一方面开展确保“亚运”、国庆安全专项斗争，认真审理各类刑事案件，对基本事实清楚、证据充分的案件，坚持在法定的期限内送达、询问、开庭、合议、宣判，全年受理各类刑事案件 159 件 311 人，并全部审结，结案率 100%，比上年度上升 17%。其中，杀人、强奸、抢劫、重大盗窃等严重刑事犯罪案件 78 件 142 人，占审结案件总数的 78%。包括故意杀人案件 2 件 2 人，强奸案件（含奸淫幼女案件）23 件 30 人，故意伤害案件 26 件 51 人，抢劫案件 22 件 58 人，盗窃案件 63 件 122 人，流氓案件 3 件 7 人，诈骗案件 1 件 2 人，脱逃案件 4 件 4 人，赌博案件 2 件 13 人，其他刑事犯罪案件 13 件 22 人。判处 5 年以上有期徒刑的 81 人，占人犯总数的 55%。同期发生法律效力的 115 件 216 人中，判处 5 年以上有期徒刑的有 57 人，不满 5 年有期徒刑的有 132 人，不满 3 年有期徒刑及拘役或宣告缓刑的有 25 人，宣告无罪的 2 人。

1991年，郊区法院在严打斗争中，深入开展反盗窃专项行动。一是突出打击重点，对严重刑事犯罪分子、犯罪成员中的首要分子和那些惯犯、累犯、情节恶劣的犯罪分子严惩不贷。同时对具有从轻、减轻情节的，依法予以从轻、减轻处罚，做到重点突出，宽严相济。二是与公安、检察机关密切配合，特别对严重刑事犯罪案件，做到提前介入，及时了解掌握案情，严格把关，快审快判。三是认真贯彻反盗窃斗争精神，抓紧审理重大盗窃犯罪案件，凡是基本事实清楚，证据充分的案件，坚持在法定期限内送达、讯问、开庭、合议、宣判。全年受理刑事案件164件318人，审理164件318人，判决结案109件167人，其中，盗窃犯罪案件占判决总数的41%，判处5年以上有期徒刑42人，占生效案件人犯总数的30%。过失杀人案件1件1人，强奸案件3件3人，故意伤害案件11件11人，抢劫案件21件38人，盗窃案件45件73人，流氓案件5件13人，诈骗案件6件7人，非法拘禁案件2件3人，诬告陷害案件1件1人，脱逃案件3件3人，贪污案件1件1人，其他刑事案件9件13人，判决发生效力的人犯中，判处有期徒刑15年以上的5人，10年以上不满15年的4人，5年以上不满10年的有33人，5年以下的有75人，拘役的有6人，管制的有1人，缓刑的有18人，宣告无罪的1人。

1993年，郊区法院继续坚持依法从重从快打击刑事犯罪，运用刑罚武器，严厉惩处严重危害社会治安和严重破坏现代化建设的犯罪分子，积极参与社会治安综合治理，确保一方平安。全年受理一审刑事案件（含附带民事诉讼12件17人）共168件247人，审结168件247人，结案率100%，其中，判处10年以上有期徒刑17人，占11.8%，5年以上10年以下有期徒刑的45人，占31.3%，不满5年有期徒刑72人，占52%，拘役和管制的10人，占6.9%。在同期发生法律效力的100件案件144人中，包括盗窃犯罪案件32件58人，抢劫犯罪案件14件18人，伤害犯罪案件13件14人，脱逃案件5件11人，交通肇事案件5件6人，强奸案件5件6人。

郊区法院本年度刑事审判，在掌握犯罪活动新动向、新特点基础上，一是狠抓大案要案的审判，严把事实关、证据关、定罪量刑关、适用法律关、诉讼程序关和法律文书关，做到突出打击重点，确保案件质量。如强奸犯张海涛目无国法，公然在学校作案，严重侵犯女学生人身权利，扰乱正常的教学秩序，被依法从重判处有期徒刑十四年。二是坚持特审快判，弘扬法制权威。结合郊区治安形势与案源特点，始终抢劫、伤害、强奸等重大刑事犯罪列为打击重点，注重加快办案节奏，提高办案效率，及时惩处刑事犯罪，对重大案件提前介入，在基本事实清楚、基本证据确凿前提下，做到审查立案快、开庭审理快、宣判处理快，保证在审判环节上高效运行，促进农村社会治安治理。如本年度5至7月份“夏季集中严打”期间，受理一审刑事案件35件，全部在法定期限内审结，平均结案时间，比上年度同期提前三天，给犯罪分子迎头痛击。同时注意利用舆论攻势，扩大和巩固打击效果，提高刑事审判的社会辐射半径，全年向各级新闻单位和上级法院，报送审判动态信息12篇。

1994年，虽然经过几年严打，郊区社会治安形势有所好转，但不安定因素依然存在，出现了犯罪团伙增多、作案手段升级、暴力型案件猖獗的新情况，严重危害人民群众生命财产安全。为此，郊区法院根据继续开展依法“从重从快打击严重刑事犯罪”活动，与公安、检察、司法等政法机关密切配合，加强各个环节的衔接，加快捕、审、判机制的运行，做到大案要案抓紧判、社会有影响的案件及时判、团伙作案集中判，特别是对累犯、犯罪团伙主犯，及破坏电器、水利、设备的犯罪分子，及时给予严惩。全年依法从重判处罪犯71名，占判处人犯的53%，有力地打击了严重刑事犯罪分子的嚣张气焰。为加快立案、审判速度，该院采取早介入、快阅卷、早核实、快开庭、早研究、快判决的方法，在审结的145案中，一个月内审结的案件80件，一个半月内审结的案件65件，比法定审限平均提前10天。全年受理各种刑事案件145件237人，审结145件，237人，结案率100%。在判决生效的136名人犯中，10年以上有期徒刑的12人，占8.8%，5年以上10年以下有期徒刑的65人，占48%，5年以下有期徒刑的36人，占26%，判处拘役、管制的23人，占17%。

本年度，郊区法院在严厉打击严重刑事犯罪的同时，根据群众反映大、呼声高的治安问题，积极开展各种专项斗争。3月份，根据郊区307国道拦截车辆、殴打司机、抢劫财物犯罪猖獗情况，开展打击车匪路霸专项斗争，共判处此类罪犯25名，防止车匪路霸犯罪的蔓延。下半年，根据盗窃案件居高不下的情况，开展“反盗窃”斗争，共判处盗窃罪犯59名，打掉犯罪团伙3个，为国家挽回经济损失12.5万元。为确保国庆、元旦、春节安全，该院及早安排、精心部署、选择典型，进行集中打击，有效地维护了社会的稳定。

1995年，郊区法院继续坚持从重从快方针，采取阅卷快、核实证据快、开庭快、合议快、判决快“五快”方法，进一步加快办案速度。全年受理各类刑事案件161件273人，审结144件256人，审结率达90%。在所受理的刑事案件中，从重判处141人，占判决人数的55%，在审结案件中，15天内审结的50件，15至30天审结的61件，30天至45天审结的33件，比法定时限平均提前11天，有力地打击了刑事犯罪分子的嚣张气焰。

1996年，郊区法院认真贯彻3月下旬召开的“全省政法工作会议”精神，坚持依法从重从快的严打方针，按照“斗争要有新举措、打击要有力度、宣传要有新突破、工作要有新部署、稳定要有新局面”的“五新”要求，制订《“打团扫恶”斗争行动方案》，对严打斗争作了安排部署。一是提高认识，教育干警认清形势，真正认识到严打斗争的严峻性和迫切性；二是加强组织领导，成立“打团扫恶”斗争领导组，院长亲自抓，分管院长具体抓，刑庭、执行庭、办公室相互协调配合抓；三是强化队伍建设，4月份，对全院干警进行了为期一个月的整顿，使队伍作风、思想有了很大进步；四是确定打击重点，针对刑事案件发案特点及辖区实际，突出打击团伙犯罪和危害一方的流氓恶势力犯罪；五是确保后勤保障，在郊区法院党组精心部署下，经费、警力、车辆等向严打工作倾斜。在此基础上，全院刑事审判工作始终保持了快速反应和大打、猛打、狠打的凌厉攻势，坚持全方位突破、多形式攻坚、大力度推进，掀起了“打团扫恶”高潮，把打击矛头指向民愤大、危害大、影响大的恶性案件主犯、累犯、惯犯，以及横行乡里、无恶不作、危害一方的流氓恶势力，有效地遏制了重、特大案件的上升态势。工作中做到“四个结合”：即坚持攻坚战与持久战相结合、全面推进和各个击破相结合、集中宣判和巡回宣判相结合、严惩犯罪和教育群众相结合。在措施上，采取现存案件摸底排队，涉及严打对象案件优先审理，大案要案提前介入，疑难案件突出审理，事实明了案件不纠枝节的办法，使严打斗争高效运行，实现了审查立案快、送达起诉快、开庭审理快、上会定案快、文书打印快、公开宣判快、移送执行快，以“七快”节奏，保证了每个案件的审理均依照程序高效运行，缩短了办案周期，给犯罪分子迎头痛击。共打掉团伙 39 个，从重判处 87 名罪犯，在审结的 241 件案件中，平均比法定时限提前 12 天，同时保证了无一超期审理、无一超期羁押。全年审理各类刑事案件 241 件 457 人，其中，公诉案件 226 件 439 人，刑事附带民事案 9 件，裁定减刑 5 件，终止（死亡）1 件。所审结的案件，比法定期限平均提前 19 天，该院刑事审判庭被评为本年度出席阳泉市的先进集体。案件数比上年度增长 32.4%，人数比上年度增长 47.9%，审结 241 件 457 人，结案率达 100%，全部于 12 月 9 日前审结完毕，提前 21 天，完成了年度刑事审判任务。在判处的 270 名人犯中，判处 10 年以上有期徒刑的 11 人，5 年以上不满 10 年有期徒刑的 76 人，5 年以下有期徒刑的 111 人，缓刑 51 人，拘役 6 人，管制 3 人，免予刑事处分的 6 人，终止 1 人（死亡），减刑 5 人。

1997 年，郊区法院根据山西省委针对全省治安状况开展的“三打一禁”斗争，一是打击重点突出，打击力度不减。对恶性大、犯意深、后果重的犯罪分子，对民愤大、危害大、影响大的犯罪团伙，坚决从严打击。全年依法从重判处各类严重刑事犯罪分子 46 人，占判处人犯的 60.52%；二是打击措施不变，打击节奏加快。在人力、物力、财力、车辆等方面，向刑事审判一线倾斜，确保“严打斗争”畅通无阻，使严打案件依照新《刑诉法》高效运行，缩短办案周期，所审案件比法定时限，平均提前 9 天，给犯罪分子沉重打击，有力地维护了郊区干部群众的生产、工作、生活秩序，人民群众的安全感大为增强。全年受理各类刑事案件 90 件 121 人，与上年度比，案件数下降 62.65%，犯罪人数下降 73.5%，全年审结刑事案件 90 件 121 人，结案率为 100%。在审结的 73 件 101 人刑事公诉案件中，抢劫犯罪案件 16 件 27 人，盗窃犯罪案件 21 件 29 人，侵占犯罪案件 4 件 6 人，故意伤害犯罪案件 8 件 9 人，敲诈勒索犯罪案件 6 件 9 人，强奸犯罪案件 7 件 9 人，非法拘禁犯罪案件 4 件 5 人，破坏交通设备犯罪案件1件1人，诈骗犯罪案件1件1人，招摇撞骗犯罪案件1件1人，玩忽职守犯罪案件1件1人，重大责任事故犯罪案件1件1人，交通肇事犯罪案件1件1人，销赃犯罪案件1件1人。在判决发生法律效力的76名人犯中，判处10年以上有期徒刑的9人，5年以上不满10年的12人，不满5年的54人，拘役1人。圆满完成了全年刑事审判任务。

1998年，郊区法院刑事审判工作坚持“三个结合”，做到“三个强化”。“三个结合”是：坚持从重从快与确保案件质量相结合，坚持打击与预防犯罪相结合，坚持惩治犯罪与教育群众相结合。“三个强化”是：强化合议庭职能、强化监督职能、强化打击效果。由于措施有力，审结的刑事案件全部做到事实不存疑、证据不断链、定性不偏差、量刑不失度，实现了无一超期羁押，无一超期审理，一审生效无一申诉、上诉，无一因定性不准而改判的四无目标。全年共受理各类刑事案103件172人，审结103件172人，结案率100%。在审结的100件166人公诉案件中，抢劫案件19件45人，盗窃案件20件42人，故意伤害案件32件46人，抢夺案件4件5人，其他案件25件28人。在判决发生法律效力的140人犯中，判处10年以上有期徒刑的12人，5年以上不满10年的11人，不满5年的66人，拘役3人，管制3人，缓刑41人，单处罚金2人，免予刑事处分2人。

1999年，郊区法院根据郊区社会治安特点，继续坚持“三个结合”“三个强化”，全年共受理刑事及附带民事诉讼案件124件177人，其中公诉案件93件136人，自诉案件1件1人，附带民事诉讼案件30件40人，全部审结完毕，结案率100%。在审结的93件公诉案件中，强奸案件2件2人，抢劫案件13件24人，盗窃案件25件46人，伤害案件19件19人，诈骗案件2件2人，敲诈案件4件8人，奸淫幼女案件1件1人，贪污案件2件2人，挪用公款案件2件2人，交通肇事案件4件4人，其他刑事案件18件25人，裁定不予受理的案件1件1人。在判决发生法律效力的人犯中，判处10年以上有期徒刑的3人，5年以上不满10年的15人，不满5年的44人，拘役3人，管制11人，缓刑43人，宣布无罪2人，判处罚金129659元。

2000年，郊区法院受理各类刑事案件及刑事附带民事案件92件136人，其中，公诉案件76件118人，审结92件136人，结案率100%。在刑事审判工作中，该院一是明确打击重点，强化打击力度。根据郊区刑事案件特点，法院把打击重点放在强奸、抢劫、杀人等严重犯罪分子和主观恶性大、犯罪恶习深的累犯，及带有黑社会性质的团伙犯罪方面，给此类犯罪分子以严厉打击，确保了全区人民生活、工作生产秩序的稳定。二是强化庭审功效，增强打击效果。为确保案件质量，郊区法院积极推行控辩式庭审方式，使审结案件全部做到事实清楚，证据充分，定性准确，量刑适当。所审案件实现了无一超期羁押，无一超期审理，一审判决无一申诉，上诉案件无一因定性不准改判的“四无”目标。

2001 年，郊区法院认真贯彻中央政法工作会议精神和全国“严打”斗争电视电话会议精神，针对域内恶势力犯罪、暴力性犯罪和多发性犯罪，继续强化从重从快严打方针，适时召开公判大会，对 10 案 16 人进行公开宣判。全年受理各类刑事公诉案件 118 件 162 人，审结 116 件 158 人，受理刑事附带民事诉讼案件 44 件，全部审结。

2002 年，郊区法院继续贯彻严打方针，不断强化打击力度：一是根据社会治安状况，及时组织严打整治专项斗争，把抢劫、重大盗窃等严重刑事犯罪和带有黑社会性质的犯罪团伙作为打击重点，依法从重惩处了一批重大盗窃犯、盗窃惯犯和抢劫重犯，特别是对盗窃团伙和抢劫团伙的首要分子，均给予严厉惩处。二是认真贯彻宽严相济刑事政策，严把刑事案件的基本事实关、证据关和适用法律关，把每个案件办成经得起时间检验的铁案。同时认真贯彻惩办与宽大相结合的政策，对能主动投案自首、认罪态度好、积极退赃，及偶犯、失足青少年罪犯，根据法定情节，依法予以从宽处理；对符合判处缓刑条件的依法判处缓刑。三是加快办案节奏。对严打案件，郊区法院高度重视，警力优先保障，车辆优先安排，人员优化配置，始终保持了高速运作的严打态势，所办案件比法定时限提前了 15 天，给刑事犯罪分子严厉惩处。全年受理各类刑事案件 117 件 160 人，审结 116 件 159 人，受理刑事附带民事案件 39 件，审结 39 件，结案率 99.9%。其中，抢劫案件 7 件 8 人，重大盗窃案件 15 件 20 人，重大伤害案件 12 件 12 人，强奸案件 2 件 2 人，交通肇事案件 11 件 11 人，其他刑事案件 69 件 106 人，在判决发生法律效力的 159 名人犯中，被判处五年以上刑罚的 21 人，占总数的 13%。

2003 年，郊区法院刑事审判工作：一是注重刑事审判理念更新，加强审判理论的研究和探讨，并通过理论研究，使刑事审判人员树立适应时代要求和现代司法理念，在司法实践中，更好地体现刑事审判教化功能、改造功能，刑事案卷法官驾驭庭审能力明显增强。二是注重案件质量。对所受理的刑事案件，郊区法院坚持“细之又细、慎之又慎”办案原则，严把案件的事实关、证据关和适用法律关，做到基本事实无偏差，在案证据不断链，定罪量刑不失度，从重从轻不草率。既体现了宽严相济政策，又把每个案件办成经得起时间检验的铁案。所审结的案件无一超期审理，无一超期羁押，一审生效的申诉较低。三是注重刑事审判社会效果。在注重法律效果前提下，将法律效果和社会效果有机结合起来，刑事审判工作有了较大突破。四是注重发挥严打斗争的威慑效果，针对刑事案件发案特点及辖区实际，把严打重点放在民愤大、危害大、影响大的恶性案件的主犯、累犯、惯犯及横行乡里、无恶不作、危害一方的流氓势力方面，先后从重判处 12 名罪犯，有力地震慑了犯罪，伸张了正义，鼓舞了民心。全年共受理各类刑事案件 97 件 138 人，审结 95 件 135 人，结案率 98%。

2004 年，郊区法院刑事审判工作突出打击重点，注重打击效果，严厉打击杀人、抢劫、强奸、绑架等暴力性犯罪，及故意伤害、盗窃等多发性犯罪，共审结此类案件

77 件 120 人，其中，判处 10 年以下有期徒刑的 61 人，10 年以上徒刑的 10 人。同时对私挖滥采、破坏矿产资源的 2 名犯罪分子，依法给予刑事制裁。对组织卖淫、聚众赌博等严重败坏社会风气的 15 名犯罪分子，予以相应的刑事处罚。在打击经济犯罪方面，判处贪污、贿赂、职务侵占等犯罪分子 5 案 5 人，有力推动了反腐败斗争的深入开展。在此基础上，把握量刑情节，坚持宽严相济，大胆探索非监禁刑和财产刑适用范围。对 69 名主动投案自首、认罪态度好、积极退赃和偶犯、青少年犯罪，根据其情节，依法予以从宽处理。全年受理各类刑事案件 101 件 161 人，审结 100 件 160 人，结案率 99%。

2005 年，郊区法院把抢劫、强奸、故意伤害、重大盗窃等严重刑事犯罪作为打击重点，强化针对“私挖滥采”犯罪的“春雷”行动，做到大案及时判，要案慎重判，重点案件抓紧判，依法从重惩处了一批惯犯、累犯和团伙犯罪的主犯，如对张根红、王和明、李旭东等 10 名抢劫、盗窃、非法拘禁致人死亡的犯罪分子，依法判处 10 年以上有期徒刑，人民司法保持了强大的刑罚惩治力和法律威慑力。同时严把案件的基本事实关、证据关和适用法律关，使每个案件均能经得起时间检验。在具体刑事审判实践中，该院注重刑事司法中的人权保障，坚持有罪则判、无罪放人原则，确保无辜公民不受法律追究，依法对 2 案 2 人，作出无罪判决（刑事自诉案件 1 件 1 人、历史申诉案件 1 件 1 人）。对主动投案自首、认罪态度好、积极退赃，及偶犯、失足青少年罪犯，根据法定情节，予以相应的从宽处理，对 50 名犯罪分子，依法适用了缓刑。全年审结各类刑事案件 95 件 140 人，结案率 100%。

2007 年，郊区法院刑事审判工作，继续保持高压态势，严厉打击各类刑事犯罪活动，一是严打暴力犯罪。把绑架、抢劫、强奸、盗窃等严重危害人民生命财产安全的犯罪案件，作为打击重点，依法从重惩处惯犯、累犯和团伙犯罪的主犯，对此类犯罪始终保持强大的刑罚惩治力和法律威慑力。特别是把审判辖区中，新出现的危害村、支两委干部生命财产安全的暴力犯罪，作为刑事打击的重中之重，先后对余秀红、张计明、余泳鑫绑架矾窑村干部，王建平、张海涛、史鹏飞故意伤害神峪村干部等案件，进行公开审理，依法从重从快对犯罪分子予以严惩，有力地打击了犯罪分子的嚣张气焰。全年审理抢劫案件 10 件 20 人，故意伤害案件 25 件 38 人，强奸案件 1 件 1 人，敲诈勒索、非法买卖枪支弹药案件 1 件 3 人，盗窃 22 件 43 人，聚众斗殴案件 1 件 1 人，故意杀人案件 1 件 1 人，交通肇事和重大责任事故等危害公共安全类犯罪案件 13 件 14 人。二是按照郊区区委统一安排部署，继续深化“春雷”行动，针对私挖滥采国家资源和非法买卖爆炸物品等违法犯罪活动，与公安、检察、司法等部门密切配合，先后开展 21 次专项治理，及时审理了破坏国家资源的刑事犯罪案件 4 件，打掉非法买卖爆炸物品犯罪团伙 2 个，“春雷”实现了预期的目标。全年受理刑事案件 93 件 163 人，审结 92 件 159 人，结案率 99%。在所判处的案件中，判处有期徒刑 10 年以上的22人，3至10年刑期的48人，3年以下28人，拘役2人，管制1人，缓刑46人，免予刑事处罚6人，宣告无罪3人，中止1人，检察院撤诉1人，单处罚金1人。

2008年，郊区法院审结刑事案件98件158人，结案率100%。一是打击暴力犯罪，维护社会稳定。全年审结绑架、抢劫、强奸、盗窃等严重危害人民生命财产安全的犯罪案40件，判处五年以上有期徒刑25人，五年以下有期徒刑70人。二是依法惩处职务犯罪，净化社会环境。对贪污、贿赂、职务侵占等职务犯罪，在审判中坚持"一要坚决，二要慎重，务必搞准"原则，对玩忽职守2件4人、职务侵占2件3人依法予以惩处。如及时审理了原平定县县委常委、宣传部长梁岗平受贿、巨额财产来源不明一案，有力地推动了反腐败斗争，梁岗平被依法判处有期徒刑13年。全年审结贪污受贿、巨额财产来源不明案件8案13人。三是及时惩处安全责任犯罪。针对域内涉及花炮制造及煤矿领域重大安全事故成为社会一大热点的问题，依法处理了杨家庄兴通烟花爆竹有限公司爆炸案，及大固庄村和荫营煤矿三起重大安全责任案件。四是审慎稳妥采用非监禁刑，依法对有自首、立功等从轻、减轻或免除处罚情节，主观恶性较小的62名被告人，判处缓、管、免刑，或单处罚金的刑罚。

2009年，郊区法院把严重影响人民群众生命财产安全的暴力型犯罪和侵财性犯罪，作为打击重点，依法审理侵犯公民人身权利、民主权利案件34件，侵犯财产案件38件，判处五年以上有期徒刑的被告人有21名，维护了人民群众生命和财产安全。同时严惩经济犯罪，规范经济秩序。同区公安、检察、国土等部门密切合作，继续深化打击诈骗、非法采矿等经济犯罪活动，给犯罪分子以严厉打击，审结危害公共安全案件20件，破坏社会主义经济秩序案件3件，妨害社会管理秩序案件13件。对职务犯罪，继续坚持"一要坚决，二要慎重，务必搞准"原则，及时审理了原荫营煤矿销售科长潘红卫等贪污贿赂案件11件，渎职案件4件，有力地推动了反腐败斗争的深入。全年受理各类刑事案件123件185人，结案率100%。

2010年，一是严厉惩处域内各类严重暴力犯罪，对抢夺这一新型犯罪和盗窃等危害群众利益、影响群众安全感的多发性传统犯罪，依法及时审理，确保有罪者依法受到刑事追究，增强严打的法制性。二是密切关注党政机关和社会各界对刑事审判的新要求、新期待，正确处理个案公正和社会公正的辩证关系，努力减少社会对立面。三是加强刑事附带民事的审判工作，最大限度保护受害人的合法权益。全年受理各类刑事案件158件。

2011年，认真贯彻最高法院关于量刑规范化的有关规定，根据郊区地域的刑事犯罪发案特点，一是明确刑事打击重点。将打击重点放在非法采矿，及由此引发的盗窃、抢劫、寻衅滋事、妨害公务、非法买卖爆炸物品等犯罪活动方面，年内共审结此类案件27件。二是对贪污、贿赂、职务侵占等职务犯罪案件，依法开展专项整治，共审结贪污、受贿等经济犯罪案件12件，渎职类犯罪案件4件。三是加大对危害食品安全犯罪的惩罚力度，对生产、销售有毒、有害食品的7名被告人，依法作出严肃处理。四是配合公安部门开展“清网行动”，对公安、检察移送起诉的15件15名多年在逃的被告人，均依法及时予以惩处。五是坚持宽严相济刑事政策，判处十年以上有期徒刑的有18人，五到十年的有19人，五年以下55人，判处缓刑57人，单处罚金2人，免予刑事处罚13人。本年度共受理刑事案件174件164人（含刑附民案件），结案率100%。

2012年，一是积极推动专项斗争，进一步加大涉及破坏郊区环境和资源的犯罪分子处罚力度，审结涉及非法采矿和由此引发的盗窃、抢劫、寻衅滋事、妨害公务、非法买卖、运输爆炸物品等案件15件，且全部判处有期徒刑。二是依法惩处职务犯罪，共审理此类案件16件。三是全面贯彻量刑规范化原则，坚持宽严相济刑事政策，严格执行量刑规范化各项要求，对过失犯罪且真诚忏悔，又取得被害人宽恕与谅解，社会危害性较小的案件，依法予以从宽处理。判处五年以下有期徒刑的74人，判处非监禁刑78人，切实做到宽严依法、宽严适度，最大限度减少社会对抗，促进和谐社会建设。四是依法严厉惩处故意伤害、抢劫、妨害公务、绑架等犯罪活动，对故意危及人民群众生命财产安全的严重刑事犯罪，强化打击，从重处理。判处十年以上有期徒刑的有14人，五到十年的有11人。全年受理各类刑事案件134件，全部审结。

2013年，郊区法院依法严惩严重危害社会治安的暴力犯罪和多发性侵财犯罪，判处十年以上有期徒刑的有9人，五到十年的有13人，五年以下99人，判处缓刑65人，单处罚金1人，免予刑事处罚4人。对非法采矿案件继续加大惩处力度，共审结此类犯罪以及由此引发的其他案件13件，全部判处有期徒刑。同时依法审理贪污贿赂和渎职犯罪，高度关注重点工程、重点项目征地拆迁中发生的虚报坟头、虚报拆迁面积等6个职务犯罪案件，并进行了专题调研，向有关部门提出司法建议。对安全生产领域内犯罪活动，全面强化惩罚力度，如西南舁竖窑倒塌、三矿麻地巷非法采矿中的滥用职权等3案的被告人，均依法作出了严肃处理。

年内，随着国家颁布酒驾入刑的新交通法规，危险驾驶罪作为一种新犯罪形式，成为法院审理的新型案件。郊区法院针对危险驾驶案件，坚持教育与惩罚并举，着力加强法制宣传力度。全年共审结此类案件6件。本年度，郊区法院共受理各类刑事案件171件，结案率100%。

2014年，郊区法院认真落实最高法院依法从严、及时惩处的要求，一是充分运用刑事法律武器，对危及民生及重点工程的犯罪，依法给予严厉惩处，从法律程序、适用法律，到研究判决结果、案件执行等，做到大案妥善判，要案慎重判，在保证案件质量的同时，最大限度体现刑事审判的教育功效。二是严格执行修改后的《刑事诉讼法》，全年司法审判实践中，要求公诉机关补充侦查的案件31件，改变公诉机关定性的案件1件。三是准确把握决定逮捕的范围和时机，直接决定逮捕25人。四是依法严惩涉毒、涉非法采矿，及涉村干部等郊区范围内较为突出的犯罪。对涉毒犯罪引发的盗窃、抢劫、寻衅滋事、妨害公务、故意伤害等案件，坚决给予严惩，全年处理此类案件 17 件 23 人。对非法采矿犯罪一般不适用缓刑，全年审结非法采矿滋生的其他犯罪案件 3 件。

本年度，郊区法院随着刑事工作由过去的以侦查为中心，逐渐转为以庭审为中心，将量刑程序引入庭审，优化了庭审程序，使庭审程序更加完善，确保被告人诉讼权利实现。同时认真贯彻落实最高法院量刑规范化指导意见，坚持定性分析为主，结合定量分析准确量刑，做到该宽则宽，当严则严，宽严相济，罚当其罪。同时对疑难、复杂或证据较多的案件，及时召开庭前会议，由控辩双方提前交换证据，排除非法证据，减轻庭审压力。全年共判处十年以上有期徒刑的有 3 人，五到十年的有 2 人，五年以下 63 人，判处非监禁刑 41 人，有效维护了正常的社会秩序，净化了发展环境。

2015 年，郊区法院把维护社会稳定作为首要任务，依法严厉打击各类犯罪。一是认真落实最高法院依法从严、及时惩处要求，充分运用刑事法律武器，将打击矛头始终指向那些涉及民生以及重点工程的犯罪，从法律程序、适用法律，到研究判决结果、案件执行等方面，均做到了依法严格，做到大案妥善判，要案慎重判，在保证案件质量的同时，最大限度地体现刑事审判的教育功效。二是严格庭审程序，落实宽严相济刑事政策。认真贯彻《刑诉法》16 项配套制度，将量刑程序引入庭审，使庭审程序更加完善，保证了当事人的诉讼权利。对疑难、复杂或证据较多的案件，及时召开庭前会议，由控辩双方提前交换证据，排除非法证据，减轻庭审压力，保证被告人的合法权益不受侵害。同时认真贯彻落实最高法院量刑规范化指导意见，坚持定性分析为主导，结合定量分析准确量刑，做到该宽则宽，当严则严，宽严相济，罚当其罪。三是切实加强刑事附带民事案件的调解工作。把刑附民调解作为保护被害人合法权益的重要措施，使因犯罪行为受损的社会关系得到修复、愈合和改善，为被害人挽回损失，消除矛盾冲突。

附：全力以赴 严审快判

（原载阳泉市郊区人民法院《简报》〔1988〕第 15 期）

刑事审判庭遵循严厉打击严重刑事犯罪活动，维护夏季社会治安秩序斗争的方针，充分发挥刑事审判职能，全力以赴，依法严审快判，六月份审结刑事案 24 件 36 人，占上半年结案数 63 件 105 人的 38%，比去年同期结案数 7 件 11 人增强 2.4 倍。其中严重刑事案 11 件 17 人，占结案数的 45%，这些案件分别为，强奸案 3 案 5 人，抢劫 4 案 5 人，重大盗窃 3 案 6 人，流氓 1 案 1 人。

为了搞好这次“严打”斗争，依法从重从快惩处犯罪，在院领导的统一安排下，刑庭全体振奋精神，针对案件数量增加而且审理难度较大的特点，结合仅有四名审判人员的具体情况，制定相应措施，全力以赴，抓好依法严审快判。

一、定人、定案、定时间，把案件及时落实到人，做到在法定期限内，“快立案、快审查，快判处”。对5月上旬到6月上旬起诉的案件分别案情，抓紧审查、结案，截至6月25日除两件达不到时限外，全部审结。

二、加强岗位责任，从庭长、副庭长到审判员、书记员，都明确本人职责，既有分工，又讲配合。承办人对自己所办结的案件负责，做到定性准确，程序合法，适用法律得当，书记员对案件做到记录清楚，手续完备。

三、严明案件汇报制，承办人对案件成熟一件向庭内汇报研究一件，对重大疑难案件在提出庭内研究意见后及时报请审判委员会研究，六月份审理的2件抢劫1件强奸案，由于审理难度较大，及时提交审判委员会研究，作出准确的判处。

四、提前介入。为了保证办案质量和效率，对重大、疑难案件，审判人员提前介入，从逮捕、预审到起诉，详细掌握案情，同时在受理时，对事实不清、证据不足的3案，与检察机关及时研究，在补充侦查后，予以立案，保证了办案效率。

五、严审快判，突出“严”字。严格把关，严格审查，是从快判处的前提。从立案到结案的全部审理程序层层把关，人人把关。

六、统筹安排、穿插进行。根据人少案多的情况，对各案件程序进行的先后，统筹安排，采取穿插进行的方法抓紧审理。

七、领导带头实干，全庭努力工作，庭长赵鹏除负责全面工作外，抓紧办案，6月份，仅他承办案10件，为宣判大会准备材料，与副庭长陈福顺加班到晚11点钟。其他同志既当审判员又当书记员，吃苦耐劳，不讲价钱。

一九八八年七月十六日

第二节 审判反革命犯罪

反革命罪是指以推翻人民民主专政的政权和社会主义制度为目的的、危害中华人民共和国的行为。反革命罪是危害国家安全的犯罪，是性质最严重、社会危害性最大的一类犯罪。

从1947年5月阳泉解放，经过新中国成立初期的数次镇压反革命运动，特别是经过新中国成立之后，各个旨在巩固社会主义制度的政治运动，到1975年2月阳泉郊区人民法院成立，发生在郊区域内的反革命案件大幅下降，基本呈零星状态。

1975年初，郊区法院建院初，主要是配合阳泉中院审理反革命犯罪，打击反革命分子的破坏活动，维护全社会的生产秩序、生活秩序、工作秩序、教学科研秩序和人民生活秩序，保障社会主义现代化建设的顺利进行。如1975年开展大揭发、大批斗活动，中佐大队党员李德广揭发本大队坚持反动立场的地主苏映堂取消了地主分子帽子后，在其子结婚时，在大门上写了“虎踞龙盘今胜昔，天翻地覆慨而慷”，利用毛主席的诗，发泄对中国共产党的不满（该苏原为戴帽地主分子，在1974年冬落实政策时，为其摘掉地主分子帽子）。

1985年5月11日～13日，山西省阳泉第一监狱（时称山西省第二劳动改造管教支队，下同）发生“5·11”反革命持械暴乱，从河南调入阳泉一监的罪犯相互勾结、制造事端，发动暴乱，直接经济损失27000余元，间接经济损失76000余元，暴乱被平息后，郊区法院配合阳泉中院，于9月5日，在阳泉第一监狱召开宣判大会，对刘兴等20名持械、唆众发动暴乱的反革命分子进行公开宣判，7人被判处死刑，立即执行，1人被判处死缓，6人被判处无期徒刑，另外6人被加重刑罚，其中有6名罪犯，未按“反革命持械暴乱罪”处刑。

1986年，郊区法院对1966年以前原属平定县域管辖，1981年划归郊区后，原被平定县人民法院作出有罪判决的97件116人反革命和其他政治性案件，进行了认真复查，对原判处的11件12人反革命和其他政治性案件，经审理后宣告无罪。

1989年，贯彻最高人民法院和山西省高院《关于审理动乱、暴乱期间反革命案件的有关规定》，配合阳泉中院审理北京春夏之交政治风波期间发生在阳泉第一监狱在押犯阎拴龙书写反动标语，煽动在押犯闹监的反革命煽动犯罪案件，阎犯被加重刑罚两年。对郊区人民检察院起诉的山西医学院实习生于文康反革命煽动案，提出处理意见，并呈报山西省高级人民法院，有力打击了现行反革命犯罪活动，对反对动乱、保持稳定，发挥了积极的作用。

1991年，配合阳泉中院审判阳泉第二监狱（当时名称“山西省第十三劳动改造管教支队”，下同）在押犯李志翔张贴反革命标语、煽动在押罪犯闹监的“反革命宣传煽动犯罪”一案，李志翔被加重刑罚两年，剥夺政治权利一年，及时有力地打击了在押罪犯中反革命分子的破坏活动。

之后，一直到1997年版《中华人民共和国刑法》正式取消反革命罪，郊区没有再发生反革命案件。“反革命”犯罪成为一个历史名称，作为特定政治背景下的犯罪行为，成为刑事审判历史。

第三节 取缔反动会道门和打击邪教犯罪

20世纪50年代初期，阳泉市全面取缔反动会道门组织之后，由于各类政治运动频繁，阳泉郊区反动会道门组织一度停止了活动，到20世纪80年代中期，由于农村党组织、行政建制和治保工作受到削弱，在广大农村，尤其是广大山区，开始出现的有组织的利用会道门活动迹象，主要存在形式为传教各种名目和种类的“气功”及“宗教”。

20世纪90年代初以后，随着苏联解体和东欧社会主义国家发生政治骤变，农村党组织和行政建制进一步弱化，农村治保工作更加涣散，资产阶级自由化思潮开始泛滥，阳泉郊区偏僻农村开始零星出现受蒙蔽群众参与的以“法轮功”邪教活动。“法轮功”邪教组织，冒用宗教、气功或者其他名义建立、神化首要分子，大搞教主崇拜，利用制造、散布迷信邪说等手段蛊惑、蒙骗他人，发展控制成员，从事违法犯罪活动，危害人民群众生命财产安全和经济发展，严重影响了社会稳定，必须坚决依法惩办。2000年11月5日，最高人民法院就审判机关贯彻全国人大常委会《关于取缔邪教组织、防范和惩治邪教活动的决定》和最高人民法院、最高人民检察院发出有关司法解释的通知，对依法审理组织和利用邪教组织犯罪案件特别是“法轮功”邪教组织犯罪案件作出具体部署。

郊区法院把依法审理组织和利用邪教组织犯罪案件，作为一项重要政治任务，对检察机关移送起诉的组织和利用邪教组织犯罪案件，依法及时审结。坚持预防与惩治并重，进一步落实人民法院参与社会治安综合治理的各项措施，坚决防范邪教组织的孳生和发展。通过典型案件，教育广大群众提高公民的法制观念，使广大群众认识邪教组织反科学、反人类、反社会、反政府，危害社会的实质，增强自觉反对和抵制邪教组织的意识。在依法审理组织和利用邪教组织犯罪案件中，按照《解释》的规定要求，严格依法办案，正确适用法律，依法审理组织和利用邪教组织犯罪案件，坚决依法打击“法轮功”等邪教组织的犯罪活动。坚持教育与惩罚相结合，把不明真相参与邪教活动的人同组织和利用邪教组织进行非法活动、蓄意破坏社会稳定的犯罪分子区别开来；把一般邪教“法轮功”练习者同极少数违法犯罪活动的策划者、组织者区别开来；把正常的宗教信仰、合法的宗教活动同“法轮功”等邪教组织的活动区别开来。重点打击组织和利用邪教组织进行犯罪活动的组织、策划、指挥者和屡教不改的骨干分子。对有自首、立功表现的，可以依法从轻、减轻或者免除处罚；对于受蒙蔽、胁迫参加邪教组织并已退出和不再参加邪教组织活动的人员，不作为犯罪处理。

2007年，受理、审结邪教类案件1件1人。是年1月10日下午，被告人石志红携带“法轮功”宣传品到荫营煤矿进行散发。当地居民在阳泉一监10区2号家属楼发现“法轮功”邪教宣传资料，并发现被告人石志红可疑后，遂向公安机关报案，公安人员遂将被告人石志红抓获。查获被告人石志红随身携带的“法轮功”邪教宣传资料234份（本），护身符11块，博朗电子书1个及MP3一个（内容为“法轮功”邪教讲义），随后在对其住所进行搜查时，又查获邪教“法轮功”宣传资料140张（本），及有邪教“法轮功”讲义内容的MP3一个。加上被告人当天在荫营煤矿散发的部分邪教“法轮功”宣传品，共查获该犯罪嫌疑人“法轮功”宣传品374份（本），其中，传单类302份、书刊类72本。另还查获写有宣传“法轮功”话语的人民币3张。郊区法院以被告人石志红犯“利用邪教组织破坏法律实施罪”，判处其有期徒刑四年。没收所扣押的法轮功宣传资料374份（本）、护身符11块、博朗电子书1个、MP3二个及写有宣传法轮功话语的二元人民币一张、一元人民币二张。

由于邪教组织受到郊区法院严厉打击，从2008年到2015年，阳泉市郊区范围内，邪教活动受到限制，域内未发生组织、利用会道门和邪教组织、利用迷信破坏法律实施罪。

第四节　审判破坏社会主义经济秩序犯罪案件

破坏社会主义市场经济秩序罪是违反国家经济管理法规，严重危害国民经济的行为。

郊区法院建院初，主要是受理投机倒把等破坏农村市场秩序和经济秩序的案件。从1977年开始，由于“文化大革命”结束，集贸市场逐渐恢复，商品流通渠道开始出现多样化苗头，该院受理审判的以“投机倒把”为主要特征的破坏社会主义经济秩序犯罪逐步减少。

1978年12月，中共十一届三中全会召开，中止了“以阶级斗争为纲”的路线方针，中共和国家的工作中心开始向经济建设转移。

1981年，郊区法院审判贪污、受贿和投机倒把案3件10人；1982年，审理破环生产案1件2人；1983年，审判贪污、受贿和投机倒把案5件14人。

1982年，随着改革开放的推进，经济发展环境更加宽松，走私贩私、贪污受贿、投机诈骗、盗窃国家和集体财产等严重犯罪活动明显增加。1982年4月13日，中共中央、国务院颁布《关于打击经济领域中严重犯罪活动的决定》，郊区法院以事实为依据，以法律为准绳，对涉及犯罪的合同欺诈、投机倒把、伪造票证等严重破坏社会主义经济秩序的行为，依法予以审判打击。

1983年，刑事犯罪急剧增多，社会治安状况恶化，中共中央办公厅下发《关于“严厉打击刑事犯罪活动、实现社会治安根本好转”》（简称《宣传纲要》），全国人大常委会颁布《关于严惩严重危害社会治安的犯罪分子的决定》和《关于迅速审判严重危害社会治安的犯罪分子的程序的决定》，为期三年（1983年至1985年）三个战役的“严打”斗争正式开始。

1987年9月17日，为加强对经济活动的监督管理，保护合法经营和正当竞争，制裁投机倒把活动，保障经济体制改革的顺利进行，国务院发布《投机倒把行政处罚暂行条例》，对轻微的投机倒把行为，授权由工商行政管理机关依照本条例规定予以处罚。对情节严重，构成犯罪的投机倒把行为，可移送司法机关依法追究刑事责任。为此，郊区法院把打击破坏社会主义经济秩序犯罪的重点，放到“合同诈骗、非法经营、票据诈骗、假冒注册商标、非法持有使用假币和金融凭证诈骗”方面，1989年，有7件10人，因倒卖国家计划票证、重大责任事故、妨害公务、敲诈勒索、抗税和体罚虐待被监管人被判处有期徒刑。

2000年以后，郊区经济社会进一步发展，域内虚报注册资本、合同诈骗、伪造倒卖虚开增值税专用发票等破坏社会主义经济秩序案件明显增多。

2007年，郊区法院对原阳泉市华耀耐火材料有限责任公司法定代表人余保苍，以虚开增值发税发票罪，判处有期徒刑二年，缓刑三年，处罚金100000元。

2008年，郊区法院审结破坏社会主义经济秩序犯罪案件2件2人，其中，审结信用卡诈骗犯罪案件1件1人，非法经营犯罪案件1件1人。

2009年，审结破坏社会主义经济秩序犯罪案件2件2人，均为合同诈骗案件。阳泉市通晨煤炭洗选有限公司犯虚报注册资本罪，判处罚金200000元。被告单位阳泉市仁爱康复医院犯合同诈骗罪，判处罚金100000元。被告人王万龙犯合同诈骗罪，判处有期徒刑一年，缓刑二年，并处罚金10000元。追缴被告单位阳泉市仁爱康复医院违法所得157837.13元。

从2010年开始，破坏社会主义经济秩序罪的犯罪现象呈上升的趋势，不仅作案人数大幅增加，而且触犯的刑法条款的也在日渐增多。涉案领域也从增值税犯罪、信用卡、合同诈骗，发展到销售假冒注册商标的商品罪等较为复杂的犯罪领域。全年审结破坏社会主义经济秩序犯罪案件4件4人。其中，合同诈骗犯罪案件2件2人，逃税罪2件2人。

是年，郊区法院经认真审理，对阳泉市金福来乳业有限公司和被告人王志刚生产、销售有毒、有害食品犯罪案件，也作出有罪判决，被告单位阳泉市金福来乳业有限公司犯生产、销售有毒、有害食品罪，判处罚金800000元。被告人王志刚犯生产、销售有毒、有害食品罪，判处有期徒刑四年又六个月，并处罚金600000元。被告人梁建国犯生产、销售有毒、有害食品罪，判处有期徒刑四年又三个月，并处罚金400000元。被告人王志进犯生产、销售有毒、有害食品罪，判处有期徒刑三年又六个月。并处罚金300000元。被告人王志国犯生产、销售有毒、有害食品罪，判处有期徒刑三年又六个月，并处罚金300000元。被告人霍俊美犯生产、销售有毒、有害食品罪，判处有期徒刑三年又六个月，并处罚金300000元。被告人马振军犯生产、销售有毒、有害食品罪，判处有期徒刑三年，并处罚金300000元。被告人梁连成犯生产、销售有毒、有害食品罪，判处有期徒刑三年，并处罚金200000元。追缴涉案所扣押的含有三聚氰胺的奶粉并予以销毁。是年，李海生则犯合同诈骗罪，被郊区法院判处有期徒刑三年，并处罚金50000元。是年，李正瑞犯合同诈骗罪，被判处有期徒刑三年，缓刑五年，并处罚金50000元。

2011年，审结破坏社会主义经济秩序犯罪案件4件10人。其中，生产销售有毒、有害食品犯罪案件1件7人，虚假出资、抽逃出资犯罪案件1件1人，信用卡诈骗犯罪案件1件1人，虚开增值税专用发票、用于骗取出口退税、抵扣税款犯罪案件1件1人。对虚开增值税专用发票6份、税额共计77453.46元的阳泉市华耀耐火材料有限责任公司法定代表人余保苍，犯虚开增值税专用发票罪，判处有期徒刑二年，缓刑三年，并处罚金100000元。

2012年，审结破坏社会主义经济秩序犯罪案件5件8人。其中，虚报注册资金犯罪案件1件2人，持有、使用假币犯罪案件1件2人，虚开增值税专用发票、用于骗取出口退税、抵扣税款犯罪案件1件2人，合同诈骗犯罪案件2件2人。被告人刘瑞英犯虚报注册资本罪，判处有期徒刑二年，缓刑三年。被告人李祥伟犯持有假币罪，判处有期徒刑三年，缓刑四年，并处罚金20000元。被告人王桂侠犯持有假币罪，判处有期徒刑三年，缓刑四年，并处罚金20000元。李正瑞犯合同诈骗罪，判处有期徒刑三年，缓刑五年，并处罚金50000元。

2013年，审结破坏社会主义经济秩序犯罪4件4人。其中，生产销售伪劣产品犯罪案件1件1人，合同诈骗犯罪案件1件1人。如杜亚仁假酒案。2012年10月中旬，杜亚仁购进大量酒水后，存放于其租住在郊区义井镇义东沟村圪台293号的二层小楼内，欲在阳泉市进行销售。2013年1月11日，阳泉市公安局郊区分局，配合阳泉市工商局城区分局，在该处对杜亚仁所购酒水进行查扣，一部分酒水为假冒注册商标的产品，价值247912.8元。另一部分酒经阳泉市质量技术监督检验测试所鉴定，均为不合格产品，价值计170098.8元。郊区法院审理此案后，以被告人杜亚仁犯销售假冒注册商标的商品罪，判处有期徒刑一年，并处罚金15万元。李进在挖掘机买卖中犯合同诈骗罪，被郊区法院判处有期徒刑五年，并处罚金60000元，追缴其违法所得150000元。

2013年，还审结具有较大影响的赵智、余洋房地产合同诈骗案。被告人赵智作为阳泉市郊区平坦镇前庄村治保主任，负责协助阳煤集团房地产分公司从事前庄村的拆迁安置工作。被告人余洋系阳煤集团房地产分公司员工。在拆迁安置过程中，赵智借职务之便，同另一被告人共同作案，通过伪造虚假的拆迁补偿安置协议等手段，骗取阳泉煤业集团房地产分公司新建楼房4套，郊区法院以被告人赵智犯职务侵占罪，判处有期徒刑七年；犯合同诈骗罪，判处有期徒刑四年，并处罚金100000元；决定合并执行有期徒刑十年，并处罚金100000元。

2014年，审结破坏社会主义经济秩序犯罪5件10人，其中，生产、销售不符合安全标准的产品罪1件2人，隐藏、故意销毁会计凭证、会计账簿、会计报告罪1件4人，非法制造、出售非法制造的发票罪2件3人，合同诈骗罪1件1人。

2015年，受理社会主义经济秩序犯罪2件2人，审结破坏社会主义经济秩序犯罪1件1人，比上年度减少60%。如被告人杨超诈骗案。2014年8月底至9月中旬期间，被告人杨超虚构苹果手机专卖店在互联网上兜售苹果手机，同时购买浏览量较大的QQ号码（969049）和4006543249电话作为诈骗工具，与多名被害人达成购机意向并收取被害人支付的购机款以后，又以支付保价金、保证金、手续费等借口继续向被害人索要钱款并拒绝发货。截止案发，被告人杨超诈骗九名被害人钱款达57000元，其中胡晓珍18900元，潘晓波3200元，郑爱玲3600元，蒋媛6400元，施小娜4400元，王琦2400元，杜雪莹4900元，张振怀10400元，陈忠洋2800元。部分钱款被汇至以其女友李双英名义办理的农行卡、建行卡、邮政储蓄卡上。2014年11月5日被告人杨超到昆明市公安局官渡分局官渡派出所投案。郊区法院判处被告人杨超犯诈骗罪，判处有期徒刑一年，并处罚金20000元。

附1：阳泉市金福来乳业有限公司生产、销售有毒、有害食品犯罪案

2009年，河北省赵县裕康乳业有限公司法定代表人杨恒珠，将生产于2008年5月以前、未经检验的30余吨含有三聚氰胺的奶粉，抵顶所欠被告单位阳泉市金福来乳业有限公司的230000余元货款。之后，被告单位阳泉市金福来乳业有限公司法定代表人、被告人王志刚，被告单位阳泉市金福来乳业有限公司工作人员、被告人梁建国、王志进、王志国、霍俊美，于2009年12月16日至2009年12月21日，在阳泉市金福来乳业有限公司车间，用明知是从石家庄裕康乳业有限公司处顶账回来的30吨三聚氰胺超标的奶粉和从太原个体户许林喜处购得的鲜奶作为原料，生产含有三聚氰胺并且超标的全脂奶粉约27.6吨。2009年年底，在被告人王志刚的安排和被告人梁建国的联系下，将明知三聚氰胺含量超标的重新加工的奶粉通过配货站经石家庄转运，以每吨20000元的价格分两次卖给湖南个体户张忠440袋共计11吨。

2010年7月12日，湖南长沙警方在长沙市芙蓉区东南雅苑小区张忠租用的车库内依法扣押了其中的257袋（每袋25公斤）奶粉，另外一袋销往长沙市雨花区康乐佳冷饮食品厂（企业尚未使用，现已扣押），另外5袋销往怀化市华美食品饮料厂，另50袋销往郴州市银利乐食品厂，其余的127袋在第二次到货时因遇雨被打湿，张忠和梁建国协商后，由货运站赔偿3000元，而后由张忠将奶粉全部倒在浏阳河里进行了销毁。

2010年7月6日，同样由被告人王志刚安排，被告人梁建国联系河北省正定县罗曼林冷饮食品配料厂的老板即被告人马振军及被告人梁连成欲销售奶粉，在明知阳泉市金福来乳业有限公司的奶粉三聚氰胺超标的情况下，被告人马振军安排被告人梁连成以20万元的价格从该公司购得664袋（每袋25公斤）奶粉。被告人马振军的姐姐马晓敏将10多袋已变质、损

毁的奶粉倒掉，其余涉案的16.3吨（共计647袋）奶粉已被公安人员全部查获。

2010年8月12日，经山西省食品质量监督检验中心检验：河北省正定县扣押回的奶粉抽样7份，其中三聚氰胺含量依次为67.7mg/kg、65.6mg/kg、72.1mg/kg、56.4mg/kg、78.6mg/kg、51.4mg/kg、47.9mg/kg；河北省赵县顶账回的奶粉抽样3份，其中三聚氰胺含量依次为44.0mg/kg、107.4mg/kg、53.6mg/kg；湖南省长沙市扣押的奶粉抽样6份，其中三聚氰胺含量依次为72.7mg/kg、70.2mg/kg、94.3mg/kg、74.9mg/kg、< 2mg/kg、< 2mg/kg（后两样为被告人梁建国及张忠从长沙超市购买的合格奶粉）。郊区法院经审理后，依法作出有罪判决。

附2：赵智合同诈骗案

被告人赵智作为阳泉市郊区平坦镇前庄村治保主任，负责协助阳煤集团房地产分公司从事前庄村的拆迁安置工作。被告人余洋系阳煤集团房地产分公司员工。2008年6月，阳煤集团房地产分公司承担三矿沙坪棚户区改造工程时，涉及阳泉市郊区平坦镇前庄村部分土地和房屋的拆迁工作。2008年至2009年间，被告人余洋作为阳煤集团房地产分公司的预算员，受公司指派，从事前庄村被拆迁范围房屋的丈量、测绘、协议的起草等工作。经事先合谋，被告人余洋、赵智利用各自的职务便利，于2009年3月，通过伪造虚假的拆迁补偿安置协议等手段，骗取阳泉煤业集团房地产分公司沙坪35号楼5单元3号、35号楼2单元1号、35号楼1单元8号共三套拆迁安置房，共计价值人民币350759.232元。被告人赵智将其中35号楼5单元3号住房一套据为己有，其余两套由被告人余洋介绍，分别以17万元和10万元价格变卖给郭彦召和郭振刚。2009年8月，被告人赵智利用其协助阳泉煤业集团房地产分公司在阳泉市郊区平坦镇前庄村，进行沙坪棚户区改造负责拆迁安置的职务便利，以李成羊（非前庄村民）为拆迁户的名义，通过伪造虚假的拆迁补偿安置协议等手段，骗取阳泉煤业集团房地产分公司沙坪35号楼2单元4号拆迁安置房一套，价值116919.744元，并将其以20万元的价格变卖给李成羊，扣除李成羊交付阳泉煤业集团房地产分公司的34826.07元后，被告人赵智非法获利165173.93元。另查明，阳泉煤业（集团）有限责任公司原系国有独资企业，2008年8月企业改制后，企业性质变更为国有控股公司，股东分别为山西省国资委、中国信达资产管理公司、中国建设银行三家，其中山西省国资委持股比例为54.03%。阳泉煤业（集团）有限责任公司房地产分公司系阳泉煤业（集团）有限责任公司分支机构，不具备法人资格。诉讼过程中，被告人余洋家属退赔190000元。郊区法院以被告人赵智犯职务侵占罪，判处有期徒刑七年；犯合同诈骗罪，判处有期徒刑四年，并处罚金100000元；决定合并执行有期徒刑十年，并处罚金100000元。

第五节　审判公民人身权利、民主权利犯罪案件

一、审判故意杀人犯罪案件

阳泉市郊区自古以来民风纯朴，杀人犯罪现象极为罕见。1975 年 2 月郊区人民法院成立后，故意杀人犯罪这种非法剥夺他人生命、严重侵犯公民人身民主权利、性质极其恶劣的犯罪，即成为该院严厉打击和着重防范的重大刑事犯罪行为。

1980 年，为规范刑事审判工作，该院根据刚刚颁布的《刑法》和《刑事诉讼法》有关要求，于 3 月份正式成立刑事审判庭，开始审理公诉刑事案件。

1981 年，是阳泉市郊区正式开始审理刑事犯罪案件的第二年，是年，审判故意杀人犯罪犯案件 1 件。

1983 年，中共中央办公厅下发《关于“严厉打击刑事犯罪活动，实现社会治安根本好转”》（宣传纲要）。9 月 2 日，全国人大常委会颁布《关于严惩严重危害社会治安的犯罪分子的决定》和《关于迅速审判严重危害社会治安的犯罪分子的程序的决定》，对故意杀人和伤害致人死亡的犯罪分子，及流氓犯罪等十几种犯罪，“可以在刑法规定的最高刑以上处刑，直至判处死刑”。据此，郊区法院以“公、检、法党内联合办公”的方式，对故意杀人的犯罪分子和强奸、抢劫、爆炸等严重暴力犯罪，开展了为期三年三个战役的“严打”斗争。

1986 年，审结故意杀人案 2 件 2 人。1989 年，审结故意杀人 2 件 2 人。1990 年，审结故意杀人案 2 件 2 人。1991 年，审结过失杀人 1 件 1 人。经过连续数年的严打斗争，特别是经过 1985 年到 1986 年连续三年三个战役严打，域内故意杀人犯罪案件明显下降，全区社会治安形势严峻的局面得到转变。但到 20 世纪 90 年代初中期，郊区范围的故意杀人和伤害致死人命案件又出现抬头现象。

此后，故意杀人犯罪作为最严重的侵害公民人身安全的罪行，由于其情节特别严重，特别是故意杀人且致人死亡的犯罪案件，手段特别残忍，案件极为复杂，证据特别严谨，审判安全要求特别高，该类犯罪的公诉，根据法律规定，提至阳泉市人民检察院，审判工作由阳泉中院作为一审法院审理。

二、审判故意伤害罪

故意伤害罪是指故意非法损害他人身体健康的行为。故意伤害罪是侵犯公民人身权利中最常见的一种犯罪行为。

1980 年 3 月，为规范刑事审判工作，根据 1979 年颁布的《刑法》和《刑事诉讼法》有关要求，郊区法院成立刑事审判庭，开始审理公诉刑事案件。是年，即审结伤害案 5 件 8 人。1981 年，审结故意伤害案 12 件 19 人，对故意伤害公民人身权益的犯罪分

子，给予严厉打击。1982 年，根据全国“第三次刑事审判工作会议”精神，继续严厉打击故意伤害他人人身安全的犯罪行为，全年审结此类案件 4 件 9 人，发生在郊区的故意伤害案件大幅度下降。

1983 年 8 月 25 日，中共中央发出《关于严厉打击刑事犯罪的决定》，1983 年 9 月 2 日，全国人大常委会通过《关于严惩严重危害社会治安的犯罪分子的决定》，郊区法院依法从重从快严惩了一大批严重危害社会治安和人民生命财产安全的犯罪分子，全年审结故意伤害案件 13 件 18 人。

1984 年，审结故意伤害案 10 件 11 人。1985 年，审结故意伤害案 15 件 15 人。1986 年，审结故意伤害案 23 件 30 人，是严打斗争中审结此类犯罪案件最多的一年。本年度审结的故意伤害案件中，惯犯、累犯等狱内重新犯罪案件与日俱增。阳泉第一监狱（时称山西省第二劳动改造管教支队，企业名称为山西省阳泉荫营煤矿）、阳泉第二监狱（时称山西省第十三劳动改造管教支队，企业名称为山西省阳泉固庄煤矿）在押罪犯中，犯人值星员犯故意伤害罪的占郊区全部伤害案件的 35%。

此后，故意伤害他人人身安全的犯罪行为得到有效遏制。如 1989 年，审结的故意伤害下降至 11 件 18 人，比 1986 年，案件绝对数减少 12 件，犯罪分子减少 12 人。李建军因犯故意伤害罪，被判处有期徒刑二年，缓刑四年。高国寿、高永寿、高万寿故意伤害（致人死亡）一案，郊区法院对被告人高国寿，以故意伤害（致人死亡）罪，判处有期徒刑十一年；对被告人高永寿，以故意伤害（致人死亡）罪，判处有期徒刑八年；对被告人高万寿，以故意伤害（致死）罪，判处有期徒刑三年，缓刑四年。

1990 年，发生在郊区的故意伤害案件又呈多发状态，全年审结此类案件 26 件 51 人。比上年度有较大幅度的上升，尤其是集团性故意伤害案件，上升幅度较大。是年，经过郊区法院从重从快打击，到 1991 年，故意伤害犯罪，有了较大幅度下降，全年审结故意伤害案件 11 件 11 人，绝对数比上年度分别下降 15 案 40 人，集团性故意伤害犯罪下降极其明显。

1992 年 6 月 13 日上午，郊区法院接到河底镇河底村妇代会、团总支、治保会的控诉书，称该村村民史拉存严重侵犯三岁养子刘波人身权利，请求人民法院调查处罚。郊区法院当即予以立案审查。经审理查明，被告人史拉存，女，36 岁，系河底镇河底镇煤管站出纳员，婚后生育两女，三年前收养一男孩，取名刘波。为逃避计生罚款，将刘波寄养于亲戚家，一年后领回收养。但被告人并未对小刘波施以爱心，对三岁幼儿百般折磨，动辄拳打脚踢，甚至针刺、绳捆、饿肚子，致使刘波遍体鳞伤惨不忍睹，激起公愤。鉴于史拉存虐待家庭成员的行为恶劣，郊区法院于 6 月 15 日，依法对史拉存实施逮捕。

此后，郊区域内的故意伤害案件，一度处于稳中有降状态。

1993 年，审结故意伤害犯罪案件 13 件 14 人。1997 年，8 件 9 人。

1998年，发生在郊区的故意伤害案件再次急剧上升，从1997年的8件9人，跃升至32件46人。为此，郊区法院在刑事审判工作坚持“三个结合”，促进“三个强化”。即：坚持从重从快与确保案件质量相结合，坚持打击与预防犯罪相结合，坚持惩治犯罪与教育群众相结合。在此基础上，强化合议庭职能、强化监督职能、强化打击效果。故意伤害犯罪案件得到有效遏制，到1999年，域内伤害案件下降为19件19人，分别比上年度下降11件25人。此后，故意伤害犯罪开始出现下降趋势，到2002年，故意伤害犯罪案件，下降至12件12人。

从2003年开始，由于区内各乡镇企业大力度推进改革、改制，许多农村集体企业重组，加之新农村建设、旧村改造和城中村建设步伐加快，触动了一部分的人切身利益，故意伤害犯罪案件开始出现新的动向。在审理被告人张福故意伤害（重伤）一案中，取得良好的社会效果。虽然张福故意伤害其妻的犯罪行为恶劣，后果严重，理应重判，该院在审理此案时，考虑到被告与被害人张德江系夫妻关系，而且由被害人过错导致，加之被害人伤势严重不能自理，尚有两个未成年子女无人照顾，考虑到被告人平时表现一贯良好等实际，对被告人张福处以缓刑，既教育了被告人，又使其未成年子女得到照顾，取得了较好的审判效果和社会效果。

到2004年，故意伤害案件再度出现上升态势，全年审结此类案件31件45人，成为1998年以来，故意伤害犯罪最高的一个年份。

2007年，受理故意伤害犯罪案件26件41人，审结25件37人。郊区人民法院根据辖区中出现针对村、支两委干部生命财产故意伤害犯罪案件频发的实际情况，把这类案件作为打击的重中之重，先后对余秀红、张计明、余泳鑫绑架矾窑村干部，王建平、张海涛、史鹏飞故意伤害神峪村干部等案件进行公开审理，依法从重从快对犯罪分子予以严惩，有力打击了犯罪分子的嚣张气焰。全年审结故意伤害犯罪案25件38人。

2008年，旧存故意伤害犯罪案件1件4人。全年新收故意伤害案件16件22人。审结16件20人。如本年度审结的因非法采矿引发的故意伤害罪：2008年5月21日，被告人张幕田、郎焕明及王子文、晓军（二人另处）等人以被害人任书明、郭秀平在西南舁乡大西庄村某矾石厂（被告人张幕田与王子文共同经营）偷矾石为由，在大西庄村委会院里及王子文住的房屋非法限制被害人任书明、郭秀平人身自由。期间，被告人郎焕明、张幕田及同案王子文、晓军等人对被害人任书明、郭秀平实施殴打行为，并要求二被害人“拿钱”，致二被害人受伤。郊区法院以郎焕明犯故意伤害罪，判处有期徒刑三年又六个月。被告人张幕田犯故意伤害罪，判处有期徒刑三年，缓刑四年。

2009年，旧存故意伤害犯罪案件1件6人，新收故意伤害案件26件27人。审结27件33人。被告人王强因故意伤害未成年学生，被判处拘役六个月，缓刑一年。

2010年，审结故意伤害案件25件26人。被告人赵国忠驾驶213吉普车，伙同同案犯葛保如（已判刑）、刘晋洋（已判刑）、荆小明（已判刑）、赵龙（已判刑）、王顺（已判刑）、郝振刚（已判刑），“小老虎”（另案处理）携带镐把到河底镇龙光峪村附近，因争占私挖滥采场地与他人发生争执，致使张森旺驾驶的铲车玻璃被砸毁，被害人梁海明、张森旺被打伤。郊区法院以赵国忠犯故意伤害罪，判处有期徒刑四年。

2011 年，故意伤害犯罪案件大幅上升，全年审结此类案件 44 件 44 人。是历年来故意伤害犯罪案件最多的一年。

2012 年，故意伤害犯罪案件得到有效遏制，全年审结故意伤害案件 26 件 41 人。

2013 年，审结故意伤害案件 27 件 32 人。

2014 年，审理故意伤害案件 24 件 25 人。审结 100%。2014 年 2 月 16 日下午 16 时许，被害人许某与秦某红在阳泉市燕竹花园小区内因错车问题发生争执，乘坐秦淑红车辆的被告人赵乐在拉架过程中，用脚踢打许鹏，致使许鹏右胸第 9.10.11 肋骨骨折。郊区法院以故意伤害罪，判处赵乐拘役四个月，缓刑六个月。是年 3 月 21 日 9 时，在甄家庄村工地，被告人杨真因捡拾废旧钢筋与该村联防队员陈元元发生争执后，杨真用铁棍将陈元元右手打伤。郊区法院以故意伤害罪，判处杨真拘役六个月，缓刑一年，附带民事赔偿 4393.45 元、护理费 650 元、误工费 3000 元、交通费 200 元、鉴定费 800 元，共计 9043.45 元，同时驳回附带民事诉讼原告人的其他诉讼请求。故意伤害（致人死亡）罪犯韩青虎，被判处有期徒刑十年又六个月，并赔偿附带民事诉讼原告人王保娥、杨成明、杨成亮因被害人杨喜双死亡造成的丧葬费 22118 元、交通费 1000 元，共计 23118 元。阳泉第一监狱在押罪犯李志华在服刑犯故意伤害罪，被判处有期徒刑十一个月，于前罪尚未执行完毕的余刑六年六个月零七天，决定执行有期徒刑七年，处罚金 30000 元，并于判决生效后 30 日内，一次性赔偿给附带民事诉讼原告人任根（同为该监狱服刑人员）造成的物质损失 500 元。

2015 年，受理故意伤害犯罪案件 22 件 27 人，审结故意伤害犯罪案件 21 件 25 人，与上年度基本持平。如杨某某故意伤害案。2014 年 6 月 8 日 18 时许，被告人杨某某在阳泉市郊区义井镇犁沟村时某某的暂住房内与受害人时某某发生口角并互相厮打，后被告人杨某某用刀捅伤时某某。郊区法院判处被告人杨某某犯故意伤害罪，判处有期徒刑八个月，缓刑二年。

三、审判强奸、流氓犯罪

强奸罪是指违背妇女意志，使用暴力、胁迫或者其他手段强行与妇女发生性交的犯罪行为。郊区法院在依法审判故意杀人、故意伤害等严重侵犯公民人身权利、民主权利犯罪的同时，对有过强奸、奸淫幼女、强制猥亵、侮辱妇女、猥亵儿童等恶劣犯罪行为也依法予以严惩，有力地保障了妇女、少女、幼女和儿童人身权利。20 世纪 80 年代以前，阳泉郊区域内发生的强奸案件较为少见，强奸案件在民风极为纯朴的阳泉郊区地区，从历史上看，均属偶、少发案件。

1980年，郊区法院审结强奸案件4件4人。1981年，郊区法院贯彻中央6号文件，开展从重从快打击杀人、抢劫、强奸、放火、爆炸以及严重破坏社会秩序等“六种犯罪”运动，强奸犯罪和流氓犯罪，被列入必须严厉打击的严重犯罪。是年，审结强奸案10件10人。比上年度净增加6件6人。

1982年，郊区法院审结强奸案18件18人，比上年度净增加8件8人，年内还审结流氓案1件1人。强奸案作为危害人民群众生命安全最严重的犯罪，受到最严厉打击。

1983年8月25日，中共中央发出《关于严厉打击刑事犯罪的决定》，9月2日，全国人大常委会颁布《关于严惩严重危害社会治安的犯罪分子的决定》和《关于迅速审判严重危害社会治安的犯罪分子的程序的决定》，强奸犯罪和流氓犯罪被列入“可以在刑法规定的最高刑以上处刑，直至判处死刑”的严重犯罪行为。人大常委会《关于迅速审判严重危害社会治安的犯罪分子的程序的决定》甚至规定：“对杀人、强奸、抢劫、爆炸和其他严重危害公共安全应当判处死刑的犯罪分子，主要犯罪事实清楚，证据确凿，民愤极大的，应当迅速及时审判”。“主要犯罪事实清楚，证据确实，应当判处死刑”，《关于迅速审判严重危害社会治安的犯罪分子的程序的决定》第2条规定：“前条所列犯罪分子的上诉期限和人民检察院的抗诉期限，由刑事诉讼法第131条规定的10日改为3日”。

本年度，根据中央和全国人大常委会关于严厉打击刑事犯罪分子的决定，郊区法院进一步加大对强奸犯罪打击力度，强奸犯罪受到空前严厉的打击。是年，郊区法院审结强奸案19件23人，审结流氓犯罪案件7件28人，强奸犯罪在本次“严打”斗争中，很多罪犯被判处极刑、无期徒刑。是年9月，阳泉市郊区人民法院公开审判杨付生、石树生、王正生抢劫、强奸集团案，对9名被告抢劫、强奸犯罪依法作出判处，其中3人被判处死刑。这是阳泉市郊区人民法院判处的第一例死刑案件。

由于全国人大常委会通过《关于严惩严重危害社会治安的犯罪分子的决定》等三个重大决定，对强奸、流氓罪等十几种犯罪“可以在刑法规定的最高刑以上处刑，直至判处死刑”的规定，在全社会生产了巨大震慑力，强奸犯罪和流氓犯罪案件在这一时期，基本上均按照人大常委会的决定和刑罚条款顶格处理，1984年，审结强奸案12件13人，流氓案11件16人，奸淫幼女案4件4人。1985年，审结强奸案10件10人，流氓案5件9人。1986年，审结强奸案11件12人，奸淫幼女案4件5人。

从1986年至1989年，由于受到郊区人民法院依法从重从快严厉打击，发生在阳泉郊区的强奸案件和流氓案件，出现大幅下降趋势。如1988年，全年仅审结强奸案件3案5人，流氓犯罪1案1人。1989年，仅审结流氓犯罪案件4件5人，强奸犯罪案件为零。

1990年，郊区法院刑事审判贯彻“稳定压倒一切”的精神，继续按照“从重从快”的方针，严厉打击强奸等重大犯罪活动。一是对重大强奸刑事案件提前介入，与公安、检察机关紧密配合，了解、掌握案件在侦破、预审、起诉各阶段的进展情况，做到严格审查快审快判。同时坚持在法定的量刑幅度和审限内，对重大强奸犯罪案件抓紧审理及时判处，在此基础上，突出打击重点，对强奸犯罪的首恶分子、强奸惯犯、累犯和情节恶劣的强奸及流氓犯罪严惩不贷。从5月份“严打”开始至10月份，郊区法院把积极参加确保“亚运会”、国庆安全作为重中之重，对受理的各类刑事案件，凡是基本事实清楚、证据充分的案件，坚持在法定期限内送达、询问、开庭、合议、宣判，全年审结强奸（包括奸淫幼女）23件30人，流氓犯罪案件3件7人。其中，审结的强奸犯罪案件比上年度，净增加19件25人，有力地震慑了罪犯。如赵爱雨、赵秋建抢劫、强奸案。1989年12月2日，被告人赵爱雨和同乡赵秋建，闻知河底煤矿赵某某丈夫上夜班，便商定到赵某某的住处强奸、抢劫。作案后，赵秋建用麻绳捆住赵某某手脚，赵爱雨用头巾，将赵某某的嘴塞住，之后二人潜逃，被捕归案后，郊区法院以抢劫罪判，处赵爱雨有期徒刑五年，以强奸罪判处其有期徒刑四年，决定执行有期徒刑8年。

1991年，强奸和流氓犯罪大幅度下降，全年审结强奸犯罪案件3件3人，流氓5件13人，比上年度分别下降14件12人。

1993年，审结强奸犯罪案件5件6人，案件数与虽然与上年度持平，但犯罪人数下降了7人，轮奸犯罪因受到特别严厉的打击，其下降态势较为突出。之后，发生在阳泉市郊区的强奸案件，基本上保持在低发状态。

1996年审结的郭某强奸幼女一案，突出了对未成年人的保护。郭某年龄尚不足十六周岁，系初犯，根据有关规定，可不按犯罪论处，但审判人员在审查预审卷时，发现重大疑点和隐情，受害人可能是特殊受害主体，经司法精神病学鉴定：该幼女属智愚，从而明确了罪与非罪的界限，依法对郭某判处有期徒刑二年，郭某不服提出上诉，二审维护了原判。

1997年，郊区法院审结强奸犯罪案件7件9人。1999年，审结奸淫幼女案1件1人。2002年，审结强奸2件2人。2003年，以张宝和犯强奸幼女罪，依法判处有期徒刑八年。2006年王永刚犯强奸罪，被郊区法院判处有期徒刑四年。

2007年，经过人民法院数年严厉打击，郊区域内强奸案下降至1件1人。之后，强奸犯罪在阳泉市郊区，始终保持较低的案发状态。2008年，受理审结强奸犯罪案件3件3人。2009年，审结强奸犯罪案件1件2人。

2010年，审结强奸犯罪案件4件4人，为近年来强奸犯罪案件较多的一年。2011年，审结强奸犯罪案件4件4人，与上年持平。是年，审结猥亵儿童犯罪案件2件2人，猥亵儿童犯罪案件是阳泉市郊区范围内出现的较为罕见的犯罪行为。较为典型的强奸犯罪案件如李金红假和尚强奸案。2009年后半年，被告人李金红在阳泉市郊区杨家庄乡小西庄村的寺庙，用“和尚”身份，以能给被害人王某某看病为由，强行与被害人王某某多次发生性关系。之后，多次强奸作案，致使吴某女、贾某女受到不法性侵害。郊区法院以强奸罪，判处李金红有期徒刑十三年，剥夺政治权利三年。是年，被告人韩同德强奸精神发育迟滞人赵某某一案，经郊区法院审理，以强奸罪，判处该韩有期徒刑三年五个月。

2012年，郊区法院审结强奸犯罪案件2件2人。2013年，审结强奸犯罪案件3件3人，强制猥亵、侮辱妇女犯罪案件1件1人。以强制猥亵、侮辱妇女罪，梁孝东被判处有期徒刑三年；以抢劫罪，判处有期徒刑三年，并处罚金1000元；以强奸（中止）罪，判处有期徒刑一年又六个月，决定合并执行有期徒刑六年，并处罚金1000元。

2013年，郊区法院审结强奸案件3件3人，均为公诉案件，3名被告人均被判处有期徒刑，并审结强制猥亵、侮辱妇女犯罪案件1件1人。以强制猥亵、侮辱妇女罪，对被告人梁孝东判处有期徒刑三年，以抢劫罪判处有期徒刑三年，并处罚金1000元，以强奸（中止）罪，判处有期徒刑一年又六个月，决定合并执行有期徒刑六年，处罚金1000元。

2014年，郊区法院审结强奸犯罪案件5件5人，其中，公诉强奸案件4件4人，上级法院发回重审强奸案件1件1人，审结3件3人，3名强奸罪犯被处以有期徒刑，如陈鹏亮强奸犯罪案件。2013年11月2日7时许，被告人陈鹏亮窜至阳泉市郊区荫营镇东垴村史某某家中，趁被害人史某某的丈夫出门上班，史某某一人在家之机，采取暴力手段图谋不轨，因被害人推挡抗拒未能得逞，被告人陈鹏亮犯强奸罪（未遂），判处有期徒刑二年。本年度，还审结猥亵、侮辱妇女犯罪案件1件1人。

2015年，郊区法院受理强奸犯罪案件2件2人，审结强奸犯罪案件2件2人，与上年度基本持平。

第六节 审判侵犯财产犯罪案件

一、审判盗窃罪

由于“文化大革命”期间，受政治运动的影响，各人民公社、生产大队，包括区内工矿企业，始终对刑事犯罪保持高压态势，故1975年阳泉市郊区人民法院建院之初，郊区广大人民公社和各生产大队，包括各工矿企业和居民家庭，盗窃案件均发生较少。这一时期，郊区法院所受理的案件，主要为区内民事案件。盗窃案件均为小偷小摸行为，通常以批评教育为主。

1975年7月1日，在河底公社召宣判大会，协助阳泉中院公判以杨吉太为主犯的盗窃集团案。12 月 25 日，在荫营煤矿协助下，阳泉市公安局、郊区法院和郊区公安分局，在荫营公社召开宣判大会，盗窃犯罪嫌疑人甄明海等四人被公开逮捕，盗窃犯甄换强等三人，因坦白认罪，获得从宽处理，当场释放。盗窃犯罪嫌疑人朱丽勇等二人，被刑事拘留。

从 1979 年开始，郊区法院方开始受理一审刑事案件和自诉刑事案件。

1980 年 3 月，郊区法院刑事审判庭正式成立。全年审结盗窃案件 16 件 27 人。是年，该院在审理贾存喜团伙盗窃案时，发现从犯贾付平未被起诉，经反复查阅案卷，仔细分析案情，详尽调查了解，认真核对口供及证明材料，认定贾付平犯盗窃罪成立，且触犯刑律，应予逮捕、起诉，追究其刑事责任，经郊区审判委员会研究决定，对贾付平实施逮捕，贾付平对犯罪事实供认不讳，郊区法院依法追究了他的刑事责任。此案的处理在全区政法系统及贾付平家乡，引起巨大反响，人民群众赞扬郊区法院法官明察秋毫，依法审判，严厉打击了盗窃犯罪的嚣张气焰。

1981 年，郊区法院审结盗窃案件 14 件 19 人。1982 年，审结盗窃案件 7 件 13 人，团伙性盗窃案件开始上升。

1983 年 8 月 25 日，中共中央发出《关于严厉打击刑事犯罪的决定》，9 月 2 日，全国人大常委会通过《关于严惩严重危害社会治安的犯罪分子的决定》，郊区法院根据整体部署，着重打击区内发生的杀人、抢劫、强奸、放火、抢劫、盗窃、爆炸和其他严重破坏社会秩序犯罪，盗窃犯罪被列入从重从快打击之列，尤其是针对团伙盗窃犯罪，更是被列为从重从快严厉打击的目标，当年即审结盗窃案 49 件 93 人。之后，随着严打斗争进一步深入，在郊区范围活动的几个重大盗窃团伙被一网打尽，发生在郊区的盗窃犯罪有所下降。

1984 年，郊区法院审结重大盗窃案 1 件 1 人，审结一般盗窃案件 17 件 21 人，一般盗窃案件比上年度，下降了 32 件 72 人。

1985 年，郊区法院审结盗窃犯罪案件 23 件 37 人。本年度审结的盗窃案件，反映出郊区域内盗窃犯罪的两个主要特点：一是盗窃案件比例大，占全部审结案件的 32%，比上年度的 17 件，增长了 27%；二是盗窃犯罪分子中，两劳（劳改、劳教）人员、刑满就业人员和农村无业青年所占比重较大。

1986 年，郊区域内盗窃犯罪案件再度出现上升趋势，郊区法院全年审结盗窃犯罪案件 32 件 48 人，比上年度绝对数分别增加了 9 件 11 人。在本年度审结的案件中，一是抢劫、盗窃等财产性犯罪活动猖獗，此类案 36 件 57 人，占 37%。其犯罪侵害的主要对象是公共财物，特别是生产资料和高档商品。也有侵害个体户、专业户的，多数罪犯采取撬门挖锁、翻墙入室手段，有的地区甚至形成了盗窃、窝赃、运送、销赃的“一条龙流行作业”。二是青少年犯罪案件明显增长，在被判处的 153 名案犯中，有 99 名是犯罪的青少年，占 64%。而青少年盗窃、抢劫犯罪案件，分别占了 83% 和

100%。

1988年的“李双才盗窃案”，颇具以盗窃集体财产为主的郊区盗窃犯罪特点。1988年10月1日凌晨一时许，被告人李双才窜至河底镇兴华水泥厂财务室破窗入室，在未撬开保险柜的情况下，打开财务人员办公桌的抽屉，盗走人民币11131.4元。1987年和1988年7.8月间，被告人李双才，又先后窜至小固庄食堂、木材加工厂办公室、河底镇耐火厂、兴华水泥厂，同样采取破窗入室、撬门挖锁等手段，盗窃了诸如洗衣机、吹风机、圆桌、椅、平车、木材、白面、香烟的物品，价值1058.83元。郊区法院根据刑法第一百五十二条、《全国人大常委会关于严惩严重破坏经济的罪犯的决定》第一条第一款规定，以盗窃罪，判处李双才有期徒刑12年。

1989年，郊区范围内的盗窃犯罪案件再次出现急剧上升态势，郊区法院全年审结此类案件61件97人，是自1975年2月该院建院以来，审结的盗窃犯罪案件最多的一年。其中，惯盗、集团性盗窃团伙作案成为最重要的特征。为此，郊区法院于1990年，以稳定压倒一切为指导，结合保卫亚运会顺利举行和国庆40周年系列庆祝活动，继续贯彻依法“从重从快”方针，突出打击重大盗窃、团伙盗窃活动，对首要分子、惯犯、累犯和情节恶劣的犯罪分子严惩不贷，沉重地打击了域内团伙盗窃犯罪活动。如郭毛小团伙盗窃案，被告4人，团伙作案，撬门挖锁盗窃10余次，价值2800元，属数额巨大，郊区法院对主犯郭毛小以盗窃罪予以从重处罚，判处其有期徒刑六年，其他3名被告因年龄不满18周岁，有法定从轻或减轻情节，从轻判处从犯郭小毛有期徒刑二年，判处郭慧明、赵红生有期徒刑各一年，缓刑二年。

1991年，坚决贯彻打击严重刑事犯罪活动，深入开展反盗窃斗争，与公安、检察机关密切配合，对严重盗窃犯罪案件做到提前介入、抓紧了解、掌握案情、严格把关、快审快判，特别是针对重大盗窃犯罪案件，凡是基本事实清楚，证据充分的案件，坚持在法定的期限内送达、讯问、开庭、合议、宣判。全年共受理刑事案164件318人，审理164件318人，判决结案109件167人，其中盗窃犯罪案件盗窃45件73人，占到全年所判决的刑事案件总数的41%。

1992年，审结盗窃犯罪案件32件58人。经过1991年、1992年的严打，郊区范围内的盗窃犯罪案件出现下降趋势，但盗窃案件中的犯罪团伙案件增多、作案手段升级、暴力型盗窃案件仍时有发生，严重地危害着人民的生命财产和安全，为此郊区法院与公安、检察、司法等机关密切配合，进一步加强各个环节上的衔接，加快了对盗窃案件的捕、审、判，做到了大案要案抓紧判、社会有影响的案及时判、团伙作案集中判、特别是对那些累犯、犯罪团伙的主犯，以及盗窃破坏电器、水利、设备的犯罪分子，给予及时严惩。

1994年3月，根据区内307国道拦截车辆、殴打司机、抢劫、盗窃财物犯罪猖獗的情况，郊区法院开展打击车匪路霸的专项斗争。其间，共判处罪犯25名。下半年，又根据区内盗窃案件居高不下的情况，及时开展“反盗窃”斗争，共判处盗窃犯罪案件32件，打掉盗窃犯罪团伙3个，法办盗窃犯罪分子59名，打为国家挽回经济损失12.5万元。特别是根据中共中央关于《整治农村社会治安的决定》，坚持“严打”方针，重判了32件盗窃案的主犯，有效地保证了国庆、元旦、春节期间的安全，维护了社会的稳定。

1996年，郊区法院继续坚持依法从重从快打击严重刑事犯罪的严打方针，尤其是针对盗窃犯罪，突出开展“打团扫恶”专项斗争，“团伙”犯罪以盗窃团伙、抢劫团伙为主，“恶势力”以流氓集团为主，把打击矛头指向那些民愤大、危害大、影响大的恶性盗窃案件的主犯、累犯、惯犯以及横行乡里、无恶不作、危害一方的流氓恶势力，有效地遏制了重、特大盗窃案件的上升势头，使严打斗争高效运行，做到了审查立案快、送达起诉快、开庭审理快、上会定案快、文书打印快、公开宣判快、移送执行快，以“七快”的节奏使每个案件依照程序高效运行，结案周期大大缩短，给盗窃犯罪分子以迎头痛击。是年，共打掉盗窃、流氓团伙39个，从重判处盗窃和流氓犯罪分子87名。

1997年，新修改的《刑事诉讼法》和《刑法》分别于是年1月1日和10月1日起正式实施。全年根据新的《刑事诉讼法》和《刑法》精神，审结盗窃案件21件29人。1998年，在坚持从重从快与确保案件质量相结合、打击与预防犯罪相结合、惩治犯罪与教育群众相结合的前提下，审结盗窃案20件42人。1999年，审结盗窃案25件46人。

进入21世纪以后，经过郊区人民法院依法严厉打击和数次声势浩大的“反盗窃”专项斗争，盗窃犯罪得到遏制，盗窃犯罪案件呈下降态势。2002年，继续贯彻严打方针，不断强化打击力度，一是根据社会治安状况，及时组织严打整治专项斗争，把重大盗窃等严重刑事犯罪和带有黑社会性质的犯罪团伙作为打击重点，依法从重惩处了一批重大盗窃犯、盗窃惯犯，对盗窃团伙的首要分子，均给予严厉惩处，全年审结重大盗窃犯罪案件15件20人。

2003年的武秀珍盗窃案，是郊区法院审理的一起女性盗窃案，属家庭内部盗窃犯罪。是年12月20日上午11时许，武秀珍趁其公公王芝生不在家之际，盗得王芝生现金3000元。当日，武秀珍去寿阳张净村，将所盗现金挥霍一空。郊区法院根据刑法规定，对被告人武秀珍盗窃犯罪一案，判处其有期徒刑一年，处罚金2000元。

2004年6月17日，郊区法院在西南舁乡西南舁村召开《严厉打击刑事犯罪捕判大会》，依法对李强、王竹青、高峰、高明鹏四名抢劫盗窃被告人，进行公开宣判。全年审结盗窃犯罪案件27件42人。

2005年，依法从重惩处了一批惯犯、累犯和团伙犯罪的主犯，对张根红、王和明、李旭东等10名抢劫、盗窃、非法拘禁致人死亡的犯罪分子，依法判处10年以上有期徒刑，保持了强大的刑罚惩治力和法律威慑力。

2006 年，盗窃案仍然是郊区域内常发性案件。是年，郊区法院审结一起涉少数民族（彝族）犯罪分子盗窃未遂案件。2005 年 12 月 23 日晚 23 时许，被告人阿韦石沙、桥小军、地比日格、莫洛日尔、期沙补鲁伙同阿竹拉再（另案处理）、金牛沙机（另案处理），在程庄村煤矿井下盗窃电缆，除阿竹拉再、金牛沙机脱逃外，其余人被当场抓获。被砍断的电缆经估价金额 21540 元。郊区法院判处被告人阿韦石沙有期徒刑三年，处罚金 10000 元。判处桥小军有期徒刑三年，处罚金 10000 元。判处地比日格有期徒刑三年，处罚金 10000 元。判处莫洛日尔有期徒刑三年，处罚金 10000 元。

2007 年，发生在郊区的盗窃犯罪案件急剧增加，甚至有女性参与的盗窃犯罪。如 2007 年，王国翔、李武斌、姬慧荣（女）团伙盗窃案。该团伙多次在柳沟村工地盗窃电缆线，起诉到郊区法院后，该院以盗窃罪，判处王国翔有期徒刑一年，缓刑二年，处罚金 5000 元；判处张峰有期徒刑六个月，缓刑一年，处罚金 3000 元；对李武斌，以盗窃罪单处罚金 3000 元。是年，被告人荆瑞，伙同他人多次窃取集体财物（坐便器），且数额较大，郊区法院依照《中华人民共和国刑法》第二百六十四条、第二十五条第一款规定，判处荆瑞有期徒刑二年零六个月，并处罚金 5000 元。全年，审结盗窃 21 件 39 人。

2008 年，郊区法院受理盗窃犯罪案件 14 件 23 人，审结 12 件 22 人。2009 年，审结盗窃犯罪案件 18 件 27 人。被告人朱琳、刘东荣身穿尼姑服，先后在阳泉二矿、郊区平坦镇石卜咀村、龙凤沟村、义井镇白羊墅村、杨家庄乡小西庄村、高垴庄村，谎称被害人或被害人家属有病，需要花钱祛灾，大肆行窃共 13612.05 元。案件起诉到郊区法院后，该院以盗窃罪，判处被告人朱琳有期徒刑三年，缓刑四年，并处罚金 10000 元。判处被告人刘东荣有期徒刑三年，缓刑四年，并处罚金 10000 元。

2010 年，审结盗窃犯罪案件 21 件 54 人，团伙性盗窃犯罪呈主要犯罪形式。对偷窃藏獒谋利的被告人高海文判处拘役五个月，并处罚金 3000 元，另一被告人高小刚，被判处拘役四个月，缓刑十个月，并处罚金 2000 元。

2011 年，受理、审结盗窃犯罪案件 18 件 36 人。2010 年 8 月中旬某天晚上 22 时至次日凌晨 3 时左右，被告人赵金明雇佣程志明、程永强、程二柱、程金所、程艮所、程存芳、许晓龙及挖掘机司机等 8 人，在郊区旧街乡新庄窝村新楼附近蔺卯珍果园内，盗挖阳泉市深港水务有限公司所有的 DN250 铸铁供水管，共盗走 70 米。在盗挖水管过程中，蔺卯珍果园内的杏树和苹果树共 63 株被毁，被毁果树总价值 16286.4 元。郊区法院以盗窃罪，判处被告人赵金明有期徒刑二年又六个月，并处罚金 15000 元。

2012 年，审结盗窃犯罪案件 19 件 21 人，结案率 100%。对专门偷盗柴油的盗窃团伙王学兵、荆军、高建利、王福兵一案进行公开审理，被告人王学兵犯盗窃罪，判处有期徒刑六个月，处罚金 6000 元。其他罪犯也分别受到相应的惩处。对专门盗卖摩托车的被告人胡兵、胡雪冬、胡永平、王志刚等人，以盗窃罪判处有期徒刑二年又六个月，并处罚金 30000 元，胡雪冬、胡永平、王志刚等人另案处理。

2013 年，审结盗窃犯罪案件 28 件 44 人，结案率 100 %。郊区法院以盗窃罪，判处李乃龙有期徒刑一年又八个月，并处罚金 10000 元。

2014 年，审理盗窃犯罪案件 32 件 49 人，结案率 100%。如王子伟伙同路志强、路海平盗窃案，被告人王子伟犯盗窃罪，判处有期徒刑八个月，缓刑一年又六个月，处罚金 6000 元。被告人路志强犯盗窃罪，判处有期徒刑七个月，缓刑一年，并处罚金 6000 元。被告人路海平犯盗窃罪，判处拘役三个月，缓刑六个月，并处罚金 5000 元。此外，在审理阳泉市郊区人民检察院提起公诉的被告人刘军盗窃罪一案中，发现失主于卫国所丢失的矾石系在本区马庄村及南坳村非法开采所得，据其陈述，仅存放在南坳村南岭山上的矾石就达 2000 至 3000 吨，为依法严惩非法采矿、破坏性采矿犯罪活动，保护国家矿产资源，特提出侦查建议，请侦查部门尽快对于卫国非法采矿行为进行侦破，请郊区人民检察院督促侦办。

2015 年，受理盗窃犯罪案件 18 件 28 人，审结盗窃犯罪案件 16 件 22 人，比上年度减少 14%。如王建雄盗窃案。2014 年 3 月 25 日 15 时许，被告人王建雄窜至阳泉市郊区人寿保险公司（荫营）办公楼四楼张某某办公室内，趁无人之机盗窃该办公室内黑色 IPHONE4 手机一部，及女士钱包一个，钱包内有现金 12000 余元、黄金护身符一个、面值 1000 元的华龙超市购物卡 2 张。盗窃所得财物被被告人挥霍。被盗手机经阳泉市郊区价格认证中心鉴定，价值 2163 元，已追回并发还被害人。郊区法院判处被告人王建雄犯盗窃罪，判处有期徒刑一年又八个月，并处罚金 10000 元，连同前罪有期徒刑一年，并处罚金 5000 元，决定执行有期徒刑二年又二个月，并处罚金 15000 元。

附：朱琳、刘东荣假尼姑盗窃案

2008 年 9 月 21 日 13 时 30 分许，被告人朱琳、刘东荣身穿尼姑服来到阳泉市矿区二矿菜市被害人史景波家中，谎称史景波家中有灾，要为其消灾，需要钱财。后以调包的方式盗窃史景波现金 1400 元，黄金戒指一枚（价值 1575 元）。2008 年 9 月 25 日 10 时 30 分许，被告人朱琳、刘东荣身穿尼姑服来到阳泉市郊区平坦镇石卜咀村村民被害人王银孩家中，谎称王银孩家中有灾，要为其消灾，需要 3600 元。后王银孩到其儿子家取钱，二人离开。当天 16 时左右，二被告人返回王银孩家，将王银孩已放在柜子中的 3600 元现金盗走。2008 年 11 月 11 日上午，被告人朱琳、刘东荣身穿尼姑服来到阳泉市郊区义井镇白羊墅村村民被害人王秀梅家中，谎称王秀梅家中有灾，要为其消灾，需要 4200 元。王秀梅把 3300 元现金及黄金耳环一枚（价值 723.65 元）、黄金戒指一枚（价值 713.4 元）交给朱琳、刘东荣，后被二人以调包的方式盗走。2008年11月18日中午，被告人朱琳、刘东荣身穿尼姑服来到阳泉市郊区平坦镇龙凤沟村村民被害人荆秀桂家中，谎称荆秀桂家有灾，要为其消灾，需要金钱做镇物。荆秀桂将700元现金和黄金戒指一枚（价值615元），黄金耳环一枚（价值615元）、白银戒指一枚（价值50元）交给朱琳、刘东荣，后被二被告人以调包的方式盗走。2008年11月23日15时许，被告人朱琳、刘东荣身穿尼姑服来到阳泉市郊区杨家庄乡小西庄村村民被害人李东梅家中，谎称李东梅家中有灾，要为其消灾，需要钱物，后二人以调包方式盗走李东梅现金200元。2008年11月24日12时许，被告人朱琳、刘东荣身穿尼姑服来到阳泉市郊区杨家庄乡高堖庄村村民被害人刘银堂家中，谎称刘银堂家中有灾，要为其消灾，需要5100元及“三金”。刘银堂将120元现金交给二被告人，后被以调包的方式盗走。赃款已被追回。上述盗窃价值共计13612.05元。虽然告人朱琳、刘东荣家属将赔偿被害人的款项全部交至郊区人民法院，其盗窃罪成立，故郊区法院以被告人朱琳犯盗窃罪，判处有期徒刑三年，缓刑四年，并处罚金10000元。被告人刘东荣犯盗窃罪，判处有期徒刑三年，缓刑四年，并处罚金10000元。

二、审判抢劫犯罪和抢夺犯罪

抢劫罪是以非法占有为目的，以暴力、胁迫或者其他方法，强行劫取公私财物的行为。抢劫犯罪具有严重的社会危害性，因为它不仅直接侵犯了公私财产的所有权而且因为它使用暴力、胁迫等手段，就又侵犯了公民的人身权利，因此，我国刑法将抢劫罪列为重罪，并作为司法审判上重点打击的对象。

抢夺罪是指以非法占有为目的，公然夺取他人的财物，数额较大，尚没有使用暴力等方法的行为。

在20世纪80年代以前，郊区辖区内发生的抢劫犯罪较少，抢夺犯罪则是伴随着新农村建设和郊区城镇化建设步伐，到20世纪末才在本域出现的一种新型犯罪。

1980年，为进一步规范刑事审判工作，根据1979年颁布并执行的《中华人民共和国刑法》和《中华人民共和国刑事诉讼法》，于3月份，郊区法院成立刑事审判庭，开始受理和审结公诉刑事案件。

1981年，针对极少数杀人、抢劫、强奸、爆炸等严重破坏社会秩序的犯罪分子，坚决从重从快惩处，全年审结抢劫案4件12人。

1982年，郊区法院认真贯彻执行全国第三次刑事审判工作会议精神，正确运用法律武器，打击各种犯罪活动，维护社会秩序，保护国家和人民利益。全年受理各种刑事案71件，其中，抢劫案2件2人。在对罪犯扬子光、靳宝敏、张富抢劫一案审理时，虽然该案性质严重，但靳宝敏因有投案自首行为，张富随同作案，情节轻微，故对二犯从轻判处免予刑事处分。是年，抢劫犯罪案件比上年度下降50%，抢劫犯罪分子绝对数净下降10人，抢劫这种严重危害人民群众生命财产安全的犯罪，在郊区受到有效遏制。

从 1983 年 8 月开始，根据中共中央办公厅下发《关于“严厉打击刑事犯罪活动，实现社会治安根本好转”》（宣传纲要）和 1983 年 9 月 2 日全国人大常委会颁布《关于严惩严重危害社会治安的犯罪分子的决定》以及《关于迅速审判严重危害社会治安的犯罪分子的程序的决定》，针对“杀人、强奸、抢劫、爆炸、重大盗窃、重大伤害、流氓”等七类犯罪，开展为期三年三个战役的“严打”斗争。是年，在郊区区委统一领导下，公、检、法、司总动员，在全区开展严厉打击严重刑事犯罪运动。在严打斗争中，依据中央政法委指示精神，阳泉市郊区人民法院刑事审判庭有权审理辖区内出现的刑事死刑案件。9 月，即公开审判了郊区辛兴乡一带横行霸道的所谓“夜袭队”杨付生、石树生、王正生抢劫、强奸集团案，对 9 名被告抢劫、强奸一案依法判处，其中 3 人被判处死刑。这是阳泉市郊区人民法院判处的第一例死刑案件。在审理此案时，郊区法院刑事审判人员反复查阅案卷，认真核对口供，并到现场实地查证，发现王正生犯有抢劫、强奸等严重罪行。此前，公安、检察机关皆认为“罪证取不到”，未对王正生的犯罪予以追究。查明情况后，郊区法院依法逮捕了抢劫集团主犯王正生，经审理，王正生对所犯罪行供认不讳，刑事审判庭依法判处王正生无期徒刑。此后，死刑判决权，根据法律规定收归阳泉中院。

之后，发生在郊区的抢劫案件大幅度下降，1984 年，虽然严打斗争仍处于高潮阶段，但审结的抢劫案仅 1 件 1 人。1985 年，也仅有抢劫案 1 件 2 人。1986 年，抢劫犯罪案件虽有上升，但也仅 4 件 9 人，年底前全部审结。

从 1989 年开始，发生在郊区域内的抢劫犯罪案件出现较大幅度的上升态势，郊区人民法院按照稳定压倒一切的精神，对抢劫犯罪这种直接危害人民群众生命和财产安全的犯罪，依法给予严厉处罚。1989 年，审结抢劫犯罪案件 7 件 14 人，如冯延涛抢劫一案。是年 10 月 19 日晚 12 时许，被告人冯延涛酒后窜至李家庄村边公路上，先后拦截住王保贵、韩永清、王志兵、王志刚等人，采用暴力胁迫等手段，抢劫现金 103 元，全国粮票 7.5 公斤。案发后追回赃款 73 元，全国粮票 7.5 公斤。8 月 27 日下午三时许，被告人冯延涛酒后窜至李家庄村电石厂财务室无理取闹，在该厂领导李乃寿制止中双方扭打。冯延涛用拳头打伤李乃寿的左眼。郊区法院依法以抢劫罪，判处被告人张延涛有期徒刑六年；以故意伤害（轻伤）罪判处张延涛有期徒刑一年六个月；决定合并执行有期徒刑七年。

1990 年，发生在郊区域内的抢劫犯罪案件进一步上升，社会治安情况严重恶化，人民群众的安全感受到威胁。为此，郊区法院进一步加强加大打击抢劫犯罪力度，全面贯彻“从重从快”方针，严厉打击严重刑事犯罪活动，对重大刑事案件提前介入，与公安、检察机关紧密配合，抓紧了解、掌握案件在侦破、预审、起诉各阶段的进展情况，做到严格审查快审快判；同时坚持在法定的量刑幅度和审结期限内，对重大刑事犯罪案抓紧审理，及时判处，对首要分子、惯犯、累犯和情节恶劣的犯罪分子严惩不贷。从5月份“严打”开始至10月份期间，郊区人民法院认真贯彻“严打”方针，积极参加确保“亚运”、国庆安全的专项斗争，抓紧审理各类刑事案件，凡是基本事实清楚、证据充分的案件，坚持在法定的期限内送达、询问、开庭、合议、宣判，共审结各类刑事犯罪案101件282人，其中，审结抢劫案22件58人。

如程晋平、霍保平、程海平抢劫案。1989年10月10日下午六时许，被告人程晋平、霍保平、程海平窜到阳泉市郊区燕龛乡程庄煤矿，钻入停在煤场正在装煤的河北省石家庄地区运输公司曹振云驾驶的解放牌汽车驾驶室内。程晋平趁司机不注意，将放在工具箱内黑皮夹（内装现金975元）盗出藏在衣服里。后将皮夹交给程海军，携赃款逃走。当司机发现装现金的皮夹被盗后，便捉住霍保平不放。其时，程庄煤矿保卫科人员赶到现场，将被告人程晋平、霍保平抓获。在送往派出所时二犯逃跑。第二天，二被告在其亲属的带领下到公安派出所投案自首。郊区法院依法以抢劫罪判处被告人程晋平有期徒刑五年；以抢劫罪判处被告人霍保平有期徒刑三年又六个月；以盗窃罪判处被告人程海军有期徒刑一年又六个月。

1991年，抢劫犯罪仍然处于高发阶段，全年审结抢劫犯罪案件21件38人。

经过从1989年到1992年三年的严厉打击和综合治理，到1993年，郊区域内的抢劫犯罪案件才有所下降，全年审结抢劫14件18人。是年，郊区法院以创造良好社会治安环境、保障人民群众安居乐业为着眼点，不断加大打击力度，加快办案节奏，继续贯彻从重从快的方针，从严打击抢劫犯罪。

1994年，郊区法院认真贯彻党中央关于《整治农村社会治安的决定》，坚持“严打”方针，保持“严打”声威，特别是根据群众反映大、呼声高的治安问题，于是年3月，针对该区307国道拦截车辆、殴打司机、抢劫财物、犯罪猖獗的情况，开展了打击车匪路霸的专项斗争，其间，共判处罪犯25名，并重判了14件抢劫案的主犯，从而防止了此类犯罪活动的蔓延。

此后，抢劫犯罪分子的嚣张气焰得到遏制，抢劫犯罪案件数量有所下降。

1997年，中共山西省委根据全省治安状况，安排部署在全省开展以“三打一禁”为目标的专项斗争。郊区人民法院积极响应，始终保持快速反应和大打、猛打、狠打凌厉攻势：一是打击重点突出，打击力度不减。二是对恶性大、犯意深、后果重的犯罪分子，以及民愤大、危害大、影响大的犯罪团伙，坚决给予严惩。全年依法从重判处各类严重刑事犯罪分子46人，占判处人犯的60.52%，其中，抢劫犯罪案件16件27人受到严厉打击。

由于郊区法院始终保持了对抢劫犯罪分子的严打态势，到1998年，此类案件即开始下降，全年审结抢劫犯罪案件4件5人，是1988年后抢劫犯罪案件和犯罪人数最低的一年。如1998年5月11日晚22时许，被告人尹学文、杨海明同马素军、荆红升（均已判刑）、尹守兵（另案处理）在阳泉玩耍过程中，合谋抢劫。当晚23时许，被告人尹学文、杨海明及马素军、尹守兵乘坐由荆红升驾驶的面的出租车，窜到四矿南马路，拦截两辆路经此地的外地拉焦炭货车，尹学文、尹守兵、马素军殴打司机，抢劫司乘人员的现金150元。1998年5月12日凌晨2时许，被告人尹学文、杨海明同马素军、尹守兵又乘坐荆红升驾驶的出租车，窜到307国道大西庄路段，拦截住路经此地的河北省鹿泉市铜冶镇南张庄村司机全素恩、李志会驾驶的冀A—08813号解放142拉焦炭货车，尹守兵、尹学文、马素军持千斤杆、手电等工具对李志会、全素恩进行威胁和殴打，杨海明负责看住司机，抢劫现金175元。被告人尹学文逃逸，被告人杨海明被公安机关抓获，被采取取保候审强制措施后逃逸。郊区法院以被告人尹学文犯抢劫罪，判处有期徒刑四年，并处罚金1000元。被告人杨海明犯抢劫罪，判处有期徒刑三年，并处罚金1000元。

1999年，郊区人民法院根据郊区社会治安的特点，提出了力创“五新”的严打思路，即：打击要有新举措、工作要有新部署、打击要有新力度、宣传要有新突破、稳定要有新局面，同时坚持从重从快与确保案件质量相结合、打击犯罪与预防犯罪相结合、惩罚犯罪与教育群众相结合，全年审结抢劫案13件24人。

进入21世纪以后，抢劫犯罪继续受到郊区人民法院的沉重打击，抢劫案频发的势态得到遏制。

2002年，在严厉打击严重刑事犯罪的斗争中，根据社会治安状况，及时组织严打整治专项斗争，把抢劫、重大盗窃等严重刑事犯罪和带有黑社会性质的犯罪团伙作为打击重点，依法从重惩处了一批有影响的重大抢劫犯主犯，特别是对抢劫团伙的首要分子给予严厉惩处。是年，审结抢劫案7件8人。

2003年，经过严厉打击，抢劫犯罪开始下降。被告人兰沸采用威胁等手段，在多次殴打后逼迫被害人白亮回家取钱，非法占有其1000元现金，鉴于被告人兰沸作案时年龄未满18周岁，郊区法院以抢劫罪，判处兰沸有期徒刑三年，缓刑五年，并处罚金人民币2000元。

2004年，依法严厉打击审结抢劫犯罪。6月17日，郊区法院在西南舁乡西南舁村召开严厉打击刑事犯罪捕判大会，依法对李强、王竹青、高峰、高明鹏四名抢劫盗窃被告人进行了公开宣判，3000余名村民参加大会。是年，对抢劫未遂的王彦朝、梁彬，分别判处有期徒刑二年，缓刑三年，并处罚金6000元。

2005年，继续坚持严打方针，把抢劫、强奸、故意伤害、重大盗窃等严重刑事犯罪作为打击重点，依法从重惩处了一批惯犯、累犯和团伙犯罪的主犯，如对张根红、王和明、李旭东等10名抢劫、盗窃、非法拘禁致人死亡的犯罪分子，分别判处十年以上有期徒刑。刘斌斌、李占强、扬穴、吕艳龙、高扬团伙抢一案中，被告人刘斌斌被判处有期徒刑四年又六个月，并处罚金1000元，其余罪犯分别被判处有期徒刑。

在张启旺、张小龙犯抢劫案中，张启旺被判处有期徒刑3年，并处罚金5000元；张小龙判处有期徒刑2年，缓刑3年，并处罚金5000元。郊区人民法院对抢劫犯罪始终保持了强大的刑罚惩治力和法律威慑力。

2006年，郊区法院依法严厉打击团伙抢劫犯罪。是年6月27日晚，被告人史彦军与刘海森事先预谋，欲抢出租车司机。次日中午，二人在阳钢幼儿园附近打乘女司机郗某云驾驶的出租车，行至郊区北异村附近一偏僻处时，刘海森用事先准备好的枕头套套住郗海云的脖子将其拖到车后座，二人实施抢劫，抢得人民币200余元和科健K680手机一部，在实施抢劫期间，刘海森欲对郗某云实施强奸，因郗海云称自己有妇科病，故刘海森未实施强奸。之后二人将郗海云扔到盂县东回里路段，将该出租车抢走，经鉴定，车辆价值为24375元。郊区法院以抢劫罪，判处史彦军犯抢劫罪，判处有期徒刑十三年，并处罚金3000元。在审理乔小磊、李军、周翔、李瑞文、周淑津、周鑫林、王传宇、刘昌浩抢劫一案时，其抢劫、索要对象均为学生，抢劫现金三、五十元不等，故对被告人乔小磊以抢劫罪，判处有期徒刑3年，并处罚金1000元。被告人李军以抢劫罪，判处有期徒刑3年，并处罚处2000元。

2007年，继续把绑架、抢劫、强奸、盗窃等严重危害人民生命财产安全的犯罪案件作为打击重点，依法从重惩处了一批惯犯、累犯和团伙犯罪的主犯，始终保持了强大的刑罚惩治力和法律威慑力。特别是针对辖区中出现的危害村支两委干部生命财产暴力犯罪频发的实际，把这类案件作为打击的重中之重，依法从重从快对抢劫犯罪分子予以严惩，有力打击了犯罪分子的嚣张气焰。全年审理抢劫案件10件20人。

2008年，审结抢劫犯罪案件12件29人。在曹文凯、张晓东抢劫一案中，曹文凯犯抢劫罪，判处有期徒刑二年，缓刑三年，并处罚金10000元。史魏魏犯抢劫罪，判处有期徒刑三年，并处罚金8000元。

2009年，审结抢劫犯罪案件6件15人。武敬忠、王晓冬、郝冬建、张强、王培隆、高勇团伙抢劫案受到严厉打击。2008年8月2日凌晨1时，该团伙对下章召村石磊一家进行了抢劫，抢劫现金18600元，诺基亚推盖6270型手机一部价值1120元。此外，2007年11月28日，郝冬建、武敬忠、张强、郝冬建、谷少玉等对被害人张树芳实施抢劫，抢劫现金11000余元和一个5000元存折。郊区法院以武敬忠犯抢劫罪，判处有期徒刑十三年，并处罚金20000元；张强有期徒刑十一年，并处罚金20000元；郝冬建犯判处有期徒刑八年，并处罚金10000元。王晓冬有期徒刑七年，并处罚金8000元；王培隆有期徒刑六年，并处罚金8000元；高勇犯有期徒刑五年，并处罚金8000元。杨雁程犯窝藏罪，判处有期徒刑一年。

2010年，审结抢劫犯罪7件10人。郊区法院对专门针对女性实施抢劫犯罪的郑晋杰、魏佳欣、周侗、王瑞明（另案处理），依法给予严厉打击，郑晋杰被判处有期徒刑十年，并处罚金3000元。魏佳欣被判处有期徒刑六年，并处罚金3000元。周侗被判处有期徒刑三年，并处罚金2000元。

2011年，抢劫案件有所上升，审结抢劫犯罪11件18人。

2012年，全年审结抢劫犯罪案件8件13人。2013年，发生在郊区的抢劫仍然十分猖獗，全年审结抢劫犯罪案件9件17人，案件绝对数比上年度净增加1件，但犯罪人数却净增加4人，而且多为团伙抢劫犯罪。

2014年，经过人民严厉打击，抢劫犯罪在郊区范围内大幅度下降，本年度共审理此类案件2件2人，审结2件2人。孔熙春多次抢劫出租车司机犯罪受到法律严惩。从2013年6月11日上午11点开始，到6月20日短短9天内，被告人孔熙春持仿真手枪、尖刀抢劫出租车司机六起，总共抢得现金1350元，手机4部、照相机1台，郊区法院依法判处被告人孔熙春有期徒刑十三年，并处罚金10000元。

2015年，受理抢劫犯罪案件1件1人，审结抢劫犯罪案件1件1人，比上年度减少50%。如张宪敏抢劫案。2014年10月24日上午，被告人张宪敏在家中吸食了冰毒，遂起犯意，于下午15时许，被告人张宪敏在阳泉市郊区荫营高速路口打乘一辆私人出租车（晋CFH866），窜至阳泉市郊区黄沙岩村口的汽车站附近，持刀抢走被害人韩书英红色手包一个，内有现金565元。后被告人张宪敏又乘坐出租车（晋FH866）逃离现场，被抢现金已全部挥霍。郊区法院判处被告人张宪敏犯抢劫罪，判处有期徒刑三年又十个月，并处罚金3000元。

附1：杜江、李旭东、史志亮、李勇聪、李庆明抢劫案

被害人高峰给甄秉克打有5万元的“借条”，后甄秉克将该借条丢失。2004年11月初，李兆辉（已判）持甄秉克丢失的该5万元借条要求杜江（已判）帮助要账，并答应付给费用提成。杜江找到李旭东（已判），李旭东又找到史志亮（已判）、李勇聪（已判）及本案被告人李庆明。作案之前，杜江、李旭东、史志亮、李勇聪及被告人李庆明等五人先后去被害人高峰在开发区住处及盂县路家村等地等待高峰，因未找见高峰，李兆辉带领杜江、李旭东、史志亮、李勇聪及被告人李庆明等人去盂县路家村辨认了高峰所在的具体地址。2004年11月21日上午，杜江、李旭东、史志亮、李勇聪及被告人李庆明等人携带三把砍刀，租乘李玉亮驾驶的一辆面包车前往盂县路家村，在路家村附近公路上遇到被害人高峰后，李旭东、史志亮、李勇聪及被告人李庆明等人便下车强行将被害人高峰拽上汽车，并对高峰进行殴打，被害人高峰的手被刀划伤。随后，杜江、李旭东、史志亮、李勇聪及被告人李庆明等人将被害人高峰带至本市义白路附近一偏僻处，杜江在面包车上等待，李旭东、史志亮、李勇聪及被告人李庆明等人手持三把砍刀，对被害人进行了拳打脚踢，还用刀背砍被害人高峰的胳膊，其间，向被害人高峰出示了“借条”原件，向被害人高峰索要5万元“债务”，被害人高峰被迫往家中打电话让家人准备钱款。作案过程中，李勇聪从被害人高峰处取得现金2750元，被害人

高峰还被抢走一条皮带，李勇聪将赃款2750元交于杜江，杜江、李旭东、史志亮、李勇聪及被告人李庆明将该款项瓜分。因杜江、李旭东、史志亮、李勇聪及被告人李庆明等“见要不到钱”，又恐事情败露，遂将被害人高峰放走。被害人高峰伤情经阳泉市郊区法医鉴定所鉴定，高峰左手刀砍伤现肢体遗留有疤痕累计长10.4cm，为轻微伤。另查明，被告人李庆明于2011年8月7日主动到公安机关投案并如实供述了犯罪事实。郊区法院以被告人李庆明犯抢劫罪，判处有期徒刑三年，缓刑五年，并处罚金10000元。

附2：郑晋杰、魏佳欣抢劫案

2009年11月18日晚10时40分左右，被告人郑晋杰、魏佳欣及同案王瑞明（另案处理）在阳泉市大宇商务会馆背后马路上共同实施抢劫犯罪。被告人郑晋杰、魏佳欣、同案王瑞明将被害人王亚平（女）、陈鑫推倒在地后，采用殴打暴力行为，抢劫被害人陈鑫现金310元、三星手机一部，抢劫被害人王亚平耳环一副（价值80元）、女式提包一个、暖宝一个，被抢耳环追回并发还被害人。2009年11月10日晚9时左右，被告人郑晋杰及同案王瑞明（另案处理）在阳泉市八中附近共同实施了抢劫行为，被害人王爱珠被推倒在地，被告人郑晋杰、同案王瑞明抢劫被害人王爱珠（女）现金50元和价值150元的诺基亚3100手机一部。该手机追回后发还了被害人。2009年11月15日晚10时左右，被告人郑晋杰、魏佳欣、周倜在阳泉市南山公园后门附近共同实施抢劫行为，被告人郑晋杰、魏佳欣、周倜来到正在路边打电话的一女子身旁，将被害人按在地，强行抢走价值320元的金鹏手机一部，之后，该手机被追回。郊区法院以抢劫罪，判处郑晋杰有期徒刑十年，并处罚金3000元。判处魏佳欣有期徒刑六年，并处罚金3000元。判处周倜有期徒刑三年，并处罚金2000元。

随着阳泉市城市化建设的发展和经济的繁荣，一种新型的犯罪方式——“抢夺犯罪”从20世纪90年代末，开始在城市出现，而且呈上升趋势。这种以非法占有为目的，乘人不备，公开夺取数额较大的公私财物的犯罪活动一出现，即受到阳泉市两级人民法院的严厉打击。如2006年曾发阳抢夺罪案：2006年6月28日上午11点50分许，被告人曾发阳与杨彪、王东、阿海（均另案处理）骑两辆摩托车在阳泉市郊区李家庄村公路上，见一女子单独行走，遂起抢夺之意，经商量后，由王东和阿海骑一辆摩托车作掩护，曾发阳和杨彪骑一辆摩托车实施抢夺，抢得王计云金项链一条，价值2985元，后逃至阳泉市红太阳烧烤城附近时，被告人曾发阳被抓获。郊区法院以被告人曾发阳犯抢夺罪，判处有期徒刑一年又六个月，并处罚金2000元。

之后，抢夺犯罪开始在阳泉市郊区出现，虽然不属于常发、频发案件，但同样是一种严重危害人民群众财产安全的严重暴力犯罪。

2007年，审结抢夺案件1件1人。2008年为1件2人。

2009年、2010年，2011年全区范围未发生抢夺案件。

2012年，审结抢夺犯罪案件2件3人。是年6月19日，被告人程建欣伙同被告人韩启军、杨建(另案处理)，在阳泉市郊区荫营镇姜香莲的阳光小超，趁姜香莲不备之际，抢夺该店两条软中华香烟。7月的一天，被告人程建欣伙同被告人韩启军，在阳泉市郊区平坦镇辛兴村石喜生的小卖部，趁石喜生不备之际，抢夺该店两条软云香烟。

8月14日，被告人程建欣伙同被告人韩启军，在阳泉市城区南外环和义居戚梅芝的泉鑫便利店，抢劫该店一条硬中华香烟。2012年8月15日，被告人程建欣伙同被告人韩启军，在阳泉市郊区河底镇河底村张变梅的融浦商店，趁张变梅不备之际，抢夺该店一条软中华香烟、一条硬中华香烟。8月16日，被告人程建欣伙同被告人韩启军、杨新明来到阳泉市郊区河底镇韦泊村周秀林便民商店，趁周秀林不备之际，抢夺该店一条硬中华香烟，两条软云香烟。8月18日，被告人程建欣伙同被告人张旭、郭彩龙、杨新明，在阳泉市郊区河底镇河底村郭军红的佳鑫商店，抢劫该商店两条软云香烟、一条玉溪香烟。8月19日，被告人程建欣伙同被告人张旭、郭彩龙、杨新明，在阳泉市郊区荫营镇淑华园小区李强军的好邻居生鲜便利店，趁李强军不备之际，抢夺该店三条软中华香烟。8月28日，被告人程建欣伙同杨新明，在阳泉市郊区荫营镇史红丽的慧丰超市，趁史红丽不备之际，抢夺该店两条软中华香烟。9月29日，被告人张旭伙同被告人荆锁平、杨建、“老大”，在阳泉市郊区工商银行对面公路上，趁刘红伟不备之际，抢夺刘红伟黄金项链一条，价值8525.5元。10月6日，被告人张旭伙同被告人荆锁平，在阳泉市郊区李家庄乡桑堰新村村口公路上，趁冯瑞平不备之际，抢夺冯瑞平金项链一条，价值7055元。10月9日，被告人张旭伙同被告人荆锁平、杨建、“老大”，在阳泉市郊区荫营镇农村信用社附近公路边，趁赵霞不备之际，抢夺赵霞黄金项链一条，价值11989.35元。10月11日，被告人张旭伙同被告人荆锁平、杨建、“老大”(该二人均另案处理)，在阳泉市郊区邮电局车站附近，趁王慧平不备之际，抢夺王慧平黄金项链一条，被抢夺黄金项链价值4980元。

此外，该抢夺团伙还在盂县、平定县、阳泉市开发区、城区、矿区多次合伙抢夺，郊区法院对该案犯罪分子依法作出判决：被告人程建欣犯抢夺罪，判处有期徒刑十年，并处罚金30000元；犯抢劫罪，判处有期徒刑四年，并处罚金3000元，决定合并执行有期徒刑十三年，并处罚金33000元。被告人韩启军犯抢夺罪，判处有期徒刑九年，并处罚金30000元；犯抢劫罪，判处有期徒刑三年，并处罚金2000元，决定合并执行有期徒刑十一年，并处罚金32000元。被告人张旭犯抢夺罪，判处有期徒刑三年，并处罚金20000元；犯抢劫罪，判处有期徒刑二年，并处罚金2000元，决定合并执行有期徒刑四年，并处罚金22000元。被告人荆锁平犯抢夺罪，判处有期徒刑三年，并处罚金20000元。追缴被告人各自的犯罪所得。作案工具晋CD2827号比亚迪轿车和晋 C85425 号松花江小型普通客车予以没收。

2013 年，审结抢夺犯罪案件 1 件 2 人。

2014 年，发生在郊区的抢夺案件同上年度持平，但抢夺犯罪人数有所增加，全年审结抢夺犯罪案件 1 件 5 人，比上年度净增加 3 人。

2015 年，受理审结抢夺犯罪案件 1 件 1 人，审结抢夺犯罪案件 1 件 1 人，抢夺犯罪虽然在上年度为零的基础上有所增加，但仍处于较低发案状态。

三、审判诈骗罪

以非法占有为目的，用虚构事实或者隐瞒真相的方法，骗取数额较大的公私财物的行为，即为诈骗罪。对诈骗犯罪打击，可以说，阳泉市郊区人民法院从建院之日起，即开展了针对诈骗犯罪的审判和打击处理，且在长达 40 年的实践中，积累了丰富的审判经验。

1975 年 6 月 16 日，在中共郊区区委领导下，郊区法院与郊区公安分局在河底公社河底大队，召开声势浩大的公判大会，有 8000 余人冒雨参加。会上，除对其他犯罪分子实行逮捕、拘留外，公判了诈骗犯石宽等四名罪犯。

但是，作为农村和乡镇占区域面积较大的行政区域，由于自古以来民风纯朴、民情敦厚，相邻关系和睦，加之各村多为数家同姓大户居住，多为本家和有着数代人情交往的乡里乡亲，该地诈骗案件的发案率一向很低，如 1981 年，仅有诈骗案 2 件 2 人。

1982 年 8 月 31 日上午 8 时，郊区法院在阳泉市政府人民大礼堂依法对白金贵诈骗案进行了公开宣判。白金贵，男，是年 31 岁，系阳泉市水利局供应站采购员，于 1979 年至 1981 年间，先后六次以给郊区山头、后洼、东梁庄、南窑庄等生产大队买汽车、推销耐火材料为名，签订假合同，伪造对方姓名、伪造单据，信件等手段，共诈骗五个生产大队集体资金 5608.40 元。此外，该犯还借了前述生产大队现金 678.10 元，这些生产大队付给该犯一定数额的车旅生活费，加上大队干部外出寻找该犯所花用的车旅生活费用共 2650.74 元，造成集体经济损失 3502.23 元。郊区法院依法判处被告白金贵有期徒刑五年。

1983 年，是郊区法院审结诈骗案件较多的一年，共 10 件 12 人。1984 年，下降为 2 件 3 人。1985 年，审结诈骗犯罪案件案 1 件 1 人。

1986 年，随着社会主义市场经济的建立和改革开放的深入发展，阳泉市郊区作为乡镇企业发展较快的地区，其商品经济规模开始扩张，随之而来的是，针对企业的合同诈骗、金融诈骗开始多了起来，是年，郊区法院审结诈骗犯罪案件 5 件 7 人。

到 1987 年，针对各类不同所有制企业的诈骗犯罪，出现了新的变化。如 1987 年 12 月至 1988 年 2 月期间发生的路志伟诈骗案。被告人路志伟先后窜至阳泉市园林处华盛商行南山门市部、省阳泉汽运公司劳动服务公司小卖部、阳泉市平坦新区三小区黄定生小卖部、阳泉市金属回收公司小卖部、阳泉市公园路赵爱爱个体小卖部、旧街供销社赛鱼分店等11家商店，以“李军”“李叶文”“黄志明”等化名在行骗地附近信用社存少量现金，然后涂改存折金额。利用书画社图章，冒充阳泉书画社和检察院以及运输公司工作人员，为单位购买物品，谎称忘带现金和支票，以存折作抵押，骗取卖主信任。涉案标的为7346.02元。郊区法院以诈骗罪，判处路志伟有期徒刑四年。

1989年，郊区法院审结诈骗2件2人。1990年，审结此类案件1件2人。

1991年，发生在郊区的诈骗犯罪开始增多，全年审结此类犯罪6件7人。经过严厉打击，从是年开始，连续数年未发生诈骗犯罪。

1997年，审结诈骗犯罪案件1件1人，招摇撞骗犯罪案件1件1人。1999年，为2件2人，诈骗犯罪控制在较低的发案水平。

进入21世纪后，虽然通过人民法院对诈骗犯罪的持续严厉打击，发生在郊区辖区内的诈骗犯罪受到遏制，但随着中国特色社会主义市场经济的发展，诈骗犯罪也日益多样化、复杂化。

2007年，审结诈骗犯罪案件3件3人，以帮助就业、帮助借货、帮助销售、帮助购置紧俏物资、帮助催要货款等形式的诈骗活动日益增多。于怀永与龚晋武(已判)、李军（已判）、侯建明（已判）利用事先伪造好的易拉罐“金奖”拉环及96000元的中奖卡，骗取王转鱼现金9000元案（2002年）和与张海亮事先预谋用仿金小金佛骗钱未遂案(2007年)，郊区法院以诈骗罪，判处被告人于怀永有期徒刑一年又十个月，并处罚金12000元。对以帮助他人办理招工手续、安排正式工作为名，诈骗他人钱财的王谦，被郊区法院判处有期徒刑三年，缓刑四年，并处罚金10000元。

2008年，审结诈骗犯罪案件2件7人。团伙诈骗为犯罪形式。以配货站为诈骗对象的郑志强、胡建利、胡计鹏等诈骗犯罪团伙受到法律严惩。郑志强犯诈骗罪，判处有期徒刑三年又六个月，并处罚金20000元。被告人胡计鹏犯诈骗罪，判处有期徒刑三年又六个月，并处罚金20000元。被告人胡建利犯诈骗罪，判处有期徒刑三年，缓刑五年，并处罚金40000元。被告人王永军犯诈骗罪，判处有期徒刑三年，缓刑四年，并处罚金20000元。被告人翟贵福犯掩饰、隐瞒犯罪所得、犯罪所得收益罪，判处有期徒刑一年又六个月，缓刑二年，并处罚金10000元。被告人周会林犯掩饰、隐瞒犯罪所得、犯罪所得收益罪，判处有期徒刑一年又六个月，缓刑二年，并处罚金10000元。

2009年，由于就业压力增大，一些不法分子盯上了安排工作这个被许多家长和孩子同样关注的问题。不少急于通过非正常渠道安排孩子就业的家长被骗，少则几万多则十几万。孳生出了以借帮人招工为名诈骗钱财的犯罪现象。全年审结诈骗犯罪案件4件9人。被告人胡海拴谎称自己曾是阳泉市公安局某部门科长，现内退，能帮助史某万的女儿、女婿办理工作为名，分别于2009年1月10日、2009年8月23日两次骗走史某万人民币50000元。郊区法院以犯诈骗罪，判处胡海拴有期徒刑一年又六个月，缓刑二年，并处罚金 30000 元。

2010 年，审结诈骗犯罪案件 6 件 7 人。以帮助招工为名实施诈骗犯罪成为郊区域内的频发高发案件。如郭进文诈骗案，就较为典型。2008 年夏天至 2009 年 3 月 5 日，被告人郭进文，以为郭增祥（阳泉市郊区河底镇上章召村人）的儿子郭永健办理工作为由，先后骗走郭增祥人民币 2240 元。2010 年 2 月 20 日 8 时左右，郭进文到阳泉市郊区荫营镇西落菇堰村王有明家中，以为王有明的儿子王星斐办理工作为由骗走人民币 5000 元。2010 年 2 月 25 日中午。被告人郭进文再次去王有明家行骗时，被阳泉市公安局郊区分局荫营镇派出所民警当场抓获，追回赃款 1955 元。郊区法院依法判处被告人郭进文犯诈骗罪，判处有期徒刑一年，并处罚金 10000 元；责令被告人郭进文退赔被害人郭增祥、王有明被骗款项人民币分别为 2240 元、3045 元。是年，以帮助别人领养孩子为幌子，在郊区人民医院诈骗他人钱财 5000 元的任伟，也被郊区法院判处有期徒刑一年，并处罚金 5000 元。以介绍对象和找工作为名，诈骗他人钱财的段丽军、张赛，受到法律严惩。其中，段丽军被判处有期徒刑一年又六个月，并处罚金 10000 元。张赛被判处有期徒刑一年，缓刑二年，并处罚金 5000 元。

2011 年，由于受到人民法院严厉打击，诈骗犯罪案件出现下降趋势。全年审结此类案件 3 件 3 人，全部为公诉案件。从 2007 年 4 月份起，被告人余芳以帮人买低价房和买基金获利为名，大肆实施诈骗犯罪，到 2010 年案发，骗取多人钱财，达数百万元。郊区法院以诈骗罪，判处余芳有期徒刑十一年，处罚金 300000 元，并追缴被告人余芳违法所得。

2012 年，审结诈骗犯罪案件 5 件 6 人，判决 4 件，终止 1 件。被告人车永安于 2011 年明知自己不能为他人办理正式工作的情况下，以阳煤集团多营公司招收两名女工，一年后办成正式工，一名女工需 40000 元为名进行诈骗，收到钱后用于自己挥霍。后被害人赵彦彦在获知其身份为临时工，不能办成正式工后，遂要求退款致案发。郊区以诈骗罪，判处车永安有期徒刑一年，缓刑二年，并处罚金 20000 元。

2013 年，诈骗犯罪案件呈高发状态，全年审结诈骗犯罪案件 10 件 10 人，比上年度增加了一倍，是近年来郊区域内诈骗犯罪案件较多的一年。冯治国因在铝矾土买卖中犯诈骗罪，判处有期徒刑四年又六个月，并处罚金 100000 元。李鹏举犯诈骗罪，被郊区法院判处有期徒刑一年又四个月，缓刑二年，并处罚金 20000 元。本年度郊区法院审结的较为典型的诈骗犯罪为路晋生因非法采矿引发的诈骗案件：2012 年 3 月至 8 月之间，被告人路晋生以给邓家峪村的被害人任小荀索要铲车为由，先后两次骗取任小荀现金 5800 元和 10000 元，并伪造一张内容为“今收到路晋生现金 10000 元正（壹万元整），落款人是王军平，落款日期是 2012 年 8 月 13 日”的收条，骗任小荀说，其中的 10000 元是托朋友王军平给要铲车的收条。案发后，被告人路晋生家属退赔给被害人经济损失 10000 元，郊区法院以诈骗罪，判处路晋生有期徒刑八个月，并处罚金10000元。

2014年，审结诈骗犯罪案件12件16人。审结合同诈骗案件1件1人。对王培兴诈骗案给予严厉惩处。从2012年5月16日始，至2013年12月案发，被告人王培兴伙同他人共同作案、或单独作案，以贩煤、跑工地租车代步等幌子，先后在阳泉市汽车租赁市场租得各型轿车6台，又转手抵押、典当他人，共诈骗钱财26.75万元，用于个人挥霍消费，郊区法院以诈骗罪判处王培兴犯诈骗罪，判处有期徒刑七年，并处罚金50000元，并责令被告人王培兴退赔各被害人损失。对专门诈骗汽车的郭宏建，以诈骗罪，判处有期徒刑十个月，处罚金3000元，连同前罪，判有期徒刑三年，并处罚金20000元，决定执行有期徒刑三年又六个月，并处罚金23000元。

2015年，受理诈骗犯罪案件8件10人，审结诈骗犯罪案件5件7人，比上年度减少33%。如武某某私刻印章案。2009年6月至2010年年底期间，被告人武某某冒用"河南省XX建筑有限公司XX工程处"名义并私刻该公司印章，与被害单位阳泉市XX商贸有限公司签订供销合同及租赁该公司钢管、模板等物，至案发，累计拖欠被害单位货款710182.4元及租赁物价值88385.1元共计798567.5元未予归还。郊区法院判处被告人武某某犯伪造公司印章罪，判处有期徒刑二年又六个月。

附1：郑志强、胡建利、胡计鹏以配货名义诈骗案

2008年1月27日，被告人郑志强、胡建利、胡计鹏共谋诈骗后，来到阳泉市郊区荫营镇三江配货站，以配货的方式，骗取该配货站的配货票后，从阳泉市郊区荫营镇街上煤矿，用三辆拉煤车骗走价值12414.6元的低硫混煤37.62吨，后卖至河北省井陉县一煤场，得款10000余元。

2008年2月15日，被告人郑志强、胡建利、胡计鹏共谋诈骗后，来到阳泉市郊区荫营镇林里村三水配货站，以配货的方式骗取该配货站的配货票后，从阳泉市郊区大西庄煤矿用四辆拉煤车骗走价值46488元的特号混煤89.4吨，后卖至河北省井陉县一煤场，得款30000余元。

2008年4月23日，被告人郑志强、胡建利、王永军共谋诈骗后，来到阳泉市东恒配货站，以配货的方式，从阳泉市郊区河底镇牵牛镇村煤矿，用两辆拉煤车骗走价值30885.3元的丈二过筛面煤66.42吨，后卖至河北省井陉县一煤场，得款28000元左右。

2008年4月11日，被告人胡计鹏预谋诈骗后，来到阳泉市全兴钢模租赁站，以租赁钢管为由诈骗该租赁站价值9620元的钢管140根，其中包括6米长的钢管90根，4米长的钢管50根。之后，被告人胡计鹏通过被告人周会林以5720元的价格将该钢管卖至阳泉市郊区河底镇苇泊村被告人翟贵福的废品收购站，胡计鹏得款5240元，周会林获利480元。

郊区法院该案以被告人郑志强犯诈骗罪，判处有期徒刑三年又六个月，并处罚金20000元。

被告人胡计鹏犯诈骗罪，判处有期徒刑三年又六个月，并处罚金20000元。被告人胡建利犯诈骗罪，判处有期徒刑三年，缓刑五年，并处罚金40000元。被告人王永军犯诈骗罪，判处有期徒刑三年，缓刑四年，并处罚金20000元。被告人翟贵福犯掩饰、隐瞒犯罪所得、犯罪所得收益罪，判处有期徒刑一年又六个月，缓刑二年，并处罚金10000元。被告人周会林犯掩饰、隐瞒犯罪所得、犯罪所得收益罪，判处有期徒刑一年又六个月，缓刑二年，并处罚金10000元。

附2：梁瑞敏、冯建国诈骗案

2013年4月17日1 6时许，被告人梁瑞敏、冯建国以冯建国掉落装有假钱的牛皮纸信封袋，梁瑞敏与被害人捡钱分钱的方式，在阳泉市郊区荫营广场后草坪的两块大石处，诈骗被害人李朴娥黄金耳环一对。后被告人梁瑞敏、冯建国将诈骗所得黄金耳环卖至被告人叶梅英处。经阳泉市郊区价格认证中心鉴定：被害人李朴娥被诈骗黄金耳环价值1794.5元。2013年5.6月份一天，被告人梁瑞敏、冯建国以相同方式，在阳泉市郊区荫营镇政府西侧小广场后台阶处，诈骗被害人范玉梅黄金戒指一枚。后被告人梁瑞敏、冯建国将诈骗所得黄金戒指卖至被告人叶梅英处。经阳泉市郊区价格认证中心鉴定：被害人范玉梅被诈骗黄金戒指价值2040.5元。2013年6月1日11时许，被告人梁瑞敏、冯建国以相同方式，在阳泉市郊区荫营邮政储蓄后面，诈骗被害人赵凤妮黄金项链一条。后被告人梁瑞敏、冯建国将诈骗所得黄金项链卖至被告人叶梅英处。经阳泉市郊区价格认证中心鉴定：被害人赵凤妮被诈骗黄金项链价值3531.6元。

2013年6月27日9时许，被告人梁瑞敏、冯建国以相同方式，在阳泉市郊区荫营广场后面一条小路的树后，诈骗被害人王芝兰黄金项链一条、黄金戒指一枚。后被告人梁瑞敏、冯建国将诈骗所得黄金项链、黄金戒指卖至被告人叶梅英处。经阳泉市郊区价格认证中心鉴定：被害人王芝兰被诈骗黄金项链价值5616.8元、黄金戒指价值996.2元。201 3年7月31日9时许，被告人梁瑞敏、冯建国以相同方式，在阳泉市郊区荫营镇政府西侧小广场处，诈骗被害人王舍娥黄金戒指一枚。后被告人梁瑞敏、冯建国将诈骗所得黄金戒指卖至被告人叶梅英处。经阳泉市郊区价格认证中心鉴定：被害人王舍娥被诈骗黄金戒指价值2269.8元。

2013年8月5日，被告人梁瑞敏、冯建国以相同方式，在阳泉市郊区荫营工商银行背后树林中，诈骗被害人史子英黄金手镯一个、黄金戒指一枚。后被告人梁瑞敏、冯建国将诈骗所得黄金手镯、黄金戒指卖至被告人叶梅英处。经阳泉市郊区价格认证中心鉴定：被害人史子英被诈骗黄金手镯价值11634.2元、黄金戒指价值1056.2元。2013年9月18日17时许，被告人梁瑞敏、冯建国以相同方式，在阳泉市郊区荫营广场背后草坪处，诈骗被害人王润连黄金耳环一对。后被告人梁瑞敏、冯建国将诈骗所得黄金耳环卖至被告人叶梅英处。经阳泉市郊区价格认证中心鉴定：被害人王润连被诈骗黄金耳环价值948.1元。

2013年9月26日9时许，被告人梁瑞敏、冯建国以相同方式，在阳泉市郊区荫营广场背后草坪处，诈骗被害人刘桂花黄金戒指一枚、黄金耳环一对。后被告人梁瑞敏、冯建国将诈骗所得黄金戒指、黄金耳环卖至被告人叶梅英处。经阳泉市郊区价格认证中心鉴定：被害人刘桂花被诈骗黄金戒指价值1397元、黄金耳环价值837.5元。

2013年3月份至9月份期间，被告人叶梅英在阳泉市兴隆街其开的梦祥银饰店内，多次低价收购被告人梁瑞敏、冯建国诈骗所得的黄金饰品，价值32122.4元。郊区法院以诈骗罪，判处梁瑞敏有期徒刑二年，并处罚金10000元，冯建国有期徒刑一年又十一个月，并处罚金10000元。叶梅英犯掩饰隐瞒犯罪所得罪，判处有期徒刑六个月，缓刑一年，并处罚金10000元（已缴纳）。

附3：余芳诈骗案

2007年4月，被告人余芳以能为王军明在义东沟低价买房为由，分三次骗取王军明125060元，至案发前归还了20000元。2007年4月和2010年2月，被告人余芳以能为石秀泉在义东沟低价买房为由，分两次骗取石秀泉62000元。2007年到2008年，被告人余芳以能为刘文涛低价买房和买基金获取红利为由，分别骗取刘文涛35000元和14000元。2009年，被告人余芳以能为商亮买基金获取红利为由，骗取商亮13000元。2008年到2010年初，被告人余芳以能为郭传龙买基金获取红利为由，骗取郭传龙200000元；2008年初，被告人余芳以能低价买房为由，骗取郭传龙360000元。2008年到2010年，被告人余芳以能为杨承华低价买房和买基金获取红利为由，分别骗取杨承华70000元和15000元。2008年到2010年，被告人余芳以能为王炜峰买基金获取红利为由，骗取王炜峰110000元。2008年到2010年，被告人余芳以能为刘金元买基金获取红利为由，骗取刘金元5000元。2008年到2010年，被告人余芳以能为赵改花低价买房和买基金获取红利为由，分别骗取赵改花368000元和130000元。2009年到2010年，被告人余芳以能为张永生买基金获取红利为由，骗取张永生148000元。被告人余芳以能为田延寿买基金获取红利为由，骗取田延寿5000元。被告人余芳以能为杜勇洁买基金获取红利为由，骗取杜勇洁49000元。2009年，被告人余芳以能为邓红跃买基金获取红利为由，骗取邓红跃86000元。2009年，被告人余芳以能为陈金串买基金获取红利为由，骗取陈金串14000元。2009年，被告人余芳以能为刘庆元买基金获取红利为由，骗取刘庆元99000元。2009年到2010年，被告人余芳以能为吴祥凤买基金获取红利为由，骗取吴祥凤217000元。2009年到2010年，被告人余芳以能为唐润平买基金获取红利为由，骗取唐润平90000元。2009年到2010年，被告人余芳以能为梁永启买基金获取红利为由，骗取梁永启140000元。2010年1月，被告人余芳以能为王润生买基金获取红利为由，骗取王润生130000元。郊区法院以诈骗罪，判处被告人余芳有期徒刑十一年，处罚金300000元，追缴其违法所得。

第七节 审判毒品犯罪

经过解放初期大规模的戒除毒品运动，特别是经过政法机关对吸贩毒品犯罪活动的依法审判和严厉打击，直到20世纪80年代初，毒品犯罪在阳泉市郊区范围内仍处于绝迹状态。20世纪80年代中期以后，涉毒犯罪活动开始在阳泉地区死灰复燃。特别是进入21世纪之后，随着阳泉地区贩毒、吸毒犯罪呈上升趋势，从2008年开始，郊区走私、贩卖、运输、制造毒品犯罪和非法持有毒品犯罪活动开始出现，并逐步成增加趋势。

2008年，审结走私、贩卖、运输、制造毒品犯罪案件1件1人。2007年9月1日下午，被告人付青勃以营利为目的，以900元的价格从阿勇（另案处理）处购得15小包土制海洛因。后以每小包100元的价格分别卖给吸毒人员张卫国3小包，又送其2小包；卖给朱军祥5小包，其中2小包是朱军祥用手机交换；卖给王伟、王波各1小包。在2007年9月18日下午，付青勃与朱军祥进行毒品交易后不久，付青勃即被公安人员抓获，当场从其身上查扣3小包毒品，公安人员又从朱军祥处扣押2小包毒品。经郊区人民法院审理，被告人付青勃犯贩卖毒品罪，被判处有期徒刑十个月，并处罚金2000元，同时没收被告人付青勃供犯罪所用的诺基亚2610手机一部及被告人付青勃违法所得的手机模型诺基亚N73一部。

2009年，经严厉打击，郊区范围内未发生毒品犯罪案件。

2010年，发生在郊区的毒品犯罪又开始出现，主要体现在制毒、贩毒，非法持有毒品、容留他人吸毒等刑事犯罪案件上。是年，审结走私、贩卖、运输、制造毒品犯罪案件1件1人。

2012年，审结走私、贩卖、运输、制造毒品犯罪案件1件3人，非法制造毒品1件1人。如杜文静、曹城瑜、吕文阳制造毒品罪案，郊区法院以被告人杜文静犯制造毒品罪，判处有期徒刑十五年，被告人曹城瑜犯制造毒品罪，判处有期徒刑十五年，被告人吕文阳犯制造毒品罪，判处有期徒刑十二年，其他涉案人员吕文阳、“厨子”、阿龙等另案处理，在本案中，吕文阳制造冰毒57.35克，经中华人民共和国公安部鉴定，甲基苯丙胺含量为79.7%。案发后被告人吕文阳于2011年11月11日投案。

2013年，审结容留他人吸毒犯罪案件1件5人。

2014年，审结容留他人吸毒犯罪案件9件11人，是历年来此类犯罪最多的一年。如郭晋丽容留他人吸毒案。2013年6月5日下午16时许，被告人郭晋丽（1990年生）在阳泉市郊区西南舁乡北舁村其家中，容留吕修然、王治国、闫雪琴进行吸毒，被郊区公安分局民警当场查获，并当场从王治国身上搜出毒品一包。经山西省公安厅公安司法鉴定中心检验鉴定，所送检材中检出甲基苯丙胺成份，重量为1.71克。郊区法院以郭晋丽犯容留他人吸毒罪，判处其拘役三个月；并处罚金10000元。是年，被告人乔小磊在阳泉市郊区河底镇河底村景然小区1号楼2单元101室张虎英开设的旅店内租住，其间，多次容留葛卫忠（绰号：葛贼）吸食毒品。郊区法院以被告人乔小磊犯容留他人吸毒罪，判处其有期徒刑八个月，并处罚金2000元。

2015年，受理容留他人吸毒犯罪案件6件6人，审结容留他人吸毒犯罪案件6件6人，与上年度基本持平。如张宪敏容留他人吸毒一案。被告人张宪敏2014年7月份开始吸毒。2014年9月至2015年3月期间，被告人张宪敏在阳泉市郊区荫营镇下千亩坪村自己家中，多次容留吸毒人员张海军、张晨等人吸食冰毒。郊区法院作出如下判决：被告人张宪敏犯容留他人吸毒罪，判处有期徒刑十个月，并处罚金2000元；与前罪所判处的刑罚有期徒刑三年又十个月，并处罚金3000元合并，决定执行有期徒刑四年又六个月，并处罚金5000元。

发生在郊区的涉毒案件，主要呈现出以下特点：

1.毒品种类较为单一。涉案毒品90%以上为甲基苯丙胺（冰毒），该类毒品价格较低、使用简便、致幻效果强烈，渐成主要吸食对象。

2.屡次涉毒者比例较大。2013年涉毒案件中，多数人为屡次涉毒两次或两次以上，因涉毒被强制戒毒或起诉的，也占绝大多数。

3.隐形操控成规避风险主要手段。贩毒人员大多操纵吸毒人员贩卖毒品，成功了提供免费毒品吸食，被抓的话由其独自担责，犯罪行为十分隐蔽。

主要原因是：1.贩卖毒品的巨大利润是涉毒案件不断增长的主要原因。毒品纯利润一般为40%～50%，有的甚至可达100%，非法暴利使众多价值观偏失者铤而走险。2.“以贩养吸”的普遍存在与扩大成为毒品泛滥的温床。涉毒人员绝大部分本身就吸毒，吸毒与贩毒两者相互刺激、恶性循环。3.家庭教育的缺失是涉毒人员剧增的客观原因。涉毒人员的父母大多自身素质较低，有些常年在外经商、务工或沉迷于赌博，特别是单亲家庭子女较多，忽视家庭教育和引导，对子女犯罪完全不知情。4.部分吸毒人员精神空虚，染上毒瘾后，因无法承受高昂的毒品费用，遂采取以贩养吸或者通过盗抢敛财等方式满足自身的毒品需求。吸毒人员犯罪率明显加大。

郊区法院根据域内涉毒犯罪案件情况，会同郊区公安分局、郊区检察院，强化六项措施，加强对涉毒犯罪的预防和打击：一是加强娱乐场所管理，积极开展娱乐场所的专项整治，遏制毒品的蔓延趋势；二是加大对贩毒打击力度，对作为线人的吸毒人员予以强制戒毒；三是深挖案件线索，斩断运作网络；四是对绝症病人建档管理；五是刑罚和行政处罚合并执行，震慑吸、贩毒人员；六是加大禁毒宣传工作力度，开展禁毒宣传教育，以各种形式进社区、进农村、进学校，让广大群众特别是青少年了解毒品的危害性，提高全民禁毒意识。

附：杜文静、曹城瑜、吕文阳制造毒品罪案件

被告人曹城瑜于2011年通过网络认识了被告人杜文静，同年8月至9月，二被告人共谋制造毒品，由被告人杜文静提供制造毒品原料“康泰克”的购买渠道及制造毒品技术，被告人曹城瑜提供资金购买制造毒品的原料及工具，后又纠集被告人吕文阳及“厨子”（另案处理）、“阿龙”（另案处理，）在阳泉市郊区荫营镇南窑庄村被告人吕文阳家的老排房内制造冰毒57.35克，经中华人民共和国公安部鉴定，甲基苯丙胺含量为79.7%。案发后被告人吕文阳于2011年11月11日投案。郊区法院以杜文静犯制造毒品罪，判处其有期徒刑十五年。被告人曹城瑜犯制造毒品罪，判处有期徒刑十五年。被告人吕文阳犯制造毒品罪，判处有期徒刑十二年。

第八节 审判贪污、贿赂和渎职犯罪案件

一、审判贪污、贿赂犯罪

阳泉市郊区在改革开放前，虽然各人民公社、各生产大队均有相当数量的集体经济和社、队企业，但贪污贿赂案件一向较少。1975年2月郊区人民法院成立到1980年改革开放初，贪污贿赂犯罪属偶发案件。

1982年4月13日，根据《中共中央、国务院关于打击经济领域中严重犯罪活动的决定》，贪污作为严重破坏社会主义经济的犯罪行为受到严厉打击。阳泉郊区法院在具体的审判实践中，正确掌握政策界限，严格区分和处理两类不同性质的矛盾，严格区分工作失误同贪污犯罪的界限，划清经济工作中的不正之风同贪污犯罪的界限，划清贪污犯罪同实行对外开放、对内搞活经济政策中由于某些制度、办法不完善而发生的问题的界限，划清个人贪污犯罪同化大公为小公的界限，运用审判武器，严厉打击贪污犯罪。3月17日，公开审理了尹庆亮、米恒盈贪污一案，根据二犯的犯罪事实和情节，依法从轻判处贪污犯尹庆亮有期徒刑2年，缓刑2年，判处米恒盈有期徒刑8个月，缓刑1年。全年经济犯罪立案9件19人，年终全部审结。

1983年，审结贪污、受贿、投机倒把案5件14人，其时，贪污、受贿、投机倒把作为“经济犯罪”范畴受到打击处理。1984年，审结贪污犯罪案件3件5人。1985年，审结贪污案1件1人。

从20世纪80年代中期开始，随着社会主义市场经济模式的确立和发展，特别是伴随着资产阶级自由化思想侵蚀，发生在国家工作人员和全民所有制、集体所有制企业管理人员中的贪污案件呈增长态势，郊区法院依法对贪污犯罪予以严厉打击。

1986 年，审结贪污案 6 件 8 人。1989 年，审结 2 件 2 人。1991 年，审结贪污犯罪案件 1 件 1 人。

1993 年，郊区法院根据全区贪污贿赂案件实际，重点惩办贪污、贿赂、偷税、抗税等经济犯罪分子，运用刑罚武器及时打击腐败分子。本年度受理一审经济犯罪案件 31 件 55 人，犯罪数额在万元以上的 2 人，为国家、集体挽回经济损失 16.57 万元。在审判工作中，对重大、疑难案件，院领导亲自阅卷，亲自把关，组织优势力量精心审判。在审理李世英（注：2005 年 12 月 25 日，郊区人民法院撤销对李世英的贪污罪该判决。下同）贪污案时，郊区人民法院从预审阶段即开始提前介入，起诉后组织精兵强将深入发案地连续调查两周，20 日内审结依法对贪污犯李世英判处 15 年有期徒刑。在此案重点案件的审判过程中，与新闻单位及时配合进行专题报道，跟踪报道，有力地弘扬了惩治腐败犯罪的法制权威。

是年，在审理高海平贪污一案时，为了实现法律标准和社会效果的统一，在受理后二十日庭审完毕，并在被告人所在单位实地宣判，区政法委和有关领导到会讲话，以案说法，就案宣传法制，在当地引起较大反响。

1996 年之前，在司法统计报表上，贪污罪归类于侵犯财产罪，侵犯财产罪包括盗窃罪、诈骗罪、挪用公款罪。1997 年，新版《刑法》实施，贪污罪、行贿罪、受贿罪和挪用公款罪，统一归类于贪污贿赂罪。为促进阳泉地区反腐败斗争深入开展和社会主义市场经济的健康运行，根据党中央关于反腐败工作的部署，郊区法院即按照新版《刑法》关于贪污贿赂罪之规定，依法严惩贪污贿赂犯罪。

20 世纪 90 年代中后期，随着改革开放进一步深入，特别是在国有企业改革和改制过程中贪污犯罪大案、要案频发，为此，阳泉市郊区人民法院全面加强了针对贪污犯罪的打击力度。1999 年，贪污案 2 件 2 人，挪用公款案 2 件 2 人。

2000 年以后，由于企业改革、破产、改制、重组，阳泉市郊区乡镇企业密集和发达地区，职务犯罪呈逐年上升，涉案金额越来越大，涉案人员职务越来越高，而且，村、支两委（村民委员会和村支部委员会）主任和驻地企业经理涉嫌贪污贿赂案件更加突出，如 2003 年原阳泉市工交资产经营公司副总经理陆田增借企业改制，将价值 1200 元摄像机，价值 13874.28 元化验用铂金坩埚（两项财产价值计 15074.28 元）据为己有，郊区法院以贪污罪，判处其有期徒刑一年，缓刑二年，并追缴非法所得。

2004 年，审结贪污、贿赂、职务侵占等犯罪分子 5 案 5 人，有力推动了反腐败斗争的深入开展。原建设银行阳泉市住房城建支行行长李瑞英挪用公款 320.5 万元，用于营利活动和个人使用，数额巨大，情节严重，构成挪用公款罪；原山西省煤炭运销总公司阳泉分公司郊区公司大阳泉营业站站长武建军，先后采取从该营业站财务人员及磅房人员手中提取煤炭基金，以及从煤炭客户张斌手中收取煤炭基金不交财务的手段，挪用公款煤炭基金共计 827461 元，用于赌博或个人使用，郊区法院根据《刑法》

规定，以挪用公款罪，判处武建军有期徒刑 10 年又 6 个月。

2006 年，审理了原盂县安监局局长韩斌巨额财产来源不明、受贿案件；韩斌，原盂县安监局局长，2003 年 5 月至 2005 年 4 月期间，被告人韩斌、乔月香夫妇二人有银行存款 4988400.79 元，银行卡 6 张，余额 180758.23 元，购有住房两套，价值人民币 14.2 万元，共计财产总值 5311157.02 元，其中有 1610588.91 元，不能说明其合法来源。被告人韩斌受贿 319 万元，其行为触犯了《中华人民共和国刑法》第三百八十五条第一款、第三百九十五条第一款之规定，犯罪事实清楚，证据确实充分，郊区法院以受贿罪、巨额财产来源不明罪，追究其刑事责任。

2007 年，郊区法院进一步加大对职务犯罪和经济领域犯罪活动的打击力度，适时开展专项整治活动，新收贪污贿赂犯罪案件 4 件 6 人，其中，贪污案件 2 件 2 人，挪用公款案件 1 件 1 人，受贿案件 1 件 3 人。审结 4 件 5 人。对挪用资金 1 件 1 人、经济诈骗 3 件 3 人等经济犯罪分子，依法予以惩处。及时审理了原阳泉华越机械有限责任公司董事长冯礼堂等贪污、贿赂、职务侵占、挪用公款一案，冯犯礼堂数罪并罚，被判处有期徒刑 15 年。原郊区国税局河底税务所所长赵军良，以受贿罪一审判处有期徒刑二年六个月，追缴违法所得 41200 元。

这一时期，郊区村、支两委（村民委员会和支部委员会）干部等基层“村官”，利用职务，侵占集体财产、收受贿赂的犯罪案件增多，且集体犯罪情况居多。2007 年 1 月 22 日，原阳泉市郊区赛鱼村村民委员会主任任毓林，收取与该村签有租赁合同的山西龙泉驾驶员培训学校有限公司（简称龙泉学校）20000 元场地租赁费，却未交村财务，郊区法院以职务侵占罪，判处其有期徒刑一年，缓刑二年，责令其退赔现金 20000 元。原阳泉市郊区李家庄乡桃坡村党支部书记兼村委会主任王致金，犯职务侵占罪，判处有期徒刑一年，非法所得 26800 元予以追缴。原阳泉市郊区平坦镇东西畛村村委会主任王培秀，犯职务侵占罪，判处有期徒刑五年，追缴其所侵吞的款项 117000 元。

2008 年，根据“一要坚决，二要慎重，务必搞准”的原则，对贪污、贿赂、职务侵占等职务犯罪进行严厉打击。全年审理贪污贿赂案件 11 件 16 人，审结 9 件 14 人，其中，审结贪污犯罪案件 4 件 5 人，受贿犯罪案件 4 件 5 人，单位行贿犯罪案件 1 件 4 人；审理行贿犯罪案件 1 件 1 人。及时审理了原平定县县委常委、宣传部长梁岗平受贿、巨额财产来源不明一案，有力地推动了反腐败斗争，梁岗平被依法判处有期徒刑 13 年。梁岗平，原为中共平定县委常委、宣传部长，平定县第十四届人大代表。梁岗平在担任平定县冠山镇党委书记、中共平定县委常委、宣传部长期间，利用职务之便，在工程承包、煤矿安检、干部提拔等方面为他人谋取利益，受贿数额达 144.7 万元，另有不能说明其合法来源的家庭财产数额为 437 余万元。阳泉市郊区法院以受贿罪，判处有期徒刑十一年，以巨额财产来源不明罪，判处有期徒刑三年，数罪并罚，决定合并执行有期徒刑十三年。追缴被告人梁岗平非法所得 6205680.28 元。

2009 年，严厉惩治职务犯罪，净化社会风气，全年审结贪污贿赂犯罪案件 9 件 12 人，另有旧存 2 件 2 人。其中，审结贪污犯罪案件 3 件 4 人，挪用公款案件 2 件 3 人，受贿案件 2 件 3 人，审结旧存行贿案件 3 件 3 人，审结巨额财产来源不明案件 2 件 3 人（旧存 1 件 1 人）。及时审理了荫营煤矿销售科科长潘红卫等贪污贿赂案件。

2010 年，审结贪污贿赂犯罪案件 11 件 11 人，其中，贪污犯罪案件 7 件 7 人，受贿案件 2 件 2 人，行贿案件 1 件 1 人，单位行贿案件 1 件 1 人。阳泉市郊区义井镇西峪村村委会主任杨满恺犯职务侵占罪，被郊区法院判处有期徒刑九年又六个月，追缴其违法所得 669540 元。

“村官”违法犯罪呈现几个特点：一是集体侵占，一般是通过设立账外资金，以各种名目私分款项；二是私分的款项大多是属于集体所有的征地补偿款或宅基地收入、土地租金和存款利息等；三是犯罪的隐蔽性强，一般是根据群众举报线索而调查后才被发现的；四是集体犯罪多是以侵占集体款项为主，犯罪主体是拥有管理权的特定范围的人。主要原因有：一是个别“村官”法制观念和法制意识淡薄，不知道其行为的违法性；二是没有树立正确的权利观和金钱观，以权谋私；三是有的缺乏自律，甚至染上“黄赌毒”等恶习，最后走向犯罪深渊；四是村居集体款项管理使用制度不规范、不严格，村务特别是财务使用情况不公开，群众没有知情权，容易孳生腐败；五是农村村委会或居委会等基层组织，“村官”尤其是主要负责人权力过于集中，随意性大，监督制约措施不健全、不到位，使“村官”违法犯罪难以被及时发现。郊区法院对此进行了专题调查，分析原因，提出对策：一是加强对村民自治组织的管理和监督，防止村委员会权力过分集中，特别是要限制一把手的权力，加强集体领导，健全民主集中制的决策机制。二是加强村民自治组织的自身建设，包括组织建设、制度建设、监督体制建设，推进村民普选、直选，让群众选择自己拥护信任的带头人；制订完善村居管理规章制度，强化管理，堵塞漏洞，切断犯罪的通道。三是深入推行政务公开、财务公开，增加村委会工作的透明度，增强群众的知情权、参与权、决策权，让村官的工作置于人民群众的监督之中。四是加强对基层支部党员的教育，使“村官”自觉树立正确的世界观、价值观、人生观和权力观、地位观、金钱观，自觉抵制腐朽思想的侵蚀，全心全意为群众服务。

2011 年，审结贪污贿赂犯罪案件 14 件 14 人，其中，审结贪污犯罪案件 10 件 10 人，受贿案件 2 件 2 人，行贿案件 1 件 1 人，巨额财产来源不明犯罪案件 1 件 1 人。

2012 年，审结贪污贿赂犯罪案件 6 件 8 人，其中，审结贪污犯罪案件 4 件 6 人，受贿案件 2 件 2 人。如中共阳泉市委宣传部副部长、阳泉日报社社长郭怀寿贪污、受贿案。郊区法院经审理认为，被告人郭怀寿利用职务之便，明知是用报社广告费支付费用的物品据为已有，数额达到 67771.8 元，且侵吞公款 30000 元，其行为已构成贪污罪。收受本单位职工财物99000元，其行为已构成受贿罪。且其家庭、个人财产明显超过合法收入，差额较大，已构成巨额财产来源不明罪。依照《中华人民共和国刑法》第三百八十二条第一款、第三百八十三条、第三百八十五条、第三百八十六条、第三百九十五条、第六十九条、第六十四条之规定，被告人郭怀寿犯贪污罪，判处有期徒刑六年，犯受贿罪，判处有期徒刑五年又六个月，犯巨额财产来源不明罪，判处有期徒刑六个月，数罪并罚，决定合并执行有期徒刑九年。同时追缴其贪污、受贿违法所得196771.8元和巨额财产来源不明的财产差额539117.52元。

2013年，审结贪污贿赂犯罪案件8件15人，其中，贪污案件3件9人，挪用公款案件2件3人，受贿案件2件2人，巨额财产来源不明案件1件1人。在本年审结的贪污贿赂案件中，李华受贿案较为典型。李华，男，汉族，1955年3月27日出生，大专文化，阳泉市郊区人，中共党员。1997年11月，任阳泉市中级人民法院副处级审判员，2002年6月，任阳泉市中级人民法院民事审判三庭副庭长，2012年2月，被免去阳泉市中级人民法院副处级审判员职务，同月提前离岗，享受正县级非领导职务待遇。郊区法院经审理认为，被告人李华身为国家审判机关工作人员，违反国家廉洁司法的规定，利用审理案件的职务便利，在明知行贿人目的在于要求其利用权力来谋取利益而非法收受当事人贿赂191165元，其行为侵犯了国家廉政制度，违背了国家工作人员廉洁履行职务的要求，已构成受贿罪。鉴于李华有坦白情节和立功表现，且能积极退赃，依照《中华人民共和国刑法》第三百八十五条第一款，第三百八十六条，第三百八十三条第（一）项，第六十八条第一款，第六十四条和最高人民法院《关于处理自首和立功具体应用法律若干问题的解释》第四条、第五条之规定，及《中华人民共和国刑事诉讼法》第一百九十五条第（三）项之规定，判决处有期徒刑六年。

2014年，受理并审结贪污贿赂案件10件14人。其中，贪污犯罪案件3件5人，受贿案件5件7人，单位受贿案件2件2人。较为典型的案件为公安人员张建立、闫智军受贿案。经郊区法院庭审查明：2011年12月12日至2011年12月20日，时任阳泉市公安局矿区分局巡警大队副大队长的张建立、闫智军到重庆，调查刘国辉、刘清明（刘国辉哥哥，小名刘江波）故意伤害案件有关情况。12月15日，刘清明为了使涉案受伤人员刘育川、殷泽用，不被张、闫二办案人员带回阳泉，在重庆将2万元现金送给张建立，该张将其中1万元分给闫智军。张、闫二人故未将刘育川、殷泽用带回阳泉，也未对刘育川、殷泽用做任何调查取证。案发后被告人闫智军如实供述犯罪事实，主动将其收受赃款1万元上交至阳泉市郊区人民检察院。2012年2月29日，在刘国辉、刘清明涉嫌故意伤害、寻衅滋事案移送阳泉市矿区检察院审查起诉的当日，涉案当事人刘清明为了让作为案件主办人的被告人张建立，在办案中对其一方进行照顾，在张建立办公室将装有3万元现金的纸袋放到该张办公桌抽屉，被告人张建立未予推辞将该3万元收下。另查明，被告人张建立于2014年12月15日退赃款10000元。

郊区法院以张建立犯受贿罪，判处有期徒刑五年。被告人闫智军犯受贿罪，免予刑事处罚。涉案赃款2万元予以没收，上缴国库。

本年度，郊区法院还审结一起单位受贿案件。阳泉市郊区经营管理办公室系事业单位。被告人王斌武在担任该单位法定代表人的2010年至2013年期间，利用被告单位对外委托会计师事务所进行村级财务审计的工作便利，先后收受阳泉宏兴会计事务所有限公司给付的129000元，收受山西天恒会计师事务所有限公司给付的10000元，共计139000元，用于该单位人员账外补助、福利等支出。经郊区法院审理，以单位受贿罪判处阳泉市郊区经营管理办公室罚金100000元。被告人王斌武犯单位受贿罪，免予刑事处罚，涉案款项139000元予以追缴。

2015年，受理贪污受贿犯罪案件4件7人，审结贪污受贿犯罪案件3件6人，比上年度减少33%。如任爱成、闫建国收受贿赂案件。任爱成为山西省阳泉第二监狱二监区八分监区副分监区长，主任科员，专业技术一级警督，闫建国为山西省阳泉固庄煤矿二大队八中队材料员，因受贿犯罪，郊区法院于2015年6月12日上午，对任、闫二人收受贿赂案件进行了公开审判，任爱成和闫建国受到法律严惩。

附：贪官冯礼堂的戏剧人生：从权力巅峰跌到罪恶深渊

从好人到坏人，有时仅有一念之差。

从有贡献的领导干部到阶下囚，也只是一步之遥。

对山西阳泉华越机械公司原党委书记、董事长冯礼堂来说，从企业领导的巅峰跌入犯罪深渊的人生轨迹，就颇具戏剧色彩。

就在“山西省功勋企业家”“山西省有突出贡献的领导干部”等一项项荣誉接踵而至的时候，2006年6月14日，冯礼堂突然被侦查人员从他的住处带走，住宅内近百万元现金被查封，其妻李桂兰随后被刑事拘留。冯礼堂东窗事发，使整个企业上下震惊，职工家属一片哗然。

那么，是什么“成就”了冯礼堂的“戏剧”人生？

现年57岁的冯礼堂，这位几乎天天教育他人反腐倡廉的干部，却因为贪污受贿站在了被告人席上。没有了往日的趾高气扬，满头银发的他目不转睛地聆听审判长宣读对他的终审判决：“被告人冯礼堂，在其任职期间，利用职务之便，共计将2171398.75元公款非法占有，构成贪污罪，依法判处有期徒刑13年，并处没收财产30万元；收受他人贿赂47670.36元，构成受贿罪，依法判处有期徒刑4年，数罪并罚，决定执行有期徒刑15年……”

严格财务管理制度成虚设

2004年春天，时任阳泉华越公司党委书记、董事长的冯礼堂，以闯市场、跑项目需要钱为名，安排该公司财务科原科长张某某尽快筹钱。

张某某找到华越公司的下属单位——新耐铸造公司经理魏某某，让其开据70万元的领款单。魏某某先后分5次从新耐铸造公司开出70万元领款单，送交华越公司财务。张某某将这70万元现金提出后交给冯礼堂。而后来的事实证明，这笔钱到冯礼堂手上后，并不是用于公务，而是被他全部非法占有。

这是冯礼堂高达217万余元的贪污簿上的首笔款项。

一个疑问是，国有企业有着严格的财务管理制度，冯礼堂为何能将这笔现金据为己有？新耐铸造公司的财务账目又是如何处理的呢？

2004年夏天，山西省审计厅到该公司履行审计时，冯礼堂似乎早已忘记了这笔款项的存在。在审计人员进入华越公司前，财务科原科长张某某私下提醒冯礼堂说，赶快想法平了70万元的账，以防审计出事。

这时，冯礼堂不仅没有如数交回这笔非法所得，反而召集公司总工程师兼科技开发中心主任任某某、财务科原科长张某某、销售二科科长李某某商量对策。最后，按照冯礼堂的安排，以科技开发中心给新耐铸造公司开据70万元开发费的名义，抵平了之前华越公司与新耐铸造公司往来的70万元。然后由销售二科给科技开发中心提取20万余元现金和开据47万余元的发票，弄虚作假平了账。

那么，销售二科这笔70万元子虚乌有的亏空账又将如何处理呢？精明老道的冯礼堂还有“更绝”的招数。他安排销售二科科长李某某等人，先后西上太原，东去北京，又在阳泉黑市购买了数张假发票，回公司编造项目名称，自己填写后下了账，最终抵平了亏空。

家人推波助澜“功不可没”

在冯礼堂“江边湿鞋”的背后，家人的推波助澜可谓是“功不可没”。家人站台前，冯礼堂居幕后，“前门办事，后门收钱”的好戏就这样一幕幕上演。

2003年7月的一天，冯礼堂以内弟媳的名义，注册成立了阳泉市城区凯得利工矿配件经销处，向华越公司供应工矿配件。后经一、二审法院查明，凯得利公司既没有资金，也没有经营能力，实际上没有真正从事过任何一笔工矿配件购销业务，但却“曲线”为冯礼堂提供了大量敛财的机会。从2003年夏天凯得利公司成立到2004年11月，短短一年多时间，双方共发生业务往来470余万元，冯礼堂以各种手段先后贪污50余万元。

2004年1月，冯礼堂对公司总工程师兼科技开发中心主任任某某说：“赶快给我提10万元，我有事急用”。“心领神会”的任某某从财务提出10万元现金后，用报纸包好，交给了冯妻李桂兰。后经法院审理查明，这10万元被冯礼堂用于他的新别墅的装修。

2005年4月，华越公司收到一笔1035万元的货款。冯礼堂安排销售二科科长李某某，以售后提成款的名义，两次共计提取44万余元。李某某将其中的20万元当面交给冯礼堂，此后，又在由冯礼堂开办的金足园足疗中心，将15万元交给了冯妻李桂兰。

一个好端端的企业被折腾来折腾去，没几年就彻底垮了。直至今日，元气大伤的华越公司仍未彻底摆脱往日的阴影。在回顾华越公司的这段发展经历时，该公司一位负责人不无忧虑地说：“华越公司之所以由兴旺走向衰败，不是天灾，而是人祸。而这一灾难性后果，令几茬人都挥之不去”。

从量变到质变的人生轨迹

从山西和顺县农村招工到阳泉华越公司参加工作后，冯礼堂从工人做起，一步步走上领导职位。客观地讲，冯礼堂起初在各方面都不是一名很差的干部，在他的基因里，仍然保留着农民的憨厚与纯朴。那么，质变又是怎么发生的呢？

2001 年 1 月，可以说是冯礼堂人生的一个转折点。此时，原阳煤集团机电修配厂改制为阳泉华越公司，冯礼堂出任党委书记、董事长。

按说权力大了，环境变了，就更应该通过不断学习提高自己的综合素质，但冯礼堂很少参加上级组织的学习。在他的办公室书架上有成堆的书籍，但也只是装门面的摆设，有的书几年都没动过。拒绝接受学习，导致了他是非难辨，久而久之满脑子只剩下私欲。一次，冯礼堂到太原出差，逛商场时偶然发现柜台上有几千元一双的名牌皮鞋，他兴致一来，一买就是几双。看到自己的桑塔纳 2000“座驾”不气派，马上更换成一辆奥迪。不几天，他又嫌不豪华，于是又换了一台排量更大、更加舒服的高档奥迪。他在阳泉矿区本来就已拥有超出处级干部住房规定的多套住房，但他仍不满足，又购置了一套豪华别墅。

如果说贪婪自私是冯礼堂堕入深渊的主观原因，那么，他所面对的客观环境，则是他走向犯罪的又一重要根源。

华越公司的上级———阳煤集团曾组织专门人员下来测评。当时，公司内部对冯礼堂微词颇多，测评结果出来后，冯礼堂在十余名班子成员中排名倒数第二。然而，冯礼堂的官儿照样当得稳稳当当的。

冯礼堂原所在单位的一位领导干部说：“对冯礼堂的腐败问题，公司不是没有察觉，但在当时冯礼堂大权独揽、人人都在明哲保身的环境下，有谁愿意给自己找麻烦？”

2007 年 5 月 19 日，在一审法院的被告人席上，冯礼堂在陈述他的犯罪事实时，仿佛还是在昔日的主席台上讲话一样，骄横跋扈，几乎全部否认他在侦查阶段的有罪供述，对已形成证据体系，可以相互印证、证据确凿的事实，也一一狡辩否认。

一位从事二十余年审判工作的资深法官说：“我从未见过哪一位被告人像冯礼堂这样，把铁证如山的犯罪事实说成无罪，把自己已经在侦查阶段不止一次供认了的犯罪行为，推给他人”。　　　　　　　　　　　　（原载：中国网，作者：郭建珍 岳万科）

二、审判渎职犯罪和玩忽职守犯罪

渎职罪，是指国家机关工作人员滥用职权、玩忽职守，或者利用职权徇私舞弊，违背公务职责的公正性、廉洁性、勤勉性，妨害国家机关正常的职能活动，严重损害公众对国家机关工作人员职务活动客观公正性的信赖，致使国家与人民利益遭受重大损失的行为。

1978 年 12 月，中共十一届三中全会召开，国家整体工作转入以经济建设为中心，郊区法院根据国家中心工作的转移，进一步开展和加强对转型过程中各类渎职犯罪的审判。1980年~2000年，在20年的时间内，阳泉市郊区的渎职犯罪仍为低发期。

这一时期，对渎职犯罪的认识发生了一定的变化，从1986年《刑事案件统计表（附一、二、三表）》所列“渎职罪”项下的罪名可以看出，渎职犯罪不再是单列的一种犯罪，而成为数种犯罪行为的集合名称。

1989年，阳泉市劳教所干警荆顺喜殴打劳教人员，郊区法院以体罚虐待被监管人罪，判处荆顺喜免予刑事处分。

由于阳泉郊区属乡镇企业密集区，尤其是乡镇煤矿和民营煤矿较多，管理方面存在较大漏洞，因管理人员违反规定、规程指挥生产，造成的安全责任事故较多，故玩忽职守犯罪的发案率较高。

玩忽职守罪，是指国家机关工作人员严重不负责任，不履行或不正确地履行自己的工作职责，致使公共财产、国家和人民利益遭受重大损失的行为。对造成死亡1人以上，或者重伤3人以上，或者重伤2人、轻伤4人以上，或者重伤1人、轻伤7人以上，或者轻伤10人以上的；导致20人以上严重中毒的；造成个人财产直接经济损失15万元以上，或者直接经济损失不满15万元，但间接经济损失75万元以上的；造成公共财产或者法人、其他组织财产直接经济损失30万元以上，或者直接经济损失不满30万元，但间接经济损失150万元以上的；造成公司、企业等单位停业、停产1年以上，或者破产的，等等，追究其玩忽职守犯罪。

2007年，审结渎职案件1件2人，为玩忽职守犯罪。即原阳泉市国土资源局执法监察科科长张荣珍、原阳泉市矿山纠察队队长张钰礼玩忽职守一案，张荣珍未履行扣押非法采矿设备、进行现场勘查、调查取证等查处、制止无证开采的职责，未监督地方政府对坑口进行取缔，致使私挖滥采点继续非法开采，致2007年2月11日凌晨私挖滥采点坑下发生冒顶（塌方）事故致罗一人死亡，是年，郊区法院以犯玩忽职守罪，判处张荣珍、张钰礼免予刑事处罚。

2008年，审结渎职犯罪3件5人，其中，玩忽职守2件4人，徇私枉法犯罪案件1件1人。审结了康富洋、苗新义、田仁波玩忽职守案。康富洋，原阳泉市郊区杨家庄乡经发办主任，苗新义，原阳泉市郊区安全生产监督管理局副局长；田仁波，原阳泉市郊区安全生产监督管理局综合科科长。2007年11月28日16时许，阳泉市兴通烟花有限公司发生重大爆炸事故，造成11人死亡、8人受伤，直接经济损失192万元。被告人康富洋、苗新义、田仁波对该企业负有安全监管职责，但未能正确履行职责，致使生产中的安全隐患长期存在未能及时排除，导致了事故的发生。郊区人民法院根据《中华人民共和国刑法》第三百九十七条第一款、第三十七条、第七十二条第一款、第七十三条第二、三款之规定，按玩忽职守罪，判处康富洋有期徒刑二年，缓刑三年。苗新义、田仁波犯玩忽职守罪，免予刑事处罚。

2009年，审结渎职案件4件7人，其中，滥用职权犯罪2件2人，玩忽职守犯罪2件5人。如史军贵、余忠明玩忽职守案。被告人史军贵，原为阳泉市郊区鑫坪魏家沟煤矿驻矿安监员。被告人余忠明，原为该矿煤矿包矿安检员，荫营镇煤管站副站长。两人因工作不负责任，致使监管缺位，使该矿违法违规行为得不到有效监管，停产指令得不到有效落实，特别是停产整顿期间，对该矿监督检查不到位。被告人史军贵负本次事故主要责任，被告人余忠明负本次事故重要责任，二被告人不履行、不正确履行职责，2008年7月2日，阳泉市郊区鑫坪煤矿负责人赵五孩违规安排史成军组织工人将北部非法越界开采区域的设备回撤，当晚9时40分许，该矿井下发生较大顶板事故，造成当班工作人员王海明、史海明、孔金成死亡，白根山、宋利祥受轻伤，直接经济损失达350万元。史军贵、余忠明构成玩忽职守罪（赵五孩构成重大责任故事罪，另案处理）。依据《中华人民共和国刑法》第三百九十七条第一款、第三十七条、第六十一条、第七十二条第一款、第七十三条第二、三款之规定，史军贵犯玩忽职守罪，判处有期徒刑一年又六个月，缓刑二年。被告人余忠明犯玩忽职守罪，免予刑事处罚。

是年，还审结了山西阳泉荫营煤矿2007年“10·22”涵洞垮塌责任事故一案，张宏亮、张克银、任海生犯玩忽职守罪，分别被判处缓刑。2007年10月22日凌晨1时50分许，荫营煤矿扩洞工程隧道南部发生坍塌事件，隧道坍塌面积约700平方米，隧道顶部5户居民的10间单位公房和15间自建房塌陷毁坏，造成荫营煤矿职工和家属13人死亡，2人受伤。事故直接经济损失约583万元，其中工程直接损失约281万元，抢险费用约12万元，伤亡人员费用约290万元。被告人张宏亮、张克银、任海生在发现隧道顶部居民房屋出现裂缝险情后，在未查清原因的情况下，听信施工方“洞打过去就没有事了”的说法，未采取有效措施及时排除质量隐患，致使洞顶房屋塌陷，给公共财产和人民利益造成重大损失。被告人张宏亮、张克银负此次事故的主要责任，被告人任海生负此次事故主要领导责任，三被告人不履行职责或不正确履行职责的行为已构成玩忽职守罪。依据《中华人民共和国刑法》第三百九十七条第一款、第七十二条第一款、第七十三条第二、三款之规定，郊区法院以玩忽职守罪，判处张宏亮有期徒刑三年，缓刑四年。张克银有期徒刑一年又六个月，缓刑二年又六个月。任海生犯玩忽职守罪，判处有期徒刑一年，缓刑二年。宣判后，三被告人同时提出上诉，经阳泉市中级人民法院审判，对被告人任海生改判为犯玩忽职守罪，免予刑事处罚。

2010年，审结渎职案件2件4人，为玩忽职守犯罪。被告人史晋文，男，阳泉市郊区人，住阳泉市郊区燕龛村，阳泉市郊区河底镇煤管站安监员，在担任阳泉市康峪实业公司煤矿包矿安监员期间，严重不负责任，不认真履行职责，其在发现所包煤矿生产过程中存在安全隐患的情况下虽已提出纠正措施，但监督落实不力玩忽职守致使事故发生，致使人民利益遭受重大损失，根据《中华人民共和国刑法》第三百九十七条第一款、第六十一条、第七十二条一款、第七十三条第二、三款之规定，郊区法院以玩忽职守罪，判处史晋文有期徒刑二年，缓刑三年。

2011 年，审结渎职案件 4 件 10 人，其中，滥用职权犯罪案件 2 件 5 人，玩忽职守犯罪案件 1 件 2 人，失职致使在押人员脱逃犯罪案件 1 件 3 人。

2012 年，审结渎职案件 3 件 5 人，其中，滥用职权犯罪 2 件 4 人，徇私舞弊减刑、假释、暂予监外执行犯罪案件 1 件 1 人。

2013 年，审结渎职案件 1 件 2 人，为玩忽职守犯罪。

2014 年，受理审结玩忽职守犯罪案件 3 件 4 人。其中，免予刑事处罚的 1 人，给予刑事处罚的 3 人。因未来城电梯事故，造成施工人员李利晓在安装施工作业过程中坠落电梯井死亡一案，被告人王晓峻犯玩忽职守罪，被免予刑事处罚。在审理此案中，郊区人民法院发现相关单位责任人涉嫌重大责任事故犯罪、重大劳动安全事故犯罪，为依法严惩重大责任事故、重大劳动安全事故犯罪活动，保障生产、作业安全，向阳泉市郊区人民检察院提出司法建议：请郊区人民检察院督办相关部门，尽快对相关责任人员在本案中，违反有关安全管理规定，有关单位安全生产设施和安全生产条件不符合国家规定，导致李利晓坠井工亡的重大伤亡事故行为进行查处。

2015 年，受理玩忽职守犯罪案件 3 件 3 人，审结玩忽职守犯罪案件 2 件 2 人，与上年度基本持平。

第九节 审判私挖滥采犯罪案件

私挖滥采犯罪是指以单位名义取得采矿权滥采、超许可范围开采、擅自进入封闭的井口开采、滥采的；未取得采矿权擅自开采滥采的，以非法采矿或破坏性采矿罪定罪处罚，或个人临时性纠集、采取隐秘手段，私自打开或另行开口进入已封闭井口盗采煤炭，数额较大的；未取得采矿证，擅自采矿的，擅自进入国家规划矿区、对国民经济具有重要价值的矿区和他人矿区采矿的；擅自开采国家规定实行保护性开采的特定矿种的犯罪行为。根据《刑法》及最高人民法院《关于审理非法采矿、破坏性采矿刑事案件具体应用法律若干问题的解释》的规定，私挖滥采严重行为犯非法采矿罪。非法采矿或破坏性采矿罪的主体可以是单位，也可以是自然人。打击非法采矿违法犯罪行为的专项斗争不仅是一个重大的社会问题，也是一个重大的政治问题，不仅关系到生态发展、可持续发展，更涉及到人民群众的民生福祉。

郊区针对煤炭的私挖滥采行为基本上是从 21 世纪初开始的。发生在阳泉郊区的私挖滥采犯罪，主要是非法开采矾石和煤炭资源。

2004 年 10 月，在甄家庄村委会未取得矿山开采许可证的情况下，时任甄家庄村委会主任、村党总支书记的被告人白晓军召开村民代表大会形成决议后，代表甄家庄村委会与陈守发、张宏业、潘瑞明、杨源（均已判刑）等人签订了“复垦造地协议”进行非法采煤，由甄家庄村委会收取部分复垦费，甄家庄村委会共收取费用56万元。其中陈守发、张宏业、潘瑞明、杨源四人非法开采炭窑沟一带煤炭，造成矿产资源破坏总量为19026吨，矿产资源破坏价值总额为2885200元。其间，阳泉市郊区国土资源局给甄家庄村委会下达责令停工通知书，但被告单位拒不停止。郊区法院以被告单位——阳泉市郊区李家庄乡甄家庄村村民委员会犯非法采矿罪，判处罚金100000元，追缴被告单位阳泉市郊区李家庄乡甄家庄村村民委员会的违法所得56万元。被告人白晓军犯非法采矿罪，免予刑事处罚，处以罚金20000元。该案为郊区法院受理并判决的首例私挖滥采犯罪案件。

2004年，郊区法院对私挖滥采、破坏矿产资源的2名犯罪分子依法给予刑事制裁，陈守发被判处有期徒刑3年，缓刑5年，处罚金60万元；潘瑞明被判处有期徒刑2年，缓刑3年，处罚金200000元。

2005年，郊区人民法院与公安、检察机关密切配合，适时开展打击私挖滥采的“春雷”行动，共审结此类案件型6件，判处罪犯6人，有力地震慑了破坏国家资源的犯罪活动，以非法采矿（铝矾土矿）罪和非法持有爆炸物罪，判处被告人李双珍有期徒刑三年、缓刑四年。

2006年，史张福与史海元签订“租赁协议书”，租赁荫营镇桥上村原型煤厂场地，在煤场一旧洞挖煤，因其非法采煤，直接破坏可采总量为15813吨的煤炭资源，价值总额679.96万元人民币。郊区法院以被告人史张福犯非法采矿罪，判处有期徒刑三年，处罚金300000元，被告人王猪小犯非法采矿罪，判处有期徒刑三年，处罚金200000元，犯非法买卖、储存爆炸物品罪，判处有期徒刑十年，数罪并罚，决定合并执行有期徒刑十二年，处罚金200000元。是年，阳泉市郊区李家庄乡甄家庄村炭窑沟陈守发无证采煤，造成矿产资源8880吨煤炭被破坏，矿产资源破坏价值总额达1403040元人民币。郊区法院以被告人陈守发犯非法采矿罪，判处有期徒刑3年，缓刑5年，并处罚金60万元。被告人潘瑞明在甄家庄村采煤，造成矿产资源破坏总量为4048吨，破坏矿产资源价值总额为546480元。郊区法院以被告人潘瑞明犯非法采矿罪，判处有期徒刑二年，缓刑三年，处罚金200000元。是年，郊区法院还对阳泉市郊区李家庄乡甄家庄村村民委员会的非法采矿案件进行了审理，判处该村民委员会罚金100000元，并追缴被告单位阳泉市郊区李家庄乡甄家庄村村民委员会的违法所得56万元，被告人甄家庄村委会主任、村党总支书记白晓军犯非法采矿罪，免予刑事处罚，处以罚金20000元。

2007年，继续深化“春雷”行动，对私挖滥采国家资源和非法买卖爆炸物品等违法犯罪活动给予严厉打击。是年，郊区法院同公安、检察、司法等部门密切配合，共出警21次，及时审理破坏国家资源等犯罪案件4件，打掉非法买卖爆炸物团伙2个，其中，审结非法采矿犯罪案件2件3人。

2008年，被告人蒋高国共购买炸药140箱，每箱16公斤，共计2240公斤，全部用于非法采矿，郊区法院以被告人蒋高国犯非法买卖爆炸物罪，判处其有期徒刑十四年。被告人赵国忠于2008年2月18日19时左右，伙同同案犯葛保如、刘晋洋、荆小明、赵龙、王顺、郝振刚、“小老虎”携带镐把，在河底镇龙光峪村附近争占私挖滥采场地时与他人发生争执，将梁海明、张森旺打伤（重伤），郊区法院以故意伤害罪，全部判处其有期徒刑。

2009年，审结非法采矿犯罪案件2件5人。2009年9月份，史子青在阳泉市郊区荫营镇桥上村其居住的院内雇佣他人非法采煤，郊区法院以非法采矿罪，判处其有期徒刑三年，缓刑五年，处罚金200000元，并赔偿国有煤炭资源损失435.60万元。

2010年，审结非法采矿犯罪案件6件8人。是年6月4日，郊区区委政法委、区人民法院、区人民检察院、区公安分局联合召开公处大会，依法从重从快对涉及非法采矿及重大责任事故犯罪人员进行公开处理，被告人赵文柱犯重大责任事故罪，被郊区法院判处有期徒刑一年又六个月，缓刑二年，赔偿被害人家属经济损失21万元。甄世华、陈天奕因非法采矿和聚众斗殴，被郊区法院判处有期徒刑三年，缓刑五年。

2011年，继续严厉打击非法采矿犯罪，以及由此引发的盗窃、抢劫、寻衅滋事、妨害公务、非法买卖爆炸物品等案件。全年共审理此类案件27件，其中，审结非法采矿犯罪案件2件3人。

2012年，进一步加大涉及破坏环境和资源犯罪案件的处罚力度，全年共审结涉及非法采矿以及由此引发的盗窃、抢劫、寻衅滋事、妨害公务、非法买卖、运输爆炸物品等案件15件。其中，非法采矿犯罪案件6件7人。2011年8月26日下午，阳泉市国土资源局郊区分局执法队工作人员在郊区义井镇南庄村山上发现一辆涉嫌非法采矿的铲车正在逃离非法采矿现场，即依法对其拦截查扣，铲车司机赵小刚（另案处理）驾驶铲车逃跑，途中将国土资源局执法车撞坏。被告人赵园明、杨增顺，驾车找寻赵小刚时，又将市国土资源局执法队工作人员杜长青殴打致伤。郊区法院以犯妨害公务罪，判处赵园明有期徒刑六个月，判处杨增顺有期徒刑六个月。

2013年，对非法采矿继续加大惩处力度，共审结此类犯罪案件及由此引发的其他案件13件，其中，审结非法采矿犯罪案件4件4人，且全部处以实刑，对三矿麻地巷非法采矿中的滥用职权等3案被告人，依法作出严肃处理。史福寿非法采矿历经时间13年之久，是郊区人民法院审理的犯罪时间最长的私挖滥采犯罪案件。该史于2000年到2012年6月份期间，在未取得采矿许可证的情况下，雇佣工人在阳泉市郊区荫营镇南垴村浅水壕挖开山体并用镐、撬棍等工具，以人工开采的方式非法开采矾石。经山西省国土资源厅鉴定，被告人史福寿非法采出耐火粘土矿资源量共计4838吨，造成耐火粘土矿资源破坏价值总额为1790060元人民币。郊区法院以被告人史福寿犯非法采矿罪，判处有期徒刑四年，并处罚金300000元。

2014年，受理审结非法采矿案件6件9人。刘清明组织人员、机械，在阳泉市郊区义井镇南庄村研石山非法采矿，盗采国家煤炭资源受到严厉打击。郊区法院作以非法采矿罪，判处刘清明有期徒刑二年六个月，处罚金50000元。本年度，该院在审理刘军盗窃罪一案中，发现失主于卫国所丢失的铝矾土，系在本区马庄村及南坳村非法开采所得，为依法严惩非法采矿、破坏性采矿等犯罪活动，保护国家矿产资源，郊区法院向区人民检察院、区公安分局提出侦查建议，尽快对于卫国非法采矿行为进行侦查。

2015年，受理非法采矿犯罪案件3件5人，审结非法采矿犯罪案件3件5人，比上年度减少40%。如张延强非法采矿犯罪一案。2012年冬天至2014年3月份期间，被告人张延强在阳泉市郊区义井镇泊里村自家房后，以洞采的方式，利用铁锹、镐等工具进行非法采煤。经山西省国土资源厅鉴定：张延强非法开采及破坏煤炭资源量1559吨，非法采煤点开采煤炭资源破坏价值265030元。郊区法院判处被告人张延强犯非法采矿罪，判处有期徒刑一年，并处罚金20000元。

第十节　审判危险驾驶罪

随着国家颁布酒驾入刑的新交通法规，危险驾驶罪作为一种新犯罪形式，郊区人民法院从2013年正式开始，对此类案件进行审理判决。全年审结危险驾驶犯罪案件4件4人。2013年8月30日，阳泉市郊区三郊村赶庙，被告人史建乐于是日中午在三郊村朋友家喝酒后，当日21时30分许，驾驶晋CB2850号夏利牌灰色小型轿车回家途中被执勤民警查获，其案发现场呼气检测酒精含量87mg/100ml，血液检出酒精含量为128mg/100ml。郊区法院据此对史建乐作出有罪判决，以危险加强罪判处拘役一个月，处罚金2000元。

2014年，受理、审结危险驾驶犯罪案件20件20人，在本年度生效的19案19人判决中，11人受到拘役处罚，8人被判处缓刑，18人被并处罚金。

2015年，受理审结危险驾驶犯罪案件37件37人。在本年度生效的37案37人判决中，37人受到刑事拘役处罚，26人被判处缓刑，37人被并处罚金。

第三章 民事审判

第一节 概 述

民事审判是法院一项政策性强、涉及面广、情况复杂、关系到群众切身利益的工作，搞好民事审判对于维护社会稳定，加强两个文明建设具有重要的作用。审判民事案件，保护国家利益和集体、个人的合法权益，促进人民内部的安定团结，是人民法院的重要职责。随着市场经济的日益完善、改革不断深入和社会主义民主法制建设的不断推进，人民法院对各类矛盾纠纷终局裁判的地位越来越受到重视，人民群众依靠法律解决纠纷的意识明显增强，通过诉讼解决纷争已经成为相当一部分群众的主要选择。依法独立审理好各类民事案件成为人民法院为经济发展、社会全面进步、人民群众安居乐业提供司法保障和法律服务的重要内容。

民事审判一直是郊区法院案件数量最多的一项重要审判工作。1975 年 2 月建院初就成立民事审判庭，负责辖区内的一审民事案件的审理，以促进人民内部矛盾的正确处理，加快构建稳定和谐的社会秩序。

1975 年 2 月郊区人民法院成立之初，郊区法院主要依靠基层社队调解组织就地办案。受大的形势的影响，法院干警除 2 人蹲守机关外，5 个人参加区委、政府组织的工作队下乡工作。为了做到“服务中心，搞好本职”，法院干警采取“带案卷下社队、办案件到家户”的办法，白天服务中心搞工作，夜间翻阅案卷搞审判，每人每年平均调解纠纷 70 余起，判决民事案件 3 ~ 5 件。

郊区法院建立首年（1975.2 ~ 1976.3）民事案件一览表

序号	民事案件名称	数量（起）	占民事案件总数（%）
1	离婚	72	43.4
2	房产地基	52	31.3
3	继承	5	3
4	典当	2	1.2
5	打架	10	6
6	通奸	5	3
7	其他	20	12.1

1976年,郊区人民法院受理民事案件55件(包括上年积案40件,新收案件15件,),其中离婚43件，占78%，房产2件，抚养2件，赡养1件，其他7件。

1977年，郊区法院共有9名干警，在4名干警长期下乡，1名长年有病不能正常工作的情况下，其余干警一边参加郊区区委和区革命委员会组织的中心工作，一边坚持日常审判工作。全年受理各类案件69件，其中，刑事案件7件，民事案件62件。审结62件，其中，民事55件，历年积案17件，刑事案件移交上级法院——阳泉中院审理。

1978年，全年共收民事案140件（内有1977年底积案19件，本年新收121件）其中离婚案82件，抚养子女纠纷案4件，房屋纠纷案22件，地基纠纷案11件，继承纠纷案3件，其他纠纷案18件。全年共处理民事刑事案105件，其中，调解结案50件，判决结案14件，转移其他单位处理36件，撤诉2件，终止3件，至年底，未结案件49件。

1979年，全年新收案173件（民事案151件，自诉刑事案22件），包括1978年度积案49件（民事案45件，自诉刑事案4件），全年审结144件，其中，判决结案40件，结案调解53件，转其他单位处理28件，撤诉结案4件，终止19件，占全年新收案的83.2%，至年底，未结案件78件，其中，民事案件68件，自诉刑事案件10件。本年度，所审结的案件，比1975年至1978年平均年结案92件，增加了56.5%。

年内，民事案件与自诉刑事案件大幅度上升。全年新收民事案151件（离婚56件）房屋30件，地基34件继承11件，其他20件，比1975年至1978年平均每年新收案88.5件，增加了62.5件，增加71%。特别是宅地基纠纷案件，1975年至1978年，平均每年收案8件。1979年收案34件，增加32.5%。

1979年，郊区法院审结各类民事案件144件，其中，判决结案40件，占审结案件的27.78%，调解结案占72%。

1978 ~ 1981年，在改革开放的新形势下，郊区法院民事审判工作，根据“第八次全国司法工作会议”精神、“第二次全国民事审判工作会议”精神和“第八次全省司法工作会议”精神，以及1978年9月召开的“全市司法工作会议”精神，着重纠正削弱民事审判和调解工作的错误做法，确定了民事审判工作为社会主义现代化建设服务的工作方向。

1979年2月，最高人民法院召开“第二次民事审判工作会议”，制订发下《人民法院审判民事案件程序制度的规定》，作为新形势下《民事诉讼法》颁布以前的试行规定。同月，山西省高级人民法院召开“第二次全省民事工作会议”，制定了一系列民事审判政策，为全省民事审判工作提供新的政策依据。为此，郊区法院在办理民事诉讼案件时，主要依据1978年3月5日，第五届全国人民代表大会第一次会议通过的《中华人民共和国宪法》、1979 年 7 月 1 日通过的《人民法院组织法》规定的各项程序，以及最高人民法院 1979 年 2 月 2 日发布的《关于贯彻执行民事政策法律的意见》《人民法院审判民事案件程序制度的规定（试行）》等法律、法规和司法解释。其时，该院受理案件的范围，主要是婚姻家庭纠纷和财产权益纠纷两大类，其中，婚姻案件占案件总数的 48%。

1980 年，依照全国第二次民事审判工作会议精神，贯彻依靠群众、调解为主的方针，化解了大量民事纠纷。全年共收民事案 299 件（含 1979 年底积案 68 件），其中，全年新收案件 231 件，比 1979 年增加 80 件；结案 214 件，比上年度增加 86 件，结案率 71%；未结 85 件。虽然结案率不高，但从本年度收案和结案比率看，仍比 1979 年提高 8%，未结案率比 1979 年下降 9.5%；从判决结案和调解结案的比例看，判决结案 83 件，占总结案数的 39%，调解结案 100 件，占总结案数的 47%，其他方法结案 31 件；从审结案件分类看，离婚案件 75 件，比上年增加 14 件，占结案比的 36%。其中男、女结婚在三年以内离婚的，占离婚案件的 68%，在 20 — 30 岁之间离婚的，占离婚案件的 70%；宅地基案件 63 件，比上年增加 51 件，约增加了 5 倍之多，占结案率的 30%；房屋、继承、债务纠纷案件 47 件，其他案件 92 件。本年度，宅地基案件成倍增加，成为郊区法院民事审判的新热点。

1981 年，郊区法院进一步贯彻落实中共十一届三中全会后的方针、政策和新《婚姻法》，在民事纠纷和诉讼大幅度上升的情况下，坚持依靠群众、调解为主方针，全年共受理民事案件 302 件(包括上年底积案 85 件)，其中，离婚案件 88 件，地基案件 57 件，房屋案件 19 件，债务案件 7 件，继承案件 11 件，赡养、抚养案件 9 件，其他案件 26 件。共审结各类民事案件 220 件，结案率 75%，比上年度提高 4%。未结案件 82 件，比上年度下降 9%。从案件审理情况看，调解结案 142 件，判决结案 51 件，裁定结案 8 件，移送处理 7 件，撤诉 10 件，终止 2 件；从审结案的质量看，不服判决坚持上诉的 46 件，其中，改判 7 件，发还重审 1 件，其余均维持原判。

1982 年，《中华人民共和国民事诉讼法（试行）》于 3 月 8 日颁布施行，民事审判工作走上规范化轨道。8 月 9 日 ~ 8 月 13 日，山西省高级人民法院召开“第三次全省民事审判工作会议”，会议要求从 1982 年 10 月 1 日起，各级法院须严格依照《民事诉讼法（试行）》规定的程序和制度办案，把公开审判和巡回就地办案结合起来，贯彻各项民事诉讼制度。是年，郊区法院组织全体民警认真学习贯彻《民事诉讼法(试行)》，并从 9 月份起，对旧存积案进行了突击清理，6 月底时，该院仍有陈年积案 104 件，通过突击清理，至年底，积案下降到 59 件。全年共受理民事案件 339 件，比上年度 302 件，增加 11%，其中，婚姻案件 111 件，占 32%，宅基地案件 83 件，占 24%，房屋案件 40 件，继承件 20 件，债务案件 10 件，赔偿案件 16 件，抚养子女、赡养老人案件 4 件，其他案件 55 件。在处理民事纠纷案中，该院始终坚持“依靠群众，调查研究，调解为主，就地解决”的方针，全年共审结民事案件 280 件，结案率 88%，比上年度提高 13%，年底积案 59 件，比上年底 82 件，下降了 38%。在所审结的案中，调解结案 157 件，占 56%，比上年度的 124 件，提高了 8%，判决结案 90 件，占 32%，比上年度的 51 件，上升 9%。移送、撤诉、终止的占 12%。一审判决上诉不服的民事案件 5 件，经二审维持原判的 3 件，占上诉案件的 68%，改判 3 件，发还重审 2 件。

1983 年，郊区法院认真执行《民事诉讼法》，民事审判工作取得较好成绩。全年共收案件 258 件（1982 年底旧存 59 件，新收 199 件），比上年收案减少 52 件。其中，新收婚姻案件 109 件，房屋案件 27 件，地基案件 63 件，抚养案件 5 件，赡养案件 9 件，债务案件 5 件，继承案件 20 件，其他案件 30 件。审理结案 255 件，结案率 88%，未结案 32 件，比上年度减少 27 件，是 1979 年以来存案件最少的一年。在所结案中，调解结案 134 件，占 56%，判决结案 96 件，占 38%，撤诉结案 5 件，移送 8 件，终止 1 件；上诉案 56 件，其中，二审维持原判 17 件，调解 14 件，部分改判 7 件，发回重审 2 件。

是年，郊区法院对比较复杂且有一定教育意义的部分民事案件，进行了公开审理。5 月 13 日审结的东村大队曹书芳房产纠纷案件，是郊区法院民事审判工作中，第一起就地开庭审理的民事案件，很多社员现场观看了法院庭审，收到较好的社会效果。

1985 年，郊区法院民事审判工作一是继续贯彻“依靠群众、调查研究、调解为主、就地解决”的十六字方针，全年巡回就地解决的民事案件占新收案件总数的 80%，既方便了群众诉讼，也保障了当事人的诉讼权利。二是坚持“两个优先”原则，对有碍生产建设、人民生活，矛盾可能激化的案件优先审理；对妇女、儿童合法权益受到侵犯的案件优先审理。如对上白泉建房塌倒的赔偿案，及时进行了审理，为民排忧解难。全年受理民事案件 180 件（其中旧存案 24 件），审结 149 件，结案率 83%。在审结案件中，婚姻案件 73 件，地基案件 27 件，房产案件 14 件，债务案件 1 件，抚养案件 1 件，赡养案件 3 件，赔偿案件 10 件，继承案件 3 件，其他案件 17 件。

本年度民事案件的新特点主要是离婚案件大幅度上升，1984 年离婚案仅占全部民事案件的 41%，1985 年跃升了 58%。

1986 年 4 月 12 日，第六届全国人大四次会议通过《民法通则》，对公民、法人的民事权益保护得到加强。在此前后，全国人大先后通过并颁布了《婚姻法》《继承法》《收养法》等民事法律，最高人民法院为准确实施上述法律，制定了相应的司法解释，为人民法院正确适用法律，解决民事纠纷奠定了基础。

郊区法院坚决贯彻“第四次全国民事审判工作会议”精神，坚持为社会主义现代化服务的方向，全面加强民事审判工作，依据上述法律和最高院司法解释，受理的新型民事案件不断增多，审判领域不断拓展。全年共受理民事案件 205 件（含上年度

32件）。审结198件，结案率96.5%，比上年提高12.5%，在审结案件中，离婚案件119件，房产纠纷案件9件，继承案件11件，赡养案件9件，赔偿案件12件，债务案件8件，地基案件7件，其他案件23件。调解结案119件，占60%，判决结案48件，移送11件，裁定13件，中止7件，其他方式结案23件。

这一时期郊区民事纠纷具有改革实施初步的普遍特点：一是离婚案件急剧上升。1985年73件，1986年119件，上升率为63%，而离婚案中，由第三者插足导致的离婚案件比例较大，占离婚案件总数的42%，一见钟情、草率结合，没有牢固感情基础造成的离婚案件占25%；以金钱作为基础和因一方刑事犯罪，导致起诉的离婚案件也相应增长。二是债务纠纷案明显增加。由于经济体制改革深入开展和商品经济迅速发展，财产权益案件急剧增加。1986年审结的8件债务案件中，有6件是因买卖汽车形成的诉讼，案情不甚复杂，但却难以执行。三由于生产关系调整和财产关系变化，人与人、人与物之间的关系，出现了新的变化，如赡养、继承案件，1985年仅6件，1986年达20件，增长1.3倍。四是房产、地基纠纷显著下降，1985年审理41件，1986年下降为16件。

1989年，郊区法院受理民事案件252件，审结249件，结案率98.8%，在审结的案件中，婚姻家庭纠纷案件142件，债务纠纷案件39件，侵害赔偿案件27件，房屋纠纷案件16件，土地纠纷案件13件，继承纠纷案件9件，其他纠纷案件3件。其中，调解结案151件，占68.6%，判决结案66件，占26.8%，移送、裁定、驳回处理的民事案件占4.6%。

1990年，随着经济体制改革的不断深化，商品经济的迅速发展，新类型的案件不断出现。为了适应新形势对审判工作提出的新要求，郊区法院于8月15日，召开民事审判工作会议，认真学习最高法院、山西省高院关于改进民事审判方式的若干文件，对民事审判工作中出现的新情况、新问题做了深入细致地分析，把改进民事审判方式提到重要议事日程。全年共受理236件，审结232件，结案率98.3%。其中，婚姻家庭纠纷151件，占结案总数的65%，地基纠纷案9件，债务纠纷案24件，继承纠纷案5件，赔偿案26件，其他案18件。

本年度，郊区民事审判工作：一是进一步改进审判作风，坚持服务上门，深入乡村、厂矿巡回办案，实地审理，及时为群众排忧解难。全年实地审理民事案件占审结民事案件总数的85%。二是坚持注重调解的原则，深入调查取证，查明事实，分清责任，促进当事人自愿和解。全年调解案件139件，占结案总数的60%。三是全面加强对人民法庭工作的指导，及时了解人民法庭工作情况，解决人民法庭审判业务和其他工作中遇到的疑难问题，帮助人民法庭较好地发挥作用。

1991年，郊区法院进一步加强民事审判工作，妥善解决民事纠纷，促进社会的安定团结，全年受理民事案259件，审结259件，全部结案。结案率100%。其中婚姻家庭纠纷189件，赔偿纠纷29件，债务纠纷15件，土地纠纷8件，房屋纠纷4件，继承纠纷4件，其他10件。主要是：一是结合整顿执法队伍工作，进行了开门评院，下大力改进审判作风，坚持上门服务，组织巡回法庭深入乡村、厂矿就地办案，实地审理，做到超前服务，及时为人民群众排忧解难，增进人民内部的团结和睦，使较大数量的接近形成诉讼的纠纷解决在诉前阶段。全年实地审理的案占审结民事案件总数的86%，而实地解决的诉前纠纷占实地审理案件数的20%。二是进一步贯彻注重调解的原则，加强调查取证和当事人举证责任，查明事实，分清责任，促进当事人自愿和解，全年共调解结案139件，与上一年持平，占结案总数的53%。三是切实及时有效地保护当事人的合法权益，特别是那些合法权益受到侵害的妇女、儿童和老人当事人诉讼的案件，做到优先受理、及时结案、抓紧执行。70岁高龄老人赵生玉诉其儿子赡养一案，民庭从受理到调解结案仅用了一星期时间，案件执行后，老人对法院万分感激。四是加强人民法庭工作，大力加强法庭建设，人力、物力坚持法庭优先，认真注重法庭的思想、业务建设，院领导定期不定期地下法庭巡回指导，现场办公，及时了解法庭的工作、学习情况，帮助分析、指导审判工作中出现的疑难问题。使人民法庭真正成为消除不安定因素的前沿阵地。

1992年，根据邓小平视察南方讲话精神，全国改革开放步伐进一步加快，是年，随着改革开放的不断深入和计划经济向社会主义市场经济体制的转换，域内域外种类民事交往日益增多，各种新的民事法律关系趋于复杂，尤其是在人身权益方面的案件不断增多，劳动争议等新型案件开始大量出现。民事审判工作与经济建设、社会主义精神文明建设、招商引资等联系越来越密切。为此，郊区法院从解放思想入手，针对民事审判工作中出现的新情况、新问题，及时进行深入研究。针对民事法律滞后的问题，提出了新的审理思路：即审理民事案件时，有法律规定的坚决依法审理，既无法律规定又无政策依据的，从有利于社会生产力发展的全局出发，实事求是地妥善处理。

1993年，郊区法院克服“重刑轻民”“重经轻民”的传统观念，把及时调整民事法律关系作为维护稳定，服务经济建设的重要环节工作来抓，对涉及人民群众切身利益的各类民事纠纷，特别是与群众生产，生活和农村深化改革关系密切的案件，精心组织审理，使平等主体之间的大量财产和人身权益之争及时依法裁判，维护和保障了权利主体胜诉后的合法权益。当年共受理一审民事案件284件，比上年度上升，共审结280件，结案率为98.6%。其中，离婚纠纷178件，占63.6%；抚育、收养与抚养纠纷共14件，占5%；财产、房屋案件5件，占1.8%；债务33件占11.8%；赔偿33件，占11.8%；其他纠纷17件，占6.1%。在审结方式上，调解结案171件，占结案数的61.1%；判决结案82件，占29.3%；其他方式结案的27件，占9.6%。

1994年，郊区法院受理各种民事案件366件，比上年上升19%；审结357件，占97.5%，赔偿案43件，占12%；抚育、收养、赡养案13件，占3.6%；房地产案

17件，占4.7%；其他案12件，占3.2%。主要抓了以下几方面工作：一、派出法庭把审判工作置于群众监督之下，组织巡回法庭到乡镇、村巡回办案，就地开庭，及时审理与群众密切相关的土地、水利、宅基地纠纷49件。二、认真调解，防止矛盾激化。全年调解结案233件，占民事结案总数的65.2%，当事人自愿撤诉的33件，占9.5%，防止了许多矛盾的激化。三、积极推行当事人举证责任制。法院大胆改革强化了当事人举证责任。在上年度审理的357件民事案件中，由当事人举证的案件达51件，改变了过去当事人动动嘴，法官跑断腿的弊端，同时还对庭审方式进行了改革，在开庭时将审判人员提问，当事人回答的审问方式，改为由当事人当庭陈述、当庭对质、当庭辩论，审判人员当庭合议、当庭宣判，从而缩短了办案时间，增强了审判人员的责任感，提高了办案质量。

1995年，共受理民事案364件，审结324件，结案率89%。是年，郊区法院民事审判工作一是深入群众调查研究，依靠充分的事实证据，就地开庭，当庭宣判。二是多做调解工作，防止矛盾激化，全年共调解结案265件，占民事案总数的82%。三是推行一步到位审判方式，在本年度审理的民事案件中，依靠当事人举证、直接开庭的案件达201件，占审结案总数的62%，办案效率得到一定提高。

1996年，是郊区法院对民事审判方式改革取得突出成效的一年。该院密切围绕严肃执法的规范化目标，坚持公开审判的诉讼法原则，找准整改思路，勇于实践探索，勤于积累总结，重点从提高认识、转变观念入手，进一步引深民事审判方式改革，整体推进了民事审判的制度化、程序化。一是坚持审判工作为社会稳定服务的宗旨，强化审判职能，突出解决诉讼热点和重点。全年审理婚姻家庭案件288件，占民事案件的74%。在处理这类案件中，郊区法院从维护社会主义婚姻家庭制度，维护妇女、未成年人合法权益出发，依法公正处理财产和抚养子女等问题，及时消化矛盾。同时坚持强有力的思想疏导工作，坚持把矛盾纠纷化解在基层，消除在萌芽状态。如李家庄乡硫铁矿40多名工人，因承包人拖欠工资，多次找乡政府领导要求尽快解决，否则，将集体上访“讨个说法”。乡领导寻求郊区法院解决，该院及时派出干警处理，仅用7天时间，就圆满解决了欠薪纠纷，工人们拿回了属于自己的工资。

二是坚持巡回审理，强化为人民服务观念，突出解决与群众生活密切的土地、水利、宅基地等纠纷，全年共审理此类案件87件。在审理此类矛盾纠纷时，郊区法院不仅要求审判人员接待群众要热心，思想疏导要耐心，调查取证要细心，处理问题要诚心，而且要求公开就地处理，这不仅增强了办案透明度，又让群众了解诉讼过程，掌握法律法规，方便群众诉讼，减轻群众诉累，同时达到审理一案、教育一片、安定一方的社会效果，全年巡回审理民事案件331件，巡回审理率达80%以上。

三是坚持公正执法，强化维护稳定的全局意识，突出审理好容易引发不安定情绪和因素的赔偿、债务及“三养”纠纷。在处理此类案件时，郊区法院干警认真分析案情，区别不同情况及时予以解决。对债务纠纷，注重查明事实，及时公判。对“三养”纠纷，注重保障老人、妇女、儿童、残疾人等特殊群体的民事权益，送法上门，公开庭审，申张正义，为民分忧，及时消化不安定因素。全年调解结案率显着提升，比上年度提高5个百分点；巡回审理辐射面扩大到13个乡镇60个自然村；案件质量也明显提高，上诉后二审发还、改判率下降，上诉维持率上升，生效后申请率下降。全年共受理一审民事案件416件，同比增长7.9%；审结415件，同比增长9.1%；结案率为99.7%，直接开庭率达75%；一审生效的无一申诉，二审生效的发还、改判率1%，所审理的民事案件一步到位、直接开庭率，达到了68%。

1997年，郊区法院民事审判一是强化服务观念，进一步加强调解工作，积极化解各类纠纷。全年调解结案230件，调解率达52%。对事实清楚，责任明确，调解未果的案件，则及时下判，避免了23起可能造成恶性后果的事件发生。二是贯彻“两便”原则，坚持巡回审理。农忙季节，派出巡回法庭深入田间地头，出入农户家中，依靠群众调查研究，选择典型案件公开进行审判，及时审理与群众生活密切的土地、水利、宅基地等纠纷68件，以增强办案透明度，让人民群众了解了诉讼全过程，掌握了法律法规。同时方便群众诉讼，减轻群众诉累，扩大法制宣传面，审判人员也在实践中，增长了见识，得到了锻炼。全年巡回审理民事案件314件，巡回审理率达70%。三是加大庭审改革力度，突出庭审中心，改变传统思维和习惯做法，把审判活动重心，转移到庭审之上，在规范开庭审理，提高庭审质量和强化庭审功效上下大力、下功夫，通过“一事一证一质一辩一认”，让当事人在庭上充分行使诉权，充分体现裁判活动的公正性和合法性。四是强化合议庭和当事人举证两个责任，既“还权于庭”，又“给责于庭”，也使当事人的举证责任得到强化，使之诉之有据。五是狠抓实庭审前准备工作，实现“三熟悉三把握”目标，即庭审法官熟悉案情，把握诉争焦点；熟悉证据，把握证据效力；熟悉法律，把握法律适用。全年受理各类民事案件443件。比上年度增长16%，审结441件，比上年度增长16%，审结率99.5%。直接开庭率100%，当事人举证材料达2831份。

1998年，中共十五届三中全会提出农业和农村工作跨世纪发展目标和必须遵循的方针，对全国农村经济、政治、文化建设作出全面部署。为贯彻中央提出的基本纲领和战略部署，落实区委提出的各项改革措施。郊区法院加大对涉农案件审判力度，认真审理涉农民事案件和有关下岗职工债权债务、婚姻家庭等民事案件，为人民群众排忧解难。全年受理各类民事案件683件，比上年度增长54%，审结670件，比上年度增长50%，审结率为98%。一是针对婚姻家庭案件居高不下这个实际，把处理好此类案件，作为民事审判工作重点，加大思想疏导教育力度，努力维护社会主义家庭制度，保障婚姻家庭这个社会基本细胞的稳定，切实保护妇女、儿童和老人合法权益，全年审理婚姻家庭纠纷案件387件，调解214件，调解率为55%。二是继续深化和完善庭审方式改革，规范民事司法，本年度，郊区法院民事案件一步到位开庭率达89%，同时强化当事人举证责任的落实，是年，仅当事人举证材料即达5460份。三是加强人民法庭建设步伐，及时调整法庭领导，充实干警力量，全年三个法庭审理民事案件588件，占结案总数的86%，受到当地党委、政府和人民群众的赞扬。

1999年，中共中央把增加农民收入和维护农村稳定，作为农村工作重点，对此，郊区法院认真开展打击、制裁生产、销售假种子、假农药、假化肥的"三假"坑农专项审判活动，依法保护农民群众合法权益，促进农业和农村经济的发展、维护社会稳定。在民事审判工作中，该院干警牢固树立公仆观念、服务观念、大局观念和稳定观念，一是针对郊区地域内婚姻家庭纠纷案件突出这个问题，努力维护社会主义家庭制度，保障妇女、儿童和老人的合法权益。全年共审理家庭纠纷案件284件，调解107件。二是规范庭审活动，进一步强化合议庭和当事人举证这两个责任的落实，突出庭审中心，本着公正、公开、公平原则，全面规范民事诉讼。三是充分发挥基层人民法庭的前沿阵地作用，密切配合当地党委、政府，大力解决村、镇（乡）矛盾纠纷。全年受理各类民事案件513件，审结493件，审结率达96%。化解群体诉讼案件31件，协助乡村民政，解决诉讼外纠纷61件，本年度，采用新庭审方式开庭率达100%，当事人举证材料2660份。上诉发还重审率和改判率，分别比上年度下降36%和28%，有力地促进了社会的稳定。

2000年，郊区法院开展依法服务国企改革与发展专项审判活动，在民事审判中，认真审理好涉及下岗职工的案件，依法保护下岗职工的合法权益。全年法院共受理民事案件507件，审结488件，审结率达96.2%。针对全区民事案件上升幅度较大，民事法律关系日益复杂，新类型案件增多，审理难度加大，民事审判任务繁重的工作实际，一是注重维护社会主义婚姻家庭制度，积极稳妥处理婚姻家庭纠纷，全年审理此类案件249件，其中调解结案85件。二是充分发挥基层人民法庭的前沿阵地作用，促进各类纠纷矛盾的化解，郊区法院各基层人民法庭，积极配合当地党委、政府和村民委员会，深入实地，调查研究，现场办案，现场开庭，就地解决，全年三个基层法庭审理案件370件，诉外调解案件127件。三是坚持公开审判为中心，进一步完善审判方式改革。按照上级法院的指示精神，该院加大民事审判方式改革步伐，全面规范民事庭审活动，强化合议庭职责和当事人举证责任的落实，大力推进当庭举证公开、当庭质证公开、当庭辩论公开、当庭认证公开、当庭合议公开、当庭审判公开，使当事人有证当庭举，有话当庭说，有理当庭辩，赢者清清楚楚，输者明明白白，不仅增强了干警驾驭庭审的能力，而且增强了案件审理的透明度。是年，公开审判率达100%，当事人举证材料6300件。

2000年，郊区法院适应人民群众对司法工作的新要求、新期待，提出构建司法互信关系的新理念，要求法官深入基层，了解社会各阶层的生活状况、思想动向，体察民情，进而精通人情事理，熟知风俗习惯，把握社情民意，使司法裁判结果实现情、理、法的高度统一。在审判中，对涉及民生的案件，坚持优先立案、优先审理、优先执行。

2001 年，郊区法院民事审判工作牢固树立“民事案件无小事”意识，一是积极稳妥处理婚姻纠纷案件 267 件。二是认真分析劳动争议和赔偿案件逐年上升的社会根源，找准解决诉争的切入点，深入实地，积极疏导，化解矛盾纠纷，有力促进了社会稳定。三是继续推行民事审判方式改革，进一步突出庭审中心，强化合议庭和当事人举证两个责任落实，同时紧紧抓住诉争焦点，全面规范诉讼程序，确保案件质量明显提高，出现了“上诉少、申诉少、改判少、发还少”的局面。全年受理民事案件 584 件，结案 567 件，结案率 97%。

2002 年，继续坚持“民事工作无小事”思想，及时化解民间纠纷。一是采取思想疏导和调解手段，及时调处民事纠纷案件。全年民事案件调解率达到 45%，其中，婚姻家庭纠纷案件调解率达到 49%。二是狠抓涉及农村生产和侵害农民利益案件的审判。随着农村经济不断发展，涉及农村生产及农民利益的土地、相邻、宅基地、承包纠纷等案件在郊区不断出现，对此，该院充分发挥三个基层人民法庭的前沿阵地作用，各人民法庭与地方党委、政府密切配合，及时化解此类纠纷 40 余件，消除了不安定因素。三是严格实行“六公开”阳光作业，有证当庭举、有话当庭说、有理当庭辩，使庭审过程始终处于人民群众监督之下，全年所有案件，均采用新的庭审方式开庭审理，办案效率明显提高，所审案件比法定时限提前近两个月，且案件质量保持了“上诉少、申诉少、发还重审少、发判少”的局面。全年受理各类民事案件 463 件，审结 441 件，结案率 95.25%。其中，婚姻案件占 58.9%，土地相邻、宅基地、赡养、劳动争议案件，也呈上升趋势。

2003 年，郊区法院民事审判坚持“亲民、为民、便民、利民”原则，坚持做到民有所思，其有所为；民有所盼，其有所办，尽为民之心，尽公仆之责，用公正审判、廉洁司法，体现“为大局服务、为人民司法”的宗旨。如原告杨美云诉王书龄离婚一案，被告王书龄第一次开庭未到，民三庭庭长史计平，得知王书龄 1999 年患脉管炎、2001 年又患脑血栓，生活不能自理这一情况后，带领法官赶到 50 余华里的北堖村，在其家中开庭审理此案，受到当事人和农民群众普遍赞扬。全年审结民商案件 680 件。

2004 年 ~ 2005 年，郊区法院把审理民事案件作为化解社会矛盾、维护社会稳定的重要工作，抓住社会热点，消化矛盾纠纷，依法妥善解决各类民事纠纷，特别是随着农村经济的不断发展，涉及农村生产及农民利益的土地、相邻、宅基地、承包纠纷等案件不断涌现，法院把涉农案件作为促进新农村建设的重点，坚持繁案精办、简案快办的原则，实行案件繁简分流审理制，并加大巡回审理力度，就地取证，就地调查，就地开庭，大大缩短了办案周期，降低了诉讼成本，减轻了群众诉累，由此打击和制裁了各种坑农害农行为，保护了农民的合法权益，维护了农村生产和生活秩序。

2006年，郊区法院积极创新思路，采用“四轮定位”法，进一步加强民事审判工作。一轮定位便民立案，立、送分离抓效率。加大立案知识宣传工作力度，力争做到随收随立，立案后做到随排（期）随转（办），强化了立案庭与各业务庭室的衔接机制，提升工作效率。二轮定位确立“能调则调，当判则判，以调为主，案结事了”的指导思想，加大调解工作力度，使矛盾在庭审过程中得到解决，避免缠诉、上访等不良事件的发生。三轮定位强执行，自、强并用重效果。大力开展“阳光执行活动”，在说服教育自动履行为主、强制执行为辅的基础上，积极探索行之有效的执行方法，使民事案件执行达到良好效果。四轮定位抓监察，内、外相交提公信。使自我监督和社会监督相结合，民事审判与审判监督相结合，坚决杜绝司法腐败的现象发生。形成了一二三轮互动，四轮统筹的联动机制。全年受理774件，审结743件，结案率为96%。

2007年，郊区法院受理各类民事案件667件，审结595件，结案率89.2%。一是针对涉及农业、农村、农民案件占全院所审民事案件总数80%以上的实际，该院紧密结合我区开展的“三和”创建活动，把民事审判工作重点向服务三农倾斜。工作中，坚持调解原则，能调则调，多调少判，努力做到案结事了。全年涉农案件调解率达61%。同时加大巡回审理的力度，深入乡村，走进田间地头，就地开庭，进一步扩大巡回审理的教育功能，全年巡回审理率达46%。审理赡养、抚养、抚育以及追索赡养费、抚养费、抚育费等案件121件，相邻、土地纠纷111件，婚姻家庭纠纷328件。二是关注社会热点，妥善解决群体性纠纷。对一些有可能引发上访上告的纠纷，急群众所急，想群众所想进行换位思考，以人民满意为标准衡量工效，急案急办，迅速组织合议庭，深入实地，公开审理，让诉讼过程在群众监督之下阳光作业，赢得了群众的信任和支持，使12件群体性纠纷得到妥善解决。如阳光购房中心预售商品房纠纷一案，涉及人员多，标的大，如果处理不当，极易发生群体性上访。为此，该院及时向区委汇报，与区政府沟通协调，上年度10月份，先行扣划被执行人的部分资金，之后会同有关部门，对阳光购物中心大楼进行拍卖，经多方努力，108名购房者全额领回了购房款及违约金，此案得到圆满解决。三是关注社会民生，认真落实司法救助制度。对下岗职工、失地农民、老弱病残等弱势群体的诉讼案件，采取便民措施，送法上门，优先立案、优先审理，全方位保护弱势群体的合法权益，使他们增强对司法公正的信心。特别是积极落实司法救助制度，对合法权益受到侵害的弱势当事人，实行诉讼费的减、缓、免，并提供必要的司法救助，全年共实施司法救助11件14人，减、缓、免交诉讼费达67万元。

2008年，郊区法院及时审结事关人民群众切身利益的婚姻家庭、损害赔偿及债务纠纷等三大类案件515件。在审理这些案件中，特别注重依法保护拖欠农民工工资、赡养、抚养等纠纷案中弱势群体的合法权益。同时采取了减、缓、免交诉讼费 57 案、指定代理人 12 案等司法救助措施，彰显司法人文关怀。民事案件结案率为 93%。

2009 年，郊区法院受理各类民事案件 1430 件，审结 1353 件，审结率为 94.6%。加大了土地承包、劳动合同、劳动保险等案件的审理力度，妥善调整社会各方面的利益关系，稳妥化解因金融危机引发的各种社会矛盾，最大限度地实现案结事了。对婚姻家庭纠纷、人身损害赔偿、相邻纠纷等矛盾容易激化的案件及群体性纠纷案件，注重做好调解工作，消除了社会不安定因素。

2010 年，郊区法院受理民事案件 1084 件，审结 1049 件。为配合中共阳泉市委、郊区区委大力实施的“阳五高速”“漾泉大道”等重点工程和重点项目，郊区法院针对重点工程，及重点项目涉及的房屋拆迁、企业搬迁、土地征用等案件上升问题，加大审理力度，有力地保障了重点工程、重点项目建设进度。在传统案件审理中，针对辖区面积大、当事人诉讼不便特点，改变一度时间内形成的“坐堂办案”审理方式，将庭开到田间地头，乡村农户，就地取证，就地开庭，就地解决问题。同时切实加大涉企案件的审理力度，为郊区重点企业清回债权上亿元，为全区经济发展注入了活力。

2011 年，郊区法院针对“三农”案件占案件总数 80% 以上的特点，能动司法，和谐办案。加大巡回审理力度，将庭开到田间地头，乡村农户。并将调解贯穿于案件审理的每个环节，能调则调，多调少判，调解无果的案件及时判决，并全部做了判后释疑。全年受理民事案件 994 件，结案 960 件，结案率为 96.6%，涉案标的达 19658 万元。其中，巡回审理率为 49%，调撤率达 63%。特别是进一步加强了诉前调解力度，完善了各种台账，对诉前调解成功的案件全部免收诉讼费，全年共成功进行诉前调解案件 162 件。

2012 年，郊区法院把加强调解和巡回审理作为民事工作重点，与“双百”活动、“法官驻村”活动结合起来，在审理民事案件时，邀请当事人所在村（居）委会参与 86 次，邀请人大代表、政协委员参与调解 36 件次。通过他们的工作，不仅有效拉近法官与群众的距离，而且实现了以理服人，以情感人，以法育人，化解矛盾的目标。同时进一步完善重点企业联系制度，及时帮助化解重点企业、重大项目、招商引资过程，遇到的各类涉诉纠纷，推动优势产业发展。本年度，该院还妥善化解金融风险，实行简案快审、专案专审，有力地遏制了民间融资高利贷化和投机化倾向，有效地保护了合法债权，共处理此类案件 173 件，标的达 8000 余万元。在劳资纠纷案件的审理上，努力维护好涉案职工、农民等弱势群体的合法权益，消除影响社会稳定的不和谐因素，共审结劳动争议案件 15 件。全年受理民事案件 888 件，结案 873 件。

2013 年，郊区法院一是围绕发展，服务中心，注重效果。积极为重点工作提供法律帮助，配合相关部门妥善处理涉及重大项目的征地、拆迁等纠纷，派出工作组，提前介入、情法并用。对诉至法院的此类案件，坚持快立、快审、快执，特别注重思想疏导，多途径采取措施，全方位处置，做到慎重审理，避免矛盾激化。二是关注民生，强化调解，遵循规律。对婚姻家庭、劳动争议、人身损害赔偿等涉及人民群众切实利益的案件，始终坚持换位思考的工作态度，做到便民工作到家、疏导工作到户、判后释疑工作到底、司法救助工作到手，急案急办，偏远地区的优先办，涉及弱势群体的优先办。三是关注热点，把握焦点，妥善化解群体纠纷。由于社会转型时期利益分化、利益冲突和利益重组所引发的群体性纠纷日渐增多，郊区法院在坚持党委领导的基础上，注重发挥社会各方面化解矛盾的组合优势，找准自身定位，全面能动司法，重点把握争议焦点，依法平衡各方利益，尤其是维护好涉案职工、失地农民等弱势群体的合法权益，努力消除影响社会稳定的不和谐因素。如平坦镇一起因采煤造成的房屋受损案，对村民的赔付已全部执行到位，其余部分正在继续执行中。坚决遏制民间融资的高利贷化和投机化倾向，有效保护合法债权，处理此类案件 73 件，标的达 300 余万元。全年受理民商事案件 863 件，结案 849 件，结案率为 97.9%。

2014 年，充分发挥民事审判的调节职能，审慎化解区内民商事矛盾纠纷，全力助推郊区社会和谐发展。全年受理各类民商事案件 1088 件，审结 1070 件，结案率达 98.34%。在民商事案件审判中，该院以构建和谐郊区为目标，妥善处理涉及离婚、抚养、赡养、继承等婚姻家庭纠纷案件，共审结此类案件 250 件，其中包括婚姻家庭纠纷案件 248 件，继承纠纷案件 2 件；各类合同纠纷案件 578 件；权属侵权纠纷及其他民事一审案件 242 件，较好地实现了“定纷止争”“案结、事了、人和”，有力地维护了辖区政治稳定、经济发展、社会和谐。

2015 年，继续充分发挥民事审判的调节职能，审慎化解区内民商事矛盾纠纷，全力推进郊区社会和谐发展。在民商事案件的审判中，该院以构建和谐郊区为目标，妥善处理涉及离婚、抚养、赡养、继承等婚姻家庭纠纷案件、各类合同纠纷案件、权属侵权纠纷及其他民事案件等，进一步较好地实现“定纷止争”“案结、事了、人和”，有力维护辖区政治稳定、经济发展、社会和谐。

是年，该院民一庭依法审结了一批欠薪案件，有力的维护了农民工的合法权益。2013 年 4 月 -11 月份，史某某等 6 名分别来自阳泉不同县区的农民工在阳泉郊区的一处货场打工，结果辛苦工作一年，等到年底的时候却拿不到应得的工资报酬。2014 年 3 月，史某某等人相约到阳泉郊区人力资源和社会保障局寻求帮助。后来经过调解，他们与老板达成了分期付款协议。但在期满后，除了其中两位共计收到 3000 元外，剩余工资仍然拖欠至今。此时，被告的工地早已停工，被告本人也一直在外躲避不见，5 个手机号均处于关机状态。无奈之下，史某某等人于今年 3 月 11 日起诉到法院。阳泉郊区法院依法受理后，将案件移送到民一庭进行审理。因为涉及到农民工权益的保护问题，案件性质比较敏感，所以民一庭站在讲政治、讲大局的高度，优先排期以求快审快结。经过审判人员多方联系，最后终于联系到被告本人。经过推心置腹的交谈，动之以情，晓之以理，被告终于认识到自己的错误，并委托代理人与史某某等人达成了调解协议，保证尽快筹措款项，兑付拖欠的工资。

第二节　审理人身权利纠纷案件

人身权纠纷案包括人身损害赔偿和人格权损害赔偿纠纷案两大类。人身损害赔偿纠纷案包括道路交通事故、医疗事故、工伤事故人身损害赔偿纠纷案等。人格权损害赔偿纠纷案包括名誉权、名称权、姓名权、荣誉权、肖像权损害赔偿纠纷案件，这些人身损害赔偿案件，大多为侵犯公民生命健康权的损害赔偿。对此，1986 年以前，郊区法院在审理此类案件时，依照最高人民法院 1978 年《关于贯彻执行民事政策法律的意见》及 1984 年《关于贯彻执行民事政策法律若干问题的意见》有关规定办理。对受害人误工工资的赔偿，原则上按治疗医院出具的假条证明计算误工日期，工资赔偿标准则按受害人工资或实际收入数额计算；对医药治疗费的赔偿，以治疗医院的诊断证明为准。对未经医务部门批准，另找医院治疗及擅自购买药品的，发生的费用原则上不予赔偿。

1987 年 1 月 1 日《中华人民共和国民法通则》正式实施后，郊区法院审判辖区内人格权纠纷案件偶有发生。这类案件不直接造成受害人物质上的损害，其受到的侵犯，主要为受害人的人格权利和精神上的痛苦。对此类案件的处理，郊区法院主要是判令侵权人停止侵害、恢复名誉、消除影响和赔礼道歉，并可酌情给予适当经济赔偿。经济赔偿的数额，由当事人双方协商确定，或由人民法院根据受害人受到的精神损害程度，致害人的过错性质、侵权行为、营利情况、社会影响等因素综合考虑。

道路交通事故人身损害赔偿在此类案件中占绝大多数。对于道路交通造成伤害引发的人身损害赔偿，先由公安交警部门作出责任认定，致伤或致残的，公安机关作出伤情检查、鉴定伤害程度，致残的须作出残疾等级评定，然后，首先在公安交警部门进行调解，调解不成的，作出《调解终结书》。当事人《持道路交通事故调解终结书》，向人民法院起诉。

阳泉郊区法院在审理此类案件时，原则上依照公安交警部门认定的责任，确定赔偿责任；如法院经过审查，确有证据证明公安交警部门责任认定有错误时，依照查明的案件事实和证据重新认定，依法确定行为人的赔偿责任。在明确责任的基础上，依据《道路交通事故处理办法》、山西省交警总队《处理道路交通事故赔偿标准》等进行调解；调解无效，方依法作出判决。如：2003 年 10 月 2 日 7 时 45 分许，被告李富平驾驶晋轻型货车，由东向西行至国道 307 线保安沟交叉口时，与由北向东左转弯行驶的蔺燕军驾驶的无牌摩托车相撞，致使蔺燕军受伤，摩托车损坏，蔺燕军被送往医院治疗，同年12月31日出院，经诊断为右股骨干开放粉碎性骨折，右面部软组织损伤，牙齿松动，右手皮肤裂伤，右手软组织损伤。郊区法院依据《道路交通事故处理办法》第三十六条、第三十七条、最高人民法院《关于确定民事侵权精神损害赔偿责任若干问题的解释》第十条、《中华人民共和国民事诉讼法》第六十四条第1款规定，判决被告李富平赔偿原告蔺燕军医疗费、误工费、陪侍费、住院伙食补助费、交通费、伤残补助费、鉴定费、摩托车损失费、精神抚慰金共计32149.70元，扣除已支付的12600元，被告须再支付原告19549.70元；被告山西省阳泉汽车运输有限责任公司，对上述费用承担连带赔偿责任。

郊区法院受理的人身权损害赔偿纠纷案件中，因各种原因发生斗殴引起的一般侵权人身损害赔偿案件，占有相当大的比例。郊区法院审理这类案件时，首先查清案件事实，对受害人的伤情通过医疗部门或法医进行检验鉴定，审查所使用的药品与治疗伤情是否相吻合；而后分清是非、明确责任，本着有利团结的精神，依法调解，合情合理处理。如损害结果是受害人自己的过失造成，侵害人没有过错的，除法律明文规定的无过错责任外，不承担民事责任，由受害人自己承担。对双方互有损失又互有过错的，严格按各自责任的大小，分担相应的责任，如损失和责任双方大体相当，由各自承担自己的损失。对二人或二人以上共同致人损害，包括致害行为的教唆人、帮助人，都是共同致害人，根据他们各自责任大小，承担相应的赔偿责任，在其他共同致害人无力赔偿的情况下,有负担能力的致害人赔偿。对致人伤害的,赔偿全部医疗费，但必须是治伤支出的必要的医药费，不包括与伤害无关的其他疾病的医药费。对误工减少的收入，实事求是地计算。对致人残疾的，除承担上述赔偿费用外，还应赔偿因削弱或丧失劳动能力而降低收入的生活补贴费。对致人死亡的，应赔偿丧葬费、死者生前扶养的既缺乏劳动能力又无生活来源的亲属必要的生活费。如：2004年6月26日，被告巢锦虎同邻居海振武、齐栓庭、赵亮打麻将，原告王甲荣观看。原、被告因口角之事发生争执，并互殴，被告用凳子将原告打伤，经刑事科学技术鉴定，王甲荣为轻微伤，原因医疗费、鉴定费等费用赔偿问题讼至郊区法院。郊区法院根据民法通则和《最高人民法院关于审理人身损害赔偿案件适用法律若干问题的解释》，判决被告巢锦虎一次性赔偿原告王甲荣医疗费、住院伙食补助费、鉴定费、交通费等共计人民币2259.64元。

意外事故造成的人身损害赔偿纠纷也比较为突出。郊区法院在办理此类案件时，首先查清引起纠纷的原因，查清伤害程度，区分各自应负的责任，确定各种赔偿、补偿费用的负担，再主持双方当事人协商调解，调解不成，依法判决。如：2005年9月6日19时许，被告张文日赶着羊群从原告樊永发看护的果园门口经过，由于被告的牧羊犬和原告的看园犬相互狂吠，被告害怕自己的羊群受到惊吓，遂一边赶着羊群往前走，一边向原告的看园犬扔石头，导致原告右脚被砸伤后住院治疗，因赔偿问题协商无果，郊区法院依照民法通则，判决被告张文日一次性赔偿原告樊永发医疗费、误工费、住院伙食补助费、陪侍费、交通费等费用，共计人民币 3235.60 元。

2007 年，旧存人身权纠纷案件 4 件，新收 109 件，审结 76 件（含旧存）。其中，道路交通事故人身损害同赔偿 61 件，审结 42 件；其他人身损害赔偿旧存 1 件，新收 40 件，审结 32；其他人身权纠纷旧存 1 件；审结医疗事故损害赔偿 1 件；审结工伤事故损害赔偿 1 件。在全部结案纠纷中，以判决方式结案的 53 件，以调解方式结案的 17 件。本期未结的 36 件。

2008 年，旧存人身权纠纷案件 37 件，新收 71 件，审结 74 件（含旧存）。其中，道路交通事故人身损害同赔偿 41 件（旧存 19 件），审结 42 件（含旧存）；其他人身损害赔偿旧存 9 件，新收 25 件，审结 20；其他人身权纠纷 4 件，审结 2 件；审结医疗事故损害赔偿 4 件（全部为旧存案件）；审结工伤事故损害赔偿 5 件，其中，旧存 4 件，新收 1 件。是年全部人身权纠纷案件中，有 49 件为判决案件，19 件通过调解化解。

2009 年，旧存人身权纠纷案件 34 件，新收 98 件，结案 120 件（含旧存），其中，以判决形式结案 58 件，调解方式结案 55 件，撤诉 6 件，其他方式结案 1 件。本期未结 12 件。在本年度审结的人身权纠纷案件中，人身损害赔偿 113 件，其他人身权 6 件。其中，道路交通事故人身损害赔偿达 76 件，占全年同类案件的 63.33%。

2010 年，旧存人身权纠纷案件 12 件，新收 80 件，结案 77 件，其中，以判决形式结案 29 件，调解方式结案 40 件，撤诉 8 件。本期未结 16 件。在本年度审结的人身权纠纷案件中，人身损害赔偿 73 件，其他人身权 4 件。其中，道路交通事故人身损害赔偿达 56 件，占到全年同类案件的 72.72%。2010 年 10 月 18 日（农历九月十一），张卫东、李银龙、李润怀等在阳泉市郊区河底镇北小西庄村南梁挖掘矾石时，致使位于此地的李生章及其他坟墓出现裂痕，导致坟墓边缘被挖掘后形成陡坡，随时可能因滑坡损毁。李生章的子女李树生、李爱红、李保云、李保清、李保斌等人，先后向阳泉市国土资源局郊区分局、阳泉市郊区河底镇人民政府反映。经阳泉市郊区河底镇小西庄村村民委员会协调，张卫东交到阳泉市郊区河底镇北小西庄村村民委员 50000 元，该款由被告李树生、李爱红领取。李润怀交给被告李树生、李爱红 5000 元。此 55000 元钱由李格斌家分得 12200 元，李爱红与其弟李爱军分得 12000 元李四牛家分得 10400 元，李树生与其弟李树军、其子李靖分得约 20000 元。原告李玉牛对被告李树生、李爱红、李格斌、李四牛四家共同商量的补偿标准不予认可。郊区法院根据《民法通则》，判决被告李树生、李爱红、李格斌、李四牛，于判决生效之日起十日内，支付原告李玉牛 3000 元。

在郊区法院审理的人格权纠纷案件中，偶尔也会出现名誉权纠纷案。此类案件主要是公民之间因生活作风、男女关系或生活琐事引起的纠纷，一方以无端辱骂、造谣中伤或者宣扬他人隐私等方式，公然贬低他人人格，损害他人名誉，引起纠纷。对于此类案件，郊区法院依照《民法通则》《最高人民法院关于审理名誉权案件若干问题的解答》有关规定，责令侵权人停止侵害、恢复名誉、消除影响。如果当事人提出精神损害赔偿要求的，则根据侵权人的过错程度、侵权行为的具体情节、给受害人造成精神损害的后果等情况酌定。

2011 年，旧存人身权纠纷案件 16 件，新收 128 件，结案 137 件，其中，以判决形式结案 86 件，调解方式结案 36 件，移送 2 件，本期未结 7 件。在本年度审结的人身权纠纷案件中，人身损害赔偿 130 件，其他人身权 7 件。其中，道路交通事故人身损害赔偿达 115 件，占到全年同类案件的 83.94%。

2012 年，旧存人身权纠纷案件 7 件，新收 139 件，结案 142 件，其中，以判决形式结案 44 件，调解方式结案 57 件，驳回起诉 6 件，撤诉 24 件，其他 13 件，本期未结 4 件。在本年度审结的人身权纠纷案件中，人身损害赔偿 117 件，其他人身权 22 件。道路交通事故人身损害赔偿仍占绝对多数，达 99 件，占到全年审结的同类案件的 69.71%。

2013 年，旧存人身权纠纷案件 4 件，新收 137 件，审结 136 件（含旧存）。其中，道路交通事故人身损害赔偿较多，为 97 件（旧存 4 件），审结 98 件（含旧存）；其次为其他人身损害赔偿 32 件，审结 100%；其他人身权纠纷 7 件，审结 6 件；医疗事故损害赔偿 1 件。

2014 年，新收人身权纠纷案件 135 件，其中，人身损害赔偿案件 128 件（含道路交通事故人身损害赔偿案件 83 件，医疗事故损害赔偿案件 1 件，其他人身损害赔偿案件 45 件），其他人身权纠纷案件 7 件。全年审结此案件 138 件，含上看旧存人身损害赔偿案件 4 件，其他人身权纠纷案件 1 件。如原告马文华与被告马玉怀人身损害赔偿一案，2014 年 2 月 15 日 14 时许，马文华与马玉怀因介绍对象一事发生争执，马玉怀将原告打伤，马玉怀到平定县人民医院进行了治疗。于 2014 年 3 月 7 日，马文华某被阳泉市公安局郊区分局处以行政拘留 10 日的处罚。原告因就赔偿事宜与被告协商无果，原告于 2014 年 7 月 16 日向郊区人民法院提起诉讼，郊区法院审理后，判决被告马玉怀于十日内，一次性赔偿原告马文华误工费、交通费损失共计 606 元。

2015 年，受理人身权纠纷案件 116 件，审结 27 件，比上年度减少 11%。如高某某诉阳泉市第二人民医院人身权纠纷一案。2013 年 1 月 29 日，原告高某某走路时滑倒臀部着地，觉腹部疼痛，后因腹部疼痛逐渐加重到被告处就诊，经诊断为腹部闭合性损伤，肠破裂。1 月 30 日被告阳泉市第二人民医院给原告行乙状结肠造瘘，腹腔引流术。2 月 16 日出院。5 月 20 日，原告高某某再次入院，5 月 23 日，被告阳泉市第二人民医院给原告高某某行结肠瘘口关闭、还纳术，据被告术后病程记载，原告术后感觉“腹部疼痛”，“间断性严重”，“全腹疼痛难忍，大汗淋漓、呼吸急促，腹部隆起，腹肌较紧张，全腹压痛反跳痛阳性，肠鸣音消失”，“急查 B 超显示：胆囊内强回声光点，伴胆汁淤积；腹腔内少量积液；腹部肠管扩张积液（中等量）”，“考虑腹腔内感染，肠梗阻形成，需行二次剖腹探查术”，遂于 5 月 27 日再次手术，据被告术后病程记载，术中诊断：肠粘连梗阻。5 月 27 日再次结肠造瘘术后，原告持续高热，经检查诊断为：右膈下脓肿，肝脓肿，于 6 月 17 日 B 超引导下，被告给原告行脓肿穿刺引流，术中诊断：肝右叶脓肿。原告于 7 月 22 日出院，共住院 63 天。双方经协商无果，原告诉至本院。郊区法院判处原告高某某因人身损害造成的医疗费、误工费、护理费、住院伙食补助费、营养费、交通费、残疾赔偿金、鉴定费、精神抚慰金共计 203111.4 元，被告阳泉市第二人民医院赔偿 71433.42 元，在本判决生效后三十日内付清。

第三节　审理婚姻家庭案件

婚姻家庭关系，是以两性结合为前提、以血缘联系为纽带的社会关系。婚姻纠纷案件一直是民事审判的重头戏，各类民事案件中，婚姻家庭继承纠纷案件居于首位。1975 年 2 月至 1982 年所受理的民事案件中，婚姻纠纷案就有 653 件，占案件总数的 48%。

1975 年～1978 年，离婚案件一般由各乡镇进行处理，处理未果再交由法院进行审理。1975 年 3 月审结的原告白焕娥与被告王爱金离婚纠纷，最终以调解方式结案。此案系郊区法院自成立以来受理的第一起离婚案件。1976 年建院初，法院审理了原告张顺银与被告史娥妮离婚案。男女双方已结婚 10 多年，男方因女方的作风问题打骂女方，并提出离婚。此案经郊区法院调解，原被告离婚，在分割共同财产时，涉及立柜、火炉、瓮，还有口粮，以及布票、棉花证等。还有 1976 年审结的一起破坏军婚案件，郊区杨家庄村冯生存（女）与现役军人贾长生于 1972 年结婚。1977 年 1 月，任喜成与冯生存开始发生不正当关系并怀孕，法院处理结果是拘留和教育。

1978 年以后，随着商品经济的发展和市场经济的逐步建立及物质文化生活水平的提高，人们的思想观念发生了相应的变化，离婚案件呈上升趋势，且双方当事人争养独生子女和争要家庭财产的情况较多。郊区法院通过审理这些离婚案件，保护了当事人的合法权益，婚姻家庭关系得到了改善，促进了精神文明和社会稳定。

1980 年，《中华人民共和国婚姻法》颁布，1981 年 1 月 1 日正式实施，郊区法院在审理离婚案件时，坚持以《婚姻法》第二十五条规定的“夫妻感情确已破裂”作为准予离婚的法定条件，主要看夫妻感情是否破裂，从婚姻基础、婚后感情、离婚原因、夫妻关系的现状和有无和好的可能等方面综合分析。对夫妻感情尚未完全破裂的，调解和好或判决不准离婚；对夫妻感情确已破裂的，依法准予离婚；对现役军人的离婚案件，则依照《婚姻法》第二十六条规定的特别程序办理，体现中国法律对军人婚姻的特别保护；对因重婚引起的离婚案件，依照最高人民法院的规定，先由刑事审判庭解决重婚问题，再由民事审判庭解决离婚问题；对不符合法定结婚条件的，坚决解除双方的同居关系。

1983 年至 1993 年年底，共处理离婚案 1272 件，占案件总数的 55.33%。

随着改革开放政策的不断深化，人民生活水平不断提高，文化、娱乐生活进一步改善，郊区的部分婚姻案件当事人滋长见异思迁、喜新厌旧思想，充当第三者，插足他人婚姻，破坏本人和他人的婚姻家庭关系，由此引起的离婚案件增多。郊区法院在审理“第三者插足”而引起的离婚案件时，注重分清是非责任，对有过错一方和第三者给予批评教育，必要时建议有关单位给予行政处分。对有过错一方提出离婚的，如夫妻关系融洽，感情尚未完全破裂、无过错一方谅解，则做调解和好工作，不轻易判决离婚。如夫妻感情确已破裂，则调解离婚，调解无效时，在做好无过错一方思想工作的前提下，判决离婚，对插足他人家庭的第三者进行民事制裁。对无过错一方提出离婚的，经调解和好无望时，原则上准予离婚，并在子女抚养和财产处理上照顾无过错一方。如 1987 年审理的离婚纠纷案，原告解忠山、被告魏小丑经人介绍于 1982 年 3 月结婚。婚后，女方一直住在矿上，因年龄相差太大，性情不合，又在经济及生活问题上发生纠纷。被告仗其年龄小，多次对原告进行脚踢拳打，致使原告在无奈之下，诉至该院，要求与被告离婚。经充分调解，在和好无望的情况下，双方达成离婚协议：原、被告自愿离婚；共同财产存款 5000 元，原告分割 2000 元，被告分割 3000 元。

1988 年，郊区法院审结一起重婚案，1988 年 3 月 8 日被告人郭某云与自诉人栾某在河北井陉结婚，1988 年 12 月 26 日，被告人郭某云隐瞒已婚事实，又与本市郊区三郊乡三郊村的白某平结婚，并怀孕。郊区法院以重婚罪，判处被告人郭某云有期徒刑一年又两个月，缓刑二年。

进入 2000 年后，郊区法院针对婚姻家庭纠纷案件居高不下（占民事案件的 50% 以上）的情况，在处理家庭婚姻案件时，以保障妇女儿童和老人的合法权益为要旨，以耐心细致的思想疏导工作为手段，维护社会主义婚姻家庭制度，积极稳妥处理婚姻家庭纠纷。2000 年，审理此类案件 249 件，其中，调解结案 85 件。

2001 年 4 月 28 日，第九届全国人大常委会第二十一次会议对《婚姻法》进行修改，修正后的《婚姻法》第三十二条规定：“人民法院审理离婚案件，应当进行调解；如感情确已破裂，调解无效，应准予离婚。有下列情形之一，调解无效的，应准予离婚。（一）重婚或有配偶者与他人同居的；（二）实施家庭暴力或虐待、遗弃家庭成员的；（三）有赌博、吸毒等恶习屡教不改的；（四）因感情不和分居满二年的；（五）其他导致夫妻感情破裂的情形。一方被宣告失踪，另一方提出离婚诉讼的，应准予离婚”。郊区法院依照上述新增规定，办案中贯彻调解原则，认真做当事人思想工作，教育批评与疏导转化相结合，诉讼调解与动员社会力量相结合，不简单一判了事，认真审理每一起离婚案件。这一时期，郊区法院所审结的离婚案件中，调解和好和调解离婚结案的约占70%。在夫妻共同财产的分割上，坚持男女平等和照顾妇方和子女权益的原则。对于因男方过错引起的离婚案件，在财产分割时考虑给无过错方适当补偿。在确定子女由哪方抚养时，充分尊重子女的意愿，照顾他们的利益。修正后的《婚姻法》规定："夫或妻在家庭土地承包经营中享有的权益等，应当依法予以保护。夫妻书面约定婚姻关系存续期间所得的财产归各自所有，一方因抚育子女、照料老人、协助另一方工作等付出较多义务时，离婚时有权向另一方请求补偿，另一方应当予以补偿。离婚时，如一方生活困难，另一方应从其住房等个人财产中给予适当帮助"。郊区法院在审理离婚案件中分割共同财产时除贯彻上述规定外，还依据《中华人民共和国妇女权益保障法》《未成年人保护法》等有关规定，着重保护妇女、儿童利益。2001年，郊区法院处理婚姻纠纷案件267件。

进入21世纪后，郊区区域内老年人离婚案件逐渐增多。如：原告任登爱，女，1955年6月16日出生，汉族，阳泉市郊区荫营镇坪上村人，阳泉固庄煤矿退休干部，住固庄煤矿宿舍。被告段银林，男，1955年1月4日出生，汉族，阳泉市郊区河底镇邓家峪村人，阳泉固庄煤矿车管科工人，住邓家峪村。1981年10月与被告登记结婚，婚后二人因性格不合经常发生纠纷。2005年9月，原、被告再次发生纠纷，原告遂离家出走，双方分居。原告提起离婚诉讼后，郊区法院判决原告任登爱与被告段银林离婚；原、被告位于邓家峪村的四眼窑洞，两间房归被告所有，位于固庄煤矿21栋4单元401号房屋归原告所有。

这一时期，随着物价水平逐年提升，结婚的成本愈来愈高，郊区开始出现外省姑娘嫁给本地小伙现象。其中，也有一些女性结婚仪式后一走了之，于是男方向人民法院提出离婚。郊区法院在处理此类案件时，一般都判决离婚，并及时向公安机关提供线索。如：原告胡海红、被告曾真（贵州人）于2007年10月19日登记结婚，2007年10月22日，被告离家出走，至今未归。原、被告双方未生育子女，无财产纠葛。2007年10月23日，原告曾到河底派出所报案，称被人骗婚。2008年12月12日，原告向郊区法院提起诉讼，要求解除原、被告的婚姻关系。郊区法院判决原告胡海红与被告曾真离婚。

郊区法院受理的外来婚姻案件有以下一些特点：一、案件全部为外来女性与阳泉本地男性缔结的婚姻，提起离婚诉讼的原告绝大多数为外来女性。二、结婚时间较短暂，一般婚龄不超过十年。三、离婚的诉由大多为受到家庭内部的歧视，生活习惯不同导致矛盾，与公婆关系不睦，遭到丈夫打骂等，而被告的抗辩多数是原告不承担家庭责任，也有较多反映原告在家飞扬跋扈，对家人有诸多不敬等；四、离婚的实际导火索往往是家庭发生变故，如丈夫失去劳动能力，有时则是遇到拆迁，家庭分到大量钱款或房屋；五、原告多数不主张子女的抚养权；六、对财产分割的诉求较高。通过上面的一些特点，反映出一些外来婚姻缔结的目的并不单纯，与本地人结婚成为部分外来女性从农村通向大城市的跳板。而客观事实是，接受外来婚姻的本地人往往或家庭环境较差，或个人能力较差。婚后，困难的家庭生活难免使外来女性心理上与预期产生较大的落差，而感情基础本身就比较薄弱，使婚姻亮起红灯的可能大增。

随着社会的进步，女性那种“嫁鸡随鸡，嫁狗随狗”的传统落后观念逐渐消失，追求幸福和自由的心理逐渐增强。一部分中青年妇女的社会、经济地位明显提高，对男子的依附性随之减弱，遇夫妻关系不睦或受到不公正待遇时，妇女不屈从，提出离婚便成为她们解脱“痛苦”婚姻的合法途径，由此女方提出离婚的增多。郊区法院对这类离婚案件的审判，坚持注重调解的原则，尽可能地做双方的思想转化工作，促使夫妻双方摒弃前嫌，重归于好。对夫妻感情确已破裂的，及时判决，防止久调不决。

郊区法院受理的离婚案件中，有的夫妻双方感情并未破裂，为了规避计划生育义务，生二胎，向法院起诉请求判决离婚，债务由无偿还能力的一方承担，达到逃避债务的目的。郊区法院在审理此类离婚案件过程中，如发现当事人有规避计划生育义务、逃避债务行为的，一般判决不予离婚。如判决离婚，则事先征询计划生育部门意见或通知债权人先解决债务问题，而后解决离婚问题。

郊区法院审理离婚案件时，大部分夫妻对财产分割存在争议。改革开放后，经济迅速发展，人民收入普遍提高，家庭财产越来越多，房产、银行存款、高档电器和家具普及率越来越高。特别是新农村建设全面铺开后，房价普遍上涨，伴随离婚而来争要房产尤其是女方争要房屋的增多。而且还出现了争要企业股份或是商店的案件。郊区法院依照《民法通则》《婚姻法》《妇女权益保障法》等有关法律，分清个人财产、夫妻共同财产和家庭共同财产，坚持男女平等，保护妇女、儿童合法权益，照顾无过错方，尊重当事人意愿，坚持有利生产、方便生活的原则，合情合理予以解决。如：原告李树文、被告李玉萍于2001年10月25日登记结婚，婚后生育一女，其间，原、被告经常因生活琐事发生矛盾，导致夫妻关系逐渐恶化，原告以夫妻感情彻底破裂为由，向郊区法院提起离婚诉讼。经询，被告同意离婚。经郊区法院调解，双方达成以下协议：1. 原告李树文与被告李玉萍离婚；2. 婚生女李雅菁随被告李玉萍生活，原告李树文每月支付抚育费200元至其独立生活时止，原告李树文可以随时探视婚生女；3. 股票卡一张及现金八千元归被告李玉萍所有，其他财产归原告李树文所有；4. 原、被告及婚生女日常生活用品及随身衣物各归各有。对房屋的分割，一般按照有关的法律规定处理，凡婚前自购房屋的，双方结婚时间不长，又没有事先约定的，该房为房屋自购方个人财产，离婚时一般不分割；凡夫妻关系存续期间共同购置房屋的，该房认定为夫妻共同财产，分割时考虑双方的经济收入，离婚后住房的实际情况因案制宜地处理。

2007 年～2015 年离婚案件结案情况一览表

年份	旧存	新收	结案	结案情况				未结		小计（旧存、新收）
				判决解除	判决维持	调解解除	调解维持	件	中止	
2007	5	260	247	74	66	58	19	18		265
2008	18	195	193	46	21	35	50	20		223
2009	20	194	211	31	16	56	66	3		214
2010	3	164	165	21	19	53	48	2		167
2011	2	166	168	30	20	50	26			168
2012		277	277	16	9	70	51			277
2013		276	275	20	19	68	63	1		
2014	1	230	228	18	20	43	40	3		231
2015	3	174	148	20	27	42	22	29		177
总计	52	1936	1912	276	217	475	385	76		1722

2007 年～2015 年婚姻家庭纠纷结案情况一览表

年份	离婚	解除非法同居	婚姻无效纠纷	撤销婚姻纠纷	婚姻自主权纠纷	婚约财产纠纷	登记离婚后财产纠纷	夫妻财产约定纠纷	扶养抚养关系纠纷	抚育费纠纷	扶养费纠纷	监护权纠纷	生身父母确认	赡养纠纷	确认收养关系	解除收养关系	探视子女纠纷	分家析产	其他	小计
2007	247					2			3	3	2			3		1	1	1		263
2008	193					2	1		4	14	2			4	1	3	1	2	6	233
2009	211								8	3	2			4				7	27	262
2010	165					1	2		4	4	1			3		3		1	14	196
2011	168					2	2		7	1	7	2		2			1	1	9	202
2012	277					2	1		4	1	8			4		2		1	1	301
2013	275	1				4	4		3	1	6	1		8		1			6	310
2014	228	1					1		2	5	4	1		2		1			3	248
2015	148					1	3		5	5		1		4	1	1			33	202
总计	1872					14	14		40	37	32	5		34	2	12	3	13	99	2217

第四节 审理赡养、抚养、扶养案件

赡养、抚养、扶养三类案件，在民事审判工作中，被统称为“三养”案件。此类案件在1980年前，一般由各乡镇进行处理。1983年以后，郊区法院开始受理“三养”案件。1991年，第二部《婚姻法》正式实施后，诉至郊区法院的“三养”案件开始增加。郊区法院依照《民法通则》《婚姻法》及《最高人民法院关于贯彻执行民事政策法律若干问题的意见》等有关规定，在审理“三养”案件时，注意保护弱者的合法权益，提倡养老育幼，尽量促使当事人之间自愿达成协议。郊区法院“三养”案件以调解方式结案的达到了80%以上。“三养”案件的原告，大都生活比较困难，因此，郊区法院对“三养”案件采取优先立案、优先审理、优先执行。对情况紧急的，裁定义务人先行给付一定的钱物。

一、赡养案件

阳泉郊区民风纯朴，百姓厚道，赡养纠纷始终处于低发状态。

1978年12月中共十一届三中全会后，中国特色社会主义法制进一步健全，赡养案件开始增加，并出现一些新的变化，主要有：以析产不均为借口，拒绝赡养老人的；因生活消费品调价，老人要求增加生活费的；因子女负担不均，互相推诿承担父母生活费的；有子女拒绝赡养再婚老人的；有以父母未尽抚养义务，而不赡养老人的，等。郊区法院在审理此类案件时，按照《婚姻法》关于“子女对父母有赡养扶助的义务”“养父母和养子女间的权利和义务，适用本法对父母子女关系的有关规定”，以及“子女不履行赡养义务的，无劳动能力的或生活困难的父母，有要求子女给付赡养费的权利”等规定，依法切实保护老年人的合法权益。

赡养案件中的原告均为老年人，郊区法院为方便他们诉讼，对提供证据有困难的，该院法官则主动依法调查取证，赡养一般裁定先予执行。为减轻当事人讼累，尽量采取巡回审理方式，到老人居住地就地开庭，就地解决问题。

如原告郭怀明与原告高舍云系夫妻，被告郭春平与被告马素英，系二原告的长子、长媳。2004年5月，原告郭怀明被确诊为直肠癌，并于2004年7月，在阳煤集团总医院做了手术，共花去医疗费12100元，此款由二原告和次子郭新平，从亲戚、朋友处筹借而来。二原告因二被告既不出钱，也不去医院陪侍发生争执，遂于2005年3月25日诉至郊区法院。该院依照《婚姻法》有关规定，判决被告郭春平，于判决生效后10日内，一次性给付原告郭怀明医药费6050元；被告郭春平自判决生效之日起，按月给付原告郭怀明与原告高舍云生活费50元。

2004年，郊区法院针对农村赡养纠纷较为突出的问题，进行了专题调研，经对域内农村经济状况和家庭情况分析认为，导致郊区农村赡养纠纷案件多发的原因主要有五：一是农村经济状况差。二是部分赡养人的法律意识和道德观念较差，无视家庭美德。三是农村多子女现象，引发赡养纠纷。四是农村子女长年外出务工，造成老年人生活无着。五是农村社会保障机制不健全，导致赡养案件多发。因此，郊区法院一方面加强法制宣传教育，提高赡养老人的法律意识。另一方面，积极发挥人民法院对各级调解委员会的指导作用，努力将赡养纠纷，解决在基层和萌芽状态。同时妥善处理农村赡养纠纷案件，扩大办案社会效果，为农村精神文明建设营造良好地法制环境。

2013 年，审结赡养纠纷案件 8 件。1 月 4 日，对原告史桂花与被告翟计莲、翟计堂赡养纠纷一案，郊区法院依法组成合议庭，进行了公开开审理，并依据《中华人民共和国婚姻法》第二十一条第一款、第三款，《中华人民共和国老年人权益保护法》第十一条第一款、第十二条，以及其他相关法律法规之规定，作出判决：原告史桂花住院期间自费的医疗费 10194.68 元，由被告翟计莲负担 4097.34 元（已核减其在原告住院期间先行给付的 1000 元），由被告翟计堂负担 5097.34 元；被告翟计莲与被告翟计堂自 2012 年 10 月起，每月分别给付原告史桂花赡养费 473 元；原告史桂花今后的日常生活起居由被告翟计堂负责照顾，被告翟计莲则自本判决生效之日起按月给付原告史桂花陪侍费 300 元；同时驳回原告史桂花其他诉讼请求。

2007 年～2015 年赡养案件结案情况一览表

年份	旧存	新收	结案	结案情况							未结	小计（旧存、新收）
				判决	驳回	撤诉	终结	其他	调解	移送		
2007	2	3	3	2				1			1	5
2008	2	2	4	4								4
2009		4	4			1			3		1	4
2010		4	3	3							1	4
2011	1	1	2	1					1			
2012		4	4	1		1			2			4
2013		8	8	3		1			4			8
2014		2	2	1				1				2
2015		3	3	1		1			1			3
总计	5	31	33	16		4		2	11		3	34

二、抚育费纠纷案件

1975年~2015年，郊区法院依据《婚姻法》《最高人民法院关于贯彻执行民事政策若干问题的意见》和《最高人民法院关于人民法院审理离婚案件处理子女抚养问题若干具体意见》等有关规定，从有利于子女身心健康，保障子女的合法权益出发，结合父母双方的抚养能力和抚养条件等具体情况妥善解决。凡属抚养责任的争执，依照《婚姻法》第二十九条关于“离婚后，父母对子女仍有抚养和教育的权利和义务；离婚后，哺乳期后的子女，如双方因抚养问题发生争执不能达到协议时，由人民法院根据子女的权益和双方的具体情况判决”的规定处理。凡属抚养费的争执，依照《婚姻法》第三十条关于“离婚后，一方抚养的子女，另一方应负担必要的生活费和教育费的一部分或全部，负担费用的多少和期限的长短，由双方协议；协议不成时，由人民法院判决。关于子女生活费和教育协议或判决，不妨碍子女在必要时向父母一方提出超过协议或判决原定数额的合理要求”的规定处理。如：2001年5月16日，原告法定代理人刘新巧，与被告因感情破裂，经郊区法院判决离婚，原告随其母刘新巧生活，由被告每月支付120元抚养费，至独立生活时止。随着年龄增长，原告面临入托，生活费和教育费均有较大幅度增长，原先判决的抚养费，已不能维持实际生活开支，且被告的工资自2004年1月份，已增至950元。故原告提起诉讼，要求判令被告自2004年起，每月支付原告抚养费300元，至其独立生活时止。郊区法院根据《婚姻法》规定，判决被告每月负担原告的抚育费，由原120元，增至180元。

20世纪80年代，独生子女政策开始实施，阳泉市郊区农村由于传统的传宗接代思想影响，多数当事人离婚后，争取小孩的，尤其是男孩的抚养权，成为诉讼的焦点。从20世纪90年代后期开始，又出现了夫妻双方都不愿抚养小孩的情况，此类案件约占离婚案件的10%。主要原因有三：一是担心自己经常外出工作，小孩无人管教；二是担心将来子女的生活、教育等费用高，负担拖累重；三是担心影响自己再婚。

2000年以后，阳泉郊区城乡的独生子女普遍增多，又出现夫妻离婚后女方要求抚养子女增多的情况。郊区法院在审理此类案件时，确定子女由哪方抚养，主要依据双方经济情况、道德品质、对子女是否爱护、便利抚养等条件，在充分尊重子女意愿的基础上，从保护未成年人切身利益、有利于未成年人健康成长的高度作出裁定或判决，如抚养一方死亡，另一方要求抚养的，原则上予以支持；如果孩子年龄较大，则根据本人意愿决定；对原判抚养费偏低或因物价上涨，教育费等增加，当事人要求追加抚养费的，郊区法院则根据现实生活水平和父母的经济负担能力等实际情况，酌情予以增加。如2001年5月16日，原告法定代理人刘新巧，与被告因感情破裂，经阳泉市郊区人民法院判决离婚，原告随其母亲刘新巧生活，由被告每月支付120元的抚养费，至独立生活时止。随着年龄的增长，原告即将面临入托，生活费和教育费都有增长，原来的抚养费已远不能维持实际生活开支，且被告的工资自2004年1月份已增长至950元，故原告提起诉讼，要求判令被告自2004年起每月支付原告抚养费300元，至其独立生活时止。郊区法院根据婚姻法的规定，作出判决：被告每月负担原告的抚育费增至180元。

抚育纠纷案件在阳泉郊区地区始终呈低发态势。

2007年～2015年抚育费纠纷结案情况一览表

年份	旧存	新收	结案	结案情况							未结	小计（旧存、新收）
				判决	驳回	撤诉	终结	其他	调解	移送		
2007		3	3	2					1			3
2008		14	14	11				1	2			14
2009		3	3	1					2			3
2010		4	4	1					3			4
2011		7	7	2					5			7
2012		1	1						1			1
2013		1	1						1			1
2014		5	5	1					4			5
2015		5	5	2		1			2			5
总计		43	43	20		1		1	21			43

三、扶养费纠纷案件

扶养纠纷在阳泉郊区属低发、偶发案件，1975年2月郊区法院成立之后，此类案件多以调解、撤诉或自行终止结案。如1977年7月，郊区法院受理的原告张福明，与被告董玉兰离婚后的生活费纠纷，即以终止方式结案。

1981年1月，中华人民共和国新《婚姻法》实施后，离婚案件弱势一方，提出需要扶养的案件，在郊区时有出现。对此，该院依据《婚姻法》《最高人民法院关于贯彻执行民事政策法律若干问题的意见》进行审理。扶养费的裁定或判决，视离婚时当事人的经济情况决定。离婚时，一方生活确有困难的，根据《婚姻法》第三十三条规定，另一方应给予适当的经济帮助；双方协议不成时，由人民法院依法作出判决。对一方年纪尚轻，且有劳动能力，生活暂时遇到困难的当事人，一般判决另一方，给予短期或一次性经济帮助；对结婚多年，一方年老病残，失去劳动能力，又无生活来源的，则判决另一方，在居住和生活方面，给予适当安排。对经济帮助期间，受资助方另行结婚的，则终止给付；原定经济帮助执行完毕后，一方要求对方继续给予经济帮助的，一般不予支持。

2007 年～ 2015 年扶养费纠纷结案情况一览表

年份	旧存	新收	结案	结案情况							未结	小计（旧存、新收）
				判决	驳回	撤诉	终结	其他	调解	移送		
2007	1	2	2						2		1	3
2008	1	1	2	2								2
2009		2	2	1		1						2
2010		1	1	1								1
2011		7	7	2					5			7
2012		8	8			2			6			8
2013		6	6			1			5			6
2014		4	4			2			2			4
2015												
总计	2	31	32	6		6			20		1	33

注：2015 年无此类案件

2007 年～ 2015 年抚养、扶养关系纠纷结案情况一览表

年份	旧存	新收	结案	结案情况							未结	小计（旧存、新收）
				判决	驳回	撤诉	终结	其他	调解	移送		
2007	2	3	3	3							2	5
2008	2	3	4	1		1		1	1		1	5
2009	1	8	8	3		1			4		1	9
2010	1	4	4						4		1	5
2011	1	6	7	1					6			7
2012		4	4						4			4
2013		3	3			2			1			3
2014		2	2						2			2
2015		5	5	2		1			2			5
总计	7	30	40	10		5		1	24		5	45

第五节 审理继承纠纷案件

1975 年～ 1978 年，郊区法院继承纠纷案件不多。1975 年 1 月受理的原告齐巨珍与被告齐巨宝继承纠纷，以调解方式结案。这件案件系郊区法院自建院以来所受理的第一件继承案件。

中共十一届三中全会以后，随着国家各项政策的贯彻落实，继承案件逐年增多。这一时期继承纠纷争议的标的，一半左右是房屋。郊区法院根据《宪法》《婚姻法》和《最高人民法院关于贯彻执行民事政策法律若干问题的意见》及有关政策法律的规定，坚持男女平等、养老育幼，保护继承人的合法继承权，并劝导当事人发扬互助互让、和睦团结的道德风尚，巩固和改善社会主义家庭关系。1985 年 10 月 1 日《继承法》颁布实施。《继承法》对继承人、继承范围、继承顺序、继承形式、继承时效、遗产的处理等，都作了明确的规定，使人民法院处理继承案件有了法律依据。《继承法》实施后，继承遗产的范围进一步扩大，要求依法保障继承权的随之增多，关系日益复杂。主要表现为：已婚妇女、养子女、继子女争继承权的增多；再婚老人在配偶死后同继子女、法定继承人以外的人争继承权的增多。除争议房屋外，还争农用车、耕牛等生产资料。继承的方式除法定继承外，还有遗嘱继承。2000 年以后，继承股权、商店等案件时有出现。郊区法院审理继承案件，主要依据《婚姻法》《继承法》和《最高人民法院关于贯彻执行中华人民共和国继承法若干问题的意见》以及其他有关法律、法规进行处理。

对于法定继承案件，如遗产与夫妻共有财产结合在一起的，郊区法院在审理时，先将遗产从共有财产中划分出来，然后分割。如果同一顺序法定继承人的情况基本相近，一般裁决平均分配。但对未成年、无生活来源或对被继承人尽义务较多的继承人，予以照顾。如原告李建忠、李建国、李建英与被告李红英系兄弟，兄妹关系，其父母共同生育三子一女，即原、被告 4 人。至 1998 年 11 月，原、被告的父母先后过世，留下坐落于阳泉市郊区平坦镇石卜咀村的六眼窑洞和二间平房，原、被告就父母留下的遗产如何分割，曾多次进行协商，但未达成一致意见，故提起诉讼。另：两间平房在修建时未进行审批，属超占面积，应交罚款 474.60 元，但该款项至今尚未交付。庭审中，被告李红英以书面形式，主动放弃了对父母所留遗产的继承权。郊区法院依照《继承法》规定，作出了以下判决：1. 原告李建忠继承遗产中中间的两眼窑洞；被告李建国继承遗产中靠南边的两眼窑洞；被告李建英继承遗产中靠北边的两眼窑洞及二间平房；2. 所欠债务 474.60 元，由原告李建忠、被告李建国与李建英三人共同偿还。

《继承法》施行后，因儿子不抚养老人导致老人将遗产以遗嘱的方式赠于女儿的案件在郊区时有出现。郊区法院在判决此类案件时，一般尊重老人的遗嘱。如：郊区荫营镇下白泉村村民郭占清、郑玉花夫妇生前膝下共有二子二女，儿子郭金福、郭银福，女儿郭义文、郭改文。1989年6月8日，郑玉花去世。2004年8月30日，郭占清立下遗嘱，将位于下白泉村的一处房产中属于自己名下的份额（包括其继承其妻郑玉花的房产份额）和受赠于女儿郭义文、郭改文继承生母的房产份额，全部指定在其去世后由原告继承。此遗嘱于2004年9月7日经阳泉市郊区公证处办理了公证〔（2004）阳郊证民字第92号〕。2004年9月26日，郭占清去世。因原、被告就遗产的继承发生争议，原告于2005年3月25日将被告诉至郊区人民法院。郊区法院通过审理后认为，原、被告之父郭占清生前所立遗嘱系其真实意思表示，且有阳泉市郊区公证处公证人员现场公证，应属有效。郭义文、郭改文对自己应继承的遗产份额作出的处分并不违反法律规定，真实明确，郊区法院依法予以确认。依据《中华人民共和国继承法》第十三条第一款“同一顺序继承人，继承遗产的份额一般应当均等”之规定，被告郭银福继承其母郑玉花的房产份额，应为全部诉争房产的1/10。被继承人郭占清生前的医疗费依据《中华人民共和国老年人权益保障法》第十二条之规定，应由其子女共同负担；而在其去世后用于安葬支出的费用，被告也理应予以合理分担。鉴于被告应继承的房产份额在全部诉争房产中份额较小，从方便管理的角度考虑，诉争房产归原告较妥；同时，考虑到原告已先行负担被继承人郭占清的医疗费和安葬费，故在房产上，原告对被告不再给予相应的补偿。依据《中华人民共和国继承法》第五条、第二十九条、及上述相关法律之规定，作出判决：1.原、被告诉争的房产归原告郭金福所有，被告郭银福于判决生效后三十日内腾出。2.原、被告之父郭占清生前因看病所花医疗费、及其去世后因安葬支出的全部费用，均由原告郭金福负担。

在郊区法院所受理的继承案件中，有时也会出现一方收养养子的案件。郊区法院在处理此类案件时，根据不同情况，并尊重当地风俗，依法判案，依法保护养子的合法权益。如：1981年1月20日，余玉锁因无子与陈政军签订协议，双方约定陈政军为余玉锁义子，陈政军改姓为余，有养老送终、披麻戴孝的义务，死后埋到余玉锁墓的脚下，并一直在余玉锁处生活。余玉锁的两眼窑洞、火房、地盘及一切财产全归陈政军所有。陈政军可以与老家来往，但不承担经济补养的权力。此协议代笔人、中人为余泽。虎妮与余玉锁结婚时史虎妮带着一个女儿即余秀孩，二人婚后又生育一女即余秀梅。余玉锁于2003年8月24日死亡，史虎妮于2005年清明节死亡。郊区法院依照继承法的规定，判决被告余秀孩、被告余秀梅，在判决生效后十日内，将余玉锁、史虎妮遗留的窑洞两眼、火房一间，返还原告余政军。被告余秀孩、余秀梅，在判决生效后十日内，连带返还原告余正军卖煤款250元。被告余秀孩，在判决生效后十日内，将余玉锁、史虎妮遗留的7000元，返还原告余正军。被告余秀梅，在判决生效后十日内，将余玉锁、史虎妮遗留的3000元，返还原告余正军，同时驳回原告余正军其他诉讼请求。

2000年，法院充分发挥基层法庭的前沿阵地作用，积极化解宅基地及房屋纠纷。宅基地和房产纠纷矛盾，是郊区农村的常发民事案件，既是讼争难点，也是诉讼焦点，这类案件如得不到及时解决，就可能导致矛盾激化，事态扩大，酿成恶性后果，法院积极配合当地党委、政府，紧紧依靠土地部门和村民委员会，深入实地，调查研究，现场办案，现场开庭，就地解决，收到审理一案，教育一片，安定一方的效果。年内，郊区人民法院各基层法庭共审理此类案件370件，诉外调解化解宅基地和房产纠纷案件127件。

2000年以后，阳泉市郊区开始大力实施招商引资政策，在旧村改造中拆迁补偿纠纷、房产纠纷和遗嘱争议案件开始大量出现。

如2007年10月份审结的郭巧云遗嘱争议案：1957年，原告崔彩玲生父母离婚，原告随父亲生活。1969年，原告之母郭巧云与第三人王某田、王某业的父亲王茂文结婚，其时，王某田11岁，王某业6岁。2006年，被告李家庄乡李家庄村进行旧村改造，并同郭巧云签订《李家庄村旧村改造拆迁安置补偿协议书》，郭巧云亦同两个继子（即第三人）签订住房分割协议，其中一套归郭巧云所有，另一套归两个继子所有。2006年11月，郭巧云去世。郭去世前曾立遗嘱，将属于自己的70平方安置房指定由原告继承。后原告找被告催要住房，被告提出“因郭巧云死亡，其住房安置的相关问题应首先通知王学田、王学业兄弟二人；有异议或纠纷，可暂不分房，待纠纷协商处理有最终结果（归谁所有）后，再分房”。原告认为被告此行为侵犯了其合法权益，遂于2007年10月15日诉讼在案。郊区法院依照《民法通则》和《继承法》规定，判决郭巧云所立遗嘱合法有效；被告阳泉市郊区李家庄乡李家庄村村民委员会于判决生效后十日内，将郭巧云名下的70平方米安置房一套交付给原告崔彩玲。

2007年～2015年继承纠纷收、结案一览表

年份	旧存	新收	结案	结案情况							未结	小计（旧存、新收）
				判决	驳回	撤诉	终结	其他	调解	移送		
2007	2	7	5	5							4	9
2008	4	8	11	7		2			2		1	12
2009	1	8	6	2					4		3	7
2010	3	4	7	6					1			7
2011		6	6	4		2						6
2012		8	8	1		5			2			6
2013		4	4	1		2			1			4
2014		2	2						2			2
2015		6	3	1		1			1			6
总 计	10	53	52	27		12			13		8	59

2007年～2015年继承纠纷结案情况一览表

年 份	法定继承	遗嘱继承	继承权确认纠纷	被继承人债务清偿纠纷	遗赠	遗赠扶养协议	其他	小 计
2007	2	1			1		1	5
2008	5	2			3		1	11
2009	6							6
2010	7							7
2011	6							6
2012	6						2	8
2013	2	1					1	4
2014	2						2	4
2015	3							3
总 计	39	4			4		7	53

第六节　审理劳动争议案件

1978 年 12 月中共十一届三中全会以后，国家逐步对劳动用工进行改革，劳动纠纷案件在郊区法院也不时出现。不过，直到 2004 年以后，郊区法院才开始出现真正意义上的劳动争议案件。劳动争议纠纷案件产生的原因，一是企业产权制度的改革和现代企业制度的建立，引发的变更、解除劳动合同及下岗、内退、买断工龄的争议不断出现；二是企业形式出现多样化，部分企业特别是有的外资、私人企业重效益轻权益，用人机制不尽规范，造成劳动纠纷案件增加；三是劳动者法制意识、维权意识逐步增强，诉讼成为劳动争议中维护自身合法权益的主要手段。

劳动争议案件有以下特点：1. 劳动者为维护自己的权益，作为原告起诉的多；2. 劳动争议案件的举证责任，除适用“谁主张，谁举证”的一般原则外，在劳动者作为原告的案件中，还可适用举证责任倒置，即由用人单位负责举证；3. 一些劳动争议案件判决后，用人单位并不执行法院判决。实际上用人单位只要对劳动者作出了开除、除名、辞退或解除劳动合同的决定，不论正确与否，后果往往都是劳动者丧失了在该单位从业的机会。

劳动争议案件由于争议主体的多样化和争议内容的广泛性，往往涉及面广，社会影响大。一个案件的判决就可能引发大量同类案件，给企业和当地政府造成一定的压力。为此，郊区法院严格依据《劳动法》和最高院司法解释审理劳动争议案件，程序上一般按照“先仲裁后起诉”原则处理。既依法保护用人单位正当的录用、辞退、开除职工或解除劳动合同的自主权，又依法制约用人单位滥用劳动用工权和工资、奖金分配权。对于用人单位制定的规章制度，如不违反国家法律规定并已告知劳动者的，可以作为审理案件的依据；如与《劳动法》相悖的，法院从切实保护劳动者的合法权益出发，不予支持。针对劳动争议纠纷中，用人单位凭借管理者的优势，掌握着争议事实材料的特点，法院适当加重用人单位对开除、除名、辞退等处分行为的举证责任，用人单位持有不利于自己的证据而不肯提供的，推定劳动者的主张成立。

20 世纪 90 年代，主要是追索承包人拖欠职工工资的案件。如：1996 年初，郊区法院受理了李家庄乡硫铁矿 40 余名工人，诉承包人拖欠工资案。郊区法院审判人员深入李家庄乡硫铁矿，连续工作七昼夜，取得大量人证和物证，找到被告方晓之以法，耐心规劝，说服承包人如数给付 40 余名农民工被拖欠的工资。

在劳动争议纠纷案件中，郊区法院受理的其他劳动争议案件通常有 4 种类型：

1. 用人单位开除、除名、辞退，或者劳动者辞职、自动离职发生的争议；

2. 履行、变更、解除、终止、续订合同及合同效力确认等过程中所发生的争议；

3. 执行国家有关劳动条件、社会保险、社会福利待遇政策规定方面引起的争议；

4. 因劳动者与用人单位终止或解除劳动关系就经济补偿和赔偿发生的争议等。

郊区法院审理这些案件，主要按照《民法通则》《劳动法》等法律规定审理，贯彻调解原则，调解不成，则依法判决。对于有给付能力而拖欠不付的，责令其付清全部拖欠工资；对拖欠时间较长的，还要判决给付拖欠工资的逾期利息；对确属经济困难而造成拖欠的，允许分期清偿；对于追索劳动报酬、工伤赔偿等案件，如企业的处理认定事实清楚，适用法律基本正确，只是认定给付的数额明显不当的，判决予以变更；对于个别案件判断决变更用工单位处理决定的，一般事先向有关单位说明情况，并做好当事人双方的思想工作，以便取得良好的效果。

如：原告杨贵福诉中国人寿保险公司阳泉分公司劳动争议案。杨贵福系原中国人民保险公司阳泉市中心支公司盂县支公司职工，1996 年 6 月因一起家庭伤害案，被盂县人民法院判刑，缓期执行。同年中国人民保险公司阳泉市中心支公司，分立为中保人寿保险有限公司阳泉市分公司和中保财产保险有限公司阳泉市分公司，分立时上述两个公司职工中均无原告杨贵福。原中国人民保险公司阳泉市中心支公司，及其分立后的二公司，亦均未向原告杨贵福下发书面除名通知。原告从他人处得知自己被除名，但未收到有关通知。1997 年 11 月，中保人寿保险有限公司阳泉市分公司安排原告到郊区支公司从事财务工作，月工资 1017 元，但未签订书面劳动合同，享受临时工待遇。此后，原告先后在该公司不同工作岗位工作。中保人寿保险有限公司阳泉市分公司后变更为中国人寿保险公司阳泉市分公司，后又变更为中国人寿保险公司阳泉分公司，之后又变更为中国人寿保险股份有限公司阳泉分公司。中保财产保险有限公司阳泉市分公司，则变更为中国人民保险公司阳泉分公司，后又变更为中国人民财产保险股份有限公司阳泉市分公司。杨贵福因与中国人寿保险公司阳泉分公司劳动争议一案，向阳泉市劳动争议仲裁委员会申请仲裁。阳泉市劳动争议仲裁委员会根据《中华人民共和国劳动法》第七十二条、第七十八条之规定裁定：1. 当事人双方应签订无固定期限的劳动合同。2. 由被诉人（中国人寿保险公司阳泉分公司）为申诉人（杨贵福）缴纳各项社会保险。3. 驳回申诉人（杨贵福）的其他申诉请求。杨贵福不服仲裁裁定，向郊区法院提起诉讼。另经郊区法院调查，中国人寿保险股份有限公司阳泉分公司，于 1997 年实行了全员劳动合同制。该院根据劳动法规定，作出判决：1. 被告中国人寿保险股份有限公司阳泉分公司，与原告杨贵福签订劳动合同。2. 被告中国人寿保险股份有限公司阳泉分公司，按照本单位与杨贵福从事相同工作、付出等量劳动、取得相同劳绩的劳动者的工资标准，向原告杨贵福支付劳动报酬。3. 被告中国人寿保险股份有限公司阳泉分公司，为原告杨贵福交纳各项社会保险费。4. 被告中国人寿保险股份有限公司阳泉分公司，向原告杨贵福提供福利待遇。5. 被告中国人民财产保险股份有限公司阳泉市分公司，对原告杨贵福不承担责任。

进入2000年后，涉及农民工的追索劳动报酬案件增多。郊区法院在审理此类案件时，积极为农民工开辟“绿色诉讼通道”，做到快立、快审、快执，依法给农民工及时有效的司法救助。

这一时期，许多劳动争议案件以行政诉讼的形式出现，多为劳动者不服劳动部门处罚，或不服劳动部门仲裁决定案件。2004年10月5日，第三人贾顺元与原告河北省曲阳县第三建筑工程公司第八工程队代理人吕满堂，签订《阳泉市养殖园区办公大楼基础施工协议书》，议定了零建工费和其他工种量的单价，但零建基础完工后，原告未付清第三人工程款，第三人及其他30民工，于2005年5月30日，向阳泉市郊区劳动和社会保障局提出举报，该局根据《中华人民共和国劳动法》和《劳动保障监察条例》有关规定，经局长办公会议研究，于2005年6月6日，作出“阳郊劳监决字〔2005〕第1号”《行政处理决定》，原告接到该决定书后，于2005年8月2日，向郊区法院提起诉讼。郊区法院根据《行政诉讼法》有关规定，判决撤销阳泉市郊区劳动和社会保障局2005年6月6日作出的“阳郊劳监决字〔2005〕第1号”《行政处理决定》，维护了农民工的权益。

2007年，审结劳动争议案件5件。原告史淑英，系被告阳泉市荫营百货商店在册职工，1993年11月，被告进行经营体制改革，从1993年12月1日起，实行国有民营、职工自由组合、自筹资金、自主经营、自行分配、自负盈亏体制，且国有民营期间实行五不变：商场资产所有权不变、隶属关系不变、职工身份不变、政治待遇不变、连续工龄不变；民营期间职工停发工资，取消福利待遇及各种补贴，不享受国家的婚假、丧假、产假、探亲假，“四假”由包干组或主包人安排，原工资记存档案；民营职工医药费自负；包干经营对在册职工优先，经营商品品类对经营小组人员优先，其余人需争标上岗；职工如不承包柜台，也不愿意聘用，商店不予安排，可办理停薪留职和调离手续，停薪留职金额一次交清（二年），调离手续不得超过12月份，否则按有关规定，作辞退处理等。原告未承包柜台，也未被聘用，从1993年11月起至诉讼发生之时，原告史淑英未在被告处上班，亦未办理任何手续，被告也未给原告发放工资。被告原名阳泉市人民商场荫营商店；史淑英与被告另一职工王慧英，因工资及社会保险待遇纠纷，于2006年向阳泉市劳动争议仲裁委员会申请仲裁。2007年1月4日，该仲裁委员会作出“阳劳仲裁字〔2006〕50号”仲裁裁决：1.由被诉人（即阳泉市荫营百货商店）为二申诉人（即王慧英、史淑英）缴纳其上班期间的社会保险费的单位应承担部分；2.由被诉人安排申诉人适当工作；3.驳回二申诉人的其他仲裁请求。史淑英不服仲裁裁决，向郊区法院提起诉讼。郊区法院审理后依法作出判决：驳回原告史淑英之诉讼请求。

2008年，审结劳动争议案件12件。如原告张文忠诉被告贾富牛、王培峰劳动报酬案。2007年11月1日，被告贾富牛与被告王培峰签订一份合同书，约定：1.甲方（即被告贾富牛）为乙方（即被告王培峰）提供场地、设备、电源、水源；2. 乙方负责工人安置、配备装载机、混煤供应及一些费用的开支自负；3. 甲方向乙方提供 30 万元流动资金，此资金归甲方所有，会计由甲方派遣，售后资金由甲方收取；4. 乙方加工后的二炭、三炭供给甲方，煤面、大炭、四炭归乙方所有。2008 年 1 月 1 日，被告贾富牛与阳泉市郊区恒丰精细化工有限公司签订租赁协议，约定被告贾富牛，租赁阳泉市郊区恒丰精细化工有限公司生产场地 3000 平方米。被告贾富牛租赁该场地后，交付被告王培峰管理使用，但二被告均未到工商行政管理部门办理营业执照。原告张文忠于 2008 年 1 月，受雇到煤场做杂工。其间，原告以借款形式预支工资 1000 元。由于煤场除前述预支过1000元工资后，拖欠原告工资一直未付，原告张文忠将贾富牛、王培峰诉至郊区法院。该院判决被告贾富牛、被告王培峰，于判决生效之日起十日内，一次性支付原告王来福工资款 9000 元。

2010 年以后，由于全省实行煤炭资源整合，导致涉乡镇煤管站的劳动争议案件激增。2011 年，郊区法院就受理此类案件 5 件，占当年受理劳动争议案件的 85% 以上。郊区法院在处理此类案件时，牢固树立大局意识和责任意识，切实保护好劳动者的合法权益。原告闫文生，于 1988 年 10 月，在被告荫营镇政府参加工作，是被告阳泉市郊区煤炭工业局下属荫营煤管站司机，其间，原告受二被告双重管理，工资由被告阳泉市郊区煤炭工业局拨付被告荫营镇政府，再由荫营镇政府统一考核后支付原告。2010 年 6 月 12 日，被告阳泉市郊区煤炭工业局出台《关于妥善安置乡镇煤管站人员的办法》：各乡镇煤管站工作人员实行全员下岗，原煤管站的只能由各乡镇安监站（经发办）代替；原有人员属乡镇编制的由乡镇府安排，属于临时工人员全部辞退，并一次性给予补偿；依据《合同法》第四十七条规定，补偿标准按照连续在煤管站工作年限，每满 1 年补偿 610 元；补偿资金由阳泉市郊区煤炭工业局一次性全额补偿；2000 年以前参加工作的，在原标准基础上，由各乡镇按每人每年再增加 200 元补助。原告闫文生于 2010 年 9 月 2 日，领取了经济补偿金 13420 元，随后，被告阳泉市郊区煤炭工业局向各乡镇发文，正式通知从 2010 年 10 月份起，全部解除包括原告在内等人的劳动关系。2011 年 5 月 31 日，原告向阳泉市郊区劳动争议仲裁委员会提出仲裁申请，请求裁定：1. 被告为原告安排工作（如不能安排工作支付经济补偿金）；2. 被告支付原告生活费并补发工资；3. 安排原告进行体检；4. 为原告缴纳社会保险或赔偿损失。2011 年 8 月 29 日，阳泉市郊区劳动争议仲裁委员会作出“阳郊劳仲裁字〔2011〕第 13 号长”《裁决书》，裁决被告与原告恢复劳动关系，由被告安排工作；原告领取的经济补偿金不再返还；驳回原告其他仲裁请求。因不服上述裁决，原告于 2011 年 9 月 8 日，向郊区人民法院提起诉讼。郊区法院依据《劳动法》规定，判决被告阳泉市郊区煤炭工业局、阳泉市郊区荫营镇人民政府，一次性支付原告闫文生违法解除劳动合同赔偿金、未签订书面劳动合同双倍工资、不达本地最低工资标准差额及赔偿金、社会保险金损失，共计 88138 元；被告组织原告进行离岗前的职业健康检查，并负担检查的相关费用。

在劳动争议案件中，有些劳动争议诉讼的对象为国家行政机关。如 2013 年审理的史月卿诉阳泉市人力资源和社会保障局不予认定其丈夫工伤案。原告史月卿丈夫段三润生前系阳泉市大阳泉煤炭有限责任公司的职工。2012 年 10 月 7 日，段三润按时上早班（上午 8 点至下午 4 点），和工友魏昶银、周宝成下井检查电气设备，中午时分，段三润突然感觉身体难受，心慌、发软。两个工友就让段三润升井去看病。段三润经过大约 50 分时间升井后，找到班长郭海林说明情况，郭海林安排段三润洗澡回家。段三润于 13 时左右回到家后，告知了其妻子史月卿情况。其时，段三润表情痛苦，救护车于 13 时 50 分赶到，经抢救无效，段三润于 14 时 35 分死亡，阳泉市人力资源和社会保障局作出“2013002 号”《不予工伤认定决定书》。郊区法院依据《中华人民共和国行政诉讼法》第五十四条第（二）项、中华人民共和国国务院令《工伤保险条例》第十五条第一款第（一）项之规定，判决撤销被告阳泉市人力资源和社会保障局于 2013 年 10 月 25 日作出的“2013002 号”《不予工伤认定决定书》，被告阳泉市人力资源和社会保障局重新作出具体行政行为。

2013 年 9 月，阳泉市郊区人民法院公开宣判了最高人民法院进行行政诉讼集中管辖试点后受理的第一件劳动争议类的行政诉讼案件，判决撤销被告阳泉市人力资源和社会保障局对原告谷小芬作出的工伤认定不予受理决定。

2014 年，郊区法院还受理了一件涉及企业高管劳动争议案件。1999 年 5 月以前，原告路向东在阳泉市煤炭物资供销总公司担任副总经理职务。1999 年 5 月 31 日，被告阳泉市煤炭工业局任命原告为阳泉市煤炭工业局劳动服务公司党总支委员、服务公司经理。2004 年 3 月 25 日，中共阳泉市安全生产监督管理局党组任命原告为阳泉市煤炭工业局劳动服务公司调研员（正科级），同时免去原告阳泉市煤炭工业局劳动服务公司经理职务。2005 年 11 月 4 日，被告阳泉市升源华商贸中心成立，原告的人事手续，转至该单位（单位性质系全民所有制企业）。2006 年 6 月 1 日，原告的基本养老保险关系，也转至被告阳泉市升源华商贸中心。2008 年 5 月 28 日，原告从被告阳泉市升源华商贸中心办理退休手续。2008 年 6 月 23 日，原告的退休工资手续转至阳泉市养老保险中心，每月的基本养老金为 1219.61 元。2014 年 3 月 17 日，原告向阳泉市劳动人事争议仲裁委员会申请劳动仲裁，要求按正科级待遇享受基本养老金。同日，阳泉市劳动人事争议仲裁委员会，以原告的申请不属于劳动（人事）争议处理范围为由，通知其不予受理。2014 年 4 月 4 日，原告诉讼在案，郊区法院作出驳回原告路向东诉讼请求的判决。

2014 年，由于经济下行压力增大，企业经营出现较大困难，域内劳动争议等群体性纠纷日渐增多。对此，郊区法院特别注重发挥社会各方面化解矛盾的组合优势，重点把握争议焦点，平衡各方利益，尤其是维护好涉案职工、失地农民等弱势群体的合法权益，努力消除影响社会稳定的不和谐因素。如春节前夕，该院即妥善处理一起富山村外来务工人员，因讨要工资不成以“上塔吊”极端方式进行维权的突发事件，在法院的司法干预下，33名农民工领到了辛苦钱。

2015年，郊区法院审结劳动争议犯罪案件33件。2013年3月，原告山西煤炭运销集团保安煤业有限公司与被告耿万生签订了3年期限的劳动合同，被告工种为修理工。2013年12月19日，因工作需要，山西煤炭集团阳泉郊区有限公司人力资源部向原告保安煤业公司出具（2013）阳郊煤销人调字第053号调令，调被告耿万生等75名职工到阳泉煤销恒源经贸有限公司工作。2014年3月20日，被告在工作时因病入住阳泉市第三人民医院住院治疗，2014年5月22日出院。被告住院之前一直在原工作场所、工作岗位工作，其每月工资均打入同一工资账号。被告认为其系工伤，为要求享受工伤待遇，于2014年5月13日向阳泉市郊区劳动争议仲裁委员会申请仲裁，要求：1、原告承担被告治疗期间的每月工资1800元和医疗费55507元及陪侍费7200元，共计64507元；2、原告为被告参加医疗保险、工伤保险，缴纳原告应当缴纳的保险费。2014年7月16日，阳泉市郊区劳动争议仲裁委员会作出（2014）第20号仲裁裁决书，裁决：1、原告与被告劳动关系仍然存续；2、原告应当按国家有关法律、法规规定承担申请人生病期间产生的一定比例的治疗费用及工资福利待遇；3、原告应当依法为被告参加各项社会保险，并足额缴纳社会保险费用。原告因不服该仲裁裁决书，于2014年8月6日诉讼在案。原告至今未为被告参加医疗保险、工伤保险。被告至今未进行工伤认定。郊区法院判处原告山西煤炭运销集团保安煤业有限公司与被告耿万生劳动关系仍然存续。原告山西煤炭运销集团保安煤业有限公司依法为被告耿万生参加医疗保险、工伤保险。 案件受理费10元由原告负担，反诉费10元由被告负担。

2007 年～2015 年劳动争议案件收、结案一览表

年份	旧存	新收	结案	结案情况							未结	小计（旧存、新收）
				判决	驳回	撤诉	终结	其他	调解	移送		
2007	1	7	5	2				3			2	8
2008	3	13	12	9		2				1	4	16
2009	4	366	367	13		319			35		3	370
2010	3	11	13	9					4		1	14
2011	1	14	14	10		2			1	1	1	15
2012	1	24	25	8		3		1	13			25
2013		18	17	3		7			7		1	18
2014	1	48	45	27	2	5			11		4	49
2015	2	47	33	13	3	13		1	2	1	16	49
总 计	16	548	531	94	5	351		5	73	3	32	564

2007 年～2015 年劳务合同纠纷收、结案一览表

年份	旧存	新收	结案	结案情况							未结	小计（旧存、新收）
				判决	驳回	撤诉	终结	其他	调解	移送		
2007	1	5						3			3	6
2008		6	4			1	1					6
2009		2	2	1		1						2
2010		1	1			1						1
2011		1	1						1			1
2012		4	4			3			1			4
2013		3	3					2	1			3
2014		1	1			1						1
2015		7	7	1					6			7
总 计	1	30	23	2		7	1	5	9			31

2007 年 ~ 2015 年劳动争议案件结案情况一览表

年份	劳动合同	集体劳动合同	事实劳动关系争议	劳动保险	其他	小计	劳务合同	年度总计
2007					5	5		5
2008	5				7	12	6	18
2009	8				359	367	2	369
2010			6		7	13	1	14
2011					14	14	1	15
2012		4	4		17	25	3	28
2013	3		3		11	17	4	21
2014	1		3		41	45	1	46
2015					44	44	7	51
总 计	17	4	16		460	542	25	567

第七节 审理宅基地和房地产纠纷案件

1975 年 ~ 1978 年，郊区法院处理此类案件，主要是调解，调解不成作出判决，这一时期判决此类案件没有明确的依据，主要是根据案情实际作了处理。如：原告范恭与被告王香妮地基纠纷案。原、被告系院邻，1973 年以后，双方因住家生火出烟经常发生纠纷。王香妮提出原告的爱人李变林，有意将炕火的烟放进他家里熏他，原告夫妇否认此事实，并提出被告前十几年，在大门外地基上私自修建厕所、猪圈各一个，侵占了他家的地基。1975 年 11 月 1 日下午双方吵架后，在原告的大门外，王香妮用自己的鞋打了范恭数下，范恭头部疼痛，经本大队卫生所检查治疗后，又到阳泉市化工局医院和阳泉一院检查治疗，共花医药费 19.67 元，经生产大队和人民公社调解无效后，遂介绍到郊区人民法院。郊区法院作出判决：1. 双方大门外地基是大队集体所有。被告已修的厕所、猪圈各一个，可继续使用，其余的空地基，以双方接连配窑山墙中间为界各自管理，以后任何一方搞任何建筑时，未经大队批准不得动工。2.1975 年 11 月 1 日下午打架纠纷中，范恭所花医药费凭单据共 19.67 元，由王香妮负责支付，误工损失由王香妮出工三十个工值（按七五年工算），到七六年底大队结算时，从王香妮户下拨给范恭，大队负责执行。3. 双方互骂都是错误的，给予批评教育。

1978年12月底中共十一届三中全会确立改革开放政策后，阳泉市郊区的农村经济得到较快发展，农民建造新房日益增多，居住相邻各方之间因建房涉及通风、采光、排水等引发的相邻关系纠纷、宅基地使用权纠纷也呈上升态势，此类纠纷审理得好坏关系到农村经济的发展和农村的社会稳定，为此，阳泉市郊区人民法院本着有利于生产、方便生活、团结互助的精神一方面宣传法律，另一方面不厌其烦地勘察现场，组织审判人员认真审理，谨慎裁判，避免矛盾激化，切实维护稳定。

1980年～1985年，随着国家各项政策的不断落实和第二次全国民事审判工作会议的召开，房屋案件有了新的法律依据和政策界限。人民群众要求落实历次政治运动中造成的房屋纠纷问题，使此类案件的受理数呈上升态势。如原告任福亮、被告阳泉二轻局任家峪锅厂因旧炉场一座双方协商发生纠纷一案，原告于1986年10月4日诉至郊区法院。原告提出任家峪锅厂长期占用其私有财产、旧炉场一座、窑洞两眼，经与该厂领导多次协商解决，被告迟迟不理，为此起诉至郊区法院，要求依法保护其合法权益。经该院调查，被告任家峪锅厂表示：厂占用原告炉场院一座，多年来，前任领导已经同任家峪村领导以互为调换厂房的作法作处理。原告要求归还炉场，赔偿损失是不妥的。经郊区法院调解，双方达成协议：1. 原告旧炉场院一座，归被告任家峪锅厂所有。2. 被告任家峪锅厂付给原告现金2300元整，调解书下达之日两个月内一次付清。

这一时期，郊区法院在审理此类案件时，主要考虑以下几个问题：

1. 关于土改时遗留的房屋纠纷。一般以土改时决定的产权以及农村“四清”时复议过的产权为准。当时决定归谁所有即归谁所有，不再变动。如果当将当时在外地的中农、贫农的房屋分给贫雇农而现在又回农村确实需要房屋的，可以与生产队协商，另得安置。如果土改时不应分给房屋的人，以欺骗手段把当地在外地的劳动人民的房屋填写在自己房产证上的，现在原房主回村提出分房的，应予退还或采用补偿的办法予以合理解决。中农家庭土改时没有分家，房屋按户以兄弟中某一人名义填写了房产证。在外的人现在回来要房的，仍应以户为准，合理解决产权问题。

2. 有关劳动人民之间的房屋典当关系。土改时已解决的，不再变动。土改中遗留的房屋典当关系应予承认，在典期届满时准予回赎，典价应合理折算。如果典当契约已载明过期不赎作为绝卖的，按契约规定处理。如果典当契约未载明回赎期限，可参照当地劳动人民的历史习惯予以合理解决。如果回赎后承典人住房有困难的，可调解延期回赎，或回赎一部分。房屋回赎后出卖的，原承典人在同等价格上有优先购买的权利。

3. 对于有关城镇社会主义改造的房屋，应予保护，坚决制止非法倒卖房屋的行为。对属于地富分子反攻倒算的破坏行为应予以坚决打击，不应作为一般房屋案件处理。土改中遗留的“族产”，如祠堂、街坊、公用物以及家族坟、树，归集体所有。

当时，郊区法院受理的宅基地民事纠纷，主要是因侵权或随意处分宅基地引起的民事案件。种类主要有：未经土地管理部门审批或者采取欺骗手段骗取建房手续用地建房，侵犯了集体或相邻关系人利益引发的纠纷；争占宅基地以外的集体空闲地引发的纠纷；建房户私下调换宅基地引发的纠纷；用地建房影响相邻关系人利益引发的纠纷；未经共同使用人同意，部分共用人擅自使用共用的宅基地而引发的纠纷；未经有关部门确权和统一规划的宅基地因界址不明引起的纠纷。

这一时期，郊区法院在审理此类案件时，认真贯彻1981年国务院颁布《关于制止农村建房侵占耕地的紧急通知》、1982年颁布《村镇建房用地管理条例》和《国家征用土地条例》。如：1986年，省高级人民法院又对此类案件作出了以下规定：1.对土地所有权和使用权的争议，依照《土地管理法》第十三条的规定，人民法院不直接受理，由乡级或县级人民政府处理，当事人对处理决定或处罚决定不服，在规定期间内向人民法院起诉的，由民庭受理。期满不起诉又不履行的，作出处罚决定的机关申请人民法院强制执行的，人民法院应予以强制执行。受申请的人民法院发现原处罚决定确有错误的，不予执行，并通知原申请机关，建议纠正。2.当事人侵犯土地所有权和使用权，对县级以上地方人民政府土地管理部门作出的处理决定不服，在规定期间内向人民法院起诉的，由民庭受理。被侵权人直接向人民法院起诉的，人民法院也应当受理。3.城乡居民未经批准或者采取欺骗手段骗取批准，非法占用土地建住宅的，属于侵犯土地所有权和使用权的行为，依照《土地管理法》第四十五条、四十六条的规定处理。

1986年以后，随着《城镇国有土地使用权出租和转让暂行条例》的实施，土地使用权也成为商品进入市场，这是对土地使用制度的重大改革，对此国家尚无完备的法律规定。审理这类纠纷案件，既要尊重双方当事人的意志，又要有利于资源管理和市场培育；既要考虑风险责任，又要考虑公平及等价有偿的原则，实事求是的妥善处理。1986年10月9日，召开郊区民事审判工作新情况、新问题、新对策讨论会。关于土地案件做了如下规定：1.对土地所有权和使用权的争议，依照《土地管理法》第十三条的规定，人民法院不直接受理，由乡级或县级人民政府处理，当事人对处理决定或处罚决定不服，在规定期间内向人民法院起诉的，由民庭受理。期满不起诉又不履行的，作出处罚决定的机关申请人民法院强制执行时，人民法院应予强制执行。受申请的人民法院发现原处罚决定确有错误的，不予执行，并通知原申请机关，建议纠正。2.当事人侵犯土地所有权或使用权，对县级以上地方人民政府土地管理部门作出的处理决定不服，在规定期间内向人民法院起诉的，由民庭受理。被侵权人直接向人民法院起诉的，人民法院也应当受理。3.城乡居民未经批准或者采取欺骗手段骗取批准，非法占用土地建住宅的，属于侵犯土地所有权和使用权的行为，依照《土地管理法》第四十五条、四十六条的规定处理。

房屋纠纷案件1986年~ 1990年是一个阶段，1990年之后又是一个阶段，整体上来说收案率后一阶段较前一阶段少。这表明1990年后，长期积累的房屋纠纷已得到缓解。

20世纪90年代后，随着国家房地产逐步市场化，房屋升值，郊区也开始出现房地产纠纷案件。房地产纠纷的类型和范围，随着国家土地使用制度的实施和住房制度改革的深入，出现了不少新的变化，除房屋买卖、租赁、确权、侵权、土地使用权出让和转让合同纠纷外，还出现了商品房预售等新类型案件。

郊区法院在审理此类案件时，把办案质量和办案的社会效果紧密联系起来。严格对土地使用权的审查，遏制非法占用土地，确保国家对土地市场的有效管理。依据诚实信用原则，保护当事人的合法权益，在不违反法律规定的前提下，从有利于房地产市场健康发展的原则出发，妥善处理。

1991至1994年，新收一审房屋买卖纠纷案件359件。这一时期，房屋买卖纠纷主要表现为旧房和部分集资房买卖纠纷。1995年以后，随着商品房市场的逐渐兴旺，因开发商违约而引起的预售商品房纠纷大量增加，房屋买卖纠纷案件明显增多。

这一时期，房屋租赁纠纷案件也在郊区范围内大量出现。由于房源紧缺，租金收入与房屋保养、损耗折旧相距甚远，业主普遍不愿继续出租引起。对此，在1994年之前相关法律法规滞后的情况下，郊区法院采取的审判原则是：既保护业主的合法权益，支持其合法要求；又考虑承租户的实际情况进行处理，租金低的，允许提高；承租户有去向的，允许业主收回房屋，判决搬迁；承租户没有去向的，则要求业主协助承租户寻找房屋搬迁。

1995年以后，随着房地产市场不断发展，房地产租赁由普通房屋租赁向商品房租赁发展，工厂闲置车间（场地）的租赁纠纷不断增加，出现许多新情况、新问题，如违章建筑租赁合同的效力、租赁合同解除或无效后装修物的处理、违章建筑物的出租收益等。对此，郊区法院在审理此类纠纷时较为慎重，除依法审理外，特别注重对当事人进行思想疏导，并在下判后做好释疑解惑工作。如2000年2月15日，原告阳泉腾飞木材销售中心，同被告何国桥签署租赁合同书，约定被告租赁原告场地面积1071平方米，每月每平方米1元，租赁期一年。同时约定“如遇国家和村集体政策或重大经营性变动，无条件搬迁”等条款。2000年4月，原告主管单位根据市场要求，经阳泉市郊区计划委员会批准，之后，又经阳泉市规划局同意，决定将销售中心迁至平安路木材市场，被告拒绝搬迁，遂形成诉讼，郊区法院依照《合同法》作出判决：1.解除原、被告双方在2000年2月15日所签订的租赁合同；2.在判决生效后五日内无条件搬迁，并承担从七月起至搬迁日的占场费。3.在判决生效后五日内向原告交纳税费1071元。判决生效后，被告不服，郊区人民法院经多方努力，在当地政府配合下，妥善化解了这一纠纷。

20 世纪 90 年代后，阳泉市郊区开始进行旧村改造和新农村建设，特别是 2000 年以后，郊区区委、区政府提出“打造阳泉新北区，建设荫营明珠城”战略，加上招商引资、重点工程落地郊区，郊区的拆迁征地任务日益繁重。郊区法院审理拆迁案件时，严格依照国务院《城市房屋拆迁管理条例》和省、市有关实施细则，依法审查拆迁主体的资格和拆迁补偿、安置内容，对被拆迁人的补偿安置不合理的，予以纠正。

2004 年，郊区法院在审理此类案件时，认真贯彻执行新《中华人民共和国土地法》（以下只显示具体法律的名称）和《物权法》等法律。在立案时重点把握好以下几个问题：1. 对原告资格的审查。2. 对被告资格的审查。3. 是否属于法院主管的宅基地纠纷。4. 宅基地案件按专属管辖的原则应当由宅基地所在地法庭或法院受理。在具体工作中，首先审查原告对诉争宅基地有无合法使用权，争执的部分是否位于原告宅基地界线之内。其次，审查有无侵权行为。第三是查明侵权行为是否给原告造成了损失或构成了危险。第四是制定救济方案。这一时期，郊区法院在处理此类案件时，还特别强调充分发挥民调组织的作用，此类案件的调撤率达 60% 以上。

2005 年后，随着社会的发展、经济体制改革的进一步深入，农村宅基地的经济使用价值日益提高，又有国家新农村建设的优惠政策，致使此类案件又出现了一些新的特点。其中，最大的特点是它的伴生性，即宅基地纠纷往往同房屋纠纷、相邻权纠纷、婚姻纠纷、继承纠纷及分家析产纠纷相伴生，立案时常常作为上述纠纷案的一项诉讼法请求。只有在很少的情况下，才会单独发生而被单独立案。

2005 年 5 月 25 日，被告黄万珠自愿与原告阳泉市郊区荫营镇下烟村村民委员会签订房屋《拆迁协议》，协议明确规定被告在收到拆迁款之日起，五日内全部拆迁完毕。原告在签订协议当天，将被告六间房屋拆迁补偿款计现金 15000 元整一次性给付被告，但被告至原告起诉之日并未搬迁。郊区法院依照《民法通则》，作出判决：被告黄万珠在判决书生效后立即搬迁。

2006 年 9 月 7 日，原告王沛、被告阳泉市诚远房地产开发有限责任公司，以及阳泉市郊区平坦镇石卜咀村村民委员会签订拆迁安置补偿协议。协议约定：原告拆迁面积为 96.31 平方米；原告应在拆迁时间内搬迁完结，否则被告将按 50 元 / 日，扣除原告的安置补偿费；在约定的拆迁面积内，原告要求两套安置房的，可按顺序号选一套，另一套在 1.5.6 层任选一套；返还面积大于被拆迁面积，原告按宏泉家园三期销售价格向被告补齐，返还面积小于拆迁面积，被告按 1500 元 / 平方米，以货币形式补偿给原告；被告支付原告搬家补助费 200 元 / 户，过渡费每户 150 元 / 月，往返搬家费和过渡费的发放，以户口本和根据实际情况发放；过渡期为 18 ~ 24 个月，被告暂时付原告 18 个月过渡费，以领取选房顺序号开始计算过渡期；拆迁过渡期的结束，以被告向原告统一交付安置住房时间为准，如安置房屋在 18 个月内提前移交住房，则以移交期限为准，如过渡期超过 18 个月，第 19 ~ 24 个月的过渡费，由被告按每户 150 元 / 月向原告支付，过渡期超过 24 个月，超出部分过渡费按 225 元 / 月计算；如遇特殊情况或因不可抗力造成安置房屋建设超期，被告应当在情况发生的 10 天内通知原告，未尽事宜，原、被告及石卜咀村委会三方协商解决。协议签订后，原告于 2006 年 9 月 10 日搬出原住房。2006 年 10 月 16 日，被告给付原告搬出补助费 200 元、过渡费 3600 元、附属物补偿款 6096 元。2008 年 9 月 26 日，被告重新制定了关于宏泉家园三期工程返迁安置分房方案。方案第七条规定，返迁户必须按拆迁面积与户型面积最接近的原则选房，如分房面积超过拆迁面积，在 10 平方米以内按拆迁补偿协议所附价格表执行；超过 10 平方米部分按现行市场价格执行。2008 年 10 月 20 日，原告在被告处领取选房通知单，确定了申请选购两套住房分别为 2 号楼 2 单元 -101 号（面积为 72.22 平方米）及 2 号楼 2 单元 302 号（面积为 75.51 平方米）。原告随后到被告处交纳房款，才知房款已涨价。原告与被告协商无果，随于 2010 年 1 月 6 日诉至郊区人民法院。另查明，2006 年 1 月 20 日，被告制定的宏泉家园三期销售价格中标明：一层销售单价（边）1774 元 / 平方米、（中）1799 元 / 平方米，……七层销售单价格（边）1654 元 / 平方米、（中）1679 元 / 平方米；均价为 1828 元 / 平方米。原告所选的 2 楼 2 单元 ~ 101 号的价格等同于七层（中）的价格。2008 年 9 月 26 日被告新制定的宏泉家园三期销售价格为：负一层销售单价为 2820 元 / 平方米、优惠价为 2768 元 / 平方米，……均价为 2960 元 / 平方米、优惠价为 2880 元 / 平方米。郊区法院审理后作了判决：原告王沛，于判决生效后十日内，向被告阳泉市诚远房地产开发有限公司交付房款 86334.18 元；被告阳泉市诚远房地产开发有限公司，在收到房款后三日内，将宏泉家园三期 2 楼 2 单元 ~ 101 号及 2 楼 2 单元 302 号两套住房交付原告王沛；被告阳泉市诚远房地产开发有限公司，支付原告王沛从 2008 年 9 月至交付住房之月每月 225 元的过渡费。

在审理新农村建设中的“小产权”房问题中，郊区法院一般判令合同无效。2007 年 7 月 16 日，被告要润生租赁原告一处底商，约定租金为每年 3000 元。2007 年 7 月 16 日至 2010 年 7 月 15 日三年期的租金，被告已向原告阳泉市郊区河底镇河底村村民委员会付清。但截至原告起诉之日，被告仍占用原告底商，拖欠房屋占有使用费 925 元未付。郊区法院根据《最高人民法院关于审理城镇房屋租赁合同纠纷案件具体应用法律若干问题的解释》第二条规定：“出租人就未取得建设工程规划许可证或者未按照建设工程规划许可证的规定建设的房屋，与承租人订立的租赁合同无效。但在一审法庭辩论终结前，取得《建设工程规划许可证》或者经主管部门批准建设的，人民法院应当认定有效”。因原告阳泉市郊区河底镇河底村村民委员会在法庭辩论终结前，仍未提供取得《建设工程规划许可证》和经主管部门批准建设的证据，故郊区法院裁定，原告与被告关于该底商的租赁约定属无效合同。依照无效合同处理原则，被告应返还依无效合同取得的财产，包括占有租赁的房屋和实际占有房屋所获取的占有利益。故对原告要求被告从占用的底商中搬出的诉讼请求，郊区法院予以支持，故依据《中华人民共和国合同法》第五十八条、《最高人民法院关于审理城镇房屋租赁合同纠纷案件具体应用法律若干问题的解释》第二条、第五条第一款之规定作出判决：1. 原告阳泉市郊区河底镇河底村村民委员会与被告要润生签订的公路边底商租赁协议无效。2. 被告要润生于判决生效后十日内搬出其占用的原告底商。3. 被告要润生应参照合同约定的租金标准，支付原告房屋占有使用费 925 元。

2007 年，郊区 108 户已交购楼款的业主，诉阳光购物中心预售商品房过程中损害业主权益一案，为这一时期阳泉市郊区人民法院受理的房产案件中的典型案件，也是较为有影响的重大案件。为此，郊区法院审判人员深入基层，向诸业主一一取证，在充分证明法律责任应由预售商全部负责后，郊区法院公开开庭审理上案，判决预售商品房的开发商全额退还业主预交款。2008 年 3 月，在阳光广场，向各位业主公开发放返还款了一亿多元人民币。

2007 年以后，郊区法院针对涉及重大项目的征地、拆迁等纠纷大幅度增加的实际，根据区委的安排，对这些地区及时派出工作组，提前介入，情法并用。同时对于诉至法院的此类案件，坚持快立、快审、快执原则，特别注重思想疏导，多途径采取措施，避免矛盾激化。2007 年 ~ 2014 年，郊区法院在处理此类案件时，始终采取“零强制措施”，避免了矛盾的激化，既保证了按规划建设征地、拆迁，又实现了郊区的和谐稳定。

2008 年，审理房地产开发经营合同纠纷案件 109 件，其中，旧存 105 件，新收 4 件，诉讼标的 116.835 万元；全年审结房地产合同纠纷案件 108 件，其中，106 件以判决方式结案，撤诉和调解方式结案的各一件。

2007 年～2015 年房地产开发经营合同纠纷结案情况一览表

年份	土地使用权出让合同	土地使用权转让合同	国有土地租赁合同	商品房预售合同	合资合作开发房地产合同	项目转让合同	房屋拆迁合同	其他	小计
2007				103				26	129
2008				103（旧存）		3	2	2	110
2009			1				4	3	8
2010								2	2
2011							2	5	7
2012							3	2	5
2013							1	5	6
2014				3				10	13
2015									
总 计			1	209		3	12	55	280

注：2015 年无此类案件

2007 年～2015 年房地产开发经营合同纠纷收、结案一览表

年份	旧存	新收	结案	结案情况							未结	小计（旧存、新收）
				判决	驳回	撤诉	终结	其他	调解	移送		
2007	1	233	129	110		9		10			105	234
2008	105	4	108	106		1			1		1	109
2009	1	7	8	2		3			3			9
2010		3	2	1		1					1	3
2011	1	6	7	3		2			2			7
2012		5	5			2		1	2			5
2013		6	6	2		3			1			6
2014		14	13			10		1	2			14
2015												
总 计	108	278	278	224		31		12	11		107	387

注：2015 年无此类案件

附1：处理房产地基纠纷要以阶级斗争为纲 坚持党的基本路线限制资产阶级法权（摘要）

（原载《法院工作简报》〔1976〕第三期）

从去年（1975年，笔者注）三月郊区人民法院成立至今三月底，共受理各种民事案件166件（包括开始办公时市法院转下的51件），其中离婚的72件，房产地基52件，继承5件，典当2件，打架10件，通奸5件，其他20件。至今年三月底共处理136件，未处理的30件。所处理的案件80%以上是在大队调委会，广大群众和公社及有关部门协助下处理。尤其去年九月在区党委领导下召开了公社民政和大队调委会主任会议后，在公社党委和大队党支部的领导下，基层调委会的工作更为加强，积极地推广大寨党支部以阶级斗争为纲，用党的基本路线调解民事纠纷的经验，各个公社和大部分大队调委会依靠群众，调查研究，认真调解，矛盾不上交，将大量的民事纠纷处理在基层，增加了人民内部团结，调动了广大群众农业学大寨的积极性，如仅据南大西庄、下白泉、马庄三个大队的统计七五年共发生各种纠纷96件，都是大队作了处理，未上交公社、法院一件。

在当前更加深入批判修正主义，批判资本主义，限制资产阶级法权，巩固无产阶级专政的斗争中，就去年以来，房产地基纠纷中反映出的几个问题，看阶级斗争的长期性和改造农民私有观念任务的艰巨性。现将反映出的以下四个问题和发生问题的原因，及今后应加强这方面工作的几点意见简报如下：

一、被推翻的地主阶级利用房产、地基纠纷进行反攻倒算的2件。如；杨家庄公社小西庄大队贫农黄福贵，在土改时分了地主任兴岗窑洞一孔和西房一处，因窑洞是在填写土地证之前分的，已上了土地证。而西房是在填写土地证后，因黄无伙房，又分给西房做伙房，但事后未改变土地证。而地主任兴岗，以土地证未改为由，否定当时此房已分给黄而进行倒算。

二、弟兄之间争产的11件

如：河底公社河底大队王恩洪与其四弟、五弟于68年共同修建了六孔窑洞。王恩鸿三孔，其四弟二孔、五弟一孔。因老五无妻子无儿女，王恩鸿想把老五的窑洞占为已有，否定当时修家时，他们弟兄三人各有一份的事实，硬说：此窑洞他的四孔，老四的两孔，无老五的。又如：李家庄公社甄家庄大队杨子恭与其弟杨玉平，因继承其父遗产发生争执。杨子恭认为，在他继承其婶母遗产时，其弟已过继出去，其父遗产应由他全部继承在。

三、有的土地房产证填写有出入和土改遗留问题形成纠纷的11件。如：李家庄公社下五渡大队杨光满与杨玉珠叔伯弟兄的房产纠纷，两家只有三眼窑，而土地房产证上填写为两家各有两眼窑。又如：东村公社五架山大队杨巨步与杨巨仁的地基纠纷，两家土地房产证填写的有矛盾，杨巨步的土地房产证填写着：在其院内有杨巨仁的通街出路，而杨巨仁的土地房产证填写：把杨巨步的东房地基也包括在自己的四至范围以内。

四、有的地基纠纷是由大队批社员修建地基时，未注意到四邻的矛盾：如通街出路，出水等而造成纠纷的8件。如：下荫营大队任二小和张先玉的地基纠纷，都是由大队批地基修建后，造成的通街出路的矛盾，任二小东边有路不走，坚持非要走原来的路，至今调解不下。

上列几例，只中问题的表现形式，而问题的实质是两个阶级，两条道路，两种思想斗争的反映。被推翻的地主阶级，人还在，这个阶级还在，心不死，时刻妄想夺回他们失去的财富，恢复他们已失去的“天堂”。凡属人民内部性质的问题，是由于私有制和私有观念的存在而形成的。毛主席教导我们：“我国现在实行的是商品制度，工资制度也不平等，有八级工资制等等。这只能在无产阶级专政下加以限制”。房产私有权，既存在，又受到法律保护；地基虽然已归大队集体所有，但是私人还有使用权，因此，只要这方面的私有制的问题得不到彻底解决，矛盾就必然存在。同时，我国的农民既是劳动者，又是私有者，农民的土地虽然已归集体所有，但是小农思想并不能收归集体，这种思想仍然时刻侵蚀着农民的社会主义集体思想。毛主席教导我们：“严重的问题教育农民”，这是一项长期而艰巨的任务。

“人民，只有人民，才是创造世界历史的动力”，为了组织浩浩荡荡的革命大军，进行社会主义革命和社会主义建设，促进农业学大寨运动的顺利开展，把反击右倾翻案风的斗争进行到底。要以阶级斗争为纲，坚持党的基本路线，加强对人民群众的法制观念和破私立公的教育，要尽量预防民事纠纷的发生，即使发生后，也要力求及时解决。为此，提出以下几点意见：

一、要严格区分和正确处理两类不同性质的矛盾

凡是阶级敌人利用人民内部纠纷进行反攻倒算或破坏活动的，必须彻底揭露，深刻批判，严肃处理，对情节严重，手段恶劣的，要坚决予以打击。

凡属人民内部的纠纷问题，就要学习大寨党支部“用党的基本路线调处民事纠纷的经验”在查清事实的基础上，要摆事实，讲道理，以理服人，要善于做深入细致的政治思想工作，对当事人要进行“党的基本路线、社会主义革命的性质、对象、任务和前途”共产主义道德风尚的教育，批判资本主义，批判资产阶级法权。努力提高当事人的三个觉悟。只有这样，才能克服就事论事的办案方法，使当事人和群众都受到教育，努力做到处理一案，教育一片。

二、土地房产所有证是解决房产、地基纠纷的主要证据，但不能作为唯一证据，因为有的土地房产证填写不准确，与事实有出入。

为了把案件搞清楚，得到正确处理，我们要遵照毛主席关于“重证据，重调查研究，不轻信口供”证据也要经过查证的教导，对有争议的土地房产证，要进一步查清填写房产土地证的依据。如：买、卖纸据（字据，原文如此，下同），弟兄之间另家分单等等，如果土地房产证与原纸据相符，就可以作为证据，如果不符，一般应以原始纸据为证据。如果确实找不到依据，应根据最后调查结果协商解决。

三、大队在批社员买、卖房屋时，必须考虑到可能发生的纠纷。如：荫营公社南窑庄大

队陈泉清与史福义的房屋纠纷，解决三年多仍未解决。

四、大队在批社员修建地基时，既要照顾到实际需要，又要注意到四邻的矛盾。如：是否影响四邻的出路和出水等等。如有争执，就必须在解决争执后再批准修建。防止在修建过程中，发生吵嘴打架斗殴的现象，甚至造成严重后果。此种现象在不少公社、大队都有发生。

以上是我们在这段工作，在房产、地基纠纷方面，感到必须注意的几个问题，仅供公社、大队处理这方面的问题时考虑。如有不妥之处，请领导和同志们提出批评指正。

1976年4月30日

附2：关于东村公社一宅基地纠纷案的认定及处理意见的请求报告

区委、区人委、区政府、市中院：

东村公社庄上大队社员武二猫与武根义因宅基地发生纠纷，大队、公社以集体耕地处理后，而武二猫不服，形成诉讼，现将查证的情况及处理意见汇报请示如下：

一九五一年二月武四八（二猫之兄）买下武宜贵（根义之父）耕地五分，次年春在东端修建窑洞两眼，自此空余之地没有耕种，自行管理继而陆续修建厕所、萝卜窖及植树。一九五六年此地没有入社，而大队（原系农林场）也未曾给其划过宅基四至（东、西、南、北之分界，编者注，全书同）。一九七八年十月该队社员武根义申请修建，当时农林场批准修盖，院心25尺。一九七九年初春，武根义即在距武四八住宅后边一丈六尺处动工修建四眼窑洞，其院心延伸到武四八空余地纵深九尺，因系二坡地，武根义完工后，院墙没有修筑。一九八一年四月武四八在未申请批准的情况下，依原宅至西同向同一线动工修建窑洞两眼，武根义当即出面干涉，而武四八不理，报经大队、公社制止不住，已修起一米多高的宅墙，后经郊区人民法院派人责令停工。

对此纠纷，公社革委进行了研究并提出具体调处意见，即“武四八现修窑洞两眼，不准再在此地修建，允许将修窑洞的材料搬走，并应进行检查，同时考虑到武四八居住房屋的实际困难，可以申请农林场重划地基修建，今后农林场在发放救济款时适当给予照顾，为友邻友好增进团结，武根义同志可以自觉自愿给予帮工”。

然而武四八对公社的调处意见提出不同的看法，认为本人修建所占用空地系本人的宅基，农林场在尚未征得优先使用者同意则划给他人占用是不妥的，在本人宅基四至内修建又令拆除是不合情理的，因此不能接收公社的意见。

我们认为，武四八买下的五分耕地是无可非议的，修建后的空余之地修有厕所，萝卜窖及植树，自行管理多年，且一九五六年合作化时，此地亩没有入社，这是事实，因此应视为由原来的耕地演变成宅基地。农林场误以弃耕地划给他人是欠妥的。那么，武根义申请，业经批准进行修建是合法的。所以此纠纷其无责任，而武四八未经申请和批准擅自修建是不对的，应深刻检查并补手续。同时还应当指出的是该武在修建中无安全防范措施的情况下，放炮的作法亦是极为错误的，应进行严肃批评。鉴于此情，我们的意见是应准予武二猫修建，对武根义大队、公社应给予照顾，在其宅基以西适当批准相应的一段地基。

对于此案及其处理意见，我们曾先后口头汇报请示过区委、市中院领导，根据上级的意图和指示精神，本着双方当事人少受损失的原则进行工作，曾两次征求公社意见，公社领导提出异议，认为弃耕地演变为宅基地的观点不能成立，其理由是，耕地何以演变成宅基地毫无道理，既无凭证，又无纸据，厕所、萝卜窖不能视为建筑物，没有入社，而自行管理的土地则视为宅基地显然不当。类似情况不少，倘若当初买下二亩地是否可演变成宅基地，并一再表明，如能认定弃耕还是宅基至于如何处理就迎刃而解了。

针对此情，我们再次进行研究，对此案如何认定及处理较当，认为仍按宅基地认定为宜，妥否，敬请批示，盼复。

特此报告

郊区人民法院

一九八一年十一月三日

附 3：郊区法院一九八一年关于民事宅基地纠纷案的情况和初步意见

根据省高院“〔81〕28 号”文件精神，为了进一步贯彻执行三中全会的路线方针政策，特别是去年中央工作会议以来的各项政策，清除“左”的影响，总结交流民事审判工作经验，进一步发挥民事审判工作为四化建设服务的作用，迎接全国第三次民事审判工作会议的召开，郊区人民法院按照阳泉市中级人民法院的通知和要求，用了三天时间，由中院领导同志和我们一起对郊区人民法院已受理和审结的民事宅基纠纷案件作一次全面的分析研究。通过摆案例，论案情，分析原因，研究措施，使我们进一步看到当前各类民事案件，特别是宅基纠纷案急剧上升的新情况，看到这些案件的复杂性和解决问题的艰难性，进一步认识到及时正确地处理宅基纠纷案的紧迫性和必要性，初步探讨了一些出现新情况的主要原因，并针对性地对有关案件提出了处理意见，还提出了一些我们认为难办的案件，要求上级法院给予政策、法律、方法上的解释和指导。从而也使我们更感觉到全国第三次民事审判工作会议召开的及时性和重要性，我们坚信这次会议的召开必将对今后司法工作有重大指导意义和深远历史意义。

一、当前郊区人民法院民事宅基纠纷案件的情况

在处理解决民事纠纷案件中，我们紧紧围绕全国第二次民事审判工作会议精神。运用行之有效的“十六字”方针，领导带头，发动群众，携卷下乡，就地办案。解决了大量的民事纠纷，取得了一定的成绩。仅一九八０年全年共新收案 231 件，结案 214 件，其中宅基纠纷案 72 件，结案 68 件，占总结案的 30%，占地基结案的 87%；八一年一至六月份共收案 186 件，结案 81 个，其中宅基案 59 件，结案 26 件，占总结案数的 32%，占宅基结案的 43%。

从当前来看，我们的民事宅基案仍存在继续上升的趋势。

1.收案数量大：上升幅度大，郊区人民法院七九年全年收案151件，其中宅基案34件，八0年全年收案231件，其中宅基案77件，等于七五年至七九年五年收宅基案总数77件，八一年一至六月份，收案186件，其中宅基案59件，等于七五至七八年收宅基案43件的140%，等于七五年至七八年每月收宅基案近一件的十倍，几乎每月平均收宅基案十件左右。

2.相互反复纠缠大：如黄沙岩大队韩占虎、韩呈祥房基一案，从上诉到现在约有十余次解决，一、二审判决不服，申诉复核，至今仍缠诉不休。

3.当事人变化大：如下荫营大队杨福寿、李四保使用宅基一案，第一次经调解，双方达成维持现状的协议，被告付给原告医疗费40元，但过后不久，原、被告撕毁原协议，双方因此宅基争吵打架，郊区人民法院又重新给其下线、划分了宅基，并让被告再向原告支付医疗费70元。双方又达成了协议。可事后，原告又以同样理由诉至郊区人民法院，称被告最近又在骂大街，又继续寻衅闹事。

4.诉讼案件种类繁杂，千奇百怪，很难找到政策、法律依据，造成疑难案件数增大。

（1）双方四至你至我，我至你，因中间地段的使用发生争执，形成诉讼的达23件。如平坦垴大队社员李先林诉李正林一案，就是两家四至互相所至，中间地段多年伙用，现一方以另一方在中间地段修厕所影响卫生，阻止修建。

（2）双方字据不清引起争执而诉讼的6件，如义井公社南庄大队张义牛诉张苹元一案，被告的四至不是原告，而是包括原告在内的西至五处，把原告地基房产均写在被告四至内了。

（3）双方均无土地证，但都有早年买契和其他证明，各认为争执宅基应归自己使用，其类型案有4件。如南庄大队社员张冬娥诉尚玉娥一案，双方均无土地证载明自己的使用范围，一方以早年买契为证，认为归自己，另一方以多年就是我管理为据，认为是自己的而引起的诉讼。

（4）双方系继承或与他人互换之产。住宅明确，院内厕所，院外地基粪坑，不明归属，多年伙用，发生纠纷后，双方要求按住宅划线或修夹墙，此类案有9件。

（5）双方既无土地证，又无任何字据，也无人证实，对争执之处各自认为应归自己。如旧街公社枣园大队尹改花一案，原告认为争执之处是购买他人的产业，应属自己，被告认为是继承他人之产，应归自己使用。但双方既无承办人，关系证明人，无中人又无被继承人遗嘱。

（6）双方四至明确，字据齐全，一方无理到闹，蛮横霸占引起诉讼的8件。如魏家峪大队社员荆向军诉白锁银一案，原、被告均有明确的四至界线，但被告凭自己是干部，硬要侵占原告宅基一段修建。

（7）双方居住前院后院，居住前院一方，占用通道修建，影响后院一方出入通行的事件，如河底公社苇泊大队鲍玉林诉荆保昌一案原告在北，被告在南，被告擅自占用道路二尺修建伙房，迫使原告无法出入通行。

（8）一方为了扩大使用面积，私自占用另一方地基，并影响了对方的出水通道的有4件。

（9）宅基地属一方使用，另一主占用时，只个别征得了另一方某一人的同志，事后推翻引起诉讼的有3件。如南峪大队张成银诉刘荣一案，刘荣经批准修建时，为了扩大自己院宅，只征得了在家的张成银父同意就占用了一段，张成银得知后，坚决不同意别人占用，阻止了刘的修建。

（10）大队直接占用个人地基或住宅，再给其新批地基修建或盖房，本人不同意引起诉讼3件。如义井公社义井大队，将本大队社员刘辑宅基地连同大队耕地一起卖给耐火厂，给刘批了新地基让其修建，但在批建的地基上，大队又把一部分批给了另一户修建，使刘上诉。

（11）一方在自己的使用地基内修建，影响了另一方住宅的安全、卫生、出水通道，被干涉的有4件。

（12）双方为了合理使用地基，相互经口头商量或立字协议，互相调整，互换地方，事后一方利益受到影响或一方目的已达到时就推翻协议引起争执案有5件。

（13）宅基归属不清，个人管理过，集体也经营过，后大队又以自留地分给本人，本人在此地基上修建受到他人阻拦的有2件，如山头大队社员王致江诉吴永生一案。

（14）双方为一族之嗣，同院居住，住宅明确，但院内四至不清，因一方要卖一方干涉引起的争执的3件。

（15）因回赎引起的诉讼，如街上大队余步青和史胜瑞一案，余步青于一九六四年十月买张三妮（系胜瑞姑姑）东石窑一眼，台阶下地基五平方尺，后修作伙房之用，一九八〇年，史胜瑞提出要将此窑地基赎回，余不同意，史将余伙房刨塌诉至郊区人民法院。

（16）大队与企事业单位地基归属的纠纷也时有发生。

二、近年来宅基案件产生和增多的原因

在新形势下，民事宅基纠纷案件出现巨增猛升的新情况，其原因是多方面的。

1. 党的三中全会以后，各项政策逐步落实，民主空气大大的增强，人民群众思想解放，敢于说话，敢于反映自己的问题，所以，“文化大革命”中压抑的，一切“以阶级斗争为纲”而不敢诉发的问题，现在一倾而出。这是民事各类案件特别是宅基案件明显增加的根本原因。

2. 文革十年期间，个人住宅要集体规划，集体修建，集体居住（排房）造成公、私宅基界限不清，私人宅基混乱不堪，使其无法认定不敢管理，私人宅基的合法权益得不到应有的保护。这也是一个主要原因。

3. 司法机关的恢复和加强，人民群众有了说理的地方，纷纷要求法院公正处理自己的问题。

4. 有的当事人无政府主义严重，无理取闹，浑水摸鱼，我的就是我的，你的也是我的，引起诉讼告状。

5. 人民经济富裕，人口增多，住房紧张，要求扩建和修建住宅的增多了，从而宅基地的纠纷也随之而来就多起来。

6. 个别领导干部和有“影响”的人，依仗权势，抢占抢修，多占多修的不法行为，侵害了集体、私人的利益，不仅造成了极坏的影响，而且深为广大群众不满。

7. 有的大队在批建私人住宅时，缺乏全面考虑，只批修家面积，没有考虑到厕所，粪坑的占地面积以及出水通道问题。

8.历经多次政治运动，当事人的纸据丢失，毁坏，房产的多填与擅填，填写不清等情况，为维护自己的权益，争执复原。

9.部分单位和领导，对本单位发生的问题和纠纷，有的闻而不管，管而不议，有的议而不决，决而不行，还有的不闻不问，推走了事。

10.从司法工作角度上来看，法制宣传不够，有的干部和广大群众对落实政策和民事纠纷不能明确区分开来，对基层调委会的作用发挥不够，指导他们的业务缺乏，支持他们的工作不力，因而使不少纠纷案件，本来在调委会能解决的，反而也诉讼法院。

郊区所有公社都没有司法助理员，由于公社民政任务大，致使大部分民事纠纷不处理，直接推到法院。

三、对当前宅基纠纷案处理的意见

正确处理民事宅基纠纷，是关系到调整国家、集体、个人三者关系，促进安定团结，维护社会主义秩序，保护集体和个人的合法权益，加速社会主义现代化建设的重要问题。我们为了正确、及时地解决当前大量的民事宅基纠纷案件，在《全国第二次民事审判工作会议》文件第二部分第一个问题的精神范围内，根据我们的实际情况，初拟了以下意见。

1.凡是在集体地基上由大队批准私人修建而发生的纠纷，一般由大队、公社处理，由于单位干部的更换而批准的，应按先后次序使用，对批建四至不清的，应重新规划四至，在批建时，应考虑厕所、粪坑的占地面积及出水通道问题。

2.凡批建占用宅基地的，要在保护个人权益的原则下，必须征得本人同意，特殊情况非占用不可时，应与有关部门一起协商，慎重考虑，从审判工作角度，妥善处理。

3.凡属私自扩大宅基而占用集体与他人面积而引起的纠纷，一律依法受理，私自占用古道通路的，须征得出入必经此路的友邻的同意和不影响正常通行，否则应维持古道现状为宜，由大队批准可占古道修建而引起的纠纷，由大队负责处理。

4.对于四至不清，即无字据，又无证人，证言的宅基地纠纷案，一般情况下不予受理，特殊情况可作维持现状和按历史习惯调处。

5.对于现住宅与原房产证填写不符而形成诉讼的案件，应经深入调查了解后，实事求是的酌情处理。

6.因出水通道引起的纠纷，应在维护住宅不受影响的情况下，一方面尊重原出水通道的事实，另一方面要让引起纠纷者主动和对方协商或创造条件，使受害者减轻、减少以及不受影响。

7.纯属落实政策范围内的纠纷案件，应及时转交有关部门妥办。

8.建议对民法的制定时，尽量在细则部分多写一些，内容更具体一点，使我们有章可循，有法可依。

9.应考虑在《民事诉讼法》中，写明告状要出诉讼费，根据地区经济增长的不同而按不同的比例收费。

10.鉴于现在民事审判人员量少质弱的状况，应采取不同的方式分期分批的培训司法人员，以加强司法队伍的质量和提高司法人员的业务水平。

对以上情况的看法和改进的意见，不妥之处请批评指正。

一九八一年七月二十八日

第八节 审理物权纠纷案件

1986年4月12日颁布《民法通则》时，对此类案件作了一般性原则规定。当时并不叫“物权”，称“所有权及与所有权有关的财产权”。之后，全国人大颁布的《土地管理法》《房地产管理法》《担保法》和《民航法》等特别法，对物权问题有所规定。2007年10月1日正式实施的《物权法》，则对确认物的归属，保障各类市场主体的平等法律地位和财产权利，作出了明确规定。

在《物权法》实施以前，由于市场经济的迅速发展，郊区法院根据当时规定，受理物权类案件。如：2004年7月26日，原告王秀芳之夫、原告贾旭东之父，诉被告贾秉存、冯所梅之子贾永军，交通事故致人当场死亡一案。阳泉市公安交警三大队，认定死者贾永军负事故全部责任。之后，经该交警大队调解，贾永军的车主郭殳，与贾永军的亲属达成调解协议，由车主郭殳赔付132800元赔偿金。除去处理事故的花费7800元外，郭殳实际支付贾永军的亲属125000元。其中，5000元用于运送尸体、丧葬费用，剩余120000元，原告王秀芳持有20000元，二被告持有100000元。后双方就120000元赔偿款的分割问题出现争议。原告于2004年8月12日，向郊区法院提起诉讼，请求判令二被告除去原告已有的20000元外，再给付二原告60000元赔偿金。郊区法院依据最高人民法院《关于审理人身损害赔偿案件适用法律若干问题的解释》第二十八条、第二十九条规定，作出判决：原告贾旭东分得赔偿金57429元，原告王秀芳分得赔偿金15000元，被告贾秉存与冯所梅，各分得赔偿金23785.5元；除去二原告已有的20000元外，二被告还应给付二原告赔偿金52429元。

为准确把握和执行《物权法》立法原意，提高司法水平，在《物权法》实施前后，郊区法院先后举办多期各种形式的培训班。在学习过程中，重点联系《民法通则》《土地管理法》《城市房地产管理法》《农村土地承包法》《担保法》等法律中关于物权的相关规定，在学习中注意掌握“立、改、废”，即《物权法》新设了哪些制度，修改了过去的哪些内容，司法实践中的哪些做法因与《物权法》不符而需要调整，第一时间领会《物权法》的精神。

2007年后，郊区受理的物权类案件主要涉及财产权属、土地使用权争议及相邻纠纷、担保物权纠纷等等。该院处理此类案件时，针对经济形势发展变化对各类物权关系的影响，根据党和国家的经济发展大局，调整审判思路，确定审判原则，确保物权纠纷案件审判工作符合“为大局服务、为人民司法”的主题要求，注重物权的平等保护，充分发挥司法的物权确认功能，既准确把握物权登记的制度功能，严格贯彻物权公示和公信制度，又根据案件类型，充分发挥司法的物权确认功能，合理确定物权的归属和内容。如原告潘富兰与被告史广萍宅基地诉讼案。原、被告本系邻居，两家共处同一院落。2004 年，原告潘富兰从旧宅院搬出时，将《宅基地使用证》交由被告史广萍保管。2007 年 5 月 20 日，被告史广萍未征得原告同意，草拟转让协议，并由他人代原告签名，于 2010 年 1 月，在阳泉市郊区国土资源局将《宅基地使用证》上的使用权人原告潘富兰，变更为被自己史广萍，同时将自己名下的房产并入该证。2011 年 9 月 4 日，被告史广萍就争议院落的搬迁，与被告甄家庄村委会签订拆迁补偿安置协议，原告于 2013 年 9 月 27 日，将其诉至郊区人民法院。该院根据《物权法》规定，判决被告史广萍与阳泉市郊区李家庄乡甄家庄村村民委员会，于 2011 年 9 月 4 日签订的《搬迁住房安置补偿协议书》中涉及原告潘富兰的部分无效，保护了潘富兰的合法权益。

2007 年 ~ 2015 年权属、侵权及其他民事纠纷结案情况一览表

年份	有权及与所有权相关权力纠纷	票据证券权益纠纷	股东权纠纷	不正常竞争纠纷	人身权纠纷	特殊侵权纠纷	其他	不当得利	无因管理	适用特别程序案件	小计
2007	30				76	13	2	2		147	202
2008	43	2	2		74	10	8	1			103
2009	48		2		120	5	7	2		114	298
2010	50		1		77	5	1	4		32	170
2011	164		1		137		8	48	6	18	384
2012	47	3			142	4	11	2		43	252
2013	28		1	2	136	11	8	3		20	209
2014	25		1	1	138	10	3	38	1	25	242
2015	20	6	1		11	85		3		17	143
总 计	425	11	9	3	911	143	48	103	7	416	2003

2007年～2015年权属、侵权及其他民事纠纷收、结案一览表

年份	旧存	新收	结案	结案情况							未结	小计（旧存、新收）
				判决	驳回	撤诉	终结	其他	调解	移送		
2007	25	310	202	96		6	23	55	21	1	133	
2008	133	156	243	161	3	9	27	16	26	1	46	
2009	46	275	298	85		16	105	11	81		23	
2010	23	173	170	52		18	30	2	68		26	
2011	26	382	384	124	7	93	26	7	123	4	24	
2012	24	236	252	59	5	54	37	23	74		8	
2013	8	207	209	51	5	48	12	3	89	1	1	
2014	6	244	242	98	2	22	1	24	94	1	8	
2015	9	179	143	66	5	23		21	27	1	48	
总计	300	2162	2143	792	27	289	261	162	603	9	317	

附：山西省阳泉市郊区人民法院民事判决书

〔2003〕郊民初字第256号

原告路爱祥，男，1950年4月15日出生，汉族，阳泉市郊区杨家庄乡白家庄村村民，住本村。

原告路子敬，男，1934年2月28日出生，汉族，阳泉市郊区杨家庄乡白家庄村人，现为阳煤集团退休职工，住矿区东窑社区河潭居民楼3号楼1门5号，电话7028581。

被告路续，男，1959年11月5日出生，汉族，阳泉市郊区杨家庄乡白家庄村村民，住本村。

委托代理人王少振，女，1959年7月4日出生，系被告之妻。

委托代理人王芳，山西一森律师事务所律师。

原告路爱祥、路子敬为与被告路续房屋所有权纠纷一案，于2003年7月22日向本院提起诉讼。本院受理后，依法由审判员王志宏担任审判长，与代理审判员周易、代理审判员刘健共同组成合议庭公开开庭进行了审理。原告路爱祥、路子敬与被告路续及其委托代理人王少振、王芳到庭参加了诉讼。本案现已审理终结。

原告路爱祥、路子敬诉称，与被告路续系叔侄关系，两家共居同一宅院。老宅西北角有间小窑洞，1937年被告父亲在世时，垒了一道石头墙将门封死，此后通过相邻套间地道进出小窑洞。1949年分家时，该窑洞连同套间分给了原告父亲路佑所有。在近半个多世纪里，双方并无争议，一直和睦相处。被告父亲去世后，1998年3月22日，被告突然叫人拆掉石墙，强占了小窑洞。无奈提起诉讼，要求确认小窑洞归原告所有，被告将拆掉的石墙恢复原状；并判令被告支付五年的房钱1320元，上访交通费1170元，赔偿精神损失费500元。

被告路续辩称，小窑洞是祖上遗留下的，一直由被告家管理和维护。分家时原、被告都年幼，分家契约上也未明确归属。现今分家时的当事人都已过世，因此小窑洞理应属被告所有。

经审理查明如下事实：

原告路爱祥、路子敬与被告路续系堂叔侄关系，源于同一曾祖父。两家共居祖遗宅院一处。老宅西北角有小窑洞一间，1937年时由被告父亲路士诚垒了一道石头墙将门封死，此后通过相邻的下院西窑套间地道进出小窑洞。1949年分家时，连接小窑洞的下院西窑套间分给了原告父亲路佑所有。在近半个多世纪里，双方并无争议，一直和睦相处。1982年被告路续的父亲去世。1998年—1999年间，被告在未与原告协商的情况下，擅自拆掉石墙，进占小窑洞，双方为此发生纠纷。2002年11月6日，阳泉市郊区人民政府以“阳郊政土处字〔2002〕第1号”文件确认原被告争议的小窑洞土地使用权归原告路爱祥所有。2003年3月8日，郊区人民政府复查后认为双方争议窑洞系其前辈建于解放前的房产，该房由谁继承，归谁所有，查无实据，当事人均不能提供相关证据予以证明，故以“阳郊政撤字〔2003〕第2号”文件行文撤销了“〔2002〕第1号”文件。2003年7月22日，原告路爱祥、路子敬以房屋确权为由向本院提起诉讼。

庭审中，原告要求被告支付五年来占用争议窑洞的房钱1320元，上访交通费1170元，并赔偿精神损失费500元；被告认为原告诉请并无证据证实，不予认可；且自己并未对原告构成侵权，原告主张赔偿缺乏法律依据。

另查明，原告共兄妹三人。2003年10月13日，二原告之妹路士珍书面表示放弃继承权。

上述事实有当事人陈述、土地使用证、证人证言、庭审笔录等材料在案佐证。

本院认为，原被告争议的小窑洞自1937年由被告父亲路士诚砌筑石墙封闭后，从房屋结构上已经成为下院相邻西窑套间的附属物。最高人民法院关于贯彻执行《中华人民共和国民法通则》若干问题的意见（试行）第八十七条规定：有附属物的财产，附属物随财产所有权的转移而转移。当事人另有约定又不违法的，按约定处理。1949年分家时，连接小窑洞的套间分给了原告父亲路佑所有，按照从物随主物的原则，争议窑洞亦应归路佑所有；在其去世后，依法应由原告兄妹作为法定继承人继受取得。五十余年来，双方家庭并未因此发生争议；被告父亲去世后，被告在未经原告同意的情况下，擅自拆墙占房欠妥，理应恢复原状。原告主张的房费、交通费、精神损失费之请求，因无法律依据，故本院不予支持。依据《中华人民共和国民法通则》第七十二条、第七十六条及其他相关法律之规定，判决如下：

一、原被告争议的小窑洞归原告路爱祥、路子敬所有，被告路续于本判决生效后十日内将拆掉的石墙恢复原状；

二、驳回原告的其他诉讼请求。

案件受理费130元、其他诉讼费200元，由二原告负担180元，被告负担150元。

如不服本判决，可在判决书送达之日起十五日内，向本院递交上诉状及副本一式六份，上诉于阳泉市中级人民法院。

审　判　长　王志宏
代理审判员　周　易
代理审判员　刘　健
二00三年十月二十一日
书　记　员　要文洁

第四章 民商事案件审理

第一节 概 述

民商事案件审判，是人民法院解决民事纠纷，保障民事权益，维护社会经济健康有序发展的重要手段，是法院审判工作的重要组成部分，直接反映了经济、社会、公众生活发展态势，关系着经济社会发展大局。随着改革开放的不断深入，民间交流激增，大量民事矛盾纠纷凸显。为适应社会发展要求，一大批民事法律法规相继颁布实施，民事审判进入了新的历史发展时期。工作中，郊区法院坚决贯彻落实全国民事审判工作会议精神，严格依照程序法和实体法办案，把公开审判和巡回就地办案结合起来，认真落实司法为民措施，注重发挥调解的传统工作优势，坚持“能调则调、当判则判、判调结合、案结事了”的原则，妥善审理各类民事案件。

经济审判与民事审判工作相比，开展的时间较晚，随着商品经济的发展而产生，随着市场经济的建立而加强。经济审判主要受理解决企业之间以及企业与其他经济组织、个体工商户之间产生的经济纠纷，通过审判，调节、引导经济活动健康发展，维护经济秩序的稳定，保障社会主义现代化建设按照法制化的轨道运行。

1979年改革开放之前，由于国家实行严格的计划经济体制，农村实行“政社合一”的人民公社制度，加之在此期间国家政治体制上实行中共一元化领导，国家财产、集体财产均得到较好保护，因此，涉及现代司法意义的“民商事”矛盾纠纷基本上没有发生。1980年以前，郊区境内的经济纠纷案件很少。法院也没有专门的经济审判机构，此类案件由民事审判庭审理。

1978年12月，中共十一届三中全会召开，党和国家的工作重心开始转移到经济建设为中心的轨道上来之后，国家进行经济体制改革，经济迅速发展，经济纠纷也随之增多。打击经济领域中的严重犯罪活动，成为在对外开放、对内搞活经济新的历史条件下人民法院的重大任务。

随着党和国家工作重心的转移和经济建设的开展，传统的民事纠纷审判模式，已不能适应国民经济的发展趋势。在这种情况下，1979年7月1日，全国人大常委会五届二次会议通过的《人民法院组织法》明确规定：“最高人民法院、高级人民法院、直辖市和省、自治区、直辖市的中级人民法院设立经济审判庭”，给成立“经济审判庭”提供了法律依据。

1981 年 12 月 7 日阳泉市郊区人民法院阳郊法字 10 号文件根据《中华人民共和国人民法院组织法》第十九条基层人民法院可以设“刑事审判庭、民事审判庭”的规定，郊区法院要向区人大常委会提出申请，增设经济审判庭。

20 世纪 80 年代初，随着我国经济建设的发展，因国民经济调整和管理体制改革，诉讼到人民法院的经济案件日益增多，打击经济领域中的严重犯罪活动，在对外开放，对内搞活经济的新的历史条件下，成为人民法院面临的重大任务。

1982 年，《中华人民共和国经济合同法》（以下只显示具体的法律名称）和《民事诉讼法（试行）》先后颁布实施。根据改革开放初期对加强经济司法工作的指示精神，经批准，于同年 2 月，郊区法院设立“经济审判庭”，主要负责郊区范围内一审经济案件审理，包括经济纠纷案件和经济、经营领域的刑事犯罪案件。郊区法院广泛开展宣传工作，张贴受理经济纠纷案件的公告，使越来越多的人懂得发生经济纠纷后，可直接向人民法院起诉。

是年，家庭联产承包责任制拉开郊区农村改革大幕，企业经营承包制普遍出现，随着对外开放、对内搞活，经济领域的犯罪活动逐渐增多，打击经济领域严重犯罪活动，成为人民法院的重大任务。当时，由于郊区法院审判人员较少，对全面试行《民事诉讼法》和《经济合同法》审理案件有相当大的困难，在当时还未能完全准确按照《民事诉讼法》办案，经济纠纷案件按照简易程序办理。但通过公开审判经济领域的刑事犯罪案件，不仅有力地打击了破坏社会生义经济犯罪分子，而且在当时改革开放初期特殊的历史条件下，成为最实际、最有效的整党整风等廉政建设的重要措施。

1983 年，随着我国经济建设发展，多种经营逐渐扩大，诉讼到法院的经济纠纷案件不断出现。为充分运用法律手段，维护社会主义经济秩序，保护社会主义全民和集体企事业单位正当权益，根据党中央和最高人民法院相关精神，开始对经济纠纷案件的审理。全年受理经济纠纷案 7 件，按照经济合同法审判程序和有关规定及政策，对诉讼至该院的 7 件经济纠纷案件，全部以调解的方式结案，为国家挽回经济损失 30000 余元。

1984 年 3 月，全国“第一次经济审判工作会议”召开，这是国家经济审判领域具有里程碑式意义的一次重要会议。这次会议明确将为社会主义现代化建设服务，确定为人民法院经济审判工作的指导思想，确定了经济审判工作的基本任务：“审理经济纠纷案件，通过审判活动，调整生产和流通领域内的经济关系，保护国家和集体、个人的合法权益，维护社会主义经济秩序，保障中国社会主义现代化建设事业的顺利进行”。但在当时，经济审判的受案范围，与现在所说的民商事审判，有很大差别。当时确定的经济审判受案范围，不仅包括一般民商事案件，还包括经济犯罪案件，甚至包括贪污、受贿等与经济有关的刑事案件。后来，随着时间的推移，涉及经济犯罪的案件，逐渐划归到刑事审判庭负责。

从1984年开始，随着经济审判工作全面开展，郊区法院受理、审结经济纠纷案件数量逐年上升，新类型案件增多，不但受理经济合同和农村“两户一体”（专业户、重点户和各种形式的经济联合体）经济纠纷案件，而且联营纠纷等新型经济纠纷案件，不断起诉到人民法院。全年受理各种经济纠纷案件26件，审结12件，其中，调解结案11件，占91%。包括购销合同案8件，劳务合同案1件，受理争讼标的达88600元。

1985年，郊区法院根据“全国经济审判工作会议”精神，积极开展经济审判活动，全年受理经济纠纷案47件，诉讼标的84.5万元；审结40件，结案率85%。其中，调解结案20件，调解率50%。本年度经济纠纷案件的新趋势是合同纠纷成倍增长，为此，该院采取“四个优先”，积极稳妥在审理经济纠纷案件：一是涉及本区范围内的经济纠纷案优先审理；二是农村经济承包纠纷案，尤其是涉及“两户”的案件优先审理；三是乡镇企业的经济纠纷案优先审理；四是诉讼标的额大，收入偏低地区及新建重点企业纠纷案优先审理。在审理经济纠纷案件的同时，郊区法院协助各乡镇清理欠款25万元，促进了郊区生产建设和经济发展。

1986年，郊区法院把经济类案件的受理，提高到“调节社会主义经济关系和经济活动的高度”，进一步加强经济案件的审判。全年受理经济纠纷案53件（含上年的7件），审结51件，结案率96.2%，诉讼标的总额158.03万元，在审理经济纠纷案件的同时，还积极协助乡镇企业和区直单位，进行债权债务的清欠。年内，为河底平板玻璃厂、南窑庄、后沟村、东梁庄等企业，追还货款15万元，主持达成还款协议12份，有效地减少了域内经济纠纷。

其时，发生在阳泉市郊区的经济纠纷案件中，90%以上是经济合同纠纷，这些经济合同纠纷，也反映出这一时期郊区经济社会的一些新情况、新问题：

第一，债权、债务方面，有新人不还旧债，因之形成诉讼的，有债务法人撤销，出现无头债的；有经营严重亏损，无偿还能力的；有偿还能力而不偿还，负债另搞周转的；法人间连锁性的债务拖欠，互相扯皮长时期得不到清理的。

第二，企业管理与营业审批方面，有审批、签证把关不严，导致超越经营范围的，无证经营得到查处的，出现主管部门对隶属单位经济合同缺乏管理的混乱局面。

第三，经济合同的签订、履行方面，有违反政策、法律、法规、盲目签订的无效合同，条款不完备，手续不健全的合同；有权利无义务或者无权利有义务的“不平等条约”式的合同；有肥了牵头人，苦了劳力工的“把头经营”式的合同；有一方盈利、另一方眼红，凭借行政职权非法废除、最终不能履行有主无实的合同等等。

第四，经济纠纷与经济犯罪方面，有的案件表面看是经济纠纷，实质是经济犯罪，还有一些案件，将经济纠纷与经济犯罪交织在一起，成为错综复杂的新型经济犯罪。

1986年，郊区法院在经济审判实践中，坚持依照《经济合同法》和其他行政、经济法规办案，对有效、无效合同进行认真区分，依法处理，将两起劳务纠纷案件、三起购销合同纠纷案件中暴露出的投机诈骗等刑事犯罪案件，依法移送到本院刑事审判庭审理，实现了经济案件审判“是非分明、责任清楚、着重调解、及时结案”的目标。是年，在合法、自愿前提下，调解结案 49 件，占全部经济案件的 95%。

1988 年，国家对经济建设进行“治理整顿”，压缩投资规模，被关、停、并、转的部分企业与其他单位签订的合同无法履行，形成大量经济纠纷，这一点，在阳泉市郊区农村乡镇企业尤为突出。为此，郊区法院有计划地深入各工商企业，巡回定点办案，开展专项审判。

1989 年，郊区法院受理各类经济纠纷案件 1159 件，是历年受理数的 10 多倍。审结 409 件，诉讼标的金额达 745.34 万元。全年审结的经济案是 1988 年 92 件的 4.3 倍。其中，购销合同纠纷 309 件，贷款、农村承包、建筑合同纠纷 12 件，其他纠纷 88 件，调解结案 399 件，占 97%。

1989 年 11 月，中共中央十三届五中全会召开，作出了《关于进一步搞好治理整顿和深化改革的决定》，郊区法院针对办案数量成倍增加，上诉案件较多的情况，精心审理与经济关系最密切的案件，实现了办案质量的提高。

1990 年，郊区法院经济审判工作进一步加强自身职能的发挥，审判人员牢固树立服务企业、服务经济发展的观念，鼎力维护社会主义经济秩序：一是加强购销合同纠纷案件审理，使 113.5 万元滞流资金投入经济部门正常运转，占全年经济案件总标的的 45%。二是加强同治理整顿关系密切的经济纠纷案审理，全年审结借贷合同纠纷案 31 件，收回逾期贷款 202 万元，促进了农村信贷资金周转。三是针对经济纠纷案审理难、执行难特点，组成巡回法庭，到被告所在地审理，全年深入实地审理经济纠纷案 210 件，占审结经济纠纷案总数的 87%。是年，郊区法院受理经济案件 510 件，其中，上年旧存 408 件，审结 261 件，诉讼标的金额达 252.65 万元，包括购销合同纠纷 165 件，借贷合同纠纷 75 件，承包合同纠纷 20 件，其他纠纷 6 件，促进了以家庭联产承包责任制为主的经营体制进一步完善和乡镇企业发展。

1991 年，郊区法院贯彻中共十三届七中全会精神，充分发挥经济审判为经济建设服务的职能，把经济审判服务乡镇企业发展作为工作重点，一是加强购销合同纠纷案件审理，配合乡、镇企业及国营大中型企业清理“三角债”。“三角债”是当时全国范围普遍存在的困扰企业经营、制约经济发展的严重障碍，为此，郊区法院把“清欠”作为为企业服务、促进经营机制转换的重要任务，按照“党委领导、政府组织、法院主办、企业配合”模式，运用支付令等简便、迅速、有效的手段，先后清理解决了域内下千亩坪耐火厂与其他几个有关联企业的三角债纠纷，涉案标的达 60.1 万余元，使 300 多万元滞流资金由死变活，投入企业运转。二是摒弃地方保护主义，对外地当事人起诉的经济纠纷案件一视同仁。全年所审结此类案件，占所受理的外地诉案总数的 80%，执行案件数占审结外地诉案总数的 85%。是年夏季江苏等地遭受严重洪灾，江苏省邱县官湖草制品厂，诉郊区某企业购销合同纠纷一案在郊区法院胜诉，该院及时将6万元资金汇寄灾区，深受外地当事人称赞。三是认真审理信贷合同纠纷案件，全年审结20件，收回逾期贷款30万元，促进了农村信贷资金周转。四是组织巡回办案队伍，到被告所在市县就地审理、现场执行。先后到寿阳、临汾、东北等地，审理和执行了25件疑难经济纠纷案件，标的金额50万元。五是依法保护当事人合法权益，对商品积压、销售困难的企业，采取牵线搭桥的方式，促进双方或多方当事人清偿债务；对既有债权，又有债务的企业，帮助其清理欠款、偿还债务；对有复苏可能的企业，采取“养鸡下蛋”“蓄水养鱼”方式，案件审结后暂缓采取强制执行，提高当事人自觉履约能力。六是尽量依法缩短经济案件审理期限，使冻结、查封、扣押的资金、财物，极早投入生产部门和流通领域，以盘活资金。五是根据《民事诉讼法》，运用公示催告程序、财产保全等新的法律手段，提高办案效率。全年受理经济案件377年（包括上年旧存249件），审结303件，诉讼标的401.59万元。其中，购销合同纠纷187件，借贷合同纠纷74件，农村承包合同1件，建设承包合同1件，财产租赁合同纠纷1件，其他经济纠纷110件。

1992年，郊区法院在审理经济案件时，为准确适用督促程序，对债权人请求债务人，给付金钱、有价证券而申请支付令的，严格把握法定条件，坚持做到“七审查”：一是审查本院对申请支付令的债权关系有无管辖权，对不符合《民事诉讼法》管辖规定的，对“债”的协议履行地在本辖区以外的，坚决驳回申请；二是审查债权人和债务人主体资格，对作为一方当事人的公民、法人或其他组织已经终止，对债权债务关系不合法、不明确的，对不属于给付金钱和有价证券的，坚决认定其申请不能成立；三是审查债务纠纷事实，对案件事实不清，或存在异议的，对债务纠纷没有明确履行期限的，坚决不予受理；四是审查主张债权的证据，对没有证据或虽举证，但不足以证明债权主张的，坚决裁定驳回申请。五是审查支付令能否直接送达当事人，如债务人下落不明，行踪不定，或户籍所在地或居住地，均不在本辖区的，坚决不予受理，六是审查其他方面是否符合在郊区法院申请支付令的法定条件，对已在郊区法院或其他法院提起诉讼程序的，坚决不予受理。

1993年，郊区法院按照“经济建设发展到哪里，改革开放深化到哪里”，经济纠纷案件审理工作就延伸到哪里的基本思路，牢固树立服务意识，努力拓宽服务领域，不断改进审判作风，注重规范执法行为，努力持续提高办案效率，为郊区乡镇企业实现“超常规，跳跃式健康发展”提供全方位、多层次、高效益、快节奏的法律服务。为进一步强化经济纠纷案件调解工作，于是年3月，成立“经济纠纷调解中心”。在1992年全部结清诉讼积案基础上，全年共受理各类一审经济纠纷案件387件，审结350件，结案率90.4%，比上年审结案件绝对数增加125件，结案标的金额1762.86万元，平均每个工作日（以全年300个工作日计算）为企业融通资金5.88万元，使30多个经营维艰的乡镇企业注入活力，帮助其走出困境。在所受理的各类经济纠纷案件中，购销合同纠纷324件，占92.8%；建设工程合同4件，占1.1%；借款合同纠纷7件，占2%；其他15件，占4.3%。在审结案件中，判决结案38件，占10.9%；调解结案288件，占82.3%；其他方式结案24件，占6.8%。

本年度，郊区民商事审判工作一是以发挥经济审判职能为主导，诉内服务与诉外服务相结合，通过审理购销合同纠纷、承包合同纠纷、运输合同纠纷、建筑合同纠纷、加工承揽合同纠纷等经济权益争讼，先后有20余笔80万元资金，在企业起诉后25日内得到解决，使30余家资金紧缺、经营困难的乡镇企业，走出“无柴点火，无米下锅”困境，为企业提供高效司法服务。有具体司法环节上，郊区法院坚持从实际出发，不搞“一刀切”，对权利主体提出诉外调处请求，义务主体又自愿进行诉外解决的，尊重他们意愿，提供诉外服务，既解开了连环债务链，融通了资金，又使当事人保持了传统的业务往来，全年诉外调处民商事案件20件。二是不断改进工作作风，诉前服务与诉后服务相结合，坚持送法上门，拓宽服务领域，通过对13个乡镇200多个企业和区直企业，上门宣讲民事、经济法律、法规，帮助企业走出享有债权却不知诉、不会诉、不愿诉、不敢诉误区，学会用法律武器维护合法权益。在此基础上，该院进一步加强同企业的司法联络，建立健全经济司法联络员、联络员制度，针对案件审理过程出现的问题，提供诉后服务，全年共提出各种经营管理建议20多项，帮助审查较大经济合同26份，培训业务骨干70余人。同时协助企业扩大横向联系，增进沟通理解，诉后继续为企业牵线搭桥，全年帮助企业签订标的220余万元的经济合同多份，既规范了企业的经济行为，又增强了企业的市场竞争力。三是专项服务与普遍服务相结合，开展有效法律服务集中行动，首次在全区13个乡镇、区直企业内，全面提供普遍服务，配合区政府组织召开“清理债权债务专题工作会议”，选派五个司法服务小组，深入乡镇企业，调查研究民商事案源、案情底数和特点，集中讲解经济纠纷案件的管辖、起诉、基本证据、制度和程序等法律知识。对企业投诉的案件，只要符合法定起诉条件，不分标的大小，不分地域远近，不分主体资格高低，不分案情难易，一律立案受理，解决了一些小型企业，因争议金额产小而投诉无门的问题，把近100万元的死账化为活钱。为阳泉市银中贸易公司、郊区金属公司、郊区制钉厂，追回被北京京城贸易经营公司骗走的货款140万元。同时对各乡镇“龙头”企业，始终安排一个合议庭的审判力量，为其提供倾斜服务，对案情急、标的大的案件，实行优先审查立案，优先组织审理，优先提起执行的重点服务，实现了郊区乡镇企业，在各“龙头”企业带动下，持续、高速、健康发展。

1993年11月，中共十四届三中全会作出《关于建立社会主义市场经济体制若干问题的决定》，中国经济发展进入快车道，由于中国社会主义市场经济高速增长，各省市各种类型企业之间的经济交往更加频繁，经济纠纷随之激增，郊区民商事审判工作，也进入了一个迎接新挑战、把握新热点、处理新问题、服务新形势的全新发展时期。

1994年，郊区法院审理民商事案件279件，诉讼标的1739.5万元，审结270件，标的结案率为96.8%。其中，购销合同纠纷246件，建筑工程合同2件，贷款合同纠纷1件，联营合同纠纷3件，其他纠纷18件。本年度，该院主动深入企业宣传法制，主动为企业厂长、经理、业务人员提供咨询和指导，使他们在订立经济合同时注意规范化、合法化，在企业发生经济纠纷时主动提前介入，采取诉讼保全，先予执行等措施，为企业提供司法服务。特别是从10月份开始，郊区法院围绕清理欠款这一全局性中心工作，积极部署，倾斜服务，对“三角债”包袱压得不能正常运转的企业，采取缓交、免交诉讼费的办法受理案件，同时派法官到各乡镇企业调查摸底，帮助企业运用法律手段，保护自己的合法权益不受侵害。此外，还根据案件的地域、范围、标的额等情况，派出巡回法庭，采用分片定点的方式清理欠款，从10月到年底短短两个月内，即审结经济纠纷案76件，结案标的达600万元。

1995年，郊区法院为适应新形势下经济案件出现的新情况、新特点、新规律，坚持主动为经济建设服务的原则，围绕本地的具体实际，加大力度。着重解决制约企业发展的三角债，深入企业寻找案源，为企业提供法律咨询，严肃执法，敢于碰硬，果断采取查封，扣押，冻结等措施，执行回款率达到86%。1995年，共受理经济案件441件，受理标的3637万元；审结359件，审结标的2861万元；已执行309件，执行率为87%。

1996年，在亚洲经济危机爆发前夕，以煤炭生产为产业支柱的郊区，许多煤炭企业煤款外欠剧增，资金紧张、经营极其困难，甚至处于停产、半停产状态，经济纠纷案件急剧增多。为此，全力开拓经济审判创造力，成立经二庭，充实执行庭，专职经济审判人员由8人增至12人，执行庭由1人增至8人，层层签订目标责任书，实行清欠任务双向目标考核，同时强化服务，在“多、快、好、省”上下功夫。“多”，即为企业提供多形式、多方位、多渠道、多层次法律服务；“快”，即掌握信息快，深入基层快，提供服务快，排忧解难快；“好”，即服务态度好，服务质量好，服务效果好；“省”，即发扬艰苦奋斗、勤俭节约作风，少花钱，多办事，办大事，办好事。在此基础上，依法用足法律手段，对起诉到郊区人民法院的案件，做到快立、快审、快结、快执，速战速决；对顶、拖、赖当事人，坚决采取强制措施；对认定事实、证据，适用法律必须做到准确无误，严肃执法。本年度，干警人均加班加点折合100个工作日，人均出差时间120天以上，为140多个企业，清回债权债务4000多万元，有效缓解了企业资金不足问题。此外，郊区法院对域内骨干企业投诉的案件，优先立案、优先审理，及时提供高效快捷的专项服务，全年为郊区骨干企业清理债权2000余万元，如为李家庄电石厂一次性清理债权30余万元，保证了该企业资金周转，促进了企业发展。全年受理经济纠纷案件701件，标的6000万元，结案680件，标的6402万元，同比增加 25% 和 47%，实际执行回款 4056 万元，同比增长 80%，提前 15 天完成了郊区区委、区政府下达的 4000 万元清欠任务。

1997 年，亚洲金融危机爆发，以煤炭生产为主导产业的郊区，其经济形势出现资金链时断时续问题。郊区法院结合改革开放和经济建设实际，通过依法审理民商性质的经济纠纷案件，积极调节经济关系，为保障和促进全区经济有序运行和健康发展，提供了重要的司法保障。5 月份，根据经济迅速发展、经济案件显著增多的实际，经批准，郊区法院设立“经济审判二庭”“经济审判三庭”，专门用于应对亚洲金融危机期间的经济纠纷案件的审理和执行，一是全院总动员，层层分解经济纠纷案件化解和审判任务，提出明确“一个目标”、树立“两个观念”、做好“三个准备”、实现“四项突破”的目标。明确“一个目标”，即实现清欠 4000 万、力争 5000 万元的目标。树立“两种观念”，即树立经济发展到哪里，改革开放到哪里，经济审判就延伸到哪里的服从服务观念；负重拼搏、争创佳绩和锐意进取的观念。做好“三个准备”，即做好艰苦奋斗，勤俭节约，吃“苦”办案的准备；严肃执法，依法裁判，以“公正”为天的准备；不畏艰辛，知难而进，“勇于”办案、敢于碰硬的准备。实现“四项突破”：即实现业务指标、办案质量、工作作风、工作实绩四个方面的新突破。

本年度，郊区法院根据企业外欠数量大，资金周转不畅这一突出问题，及时调整清欠策略，层层分解清欠任务，与庭室签订目标责任书，实行清欠工作双向目标考核，同时实行院领导包庭，庭领导包人，审判员包案，办公室包后勤的“清欠分工负责制”，将“职”“权”“责”“利”有机结合起来，形成上下一条心，全力以赴搞清欠的格局。广大经济审判庭的干警，白天、黑夜连轴转，加班加点，没有节假日，更无星期天，全年经济审判人员，人均加班加点 110 个工作日，人均出差 140 天以上，人均办案 30 件，人均清理回欠款 210 万元，全年受理各类经济纠纷案件 704 件，标的 21558.81 万元，审结 675 件，标的 20271.19 万元，结案率为 95.88%，其中，审理破产案件 17 件，标的 8092.21 万元。

1998 年，受亚洲金融危机影响，阳泉地区经济形势进一步恶化，煤炭生产出现萎缩，外欠债务明显增加，企业经济更加困难。反映在经济案件审判方面，案件数量、诉讼标的明显攀升。郊区法院为适应新形势下经济审判工作的需要，于 3 月份，设立“经济审判三庭”，运作 8 个月后至 11 月撤销。全年民商性质的经济案件审理，紧紧围绕全区工作大局，坚持“围绕中心，优质服务；规范执法，注重效果”的工作思路，自觉把经济审判工作放在为全区经济服务这一重要位置，强化服务，提高服务效力，按照“一严格”“两优先”“三一样”标准，完成经济纠纷审理任务：“一严格”，即严格按照法定程序办案，准确适用法律；“两优先”，即对特困企业的诉讼优先审理，对涉及改制企业的诉讼优先审理；“三一样”，即不论标的大小、不论案件难易、不论外地本地，用一样的态度热情对待，尽心审理。全年收、结案标的，分别比上年度增长了48%和44%，全年受理各类经济纠纷案件571件，标的31000万元，审结561件，标的286000万元，审结率为98.24%。

1999年，郊区法院改革审判方式，实行“立审、审执、审监”三分离，加强程序制约，防止错案，并将审判方式改革，同推行审判岗位责任制、办案督察制、错案追究制三项制度结合起来，增强审判人员的责任心，阻止和制约办案不廉洁现象。为进一步服务经济工作大局，加大为企业、为各类重点工程建设、为防范金融风险服务的力度，山西省高级人民法院制定《发挥审判职能，为国企改革与发展服务的具体措施》，郊区法院通过以案讲法、送法上门的“主动”服务；清理债权、缓减资金不足的“造血”服务；帮助订立合同、规范经营行为的“免疫”服务，全年共审理经济纠纷案件320件，审结301件，标的5015万元，结案率94%；为郊区清回债权3000万元，86家企业走出资金周转不灵的困境，21家濒临破产的企业起死回生。

2000年，随着改革开放的深化，经济纠纷案件一方面急剧增加，另一方面新类型案件不断出现，且取证审理难度较大，对审判人员的业务素质提出更高要求。对此，郊区法院一方面，坚持加强对新颁布的经济法律、法规、司法解释和经济政策的学习探讨。另一方面，组织干警研究疑难及新类型案件的法律适用问题，总结审判工作得失，充实完善自己，加大服务力度，拓宽服务领域，增强服务效力，强化干警服从大局、服务经济中心的观念，全年共审理经济案件274件，审结241件，标的8647.93万元，审结率88%，为32个企业清理债权500多万元。

2002年，新中国审判史上第一次正式用“民商事审判”，代替“经济纠纷审判”。5月份，根据建立健全民事审判格局和适用民事诉讼程序的需要，郊区法院撤销经济审判庭，原经济审判业务，划归民事审判三庭，民商事审判工作，正式进入规范化轨道。在“经济审判庭”存续的20多年间，有力促进了全区经济体制逐步完善、结构逐步调整，制度逐步改进，效益逐步提高，为保持全区经济健康有序的发展做出了贡献。是年，该院紧紧围绕经济建设中心，强化服从服务意识，加大服务经济建设力度，继续坚持主动送法上门，积极开展各种专项服务。在依法收贷专项服务中，该院下发支付令，依法督促贷款人，归还了逾期贷款210万元；主动深入金融企业，推进就地办案，为金融企业追回外欠款360万元。同时深入各乡镇企业，举办各类经济法律法规培训班五次，培训企业厂长、经理及业务人员200余人，全年调处经济纠纷案86件，为34家企业解决争议标的额360余万元。全年受理一审经济纠纷案229件，审结168件，结案率为73%，标的1120万元。

2003年，郊区法院围绕“公正与效率”目标，按照“依法、公正、及时、稳妥”原则，依法审理民商事案件，促进全区经济发展和社会进步，全年受理民商事案件715件，审结680件，结案率95%。一是坚持审判工作为社会稳定服务的宗旨，强化审判职能，突出解决诉讼热点和难点。二是坚持“民事案件无小事”原则，强化为人民服务的观念，突出解决与创建政治文明、创优发展环境，密切相关的民商事纠纷。在审理民商事案件过程中，审判人员急群众所急，想群众所想，对一些突发案件、有可能引发上访、上告的案件，迅速组成合议庭，深入实地，就地公开处理，不仅增强了办案透明度，而且让群众充分了解诉讼过程，达到审理一案，教育一片的目标。三是坚持公正执法，强化服务大局意识，突出解决郊区企业资金紧缺问题。对改制企业、区内骨干企业及特困企业起诉的案件优先予以审理，同时开展形式多样的法律服务，加大清理债权力度，当年累计为郊区企业清理债权 1300 余万元。

2004 年，郊区法院受理民商事案件 1057 件，审结 926 件，结案率 88%。一是推行案件繁简分流制，缩短办案周期，提高工作效率，降低诉讼成本，减轻群众诉累。全年采用简易程序的案件达 312 件，占结案总数的 34%。二是加大民事调解力度。积极探索调处矛盾纠纷新途径、新办法，能调则调，多调少判，在审结的 283 件婚姻、家庭纠纷案件中，调解结案 152 件，调解率达 54%。三是高度重视“三农”案件审理，对 90 件涉及农村生产和农民利益的土地、相邻、宅基地、承包纠纷，该院干警深入纠纷发生地调查取证，了解情况，在广泛征求基层村、镇的处理意见，共同做好化解矛盾工作基础上，妥善处置此类纠纷。四是妥善处理群体性案件，对因村镇建设、企业改制、劳资纠纷引发的群体性案件，按照及时、就近、就地处理原则，在合情、合理、合法前提下，把矛盾纠纷化解在初始状态，妥善解决此类纠纷 20 件。五是以维护市场主体合法权益、促进经济发展为主线，加大清理债权力度，开展专项法律服务：一是为建设“诚信郊区”服务，及时处理买卖、担保、供销等合同纠纷 213 件，制裁违约失信行为，维护了公平诚信的市场经济秩序。二是为金融安全服务，积极稳妥审理借款合同、融资等纠纷案件 41 件，努力维护金融市场秩序。三是为民营经济发展服务，在平等保护市场主体原则上，审结涉及个体、民营企业诉讼案件 120 件，标的 800 余万元。四是开展清理外欠债权服务，组织精干警力在 20 余个省、市，清回债权 1300 余万元，为郊区企业和经济社会发展，解决了资金被长期拖欠的问题。

2005 年，郊区法院受理各类民商事案件 1018 件，审结 974 件，结案率 95.7%。随着新农村建设步伐的加快，农村土地承包调整、土地征用、小城镇拆迁等新类型纠纷大量出现，传统民商事纠纷也不断增多。针对民事案件数量多，类型新，难度大特点，该院从构建和谐郊区大局出发，把贯彻执行国家法律、法规，同维护群众利益有机结合起来，认真分析案件情况，依法认定权益归属，既保护了群众的合法权益，也保障了全区中心工作的顺利推进。

2006 年，郊区法院推行民商事案件调解“三步曲”取得实效。2 月份，在一起当事人情绪严重对立的客运合同纠纷中，该院民事法官积极唱好诉讼调解“三步曲”，使案件得以妥善解决。所谓民商事案件调解“三步曲”，第一步是庭前调解。开庭前由承办法官对双方当事人的争议焦点，进行试探性调解，了解其真实想法和所要达到的诉讼目的，有针对性地做好疏导和说服工作；第二步是庭中调解。对一些案情复杂，双方争议较大的案件，在查明事实基础上，合议庭集体做好耐心细致的思想工作，从案件审判可能的结果上，从诉讼目的实现的效果上，进一步对当事人进行说服；第三步是庭后调解。主要是针对那些案情复杂、有上访苗头且经过前两轮调解，立场已有松动的当事人，承办法官采取个别谈话、背对背调解等方式方法，尽可能化解上访风险，减轻当事人诉累，节约诉讼成本。

2007 年，随着社会经济的发展，法院对民事审判工作和民商事审判工作进一步改革，形成了“大民事”审判格局，由立案庭就受理的民事案件和民商事案件，按照规定随机分别向民一庭、民二庭、民三庭分派案件。该院紧紧围绕发展要务，密切联系全区实际，把服务工作向庭前、庭后延伸，从审判全程加大经济合同类纠纷案件的服务力度，有效地为辖区多元化市场主体提供了司法保障，注入了发展活力。特别是对改制企业、骨干企业及特困企业提起诉讼的案件，坚持倾斜投入警力，加快清理债权债务的节奏，用准用足用好法律手段，并避免就案办案，力求法律效果与社会效果的统一。全年，受理各类商事案件 366 件，审结 330 件，结案率 90%。先后在山东、河南等十三个省市为全区各类工商企业清理债权 9000 多万元。

2008 年，郊区法院民商事审判紧紧围绕郊区区委、区政府中心，根据“新北大街”等 17 项重点项目、重点工程的司法需求，把司法服务工作向庭前、庭后延伸，加大对涉及房屋拆迁、企业搬迁、征地等案件审理力度，在用准、用足、用好法律手段，避免就案办案，力求法律效果与社会效果统一的前提下，办结了一批像阳光购物中心预售商品房案等一批在阳泉市有重大影响的“铁案”“精品案”“和谐案”，受到一致好评。全年共受理各类民商事案件 1040 件，审结 971 件，民商事案件结案率为 93%

2009 年，继续围绕全区工作大局，服务经济社会发展。全年共处理买卖、借贷、担保等合同纠纷 342 件，依法制裁违约失信行为，维护公平诚信的市场经济秩序。坚持平等保护市场主体的原则，对辖区个体、民营企业，提供优质司法服务，全年审结合同纠纷、工程承包等案件 137 件，标的达 4000 余万元，为郊区企业处理债权、债务 12025 万元。对全区重点工程项目，按照郊区区委、政府总体部署，出台了工作方案，提供司法保障，并按照职责分工，派出专人定点负责，提供法律咨询和跟踪服务，特别是对涉及重点工程的 36 件诉讼案件，及时予以审理，确保了重点工程顺利进行。

2010 年，郊区法院针对郊区经济转型跨越发展的形势要求，更加注重发挥民商审判职能作用，切实增强服务大局的针对性和实效性，进一步加强民商审判工作，以服务全区转型跨越发展，促进社会和谐。

2007 ~ 2010 年四年间，郊区法院为郊区重点企业清回债权达 4 亿元，为郊区经济发展注入了活力。如 2011 年，该院切实加大涉企案件审理力度，共为郊区重点企业清回欠款达 8000 余万元。

2012 年，阳泉市郊区被列为全省“先行先试综改试验区”，郊区法院根据区委、区政府建设“综改试验区”的一系列举措，进一步加大法律服务力度，认真开展司法入企帮扶活动，积极化解民商纠纷，注重采用调解、和解和司法重整等法律手段，妥善处理各类合同纠纷。全年共受理各类民事案件 888 件，结案 873 件，标的达 8000 余万元。2013 年，受理民商事案件 863 件，结案 849 件，结案率为 97.9%，妥善处置涉企案件。年内，该院出台重点企业联系制度，及时帮助化解重点企业、重大项目、招商引资过程中遇到的各类涉诉纠纷，推动优势产业集群发展，同时关注小微企业，高度重视这些企业因资金链断裂引发的涉诉案件，在切实保障当事人合法权益的同时，帮助它们渡过难关、发展生产。全年为区内企业清回债权 8000 多万元。

2013 年，郊区法院继续根据区委、区政府关于深化“先行先试综改试验区”的安排部署，紧紧围绕中心工作，对漾泉大道、西环高速、太阳高速等重点工程，按照区委要求派出工作组，出台了专门的实施方案，将全院干警按班子分工，分成 10 个小组，在具体的工作中，密切联系工作实际，综合运用多种手段，加大对涉及房屋拆迁、企业搬迁、征地等案件的审理力度，重点案件做到疏导在前，敏感问题根据区委要求及时派驻工作组，提前司法介入，对于诉至法院的拆迁案件，做到快立、快审、快执，用准用足用好法律手段，确保证重点工程、重点项目的建设进度。特别是经过平坦法庭、行政庭的干警耐心细致的思想工作，促成了 7 名拆迁户顺利搬迁，妥善处理了一起因拆迁引发的突发事件，确保了西环高速的如期开工建设。全年受理民商事案件 638 件，结案 624 件，结案率为 97.8%，受理的民商事案件数占受理案件总数的 52%。

2014 年，郊区法院在民商事案件审理中，紧紧围绕全区经济发展，积极服务中心，一是为重点工作提供法律帮助，配合相关部门妥善处理涉及重大项目的征地、拆迁等纠纷，并派出工作组，提前介入，情法并用，确保重点工程、民生工程、大局工程如期施工。二是对于诉至法院的此类案件，在注重思想疏导的前提下，坚持快立、快审、快执原则，多途径采取措施，全方位处置矛盾纠纷，平等保护诉讼当事人权益。三是认真落实重点企业联系制度，妥善处置涉企案件，及时帮助化解重点企业、重大项目、招商引资过程中遇到的各类涉诉纠纷，推动优势产业发展。四是高度重视域内小微企业因资金链断裂引发的涉诉案件，在切实保障当事人合法权益的同时，帮助它们渡过难关、发展生产。2014 年，受理商事案件 270 件，审结 261 件，标的达 1 亿多元。

2015 年，郊区法院在民商事案件审判工作中，一是围绕发展大局，全力服务经济建设。郊区法院受理的民商事案件相当一部分系经济下行压力加大引发的矛盾。为此，该院紧紧围绕全区大局，积极发挥民商事审判职能作用，认真化解矛盾纠纷，稳妥审理在加快转变经济发展方式过程中出现的各类案件，妥善审理因企业停产、职工放长假引发的债务、劳动争议、婚姻家庭等案件。二是牢固树立科学发展观的理念，严格遵循司法规律，转变理念，当调则调，当判则判，对适宜于调解的案件，只要有1%的调解可能，就尽100%的努力进行调解；对宜于判决的案件，则依法及时作出判决。三是关注社会热点，妥善解决群体性纠纷。四是服务发展，妥善处置涉企案件。五是关注社会民生，认真落实司法为民措施。特别是积极落实司法救助制度，对合法权益受到侵害的弱势当事人，实行诉讼费的减、缓、免，并提供必要的司法救助。六是强化措施，实现胜诉当事人权益。七是强化质量意识，确保案件质量。八是牢固树立责任意识，妥善处置信访案件。以党的群众路线教育活动为载体，认真落实各项涉法涉诉信访改革工作措施。九是不断推进司法公开，切实加大信息化建设力度。认真落实公开审判制度，除法律规定不予公开审理的案件以外，其余案件均进行了公开审判。

第二节 审理合同纠纷案件

郊区法院1975年2月成立后，一直到1978年12月底中共三中全会召开前，合同纠纷案件极为少见。一般民间借贷纠纷或涉及经济往来的民商案件，通过郊区法院、郊区下属各人民公社、各生产大队，及各厂矿企业调解委员会，即调解解决。

20世纪80年代后，随着社会主义市场经济的确立和商品生产及流通增多，合同纠纷逐渐增多。其中，在郊区范围内，以买卖合同纠纷、借款合同纠纷较为常见。此外，随着域内企业承包经营行为频繁发生，有些案件也涉及承包者的债权债务等问题。

1982年7月1日，《经济合同法》正式施行，非自然人之间的借款合同纠纷案件，开始纳入经济审判范围。1984年，国家实施拨款改贷款制度，借款纠纷开始逐渐增多。

1985年4月，国务院颁布《借款合同条例》后，域内借款合同纠纷案件开始大幅度上升。

1988年4月13日，七届全国人大一次会议通过《全民所有制工业企业法》，对承包、租赁经营等责任制形式给予法律上的确认。该法第二条规定：“企业根据政府主管部门的决定，可以采取承包、租赁等经营责任形式”。据此，企业的承包经营，在阳泉市郊区的乡镇企业改革中得到广泛应用，其间，也产生了一定量的经营承包纠纷。是年，国家对经济领域进行“治理整顿”，域内的借款合同纠纷，更是大量诉至郊区人民法院。为帮助银行、信用社追回贷款，郊区法院在继开展依法收贷专项服务后，又开展了为企业清理债权的专项服务活动。

1991年审理的江苏邳县官湖草制品厂，诉阳泉郊区千亨实业公司购销合同（拖欠贷款）纠纷一案，颇具代表性。郊区法院在审理中查明：被告阳泉郊区千亨实业公司属乡镇企业，其时，正筹建年产值百万元的氧化镉厂，资金短缺，如果就案办案，采取扣划办法归还原告款项，势必使该企业陷入困境。经查证了解，阳泉荫营硫铁矿拖欠千亨实业公司11.1万元，该矿是个有800余名职工的国营企业，已有三个月未开工资，处于瘫痪状态，如果将该矿的财产予以查封、变卖，案件就可以了结，但对硫铁矿无疑是雪上加霜。在调查中，审判人员了解到长治化工厂，欠荫营硫铁矿货款32.7万元四年之久，且长治化工厂有足够偿还能力。于是，阳泉郊区法院将几个连环案件一并立案处理，依法作出判决，并很快付诸执行。不仅及时归还了江苏灾区当事人的货款，而且有效地解决了四家企业的债务链问题，还为千亨实业公司和荫营硫铁矿注入了资金，使其恢复了生机，收到良好社会效果。

20世纪90年代初，随着社会主义市场经济体制的建立和发展，郊区各项建设事业突飞猛进，建筑市场十分活跃，但由于建设工程合同当事人，不严格执行法律法规的规定和合同的约定，导致建设工程质量下降，违约行为时常发生。郊区法院针对拖欠工程款比较严重等问题，开展了为重点工程服务的专项审判，审结了一批案件。如阳泉郊区公路管理段诉平定县岔口乡政府建筑工程合同纠纷一案：原告阳泉郊区公路管理段与被告平定岔口乡政府，于1992年6月13日，签订承包建筑一条六公里黑色碎石路面协议，工程从1992年7月1日开始，到同年9月23日完成，总价35万元，由被告在开工前付款百30%，其余部分在全部工程完工后付清。原告如期完工并经双方验收合格后，被告除支付工程款233814元外，尚欠原告工程款146186元未付。诉至郊区法院后，该院依据《合同法》《建筑安装工程承包合同条例》，判决被告山西省平定岔口乡政府，所欠原告阳泉郊区公路段工程款146186元，在判决生效后10日内付清；被告在判决生效后的10日内，向原告支付逾期付款违约金80179.73元。

在买卖合同纠纷中，对当事人超越经营范围订立的合同，郊区法院审理时，主要根据《经济合同法》第十六条规定："经济合同被确认无效后，当事人依据该合同所取得的财产，应返还给对方；有过错的一方应赔偿对方因此所受的损失；如果双方都有过错，各自承担相应的责任"。故在1993年以前，一般认定为无效合同。1993年以后，为促进市场交易安全、便捷，最大限度促进资金周转、商品流通，对当事人超越经营范围订立的合同，一般不再认定为无效合同。

1994年5月，原告史利忠及第三人王文光，共同承包了盂县小岩沟煤矿，承包期间，由盂县小岩沟煤矿供被告阳泉市青山水泥厂生产用煤，到1996年2月原告及第三人终止承包时，被告尚欠盂县小岩沟煤矿煤款50余万元。原告及第三人在终止承包盂县小岩沟煤矿后，于1996年2月达成结算协议。该协议规定：除被告阳泉市青山水泥厂的债权划归原告18万元外，其余所有债权债务全部划归第三人王文光。该协议达成后，原告即持此协议，要求被告向其支付所欠煤款18万元，但被告在支付8000元并以水泥抵顶10620元给原告后，对所欠原告161380元，以不能对口原告付款为由拒绝支付。为此，原告向郊区法院提起诉讼。诉讼中，该院依法通知第三人王文光参加诉讼。经审理，郊区法院判决被告阳泉市青山水泥厂，在判决生效后的五日内，向原告史利忠支付161380元。

对于承揽方不能按合同约定期限交付定作物引发的纠纷，郊区法院在审理中坚持保护守信方的利益，依法判令承揽方承担违约责任。如1997年审理的阳泉郊区三郊火石岩村诉李永生合同纠纷案，1997年，原告阳泉郊区三郊火石岩村同被告李永生签订耐火厂承包合同。被告开始生产后，至5月19日，因未交清应交电费而被停电。其时，被告欠原告承包费15442.32元未付。经郊区法院主持调解，双方达成三项协议：1. 从1997年9月8日起，原、被告的承包合同解除；2. 被告欠原告8121.64元，由被告以碾底板抵顶2600元，余款5521.64元，在1997年9月底前付清；3. 被告投资的补偿袋、编织袋、电缆线、原材料及产品，由被告自行拉走。

1998年，郊区法院依法审理了原告阳泉郊区聚鑫铁厂、被告阳泉市兴生发贸易公司的焦炭购销合同纠纷案件。原告阳泉郊区聚鑫铁厂、被告阳泉市兴生发贸易公司于1994年9月30日，签订了购销焦炭合同。合同规定，被告供原告焦炭2000吨，单价320元，总金额640000元；被告于1994年10月5日开始发焦炭，每日三车，每月确保800吨以上；原告可用生铁抵顶焦炭。合同签订订后，被告于当年11月提走原告生铁36.92元，单价1250元，合计价款46150元，并与次年4月供给原告焦炭62.37吨，计价款18462.01元。随后，双方又于1995年5月19日签订了第二份购销合同，该份合同没有履行。1996年3月21日，双方签订了第三份购销焦炭合同。该合同规定，被告供原告焦炭，单价360元，数量1000吨，总金额360000元，由原告抽样化验，超标部分从单价中核减；每月供应大约1000吨左右。依照该合同，被告于1996年4月22日供原告焦炭31.67吨，因未开具增值税发票，抵扣税务局后计价9931.08元。之后被告再未供货。至此，被告仍拖欠原告生铁款17751.91元未抵清而形成诉讼。郊区法院依据《经济合同法》《工矿产品购销合同条例》作出判决：被告拖欠原告生铁价款17751.91元，由被告于判决生效后10日内支付原告价值17751.91元的焦炭，焦炭价格、质量及支付方式执行双方第三份合同所订标准。如逾期不履行，则由被告支付原告17751.91元。

1999年3月15日，全国人大九届二次会议通过了《合同法》。郊区法院在指导思想上，严格依据《合同法》裁判案件，注意反映合同本身的特点，充分体现当事人的意思自治，在不违反法律和社会公德的前提下，保障当事人享有充分的合同自由，兼顾交易便捷和交易安全，促进了区域经济的发展。同年10月1日，《合同法》实施后，《经济合同法》《工矿产品购销合同条例》《农副产品购销合同条例》被废止。

如本年度的杨家庄乡小西庄村村委，与荫营镇王世英承包村办煤矿合同纠纷案。1997年5月26日，郊区杨家庄乡小西庄村村委，与郊区荫营镇王世英签订了承包村办煤矿的承包合同，承包期限为三年，此合同在当日还进行了公证。之后，王世英在经营中，因意外原因精神受挫，不能正常履行合同。1998年6月21日，小西庄村与原告赵莹玉，达成变更煤矿法人，由赵莹玉承包的协议书，主要内容为履行原王世英未能履行的条款，承担原承包人欠小西庄村委、村民的债务。在新承包人赵莹玉主持煤矿生产期间，由于小西庄村与孙家沟村相邻，孙家沟部分村民听到地下有炮声，村民孙广义家偏西出现裂缝。孙家沟村村民认为，是小西庄煤矿开采所致。1998年7月10日，94位村民联名将《关于民宅受到采矿严重威胁的紧急报告》报至乡企管站、郊区地矿局等。其间，乡煤管站派人到孙家沟村，对受损民宅进行察看，对小西庄村煤矿下达“四定表”令其停止生产。1998年7月15日上午10时30分，在孙家沟村村民阻止煤矿生产，该村支部书记李成孩劝说无效情况下，即对煤矿坑口上锁强行停产。1998年7月27日，根据郊区有关部门专题会议精神，关闭了小西庄村煤矿。赵莹玉诉至郊区法院后，该院依照《民法通则》《合同法》《煤炭法》规定，判决原告赵莹玉同被告阳泉市郊区杨家庄乡小西庄村承包煤矿的合同予以解除；被告补偿原告承包期煤矿所办各种手续费用4150元。

2003年，审理了被告广东佛山裕华陶瓷有限公司，与石卜咀卫生陶瓷厂租赁纠纷一案。被告因经营不善，拖欠职工工资和租赁费达数10万元，郊区法院民商事审判人员，及时果断赶到达石卜咀村，对被告财产进行诉前保全，有效保护了石卜咀村及其职工的合法权益，维护了社会的稳定，取得良好效果。本年度，还审理了郊区林里镁质炉料有限公司，与国营华晋冶金厂买卖合同欠款纠纷一案。被告华晋冶金厂为军工企业，受市场经济影响，生产经营十分困难。受理此案后，郊区法院审判人员在被告所在地山西绛县，通过银行查询账户存款，工商调查经营资料，企业查看资产现状等，用足了各种法律手段，经过18天努力，全部清回了拖欠原告长达三年的40余万元。

从2004年开始，合同纠纷案件逐渐增多。如本年度原告杨妹海诉阳泉市郊区邮政局等三被告丢失邮件案。2004年4月23日，国家知识产权局以挂号邮寄方式，通知原告阳泉郊区河底镇小河北村委缴足有关费用，以办理其申报的环保型消烟除尘烟囱的专利。阳泉市郊区邮政局将该邮件递交河底镇小河北村委会收发员杨先翠。2004年9月10日，国家知识产权局通知原告，因未缴足有关费用，视为其放弃取得专利权，如恢复权利请求，需缴纳有关费用1000元。诉至郊区法院后，该院依据《中华人民共和国邮政法》第三十三条第1项规定，判决被告阳泉市郊区邮政局于判决生效后10日内，赔偿原告杨妹海人民币500元；被告阳泉市郊区河底镇小河北村委会和被告杨先翠，不承担责任。

再如原告郭志元诉被告乔建明购买轿车口头协议案。2004年3月5日，原、被告达成口头协议：原告购买被告桑塔纳轿车一辆，价格28000元，车辆过户费用由原告承担，被告协助办理有关手续。之后，原告遂即原告支付被告28000元并将车送至阳泉乾坤轿车服务部维修，花去修理费2675元。2004年4月27日，原告办理检车、过户手续时，阳泉市公安交警部门以“该车系被盗车辆”扣留，为此，原告多次找被告协商，被告坚持原告退车后才予还款。诉至郊区法院后，该院审理后认为，原、被告之间的买卖行为，属无效民事行为，被告并非车辆的合法所有人，无权将自己不持有合法手续的车辆，出卖给原告，被告应依法返还原告已支付的购车款，同时被告的过错行为，给原告造成一定经济损失，应予以赔偿，故依据《合同法》第五十二条第五项、第五十八条，判决被告乔建明，退还原告郭志元购车款28000千元；被告乔建明，赔偿原告郭志元经济损失2675元。

同年，刘风池诉路美玲、张海堂借款纠纷案，也颇为典型。原刘风池同被告路美玲、张海堂认识多年，2003年4月4日，二被告向原告借款3300元，并出具借条一份。2004年2月13日，原告找二被告催要借款，因被告张海堂已回原籍河北，被告路美玲便又向原告借款600元作为路费，去找被告张海堂筹备还款，另出具一份借条。但二被告一直不予偿还。原告于2004年7月13日，向郊区法院提起诉讼，要求判令二被告偿还借款3900元及利息100元。该院依据《中华人民共和国民法通则》第一百零八条、最高人民法院《关于贯彻执行<中华人民共和民法通则>若干问题的意见（试行）》第一百二十一条、第一百二十三条、第一百二十四条，判决张海堂、路美玲于判决生效后十日内，偿还原告借款本金3900元，并承担原告相应的利息损失。

从2005年开始，郊区非法采矿的案件逐年增多。一些不法分子借工程施工为名，大肆进行私挖滥采。郊区法院在审理建设工程合同纠纷时，发现当事人从事非法采矿的，均认定为无效合同，并给予责任人相应的民事制裁。如2006年审结的一件“建筑工程”案件：2004年10月，原告、被告经过协商，签订了土石方工程施工协议（2005年3月1日双方协商变更了部分协议内容），约定由被告双路公司，承揽原告李家庄村寄宿制中心小学校土方工程，同时由被告负责采掘在新校址地下的储煤，并按实际挖出的吨煤数，为原告支付提成款。合同签订后，双方前后累计取煤60665.55吨。原、被告上述采煤行为，未经国土资源管理部门审批，更未取得采矿许可证。原、被告之上述采煤行为，违反了法律的有关强制性规定，阳泉市郊区人民法院依照《中华人民共和国民法通则》第一百三十四条第三款及其他有关法律规定，决定没收被告用于非法采煤的一切车辆和生产工具，收缴被告业已采出的现有全部存煤，同时追缴原、被告的一切非法所得。

2007年，审理买卖合同纠纷案件119件，其中，旧存5件，新收114件，诉讼标的256.6768万元；审结77件，其中，31件以判决方式结案，24件撤诉，15件以调解方式结案，以其他方式结案的5件，移送2件，有42件未结，结案率64.70%。是年，还审理借款合同纠纷案件213件，其中，旧存20件，新收193件，诉讼标的36.42万元。审结106件，其中，39件以判决方式结案，4件被驳回起诉，18件撤诉，调解结案18件，以其他方式结案的18件，移送1件，未结的107件，结案率49.76%。如原告刘东彦诉被告阳泉市翠枫山自然风景区旅游服务中心保管合同纠纷案。2007年5月1日下午三时许，原告随同丈夫及其家人驾驶汽车到被告处旅游，将汽车存放在被告指定的存车场内，并交纳5元存车费。当天下午五时许，原告返回存车场时，发现车辆左侧后门玻璃被打碎，车内物品丢失，经与被告协商，其赔偿问题未达成协议，故诉至郊区法院，调解双方达成和解协议：被告阳泉市翠枫山自然风景区旅游服务中心，一次性赔偿原告刘东彦损失2000元整。

2008年，审理买卖合同纠纷案件136件，其中，旧存42件，新收94件，诉讼标的116.835万元；全年审结买卖合同纠纷案件91件，其中，61件以判决方式结案，16件撤诉，12件以调解方式结案，终结和移送方式结案的各一件，有45件买卖合同纠纷案件未结，结案率66.91%。同年，审理借款合同纠纷案件258件，其中，旧存107件，新收151件，诉讼标的1162.98万元；全年审结借款合同纠纷案件217件，其中，161件以判决方式结案，25件撤诉，以其他方式结案的12件，调解结案的18件，未结的41件。结案率84.10%。

2009年，审理买卖合同纠纷案件168件，其中，旧存45件，新收123件，诉讼标的215.57万元；审结144件，其中，48件以判决方式结案，2件被驳回起诉，26件撤诉，65件以调解方式结案，3件以其他方式结案，24件未结，结案率85.71%。年内，审理借款合同纠纷案件208件，其中，旧存41件，新收167件，诉讼标的636.16万元。审结166件，其中，54件以判决方式结案，2件被驳回起诉，22件撤诉，3件终结，调解结案79件，以其他方式结案的6件，未结的42件，结案率79.80%。

2010年，审理买卖合同纠纷案件271件，其中，旧存24件，新收237件；审结252件，其中，30件以判决方式结案，155件撤诉，67件以调解方式结案，9件未结。结案率92.98%。本年度，还审理借款合同纠纷案件324件，其中，旧存42件，新收282件，诉讼标的38.3万元。审结275件，其中，57件以判决方式结案，1件被驳回起诉，67件撤诉，调解结案150件，未结的21件，结案率84.87%。

2011年，审理买卖合同纠纷案件130件，其中，旧存9件，新收121件，诉讼标的1066.9万元；审结128件，其中，49件以判决方式结案，1件被驳回起诉，21件撤诉，55件以调解方式结案，2件未结，结案率98.46%。同年，审理借款合同纠纷案件221件，其中，旧存21件，新收200件，诉讼标的827.1万元。审结217件，结案率98.19%。其中，65件以判决方式结案，6件被驳回起诉，35件撤诉，1件终结，调解结案110件，移送3件，未结的3件，结案率98.19%。

2012年，审理买卖合同纠纷案件86件，其中，旧存2件，新收84件；诉讼标的1683.2035万元。全年审结买卖合同纠纷案件85件，其中，17件以判决方式结案，28件撤诉，33件以调解方式结案，其他方式结案的2件，移送方式结案的2件，驳回起诉的3件，只有1件未结，结案率98.83%。本年度，审理借款合同纠纷案件117件，其中，旧存4件，新收113件，诉讼标的1585.645万元；全年审结借款合同纠纷案件115件，其中，27件以判决方式结案，4件被驳回起诉，32件撤诉，以其他方式结案的7件，调解结案的44件，移送1件，未结的2件，结案率98.29%。

2013年，审理买卖合同纠纷案件111件，其中，旧存1件，新收110件，诉讼标的1075.805万元；审结108件，其中，20件以判决方式结案，1件被驳回起诉，35件撤诉，52件以调解方式结案，3件，结案率98.18%。同年，审理借款合同纠纷案件122件，其中，旧存2件，新收120件，诉讼标的2360.03万元，审结122件，其中，33件以判决方式结案，1件被驳回起诉，30件撤诉，调解结案58件，结案率100%。

如2013年4月19日诉到郊区人民法院的原告张关新与被告冯侠经协商签订的住宅装潢合同纠纷。该合同约定：原告包工包料的装潢有大厅吊顶、电视背景墙、厨房柜、厨房地柜、垭口、窗套、门、门套（带免漆门）、立邦油漆、刮家等等；上述装潢款共计34000元，第一次付款15000元（材料款）、木工中途付5000元（生活开销）、木工结束后再付5000元（材料费）、进入油漆刮家付8000元、工程完工后再付1000元；被告自备材料为灯具、坐便器、厨房设施、门锁、外开关盒、门吸、合页、电器、大衣柜推拉门、拉手、挂衣钩、挂衣杠。合同履行过程中，原、被告因已经安装的门及门套的材质问题发生争执，双方协商未果后，原告停工并通知被告如不支付装潢余款不再进行装潢，至此原告除橱柜门及橱柜抽屉未安装、内墙未涂立邦油漆（材料已备）外，其余装潢（电视背景墙仅完成外造型）均已完成，被告共支付装潢款28000元，尚余6000元未付。被告在原告停工后，未通知原告即自行完善了原告剩余的装潢。原告为索要装潢余款，于2013年8月7日诉至郊区法院，经审理，该院判决被告在判决生效后十日内，支付原告装潢款2326元。

2014年，审理买卖合同纠纷案件121件，其中，旧存3件，新收118件，诉讼标的1062.0705万元；全年审结买卖合同纠纷案件118件，其中，38件以判决方式结案，8件被驳回，37件撤诉，31件以调解方式结案，以其他方式结案的3件，未结的3件，结案率97.52%。是年，新收借款合同纠纷案件294件，诉讼标的895.6万元，审结291件，结案率98.99%。其中，59件以判决方式结案，4件被驳回起诉，92件撤诉，以其他方式结案的6件，调解结案的127件，移送3件，未结的3件，结案率95.16%。

年内，郊区法院审理了阳泉市汇鑫源彩钢制品有限公司，诉被告阳泉市华银耐火材料有限公司承揽合同纠纷案件。2009年3月，原告阳泉市汇鑫源彩钢制品有限公司，与被告阳泉市华银耐火材料有限公司，经协商达成口头协议，由原告承揽被告旧车间拆除、更换钢架、更换新的2.5毫米厚玻璃钢瓦，并对损坏钢架进行加工、清洗和油漆业务，并约定原告包工包料，工程造价 4.5 元 / 平方米（含税价）。2009 年 8 月，工程竣工后交付被告使用。2009 年 8 月 10 日，经原、被告结算，工确定程总价为 147569.10 元，被告在结算单上盖章确认。此后，经原告多次催要工程款，被告以资金困难为由，未能及时支付。原告于 2014 年 4 月 21 日，向郊区法院提起诉讼，经该院审理，判决阳泉市华银耐火材料有限公司，于判决生效后十日内，一次性支付原告阳泉市汇鑫源彩钢制品有限公司工程款 147569.10 元。

2015 年，审理买卖合同纠纷案件 7 件。2012 年 4 月 10 号，原告张武玉向被告张计明的厂里提供了球磨机的衬板。被告收货后为原告出具了欠条一份，内容为："今欠到：盂县张武玉 衬板款叁万玖仟肆佰元正。XXX 张计明。2012.4.10." 后经原告多次催要，2014 年 1 月 29 日，被告支付了原告 3000 元，剩余货款 36400 元未付，导致原告于 2015 年 5 月 12 日诉讼在案。郊区法院经过审理，判处被告张计明于判决生效后十日内，支付原告衬球磨机板款 36400 元。如未按本判决指定的期间履行给付金钱义务的，应当按照《中华人民共和国民事诉讼法》第二百五十三条之规定，加倍支付迟延履行期间的债务利息。案件受理费 355 元，由被告张计明负担。

第三节 审理企业破产案件

1975 年 2 月郊区人民法院建立之时，阳泉市郊区既有省营企业——山西省阳泉荫营煤矿，有阳泉市重工局直属企业阳泉市工农钢铁厂，阳泉市化工局直属企业荫营硫铁矿、河底硫铁矿、化工局机修厂、阳泉市化肥厂，也有阳泉市手管局直属企业阳泉市农机厂（后更名阳泉市拖拉机厂），还有阳泉市轻工局直属企业阳泉市制针厂，更多的是郊区区营企业和各人民公社、各生产大队所属的劳动群众集体所有制的"社、队"企业。

1978 年 12 月中共十一届三中全会后，阳泉市郊区社队企业曾经有一个大发展、大繁荣、大进步的时期。1982 年郊区范围的人民公社陆续解散，在各人民公社原建制基础上，成立了乡、镇政府，社队企业也陆续更名为乡镇企业。

1988 年 10 月 1 日，《企业破产法（试行）》施行。

1991 年颁布的《民事诉讼法》第十九章"企业法人破产还债程序"，将破产制度适用于非全民所有制的法人型企业，扩大了破产制度的实施范围。

1996 年，阳泉市郊区人民法院审理了全省首例企业破产案。在审理破产案件时，该院依据《企业破产法（试行）》《民事诉讼法》、国务院有关规定文件，以及最高人民法院相关司法解释，对符合破产条件的企业依法宣告破产，推动企业优化组合和资源的合理配置，并注意防止借破产名义规避法律、逃避债务，造成国有资产流失，依法保护债权人和债务人的合法权益。同时，主动与区政府取得联系，做好破产企业职工的安置工作。

郊区法院对于债权人提出破产申请的，依法审查下列材料：1. 债权发生事实及有关证据；2. 债权性质、数额；3. 债权有无财产担保，有财产担保的，应提供证据；4. 债务人不能清偿到期债务的有关证据。对于债务人提出破产申请的，依法审查下列材料：1. 企业亏损情况的说明；2. 会计报表；3. 企业财产状况明细表和有形资产的处所；4. 债权清册和债务清册。债权人是全民所有制企业，还应提供上级主管部门或者政府授权部门同意其申请破产的意见。对于符合破产条件的案件，郊区法院受理后，在 10 日内发出公告，公告除在破产企业大门外张贴外，还根据具体案情，在地方或全国性报刊上登载。并告知企业全体职工保护好企业财产，不得非法处理企业的账册、文书、资料和印章，不得隐匿、私分、无偿转让、非正常压价出售企业的财产。破产企业的法人代表在破产程序终结以前，擅离职守或以其他方式逃避的，或者拒绝向清算组办理交接手续的，郊区法院根据情节轻重，予以罚款、拘留；构成犯罪的，依法追究刑事责任。同时，成立清算组，接管破产企业，负责破产财产的保管、清理、估价、处理和分配。对于清算组提出的破产财产分配方案，经债权人会议通过后，裁定予以执行。郊区法院对于破产财产在优先拨付破产费用后，按下列顺序清偿：1. 破产企业所欠职工工资和劳动保险费用；2. 破产企业所欠税款；3. 破产债权。对于破产财产不足清偿同一顺序清偿要求的，按照比例分配。

特别是审理国有企业破产案时，郊区法院充分考虑大多数国企都有数 10 年发展历史，经历了计划经济、商品经济、市场经济的转变，企业历史遗留问题较多。同时考虑大部分职工风险意识不足，思想包袱沉重。特别注重当时社会保险体系尚未健全，下岗职工无法得到较完善的社会保障等实际问题。为此，在审理好国企破产案件时，一是严格依法立案。严格依照《企业破产法（试行）》《民事诉讼法》、国务院《关于在若干城市试行国有企业破产有关问题的通知》、最高法院《关于贯彻执行〈企业破产法（试行）〉若干问题的意见》和《审理企业破产案件操作规程》等规定，认真审查当事人的破产申请，有效地防止了假破产，真逃债的情况发生，保证了审理破产案件的有序进行。二是制定较科学的操作规程。针对国有企业破产案件情况复杂、审理环节多等特点，就破产案件的立案审查、审理的前期准备、破产财产清算、债权人会议、破产程序终结等，作出全面、具体的规定。三是大胆探索，盘活资产。对一些价值大、自动化程度高、难以维护和保养的先进设备在变卖前实施租赁。四是妥善安置，保证稳定。如 1996 年郊区法院审理的阳泉市第二汽车运输公司破产案。该公司因在市场竞争中因企业内部经营管理不善，造成 4 年连续亏损，资不抵债，不能清偿到期债务，向郊区法院申请宣告破产还债。经郊区法院审查，申请人阳泉市第二汽车运输公司于 1969 年由原汽车二队扩大形成国有中型运输企业，系全民所有制性质，隶属于阳泉交通局，从事交通运输业。该企业在激烈竞争的运输市场中，由于历史包袱重，外欠债权不能及时清收，经营资金长期不足，周转困难，加之企业内部经营管理不善，企业债台高筑，处于瘫痪状态，起死回生无望。郊区法院根据《企业破产法（试行）》第三条第一款规定，裁定宣告阳泉市第二汽车运输公司破产还债。之后，该院又制定了《阳泉市第二汽车运输公司破产预案》，分别于1996年6月30日、8月8日两次召开债权人会议，对职工的安置，严格按照“晋政〔1996〕94号”文件第三条第一项规定，要求阳泉市交通局对破产企业职工负责在本系统内（第一汽车运输公司）调剂安排，交通局安排确有困难的，由当地劳动部门协助调剂安排，并就安置费用（包括所欠工资、养老保险）、失业保险等作了详细的规定，妥善地处理了这起在全市影响较大的破产案件。

是年，还审理了阳泉市任家峪铸锅厂破产案。1996年，该厂因严重亏损，无力清偿到期债务，向郊区法院申请破产还债。该厂建于1951年，具有法人资格，属集体所有制性质，为阳泉市第二轻工业局（原手管局）下属企业，从事铸锅生产，年生产铁锅100万口，最高生产年份达288万。其时，由于产品结构调整，该厂产品不适应市场需求，在激烈的市场竞争中，产品滞销，加之经营管理不善，造成连年亏损。截至1996年4月底，资产负债率为215%，亏损严重，资不抵债。郊区法院根据《民诉法》第一九九条规定，裁定阳泉市任家峪锅厂破产还债。同年9月，申请人阳泉市物资再生利用公司向郊区法院提出申请，要求裁定为被申请人阳泉市任家峪锅厂，向被申请人中国工商银行阳泉市支行荫营办事处借款所签订的贷款担保合同无效。郊区法院裁定支持了申请人的诉讼请求。

1996年，郊区法院审结破产案件13件，标的14584万元。针对域内破产案件特点，该院根据“三个有利于”原则，正确处理维护大局和审判业务的关系、服务群众与依法裁判的关系，依照程序规范审理，联系企业实际，在保护债权人合法权益基础上，充分考虑破产企业职工安置问题，全年审结的企业破产案件中，没有发生一件因审判工作不当，造成的破产企业职工整体上访事件，受到了阳泉市和郊区政府，及上级法院的肯定，阳泉中院于是年6月份，在郊区法院召开现场会议，推广该院经济审判工作经验。

1997年，中共十五大进一步确定了经济体制改革方向。郊区法院全面贯彻中共十五大精神，根据法律标准和“三个有利于”原则，依照程序规范，对17件破产案件进行了审理，标的达8092.21万元。

郊区法院审理的企业破产案件，具有五个基本特点：一是收案数量不均匀，有的年份破产案件较多，有的年份则没有这方面的案件。破产案件大多集中在1996年至2001年这个时间段。二是国有、集体企业破产案件所占比重大。三是破产原因多属企业生产经营不善，产品缺乏市场竞争力，不能适应市场供求变化，连年亏损，资不抵债，扭亏无望，到期不能清偿债务。四是债务清偿率较低。破产企业财产变现所得的相当部分，甚至绝大部分，用于安置企业职工，平均债务清偿率不到10%。五是案件审理时间长，特别是国有企业破产案件，审理时间多数在一年以上。

从下表可以看出，阳泉市郊区经过1996年到2002年间大规模的破产、重组、拍卖、改制之后，域内原属阳泉市化工局、阳泉市轻工局、阳泉市二轻局（原手管局）、阳泉市重工局的国有企业和原属乡镇及村办的集体所有制企业，基本不复存在，乡镇和村办企业除一大部分破产外，通过转制和重组转化为民营企业，2007年之后，发生在郊区的企业破产案件呈零星状态，许多年份甚至没有企业破产案件的诉讼。

2007年～2015年企业破产案件结案情况一览表

年份	旧存	新收	结案	结案情况							未结	小计（旧存、新收）
				判决	驳回	撤诉	终结	其他	调解	移送		
2007												
2008		1						1				1
2009												
2010		1									1	
2011												
2012	1							1				1
2013												
2014												
2015												
总计	1	2						2			1	2

注：2015年无此类案件

第五章 审理行政案件

第一节 概 述

行政审判是指行政相对人与行政主体在行政法律关系领域发生纠纷后，人民法院依照法定程序对具体行政行为进行合法性审查的一种司法活动。行政审判工作是法制社会的晴雨表，是直接反映人民的法制意识，直接体现行政机关依法行政水平，直接衡量公民权利保障程度的一项工作。

行政审判制度的产生有着漫长的历史过程。中国封建社会绵延数千年，阶级矛盾构成了社会冲突的主线。其中，官民矛盾成为阶级矛盾的主要表现形式。封建社会没有也不可能通过设立官民平等参与的诉讼制度来缓和解决社会矛盾。官尊民卑、官为民师、官为民父、民不与官争等封建糟粕浸淫整个礼法社会。与古代英国“国王不能为非”的观念一样，“没有不是的官府”亦是中国古代不成文的法则。官民关系主要通过尊卑伦理关系加以调整。官民纠纷主要通过权力服从、强力压制，甚至血腥镇压来处理。

官民纠纷通过行政审判制度加以解决是资本主义商品经济和民主政治的产物，也是资产阶级民主政治组成部分和具体运作方式。资本主义经济要求政府不得非法干预市场主体的经济活动，不得侵害人民的人身权和财产权。政府的行为一旦侵犯了个体的权益，就要承担一定的法律责任。行政审判制度首先产生于资本主义国家，但并不是资本主义国家专有的制度。

1949年9月29日公布的《中国人民政治协商会议共同纲领》第十九条规定：“人民和人民团体有权向人民监察机关或人民司法机关控告任何国家机关和任何公务人员的违法失职行为”。该规定十分明确地提出了要建立行政诉讼制度。

1949年10月1日，中华人民共和国成立，对人民实行民主，对敌人实行专政的真正的民主政治开始确立和发展。1954年《中华人民共和国宪法》第九十七条规定：“中华人民共和国公民对于任何违法失职的国家机关工作人员，有向各级国家机关提出书面控告或者口头控告的权利，由于国家机关工作人员侵犯公民权利而受到损害的人，有取得赔偿的权利”。该规定表明，中华人民共和国不仅要确立行政诉讼制度，而且要建立国家赔偿制度。

1982年《中华人民共和国民事诉讼法（试行）》第三条第二款规定：“法律规

定由人民法院审理的行政案件，适用本法规定”。据此，人民有权依法向法院控告行政机关，法院有权依《民事诉讼法（试行）》和其他法律受理和审理行政案件。这标志着新中国行政诉讼制度的正式建立。随着改革开放的进一步深入，商品经济获得较大发展，确立市场经济体制的目标进一步明确，这就必然要求加快民主和法制建设，中共十三大报告明确提出了制定《行政诉讼法》的任务。

1989年4月4日，第七届全国人民代表大会第二次会议表决通过《中华人民共和国行政诉讼法》，这是我国历史上最完备、最具有民主性的行政诉讼法，共十一章七十五条，对行政诉讼的各项原则和具体制度作了较详细的规定，标志着行政审判制度已在中国建立起来。当年，郊区法院开始受理行政诉讼案件，年内受理1件，结案1件。

1990年，郊区法院在行政诉讼法实施前，着重抓了三方面的准备工作：一是组建行政审判庭做到审判机构落实；二是组织审判人员认真学习行政诉讼法，做到业务落实；三是设庭挂牌，做到办公条件落实。10月1日，《中华人民共和国行政诉讼法》正式施行。郊区法院根据审判实际，组织审判人员深入开展了对《行政诉讼法》等相关法律规定的学习，并开始积极受理、稳妥审理行政案件，但当时涉及行政案件并不多。当年共受理行政案件3件，全部为不服土地部门行政处罚的行政案件，年底全部审结。其中原告范修民因不服被告郊区义井乡政府土地行政处罚一案，系郊区法院行政庭成立以后受理的第一件行政案件。由于注重案前调查、座谈，熟练地掌握了行政案件的审理程序，突出体现了围绕具体行政行为的合法与否和强调当事人的举证责任，通过行政审判，使行政执法人员受到深刻的教育，树立依法行政的意识，从而推进了行政审判工作的顺利开展。

1991年，郊区法院根据《人民法院组织法》，成立行政审判庭。为进一步提高行政审判水平，一是在认真学习掌握行政诉讼法律知识的基础上，继续深入开展行政诉讼法的普及宣传工作，利用报刊、杂志、法律咨询等形式，向行政执法部门和广大人民群众深入进行宣传，有效地提高行政执法部门依法行政的自觉性，同时，教育当事人如何正确运用法律武器保护自己的合法权益。先后在重点乡镇和大型企业，进行了《行政诉讼法》的宣传，印发宣传材料1000多份。行政审判人员还深入郊区的有关职能部门，了解各单位的行政执法情况，讲解《行政诉讼法》对行政执法的要求，掌握行政执法工作中以后可能涉及诉讼的问题，并就采取必要的应对措施与行政执法部门进行沟通。二是依照行政诉讼，积极稳妥地审理行政案件，在审理过程中，特别注重案前调查，依法运用行政诉讼程序，突出体现围绕具体的行为合法与否进行审理。通过行政审判，使行政执法部门提高了行政执法观念，促进了依法管理行政事务。全年共受理8件，审结5件，未结1件；审理维持3件，撤诉2件。

郊区法院行政审判庭成立之初，案件数量比较少，个别年份还出现一件也没有受理的情况，一方面行政诉讼制度属于新法，人民群众普遍不了解。另一方面，长期以来在行政主导“民不与官斗”的传统思维影响下，群众普遍想法是不想告也不敢告。行政审判法官在审理案件的同时，大力宣传行政诉讼制度，努力改变人民群众的错误思想认识，去除他们的思想包袱。当行政机关违法行使行政职权，影响到群众利益时，鼓励群众运用行政诉讼武器，寻求法律途径保护自己的权益。这一时期，也存在个别当事人曲解《行政诉讼法》，以为告行政机关就是行政诉讼案件，而向法院提起行政诉讼的案件。如 1993 年 5 月 4 日，郊区法院收到起诉人史贵仁不服阳泉郊区粮食局便函提出的诉论，经审查，郊区法院认为，阳泉郊区粮食局克扣起诉人工资的行为属单位内部行为，不属于人民法院行政诉讼的受案范围，故裁定不予受理。

1993 年，郊区法院继续坚持依法保护公民、法人和其他组织合法权益与依法支持行政执法的原则，较好地理顺了行政审判权与行使行政权的关系，理顺了依法行政与监督行政执法的关系，理顺了依法办案与维护稳定的关系，理顺了法律标准与三个有利于标准的关系，理顺了行政审判服务与行政审判监督的关系。对合法有效的具体行政行为，依法予以维持；对认定事实、适用法律或违反程序法确有不当的具体行政行为，依法予以撤销；对于不符合郊区人民法院管理与受理的投诉，依法不予受理。在积极开展行政审判工作的同时，注重从本区实际出发，努力探索拓宽行政审判领域，开创行政审判领域新局面，在上级法院的指示与区土地、公路管理部门的支持下，分别建立了土地法庭与公路法庭。建庭之后，首先狠抓了基础工作，初步建立了一套岗位工作责任制，对法庭工作人员进行了短期业务培训，组织了土地资源管理现状的调查研究，开展了依法占用、使用、转让、出让土地使用权的法制宣传。针对公路沿线违法违规违章占地的严重状况，组织了专题讲话，形成了规范公路管理的强大攻势，十余户非法占地的路边饭店自动拆除了违法建筑。全年仅受理、审结行政案件 1 件。

1994 年，郊区法院根据行政审判起步晚，域内居民以农民为主，厂矿企业多为乡镇企业，即使是遇到行政侵权，也多抱“民不和官斗”之类的陈旧观念，对行政诉讼的认识较为浅显这一实际，主动走出去进行调查研究和宣传落实，一方面对可能引起行政诉讼的行政行为，同行政机关共同研究，促进他们依法行政，另一方面，对群众及来访人员，耐心讲解行政诉讼方面的法律和知识，扩大法制宣传面。

从 20 世纪 90 年代中期开始，郊区法院行政审判人员以法律为保障，积极实践，勇于创新，积累了行政审判和协调处理行政纠纷的宝贵经验，行政案件总体呈下降趋势。如 1997 年，受理行政案件 1 件，审结 1 件，结案率为 100%。1998 年，受理行政诉讼案件 4 件，年底全部审结。

1999 年，郊区法院受理审结行政案件 2 件。在行政审判工作中，郊区法院行政审判工作将促进和支持行政机关依法行政，作为工作突破口，对行政机关履行职责时存在的漏洞，及时提出司法建议；对可能出现的违法行政行为，及时与行政机关联系，讲解法律规定及可能导致的后果，减少了行政诉讼的发生。

进入21世纪后，郊区法院进一步发挥行政审判职能，顺应时代要求，充分能动司法，努力化解行政争议，为构建社会主义和谐社会做出应有的贡献。

2000年，法院采取积极稳妥的工作办法，在促进和支持行政机关依法行政上做文章、下大力，努力减少行政诉讼，对行政机关在履行职责时存在的问题和漏洞，适时提出司法建议，全年受理行政诉讼案件3件，全部审结完毕。

2002年，郊区法院通过开展行政审判工作，依法支持行政机关正当行政行为，平等保护公民、法人的合法权益。为适应经济发展对行政审判工作的要求，该院及时与土地、交通、城建、计划生育等部门密切合作，帮助其依法行政，并对其行政过程中的漏洞问题，提出司法建议，全年共受理行政案2件，审结2件。

2003年，随着群众法制意识的增强，行政案件数量呈上升势头。是年，郊区法院受理行政案件14件，审结13件，结案率92.8%。工作中，坚持对被告人具体行政行为合法性进行全面的审查，强化被告对具体行政行为的举证责任，并对诉讼原告进行耐心细致的思想政治工作，缓解双方对立情绪，公正处理双方诉争。对败诉的行政机关，认真分析其败诉原因，及时与行政机关交换意见，提出司法建议，帮助他们解决行政工作中存在的漏洞和隐患，支持和监督行政机关的依法行为。在本年度河底镇政府公路建设遇到拆迁民房的行政执行案件中，多次起草案件情况报告，向区委、区委政法委汇报，与区政府沟通，征得支持和理解。用细致的思想疏导和强制执行相结合的办法，为当地政府正确的行政执法行为鸣锣开道，达到了法律效果与社会效果的高度统一。

2004年，郊区法院受理各类行政诉讼案件14件，审结14件，结案率100%。一是坚持把化解矛盾作为行政审判的出发点，注重把握案件诉争焦点，找准化解矛盾的切入点，针对性进行思想疏导，消除双方对立情绪，所审案件中当事人撤诉7件，占总数的50%。二是坚持合法性审查原则，重点审查被诉具体行政行为是否合法，保障公民、法人和其他组织的合法权益，维护和监督行政机关依法行政，所审案件中判决维持具体行政行为6件，变更、撤销具体行政行为1件。三是强化非诉行政案件的执行力度，共受理非诉行政执行案件24件，执结23件，制裁了被执行人的违法行为，为行政机关依法行政提供了司法保障。四是加强与行政机关的交流与沟通，采取主动上门、积极宣传、耐心释法等措施，与行政执法人员探讨行政执法领域的新情况、新问题，共同组织开展行政法律、法规宣传教育活动，实现了支持与监督并举，宣传与提高共进的效果。

2005年，郊区法院积极构建和谐行政诉讼关系，促进法治政府和诚信政府建设，思想上克服一个“怕”字，工作上注重一个“稳”字，操作上防止一个“急”字，处理上把握一个“公”字，严格区分是非责任。全年审结土地、计划生育、劳动等行政案件 7 件，判决维持行政裁决的 4 件，撤销 3 件，依法保护了公民、法人和其他组织的合法权益，促进了行政机关依法行政。2006 年，受理各类行政案件 8 件，结案 7 件。

2007 年，随着法制的不断健全和公民法律意识的不断增强，行政案件受理数呈逐年上升趋势，坚持从促进依法行政和维护社会稳定的大局出发，积极做好疏导和协调工作，及时化解矛盾，减少社会不稳定因素。在非诉行政执行尤其是房屋拆迁等矛盾较为尖锐的案件时，注重加强与政府有关部门的沟通，仔细研究最佳执行方案，既保障行政行为的顺利开展，又注意维护人民群众的合法权益。同时注重行政执法指导，先后为行政执法单位上法制课 8 次，召开座谈会 3 次，及时解决行政机关在执法中遇到的问题，主动帮助行政机关提高执法水平。全年受理行政诉讼案件 12 件，审结 11 件；受理非诉行政执行案件 21 件，执结 21 件。

2008 年，郊区法院受理行政案件 30 件，行政案件结案率 100%。工作中，按照“坚持合法审查，促进执法完善”的审查原则，从促进依法行政和维护社会稳定的大局出发，严格审查涉诉的具体行政行为，探索行政诉讼案件协调处理机制，及时化解矛盾，努力减少社会不稳定因素。在审理涉及环保、安全生产等行政诉讼案件时，依法及时支持政府的行政行为，确保国家环保、安全生产等法律、法规和政策的全面贯彻执行。依法支持政府关闭小煤矿矿井一处，关闭污染企业一个，协助相关部门拆除超标排放污染物的烟囱多处。在处理非诉行政执行，尤其是房屋拆迁等矛盾较为尖锐的案件时，该院注重加强与政府有关部门的沟通，仔细研究最佳执行方案，既保障行政行为的顺利开展，又注意维护人民群众的合法权益，推进了依法治区进程。

2009 年，受理行政案件 21 件（包括行政非诉执行案件 11 件），审结 21 件，结案率为 100%。一是依法保护行政相对人的合法权益。依法监督和纠正不当的行政行为，在规划许可、房屋拆迁等案件上，根据审判实践中发现的问题，及时与政府有关部门取得联系，提出司法建议 19 条，同时加大行政协调力度，积极通过协调方式解决行政争议，促进群众与行政机关的相互理解和信任。二是依法支持行政机关依法行政。对程序合法、处理公正的行政行为，积极维护行政机关依法行政的权威和公信力。耐心细致地做好行政相对人的思想疏导工作，促使他们履行法定义务；对于非诉执行案件，及时制定翔实、有力的执行方案，避免了强制执行带来的矛盾激化，使案件得以顺利执行。

2010 年，受理、审结行政案件 6 件。对行政案件审理过程中发现的有关单位和部门的问题和不足，依法向有关行政机关发出司法建议书 2 件。

2011 年，把服务工作向庭前、庭后延伸，加大对涉及房屋拆迁、企业搬迁、征地等案件的审理力度，全年共处理拆迁案件 11 件，如甄家庄村委会诉村民潘某房屋拆迁补偿合同纠纷等案都得以妥善解决。同时依法支持行政机关依法行政，加强协调沟通，既保障行政行为的顺利进行，又注重维护人民群众的合法利益。全年共受理行政案件22件，结案21件，结案率为95.5%。

2012年，综合运用多种手段，重点案件做到了疏导在前，复杂村镇及时根据区委的要求派驻了工作组，提前介入，情法并用，有效保证了重点工程、重点项目的建设进度。同时依法支持行政机关依法行政，注重维护人民群众的合法权益。全年，共受理行政案件6件，结案6件。

2013年，最高人民法院下发《关于开展行政案件相对集中管辖试点工作的通知》。阳泉中院将郊区法院确定为试点法院，集中管辖城区和盂县两个区域的行政诉讼案件。在具体的行政审判工作中，坚持节约审判资源、方便民众诉讼的原则，加大巡回审理力度，确保不因实行相对集中管辖，而增加当事人的诉讼成本。全年共审结13件行政案件。

2014年，郊区法院认真履行司法审查职能，坚持“保护行政相对人合法权益与监督支持行政机关依法行政并重”原则，进一步加强司法协调，妥善化解域内行政争议，有效保护行政相对人合法权益，促进依法行政。同时积极探索行政案件协调处理机制，增强与行政机关的良性互动，进一步优化行政审判环境。是年10月，由阳泉市法制办牵头，市属各有关行政机关领导，对我院审理的一件行政案件，进行现场观摩，并给予高度评价。

从20世纪80年代末开始试行行政审判工作，到1991年2月成立行政审判庭，正式受理审判行政案件起，到2014年底，郊区法院受理审结的行政诉讼案件主要有五个特点：一是受理传统类型案件多，土地登记类、公安行政处罚类案件占较大比重，政府信息公开等新类型案件并无涉及。二是案件发生地域相对较集中，多集中于荫营、李家庄、河底等经济相对发达的乡镇。三是当事人对行政诉讼期望值较高，一旦裁决达不到当事人预期，不能正确理解而引发申诉上访。四是行政机关的部分具体行政行为不规范，合法性和合理性的冲突，给行政案件的审理造成一定的难度。五是随着新农村和荫营镇中心城区的建设，土地征收、房屋拆迁类案件逐步增多。并通过行政案件的审理，维护和监督了郊区行政机关依法行使行政职权，保护了行政相对人的合法权益，为郊区区委、区政府推行“法治郊区”战略提供了强有力的司法保障。

2015年5月1日，新《行政诉讼法》及司法解释正式实施，为确保新法顺利贯彻落实，保护群众合法权益，郊区法院行政庭采取三项措施，为新法实施做好准备。一是加强业务学习。通过集体组织专题学习及个人自学，加强对新《行政诉讼法》及司法解释的学习，深入掌握立法精神、重大变化及细化规定，并制定相关法律文书及庭审规范，准确适用新法，提高审判质量，特别是针对新法实施过程中可能出现问题，探索与新法相适应的行政审判技巧。二是加大司法宣传力度。充分利用法院网站、官方微博、微信、电子显示屏等媒体进行广泛宣传。向人民群众和行政机关做好新法释明和宣传工作，接待群众咨询，耐心解答群众提出的问题，切实纠正对法律的错误理解，针对新情况、新问题及时向上级人民法院反馈相关信息，建立有效的的交流沟通机制。三是畅通行政立案渠道。在当事人到法院立行政案件时，立案庭尽可能采用群众听得懂的语言，及时向立案人进行新《行政诉讼法》的释明，杜绝“求告无门”现象，并开展交流研讨，总结经验，努力提升全院行政审判质量。

本年度，全院共受理行政案件 87 件，占收案总数的 4%。其中，不服工伤认定 7 件，不服行政处罚 3 件，不服治安管理罚款处罚 5 件，不服工龄核定 2 件，不服行政登记 4 件，行政赔偿 5 件，行政确认 1 件，不服行政强制措施 1 件，非诉行政执行审查 21 件，不服其它行政行为 33 件，依法不予立案 5 件。

是年 5 月 12 日，郊区法院开庭审理了一起新《行政诉讼法》施行后的第一个行政案件。开庭前，行政庭全体干警集思广益，特别针对修改部分如行政机关负责人出庭应诉及委托代理人的具体要求等重新设计了庭审提纲，最终庭审过程圆满完成。新行政诉讼法的实施，提高了干警依法执法的意识。庭前，原告提出因社区负责人出差不能盖章，要求庭后补充提交委托代理人的合法手续。以前，这种要求合议庭多数会“通融”，但今天合议庭坚决予以拒绝。另外，被告行政机关负责人没有到庭，但也派出了相应的工作人员出庭应诉，不再是以前只派律师到庭的现象。

第二节 审理治安行政案件

治安行政诉讼是公民、法人和其他组织对公安机关的具体行政行为不服，依法向人民法院提起的诉讼。公安行政案件，包括治安、收容审查、劳动教养以及消防管理等行政案件。

1986 年 9 月 5 日，第六届全国人大常委会第十七次会议通过了《中华人民共和国治安管理处罚条例》，1987 年 1 月 1 日施行。1990 年 10 月，《行政诉讼法》实施后，增加了不服公安机关收容审查、劳动教养、消防管理等行政案件。

郊区法院自 1991 年开始受理治安行政案件。原告靳立军、刘建忠、张林胜，不服被告阳泉公安局郊区分局治安行政处罚一案，为阳泉市郊区人民法院行政审判庭建庭后，受理的第一件治安行政案件，此案依法判决驳回了原告的诉讼请求。

公安机关的具体行政行为，直接涉及社会安定、相对人的人身自由和财产权，范围广，法律法规多，执法主体多。郊区法院在审查公安行政管理具体行政行为的合法性时，坚持既保护公民、法人和其他组织的合法权益，又维护和监督公安机关依法行政的指导思想，对被诉治安处罚等具体行政行为经审查依法作出维持、撤销、变更或责令履行职责等判决。审理中，主要审查原处罚的事实是否清楚，定性是否准确，适用法律是否正确。对原告违反治安管理处罚条例的基本事实存在，公安机关的处罚符合法律规定，依法裁定维持原处罚裁决。如原告梁海忠诉被告阳泉市公安局郊区分局治安拘留案。2002年8月6日下午4时许，原告梁海忠酒后骑摩托车，在杨家庄乡东山生态园区路段连人带车摔倒在路上，园区职工王子贵、石建平帮其扶起车后，王子贵将找到的车钥匙交给原告，并劝其回家。原告借酒生事，用车钥匙将王子贵脸部划伤，用石块将王子军头部打伤。阳泉市公安局郊区分局根据《中华人民共和国治安管理处罚条例》第二十二条第一款之规定，于2003年6月24日，作出对原告拘留15天的行政处罚。原告提起行政复议，阳泉市公安局依据《中华人民共和国行政复议法》有关规定维持了原裁决。该案诉至郊区人民法院后，该院依据《中华人民共和国行政诉讼法》第五十四条第（一）项之规定，维持了被告阳泉市公安局郊区分局2003年6月24日作出的“第2003—271号”《行政处罚决定书》，驳回原告梁海忠的其他诉讼请求。

郊区法院治安行政案件主要有以下几种类型：

一是公安机关以殴打他人，致轻微伤害等侵犯人身权利，并给予处罚处理或行政、刑事拘留，引起行政争议的案件。如原告任不显诉阳泉市公安局郊区分局案。原告任不显与第三人任来生、任万寿、任贵生，同为河底镇任家峪村村民，属前后邻居，两家地势前低后高，在第三人家门外3米处，紧靠原告任不显窑洞后墙的地方，有一条便于人们通行的小路。2005年8月4日上午9时许，任家峪村施工人员在此平整路面、计划用混凝土进行硬化处理时，因考虑到雨季出水问题，原告任不显与第三人任来生发生纠纷，任不显用镢头将任来生手中的铁锹把打断，二人发生互相殴打行为，双方均受伤，后被人拉开，阳泉市公安局郊区分局于2006年8月21日，作出“公（郊）决字〔2006〕第242号”《公安行政处罚决定》：以殴打他人对任来生治安罚款二百元。任不显不服，于2006年10月18日，向阳泉市公安局提起行政复议。2006年11月28日，阳泉市公安局作出“阳公（复）决字第012号”《行政复议决定书》，维持了阳泉市公安局郊区分局的关于此案的《公安行政处罚决定》，后经阳泉市郊区人民法院审理，也维持了该《公安行政处罚决定书》。

二是公安机关以偷窃、骗取、抢夺、敲诈勒索少量公私财物，及故意损坏公私财物等侵犯公私财产权利，给予处罚处理或行政、刑事拘留，引起行政争议的案件。如：1999年郊区法院受理的原告尹安亮不服阳泉公安局郊区分局治安行政处罚一案，维持了公安局的处罚决定。

三是公安机关以妨害社会管理秩序、扰乱公共秩序，或者以阻碍国家工作人员执行职务，给予处罚处理或行政、刑事拘留，引起行政争议的案件。如：原告张秉忠以郊区李荫路改线建设中的拆迁安置、断水断电等问题，曾多次到相关部门反映，均未得到处理为由，于2011年8月23日、8月28日，与妻子董爱元及其他上访人，连续两次到北京上访，其间，带着上访材料途经天安门地区，受到北京市公安局天安门分局训诫。2011 年 9 月 8 日，原告张秉忠等人，又到北京上访，途经天安门地区时，再次受到北京市公安局天安门分局的训诫。2011 年 9 月 10 日凌晨，被告郊区公安分局工作人员，将原告等上访人员带回。同日，郊区公安分局根据公安部《公安机关办理行政案件程序规定》第九条规定，依据《中华人民共和国治安管理处罚法》的二十三条第一款第（二）项之规定，作出“决字〔2011〕第 000188 号公安行政处罚决定书”，对原告张秉忠行政拘留 10 日。该案诉至阳泉市郊区人民法院后，经审理，依法维持了郊区公安分局对张秉忠的《公安行政处罚决定书》。

2009 年、2010 年、2011 年，郊区法院主要是处理因赴京越级上访、扰乱社会秩序不服公安机机行政处罚的行政案件。

如 2009 年的杨发雨等村民诉郊区公安分局行政诉讼案。2008 年 11 月 27 日及 2009 年 2 月 2 日，原告杨发雨同本村十余名村民，以要求政府解决本村与阳煤集团因采煤搬迁中，村民的补偿、土地及生存问题为由，先后两次到郊区政府上访。在上访过程中，原告杨发雨等人在受到政府相关人员的接待答复后，仍不听相关工作人员的再三劝解，两次执意滞留于郊区政府办公场所分别达 20 余小时。2009 年 2 月 27 日，原告杨发雨身穿孝服与其他上访人再次到郊区政府上访时，被公安干警制止。郊区法院判决维持阳泉市公安局郊区分局于 2009 年 2 月 27 日作出的“公（郊）决字〔2009〕第 034 号”《公安行政处罚决定书》。

此外，在治安行政案件中，大部分是公民诉公安机关因拘留、限制人身自由、罚款、没收财物，或财产查封引起的纠纷。郊区法院在审理此类案件时，如公安机关作出的具体行政行为，其所依据的事实和适用法律清楚，则判决予以维持；如事实不清，证据不足，适用法律不当，则判决撤销。如田国庆诉阳泉公安局郊区分局行政拘留案：2007 年 5 月 21 日晚 10 时许，原告田国庆酒后回家，因打不开自家楼下单元防盗门，遂用砖头将门锁砸坏，致使单元门无法正常使用。2007 年 5 月 28 日下午，被告将原告田国庆传唤至派出所进行询问，原告承认酒后砸门锁的违法事实和错误，并做了深刻检查。2010 年 8 月 18 日下午，原告再次被传唤至派出所接受询问，随后对原告作出行政拘留 10 日，处罚款 300 元的“公（郊）决字〔2010〕第 171 号”《公安行政处罚决定书》。郊区法院审理后认为：原告田国庆酒后回家，因打不开自家楼下单元防盗门，遂用砖头将门锁砸坏，致使单元防盗门无法正常使用。虽然被告作出的《处罚决定书》认定事实清楚，证据确凿，但《中华人民共和国治安管理处罚法》第九十九条，对办案期限有明确规定：公安机关办理治安案件的期限，自受理之日起，不得超过三十日；案情重大、复杂的，经上一级公安机关批准，可以延长三十日。该案案情简单，事实清楚，被告于 2007 年 5 月 22 日受理了此案，2010 年 8 月 18 日，才对被处罚人田国庆作出处罚，超出公安机关办理治安案件的期限，属程序不规范，故依据《中华人民共和国行政诉讼法》第五十四条第（二）项第 3 目，第六十八条第一款之规定，判决撤销被告阳泉市公安局郊区分局于2010年8月18日作出的“公(郊)决字〔2010〕第171号”《公安行政处罚决定书》；被告阳泉市公安局郊区分局于判决生效之日起，五日内赔偿原告田国庆人民币1254.30元。

郊区法院在审理治安行政案件中，通过多方努力，原告撤诉的案件较多。如：原告张锡亮不服被告阳泉市公安局郊区分局于2011年3月22日作出的“公(郊)决字〔2011〕第000065号”《公安行政处罚决定书》，于2011年6月29日向郊区法院提起诉讼。在审理过程中，原告张锡亮以案件已妥善处理为由，向郊区法院提出撤诉申请。经审查，该院认为原告张锡亮的撤诉申请符合法律规定，故依照《中华人民共和国行政诉讼法》第五十一条的规定，裁定准许原告张锡亮撤回起诉。

2013年6月，郊区法院行政庭在全市法院系统行政审判实行集中管辖后，受理了一件被告为武警阳泉市城区消防大队的行政诉讼案。2013年1月23日，原告张忠与第三人王志清，签订房屋租赁合同，租赁阳泉市德胜东街390号、建筑面积约440平方米的房屋经营旅馆。2013年3月4日，原告张忠向阳泉市公安消防支队申报旅馆内部装修消防设计许可。阳泉市公安消防支队下发“阳公消设备补字〔2013〕第01号”《建设工程消防设计备案材料补正通知书》。原告未按要求补充消防设备补正材料。之后，原告与第三人王志清，协商解除租赁合同及其他善后事宜，因未达成一致意见，原告于2013年3月25日，向郊区法院提起诉讼，请求解除原告与第三人签订的房屋租赁合同，并返还租金、押金及赔偿损失。诉讼过程中，第三人王志清，提供了被告向阳泉市城区公安消防大队申办的阳泉市凤凰会馆《公众聚集场所投入使用、营业前消防安全检查合格证》，证明其并未构成违约。2013年11月4日，原告张忠以该场所未经消防验收备案、合格证办理程序不合法为由，向郊区法院提起诉讼，请求撤销“〔2013〕第0014号”《公众聚集场所投入使用、营业前消防安全检查合格证》。经法庭调查，武警阳泉市城区公安消防大队，是在对凤凰会馆《企业名称预先核准通知书》、凤凰城住宅小区《建设工程竣工验收消防备案受理凭证》《凤凰会馆灭火预案》《疏散预案》《用火用电安全管理制度》和《凤凰会馆平面图》，以及消防水带、应急灯具、直流水枪、木工板等消防产品、装修装饰材料质量检验报告、保险单等材料和现场进行了全面审查，经集体研究，给凤凰会馆办理了《公众聚集场所投入使用、营业前消防安全检查合格证》。据此，郊区法院依法驳回了原告张忠的诉讼请求。

除治安行政案件外，郊区法院还受理少量的涉及交警队和消防的行政案件。如：2014年，郊区法院在审理原告杨爱华要求被告阳泉市公安局交通警察支队，撤销“锁定”驾驶证行为的行政诉讼一案过程中，原告以被告改变其具体行政行为、恢复原告驾驶证正常使用功能为由，于2014年3月19日，向郊区法院申请撤回起诉。郊区法院依据《中华人民共和国行政诉讼法》第五十一条之规定，裁定准予原告杨爱华撤回起诉。

2007–2015 年各类行政案件结案情况

年份	公安		资源		城建		其他		备注
	一审	再审	一审	再审	一审	再审	一审	再审	
2007	1		4						
2008			3				5		
2009	5		2		1		13		
2010	1		1						
2011	9				3		1		
2012	5				1				
2013	9		1				3		
2014	4				5		13		2
2015	3		1				40		
总计	37		12		10		75		2

第三节 审理土地行政案件

1987 年 1 月 1 日，《中华人民共和国土地管理法》（以下简称土地管理法）实施。郊区法院于当年开始受理和审判公民、法人或者其他组织不服区政府及土地管理部门，在土地资源合理开发利用、保护耕地的监督管理以及解决公民、组织平等主体之间土地所有权、使用权纠纷过程中作出的具体行政行为而起诉的案件。

改革开放后，国家注重土地资源的利用，国有土地作为特殊商品，其使用权大量进入市场，带给人们的利益增多，加之历史上遗留的问题，导致土地权属纠纷案件增多。对于这类案件，郊区法院始终坚持以事实为根据，以法律为准绳，既保护公民、法人和其他组织的合法权益，又维护和监督土地行政机关依法行使职权。对于土地行政确权案件，首先认定适合被告，如加盖土地管理部门印章的，以土地管理部门为被告；加盖人民政府土地权属专用章的，以政府为被告；国土管理部门的内设机构，乡镇政府土地管理所，无独立的法人资格，以内部机构所从属的政府或部门为适格被告，并以违反法定职权为由，判令撤销其所作的土地行政确权决定。对土地权属争议行政案件的合法性审查，郊区法院以当时土地管理的法律法规及有关政策为依据，并参照国家土地管理部门有关规定及山西省制定的相关规范性文件。受案法院审查土地管理机关对土地权属的确认事实，以事法的权属证件、历史档案和调查勘测记载等客观事实为依据。如土改时的土地证、1962年的“四固定”状况，以及以后的一些权属变化情况，综合分析认定，合情合理地处理。对于土地行政机关认定事实不清，证据不足，处理错误的土地行政案件，依法予以撤销。如：1985年春，阳泉市政府下发文件，修建桃北东路，责成阳泉市建设局，阳泉市政公司负责开工前的民居拆迁工作。由于赔偿标准明显低于当时的市场行情和郊区人民政府相关标准，下五渡大队社员周茂棣将市建设局和市政公司二家，诉至郊区人民法院，称二被告压价拆迁侵犯了自己的权益。而市局、公司将情况呈报市政府，副市长辛贵玉批示法院：“按市定标准给付周茂棣，严令其尽快拆迁”。郊区法院审理后初步认定，郊区政府有关拆迁修路的文件根据是市政府文件精神起草下发的。其拆迁补发标准与当时的市场行情及邻近县市的标准相似，而市政府文件所采用的标准为10余年前的通行标准，时过境迁，已不适用，鉴于有辛贵玉副市长批示到庭，时任院长孙喜爱亲自向辛副市长汇报，详细说明了基本情况及判决意向，辛副市长接受了孙院长的意见，郊区法院判周茂棣胜诉，令建设局与市政公司按郊区政府的文件标准，给予周家拆迁赔付。周茂棣胜诉后，立即腾出住宅，修路工程得以顺利进度。

1990年郊区法院受理3件土地行政案件。分别为：原告范修民不服义井乡政府土地行处罚案、原告阎传文不服郊区土地管理局土地行政处罚案、任保田不服荫营镇政府土地地行政处罚案。1件以裁定方式结案，2件以判决方式结案。

1991年前，郊区法院行政庭尚未成立，但已开始依法受理少量土地类行政诉讼案件，此时的行政案件归经济类案件进行统计。

从20世纪90年代开始，随着国家由计划经济向商品经济转型，国家对土地使用政策也作了相应的调整，土地升值加快，社会上逐渐兴起盖房热，郊区各乡镇也开始出现群众在交通便利地段违法违房的现象，土地行政案件明显增多。为控制这一现象的蔓延，1994年，阳泉市郊区法院根据上级法院通知，设立土地法庭，专门针对公路沿线违法、违规、违章占地严重状况，组织干警开展专项整治，10余户非法占地的路边饭店的业主，自动拆除了违法建筑。

郊区法院受理土地行政案件初期，有的行政机关自行制定与法律、法规相抵触的规范性文件，以文件代替国家法律，有的行政机关的查处土地违法案件时，不按法定程序办事，该搜集的证据材料不搜集，该制作处罚文书的不制作，该告知当事人诉权的不告知。针对这些情况，郊区法院广泛宣传《土地管理法》，并以提出“司法建议”的形式，敦促有关部门停止执行与法律、法规相抵触的文件，帮助行政机关完善执法程序，理顺执法关系。1995年10月5日，郊区法院收到王牛小的诉状，要求撤销阳泉市郊区西南舁乡土地管理办公室《关于西南舁乡孔南庄村王牛小宅基地的处理意见》。经认真审查，郊区法院认为，起诉人所不服的阳泉郊区西南舁乡土地管理办公室《关于西南舁乡孔南庄村王牛小宅基地的纠纷》不是能够产生法律效力的具体行政行为，而是针对这一问题提出的一种解决意见。起诉人对此意见不服而提起的诉讼，不属行政诉讼案件的受案范围。

2000年后，随着郊区区委、区政府大力实施招商引资战略，涉及拆迁的土地行政案件开始增多。如：2004年，郊区人民政府决定修建荫营镇区至白泉三叉口的玉泉路，以方便人们到玉泉山关王庙游览。施工期间，林里村某户村民拒不搬迁，严重影响工程进展，区交通局、公路局呈请法院依法拆迁该“钉子户”，郊区法院行政庭干警协同区交通局、公路局工作人员，深入林里村，在村干部配合下，妥善解决了矛盾。又如：某原告被拆迁房屋在郊区工业园区三期平台建设范围之内，甄家庄村村委会与工业园区也达成了有关拆迁补偿协议，但原告拒不执行，被告李家庄乡人民政府作出“2007第1号”决定，要求原告如期拆迁。原告提起行政复议，被告之上级行政机关——阳泉市郊区人民政府于2007年8月20日，以《甄家庄村委部分拆迁实施方案》经政府批准为由，维持了李家庄乡人民政府的处罚决定。之后，原告提起行政诉讼。经郊区法院判决，维持了阳泉市郊区李家庄乡人民政府作出的“〔2007〕第1号”决定。

由于拆迁工作存在较大经济利益，加之历史上遗留的问题，导致2000年之后，发生在阳泉市郊区范围内的土地权属纠纷案件日渐增多。对于这类案件，郊区法院坚持以事实为根据，以法律为准绳，既保护公民、法人和其他组织的合法权益，又维护和监督土地行政机关依法行使职权。对于土地行政确权案件，首先认定适格被告，如加盖土地管理部门印章的，以土地管理部门为被告；加盖人民政府土地权属专用章的，以政府为被告；国土管理部门的内设机构，乡镇政府土地管理所，无独立的法人资格，以内部机构所从属的政府或部门为适格被告，并以违反法定职权为由，判令撤销其所作的土地行政确权决定。对土地权属争议行政案件的合法性审查，郊区法院以当时土地管理的法律法规及有关政策为依据，并参照国家土地管理部门有关规定及山西省制定的相关规范性文件。受案法院审查土地管理机关对土地权属的确认事实，以事法的权属证件、历史档案和调查勘测记载等客观事实为依据。如土改时的土地证、1962年的“四固定”状况，以及以后的一些权属变化情况，综合分析认定，合情合理地处理。对于土地行政机关认定事实不清，证据不足，处理错误的土地行政案件，依法予以撤销。如2006年原告荆存娣，诉阳泉市郊区国土资源局行政诉讼案。1993年，由义井村委会统一规划，经郊区人民政府批准，荆存娣在义井村孙家坪占地建房，批准使用面积100平方米。原告1994年动工建房，由于房屋西边的排水问题，义井村委会让其自行解决，故原告在原批准的100平方米基础上进行了扩建。2000年，义井镇土地办在清理检查时，勘测原告修建的住宅实占土地面积达242.7平方米，超出批准面积142.7平方米，当时对其超占土地行为作了罚款2130元的处罚，郊区政府也将其合法及超占面积，在集体土地使用证上用红、蓝线注明。2006年9月6日、9月18日，郊区土地局对荆存娣占地再次进行现场勘测，原告超出批准占地152.3平方米，同年11月，郊区国土局将其集体土地使用证收回，并12月1日，作出"阳郊国土处字〔2006〕第12号"《土地行政处罚决定》。荆存娣不服，于2007年3月23日，向郊区法院提起行政诉讼，请求判令撤销阳泉市郊区国土资源局"阳郊国土处字〔2006〕第12号"《土地行政处罚决定书》。该院审理后，依法维持了阳泉市郊区国土资源局对原告的《土地行政处罚决定书》。

随着土地有偿使用制度改革的深入，国家加强了土地管理，相继实行了国有土地使用权出让制度、土地收购储备制度、经营性土地招标拍卖和挂牌出让制度，土地供给的市场化程度得到提高，国有土地资产管理逐渐规范。从2000年开始，郊区法院受理的土地行政案件整体上数量开始逐年下降。

附：范修明不服义井乡政府土地处罚案案例

原告范修明于1973年经批准在义井乡西峪村修建北窑三眼，并将大门留在东南角（朝东七）。1979年11月24日西峪村给原告下达"社员修建批示"，确定占用地基14×14.5米。1985年第三人郝维成经批准亦紧靠原告窑洞之东墙修建北窑四眼。1987年4月24日西峪村给第三人下达"社员修建批示"，确定占用地基15×15米。由于两户所占地基均比批准应占面积有所扩大，致原告大门、出路被圈入第三人院内而形成纠纷。被告义井乡政府在未搜集有关材料的情况下，凭现场观察情况，也没有引用法律、法规。即以（1987）义政发司字第三号土地民事纠纷决定书认定原告超占面称23.63平方米，第三人超占面积8.1平方米，并依此决定：1.根据村委会《修建批示》，范修民、郝维成的超占面积必须在1988年2月底退出，两户大门在自己使用面积界限内确定，走向一律朝南，不得影响道路通行；2.范修明超占郝维成使用面积0.55米，不得影响他人建筑，在1988年2月底退出0.55米。原告对此不服而提起诉讼。郊区法院作出判决：1.撤销被告阳泉市郊区义井乡政府"〔1987〕义政发司字第三号意"《土地民事纠纷决定书》；2.限被告在三个月内，对原告范修明、第三人郝维成的违法超占地基之行为，分别给予处理。

第四节 审理其他行政案件及非诉行政案件

2000年后，郊区法院除审理上述公安、土地等行政案件外，还开始审理以电业、学校及各乡镇人民政府为被告等其他行政案件。郊区法院依据有关的行政法律法规，参照有关行政规章，依法进行裁判。

其他行政案件中，有许多属于新类型的案件。如原告韩呈祥不服被告阳泉市郊区电业局2003年7月11日开具的窃电杂项收费587.21元和被告开具的2000元押金收条，于2004年6月30日，向郊区法院提起返还财产的民事诉讼之后，又以电力行政管理纠纷，转入该院行政庭审理。郊区法院依法组成合议庭，于2004年9月30日上午，公开开庭进行审理。审理后认为：在原告和被告提供的0036207号售电普通发票中，供电用户为韩小明，韩呈祥在该案中作为原告主体资格，不符合法律规定，依照《中华人民共和国行政诉讼法若干问题的解释》第三十二条第二款之规定，作出裁定：驳回原告韩呈祥的起诉。又如原告侯哲亮与被告山西广播电视大学、山西广播电视大学阳泉分校颁发毕业证书行政诉讼一案，在审理过程中，原告侯哲亮因管辖原因，于2014年3月18日，向郊区法院申请撤回起诉。

非诉行政案件是指《行政诉讼法》第六十六条规定的“公民、法人或者其他组织对具体行政行为在法定期限内不提起诉讼又不履行的，行政机关可以申请人民法院强制执行”的案件。

2006年，申请执行人阳泉市郊区李家庄乡人民政府，因王生和房屋拆迁行政处罚一案，于是年10月31日向郊区法院申请执行。该院于2006年10月31日受理并依法组成合议庭，对申请执行的具体行政行为的合法性进行了审查。郊区法院审理后确认，申请人执行的具体行政行为是依照山西省工业示范区之一的“阳泉市郊区白泉工业园区”整体规划实施范围、《山西省村庄和集镇规划建设管理实施办法》及柳沟村整体搬迁实施方案作出的规范性行政活动，认定事实清楚，证据充分，适用法律正确，程序合法。依照《中华人民共和国行政诉讼法》第六十六条和最高人民法院《关于执行 < 中华人民共和国行政诉讼法 > 若干问题的解释》第九十三条的规定，裁定准予执行阳泉市郊区李家庄乡人民政府，于2006年10月13日对王生和作出的“〔2006〕第2号”《行政处罚决定书》。

2007年，郊区法院接郊区环境保护局诉求，要求法院依法强行拆除污染环境的西垴村耐火厂的倒烟窑烟筒。副院长任怀金带领行政庭干警，在西垴村召集双方代表协商，最终达成共识，由西垴村耐火厂自行将烟筒拆除。

2013年8月28日上午，阳泉市郊区人民法院行政庭公开宣判了最高人民法院进行行政诉讼集中管辖试点以来受理的第一件行政案件，判决撤销了被告阳泉市人力资源和社会保障局对原告谷小芬作出的《工伤认定不予受理决定》。原告谷小芬的丈夫刘怀让，为阳泉市大阳泉煤炭有限责任公司职工，2006 年始，被阳泉市新华西街派出所借调，工作岗位为汽车司机。2012 年 7 月 5 日，刘怀让在该所值班，20 时许，派出所领导安排刘怀让回家取机动车燃油发票。刘回家后突发头痛以致昏迷，经抢救无效，刘怀让突发脑干出血于 2012 年 7 月 6 日死亡。基于此，该院依法撤销了上述两行政部门对刘怀让妻作出的《工伤认定不予受理决定》，维护了工亡职工家属享受国家劳保待遇的权益。

2015 年，受理非诉行政案件 2 件。申请执行人阳泉市国土资源局郊区分局于 2015 年 3 月 12 日在实地检查时发现被执行人阳泉市狮脑绿洲农业生态园有限公司在未取得用地手续的情况下，于 2014 年 8、9 月份开始在义井镇牛家峪村的赵家沟擅自动工修建蔬菜展览厅，并已基本建成但未投入使用。即于当日给被执行人阳泉市狮脑绿洲农业生态园有限公司送达了责令停止违法行为通知书，责令停止其违法行为。2015 年 3 月 17 日，阳泉市国土资源局郊区分局的工作人员又对被执行人的法定代表人进行了询问调查，并对占地现场进行了实地勘查。2015 年 4 月 17 日，申请执行人阳泉市国土资源局郊区分局给被执行人送达国土资源行政处罚告知书，对被执行人享有的陈述和申辩权利进行了告知。2015 年 4 月 19 日，申请执行人阳泉市国土资源局郊区分局以被执行人阳泉市狮脑绿洲农业生态园有限公司“在未取得用地手续的情况下，在牛家峪村的赵家沟擅自动工修建蔬菜展览厅”，“该行为违反了《中华人民共和国土地管理法》第四十三条第一款之规定”为由，“根据《中华人民共和国土地管理法》第七十六条第一款、《山西省实施 < 中华人民共和国土地管理法 > 办法》第四十七条和《违反土地管理规定行为处分办法》第十条的规定”作出“阳国土资郊义井罚字（2015）第 004 号行政处罚决定书”：限期十五日内自行拆除非法占用土地上的建筑物及相关设施，恢复种植条件，对违法占地面积 1.39 亩（合 927.28 平方米）按 5 元 / 平方米的标准处以罚款，共计 4636 元。该决定书已于作出当日送达被执行人阳泉市狮脑绿洲农业生态园有限公司。郊区法院作出如下裁定：驳回申请执行人阳泉市国土资源局郊区分局关于强制执行“阳国土资郊义井罚字（2015）第 004 号行政处罚决定书”内容中对被执行人处以罚款 4636 元的申请。

第六章 未成年人案件综合审判

第一节 概 述

1975年建院初，涉少案件一般以一些打架斗殴、盗窃等轻微刑事案件为主，郊区法院本着保护未成年人和有利于未成年人改过自新、健康成长的原则，处理也较轻。

1980年，郊区法院审结的刑事案件中，犯罪年龄不满18岁的13人，18至25岁的19人，青少年犯罪占51%。是年，为郊区法院审判历史上，第一次审理未成年人犯罪案件。

1981年，该院在审结的刑事案件中，犯罪年龄不满18岁的14人，18岁至25岁的48人，青少年犯罪占70%，比上年度上升19%。

1982年，在审结的刑事案件中，犯罪年龄不满18岁的5人，18岁至25岁的86人，青少年犯罪占42%，比上年下降4%。

1983年，从8月底开始，根据中共中央办公厅《关于印发“严厉打击刑事犯罪活动，实现社会治安根本好转”(宣传纲要)》、全国人大常委会颁布了《关于严惩严重危害社会治安的犯罪分子的决定》和《关于迅速审判严重危害社会治安的犯罪分子的程序的决定》，在中共阳泉市委、郊区区委和上级法院领导指导下，切实开展严打斗争，在审结的刑事案件中，不满18岁的11人，18岁至25岁的132人，青少年犯罪占55%。

1983年至1986年三年严打斗争中，在郊区范围内，青少年犯罪案件明显增长，在被判处的153名案犯中，有99名属青少年群体，占64%。而青少年强奸、盗窃、抢劫罪案，分别占66%、83%和100%。重要原因有二，一，黄色录像、淫秽书刊和物品一度泛滥成灾，严重毒害了青少年的心灵；二，不良的家庭教育和没有温暖的家庭环境，导致了一些青少年畸形的精神状态，独生子女教育成为“问题少年”的重要诱因，在15名独生子女刑事犯罪案件中，家庭过分宠娇的7名，8名从小失去双亲，或寄人篱下，或流离街头，成为青少年犯罪的主要原因。

从20世纪80年代后期到90年代末，郊区域内未成年人犯罪，主要以盗窃犯罪和流氓犯罪、强奸犯罪为主。其犯罪侵害的主要目标，既有公共财物，如驻地厂矿企业或乡镇企业的生产资料及产品、商品。也有针对个体户、专业户进行盗窃、抢劫的未成年罪犯，如1986年，青少年盗窃、抢劫犯罪案件，分别占到全年审结案件的

83%和100%。

进入21世纪后，未成年刑事犯罪成为全社会关注的热点。郊区法院针对域内未成年人刑事犯罪多系农村子弟、非独生子女这一特点，开展相应的法制宣传、帮教等预防工作，取得了一定成效。

2005年，对11件未成年人犯罪案件中的14名被告人，依法减轻处罚，使他们及时得到教育和矫治。

2007年，坚持“教育、挽救、感化”的方针，法院积极履行综合治理的部门职责，在青少年犯罪案件的审理中，充分发挥少年法庭的作用，寓教于审，审教并重，找准切入点，把握感化点，力求使审判成为他们走向新生的转折点，全年审结未成年人犯罪案件11件14人，其中7人被判处缓刑，并与青少年罪犯和被判缓刑人员的家庭、单位签订帮教协议书，坚持回访帮教，促进对被判缓刑人员的教育改造。

2008年10月，该院未成年人案件综合审判庭会同区妇联、团区委工作人员，深入郊区三郊中学等学校，结合典型案例，进行以法育人，三千余名师生接受了法律知识教育。12月6日，邀请区直有关部门的领导，召开了未成年被判缓刑人员座谈会，17名被判缓刑人员及其他们的家长向法院汇报了他们的改造情况，收到良好效果。

2010年，针对未成年人犯罪案件呈现低龄化、犯罪手段恶劣、后果严重、结伙作案增多的新特点，郊区法院在11月向社会招聘了22名刑事案件社会调查员。同时与区教委、妇联、共青团联合建立了未成年人法治教育基地。庭审中，坚持“寓教于审，审教结合”的方针，重点推行了“圆桌审判”这一更为宽松、和谐的庭审形式，法官、检察官与被告人通过零距离接触，在娓娓交谈中实现了帮教。建立帮教档案，定期对被判缓、管、免人员进行回访。

2011年至2014年期间，坚持教育、挽救、感化的方针，注重发挥刑事案件社会调查员的独特作用，在所有涉及未成年人犯罪案件的立审执环节均贯彻维权理念，落实维权措施。积极探索“建立接触点、发现闪光点、寻找感化点、激发共鸣点、确定帮教点”

2013年5月31日，郊区法院领导带着全院干警的一片深情厚意，前往郊区荫营镇三泉村中心小学，为孩子们送去了3000余元的学习用品。

的庭审教育方式，特别注重发挥刑事案件社会调查员和人民陪审员的作用。完善“圆桌审判”方式，在关爱中实现帮教。完善了未成年人刑事案件档案限制公开等制度，从机制上进一步确保了案件的质量与效果。

2011 年，郊区法院未成年人刑事案件社会调查员参与庭审 6 件，向法庭提交调查报告 6 份，全年共处理涉少刑事案件 6 件 8 人。

2012 年，共参与庭审 5 次，向法庭提交调查报告 5 份，全年共处理涉少刑事案件 5 件 12 人。

2013 年，共审结涉少刑事案件 5 件。

2014 年，郊区法院牢固树立责任意识，妥善处置涉少案件，积极采取“圆桌审判”等行之有效的方式，努力将庭审程序变成对未成年被告人心理的干预过程，在娓娓交谈中实现帮教。认真落实未成年人刑事案件档案限制公开制度，最大限度地保护他们的隐私，为他们以后的成长创造条件。同时定期对他们进行回访，鼓励他们汲取教训，遵纪守法，重新做人。本年度受理未成年犯罪案件 1 件，审结 1 件，并定期进行回访，鼓励他们汲取教训，遵纪守法，重新做人。

2015 年，牢固树立担当意识，并将其贯穿于涉少案件的审判、审中和审后。严格审判程序，充分保护未成年被告人诉权。在庭前及时通知、动员每个未成年被告人的法定代理人委托律师为未成年被告人辩护，对家庭确有困难没有委托律师的，全部通过法律援助的方式指定律师辩护。在庭审中积极采用“圆桌审判”方式，在娓娓交谈中实现帮教，认真贯彻最高人民法院量刑规范化指导意见，做到当宽则宽，当严则严，“宽严相济”。同时完善未成年人刑事案件档案限制公开等制度，从机制上进一步确保了案件的质量与效果。在未成年人刑事审判实践中，该院总结出了“三不”工作法，即：庭前的“三个不开庭”，即阅卷后对关键问题没有梳理清楚的不开庭，被告人的成长经历及其社会背景没有调查清楚的不开庭，没有与被告人见面进行心理疏导了解他们对犯罪问题认识的不开庭。庭中坚持“三个不轻易”，即：被告人没有真诚悔过的不轻易下判，有被害人的案件没有和解的不轻易下判可以判非监禁刑但没有落实帮教措施的不轻易下判。继续采取建立帮教档案、定期回访等措施。

附 1：**刑事案件社会调查员样表《委托调查函》**

山西省阳泉市郊区人民法院

委托调查函

郊少刑初字第 4 号

盂县司法局：

我院审理被告人李治国、刘志建、张扬、张云宏、刘慧杰盗窃及被告人李静掩饰、隐瞒犯罪所得、犯罪所得收益罪一案，可能对其判处非监禁刑，实行社区矫正。根据《关于进一步建立和完善办理未成年人刑事案件配套工作体系的若干意见》及《社区矫正实施办法》的要求，请你局委托被告人居住地的司法所，对未成年被告人李治国、张扬的性格特点、家庭情况、社会交往、成长经历、是否具备有效监护条件、社会帮教措施以及涉嫌犯罪前后表现等情况及对其他被告人的居所情况、家庭和社会关系、一贯表现、犯罪行为的后果和影响、居住地村（居）民委员会和被害人意见、拟禁止的事项等进行调查了解，形成评估意见。请将调查报告于收到该函后五个工作日内书面函告我院，以便对其准确量刑。

被告人李治国或其近亲属联系电话：1393537××××；1399450××××

被告人刘志建或其近亲属联系电话：1503530××××；810××××

被告人张扬或其近亲属联系电话：1823430××××；1393538××××

被告人张云宏或其近亲属联系电话：1823535××××

被告人刘慧杰或其近亲属联系电话：1304446××××

被告人李静或其近亲属联系电话：1583533××××

二〇一四年四月十五日

附：起诉书副本一份

回函地址：山西省阳泉市郊区荫营东大街 16 号阳泉市郊区人民法院未成年人案件综合审判庭

邮政编码：045000　承办人王慧清　联系电话 0353～515××××

附2：少年犯合议庭刑事审判工作细则(1990年4月制定)

第一章 总则

第一条：少年犯合议庭刑事审判工作细则（试行）根据刑法、刑事诉讼法、人民法院组织法及有关法律和法则的规定。根据少年生理、心理的特点。结合我院审理未成年人犯罪案件的具体经验和实际情况而定。

第二条：本细则旨在运用审判职能，依照教育、挽救、感化、矫治失足少年的方针政策，对未成年被告人实行惩罚与教育相结合参与社会治安综合治理，探索社会主义初级阶段具有中国特色的少年司法制度。

第三条：本细则的任务。是在正确适用法律定罪量刑的同时，教罚并用，对未成年被告人，注重矫治主观恶性，消除犯罪倾向；在维护国家利益的同时，保护未成年被告人的合法权益，增强其适应社会的能力，以达到改造犯罪，预防犯罪的目的；协同有关部门，共同创造一个安定团结的社会环境。

第四条：对未成年被告人必须区别情况，宽严相济，依法分别予以从轻、减轻或者免除处罚。

第五条：在维护法律尊严的同时，基于爱护同情之心，采取同未成年被告人生理、心理特点相适应的方法和启发，疏导的方式感化、挽救未成年被告人，教育寓于审判工作全过程。

第六条：少年犯合议庭应当主动与公安、检察、司法等有关部门协作配合，形成预审、起诉、审判、辩护、改造的少年司法工作体系。

第七条：本细则未作规定的，仍依照刑法、刑事诉讼法的有关规定。

第二章 管辖

第八条：少年犯合议庭管辖同级人民检察院依法提起公诉的第一审未成年人刑事案件。

第九条：少年犯合议庭审理符合刑法第十四条规定的刑事案件。

第十条：少年犯合议庭具体审理下列一审刑事案件：

（一）未成年被告人的案件；

（二）被告人在犯罪的未成年，在审理的业已成年的案件；

（三）共同犯罪或犯罪集团中，少数被告人为未成年人的案件，也可以审理；

（四）被告人所犯罪行大部分是未满十八岁时所为的案件；

（五）上级交办的刑事案件。

第三章 庭前准备

第十一条：合议庭成员要认真审阅全部材料、查明事实、核对证据、杜绝错案的发生。

第十二条：阅卷时，注意查明犯罪原因，把握悔罪关键。

第十三条：认真查阅少年犯系统口供，注意前后口供有无变化、翻供、诱供等情况，对发生变化的口供，在讯问时，应查清口供变化的原因，实事求是的对待。

第十四条：向未成年被告人及其代理人或有关人调查该被告人成长过程、平常表现、情趣、受过什么奖励、家庭情况、周围环境等其他有关事项。

第十五条：向少年犯家长或监护简要讲述所犯事实，讲明法律规定，敦促家长总结教训，改善教育方法，为少年犯的改造创造良好的家庭环境。

第十六条：在进行有关调查的，应有二人同往。

第十七条：调查内容应予记录，特殊情况时，可以事后追记，但须调查人员署名。

第十八条：送达起诉书时，应向未成年被告人交代其享有的权利，告之其可以委托辩护人为其辩护。

第十九条：未成年被告人没有委托辩护人的，应当为他指定辩护人。

第二十条：审理未成年人犯罪的案件，可以通知其法定代理人到庭。

第二十一条：办案人应同公诉人及辩护人互通情况，共同做好未成年被告人的悔罪工作。

第四章 审判

第二十二条：少年犯合议庭审判刑事案件，由审判员组成合议庭或者由审判员和人民陪审员合议庭进行。

第二十三条：对情节轻微，案情简单和被告人对审判心理承受不足的刑事案件，可以试行由审判员一人独任审判，独任审判案件同样要依照法定程序和制度进行。

第二十四条：少年犯合议庭审判人员应当具备良好的政治素质和业务素质，应当热心少年司法工作并具有工作责任感。

审判人员应当具备法律专业知识，熟悉审判业务，熟悉犯罪学、心理学、社会学及相关知识。

第二十五条：根据刑事诉讼法第一百一十一条规定，对十四岁以上不满十六岁未成年犯罪的案件，一律不公开审理，十六岁以上不满十八岁未成年犯罪的案件一般也不公开审理，审判长应当宣布不公开审理的理由。

第二十六条：审判人员必须以诚恳的态度，在温和和严肃相济的气氛中进行审判工作。

第二十七条：审判人员在庭审时必须着装。

第二十八条：审判人员的用语，应当为未成年人所接受和理解，并注意法定语言通俗化。

第二十九条：庭审时可以允许未成年被告人就座。

第三十一条：未成年被告人享有下列诉讼权利：

（一）除自行辩护外，还可以委托律师为其辩护或要求法定代理人为其辩护；

（二）有权申请回避；

（三）有权通知新的证人到庭，调取新的物证，申请重新鉴定或者勘验，可以申请审判长对证人、鉴定人发问，或者请求审判长许可直接发问；

（四）有权阅读法庭笔录，并请求纠正；

（五）在法庭上有最后陈述权；

（六）有权上诉。

上诉权利应在审理时，向未成年被告人告知。

第三十二条：法定代理人相应也有下列诉讼权利：

（一）参加诉讼活动；

（二）有权申请回避；

（三）可以为被告人委托辩护人；

（四）有权上诉。

上诉权利应在审理是，向法定代理人告知。

第三十三条：审理时，掌握好整体气氛，注意帮助未成年被告人分析走上犯罪道路的主观原因和客观原因，认清其行为对社会造成的危害。

第三十四条：庭审后，可视情况召开家长、亲友、律师等参加的座谈会，或让家长见未成年被告人，配合法院做其转化教育工作。

第三十五条：对少年犯宣判时，应通知其家长或监护人到庭。

第三十六条：对少年犯的判决，一般不向公众宣告，特殊情况时，必须尽可能限制人数和规模。

第三十七条：宣告判决后，应进一步做好少年犯认罪服法的思想工作。

第三十八条：宣告判决后，可以允许法定代理人等相关人员会见少年犯。

第三十九条：对未成年被告人，按下列规定适用刑罚：

（一）一般不判处管制；

（二）除了犯重伤、抢劫、放火、惯窃罪、或其他严重破坏社会秩序罪以外，一般不判处重刑；

（三）凡符合刑法第六十七条规定，并且有良好的改造环境的，应当尽可能宣告缓刑；

（四）一般不剥夺政治权利；

（五）一般不适用罚金和没收财产。

第四十条：对未成年被告人的处罚，应当从轻或减轻处罚，具体量刑时，应当根据法定情节以及量刑幅度，具体案件具体分析，依法酌情区分轻重，给予从轻、减轻或者免除处罚。

第四十一条：对未成年被告人一般不适用加重处罚。

第四十二条：未成年被告人犯罪，适用刑法第六十四条的，应当在总和刑期以下，数刑中最高刑以上，取下限酌情决定执行的刑期。

第四十三条：成年被告人帮助或利用未成年被告人犯罪的，应予从重处罚。

第四十四条：应当迅速审理未成年人刑事案件，严格执法决定审限期限。

第四十五条：案件审结后，应建立除案件材料以外的少年犯考察报表档案制度。报表档案自案件审理终结起，至被考察完毕止。存放于少年庭之后作为原卷宗附卷（二），归入院档案室。

第四十六条：对判缓刑的少年实行帮助，并建立帮教协议书制度。

第四十七条：少年犯考察报表包括《少年犯案件收案登记表》《少年犯基本情况综合一览表》《回访考察情况一览表》（一）、（二）。

第四十八条：少年犯所有卷宗材料，除相关人员可以使用外，其他人员未经少年犯合议庭同意，不准阅读或摘录。

第四十九条：未成年刑事案件，未经少年犯合议庭同意，不得通过新闻媒介披露。

第五十条：对少年犯的判后帮助、考察是对少年犯教育、挽救、感化、矫治工作的延续，旨在巩固和发展审判效果和教育感化成果、安定社会，帮助少年犯适应和回归社会。

第五十一条：对判缓刑的少年犯，合议庭要与少年犯的家长、居委会或单位共同制定帮教措施，签订帮教协议书，让少年犯定期向合议庭写出书面汇报材料。

第五十二条：书面汇报以每两个月一次，并依法归档存查。

第五十三条：在缓刑人员的帮教期内，少年犯合议庭将不定期进行回访、考察，适时召集有关人员参加座谈会，不断总结经验。

第五十四条：对判缓刑少年犯的帮教，考察自判决生效之日起，至规定期限结束，特殊情况可以提前或者延长。

第五十五条：对在缓刑期限内确有悔改或立功表现的少年犯，可根据《刑法》第七十一条之规定，予以减刑。

第五十六条：减刑须经执行机关、单位、居委会提出书面意见，经合议庭考核，评议实行之。

第五十七条：对判缓刑少年犯实行帮教，具体事项按《帮教协议书》执行。

第五十八条：应当重视和发挥居民委员会对判缓人员的管理作用。

第五十九条：对判处缓刑的少年犯在工作、学习遇有困难时，可以提供必要的帮助。

第六十条：对判处有期徒刑的少年犯，实行一年回访一次的制度。

第六十一条：回访时要与监管单位密切配合，继续做好少年犯的思想教育工作，为少年犯的改造创造有利条件。

第六十二条：热情接待和及时答复少年犯及其家长的来信来访。

第六十三条：按前条规定的考察期限届满为考察结束，对通过考察期的少年犯作出综合评语，并经少年犯合议庭集体评定。

第六十四条：审判人员要注意发现典型案例，认真研究、总结，必要时制成书面材料。

第五章 附则

第六十五条：本细则是具有程序和实体意义的少年司法工作的规则。

第六十六条：本细则仅适用于未成年被告人。

第六十七条：未成年人刑事案件不适用刑事诉讼法有关自诉的规定。

第六十八条：本细则关于未成年被告人、未成年人犯罪及未成年的被告人法定代理人的划定，依据刑法和刑事诉讼法。

第六十九条：本细则由本院审判委员会监督执行。

第七十条：本细则于一九九０年四月三日经本院审判委员会通过，由本院少年犯合议庭试行。

第二节　审判未成年人刑事犯罪案件

阳泉市郊区自古民风纯朴，各农户家庭对未成年人的教育极为重视，故极少发生产生较大影响或造成严重后果的未成年刑事案件，多为打架斗殴或盗窃等属偶发性刑事案件，郊区法院本着教育为主、不影响未成年人健康成长的原则，多不采用刑事处罚。如1976年2月8日下午，汉河沟中学生宋常民与本大队六年级初中学生宋艾青打架时，致宋艾青死亡。当时郊区法院的处理是，在汉河沟大队召开群众大会，宋艾青的母亲作检查；对宋常民拘留10天。

1989年10月4日晚，被告人李瑞清伙同本村白小丽（14岁）、白旭清（15岁）破窗入室盗窃三郊村卫生所现金817.1元。郊区法院依法以盗窃罪，判处李瑞清有期徒刑一年，缓刑二年。

1993年，郊区法院在未成年人犯罪案件审判中，突出庭审教育，审好未成年人犯罪案。根据最高院有关文件精神，组建了少年法庭，始终保持有一个合议庭审理未成年人犯罪案件，在审理中，特别注重突出开展庭审教育，严格运用关于审理未成年人罪案的诉讼程序，对犯罪分子不满18岁的2名罪犯，在审理中全部运用专门程序。并在庭审之前与妇联、教育部门、青年团联系，特邀他们到庭旁听，并依法特别聘请有关人士为少年法庭陪审员，坚持每起少年罪案均有一名审判员或陪审员为女性成员，以利于开展针对性的庭审教育，准确定罪量刑，挽救、教育和感化偶犯少年。如在审理荫营二中16岁学生梁某抢劫一案时，庭前邀请区妇联主任、区团委书记、二中校长、班主任老师，与他们座谈征询意见，以增强庭审效果。

1997年，郊区法院针对青少年犯罪逐年上升的问题，按照“德主刑辅、熏育青少”的原则，在严惩犯罪的同时，对青少年犯罪，坚持“教育、感化、挽救”的方针，针对青少年犯罪的心理特征，对症矫治。对16名青少年罪犯依法判处缓刑，并与其单位、家庭取得联系，签订帮教协议书，组成强有力的“帮教”网络，达到了依法惩办、教育感化、标本兼治的社会效果。

1998年，郊区法院对青少年犯罪，坚持“教育、感化、挽救”的方针，与12名青少年犯罪的单位、家庭签订帮教协议书，对有治安隐患的单位，适时提出司法建议110条，有效地减少和预防了犯罪的发生。

1999年，郊区法院对青少年犯罪案件，坚持细之又细，慎之又慎的工作作风，寻求他们思想的感化点，力求使审判成为他们走向新生的转折点。寓教并重，与12名青少年犯罪的单位、家庭签订了帮教协议书，并实行定期回访制度。

2000年，郊区法院对未成年人犯罪案件，继续贯彻落实“教育、感化、挽救”方针，寓教于审。与16名少年罪犯的家庭、学校、单位签订了帮教协议，坚持跟踪帮教、回访、考察。全年宣告缓刑的27人，无一重新犯罪。

2001年，郊区法院对于青少年犯罪，坚持“教育、感化、挽救”的方针，力求使审判成为他们走向新生的转折点，寓教于审，审教并重，与26名青少年罪犯的家庭、单位签订帮教协议书，并坚持回访制度，被判缓刑人员无一重新犯罪。

2003年，郊区法院继续坚持“教育、感化、挽救”方针，与18名被判缓刑的青少年所在村庄、学校、家庭签订帮教协议，坚持定期回访制度，被判刑人员无一重新犯罪。被告人兰沸采用威胁等手段逼迫被害人白亮回家取钱，非法占有其1000元现金的行为已构成抢劫罪，鉴于被告人兰沸作案时年龄未满18周岁，根据《中华人民共和国刑法》第二百六十三条、第十七条第三款、第七十二条、第七十三条第二、三款之规定，郊区法院以抢劫罪，判处兰沸有期徒刑三年，缓刑五年，并处罚金人民币2000元。

2007年，针对未成年人的犯罪特点，坚持“寓教于审，惩教结合”，依法从轻、减轻判处未成年人罪犯10件17人，对判处缓刑的对象，积极配合有关部门落实帮教管理措施，做好回访工作，预防和减少重新犯罪，召开被判缓刑人员思想汇报会一次。同时，开展送法到校等活动，加强对青少年学生的法制教育。

2008年，郊区法院在审理未成年人犯罪案件时，坚持把“教育、感化、抢救”的工作方针贯彻到审判活动的全过程，积极探索“圆桌审判”的方式，在关爱中实现帮教，是年9月9日，郊区法院未成年人案件综合审判庭在开庭审理一宗放火、盗窃案件时，首次采用“圆桌审判”模式，以圆形的审判桌取代了传统审判法庭的那种对抗式控辩格局，平行的座椅取代昔日高高的法栏，法官、人民陪审员、公诉人、辩护人围桌而坐，在温馨与严肃并重的氛围中完成审判活动。这是区法院未成年人案件综合审判庭首次对未成年被告人试行“圆桌”式审判。这种“圆桌审判”模式在关爱中实现了帮教，彰显了人民法院对未成年刑事犯罪嫌疑人的人文关怀。全年共审结未成年人犯罪案件 7 件 10 人。

2009 年，郊区法院审结未成年人犯罪案件 11 件 17 人。如王强故意伤害案，被告人王强与被害人武郑鑫互未见过面，但在网上聊天时产生分歧，王强从网络资料中了解到武郑鑫（男，1993 年 8 月 17 日出生）为河底中学学生，于 2009 年 6 月 23 日中午，会同王俊、王峰（二人另案处理）到河底中学武郑鑫所在的教室，王强用拳脚、凳子对武郑鑫进行殴打，致武郑鑫鼻部受伤。郊区法院以王强犯故意伤害罪，判处拘役六个月，缓刑一年。

是年 12 月，郊区法院未成年人案件综合审判庭向经过该庭判处的未到期的未成年缓刑人员致信，对他们在缓刑考验期内在改过自新的道路上取得的进步予以表扬，告诫他们珍惜自由美好的时光，继续加强法制学习，继续彻底改造自己的罪错，为早日回归阳光少年的行列而努力。

2011 年，针对未成年人犯罪案件呈现低龄化、犯罪手段恶劣、后果严重、结伙作案增多的特点，注重发挥刑事案件社会调查员的作用，全年共邀请社会调查员参与庭审 6 件，向法庭提交调查报告 6 份，依法处理涉少刑事案件 6 件 8 人。

2012 年，郊区法院坚持教育、感化、挽救方针，积极探索未成年人综合案件审判新途径、新经验、新机制。在涉及未成年人刑事案件的审理中，郊区法院总结出一套行之有效的“三不”工作法：一是庭前“三个不开庭”：阅卷后对关键问题没有梳理清楚不开庭，被告人的成长经历及其社会背景没有调查清楚不开庭，没有与被告人见面进行心理疏导，没有充分了解他们对犯罪问题认识的不开庭。二是庭中坚持“三个不轻易”，即：被告人没有真诚悔过的不轻易下判，有被害人的案件没有和解的不轻易下判，可以判非监禁刑但没有落实帮教措施的不轻易下判）。该院在 2012 年以前审理的未成年人犯罪案件中，有 10 名成功入职，1 名考上大学。三是庭后的“三个不松手”，即：入监后延伸帮教不松手，回归社会后思想出现反复或问题没有解决的不松手，发出的司法建议没有得到落实的不松手。全年，共处理涉少刑事案件 5 件 12 人。进一步完善了未成年人刑事案件档案限制公开等制度，从机制上进一步确保了案件的质量与效果。

2013 年，郊区法院在涉少刑事案件的审理上，突出全程帮教，妥善处置涉少案件。在所有立、审、执环节，始终贯彻维权理念，落实维权措施，大胆探索“建立接触点、发现闪光点、寻找感化点、激发共鸣点、确定帮教点”的庭审教育方式，特别注重发挥刑事案件社会调查员和人民陪审员的作用，刑事案件社会调查员的调查率和人民陪审员的参审率均达 100%。全年处理涉少刑事案件 5 件。

2014 年，郊区法院继续积极采取“圆桌审判”等行之有效的方式，把庭审现场变成帮教现场，把庭审过程变成对未成年被告人非健康心理干预过程，鼓励教育未成年刑事犯罪人认真汲取教训，争取重新做人。全年审结未成年人犯罪案件7件10人。

2015年，郊区法院继续积极采用“圆桌审判”等行之有效的方式，把庭审现场变成帮教现场，把庭审过程变成对未成年人非健康心理干预过程，鼓励教育未成年刑事犯罪人吸取教训，重新做人。全年受理未成年犯罪案件7件13人，审结未成年犯罪案件4件5人，比上年度增加57.1%。未成年人犯罪问题成为必须严肃对待和高度重视的社会问题。

第三节 未成年人犯罪预防

阳泉市郊区历史上未成年人刑事犯罪极其少见，偶有发生，多属小偷小摸之类的轻微案件。郊区人民法院成立后，虽然正处于文化大革命末期，但仍十分重视未成年人刑事犯罪的预防，对触犯刑律、必须接受刑事处罚的未成年人，经审判后，交由山西省专门负责关押改造未成年罪犯的“少管所”执行刑罚。对一般或轻微的刑事犯罪的未成年人，从有利于未成年人成长的角度，交由涉案未成年人上学的学校，由学校的老师和学生家长共同负责帮教，或由该未成年人居住地的人民公社、生产大队或厂矿企业治安保卫部门监管，为不致于影响到该未成年人的正常学业，郊区法院或学校，及生产大队和各厂矿企业，有保守涉案未成年人有着个人隐私的义务。针对少年案件的审判，郊区法院通常以保护少年当事人的基本权益为出发点，多采用调解的方式，维护少年当事人的合法权益，审判方式不予公开。

这一时期，为避免未成年人走上犯罪道路，在以仍然以“阶级斗争为纲”的文化大革命末期，郊区法院经常派干警到学校就案说法，或直接在荫营中学、河底中学、中佐中学等师生较多的中学，召开刑事案件公判大会，对学生进行法制教育。这也是当时未成年人刑事犯罪案件较少的一个重要社会原因。

1978年12月，中共十一届三中全会召开，“文化大革命”结束，党和国家的中心工作也由过去的“以阶级斗争为纲”，转移到以经济建设为中心上来。1979年，中华人民共和国第一部《刑法》颁布。同年，国家恢复高考，更多未成年人把精力放到学习上，未成年人犯罪得到全方面控制，甚至在郊区地区降低到零发案的水平。

1980年《刑法》正式实施，郊区法院对未成年人刑事案件的审理，正式按照《刑法》要求，结合未成年人犯罪特点，进行不公开审理。

1983年~1985年“严打”期间，郊区法院仍然按照“教育、挽救、感化、改造”方针，开展少年案件的审判，以保护失足少年的基本权益。经过三年持续进行的“严打”斗争，强奸、杀人、爆炸、抢劫、绑架等重特大恶性刑事犯罪案件的首恶分子，被判处死刑、死缓或无期徒刑者较多，极大的教育了在校读书的未成年人，有效地遏制了未成年犯罪。

1991 年 9 月 4 日，第七届全国人民代表大会常务委员会第二十一次会议通过《中华人民共和国未成年人保护法》，郊区法院在审判未成年人案件时，根据这个群体的犯罪以盗窃、抢劫、奸淫幼女为主的传统特点和新形势下新出现的团伙作案增多，犯罪手段趋于智能型、成年化，年龄趋于低龄化等现象，结合贯彻落实《未成年人保护法》，及时调整预防措施，对未成年案件的审判工作，也作了相应的调整和改革。

1999 年 6 月 28 日，中华人民共和国第九届全国人民代表大会常务委员会第十次会议通过《中华人民共和国预防未成年人犯罪法》，自 1999 年 11 月 1 日起施行。为此，郊区法院根据阳泉中院制定《少年刑事案件一审办案细则》《少年刑事案件二审办案细则》，认真实行“挽救、教育、改造”的审理方针，积极推行“寓教于审、惩教结合”的审判方式，对 14 岁以上满 16 岁的未成年被告人，一律不公开审理，对 16 岁以上不满 18 岁的未成年被告人，一般不公开审理，对必须公开审理的未成年人案件，必须经院长或审判庭长批准，并限定旁听人数和范围，并要求参与庭审的人员，不得以任何方式公开被告人的影像。

2001 年，坚持“教育、感化、挽救”的方针，力求使审判成为他们走向新生的转折点，寓教于审，审教并重，与 26 名青少年罪犯的家庭、单位签订帮教协议书，并坚持回访制度，被判缓刑人员无一重新犯罪。

2002 年，严格执行“教育、挽救、感化”的方针，对所判缓刑人员及青少年罪犯，实行跟踪、回访及帮教制度，经常召集缓刑人员进行座谈，听取他们的思想汇报和近期表现，并向他们讲解政策和法律，做他们的思想政治工作，使他们走上正途。

2003 年，郊区法院坚持“教育、感化、挽救”方针，与 18 名被判缓刑的青少年所在村庄、学校、家庭签订帮教协议，坚持定期回访制度，被判缓人员无一重新犯罪。

2004 年，郊区法院针对未成年缓刑人员认真开展帮教活动，特别是在未成年人案件审判中，始终坚持“教育、感化、挽救”方针，对犯罪人员，建立帮教档案，先后与 30 余名被判缓刑的青少年所在单位、学校、家庭签订帮教协议，定期回访考察，河底法庭干警在任家峪村小学、小固庄小学开展了“心连心，手牵手，共建平安校园”活动，就未成年人犯罪特点、趋势、成因和预防等举办讲座，并与师生座谈交流，效果十分明显。此外，郊区法院还召开被判缓刑人员思想汇报会，听取他们的近期表现和思想汇报，了解思想动态，针对性开展帮教活动，取得良好的社会效果。未成年被判缓人员无一重新犯罪。

2008 年 12 月 6 日，郊区法院举行未成年缓刑人员回访帮教座谈会。会上，17 名未成年缓刑人员及其家属作了思想汇报。市中级人民法院、区教委、区妇联、区司法局、团区委等有关方面的负责人参加了这次会议。汇报会上，法官们重审了缓刑执行的有关规定以及违反规定所要承担的法律责任。区法院的法官及有关部门的专家设身处地的剖析了未成年人犯罪的原因和后果，情真意切地告诫他们认真反思、真心悔过，认罪服判，做一个“学法、知法、守法”的公民。希望他们珍惜这次改过自新的机会，从我做起，从小事做起，从现在做起，树立信心，“浪子回头金不换”，做一个对社会有贡献的人。

未成年缓刑人员回访帮教座谈会

是年9月9日，郊区法院未成年人案件综合审判庭在开庭审理一宗放火、盗窃案件时，首次采用“圆桌审判”模式，以圆形的审判桌取代传统审判法庭的那种对抗式控辩格局，平行的座椅取代了昔日高高的法栏，法官、人民陪审员、公诉人、辩护人围桌而坐，在温馨与严肃并重的氛围中完成了审判活动。这是区法院未成年人案件综合审判庭首次对未成年被告人试行“圆桌”式审判。

2009年，郊区法院与郊区教委、郊区妇联、共青团委郊区委员会，共同建立未成年人法制教育基地，进一步完善“圆桌审判”方式，寓教于审，审教并重，建立帮教档案，坚持回访制度，延伸审判触角，较好地履行了人民法院感化、教育、挽救未成年人罪犯的职责。全年审结未成年人刑事犯罪案件9件，其中，绑架犯罪1件，抢劫犯罪6件，盗窃犯罪案件1件，其他1件。

2010年，郊区法院采取“模拟法庭”形式，到学校开展普法教育。4月28日，在郊区荫营二中校园，由中学生组成的模拟法庭，“开庭审理”一起未成年刑事案件。十点整，随着法槌的敲下，中学生身着法官袍，端坐审判台，两旁的“检察官”“律师”唇枪舌剑，法律程序与人民法院庭审现场完全相同，该校1000余名师生观看了此次庭审。庭审结束后，郊区法院未成年人案件审判庭法官就庭审过程做了点评，就庭审中有关法律知识进行了讲解，参加模拟庭审的郊区教委、郊区少工委、郊区妇儿工委均给予高度评价和充分肯定。

同年11月11日，郊区法院举行“未成年人刑事案件社会调查员”聘书发放仪式，来自区团委、政法委、司法局、人大代表、政协委员、教师和其他社会各界的22名社会调查员，被聘为“调查员”，并正式上岗，未成年人刑事案件社会调查员制度正式实施，这是郊区法院在新形势下，做好社会管理创新，对未成年人刑事案件实行的一项制度。社会调查员在开庭审理前，对未成年被告人背景情况进行调查，全面、客观、公正反映未成年被告人的生活环境和成长轨迹，出庭接受控辩双方质证。社会调查员制度的实施，有利于法院分析未成年被告人犯罪的主、客观原因，为依法处理未成年刑事案件，教育、感化、挽救未成年被告人，提供重要依据。经法庭核实的社会调查报告内容，作为对未成年被告人量刑的酌定情节，装入审判卷宗和未成年人犯罪档案，作为庭审教育、判后帮教的依据之一。这一做法，对教育、感化、挽救未成年被告人，具有积极的作用。

本年度，郊区法院未成年人案件综合审判庭受市妇联邀请，深入市交通职业学校、郊区育才学校，采用模拟法庭、法制讲座、劳教学员现身说法等形式，送法进校园，传讲“安全经”。运用真实的案例，告诫未成年学生面对不法侵害，如何自我防范，提高学生法治意识、防范意识及自我保护能力，收到了良好效果。学校纷纷表示，感谢郊区法院的这次送法进校园活动，他们要借此次活动的东风，进一步提高学生的法治素养，铸牢校园安全的防火墙。

2013 年，牢固树立责任意识，重点突出全程帮教，妥善处置涉少案件。坚持教育、挽救、感化的方针，在所有立审执环节均贯彻维权理念，落实维权措施。积极探索“建立接触点、发现闪光点、寻找感化点、激发共鸣点、确定帮教点”的庭审教育方式，特别注重发挥刑事案件社会调查员和人民陪审员的作用，刑事案件社会调查员的调查率和人民陪审员的参审率均达 100%。庭审中，继续推行“圆桌审判”方式，寓教于审，审教并重，在关爱中实现帮教。共处理涉少刑事案件 5 件。

2014 年，郊区法院牢固树立责任意识，妥善处置涉少案件。坚持教育、感化、挽救的方针，积极采取“圆桌审判”等行之有效的方式，将庭审过程变成人民法院和社会各界，对未成年被告人心理的干预过程，在充分温和、关怀的庭审现场实现帮助教育的目的。同时认真落实未成年人刑事案件档案限制公开制度，最大限度保护他们的隐私，为他们的成长创造有利条件。此外，定期对未成年刑事犯罪人进行回访，鼓励他们汲取教训，遵纪守法，重新做人。全年共审结未成年人犯罪案件 7 件 10 人。

2015 年 5 月 8 日，郊区法院为使青少年从小养成遵纪守法的良好习惯，提高依法防范和自我保护的能力，未成年人案件综合审判庭王慧清庭长到河底村中心小学，为该校 2000 余名学生及 50 余名老师讲授法制课。王慧清庭长结合审判实践，分析了青少年违法犯罪的现状、原因及预防办法，辅以发生在校园里的真实案例，向师生们讲述法律知识，特别是对学生如何避免不法侵害，进行了专门辅导，受到广大师生们一致好评。此外，为加大法制宣传和司法公开工作力度，让青少年更加直观地了解法律，增强法律意识，有效预防和减少犯罪，10 月份，郊区法院开展“法庭开放日”活动，邀请郊区职业中学 24 名学生走进法庭，近距离接触法官，感受法院，取得良好效果。

第七章 执 行

执行工作是司法工作的最后一个环节，是法院审判工作的最终体现，不仅关系到当事人合法权益是否得到保护，更重要的是关系到国家司法权威的尊严和统一。“执行难”是群众一直反映较为强烈的热点问题，克服“执行难”是人民法院的一项主要任务。

1975年2月，郊区法院成立至执行局成立前夕，案件执行均由办案庭干警承担，审执不分。

1979年，郊区法院共判决40件，其中，服从法院判决的案件9件，执行7件，未执行2件。上诉至阳泉中院的31件，中院维持原判10件，撤诉2件，改判3件，发回更审2件，未审结案件18件。在阳泉中院二审终审判决的13件中，3件未执行。

1982年，依法坚决执行民事和刑事附带民事的案件，是加强社会主义法制的一个重要方面。郊区法院因审判人员较少，未设执行员，执行工作由法警陈福顺兼任，全年执结案件72件。其中，强制执行16件。其时，正值改革开放初期，少数当事人无视法律尊严，拒不执行人民法院裁判，有的当事人甚至对执行员和办案人员采取谩骂、恐吓的手段，阻止生效裁定的执行，给执行工作带来很大困难。对此，郊区法院一方面加强思想教育，取得有关单位支持，另一方面依法强制执行，确保生效判决和裁定的严肃性和权威性。是年，为严肃执法，保障生效判决顺利执行，对拒不执行法院判决的郊区三郊公社三都大队社员段连章给予警告，慑于法律的威严，段连章当即接受了执行通知。是为郊区法院历史上第一例强制执行案件。

1985年，应执行案件69件，实际执行58件，占87%。

1986年6月25日，郊区法院根据每年需执行民事、经济案件200余件，辖区大、情况复杂、有些案件不能一次性执行完毕，以及外地法院委托和行政裁决案件申请执行数量日益增多的实际，各类案件执行情况，以“阳郊法〔1986〕发字第4号”文件，向阳泉中院呈报《关于设立执行庭的请示报告》。

1987年，阳泉市郊区汉河沟煤矿职工马玉德、马来锁，因阻碍审判人员执行公务，并诽谤诬陷办案法官，被郊区法院司法拘留15天。9月26日，郊区法院办案人员前往汉河沟煤矿，对赵志云（女）诉马玉德离婚一案采取财产保全措施，马来锁属案外人，不仅多次干预清点工作，且不听办案法官劝阻，拒不退出保全场合。当事人赵志云指责马来锁的非法行为时，马玉锁当场用拳头将赵打倒在地，并进行殴打，甚至当众大喊大叫，诽谤诬陷审判人员。马玉德、马来锁的行为，严重侵犯了公民人身权利，妨碍了执行工作正常进行，故被处以司法拘留，是为郊区法院首例因当事人和案外人妨碍案件执行，被处以司法拘留的案例。

1988年，郊区法院生效裁定和判决“执行难”问题更加突出，甚至出现围攻殴打法院执法人员的恶劣事件。是年9月7日，郊区法院五名干警，在西南舁乡咀子上村执行一起调解离婚后小孩抚养案件时遭到不法人员围打。

附录：组织力量，抓紧执行工作

（阳泉市郊区人民法院《简报》〔1988〕第18期）

执行工作进行的及时与否，直接关系到当事人合法权益能否得到切实的保护。郊区人民法院针对案件执行难的特点，组织力量。对需要执行的案件时行分析研究，对每一案件制定具体的措施。在执行人员少，任务大的情况下，突击一星期，使长期以来的12件疑难案全部执行完毕，取得了显著成效，他们的做法是：

一、对被申请执行人，进行法制教育，做好思想疏导工作的前下，说服其自觉执行。义东沟村杨文璋，杨文璟诉杨文珍赔偿，通路纠纷一案，一九八七年郊区人民法院判决后，被告杨文珍以自己房屋未修好为借口，拒不将其拆除的门楼、院墙修复，执行人员与村干部对其进行耐心细致的思想疏导工作，促使其从大局出发，终于使其提高认识，自觉执行。

二、对拒不执行生效的裁判的，依法强制执行。义东沟村民刘润田诉樊杰赔偿一案，经郊区人民法院判决后，被告不服。上诉至中级人民法院经二审，双方达成协议，调解送达后，上诉人又拒绝执行，多次传唤仍拒不到庭，郊区人民法院执行组对此请院长批准，果断依法对其财产予以扣押，终使其于第三天将所欠400元赔偿费交出。

三、对暂无偿还能力的债务人，根据实际情况，促使其提供担保人，制订执行计划，分期执行。张家洼张柏珍诉大固庄金光芹欠款一案，金光芹为运输专业户，因购买拖车欠张柏珍4600元，因其经营不善而无偿还能力，在执行中，根据其实际情况，让双方协商，被执行人制订出分三次执行的计划，三天内即筹集1000元交付申诉执行人，其余款由被执行人岳父担保，保证本年终全部付清。

四、对行政机关裁决的案件，在吃透案情的基础上，会同行政机关及时执行。郊区防疫站裁决处理的阳泉市第一钢铁厂违反食品卫生法，因食油引起153人食物中毒一案。郊区防疫站依法对该厂给予单位罚款3000元。直接责任者罚款30元的行政处罚。裁决后，被执行人既未向人民法院起诉也不履行裁决。裁决生效并移交案卷，申请强制执行后，郊区人民法院执行组一面了解案情，一面做被执行人的工作，并会同郊区防疫站工作人员深入被执行人单位宣传法律及不自觉履行裁决的法律后果，使得被执行人当日就将上述款项汇到郊区人民法院，使此案得以执行。

1988年8月8日

1989年，郊区法院坚持审判和执行相结合原则，力求做到简易案件生效一件执行一件，重大疑难案件抓紧执行，全年审结各类案件493件，其中，民事254件，经济案239件。执行331件，其中，民事案215件，经济案116件，执行率67%。

1990年，郊区法院集中力量，突出民事生效案件的执行。为此，该院于2月上旬，从维护稳定、解决群众最关心、审判人员最头痛的“执行难”问题入手，拟定了“一结合三确定”工作方案，“一结合”：即弘扬法威、强制执行和思想疏导相结合。“三确定”：即一定领导，由副院长赵维田带队把关；二定人员，组织专门队伍，充实执行力量；三定任务，以法律文书生效后一年以上尚未执行的案件为突出破口，从2月中旬至3月中旬，在短短一个月时间内，执行民事案件16件。其中，说服当事人自动履行10件，强制执行6件，包括1件长达五年之久和数件十余次难以执行的案件得到解决，依法维护了公民和法人的合法权益。全年执行各类案件210件，其中，调解案执行率达90%，执行率达85%，分别比上年度提高了5%和4%。

1991年，郊区法院进一步加大执行力度。2月5日，在郊区土地局、郊区辛兴乡人民政府和辛兴乡派出所配合下，依法强制拆除了西上庄村白计文违法占地修筑的房屋。对阻挠执行、妨害公务的白计红、荆艾祥，依法处以司法拘留15天，白小婵经批准教育后承认了错误，责令其写出检查，免予司法拘留。8月16日～24日，强制执行了李富兰诉赵桃福离婚案财产归还判决。

1992年，郊区法院从3月21日至26日开展执行会战，为确保会战取得实效，该院一是确定执行重点，对判决或裁定生效一年以上的18件“老大难”经济、民事、行政案件，提起执行程序。二是广泛宣传，会战展开后，该院出动宣传车在13个乡镇，宣传民事、经济法律法规，在郊区广播电台和《郊区报》上进行专题宣传，同时在工作中就案讲法，运用多种宣传手段，大造会战声势。三是集中优势警力参与执行会战，为确保突破第一批执行积案，扭转“执行难”局面，该院从各庭室统一抽调力量，组织专门执行队伍，由院领导亲自部署会战，指挥执行会战。四是精心组织，对纳入会战范围的旧存积案，进行分类调查摸底，在充分掌握被执行人的实际履行能力后，开展针对性政策攻心，在疏导教育基础上，促进被执行人自动履行义务；对有能力又拒不履行生效法律文书确定的义务，则依法采取强制措施。3月26日，因被执行人郑某有能力而又拒不履行偿还欠款义务，郊区法院依法查封了郑某的“义井饭庄”；义井乡小河村被执行人张某，对法院下达的限期拆除违法建筑置若罔闻，其16.83平方米的超宅基地违章建筑，被依法强制拆除；另一名被执行人张某，经耐心细致的思想工作，慑于法律的威严，对自己的违法建筑自行拆除，并主动履行了处罚决定。本次执行会战，共有18件老大难积案得到执行。

1993年，郊区法院在执行工作中，坚持疏导执行与强制执行相结合，以疏导执行为主；依法执行与维护稳定相结合，以维护稳定为主；执行法律标准与和解执行相结合，以法律标准为主；扶持企业发展与执行法律文书相结合，以扶持企业发展为主；自审自执与配合执行相结合，以自审自执为主；随审随执与突出执行相结合，以随审随执为主，组织专门队伍异地执行与请求司法协助执行相结合，以专门队伍执行为主。同时，坚持审执并重方针，制定执行一条龙工作责任制，案件执行完毕方视为结案，并将其纳入责任制考核范围和量化指标。全年受理各类执行案件283件，实际执行202件，执行率71.4%。其中，受理行政申请执行案20件，执行18件，执行率90%；受理民事主体申请执行案件25件，执行22件，执行率88%；受理经济执行案件237件，执行161件，执行率67.9%。执行总标的651.5万元，没有发生一件因执行工作引起的群体性上访、告诉事件，实现了执行工作法律标准、经济效益和社会效果的统一。

1994年，郊区法院执行工作一是注重随审随执，办一案执行一案；二是集中时间，集中人力，继续开展强化执行会战，对“钉子户”，依法予以强制执行，由于执行措施得力，执行率比上年度提高16%。

1995年，郊区法院执行工作重点，主要是围绕清理欠款开展，同时加大案件执行和经济审判服务企业、服务社会、服务中心工作的力度，执结了一批难度较大的跨省清欠案件，为全区清回欠款2000千余万元。

1996年，郊区法院随着受理审结的案件不断增多，执行任务愈来愈重，加之部门保护主义、地方保护主义和其他方面干扰严重，“执行难”成为影响社会稳定的重要因素，成为人民法院面临的必须下大力气解决的突出问题。为此，郊区法院一是运用法律手段解决“执行难”，在执行中不畏权、不畏钱、只唯法，不唯上、不唯书、只唯实，坚持有法必依，执法必严，全年受理强制执行案件753件，执行705件，执行率93.6%，先后采取各种强制措施4200余次，拘留32名拒不执行生效法律文书和妨害执行公务的当事人。二是认真总结经验，进一步提高执行能力和执行效力，要求执行干警心理上树立一个“勇”字，克服一个“怕”字；行动前强调一个“快”字，克服一个“缓”字；行动中强调一个“智”字，克服一个“莽”字；纪律上强调一个“严”字，克服一个“松”字。三是执行工作始终坚持讲法律、讲文明、讲规范、讲道理、讲方式方法、讲执法艺术，杜绝蛮干莽撞和简单粗暴。在河南沁阳，依法逮捕了非法冻结账户资金的某银行办事处主任陈某；在河北保定，逮捕了非法转移被查封财产的某设计院领导；在山西太谷县，拘留了逃匿债务的当事人王某，通过这一系列执行措施，既体现了执法的规范严肃，又保质保量完成了执行任务。四是在执法过程中，始终保持公正、廉洁的工作作风，营造了清正廉明、风正气畅的良好司法氛围，树立了阳泉市郊区人民法院公正执法的良好形象。

1997年，郊区法院执行工作，一是开展形势教育，树立全力为经济建设服务的观念，变畏难情绪为开拓进取；二是开展公仆教育，树立全心全意为人民服务的观念，变怕围攻殴打为敢于碰硬；三是开展法制教育，树立全新执法观念，变死板教条为灵活机动，使“善于执法树形象，敢于执法树法威”成为执行干警的自觉行动。在此基础上，郊区人民法院制定一系列强有力的措施，加强执行工作：一是充分发挥全体干警的战斗力，开展“比干劲，比作风，比实绩”竞赛活动。二是加强领导，院、庭均有一名领导专管执行工作。三是分别情况，区别对待，用足法律手段，对有执行能力又拒不执行生效法律文书的当事人，对阻碍、妨害执行案件的人员，依法采取强制措施；对无履行能力的当事人，令其提供担保，采取分期支付方式，迅速履行义务。四是灵活机动，注重工作方法，既敢于执法，又善于执法，既讲文明，也讲法律，既讲规范，也讲艺术，加强对被执行当事人的思想疏导，防止矛盾激化。全年受理各类执行案件987件，已执行926件，执行标的16046.11万元，执行率达到94%，采取查封、冻结等各种强制措施6750余次，拘留52名拒不执行生效法律文书和妨害执行公务的当事人，同时在荫营路及城镇建设中，根据郊区区委和郊区政府安排，清除“难缠户”81户，排除妨害干扰21件35人，协助土地、计生等行政部门执行案件26件，较好地完成了执行任务。

1998年，郊区法院针对执行工作出现的新问题、新特点，进一步充实执行力量，把久执无果的大案难案作为执行重点，采取强有力的措施依法执行。一是对历年来已经审结但由于种种原因，没有执行的案件，逐类逐项分类排队，造册登记，做到心中有数。二是充分发挥专职干警作用，集中精干警力，对难点、焦点对象，分别不同情况强制执行。三是加强领导，依法用足法律手段。四是开展认真细致的思想疏导，注重方式方法，强化执行效果，促进了执行工作开展。从10份开始，该院开展集中清理执行积案行动，先后召开执行大会二次，在本地执行案件67件，标的210万元，有68件68人写了执行保证书，达成和解执行协议的34件，标的400万元，对28名拒不执行生效法律文书，妨害民事诉讼活动的被执行人实施拘留，全年受理执行案件711件，标的17300万元，执行449件，标的15300万元，采取查封、冻结、扣押、划拨等强制措施965余次，执行率为63.15%。执行工作取得突破性进展。

1999年，郊区法院执行案件448件，标的1800万元，执行率76%。在具体工作中，针对执行案件增多、执结难度加大等特点，结合最高人民法院在全国法院系统开展“执行年”活动，该院召开专题会议进行研究，结合实际，制订了《开展“执行年”活动实施方案》：一是认真贯彻执行中央11号文件精神，加大宣传力度，采取街头宣传、有线广播、板报评展等形式，借助新闻媒体覆盖面大、辐射力强的特点，大力宣传执行工作的重要意义，使中央关于开展“执行年”活动的精神家喻户晓、人人皆知。二是坚持集中大会战和小规模行动相结合，个案执行与整体推进相结合，长期执行与短期会战相结合，面上执行与点上突击相结合，分组执行与分片清理相结合等方式方法，在人力、物力、财力等方面向执行工作倾斜。三是对不同当事人，采取不同策略，不搞一刀切。对特困企业采取“放水养鱼”的办法；对小型特困企业和确有困难的个人，采取“休养生息”的办法；对有能力而拒不执行生效法律文书的被执行人，采取“下网捕鱼”的办法；对一般当事人，思想疏导在前，强制执行在后，采取“先礼后兵”的办法。全年采取查封、冻结、扣押、划拨等强制措施3200余次，召开执行大会2次，发出执行传票5000余份，拘留拒不履行生效法律文书的被执行人25人，有效地扭转了执行工作被动局面。

2000年，郊区法院针对执行案件多、执行任务重、执行人员少等问题，继续认真贯彻执行中央“〔1999〕11号”文件，采取分组办案、分片负责、集中传唤、个案突击、整体推进等措施，进一步强化执行工作。“分组办案”，即根据执行庭干警的业务素质和其他客观情况，分成“四个办案小组”，各自分别负责几个乡镇的执行案件，在办案的同时，对某个区域的当事人集中传唤，有利于合理安排车辆、警力。“个案突击”，即对个别经传唤后拒不到庭，且拒不履行法定义务的被执行人，集中警力突击执行，该拘传的拘传，该拘留的拘留，该扣押的扣押，该查封的查封，用足法律手段。与此同时，在案件执行过程中，执行法官注重经验积累，讲究执行方法和执行艺术，讲文明、讲规范、讲道理、讲方法，使“敢于执法树形象，善于执法树法威”成为干警的自觉行动。是年，全院开展大规模执行会战1次，小规模执行行动20余次，执结疑难案件120余件，发放执行传票1200余件，采取强制措施860余次，拘留拒不执行生效法律文书的当事人70余名。全年受理执行案件453件，执行301件，标的537万元，执行率为66%，其中，执结历年积案141件。

2001年，郊区法院进一步强化执行机制，针对执行旧案积压多、执行新案数量不断增加的情况，将执行庭一分为二，成立两个“执行组”，每组配备8名人员，调配两台警车，负责人配备手机等，在装备上优先充实执行一线。4月中旬，在阳泉市电台、电视台、报社等新闻媒体，播放召开执行大会的公告，营造强大的执行舆论，扩大了执行会战的影响力和威慑力，其间，先后召开两次执行大会，集中传唤执行5次，对35名有能力拒不履行的当事人，依法予以司法拘留或罚款，对46名债务人进行公开曝光，在强大的政策、舆论、法律和思想工作攻势下，41名被执行人，自动履行了执行义务，21名被执行人，向法院递交了限期还款保证书，并提供了相应的担保，l6案的双方当事人，达成了执行和解协议书，执行大会战实现了预期目标。除此之外，郊区法院还从一批标的达60余万元以上的重大执行案件入手，推行被执行人财产申报、审计制度，在发现部分被执行人采用转移财产等方式逃避执行后，该院执行法官采取强制措施，使案件得以圆满执结。本年度，郊区法院根据群众举报，集中警力，夜间突击行动，拘留了14名逃匿数年的被执行人，依法强制其履行了法律义务。同时注重执行方法与社会效果的统一，对确有困难、无力偿付债务的被执行人，采取“执行第三人，分期分批支付，放水养鱼”等办法，使其不至于因偿还债务而濒临倒闭，既稳定了企业职工的情绪，也取得了双方当事人满意的法律效果。全年受理执行案件555件，执结213件，并执结历年来形成的执行积案111件。

2002年，郊区法院执行工作一是全面加强领导，进一步充实力量，执行人员包括法警，占全院干警的1/3，使全院立案、审判、执行三大块干警配置更加科学均衡，实现了“三驾马车”并驾齐驱的局面，“大执行”格局初步形成。二是层层分解执行任务，将执行案件分解到执行干警头上，逐月公布执行情况，按照工作实绩，对执行干警进行考核，并与评先、晋级挂钩，形成了团结协作共创执行佳绩、你追我赶、攻克执行难关的良好氛围。三是采取有效措施，用足法律手段，确保执行效果，继续实行被执行人财产申报、审计制度和举报奖励制度，采取“集中传唤、个案出击、分片清理”等措施，集中传唤6次，召集260余名被执行人开会释法，敦促其自觉履行法定义务，并将一批逃、躲、藏被执行人作为重点，利用双休日、节假日，执行干警主动出击，依法解决了一批影响大、难度大的执行个案，对耍赖皮、耍手腕的被执行人，依法用足法律手段，对其强制执行，全年对50余名有执行能力又拒不执行生效法律文书的被执行人实施司法拘留，采取查封、扣划、冻结、扣押等强制措施1200余次，使140余件陈年积案，得到圆满解决。全年受理执行案件630件，执结507件，执行率80%。

2003年，强化执行制度建设，继续深入开展执行会战。1月份，郊区法院即利用节前有利时机，把“三费”案件作为执行会战重点，将执行人员按照区域，划分为三个执行组，采取集中传唤执行、分片个案清理办法，立足一个“勤”字，坚持一个“细”字，讲究一个“和”字。在具体执行工作中，一是对执行体制进行改革，创建良好执行机制，按照上级法院指示，根据执行工作统一领导、统一管理、统一协调要求，紧紧结合郊区法院实际，在郊区人大支持下，于是年3月份，成立执行局，执行局下设两个庭室，装备3台警车，配备16名干警，执行干警占全院干警总数的22%，执行工作由此变成全市法院上下联动，人力资源合理配置，执行力量和快速反应能力明显加强的执行新机制，减少了执行阻力，为攻服执行难问题开辟了广阔空间。二是注重制度建设，先后制订《执行案件流程管理暂行办法》《采取财产强制措施的暂行规定》《执行局执行听证暂行办法》以及《执行局内部管理制度》等规章制度，形成了较为系统、规范的执行工作管理机制。三是敢于执法，用足一切法律手段，开创执行工作新局面，对64名拒不履行生效法律文书的当事人进行公开曝光，有21名被执行人，迫于社会及舆论压力，主动履行了法律文书确定的义务。同时采取个案突击、集中传唤措施，把一些被执行人长期外逃、社会影响大的执行案件作为重点，在获悉被执行人下落和被执行财产状况后，组织精兵强将，利用早、晚及双休日等有利时机果断出击，依法强化执行。四是改进办案作风，不断总结经验，提高执行能力，对有执行诚意而无执行能力的被执行人，采取“放水养鱼”的办法，暂缓或分期执行，以扶持企业生产和发展；对生活确有困难的被执行人，中止执行，让其休养生息，有能力偿付时，恢复执行；对有可能引发不安定后果的执行案件，多做思想疏导工作，化解矛盾纠纷，注重社会效果。在执行山底村个别村民妨碍道路建设一案中，该院执行干警分析案情、制定方案，执行时讲文明、讲规范、讲法律、讲艺术，不仅使该案得以妥善解决，而且还执结了山底村另外两起长期申诉的执行案件。在执行张金龙诉张风瑞、郊区联谊经济发展公司交通事故赔偿一案时，郊区法院结合被执行人确实没有履行能力这一实际，在大量认真细致的思想疏导工作基础上，被执行人履行了最大限度的执行案款。本年度，郊区法院先后召开数次执行大会，发放执行传票654份，集中传唤26次，其间，有51名被执行人，主动履行了执行义务，131名被执行人提供了担保，写出限期还款保证书，35案的双方当事人，签订了执行和解协议。全年共受理执行案件711件，执结各类案件578件，执结标的1200余万元，执结率达81%。

2004年，郊区法院不断加大执行工作力度，一方面，建立健全统一、协调的执行管理机制，以进一步提高执行效率。另一方面，大胆适用提级执行、交叉执行、委托执行和执行异议审查听证、债权凭证等措施，继续实行被执行人财产申报、委托审计和举报奖励，及公告督促、公开拍卖、限期执行等方法，全年对有履行能力而拒不执行的当事人依法采取查封、冻结、扣划、搜查等强制措施187件（次），拘留拒不履行生效法律文书的当事人10名，使31件陈年积案得以解决。全年受理执行案件627件，执结556件，标的达826万元，执结率89%。收、结案数分别比上年提高18.4%和17.5%。

2005年，郊区法院受理执行案件584件，执结538件，执结率为92%，执结创下新高。其中协调执行案件32件，和解执行案件123件，有力推动了“法治郊区”建设步伐。本年度，该院一是强化执法队伍，规范执法行为，创新执行机制，建立了以执行局为龙头，实行统一管理、统一协调的执行工作新机制，组建了五个执行大队。一、二大队专管旧案、积案的执行。三、四、五大队负责执行本年度受理的新案件。有效避免了“旧案未执行，新案变积案”现象。二是坚持内部交叉执行和外部协调执行相结合，强制执行和执行和解相结合，采取执行情况通报、执行听证和强化申请执行人举证责任等措施，收到明显效果。本年度，因拒不履行法律义务，被处以司法拘留的有30多（人）次，采取查封、拍卖等强制措施100余次，对拒不协助法院执行的单位和个人予以相应的处罚。三是建立健全规章制度，制订了《执行案件流程管理暂行办法》《采取财产强制措施的暂行规定》《执行局内部管理制度》。四是加强执行工作物资装备，投资40万元，为法院执行局配备了执行车辆和电脑等警用装备。

2006年，郊区法院以"一点""二度""三强化""六准"工作法，深入开展执行积案清理活动。"一点"，即准确把握执行工作难点，对未结案件逐案清理、登记造册，对清理出来的积案，逐案分类析因，对重点案件限时包案，集中力量执行。"二度"，即严把执行程序关，增强执行工作透明度、提高当事人满意度。为此，该院制定《执行案件流程管理办法（试行）》，对5个流程阶段、11个工作节点作了制度规定，加强重点环节监控，增强执行过程透明度。"三强化"，即强化执行机制、强化内部管理、强化执行措施，实现法律效果与社会效果的统一。"六准"，即矛盾焦点找准，阻力来源看准，突破点选准，有利、不利因素分析准，意外情况估计得准，强制措施用得准。8月份，经郊区法院执行局干警不懈努力，"李成明、李爱寿摩托车肇事致刘丽萍颅脑损伤而成植物人的赔偿案件"执行完毕，原告刘志彬与被告李成明、李爱寿，经执行局干警多次调解，达成赔偿协议，二李一次性给付刘志彬123490元人民币结案。全年受理255件，执结234件，执结率95%。

2007年，郊区法院参与全国法院执行案件信息管理系统建设，大力推进执行威慑机制建设，坚持内部交叉执行和外部协调执行相结合，强制执行和执行和解相结合，注重执行工作社会效果与法律效果的统一。对涉及民生的案件，优先立案、优先执行、优先分配、优先支付，特别是将执行小标的案件和执行积案作为工作重点，严格依照法定程序开展工作，使执行工作做到公正、公开、规范、文明，以程序合法，保证执行实体公正。同时认真贯彻执行山西省高院关于《执行九项制度》，全面强化执行裁判权和执行实施权之间的制约、监督，实行裁判权和执行实施权分离，推行执行情况通报制度，严格落实扣押查封物品拍卖及分配公示等规章制度，进一步完善拍卖委托抽签制度和执行听证制度，确保执行工作各个环节公开、公正、规范。在此基础上，坚持以思想工作为主导、强制执行为后盾的工作方法，注重文明用语，重视做好被执行人思想疏导工作，消除当事人对法院执行工作的误解，解决执行工作中群众反映强烈的问题。全年执结案件639件，执行到位总标的5200多万元。

2008年4月21日，郊区法院执行局举行揭幕仪式。左为阳泉中院时任院长冯少勇，中为阳泉市委政法委时任书记陈继光，右为郊区法院院长冯晋明。

2008年初，经阳泉市郊区区委、区政府研究决定，郊区人民法院正式成立执行局，确定为正科级机构，郊区法院的执行机制建设上了一个新台阶，执行工作更加规范，内部运作机制更加合理。4 月 21 日，郊区法院审判法庭综合大楼改扩建落成暨郊区法院执行局正式挂牌仪式隆重举行。仪式由郊区法院副院长任怀金主持，山西省高级人民法院计财处处长梁爱珍，中共阳泉市委常委、政法委书记陈继光，阳泉中院院长冯少勇，常务副院长王志德，郊区区委书记赵峰，郊区人大主任王梦贺，郊区政协主席要宜为，区委常委，政法委书记王如生和郊区法院原院长李保来，法院院长冯晋明，共同为审判庭综合大楼剪彩。陈继光、冯少勇为“郊区法院执行局”揭牌，郊区法院全体干警，社会各界 200 余人参加了剪彩及执行局挂牌揭牌仪式。是年，该院执行工作对涉及民生的案件，给予优先立案、优先执行、优先分配、优先支付。11 月，根据上级统一安排，进行清理执行积案活动，形成了党委领导、人大监督、政府支持、政法委协调、人民法院主办、社会各界配合的执行工作新格局。本年度，通过“归口管理、分片执行、注重和解”等方式，执结 235 件旧案、积案、难案，占应执旧案的 75%。全年受理执行案件 807 件（含旧存），结案 603 件，行政案件结案率为 100%，执行到位总标的 8000 多万元。

2009 年，郊区法院以开展集中清理执行积案活动为契机，认真落实中共郊区委政法委、区人大、区政府和有关部门共同参与的执行工作联席会议制度，进一步完善“批量调查”“四查一告知”等制度，摸排出执行积案 487 件，其中，有财产可供执行的 349 件，无财产执行的 138 件，约占全市法院系统执行积案数 60% 左右。对此，该院认真坚持“定方案，定执行员，定执行期限，定执行措施，定包案领导”的“五定方针”，采取联合执行、集中执行、听证执行、交叉执行、疏导执行等方法，加大媒体曝光、督办执行力度，共执行积案 420 件，标的达 4500 万元，圆满完成了集中清理执行积案活动的任务。同时对申请执行的案件，注重执行和解，执行案件结案率达到 87%。如在处理尹汝洲等 163 人与阳泉市腾达实业总公司解除劳动合同经济补偿案时，积极采取各种措施，163 名职工在 2007 年 10 月份，领到 102 万元的补偿款。

2010 年，进一步加大执行力度，推进执行长效机制建设。坚持强制执行与和解执行相结合，用足用活法律手段，大力化解执行难问题。全年受理执行案件 492 件，执结 389 件，执结率为 79%，正常执限内执结率达 89%。

2011 年，以创建“无执行积案先进法院”为契机，进一步完善执行联动威慑、快速反应等长效机制，特别是对涉及赡养费、抚养费、医疗费用、人身损害赔偿以及追索劳动报酬等严重影响当事人生活、生产的执行案件，坚持特事特办的原则，做到了快速了解案情、快速指派执行人员、快速拟定预案、快速采取措施，尽可能简化执行程序，减少中间环节。共执结此类案件 54 件，标的达 283 万元。同时切实加大执行信息管理规范化建设，将执行案件的信息全部按规定录入管理系统。全年受理执行案件 416 件，执结 375 件，执结率为 90.1%，执行到位资金达 2528 万元。

2012 年，创新执行工作方法，采取集中执行、交叉执行、“放水养鱼”等措施，在努力提高执行和解率基础上，将强制措施作为保障手段，对涉及赡养费、抚养费、医疗费用、人身损害赔偿及追索劳动报酬等严重影响当事人生活、生产的执行案件，坚持特事特办原则，做到快速了解案情、快速指派执行人员、快速拟定执行预案、快速采取执行措施，尽可能简化执行程序、减少中间环节，确保申请执行人的合法权益得到实现。是年5月，郊区法院召开执行工作会议，专题研究了解决执行难等问题。执行局全体干警、各业务庭庭长、法警队队长参加了这次会议。会上通报了全市审判质效会议精神，学习了《最高人民法院关于执行权合理配置和科学运行的若干规定》等上级文件。冯晋明院长强调：一是要强化审限意识；二是要强化统计意识，司法报表与外网一致，两个出口一致；三是要强化质量意识，确保案件质量。全年受理执行案件284件，执结270件，标的达1亿多元，实际到位9200余万元。

2013年，高度关注民生案件的执行工作，坚持特事特办、以人为本原则，把做好当事人思想工作放在执行工作第一位，把促使当事人执行和解作为第一选择，严格遵循执行规律，最大限度争取当事人及案外人，对执行工作的理解和支持。同时对具有偿还能力又拒不履行生效法律文书给付义务的企业、自然人，依法采取强制措施，全年共强制执行22次，司法拘留8人，成功执结了荫营镇东落菇堰耐火厂拖欠职工工资案等一批老大难执行案件。全年受理执行案件212件，执结202件，标的达7000多万元，实际到位达6400余万元。

2014年，该院进一步强化执行措施，全面创新执行工作方法，努力实现胜诉当事人权益，进一步提高执行和解率，同时把强制措施作为保障手段，对5案7人采取司法拘留措施，8案6人被纳入《执行失信名单》后，有4人主动到该院履行了法律义务。4月8日上午，郊区荫营镇上烟村村民葛新平的爱人李小果，将一面写有“一身正气，两袖清风；秉公执法，情系百姓”的锦旗，赠送给郊区法院执行局，感谢执行干警在华伦公司早已停产，负责人失联、执行难度较大的情况下，将自己诉华伦陶瓷工伤赔偿案件中的80万元赔偿款执行到位。

2015年，该院进一步完善执行联动威慑、快速反应等长效机制，特别是对涉及赡养费、抚养费、医疗费用、人身损害赔偿以及外来民工追索劳动报酬等严重影响当事人生活、生产的执行案件，坚持特事特办的原则，做到了快速了解案情、快速指派执行人员、快速拟定预案、快速采取措施，尽可能简化执行程序、减少中间环节。

2015 年行政案件类型

序号	类型	城区	盂县	左权公安局	小计
1	交通、治安类	6 件	7 件	1 件	14 件
2	劳动保障类	14 件	3 件		17 件
3	住房保障、城建规划、宅基地类	10 件	4 件		14 件
4	工商、税务、食药类	3 件	1 件		4 件
5	行政赔偿	2 件	2 件		4 件
6	林地、土地使用权		1 件		1 件
7	民政、文体及其他	2 件	2 件		4 件
8	物价局	1 件			1 件
9	非诉执行				21 件
合计		38 件	20 件		58 件

2007–2015 年各类执行案件结案情况

年份	刑事	民事	行政非诉审查与执行	司法协助	其他
2007	1	213	24		42
2008	7	131	257		18
2009	5	430	43		169
2010	10	346	5		28
2011	4	297			83
2012	7	262			1
2013	5	191	5		1
2014	3	193	1		89
2015	3	294	2		9
总计	45	2357	337		440

附 1：马玉德、马来锁因妨害民事诉讼被司法拘留

汉河沟煤矿职工马玉德、马来锁因妨害民事诉讼阻碍司法工作人员执行公务，诽谤、诬陷司法办案人员被郊区人民法院依法给予司法拘留。

九月二十六日，郊区人民法院民事审判庭办案人员前往汉河沟煤矿对原告赵志云诉被告马玉德离婚一案进行调查取证，对财产进行清点。马来锁未经获准多次干预清点财产，办案人员解释规劝，其拒不退场，被赵志云辱骂，马玉德当即用拳将赵击倒在地。办案人员对马玉德进行阻止和严厉批评。办案人员责令马来锁退出现场。其后，马玉德继续殴打赵志云，被办案人员强行制止。

在行至矿部途中，马来锁当众大喊大叫，诽谤、诬陷办案人员，在群众中造成很大影响。

对马玉德、马来锁妨害民事诉讼，阻碍司法工作人员执行职务，诽谤、诬陷司法工作人员的行为，郊区人民法院根据《中华人民共和国民事诉讼法（试行）》第 77 条第四、五项，第 78 条第二、三款，第 79 条之规定，依法给予司法拘留 15 天。

（阳泉市郊区人民法院《法院工作》1987 年第 9 期）

附 2：法院干警在寿阳县执行公务遭殴打围困

关于郊区人民法院干警在寿阳县执行公务遭殴打围困的情况报告

七月十九日，郊区人民法院干警在寿阳县依法执行公务，遭到了县公安局刑警队和当事人串通一气的殴打、围攻，多名干警被致伤，被围困的时间长达九小时之久，执行公务被迫停止，现将情况报告如下：

郊区人民法院在审理建设银行阳泉市郊区支行诉阳泉市第二人民医院劳动服务公司货款、合同纠纷中，裁定对在寿阳县永丰汽车修理厂维修的二院服务公司的尼桑面包车采取保全措施，七月十六日由郊区人民法院审判员梁德广、书记员王志宏等到永丰修理厂下达裁定文书和扣押令，将已修好的汽车扣押。该厂经理兰吉玉以二院服务公司未交修理费为由拒绝在送达证上签字，还无理要让当地法院出面担保才能扣押，否则不让出厂，致使裁定和扣押令难以执行。于是我们干警口头裁定，就地查封该车，责令其保管，不得毁损、变卖和隐匿，当即将口头裁定记入笔录，但兰吉玉拒绝签字，在此情况下，梁德广等干警到了寿阳县法院请求给予协助，先后找了办公室分管院长、执行庭、经济庭，均表示没有办法，最终没有给予协助，干警们只好返回阳泉。

郊区人民法院领导在听取了干警的汇报后，针对兰吉玉的态度问题研究决定，首先耐心教育，如果仍继续阻挠执行，应予以拘留，当即由院长侯艾签发拘留决定书。七月十九日，

由副院长赵维田和经济庭庭长魏仕琪带队一行九名干警于下午四时到达寿阳县城，为顺利开展工作，赵副院长到县法院联系请求给予协助，其余干警由魏仕琪庭长带领到了永丰汽修厂，经查验，被16日依法查封的汽车四个轮胎、方向盘、车门、车座一玻璃全部拆掉隐匿，见状，魏仕琪同志便对其违法行为进行了批评，并责令当即恢复原状，还向兰阐明所扣押的这辆车的修复费郊区人民法院负责在此解决。（走前干警已带去2000元现金）。至于二院服务公司以前修车的修理费与本案无关，可以通过另一渠道解决。兰吉玉不仅无视对他们的训诫，强词夺理，胡搅蛮缠，拍桌瞪眼，声称：法院如果交不出所有的修理费休想把车扣押，并要求工人围攻警车把住大门，在执行受到严重阻挠的情况下，魏仕琪同志下达拘留命令，当即拘留兰吉玉，兰被拘留后，事态稍有好转，工作逐渐后退，但这时兰的小舅子刘尚武和兰的次子再次煽动工人围攻，带领工人手持改锥、榔头向我干警逼近，大肆辱骂郊区人民法院干警，刘手持大改锥向我干警捅来，一名干警一躲，正好捅在二院服务公司司机朱二宝身上，下腹被捅伤，我们依法拘留了刘尚武，兰的次子趁乱驾驶天津大发冲出厂外。

为请求寿阳县法院给予协助的赵维田副院长和书记员王志宏等人正向县法院张副院长请求，要求提供帮助配合我们执行，王志宏发现兰吉玉的次子驾驶汽车驶入法院。兰的次子下车后将正和赵副院长谈话的张副院长叫出说了几句话，本来不愿给提供协助的张副院长态度更加冷淡，一再表示不以协助，最后冷冷地说：你们自己去看看吧。

在修理厂，魏仕琪同志和干警一面劝解工人们不要参与此事，一面对被拘留人耐心地进行批评教育，宣讲法律，兰吉玉经过教育，认识到自己的错误，一再请求给他改正的机会，当即示意自己的长子安排工人赶快将违法拆卸的汽车恢复原状。要求围攻工人赶快离开，回去干活。经过做工作，一部分工人开始安装汽车，其余的也回到了各自的工作岗位，厂里秩序已平稳，恢复正常。魏仕琪同志根据兰吉玉的认识态度，决定宣布解除拘留，正准备下令让干警给兰卸铐之时，突然从厂西边的后门闯进十余名身穿裤衩背心，手持警棍的人来，这时已平静的厂里乱了起来，工人们放下活跑出来，这十几个人一进来就把我们的干警和警车团团包围起来，其中还有一个人举着相机对准干警和警车拍照。另一人（后来才知道是该县公安局刑警队队长）一边高喊："你们非法抓人"，一边要求看郊区人民法院干警的证件和拘留证，正要下警车的魏仕琪同志向其简要说明情况，并出示了拘留决定的执行公务证，该队长看了一下说："这是甚球的拘留证，我们要多少有多少，你们是非法抓人！"根据他们的言行，当时在车下的干警翟希相应地请他们也出示证件，这个队长说："老子是刑警队的，从来没有什么证件，寿阳这个地面上谁不认得我！"在这种情况下，干警商广万和翟希告诫他们说："你们既无工作证又无身份证，我们不明白你们的确实身份，我们有证件，在此执行公务，不管是谁，只要妨害我们执行公务，一样把你们拘留"。话音刚落，一个身穿兰裤衩白背心的自称是副队长的冲过来大骂"他妈的，你敢拘留我们的队长，给我打！把大门打开，让外面的群众进来都打！"大门一开，百十号人涌了进来，乱成一团，此时厂里围观起哄的群众多达二、三百人，叫骂声、喊打声不绝，局势失控。这时先从西边后门进来的十几个武警队员乘势带头冲击警车，警车外面的干警翟希、商广万二人阻止他们，遭到了这伙人的毒打。干警翟希被一个自称是指导员的人，两手卡住脖子，一边还有人将其胳膊压在警车上，在其胸部两肋猛击数拳，被打倒在地，一个刑警队员甩着手铐向商广万头上砸去，在忍无可忍的情况下，为了保住安全，商广万抽出电击催泪枪。刑警队长卡住商的手腕，催泪枪朝天击发。刑警队员们在商广万和翟希身上拳打脚踢，兰吉玉次子夹在刑警队中间大喊“狠狠地打阳泉家的王八蛋、大混蛋！”翟希同志从地下爬起来，严正警告他们：“如果事情发展下去，会产生严重后果，你们要负全部责任”。但无济于事，为避免殴打郊区人民法院干警，干警们全挤进了警车，刑警队员继续冲击警车，有的用拳砸车，有的敲玻璃，还有些不明身份的人叫骂起哄，干警在警车内被围困的水泄不通，不能下车，事态仍有广大之势。

这时，一个穿公安警服的人从人群中过来，拨开刑警队，到了警车旁向魏仕琪同志介绍说：“我是省公安厅的，这局势应控制控制，都是搞政法的，这样干影响不好”。他还建议说是否回办公室你们协商一下。魏仕琪同志回答说：“早已协商过，但解决不了的，我们法院依法执行公务，没想到公安部门竟这样用武力进行干扰，打我们的人冲击我们，我们没有办法”。省公安厅的同志招呼着魏仕琪同志下车到办公室。并将刑警队的负责人也叫到厂办公室，刑警队的人一进门就指着我们骂“你们非法抓人，你们非法抓你，我们就是要干扰！”魏仕琪同志只好走出办公室上了警车，这时检察院两名同志已在车上，检察院的同志建议到检察院协商解决，魏仕琪同志表示同意，检察院的同志一方面劝阻刑警队不要打骂我们的干警，并向他们建议到机关协商解决问题，另一方面积极疏散围观群众工作，要围观者赶快离开现场，局势暂出现平缓，我警车司机发动汽车，因厂内人多，开了警报器，刑警队的司机冲过去在司机脸上重重打了两巴掌，骂道：“滚开，还开什么警报”。我方司机被赶回车后面，由刑警队司机驾驶，押着郊区人民法院干警向公检法大院开去。刑警队其他人乘着他们的车也到了大院。检察院同志提出暂将被拘留的兰吉玉、刘尚武由检察院看管为妥。而刑警队的负责人坚决不让，非由他们看管不可，最后由刑警队员将其带走，郊区人民法院干警缓缓从警车上下来，陆续向检察办公楼走，刑警队又围过来一阵臭骂。当干警商广万和翟希下来时，刑警队员在队长、指导员的带领下再次冲过去，对着他俩又是一阵拳打脚踢，一个穿黑衣服的刑警队员指头翟希说：“不要让他上楼，把他交给群众处理处理”。兰的次子也开着车子横冲直撞地驶进大院，这时公检法大院里又涌进五、六百围观者，整个大院又是一片混乱，武警队正、副队长和指导员轮番着闯进郊区人民法院干警在的办公室内大肆谩骂，不时地被检察院的邹同志赶出去。刑警队员和兰的次子在大院里疯狂叫骂“阳泉家的大混蛋、王八蛋，快打阳泉家！”

为了平息事端，赵维田副院长和县法院副院长、检察院副检察长进行协商和研究，在此期间，魏仕琪同志被叫过去，他向县法院的两副院长和县检察院两副检察长如实介绍了郊区人民法院的办案经过，和依法采取强制措施的情况以及郊区人民法院干警被寿阳县公安局刑警队殴打围攻的整个起因和发展过程，中间法院一位副院长走到刑警队中间嘀咕两句，刑警队把矛头指向魏仕琪，又开始叫骂，并冲进办公室继续进行围攻闹事。当魏仕琪一出门，被一刑警队员野蛮地推出一丈多远，干警被围困在屋内。谁也不敢出门，谁出去谁挨打，书记员王志宏刚一出门就被兰吉玉的二小抓住，胸部击了两拳，小腹部踢了一脚。

赵副院长和魏庭长看到干警疲惫不堪，为了从长计议，暂缓局势，也鉴于兰吉玉和刘尚武在拘留后认识态度好，确有悔改表现，决定解除拘留，可是，当时在刑警队屋子里的兰、刘二人态度来了个大转弯，在给卸铐时，兰吉玉对魏仕琪同志说："我现在也不知道我犯的是什么法，你们无理把我铐起来"。赵副院长给刘尚武开铐，当刘举过双手开了一个铐子时，一个刑警队员骂刘尚武："没有骨气！"刘尚武一听，把手收回，剩下另一只铐子不让松，就跑到刑警队另一个房子里。

当郊区人民法院院长侯艾同志闻讯后，立即和市公安局丁处长于下午八时许迅即赶到寿阳县，我们的干警仍被围困着，一些人继续冲击郊区人民法院干警，不明身份的人叫骂，围观的人越来越多，秩序越来越乱，刑警队提出院长 表态，同时承认刑警队是去为法院解围的。我们干警从下午五点到晚上十一点半整整六个小时被围困的检察院的办公室内，饭没吃一口，水没进一滴，室温高，空气浊，为了同志们的健康和安全，也为尽快平息事端，侯院长对刑警队在场和现场围观的人员，作了原则性的讲话。经市公安局丁处长同县公检法领导多次协商，直至次日凌晨二时，寿阳县委副书记到现场看望了大家并让公安局派车护送我们走出县城。

在这一殴打围攻事件中，郊区人民法院警车和"212"车的三个车牌被撬，电击催泪枪被抢去，司机朱二宝身上的120元现金和行车证在围困中被人掏去，手铐被拿走，现有两名干警被致伤住院治疗。

以上是郊区人民法院干警在寿阳县执行公务被殴打、围攻的真实情况，事情的发生不仅在寿阳，而且在我们阳泉市及郊区都造成很大影响，几天来，我们的干警情绪低沉，直接影响到郊区人民法院工作的正常进行。

我们感到当事人拒不执行判决或者裁定，甚至采用暴力时行殴打司法人员，妨害执行公务，对我们法院干警来说可以说是司空见惯，不乏其例，但是刑警队采用暴力手段殴打、围困法院干警，干扰妨害执行公务，围困他们长达九小时之久，在新中国的司法史上确属罕见，特别是在当前整顿执法队伍期间，寿阳县公安局刑警队却在此开了先例。

我们中肯地请求上级领导机关组成联合调查组，对我们的报告中所反映的事实进行全面、周详的调查核实，作出严肃的处理决定。

特此报告

一九九一年七月二十二日

附3：关于史永明、任宝贵修建厕所纠纷一案审执情况的报告

原告史永明在一九九四年七月七日经村委会同意，镇土地办批准，在其大门外修厕所。因在开工时任宝贵干涉，于同年十月三十一日向郊区人民法院起诉，郊区人民法院组成合议庭，对此案时行审理。

审理期间，因被告任宝贵到处托人说情，为慎重起见，郊区人民法院三位院长到现场进行了察看（这样做还是建院以来第一次），又请阳泉市建筑设计院对修建地的距离、高差是否会给被告造成妨害作出了鉴定，认为："原告在此修建厕所不会对被告造成不良影响"。据此意见，经合议庭合议后作出判决，准许原告以镇批准的厕所位置及尺寸，按鉴定意见要求建厕。

下判决被告不服，提起上诉，中院以"〔1995〕阳民终字第39号"作出终审判决，除维持原判外，加判决上诉人建厕所位置在已放线处向西移1米，向北推1米。

郊区人民法院接到二审判决后，于一九九五年九月十四日会同村领导、镇土地办、原批建人到场，并通知双方当事人到场重新划定范围（当通知被告时任宝贵家中无人），在按市中级人民法院的终审判决放线后，史永明即开始挑坑施工。施工期间，任宝贵来院反映史家的灰土太湿怕影响质量，郊区人民法院即令史永明换成干灰面，粪坑筑起后，为保证质量，郊区人民法院聘请阳泉市建筑工程质量监督站进行了实施核查，该站于一九九五年九月二十二日书面鉴定报告结论为：坑的检查符合判决书指出的三项质量要求，可以继续施工。并书面通知了任宝贵质量鉴定结果。在茅坑墙施工中，被告又以位移尺寸不足加以干涉，原告只好停要，并再次申请郊区人民法院监督执行。

郊区人民法院在一九九五年十月二十四日派荫营法庭庭长冯素林带六名干警前去执行，执行过程中，施彩花与丈夫任宝贵冲入执行现场进入施工厕所阻止施工，执行人员随即向院领导汇报执行受阻情况（在这期间，被告次子任怀谦赶到现场进行谩骂、干涉），郊区人民法院接到汇报，派分管民事副院长赵维田前去指挥执行，赵副院长到场后针对被告的蛮横阻挠进行解释："在执行期间不服可以提出申诉，可以反映情况，但不准干扰执行生效判决，妨碍执行公务郊区人民法院要依法追究责任"。任宝贵、任怀谦不但不听劝阻，反而扑向赵说："就是不执行，你要咋"。赵副院长说："你不让施工，我们有权对你拘留"。这时，任怀谦伸出双手让给他带铐，并说："谁敢约我带铐，我让你书记、院长摘"。赵副院长即下了拘留任宝贵、任怀谦的口头决定，法警拉他们走，任宝贵大喊"法警在打人"，走时任宝贵告施彩花说："你就站在那里，不要让他们修"。

将任宝贵、任怀谦带走后，施站在正垒的半截茅墙上指手划足，破口大骂（郊区人民法院有证据在案），赵副院长再三解释无效，在施的干扰下仍不能正常执行。为此，赵副院长宣布对施拘留，施听后扑向赵，拽住赵的衣领，赵副院长剥施拽衣服的手，施大喊"院长打

人”，在干警们掰开施拽衣服的手后，让施回法院，施即躺在堆放碎砖的地上，并朝土崖方向滚，干警们让施回法院，施抗拒不走，才由两名干警每人架一要胳膊走到车旁，让其上车，施抓住车门不上，干警将其拽上车回院，这才又开始施工。

事毕，郊区人民法院即给任怀谦所在部队去电话，随后下达了书面通知。

任怀谦所在部队领导来院要求带走人，鉴于任怀谦拒不认错，郊区人民法院未让把人带走。

对任怀谦拘留之后，被告任宝贵长子任永生从太原赶回，下午三点赶到现场，扬言谁施工砍死谁，施工再次中断。

任永生又来到郊区人民法院，表示愿意做好父母的思想工作，不再干涉施工，院领导同意他的意见，并出具手续让其到看守所做其父母工作，当日晚八时左右，任永生手持其母检查，找到赵副院长，赵副院长安排荫营庭庭长对施彩花提前解除拘留（施的检查在案，表示自己做法错误，保证今后不再干涉执行），由于任宝贵、任怀谦拒不认错，所以未对两人解除拘留，为此，任永生在看守所纠缠领导达半小时之久，晚上十一点半，任永生还往院领导家中打电话，进行诬陷、恐吓。

次日清早，分管民事副院长赵维田亲自到市中级人民法院汇报了此案执行情况和对任怀谦施行司法拘留一事，中院领导表示：只要被拘留人认错，保证今后不再干涉，可以提前解除拘留。上午九时，赵副院长派出两名干警到看守所询问时，任怀谦拒绝回答任何问题，并说：你们法院院长也无权让我回答问题；任宝贵也不认错，尽管这样，考虑到军民关系，加之部队领导多次来院，经审判委员会研究后，同意部队派人将任怀谦带回部队处理。

为进一步弄清申请人是否以所放线位置进行施工，该院赵副院长、主审员冯素林，秦建民于一九九五年十月三十一日上午，到执行现场对厕所尺寸进行了复核，市中级人民法院在事情发生后，派出中院民事审判庭庭长，协同三人于十一月一日亲自到现场察看了地形，认为郊区人民法院在此案执行当中，符合中级人民法院终审判决的主文内容，执行无误。

此案执行之后，被告任家父子上下活动，社会上一些部门也过问此事，上级领导也关心此事，为了让各级、各部门、社会各界能客观全面地了解本案与本案执行过程中的真相，特此报告。

一九九五年十月六日

第八章 审判监督

第一节 概 述

审判监督工作是确保审判工作公正、合法的重要环节，自觉接受监督则是法院严肃执法、秉公办案的重要保证。审判监督是指对人民法院审判工作的监督，对人民法院审判活动的监督由社会监督和人民法院审判监督两个方面构成。社会监督是指国家机关、社会团体、民主党派、法人和公民等对人民法院审判活动的监督；人民法院的审判监督是指各级法院院长对本院审判活动的监督、上级法院对下级法院审判活动的监督、最高人民法院对地方各级人民法院审判活动的监督。审判监督程序的意义是通过审判监督程序，可依法纠正已经发生法律效力的错误判决、裁定，有利于保证国家法律的统一，正确实施，准确有效地惩罚犯罪分子，充分体现和贯彻实事求是、有错必纠的方针。审判监督有利于加强最高人民法院对地方各级人民法院，上级人民法院对下级人民法院以及人民检察院对人民法院审判工作的监督，及时发现审判中存在的问题，改进审判工作方法和作风，提高审判人员的素质；通过审判监督程序，可以充分发挥人民群众对审判工作的监督作用。目前，除了法律所规定的审判监督外，社会监督形式主要有：中共地方党组织的领导和监督、地方人大的法律监督、政协的民主监督、监察的行政监督、纪委的纪律监督和法纪监督，以及新闻媒体的舆论监督和社会民众的监督等。

2007 年 7 月，冯晋明院长接待政协委员

阳泉市郊区人民法院的审判监督制度及审监程序，从建院伊始的 1975 年 2 月即基本确立。其时，审判监督工作一是由本院院长提起再审；二是接受中共阳泉市郊区委员会的领导和监督；三是公诉刑事案件由上级法院——阳泉中院受理，郊区法院在

成立之初，仅受理一审民事案件和自诉刑事案件。

1980 年，按照中央有关指示，郊区人民法院开展“复查旧案”工作，本着实事求是原则，对郊区法院建立之前 20 世纪 60 年代初本区范围内，在“四清运动”中判决的本人提出申诉的 24 件案件，进行全面落实，平反纠正了一批冤假错案。

同年 3 月 13 日，经中共阳泉市郊区委员会常委会讨论决定，成立中共郊区人民法院党组，院长武义祯任党组书记（“阳郊发〔88〕11 号”文件）。同日，中共郊区常委会决定，由武义祯、娄振国、韩彦秀、贾玉花、赵维田组成郊区人民法院审判委员会（“阳郊发〔88〕15 号”文件）。自此，郊区法院建立健全了从党组到审判委员会的审判工作领导和监督机制。

1982 年，郊区法院制定《干警工作岗位责任制》，要求院长“对刑事案件和重大民事案件实行认真的检查、监督。一经发现有违反审判程序制度的要及时纠正，发现确有错误并已发生法律效力的判决和裁定，要及时提交审判委员会处理”。要求审判员“认真实行公开、陪审、辩护、回避、合议、上诉审判监督等项制度”，同时要求加强申诉、再审案件的审理力度，认真做好当事人的疏导工作，申诉、再审案件结案率达到 95%。该制度对受理案件的质量、任务和指标，也做了硬性规定：即加强案件监督，每个案件做到事实清楚，证据确实充分，审理程序合法，适用法律准确，文书规范齐全，无超期案件，无冤假错案。审判监督初步实现了制度化。

1983 年，郊区法院制定《人民法庭的工作制度》，在各派出法庭建立健全民事、经济、刑事案件的收案、结案登记制度，严格案件审批，凡判决的案件，须报分管院长审批，需要时，由院长提交审判委员会讨论决定；对调解的案件，则由庭长或分管院长审批。同时规定，人民法庭须定期向院长和当地党委报告工作。

1989 年，郊区人民法院根据山西省高级人民法院“晋法研字〔89〕第 26 号”文件和阳泉中院“阳发〔1989〕第 10 号”文件《关于开展执法检查工作的实施方案》及中共郊区委、区人大《关于执法检查的工作安排意见》，对 1989 年上半年审结的案件进行认真自查，对 1980 年至 1988 年的案件进行回顾检查，在肯定成绩的同时，找出存在的问题。同时对当事人重复申诉的案件，责成专人进行认真复查，看是否存在问题，对原判确有错误的案件，按照审判监督程序及时提起再审，依法重新处理。

1994 年，郊区法院狠抓监督机制的建设，一是加强工作机制，实现了办案程序标准化、规范化。二是建立错案追究制度，确保办案过程受到全方位监督。三是建立监督机制，使群众监督党员、干警监督院领导的互相约束机制正规化、常态化，增加了审判活动的透明度，保证了依法审判的公开性、公正性。四是自觉把审判工作置于人大监督之下，聘请人大代表督查影响大的案件，认真听取意见，主动接受各级人民代表大会及常委会的监督。

1998 年，郊区法院进一步强化审判监督机制，9 月份，成立立案庭和审判监督庭，制定了《立案工作制度》和《审判监督、督察制度》，全面强化了立案审查和审判监督、督查。对本年度教育整顿工作中查出的23件上级要结果、群众反映强烈、当事人缠诉的案件，及80件缓刑案、17件改判案、5件发还重审案进行了全面复查，纠正了判罚不当的案件。

1999年，全面规范审判秩序，强化审判监督，确保审判工作公正合法。根据上级指示精神，1998年9月份，郊区法院成立立案庭和审判监督庭，并制定《立案工作制度》《审判监督、督查制度》，以进一步强化立案监督和审判监督、督查。同时狠抓审判监督，审理申诉案件24件，处理22件，及时办理了领导交办和上级督办的20件案件。另外审结刑事发还案1件。同时查阅民事、经济案件各500余件，较好地履行了审判监督职能。

2000年，审判监督工作严格遵守院制定的《审判监督、督查制度》对各业务庭所审的案件，进行了严格审查，对存在问题的案件，退回原审庭进行纠正，同时积极配合郊区人民法院和上级法院组织的各种案件活动，评查案卷达1600余件，在搞好案件评查、监督的同时，一年来接待群众来信来访320余人/次，处理上级要结果，群众反映大的案件12件，处理申诉案件25件，做到答复及时，处理果断。

2003年，郊区法院根据中共阳泉市政法委《关于在全市开展执法检查自查活动的通知》，6月1日至6月8日，组织刑庭与民一庭、民二庭与行政庭、民三庭与立案庭、河底庭与执行一庭、审判监督庭与执行二庭开展互查。在本次执法检查活动中，法院纪检组、立案庭和审判监督庭充分发挥职能作用，对各庭室的自查和互查工作进行了全面的监督检查，有力促进了执法检查和庭室自查、互查活动的开展，对庭审笔录存在的缺陷、合议庭笔录不太规范现象和案件文书质量不高等问题进行了整改。

是年，郊区法院全面强化和引深执法责任制和错案追究制落实力度，成立了以院长李保来为组长，常务副院长史先玲为副组长的工作领导组，定期组织研究全院执法责任制和错案追究制的落实情况，经常性开展对各庭室、部门落实情况的督促检查，自查各类案件1680余件，接受阳泉中院及有关上级部门检查、评查，抽查案件800余件，无一起错案，对评查中发现的问题进行了整改：一是个别干警对审判运行机制改革认识不到位，结案后不能及时赶写结案卡，案件档案移送评查也不及时；二是个别审判人员庭前准备不够充分，驾驭庭审能力不强，案件审判效率不高，庭室书记员数量少，且素质参差不齐；三是在案件质量上，有的案件案由确定不细；有的笔录制作不够规范；个别案件中止理由不够充分；个别裁判文书质量不高，有错、漏字现象；个别卷宗装订顺序不达标准。

2004年，根据上年度开展的执法责任制和错案追究制落实和深化中发现的问题，加强制度建设，于4月份，制订出台领导干部《“一岗双责”制度》，修订完善各项规章15则，进一步规范了案件审理运行机制，特别是组织有关庭室和和专人，对近年来40余件发还、改判、检察院抗诉，以及当事人申诉的案件，对照“两错”责任制和最高院《审判纪律处分办法》《违法审判处分办法》进行突击检查，没有发现因审判人员故意或过失，致使案件审判不公、定性不准、适用法律不当等问题。

2005年，一是坚持重大事项向党委请示汇报制度，在中共郊区区委领导下，开展各项审判工作。二是自觉接受区人大及其常委会的监督，主动向区人大及其常委会报告工作，积极开展人大代表联络工作，定期邀请人大代表到视察或参加庭审旁听，虚心听取人大代表的意见和建议，不断加强审判监督。三是建立健全人民陪审员制度，依法创造条件，让人民群众参与审判工作、监督审判工作，增强审判工作透明度，促进审判工作的公正和效率。四是自觉接受人民政协的民主监督、新闻媒体的新闻监督，促进审判监督常态化、规范化。

2006年，审判监督工作除主动接受人大法律监督、政协民主监督和广大人民群众的社会及舆论、媒体监督等传统审判监督外，内部审判监督主要是通过立案庭的审限监督、审判监督庭的申诉监督，对审判、执行中存在的问题及时通报，限期整改。

2007年，以案件流程管理为主导，依托审判质量与效率综合评估体系，进一步落实审判责任追究、案件质量考评、审判监督等制度，对案件从立案、审理、执行到归档进行全程管理，以全面加强审判监督机制建设，审监工作实现了从事后监督向事前监督、事中监督的延伸，对所受理的案件做到了严格要求、严格管理、严格监督，尽最大努力减少上诉、上访率和再审率。

2008年，一是进一步完善案件监督制度，严格按照审判流程管理体系要求，实现了从立案到归档的全程跟踪管理。3月份，成立案件评查组，对重点案件提前介入，庭中督导，庭后把关，从制度上确保评查人员大胆开展工作，与此同时，审判委员会坚持对评查组所做的案件质量，作出最后定性，明确评查范围和内容，统一评查标准，从而确保了案件质量。二是制订出台《案件质量实施方案》，狠抓案件质量评查工作，采用庭室互查方式，对2007年以来所审结的案件，进行了一次集中质量评查。通过对案件诉讼主体是否错误、案件定性是否错误、适用法律是否错误、引用法律条款是否具体、文书格式是否规范等问题的评查，共查出21件有问题案件，并及时予以纠正，收到了良好的效果。

2010年，紧紧围绕审判质效，不断强化审判监督管理，着力构建公正高效的审判执行工作运行机制。一是结合审判力量不足的现状，业务庭之间组成相对固定的合议庭，审理普通程序案件，有效避免临时拼凑合议庭人员带来的案件质量不高问题；二是理顺审判长、合议庭和审判委员会之间的关系，保障法官依法独立行使审判权，实现审与议、审与判的统一；三是完善审判委员会议事制度，发挥审判最高权威作用，强化审判宏观管理，统一案件裁判尺度，及时发现解决审判执行工作中出现的新情况、新问题；四是认真落实人民陪审员制度，2010年，郊区法院从社会公开招录10

名聘用制书记员，依法报请区人大常委会任命24名人民陪审员，人民陪审员参审率达48.6%，强化人民监督工作。

2011年，进一步深化“风险点防控、全过程监督、科学化追责、及时性救济”的审判精细化管理做法。一是强化事前监控，对审判执行过程容易出问题的七个风险点，进行严格审查控制，强化监督管理，努力把案件质量问题消化在裁判文书送达之前；二是坚持事后评查制度，完善案件质量评查办法，逐一对案件的程序和实体内容进行评查，进行量化考核，点名通报评查结果；三是评选年度优秀裁判文书，奖励先进，鞭策后进；实行错案质询制度，对上级法院发回重审、改判案件，由承办人向审判委员会分析原因，陈述理由，视不同情况予以处罚，审判监督得到进一步强化。

2013年，为确保案件质量，减少工作失误，杜绝枉法裁判，郊区法院制定《违法审判责任追究办法》，对确属主观故意，办金钱案、人情案、关系案的，坚决追究党纪政纪责任，构成犯罪的，依法追究刑事责任；对因业务不熟、工作失误以及因认识上的偏差，导致违法审判或出现案件质量瑕疵的，视其后果，对承办人进行批评教育，并给予一定的经济处罚，相关庭室负责人承担连带责任。通过加强审判监督管理，案件质量明显提高，案件正确率达99.85%，审判管理各项指标在全市法院系统位居前列，近年全院没有一人因违法审判受到责任追究。

2014年，郊区法院创新审判监督，认真落实公开审判制度，建立并开通了郊区人民法院网站和微博平台，审判流程公开、裁判文书公开和执行信息公开三大平台建设全面落到实处，实现了裁判文书全部上网，审判流程公开和执行信息公开，审判工作除接受传统的人大监督、检察监督和舆论监督外，网站和微博的开通，实现了及时接受社会监督和群众监督。

2015年，郊区法院强力推进司法公开。认真落实公开审判制度，除涉及国家秘密、个人隐私、商业机密、未成年人案件根据法律的规定不予公开外，全部进行了公开。三大平台建设方面，该院按照上级法院的要求完成了工作任务。全年，共在中国裁判文书网上公布各类法律文书349件。法院信息化建设方面，该院已实现了全部案件从起诉状，到证据，直至最后的判决结果，全部实现了电子化。除接受传统的人大监督、检察监督和舆论监督外，还实现了接受社会监督和群众监督。

第二节 根据政策纠复查案件

根据中国共产党在各个时期的政策，对司法审判工作中发生的偏差，包括冤假错案进行纠正，是新中国成立后到20世纪90年代后期，在当时政治、法制条件下一种重要的审判监督模式。即“自审、自判、自我纠错、自我监督”的模式，对受理不同时期刑、民事当事人的申诉，纠正不同时期因政治和司法理念产生的错误判决和裁定，以及错误的调解书，保障当事人的合法权益，发挥了很大的积极作用。许多冤假错案均是在这一纠错模式中得到平反昭雪的。

采取“自审、自判、自我纠错、自我监督”的模式，对司法审判工作中发生的偏差，包括冤假错案进行纠正，是建院初一种重要的审判监督模式。这一模式从20世纪80年代沿用至90年代后期，在长达20多年司法实践中，对受理不同时期刑、民事当事人的申诉，纠正不同时期因政治和司法理念产生的错误判决和裁定，以及错误的调解书，保障当事人的合法权益，发挥了很大的积极作用。许多冤假错案通过这一纠错模式得以平反昭雪。

20世纪70年代末、80年代初，郊区人民法院即按照中共中央“〔1978〕78号”文件、“〔1979〕96号”文件精神和阳泉中院的要求，抽调专人、设立专门机构，着手纠正新中国成立以来历次政治运动中形成的冤假错案。1979年，郊区法院即派出两名干警，参加中共郊区区委落实政策工作，协助区委平反、纠正了一批冤、假、错案，落实了中共政策，促进了安定团结政治局面的发展。

1980年，纠正冤、假、错案进行扫尾阶段，根据中央有关精神，本着实事求是和有错必纠的原则，进一步落实中共有关政策，院审委会抽出专门人员参加区委组织的纠正历史上遗留的冤、假、错案的扫尾工作，纠正了24件在“四清”运动中形成的“错案”。

1983年至1987年期间，郊区法院坚持“实事求是、有错必纠”的原则，按照中央和省委的有关文件精神，认真开展复查，纠正平反冤假错案。对1966年之前原属平定法庭管辖判处、后归郊区法院管辖的1997件116人的反革命和其他政治性案件进行了认真复查，对原判决的11件12人反革命和其他政治性案件的当事人，经审理宣告无罪，并在经济上给予了适当补偿。

一、纠正“文化大革命”期间的错误生效判决和裁定，从1978年开始，主要依据是中共中央“〔1978〕78号文件”和“〔1979〕96号文件”，按照“实事求是、有错必纠”的方针和“全错全平、部分错部分平、错多少平多少、不错不平”的原则，对1966年至1978年判处的刑事案件进行全面复查。虽然郊区人民法院成立于1975年2月，阳泉市郊区行政区划从建国初期到这个时期，发生了很大变化，故该院复查纠正这一时期的冤假错案时，按新划定的审判辖区进行，某些申诉、上访案件和按中共中央“〔1978〕78号文件”和“〔1979〕96号文件”需要全面复查的案件，均按新的审判辖区进行，比如原属盂县或平定县的案件，即从原审判区域将案卷调入郊区法院，由该院着手进行复查。但是，如果原判法院同意进行复查、纠正的案件，在原则上由原判法院进行。

二、复查右派和国民党起义投诚人员被判刑、判管制案件，根据中共中央“〔

1978〕55 号”文件，对右派和国民党起义投诚人员被判刑、判管制案件进行复查。对平反纠正的冤假错案，阳泉市郊区人民法院协同有关部门做了大量的善后工作，政治上恢复了名誉，工作和生活上得到安置。

三、中共十一届五中全会后，根据中央指示，对因刘少奇问题受株连的案件进行了复查。

如1986年，遵照中央书记处、国务院关于“十三大”召开前，把“文革”前和“文革”中，在“左”的思想指导下处理错的历史问题，实事求是纠正过来的指示，郊区人民法院对1966年前，原属平定法院管辖判处，1981年划归郊区人民法院管辖的97件116人的反革命，和其他政治性案件进行认真复查，对原判处的11件12人反革命和其他政治性案件宣告无罪。

附1：纠正反革命案件原判决书

原审被告人：李桂喜，男，29岁，汉族，文盲，本市郊区东村乡人，捕前为河底公社加工厂工人。

该李于1953年因奸淫军属被判刑一年。1960年5月31日是，本市平定法庭以犯反革命现行破坏罪判处有期徒刑7年。1962年8月8日经平定人民法院复查对原判认定的犯罪性质及量刑均作了纠正，撤销原判，改判为教育释放。经本院院长发现改判判决仍有不妥，经审判委员会研究，决定提起再审，本院依照审判监督程序之规定另行组成合议庭，对此案进行了再审。

现审理查明，根据当时国家有关政策法律规定改判为教育释放仍属不妥，院审判委员会研究决定判决如下：

1. 撤销平定县人民法院〔62〕法刑判字第6号判决书；

2. 宣告李桂喜无罪。

附2：纠正反革命案件原判决书

原审被告人周其格，男，现年74岁，汉族，富农成分，本市郊区义井乡人。

1955年平定县人民法院〔55〕特刑判字第2号特种刑事判决书以周其格犯反革命罪，判处无期徒刑、剥夺政治权利终身；1956年平定县人民法院〔56〕法刑判字第27号判决书改判为有期徒刑15年，剥夺政治权利5年；1975年平定县人民法院〔57〕法刑判字第85号刑事判决书又改判为有期徒刑3年，缓刑3年。现本院院长发现原判有错误，经审判委员会研究决定提起再审。本院依照审判监督程序之规定另行组成合议庭，对此案进行了再审。

现审理查明，被告人周其格对1954年统购统销不满，拒不交统购粮，并散布过激言词。

经本庭合议，院审判委员会研究决定认为，上述事实存在，但属思想认识问题，构不成犯罪。

现判决如下：

1. 撤销平定县人民法院〔55〕特刑判字第2号特种刑事判决书、〔56〕法刑判字第27号判决书、〔57〕法刑判字第85号刑事判决书。

2. 宣告周其格无罪。

第三节 人大及其常委会的监督

根据《中华人民共和国宪法》和《地方组织法》规定，中国各级人大及其常委会，是各级国家权力机关，也是监督机关。国家审判机关、检察机关由同级人民代表大会产生，对其负责并报告工作，受其监督。

1980年，根据阳泉市郊区五届人大三次会议文件所列指标和项目，郊区人大常委会对郊区法院进行全面考核，全院工作达到“良好”标准。

1981年8月，时任院长武义祯按照法律规定，第一次向阳泉市郊区第九届人民代表大会第五次会议作法院工作报告，该报告回顾总结了郊区人民法院从1975年2月成立，到1980年6月六年间的工作，对日后的工作安排也向人大代表作了汇报，人大代表审议并通过了武义祯院长所作的报告。

1982年4月30日，武义祯向阳泉市郊区第九届人民代表大会第六次会议作法院工作报告，并请代表审议。此后，每年均向郊区人民代表大会作工作报告，人大代表行使监督权，审议法院工作报告，就公民信访、上访至人大的案件或针对有一定影响的个案提出质询，监督人民法院行使审判权成为人大惯例，选举院长，任命副院长、庭长、副庭长、审判员、助理审判员等审判职务，成为同级人大的职能和有效的监督方式。

1985年，加强请求汇报制度，定期向区人大作工作报告和汇报工作，特别是对重大疑难案，或涉及政策执行的政治问题，及时向区人大请示，同时对党委、人大、政法委的决定，坚决贯彻执行，切实处理好独立行使审判权和接受党委领导、接受区人大监督的关系。

1986年，郊区法院认真接受人大监督，对人大代表质询的案件及时给予复查回复。是年9月3日，郊区人民政府办公室向郊区法院发出“〔1986〕阳郊政办函第3号”《关于抓紧办理区人大代表提案（意见）的函》，要求对人大代表提出质询的案件——1983年3月在义井乡大阳泉村公开审理的吴良珍诉兰玉珍地基纠纷案件的审结情况和兰玉珍未收到判决书一事进行专题汇报，该院经认真复查，以公函形式及时向郊区人大常委会作了回复。

1990年，阳泉市人大和阳泉市郊区人大常委会，多次对郊区法院工作进行监督检查。7月31日至8月15日，郊区人大常委会主任荆富、副主任赵富荣、韩进祯带队，由部分区人大代表、乡（镇）人大主席、区人大部分原先在政法战线工作的干部，区委政法委负责人、郊区公安分局、检察院、司法局负责人等21人组成的区人大执法检查组，对郊区法院刑事案件进行评查，在认真听取了郊区法院刑事审判工作和廉政建设情况报告后，分五个小组对该院1989年和1990年1至5月份一审判决的51件“加、免、缓、无、改”五类案件和几件重复申诉案件进行了重点检查，根据检查情况，各小组还深入有关乡镇进行座谈调查，征求广大群众对法院审判工作和廉政建设的意见，在综合各方面情况基础上，执法检查组对检查结果进行了讲评。

同年8月13日～14日，阳泉市人大执法检查组组长霍锦田一行六人，对郊区法院1989年和1990年1至6月份一审后提起上诉和抗诉的13件刑事案件进行检查，并主持召开30多人参加的执法检查座谈会，会议由郊区人大执法检查组成人员，郊区公、检、法、司部门负责人，阳泉公安交警支队三大队负责人等参加，座谈会对郊区法院刑事审判庭在案件多、人员少的情况下，高效率、高质量完成审判任务给予较高的评价。

1993年，中共阳泉市委和阳泉市人大常委会，责成郊区法院对由该院判决并已发生法律效力的张海涛等五被告人强奸（未遂）案进行复查。经该院复查认为：原判决认定事实和适用法律不当，郊区人民法院院长于1993年9月17日提交审判委员会讨论，决定适用审判监督程序，对该案依法另行组成合议庭提起再审。对已服刑完毕的被告人张利生、张保军、施海军予以逮捕提起再审。

1996年，郊区法院聘请13名人大代表，15名政协委员，担任廉政监督员，自觉接受人大的法律监督、政协的民主监督和人民群众的社会监督，对培育清正廉洁、克己奉公的良好职业道德和遵纪守法、规范执法的纯正风气，发挥了重要作用。

1998年，郊区法院邀请30余名人大代表、政协委员召开座谈会，主动接受人大的法律监督、政协的民主监督。与此同时，该院领导先后走访了13个乡镇的65个自然村、35个乡镇企业，倾听群众呼声，对1996年、1997年两年审结的2300件案件，进行了“回头看”，对23件群众反映强烈、当事人缠诉不休、上级督办的80件缓刑案、15件改判案、5件发还重审案件进行了重点复查，对查出的问题，采取不包庇、不回避、不隐瞒的严肃认真态度，定时、定人、定案予以及时办理。本年度，在郊区十三届人大五次会议期间，郊区法院收到代表意见、建议7件，对此，该院当即召开专题会议进行研究，责成有关人员进行办理。3月6日，对人大代表聂满金、张喜瑞、陈九来提出质疑的苇泊煤矿郭海昌、胡宪清职务侵占一案判决太轻问题，人大代表赵全提出的原告袁昌海诉被告王垅石厂承包纠纷一案中偏袒原告的问题；荫营煤矿人大代表团提出的荫营煤矿诉矿区金属公司货款纠纷一案中存在的问题；人大代表陈九来、魏恩、王汉声提出法院存在重经济案件、轻民事案件，尤其是涉及离婚和宅基地纠纷案件拖得时间长，得不到及时解决的问题；人大代表石旭提出设立义井法庭的问题，以及人大代表陈九来、任英才、张迎斌提出应加强清理呆账、提升执行回款率的问题，及时给予书面回复，同时诚恳接受了人大代表对法院工作提出的批评意见和改进建议。

2004 年，郊区法院为进一步促进法院各项工作开展，确保审判工作更好、更及时接受区人大及其常委会的法律监督，确保司法公正，把同人大代表的联络工作作为自觉接受监督的重点工程，一是高度重视，实行一把手总负责制，将人大代表的联络工作，列入重要的议事日程，院长李保来亲自抓联络，定期研究部署关于人大代表的联络工作任务，听取专门的工作汇报，并经常性地督促检查、及时解决人大代表提出的重大问题。二是以文件的形式出台专门的与人大代表联络工作的具体办法，按照上级法院要求，结合本院实际，配备专人，负责同各级人大代表的具体联络，负责办理相关的接待、征求意见，及听取代表、委员们的意见。三是坚持定期向人大党委会汇报工作，每年定期召开两次人大代表座谈会，对有重大社会影响的案件，邀请人大代表旁听庭审执行现场监督，认真听取和收集代表及委员，对庭审及执行工作的建议。四是聘请人大代表，担任法院廉政监督员，对司法公正、队伍建设等方面进行方位监督。五是主动了解和掌握辖区内人大代表的情况，做到心中有数，并通过发放“法官监督卡”，加强与代表委员们的经常性联络，自觉接受监督，争取代表和委员的理解支持，以促进法院各项工作依法开展。9 月中旬审理李秋陵诉康顺来相邻关系纠纷一案时，特邀区人大代表吕天佑、葛会林出席旁听，对审判过程进行监督。

2005 年，郊区法院一是把坚持中共郊区区委的领导与依法独立行使审判权有机结合起来，坚持在郊区区委领导下，依法履行审判职责，坚持重大事项报告制度。在审判工作中，确保区委决策和工作部署，得到全面贯彻落实，确保法院工作的正确方向。二是自觉接受人大监督，定期向人大报告工作，切实尊重人大代表依法行使监督职权，及时办理郊区人大常委会批办的案件。三是进一步密切与人大代表的联络，积极走访各级人大代表，广泛听取人大代表对法院工作的意见和建议，努力改进和完善审判和执行工作。

2007 年，郊区法院进一步增强宪法意识，认真学习《监督法》有关规定，自觉接受人大及其常委会和人大代表的监督。除每年一次人代会上报告总体工作情况外，主动邀请并认真接受人大代表、政协委员的视察和检查，主动征求意见、报告工作。同时进一步强化人大代表联络制度，积极主动向人大汇报工作，使法院工作接受人大监督经常化和制度化。全年接待人大代表亲自来访或亲笔信 60 余人 / 次，邀请人大代表视察法院工作 48 人 / 次。人大、政协和社会各界的监督支持，促进了法院各项工作健康发展。

2008 年，郊区法院进一步强化人大代表联络制度，积极主动向人大汇报工作。8

月17日，郊区人大组织部分常委和人大代表，就贯彻落实《中华人民共和国刑事诉讼法》有关情况，到郊区法院进行执法检查。执法检查组在认真听取郊区法院有关情况汇报后，与郊区法院刑事审判庭及审判监督庭法官进行了座谈。

2009年，郊区法院进一步加强同人大代表、政协委员的联系，主动接受监督。4月22日，郊区法院召开人大代表、政协委员座谈会，区人大副主任王可剑，偕部分市区人大代表、政协委员应邀参加座谈。院长冯晋明首先向人大代表、政协委员汇报法院在加强审判和执行工作、深入推进司法改革、强化队伍建设等方面的工作情况，及在今后的工作基本思路，客观分析了工作中存在的问题和不足，诚请人大代表和政协委员指导。与会的阳泉市和郊区区人大代表、政协委员，对郊区法院的工作给予高度评价，认为郊区法院始终坚持围绕中心、服务大局，积极履行审判职能，充分发挥维护稳定、保障发展、促进和谐的重要作用，为全区经济社会又好又快发展，建设富裕、文明、和谐郊区做出了重要贡献。同时，代表和委员就法院队伍建设、案件审判、案件执行、工作作风等方面的工作，提出了意见和建议。

2010年3月，郊区法院党组召开会议，专题研究代表意见和建议，就具体落实措施进行部署。党组书记、院长冯晋明要求各部门和全体干警，认真听取代表意见和建议，对照检查自己的工作，主动接受人大监督，进一步加强和改进法院工作，并结合人大代表和政协委员对郊区法院2010年工作的希望和期待，提出五项落实措施：一是围绕中心工作，服务发展大局。紧紧围绕区委中心工作，坚持政治建院，认真履行职能，深化能动司法，为开创郊区科学发展新局面提供优质的司法保障和服务。二是加大执行力度，推进执行长效机制建设。坚持强制执行与和解执行相结合，用足用活法律手段，进一步推进执行工作长效机制建设。三是深化大调解，推进多元化纠纷解决机制建设。健全组织机构，加强与司法行政部门、各乡镇的联系，形成大调解的整体合力。四是主动接受监督，推进民意沟通机制建设。全面落实审判公开制度，不断强化人大监督意识，对社会影响较大、矛盾易激化案件，主动邀请人大代表旁听庭审，加强与人大代表的经常性联系。五是坚持从严治院，进一步加强队伍作风建设，以严格执行最高法院“五个严禁”规定为抓手，加强司法能力建设，牢固树立政治意识、责任意识、学习意识，不断提高法官做群众工作和解决实际问题的能力，实现办案的政治效果、社会效果和法律效果的有机统一。

2011年，郊区法院认真倾听人大代表的意见和建议，确保案件质量，取得良好社会效果。7月28日，阳泉市人大领导到郊区法院调研刑事审判工作，就刑事审判中的相关问题进行了座谈。郊区法院院长冯晋明就区法院2009年以来的刑事审判工作，从三个方面作了汇报。阳泉市人大代表对郊区法院始终坚持宽严相济，依法惩治各类刑事犯罪，延伸审判职能，积极参与社会治安综合治理，立足案结事了，加强刑事附带民事案件调解，注重人权保护，切实体现司法文明与进步，强化审判管理，确保刑事案件质量和效率，自觉接受监督，促进刑事审判工作健康发展等方面的取得的成绩给予高度评价，对冯晋明院长的汇报给予充分肯定。各位人大常委、人大代表，就郊区法院改进和完善刑事审判工作，提出了自己的建议和意见。

2012年，郊区法院认真听取人大代表意见，积极改进审判作风。5月份，该院在郊区十七届人大二次会议期间，组织干警深入各代表团和讨论组，认真听取和征求与会人大代表的意见、建议。对冯晋明院长在会上所作的《法院工作报告》，代表们给予较高评价，一致认为，《报告》客观全面，层次分明，对2011年的工作总结得精炼、到位，实事求是不夸大；对存在的问题查找准确、深刻，不护短，不避丑，积极诚恳；对2012年工作的部署和设想，从指导思想到工作要点、目标任务写得很全面，突出要害，目标明确，充满了服务大局、司法为民的情怀。会后，郊区法院根据对人大代表对法院工作提出的改进、完善的意见和建议，一一进行了整改落实。

2012年，郊区法院为进一步提高审判人员的庭审驾驭能力和审判质量，在深入开展“庭审观摩评比”活动中，多次邀请人大代表视察和观摩。8月20日上午，在审理一起行政案件时，特别邀请部分区人大代表，观摩旁听了案件审理的全过程。在开庭审理之前，该院即将代表们视察、观摩案件的《起诉书》，以及涉及的相关法律等材料，发给参加视察、观摩的人大代表及各庭室负责人，并发放了《庭审观摩评分表》，邀请他们对法官的庭审形象、语言表达能力、驾驭庭审能力及应变能力、庭审过程是否客观公正进行打分。庭审中，人大代表和各庭室负责人一边聚精会神地关注庭审现场的每个细节，一边对照手中的《庭审观摩评分表》，严格按照庭审评查指导标准逐项给予量化评分。庭审结束后，区人大代表对此次庭审给予充分肯定，认为庭审程序得当、节奏流畅、规范严谨、庄严肃穆，彰显了法律的公正与权威，也表现出庭审法官良好的个人素质、扎实的法律知识和运用自如的驾驭庭审现场的能力。

2013年3月21日，阳泉市人大常委会副主任孙金明一行数人到郊区法院，就新修订的民事诉讼法、刑事诉讼法贯彻情况进行了调研，并与公、检、法、司的领导进行了座谈。

2014年，郊区法院在“党的群众路线教育实践活动”、“一村一警”等活动中，共邀请人大代表、政协委员召开座谈会4次，认真听取人大代表、政协委员对法院工作、特别是对法院解决干警“四风”问题的建议，与会人员就法院领导班子与队伍建设、“四风”等问题畅所欲言，对如何加强与人民群众的联系，如何公正司法、司法为民、服务大局提出了许多宝贵意见。3月21日，郊区人大副主任王可剑带队，就郊区法院开展“党的群众路线教育实践活动”进行了检查指导。3月26日至28日，在阳泉郊区第十七届人民代表大会第四次会议召开期间，郊区法院组织中层以上领导干部，分别深入全区9个代表团，就审判工作、党的群众路线教育实践活动，认真听取人大代表的意见和建议。人大代表对郊区法院坚持每年都在人代会期间，向代表征求意见和建议的做法给予充分肯定，认为这种做法“体现的是一种‘接地气’的工作习惯”，通过“法官向代表问计”，“拉近了人大代表与法官之间的心理距离”，提供了一个互相学习、互相促进、共同提高的机会，“增强了自己用法言法语写议案的能力”。9月16日下午，由郊区人大主任王梦贺带队，郊区人大常委会组织部分区人大常委会委员、区人大代表组成视察组，对郊区法院刑事审判工作进行视察，视察组听取了该院刑事审判工作情况汇报，对该院刑事审判工作给予充分肯定和高度评价，对新形势下全区刑事案件出现的新特点、郊区法院刑事审判工作面临的新问题、新困难，提出了许多合理化建议。2014年，郊区法院把与人大代表的联络工作，同“党的群众路线教育实践活动”有机结合起来，并以制度的形式固定下来，收到良好效果。

2015年，郊区法院在“学习讨论落实”活动”、专项治理及践行“三严三实”活动中，积极听取政法委、人大、政协的意见和建议。2月2日，郊区法院召开“学习讨论落实”活动第二次专题讨论会，区委第8督导组组长、区人大城环委主任侯建强及区委政法委领导到会作现场指导。4月15日上午，利用郊区召开大民代表大会的平台，该院在代表们评议“一府两院”报告期间，向人大代表们发出征求意见卡100余份，请代表们对郊区法院各项工作提出意见和建议。5月5日，中共山西省委政法委专项整治督导组在郊区督导工作，并在郊区法院召开专题会议。区委政法委及区公、检、法、司的主要领导，分别向督导组汇报了专项整治活动的开展情况。督导组领导在听取各单位的汇报后，通过详细检查专项整治工作的资料、台账，并随机与干警进行座谈，掌握了解工作进展情况，对郊区政法部门专项整治工作取得实效予以充分肯定，对下一步工作提出了具体要求。6月18日，由区人大常委会副主任王可剑、张凤英带队，20多名区人大代表深入郊区法院，就该院规范司法行为情况进行视察。区人大领导及代表在对该院平坦法庭和新审判法庭综合大楼视察后，听取了该院《关于规范司法行为的情况报告》（草稿），并对报告及法院其它方面的工作提出了意见和建议。10月20日上午，区政协召开八届二十次常委会，听取郊区法院关于民商事审判的工作情况汇报。之后，参加会议的政协常委及3名列席人员分别发言，区政协主席王如生在肯定法院工作的同时，对法院工作提出了新的期望。11月13日，阳泉中院邀请部分全国、省人大代表在平定法院巨城法庭、郊区法院河底法庭，开展人大代表“旁听观摩一次庭审或调解、考察一次基础建设情况、举行一场座谈、征求一次意见”的“人大代表法庭行”活动。

附1：阳泉市郊区人民法院关于人大代表提案的答复

区政府办公室：

郊区人民政府办公室“〔1986〕阳郊政办函第3号”文件《关于抓紧办理区人大代表提案(意见)的函》已收，经院审判委员会研究，就大阳泉村吴良珍、兰玉珍地基纠纷案件的审结情况答复如下。

一九八六年九月三日

关于大阳泉村吴良珍、兰玉珍地基纠纷案件的审理情况

1983年3月，义井乡大阳泉村吴良珍、兰玉珍因使用管理地基发生纠纷。吴良珍起诉郊区人民法院要求给予裁决。同年12月29日，由贾玉花、孙喜爱、李福组成合议庭，在大阳泉村公开审理了此案。并以(83)阳郊法民判字第86号民事判决审结。尔后，原告吴良珍不服，向阳泉市中级人民法院提起上诉。阳泉市中级人民法院于1984年6月27日以(84)法民上裁字第8号民事裁定书目审结此案认为：原判决事实不清，发还重审。

1984年11月27日，郊区人民法院依法由赵维田、陈福顺、冯素林重新组成合议庭，在大阳泉村再次公开进行审理，以下达(84)阳郊法民判字第25号民事判决书，判决主文：(一)从原先改建窑洞北山墙起至埋设的界石18.45米以内由原先管理使用；(二) 原先厕所超出18.45米部分在判决书生效后十日内拆除(由原告自拆)；(三)诉讼费五元由原先负担；(四)证人及勘验雇用人的工资27元，上被告付(在判决生效后一个月内付清)。被告兰玉珍、兰玉秀、兰玉梅不服判决，向阳泉市中级人民法院提起上诉。

1985年12月9日，市中级人民法院以“〔85〕法民上判字第36号”民事判决终审。“宅基地的所有权在农村属集体所有，无论任何人使用，均应按照国家规定的法律、政策行使权利，此案中双方当事人争执的焦点是地基使用权，即大门外以南余地的地基使用问题。在第一个买卖关系中，上诉人兰玉珍认为卖方，第三人张汝舟是买主，在所立写的买卖字契上，关于大门外余地的使用界限上写到：南至卖主余地，以界石为凭，门外西至兰鸿余地。这就说明兰玉珍在出卖房产时，地基的使用权转让给张汝舟的界限是以界石为凭的，并且其地基西至兰鸿的余地。现上诉人对此界石无法证实，仅说以原旧马棚后外墙外小道国界，此说显然与所立的买卖字据相悖，故不予认定。又以此说为前提，第三人张汝舟作为卖方，在买卖契约中写到：南至卖主余地。在此买卖关系形成之前，双方曾达成一个修建房屋的协议。由被上诉人将张的旧房改建为新窑洞，并在窑洞修起后修了厨房和厕所，此后，双方及中人又共同栽埋了界石。这说明在买卖关系未形成之前，窑及厨房、厕所均已修建完毕，此产权当时仍有第三人张汝舟400元，对于使用地基的界线，作为第一次买主的第三人张汝舟是十分清楚

的。故叫中人同场埋了界石。在买卖关系形成之后，作为卖主的张汝舟及上诉人之母张秀英又一次约中人，代笔人和买主吴良珍、袁秀英夫妻同场，以双方所埋的界石为南端，以吴所建窑洞的北山墙为北界，丈量了尺寸为18.45米并填在了吴所持买契上，当时双方均无异议。这就证明了界石是双方共同在买卖关系形成之前就已埋设的，并在契约中写到：如有户内外人等争执，有卖主一面承当。此外，对双方埋的界石和丈量尺寸，双方均是承认的。因而是有效的，而绝非上诉人所说的那样，是单方埋的界石和单方填写的尺寸，故上诉人所述所事实不符，至于上诉人所述判决以树桩为依据的，此次重审中，郊区人民法院在与界石一线上刨出了树桩并经中人辨别认定。此树桩即为当时埋界石时的依据。这就证明了当时的真实情况。上诉人以上述不能成立之由，意欲否定第三人张汝舟和被上诉人的合法买卖关系中确立的地基使用权，其理由显属不当。第三人张汝舟在诉讼开始后否认自己以前的作为（行为，原文如此，编者注）是错误的，郊区人民法院根据事实和双方实际情况所作的判决是正确的。根据《中华人民共和国民事诉讼法（试行）》第一百五十一条第一项之规定，判决如下：驳回上诉，维持原判”。

中级人民法院判决书已送达原告吴良珍，被告兰玉梅已接判。但被告兰玉珍、兰玉秀因在河北省邯郸市工作，郊区人民法院曾委托邯郸市中级人民法院代为送达，被告以“他们判的不对，我们没有时间去领”为由，坚持不到庭，故判决书无法送达。

一九八六年九月三日

附2：关于对郊区人大《评议报告》提出问题处理意见的请示报告

郊区人大常委会：

郊区人民法院审判委员会依据“阳郊人发〔1990〕第27号”《关于部分人大代表评议郊区人民法院工作情况的报告》中提出的问题，进行了反复认真的讨论，提出了郊区人民法院的处理意见，现呈上，请批复。

区人大常委会：

郊区人大常委会根据市人大常委会的安排，组织部分人大代表，从今年七月三十日开始到八月十一日，历时十三天对郊区人民法院刑事审判工作和廉政建设情况进行了评议。

通过评议，人大代表对郊区人民法院刑事审判工作的成绩和廉政建设的情况给予实事求是的肯定和估价；同时提出了审判活动中存在的问题和整改要求意见。这次评议活动对我们震动大、教育深，不仅对于郊区人民法院的执法活动具有深刻的指导意义。特别是一些老同志在评议中严肃认真、一丝不苟的工作作风，对我们严肃执法是极好的教育。我们感到人大代表评议法院工作是国家权力机关实施法律监督具体的、直接的和行之有效的监督形式。这次评议活动对郊区人民法院审判工作既是监督、指导，又是鼓励和鞭策，必将为我们全院整个工作的进展和干警素质的提高起极大的促进作用。我们衷心希望人大代表和社会各界对郊区人民法院工作给予及时的、经常性的监督指导。

为了进一步发挥审判职能作用，认真总结审判经验，在人大代表评议工作结束之后，郊区人民法院组织刑庭干警认真学习了郊区人大常委会《关于部分人大代表评议郊区人民法院工作情况的报告》，对于《报告》中提出存在的问题审判委员会进行反复的学习讨论，同时还对《报告》中未涉及到的，而我们自我评查认为仍应予以纠正的问题和审判工作不容忽视的其他问题也作了细致的分析和研究，并把问题归纳分类，确有错误的，找出了原因，提出了改进办法。需要纠正的，经研究经一定的法律程序纠正，从中接受教训；因认识不一致有争议的需要说明的情况加以说明。切实做到把整改工作落到实处。现谨就《报告》提出的主要问题的处理情况报告如下：

一、关于少教案件有重罪轻判、量刑畸轻的问题

《评议报告》指出：如郭毛小团伙盗窃案，被告4个，团伙作案，撬门挖锁盗窃10余次，价值2800元，属数额巨大，对主犯郭毛小从重处罚，判有期徒刑六年，其他三被告，虽年龄不满十八岁，有法定从轻或减轻情节，但判处郭小毛有期徒刑二年，郭慧明、赵红生判一缓二，量刑显然畸轻。

对于这一案件的判决，郊区人民法院认定的依据是这样的：

一是郭毛小单独盗窃4次，并勾结郭小毛盗窃4次，勾结郭慧明、赵红生盗窃1次。郭慧明、赵红生二人又单独盗窃1次。这是一件共同犯罪的盗窃案，不是“团伙”盗窃案。

二是在共同犯罪中，郭毛小起了主要作用系主犯，应从重处罚，其单独和共同盗窃价值2773元，属数额巨大。依据《刑法》第152条、第22条第1款，第23条之规定判处其有期徒刑六年。

三是郭小毛、郭慧明、赵红生在共同犯罪中起次要、辅助作用，系从犯，应当比照主犯从轻、减轻处罚或者免除处罚。郭小毛参与盗窃4次，价值1500元，数额较大，郭慧明、赵红生参与2次，价值均为1043元，也为数额较大；三人犯在犯罪时年龄不满十八岁，应当从轻或者减轻处罚。他们均具备两个法定从轻、减轻的条件。依据《刑法》第151条、第22条第1款、第24条、第14条、第67条第1款、第68条第2.3款之规定，从轻判处郭小毛有期徒刑二年，郭慧明、赵红生有期徒刑各一年宣告缓刑二年。

《报告》认为：王保林在集体贪污作案中利用职务之便，伙同他人（共6人）共同贪污价值17439元，王是主犯，应对全案负责，具有从重情节，依照《刑法》第155条，应判处五年以上有期徒刑。王保林无法定从轻、减轻情节，运用《刑法》59条，判处有期徒刑三年缓刑三年，显然是重罪轻判。

郊区人民法院对王保林贪污一案的判决依据是：

1．一九八七年十一月份，三郊乡韩庄村王保林以该村铸造厂厂长身份和厂会计胡东庆赴济南市天桥区劳动服务供销公司处理拒付、洽谈业务，为酬谢对方和奖赏本厂有关人员，由胡东庆出谋、王保林同意，采取双方不进账手段，将本厂21吨铸铁水管运到济南让对方销售。销售款15420元，对方的业务员赵泉、池如海各得款2680元，其余9700元由对方交于胡庆东，胡东庆和胡忠才（二人已免诉）分给王保林、胡斌来（已免诉）各2250元，胡忠才和胡东庆各得2600元。

2.一九八八年一月二十一日全国人大常委会公布了《关于惩治贪污罪贿赂罪的补充规定》，对个人、共同贪污数额及处罚和对集团首要分子以及情节严重的共同犯罪主犯按贪污总额处罚作了规定，一九八八年一月二十七日最高人民法院，最高人民检察院《关于正确执行两个“补充规定”的通知》第三条规定：对在两个“补充规定”公布实施前发生，公布实施后尚未处理或者正在处理的案件，如何适用法律的问题，依照《刑法》第9条规定的原则办理。《刑法》第9条规定：“如果当时的法律、法令、政策不认为是犯罪的，适用当时的法律、法令、政策”。如果当时的法律、法令、政策认为是犯罪的，依照本法总则第四章第八节的规定应当追诉的，按照当时的法律、法令、政策追究刑事责任。

王保林共同贪污犯罪的时间是一九八七年十一月份，符合“通知”原则，即“补充规定”公布实施前发生，公布实施后尚未或正在处理的范围。按照当时的法律、法令、政策，郊区人民法院除依据《刑法》第155条之外，还依据最高人民法院、最高人民检察院一九八五年七月八日公布的（85）高检会（研）字第3号《关于当前办理经济犯罪案件中具体应用法律的若干问题的解答》。《解答》第3条规定：“对于二人以上共同贪污的，按照个人所得数额及其在犯罪中的地位和作用，分别处罚。共同犯罪的贪污案件，特别是几个勾结的贪污案件，对主犯应当依法从重处罚。贪污犯罪集团的危害尤为严重，贪污集团的首要分子，要按集团贪污的总额处罚”。王保林是共同贪污犯的主犯，按照其个人所得数额（2250元）和犯罪的主犯地位依法给予了从重处罚，判处其三年有期徒刑，宣告缓刑三年。王保林不属于“贪污集团的首要分子”，不能按照全案贪污总额处罚，因而不应该判处五年以上有期徒刑。

通过复查我们认为判决运用59条显系不当，不应引用引条款，在五年 以下刑罚中判处是正确的。

对高国寿伤害一案，《评议报告》指出：高氏兄弟四人，因潘兆存强奸高国寿妻子一事而私设公堂，刑讯逼供，将潘伤害致死。根据《刑法》有关规定：“致人死亡的处七年以上有期徒刑”。判处高国寿有期徒刑十一年，高永寿有期徒刑八年，高万寿有期徒刑三年缓刑四年。高万寿属从犯，依据《刑法》23条，应当比照主犯从轻处罚，但不应减刑轻到缓刑。

郊区人民法院对高国寿伤害一案判决依据《刑法》第134条第2款、第22条第1款、第23条、第24条之规定，高万寿在伤害中起了次要的辅助作用，系从犯。《刑法》第24条第2款规定：“对于从犯，应当比照主犯从轻、减轻处罚或者免除处罚”。对从犯不仅有从轻处罚的规定，而且还有减轻名免除处罚的规定。据此，郊区人民法院依法减轻判处从犯高万寿有期徒刑三年，宣告缓刑四年。

二、关于个别案件中，对遗漏的罪犯，未能采取相应措施，发挥制约的职能作用的问题。

《评议报告》认为：高国寿等人伤害致死人命案件中，“长兄高长寿实际上起到了出谋划策的作用，就视为犯罪，检察院没有起诉，法院也没有发回检察院补侦，遗漏了案犯高长寿”。

郊区人民法院在审理高国寿等三人伤害一案中，因当地群众对高长寿反映强烈，故在审查证据中特别注重审查有关高长寿行为的证据。经审查在案的所有证据均不能证实“高长寿实际上起了出谋划策的作用”。难以证实其构成犯罪，（公安、检察机关没有认定）因此不能采取相应措施。

《评议报告》就王保林共同贪污一案，指出郊区人民法院没有对检察院将在犯罪中起主谋和分赃的主犯胡东庆免诉提请复议的问题。

通过学习、讨论《报告》，郊区人民法院对此案又进行了反复自查，我们感到对此案件确实应当提请复议，未提请复议是不当的，在审理此案时，郊区人民法院当时认为既然检察院免诉，作了有罪处理，也是可行的，所以也就提请复议，对此，我们应当接受批评，吸取教训。

三、关于事实不清、证据不足的问题

《评议报告》对审理翟拉德抗税一案提出如下问题：判决与事实情况、证据、时间不一致，起诉书揭露的抗税时间是八四、八五、八六年，而判决认定的抗税时间是八六年、八七年，对八四、八五年的抗税金额没有计算，并对滞纳金如何未加叙述；判决书认定的八六、八七年抗税事实没有原始凭据，仅有税务部门对个体户征税的定额征税办法的估算数字，对八四、八五年有原始凭证的反而没有作为证据使用。评议还认为翟拉德抗税 1680 元，判处免予刑事处分是不当的。

郊区人民法院判处翟拉德抗税一案的依据是：

1. 翟拉德从一九八四年从事个体运输以来一直欠税未缴，在一九八八年一月十六日税务机关下达《限期缴税通知书》后仍拒不缴纳，直到检察院立案的一九八九年六月十日才如数缴纳所抗税款 1696.86 元，另外缴欠税 552.40 元。

2. 检察机关指控和郊区人民法院判决认定的一样：翟拉德犯有抗税罪，而不是欠税、漏税问题。抗税的前提必然是欠税或漏税等行为，而欠税、漏税不一定都会导致抗税犯罪。抗税罪是指负有纳税义务的人，故意违反税收法规，公然对抗、拒不缴纳税款情节严重的行为。翟拉德具有抗税务机关下达的《限期缴税通知书》的行为，所以构成了此罪。如果税务机关没有下达“通知”，即使欠税再多，也无论欠哪一年的税，均不构成抗税罪，“通知”下达后仍抗拒不缴税，就使欠税转化为抗税。

3. 翟拉德抗税时间并不是八四、八五年，也不是八六、八七年，那都是欠税时间。抗税的准确时间是郊区人民法院判决书认定的一九八八年一月十六日至一九八九年六月十日这一接到“限缴通知”而拒不缴纳税款的时间。翟拉德构成抗税罪是有原始凭证的：其一，案卷有其欠税金额凭证；其二，案卷中有《限期缴税通知书》的复印件，金额为 1696.86 元。

4. 翟拉德虽构成抗税罪，数额较大，但情节轻微，其在检察机关立案后能如数缴纳所抗税款，并主动补缴所欠552.40元税款，如实交代自己罪行，认罪态度尚好。并无殴打、伤害税收干部和其他严重情节的抗税行为。应视为情节轻微。《刑法》第32条规定：对于犯罪情节轻微不需要判处刑罚的，可以免予刑事处分。据此我字依法对翟拉德免予刑事处分。

另外，所提滞纳金如何处置问题，我们觉得“滞纳金”处置属行政处罚，《刑法》对此没有规定，不属刑罚处置的范畴，故判决书未加叙述。

四、关于个别案件事实情况认定不准的问题

对王晓军、王贵仓盗窃一案，《评议报告》认为判决书只认定二被告盗窃个体户香烟174条，价值634元，对被告盗窃路边停放的推土机柴油180公斤，价值160元的事实（无失主证明，有二被告交代，相互引证）没有认定不妥的。

郊区人民法院对二被告人交代盗窃推土机柴油不予认定的依据是《刑事诉讼法》第35条规定：“对一切案件的判决都要重证据，重调查研究，不轻信口供。只有被告人供述，没有其他证据的，不能认定被告人有罪和处以刑罚；没有被告人供述，证据充分确实的，可以认定被告人有罪和处以刑罚”。上述情况符合这一规定（公安、检察机关没有认定，没有指控），郊区人民法院根据法律规定不予认定。

《评议报告》指出梁晓军、李鑫在抢劫犯罪后，被平坦派出所抓获，梁晓军乘民警不备，偷去钥匙打开同伙手铐逃走。在亲友规劝下归案。判决书认定自首，却漏掉了二被告被抓获归案逃走的事实情况，显然是不妥的。

二被告人被抓获归案逃跑是事实，应当在认定自首的同时，对此情节予以叙述，由于疏忽没有叙述确实不妥，我们引以为鉴，接受教训。

五、关于超越法定的办案期限的问题

《评议报告》指出李建军、张根成两伤害案和王保林贪污案均有超越法定办案期限的问题。我们所审理的刑事案不同程度地存在着上述问题，不光是评议报告指出哪几件，除王保林一案，（因王保林系非羁押被告人，不受结案期限的限制）不属超越法定办案期限外，包括报告提出的两件在内还有几件都存在这一问题。造成这些问题的主要原因是我们的法制观念不强，对于法定时限的认识不高；另外还有些实际情况，案件虽按期限已审结，但等待区里组织的集中公判，往往就超越了期限。

六、关于少数判处缓刑的考验期起止时间不符合法定计算时间的问题。

评议报告列举梁晓军案和李瑞青案，提出判处缓刑的考验期不符合法定计算时间。我们感到恐怕不只是这两件有此问题。《刑法》第68条第3款规定；“缓刑考验期限，从判决确定之日起计算”。“判决之日”究竟为何时，尚无一个有效的具体立法和司法解释。最高人民法院的司法解释仍然是这样规定：“缓刑考验期限，应从判决确定之日起计算”，有学理解释说：判决确定之日应是判决发生法律效力之日。这是比较笼统的概念，“判决发生效力”具有普遍的意义。任何一个判决的刑期都是由判决生效与否而决定的，如果判决不生效就无所谓刑期的问题。在一审判决的实际运用中，有的理解如果缓刑的考验期从判决生效之日起计算，那就是宣判后十天上诉期满的次日，确定这一期限，有的认为缓刑考验期应当以《刑法》规定的“判决确定之日”为准，而判决确定之日就是合议庭评议作出判决决定之日。总之认识不一，造成了运用也不一的情况，我们觉得国家立法机关和最高司法机关应对此有个具体明确的解释，以便统一正确使用。

七、关于判缓刑过多的问题

《评议报告》认为郊区人民法院一九八九年至一九九0年五月判处缓刑过多。并指出这期间缓刑案犯42人，占五年以下有期徒刑人数的23%，尤其对抢劫、强奸、重伤、重大盗窃、重大经济犯罪案件判处缓刑是不适当的。报告还着重提出：“有的案犯在缓刑中仍有危害社会的行为，如对戎计平犯罪团伙成员，群众称是放虎归山，敢怒而不敢管”。

郊区人民法院从一九八九年至一九九0年五月份共判处有期徒刑、宣告缓刑的案犯42名，比八九年前有些偏多，但这一期间，郊区人民法院共审结刑事案件195件302人，判决结案152件233人，宣告缓刑的分别占判决案件和人数的19%和17%。其中十八岁以下的青少年犯罪宣告缓刑的31人（少年10人），占缓刑总数的73%。

一九八九年市中级人民法院传达全国第14次法院工作会议精神，其中有对青少年犯罪适当宣告缓刑的精神，我们在审判实践中，对缓刑这一制度比较做到从严掌握，要求缓刑必须具备两个条件：一是必须是被判处拘役或者三年以下有期徒刑的犯罪分子；二是必须是确有悔罪表现，不关押也不致危害社会的犯罪分子，我们一般对交通肇事、责任事故、重婚、伤害和一般盗窃等的犯罪案件符合条件的才宣告缓刑，这些案共25件34人，占宣告缓刑的80.9%，一件抢劫案即梁晓军、李鑫一案，二被告人犯罪时不满十六岁，抢劫现金7.2元，并具有自首情节，判处徒刑宣告缓刑。依据是最高人民法院、最高人民检察院、公安部一九八四年四月二十六日公布的《关于当前办理强奸案件中具体应用法律的若干问题的解答》，其中第六条规定：“14岁以上不满16岁的男少年同不满14岁的幼女发生性行为，情节显着轻微，危害不大的，依照刑法第10条的规定，不认为是奸淫幼女罪，责成家长和学校严加管教，在办理奸淫幼女案件中出现的特殊问题，要具体分析，并总结经验，求得正确处理”。依照《解答》精神，郊区人民法院在审理时认为在一个乡里、一段时间内连续发生了三起这样的案件，社会危害性是有的，不给予一定的处罚，社会效果不好。但这三名男少年有二名是在校学生，有一名在家长的带领下自首，在决定刑罚的时候，对人们宣告了缓刑。重伤害宣告缓刑有两件，这两件的被害人均在案件中首先无故挑衅确有过错，被告人处于防卫地位致被害人重伤，依据《刑法》第59条、第67条、68条之规定，对被告人判处有期徒刑，并宣告缓刑。重大盗窃犯没有宣告缓刑，只是共同犯罪的从犯而且数额不属巨大，具备一个或者两个从轻、减轻情节的有少量宣告缓刑。

郊区人民法院今年对历年宣告缓刑的罪犯进行考察回访，迄今为止没有发现一人有新的犯罪行为。

这里需要着重说明“戎计平犯罪团伙成员”的问题。一、案犯戎计平单独犯流氓罪，另与刘俊权、葛新来并非戎计平犯罪团伙成员，是共同犯罪的共犯；二、刘、葛二犯并未被宣告缓刑，而是按照盗窃价值均被判了一年六个月的实刑，属从严惩处；三、在一年六个月刑满后，刘俊权、葛新来被执行机关依法释放，并非“放虎归山”。这两人被释放后至今没有发现有新的犯罪行为，即使有新的犯罪，那也是另外一个问题，与依法释放没有关系。

八、关于案卷笔录不规范的问题

郊区人民法院刑事案件确如评议报告指出的那样，有少数案卷庭审笔录、合议庭笔录和审判委员会记录没有详细记录，不能全面反映每个成员的合议、讨论等意见的问题。这些问题的存在直接影响到案件的质量。主要原因是部分干警工作责任性不强，业务素质较差，同时在客观上任务大、时间紧，也是原因之一，不管什么原因，这是一个较为薄弱的环节，今后应当下大力加强之，至于公安、检察机关案卷存在的一系列问题，郊区人民法院在此不宜阐述。

以上报告是我们的粗浅认识，如有不当之处，我们衷心希望和欢迎郊区人大代表对以上报告提出批评意见。以便使郊区人民法院进一步提高执法水平，充分发挥国家赋予的审判职能。

特此报告

一九九〇年十月十日

附3：关于郊区第十三届人大五次会议代表议案、意见、建议办理情况的报告

区人大常委会：

区十三届人大五次会议期间，郊区人民法院共收到代表意见、建议7件，对这些意见和建议，郊区人民法院党组十分重视，立即召开专题会议进行研究，并责成有关人员进行办理。现将办理情况报告如下：

一、关于苇泊煤矿郭海昌、胡宪清职务侵占一案。人大代表聂满金、张喜瑞、陈九来提出：法院认定二被告人侵占16.8万元，数额巨大，但只判了两年半，这是否是重罪轻判？群众意见大。

郭海昌、胡宪清侵占一案区检察院向郊区人民法院提起公诉后，郊区人民法院依法组成合议庭，公开开庭审理了此案。并于一九九六年十二月四日作出判决，分别判处郭海昌和胡宪海有期徒刑两年零六个月和两年。区十三届人大五次会议后，郊区人民法院根据代表意见立即召开审判委员会会议，决定加重二被告的刑罚，重新判处新海昌、胡宪清有期徒刑三年零六个月和二年零六个月。之后二被告不服提起上诉，市中院审理后，认为郊区人民法院量刑偏重，故改判二被告有期徒刑二年和一年零八个月。

二、关于原告袁昌海诉被告王垅石厂承包纠纷一案。人大代表赵全提出：在袁昌海与王垅石厂承包纠纷一案中，郊区法院的判决明显偏袒原告，严重损坏了集体的利益。

原告袁昌海诉被告王垅石厂承包纠纷一案。于1995年10月18日诉至郊区人民法院，

经审理查明：1995年7月26日原、被告双方鉴定了承包合同，合同规定：原告承包被告石厂，使用被告的生产设备，招收人员组织生产、销售，并负责货款的回收，自筹流动资金，自负盈亏，每月前支付被告下月工资1800元，负责上缴上级机关的各种规费。合同签订后，原告履行了合同规定的义务，并另交一万元作为1996年本合同延续的定金。但被告不但不履行合同规定义务，反而逐月超收电费，数次停电，锁闭石厂大门，致使原告不能履行合同规定的权利和义务。根据以上事实，郊区人民法院于1996年4月12日作出判决，追究了被告的违约责任。被告不服提起上诉，市中院经审理认为原审事实清楚，证据确实充分，适用法律得当，驳回了被告上诉，维持了原判。

三、关于荫营煤矿诉矿区金属公司货款纠纷一案。荫营煤矿人大代表团提出：此案被告王宝财伙同第三人王英祥转移资金45000元，妨害案件的执行。办案人拘留了王英祥，在王院长的干预下，王英祥被释放，办案人员再次请示王院长执行王英祥时，王院长阻拦不让执行。

1993年8月原告荫营煤矿与被告矿区金属公司达成口头买卖钢材协议，之后被告王宝财（矿区金属公司原经理）从原告处提取各类钢材122.11吨，计款420682元，其中：矿区金属公司收到钢材36.168吨，计款148986.1元，王宝财自行销售85.942吨，计款271695.9元，根据上述事实，郊区人民法院于1996年3月1日作出判决：被告矿区金属公司给付原告钢材款148986.1元；被告王宝财给付原告钢材款271695.9元。判决书生效后，矿区金属公司已全部履行了判决书规定的义务，但王宝财至97年5月分文没有执行。96年8月16日根据王宝财提供的线索，办案人李松青向市标件厂下达通知，通知市标件厂将其欠王宝财的个人款71056.29元付至郊区法院。但矿区金属公司会计王英祥在王宝财的授意下，将标件厂欠王宝财的货款汇至矿务局华煤公司。从中提走了王宝财欠他的40000元，为此郊区人民法院王立明院长签发了对王英祥拘留十五天的决定书，王英祥拘留期满后，即向郊区人民法院提起申诉，经复查，王宝财欠王英祥40000元是事实，王宝财同意王英祥从矿务局华煤公司提款也是事实，但王英祥在明知法院通知下达后提款时妨害郊区人民法院执行公务的行为，故对其实行拘留是正确的。但考虑到上述事实以及该案的执行主体，王院长要求加大对王宝财的执行力度，对王英祥提走的款也就不再追究了，此案现正在执行当中。

四、人大代表陈九来、魏恩、王汉声提出，法院存在重经济案件、轻民事案件，尤其是涉及离婚和宅基地纠纷案件拖得时间长，得不到及时解决的问题。

经郊区人民法院党组研究决定，从1998年开始除经济审判一庭、二庭、三庭以及行政审判庭、计划生育法庭，刑事审判庭、民事审判庭、河底、平坦、荫营三个基层人民法院和执行庭不再下达经济审判任务，专心搞好本职业务审判工作。

五、人大代表陈九来、美亮和张喜瑞提出：法院有超标收取诉讼费的问题。

对此郊区人民法郊区人民法院党组十分重视，年底对所有审结的案件进行了检查，并作了严格的规定，坚决杜绝超收诉讼费问题的发生。

六、人大代表石旭提出：义井镇地处城乡结合部，经济较为发达，人口密度较大，各类

纠纷案件呈上升趋势，为此请求成立义井法庭。

郊区人民法院认为石旭代表的建议很好，但目前条件还不成熟，我们要加倍努力，争取早日实现代表的要求。

七、人大代表陈九来、任英才、张迎斌提出：法院的工作报告中指出，96年审结经济案件680件，标的6402万元，执行回款4056万元，虽然完成了区下达的清欠任务，但还有2346万元没有执行回来。剩余款项何时收回？

原因有六：其一是执行回款数只包括为郊区企业清回的债权，不包括清理的债务；其二是有一部分属于分期给付的案件；其三是由于地方保护主义和部门保护主义的干扰，执行工作遇到阻力和困难；其四是被执行企业不景气或破产，无偿还能力，致使一些案件被迫中止或终结；其五是个别干警的政治业务水平差，工作力度跟不上；其六是郊区有些企业，在经营活动中不注重了解对方情况盲目发货和签订合同，致使一些贷款成为呆账、死账。

以上报告如有不妥，请批评指正。

阳泉市郊区人民法院

一九九八年三月十六日

第四节 再审监督

郊区人民法院经再审纠正原判决和原裁定，通常有四种情形，一是启动再审监督程序，对原判案件重新审理；二是作出一审判决后，当事人上诉至上级人民法院，由上级人民法院决定发回重审；三是当事人提起再审。为防止出现错判、错裁、错调的案件，郊区人民法院还通常采取自查、互查、抽查、评查等方式，对案件的判、裁、调进行监督。

1982年，郊区法院坚持以事实为依据，以法律为准绳原则，所审案件均做到事实清楚，证据确实，定性准确。对于依法应公开审判的41件公诉刑事案件，均依法实行公开审理，并认真实行陪审、合议、辩护等各种审判程序和制度。为总结刑事审判工作经验教训，提高办案质量，9～10月间，该院对1981年度判处的54件刑事案，全部进行逐案检查，对存在的问题，均予以及时再审纠正。

1984年，在“严打”斗争中，郊区法院注重案件质量，要求办案人员把握“两个基本区分”：区分“基本事实清楚”和“事实基本清楚”的界限，区分“基本证据充分”和“证据基本充分”的界限，审结83件刑事案件中，仅有2件上诉发还重审后改判，其中有1件为漏罪加刑。阳泉市铝矾土矿家属区发生一起入室“强奸案”，犯罪嫌疑人张某被当即抓捕归案，女方丈夫及亲朋到市委、市政法委上访，市委书记靳广杰批示“严惩罪犯”，市政法委书记乔林布约见郊区法院领导，要求对此案“快审快判”。院长孙喜爱主审，任怀金、任义牛参与审判，以强奸罪判处张某有期徒刑4年，被告不服，提起上诉，阳泉中院二审裁定“发回重审”，经办案人员深入铝矾土矿家属区明查暗访，在取得诸多证据基础上，再度开庭重审，认定张某与女方早已交往，系通奸关系，而非强奸，对张某加以训戒之后，当庭宣告无罪释放。此案经重审后改判，维护了法律的尊严，保障了人权。

1985年，对9件11人现行申诉案进行了认真的复查，经审理，以院长监督程序改判的3件5人，6件的6人维持原判。

1989年，全面落实审判责任制，进一步明确审判员、合议庭、审判庭、分管院长和审判委员会的责任和范围，正确处理合议庭和审判委员会的关系，依法、积极、稳妥扩大各议庭权限，有效发挥合议庭和审判委员会的作用，一般案件由合议庭评议，重大、疑难和合议庭意见不一致的案件，提交审判委员会研究决定，加强审判委员会的监督指导作用，一是对所有案件进行审判监督，掌握审判情况和案件平衡；二是通过重大疑难案件的讨论，指导一般案件的审理；三是配合中心工作指导审判业务；四是总结审判经验，全年审判工作在审判委员会监督指导下，合议庭评议的案件由1987年的25%，1988年的61.9%增加到81%，案件质量逐年提高。

1993年9月21日，郊区人民法院对已发生法律效力的张海涛等五被告人强奸（未遂）一案判决提起再审程序。由该院审理的被告人张海涛（18岁）、高庆波（17岁）、张利生（14岁）、张保军（14岁）、施海军（14岁）强奸（未遂）一案，于1992年11月27日以“〔1992〕法刑初判字101号”《刑事判决书》，以强奸（未遂）判处被告人张海涛有期徒刑四年，其余同案罪犯高庆波、张利生、张保军、施海军分别判处有期徒刑一年六个月、十个月和八个月。判决生效后，受害人多次向有关部门申诉，该案引起市人大和市委高度重视，责成郊区人民法院进行复查。经复查认为：原判决认定事实和适用法律不当，郊区人民法院院长于1993年9月17日提交审判委员会讨论，决定启动审判监督程序，对该案依法另行组成合议庭提起再审。对已服刑完毕的被告人张利生、张保军、施海军予以逮捕，提起再审。

1998年，为全面加强审判监督工作，使审判监督更加适应社会主义市场经济，郊区法院针对近年来审判工作中出现的问题，采取果断措施，于是年9月，设立了立案庭、审判监督庭，同时充实了执行庭，全院实现了立、审、执、监四大职能分离，制定了《立案工作制定》《审判监督、督察制度》，进一步强化了立案审查和审判监督、督查工作，审判秩序得到全面合理的科学规范，在此基础上，对本年度教育整顿工作中查出的23件上级要结果、群众反映强烈、当事人缠诉的案件，及80件缓刑案、17件改判案、5件发还重审案进行了全面复查，纠正了一些判罚不恰当的案件。

2000年，严格按照《审判监督、督查制度》，由审监庭对各业务庭所审的案件进行了严格审查，对存在问题的案件，退回原审庭进行纠正，同时积极配合本院和上级法院组织的案件评查活动，评查案卷1600余件，对上级要结果、群众意见反映强烈的12个案件，及处理申诉的25个案件，及时给予答复和解析。

2001年，对申诉案件实行申诉听证制度，有29件申诉案件及时审结。对21件区政法委和区人大要结果的案件严格审查，果断处理，较好地履行了综合治理的部门职责。

2002年，对35件申诉案件，严格实行听证制度，及时予以结案。

2003年，进一步强化执法责任制和错案追究制，全年自查各类案件1680余件，接受阳泉中院及有关上级部门检查、评查、抽查案件800余件，无一起错案。

2004年，郊区人民法院进一步规范案件质量保障机制，制定相应的措施认真加以解决。特别是郊区人民法院组织有关庭室和人员，对本年度郊区人民法院40余件发还（6件）、改判（5件）以及当事人申诉案件（29件），以及上级和区人大常委会要结果的社会影响较大的案件进行了突击检查，全年自查各类案件1600余件，庭室互查800余件，院抽查412件。

2005年12月23日，对该院1993年9月13日以贪污罪，判处有期徒刑15年的李世英贪污案通过进行再审，认为原审认定的事实虽然存在，但鉴于被告人李世英使用、支配款物的行为，发生于承包合同履行期间，对被告人李世英以贪污定罪处罚欠妥，应予纠正。依据《中华人民共和国刑事诉讼法》第一百六十二条第（二项）之规定：一、撤销“〔1993〕法刑初字”第64号《刑事判决书》；二、被告人李世英无罪。

2007年10月28日，中华人民共和国第十届全国人民代表大会常务委员会第三十次会议通过《全国人民代表大会常务委员会关于修改〈中华人民共和国民事诉讼法〉的决定》，2008年4月1日起施行。第一百七十八条对当事人提起再审作了明确规定：“当事人对已经发生法律效力的判决、裁定，认为有错误的，可以向上一级人民法院申请再审，但不停止判决、裁定的执行”。使原来只有法定的国家机关才享有的审判监督权，进一步扩大到“当事人”。

2007年申诉复查案件12件，再审立案3件，审结3件。特别是认真落实内部案件质量监督制度，加强审限跟踪督查，采取案件催办、督办由立案庭行使等多项措施，全年发放催办、督办通知书41份。对重大疑难案件、群体性纠纷、社会影响大以及党委、人大要结果的案件，院领导亲自包案，以慎之又慎、细之又细的工作作风，妥善化解纷争，特别是注重发挥审判委员会的职能作用，加大对这类案件的审查监督，不仅达到止争息诉的效果，而且使案件质量明显提高，2007年上诉率、上诉案件改判率、发还重审率较往年大幅下降。

2008年，按照审判监督程序，受理审结再审2件。

2010年，受理审结再审案件1件。

2007-2015 申诉、申请再审案件结案情况

年份	刑事	民事	行政	其他	附项	
					来信	来访
2007						
2008						
2009						
2010						
2011	1					
2012						
2013		1			267	858
2014			2		290	375
2015		1				
总计	1	2	2		557	1233

2007-2015 各类案件结案情况和再审情况一览表

年份	刑事案件			婚姻家庭继承纠纷案件		经济（合同）纠纷案件		权属侵权纠纷类民事案件	适用特别程序审理案件	行政案件		执行案件
	一审	再审	人数	一审	再审	一审	再审	一审		一审	再审	
2007	92		158	268		354	1	121	79	5		280
2008	90		145	244		514	31	139	103	8		413
2009	123		185	268		752		182	114	21		647
2010	122		175	203		643		134	32	2		389
2011	173		245	208		433	1	312	18	13		384
2012	134		213	309		312		207	43	6		270
2013	142		227	314		325		186	20	13		202
2014	170		233	250		578		178	25	22		286
2015	145		190	169	1	322		85	3	44		308
合计	1191		1771	2233	1	4233	33	1544	437	134		3185

附：关于审判工作中违宪违法情况的报告

阳郊法〔83〕第5号文件

区委、区人大常委、市中级人民法院：

接到中央〔1986〕10号文件后，我们组织全院干警进行了学习和讨论。在学习讨论中，认真对去年以来在审判工作中违宪和违法问题进行了检查。现将检查出的问题报告如下：

一、被告王维护林妨害公务案，口头宣判徒刑一年半，但书面判决二年，随后更正为一年半。

二、按刑诉法一百二十一条规定，刑事案件在口头宣判后，书面判决应在五日内送达被告，但我们有一部分超过了五天。

三、按刑诉法一百三十二条规定，当事人通过原审法院提出上诉后，原审法院应在三日内将上诉状连同案卷、证据移送上级人民法院，但我们有一部分上诉案件不能在三日内移送。

四、自受理民事案件时，仍然存在着向当事人要公社介绍信的问题。其原因主要是郊区所属公社大都未配备司法助理员，所以有的案件，本来在基层可以得到解决而不做处理推到法院。

五、按规定从去年十月开始，民事案件要按民诉法规定程序办理，有其中一些案件应按普通程序审理，但我院还是按简易程序办案。至今年五月十三日才开始按普通程序审理。

六、按民诉法八十五条规定，收到民事案件起诉状后，应在七日内确定是否立案。我院有部分案超过了七天。

七、根据人民法院组织法规定，基层人民法院根据地区人口和案件情况，设立若干人民法庭，而我院由于人员少至今未设一个法庭。

八、我院有三名审判人员还是以工代干，这是不合法的。

九、在保护人民合法权益中，有时因有的案件处理不及时，使当事人的合法权益不能得到及时保护。

根据上述违宪违法问题，我们根据实际情况提出如下改进措施：

1. 请示区委、区人大常委尽快解决人事和组织方面的问题。

2. 建立健全依法办案的各项制度和措施，保证依法办案。

3. 加强法律业务学习，弄通弄懂有关法律规定和时限，不违法办案。

4. 立即开始对部分案件运用普通程序公开审理。

一九八三年五月十六日

第五节 自我监督评查

在郊区人民法院审判监督中，经常性的开展案件评查活动，也是审判监督的一项日常工作。如1982年，该院即采取“回头看”的方法，对上年度判处的54件公诉案，进行了一次复查。根据上级的指示，检查案件的法律文书是否齐全，认定事实是否清楚，定罪是否准确，量刑是否得当等问题，逐案进行了检查。

1981年，为了总结刑事审判工作的经验教训，提高办案质量，在9、10月两月间，对本年度全院判处的54件刑事案，全部进行了逐案检查；对存在的问题，均做了及时纠正。

1990年，结合区人大、市人大执法大检查，继续进行“双百分”自我评查活动，坚持各庭自查，半年庭间互查，年终全院巡回评查。坚持开展案件自查工作。一年来办案质量进一步提高，出现各类上诉案件少、二审改判发还少、终审之后申诉少的局面。全院共上诉案27件，占总数的3%，其中刑事案上诉10件，二审维持9件，占90%；民事案上诉15件，二审维持14件，占91%，经济案上诉3件，占100%。在1990年执法评查中，郊区人民法院的案件质量受到市、区两级人大代表的表扬和高度评价。

1991年， 坚持不懈地对审判员和所办案件进行“双百分”自我评查活动。在认真总结1990年区人大、市人大执法大检查工作中肯定的成绩和存在的问题的基础上，坚持使各庭季度自查、半年庭间互查、年终全院组织巡回评查的工作经常化、制度化和规范化。以促进案件质量的提高。一年来，案件质量进一步提高，出现了各类案件上诉少、二审改判发还少，终审之后申诉少的局面。全院上诉案27件，占审结总数的3.6%，其中刑事案上诉10件，二审维持8件，占80%；民事案上诉15件，二审维持14件，占93%，经济案件上诉2件，正在二审。

郊区人民法院党组和整顿领导组根据引深整顿的指示精神，结合审判机关审判职能，确立查处重点，一是对刑事审判在1989、1990年连续两个执法检查和市、区两级人大代表评议法院工作的基础上，着重对1990年5月至1991年5月所判处的缓、免案进行认真审查；二是对久拖不决的重大、疑难民事案和当事人长期缠诉，上访老户的复查案件进行重点审查；三是在经济审判中，对每一案件从受理、立案程序、受理费的收取进行严格的审查。在重点查处阶段，刑事审判的11件22人的缓免案件，经审查，事实清楚，证据充分，定性准确，量刑适当。当事人缠诉的民事案件，经审查原判事实清楚，证据充分、处理合法，不存在违法问题。经济案件进行了认真的审查，对未收缴诉讼费的进行认真的清理登记，95%案件收回了受理费，不存在任何违法问题。

1996年，经阳泉中院进行案件评查，郊区法院民事案件合格率为99.9%，优秀率达到64%。

1998年9月，郊区人民法院设立审判监督庭。其职能主要是行使法院内部的审判监督权，对当事人提出的申诉进行审查并组织听证，对已经发生法律效力的判决书、裁定书和调解书认为确有错误的，提请院长提交审判委员会讨论，并办理再审案件。此前法院内部的审判监督工作由法院原设立的告诉申诉庭负责承担。审判监督庭成立当年，复查各类案件103件，改判17件，5件决定再审。

1999年5月，公正司法是法官的基本要求，是维护法律尊严的根本所在。对此，郊区人民法院继续延伸教育整顿工作，采取了“群众提、自己找、大家评、互相帮”的办法，以庭室为单位，围绕“四查四看四杜绝”进行揭摆查纠。郊区人民法院党组明令干警：对揭摆查纠，各庭室要态度端正，不留死角，务求实效，不走过场。为此，院、庭领导带头开展批评与自我批评，带头剖析自己，揭摆问题，全体干警积极参与，相互间查思想，看为人民服务的宗旨树的牢不牢，杜绝脱离群众，高高在上的问题；查作风，看工作态度和敬业精神好不好，杜绝“吃拿卡要”耍特权的粗暴作风；查案件，看案件质量高不高和裁判公不公，杜绝久拖不决、超期审理等违法问题；查收费，看收费标准执行严不严，杜绝违反“三统一”（统一标准、统一票据、统一财务管理）以及乱收费、乱支出问题。大家畅所欲言，敢于揭工作不足，摆思想“疵点”，议案件存在问题，特别是根据“案件质量年”活动的要求，法院先后在上年度12月份，本年度2月至5月份，对所审案件进行自查互查，在此基础上，于9月份，又进行了全面复查，共查各类案件2600多件。对查出的问题定人定案限时纠改，为扩大查找问题面，法院设置了举报箱、举报电话，与廉政监督员保持联系。院庭领导带领审判人员走访案件当事人160余人，征求意见。利用节假日、双休日，先后到13个乡镇及60余个自然村，30余个区、镇企业，倾听群众呼声，进一步改进工作作风。

2000年，审判监督工作严格遵守《审判监督、督查制度》，对各业务庭所审的案件进行严格审查，对存在问题的案件，退回原审庭室进行纠正，同时积极配合上级法院组织的各种案件评查活动，评查案卷达1600余件，处理上级要结果的案件12件，处理申诉案件25件。在搞好案件评查、监督的同时，一年来接待群众来信来访320余人/次，处理上级要结果、群众反映大的案件12件，处理申诉案件25件，做到答复及时、处理果断。

2002年，评查案件1200余件。

2003年，该院强化案件质量评查机制，通过案件质量评查及时发现案件审理中存在的各种问题和不足，促使各业务庭强化内部管理，增强质量和责任意识，从而使案件质量不断提高。一是制订案件质量评查标准，保证案件质量做到程序合法，认定事实准确，证据充分，法律文书叙述清楚，说理充分，引用法律条文准确无误，增强案件评查的可操作性。二是建立案件质量评查组织。成立由分管院长参加的案件质量评查委员会，实行评委分别包庭评查，业务庭案件质量出了问题，分管院长连带追究。三是实行常规评查。即对每月报结的案件评查后，对存在的问题通知单位限期纠正，该提起再审的就再审，立案庭加强审限监控，对到期案件的前10天，发出审限催办通知书。四是实行重点评查。针对上级法院发回，改判案件和当事人上访、信访、申诉的案件进行评查，对当事人反映案件中的问题，因案对人，按照最高人民法院违法审判责任追究办法和审判纪律处分办法，由审判监督庭和纪检组进行查处。全年自查案件1300余件，互查案件765件，评查案件426件。

2004年，为进一步落实执法责任制，提高案件质量，保证“公正执法树形象”活动的顺利进行，全院继续开展“案件评查”活动。为加强对本次评查活动的领导，院决定成立评查领导组。组长由院长李保来担任，副组长为常务副院长史先玲，成员为任怀金、李永祥、张丽华、罗小萍、蔡春喜。领导组下设办公室，主任由张丽华兼任。整个评查工作分内部自查、庭室互查和领导组抽查。评查范围为郊区法院各庭室2003年以来所审结的刑事、民商事、行政、执行案件，特别是上诉发还、改判、申诉再审、检察院抗诉以及涉法信访案件。自查活动本着以事实为依据，以法律为准绳的原则，对案件的事实、证据、程序进行审查，包括案件认定事实是否正确，证据是否确实充分，法律适用是否准确，有无违反法律程序，以及法律文书的制作是否严谨等内容。

评查工作分庭室自查、庭室间互查、领导组抽查三个阶段。

1. 庭室自查（6月14日至6月20日）。各庭室对本庭2003年以来所结案件进行自查，每一案件均要填写自查表。

2. 庭室间互查（6月21日至6月28日）。具体安排为：刑庭——民一庭；民二庭——行政庭；民三庭——民商事合议庭；河底庭——执一庭；审监庭——执二庭。各庭室应将本庭已自查的案件卷宗在6月20日下午交互查庭室，并于6月30日前将自查和互查情况报回院办，由院办负责汇总。

3. 领导组抽查（6月29日至6月30日）。对自查互查的案件进行抽样检查。抽查情况在全院范围内通报。

4. 纪检组督查贯穿于整个活动之中，对各庭室自查、互查情况进行全面监督检查。

2005年，坚持案件评查制度，全年评查案件1300余件，纠正案件存在问题32件。

2007年，注重诉后监督，强化案件质量评查。审判监督庭受理案件计3件，全部审结，并评查了当年全院的所有案件共计1033件。全年，庭室自查案件1100余件，庭室间互查案件1200件，院抽查案件430件。对在质量评查中发现存在质量问题的33件案件限期进行了整改。法院以“作风建设年，狠抓落实年”活动为载体，以中共十七大学习教育活动为契机，狠抓案件质量评查工作，出台了“案件质量实施方案”，采用庭室互查的方式，对2007年以来所审结的案件进行了一次集中的质量评查。通过对案件诉讼主体是否错误、案件定性是否错误、适用法律是否错误、引用法律条款是否具体、文书格式是否规范等问题的评查，共查出21件有问题的案件，及时组织进行了重新审查，对确有问题的案件及时给予了纠正，收到了良好效果。

2008年，继续完善案件监督制度，把好审限关、质量关和执行关。按照审判流程管理体系的要求，实现了对案件从立案直至归档的全程跟踪管理。1月7日，郊区法院召开案件质量评查工作会议，会上对2007年12月以来的案件质量评查工作进行了通报。还开展了集中清理执行积案活动。3月，成立专门的案件评查组，对重点案件提前介入，庭中督导，庭后把关，并从制度上确保评查人员大胆开展工作，同时由审判委员会对评查组所做的案件质量作出最后的定性，明确评查范围和内容，统一评查标准，从而确保了案件质量。

2009年，该院自查各类案件450余件，庭室互查1200余件，院抽查案件365件，案件优秀率达90%以上。针对案件评查出的问题，法院开展了司法问题专项治理。7月20日，郊区法院召开全院干警大会，对开展影响司法公正突出问题专项治理工作进行了动员部署。要求广大干警紧紧抓住人民群众反映强烈的司法腐败问题，以整治影响司法公正的突出问题为重点，通过揭摆问题、案件检查、调查处理违法违纪案件等活动，堵塞漏洞，建立制度，力争在较短的时间内有效解决人民群众反映强烈的突出问题，纠正执法活动中的违法违规行为，进一步纯洁政法队伍，为郊区争先发展、转型发展、安全发展、和谐发展创造和谐稳定的社会环境和公正高效的法治环境。

2011年，法院将立案审限监督、纪检执法行为监督和案件质量评查有机结合起来。在案件质量评查工作中，采取庭室自查、庭室间互查、院评查领导组抽查的办法，对案件质量进行全面评查，发现问题集中点评，全院通报，确定整改时间。全年庭室自查案件1200余件，庭室互查案件276件，院领导抽查案件84件。立案庭对案件审限进行跟踪，发放督办通知书26份。

2012年，郊区法院开展案件评查活动。是年7月，郊区法院审判监督庭组织人力物力全身心投入案件的质量评查之中，制定了评查工作方案，印制了案件质量评查表，完善了质量评查的标准。采取了庭室自查，庭室间相互检查，院评查领导组抽查的方法。评查结束后，该庭对查出的问题进行汇总疏理，写出书面案件质量评查报告，并向各庭室反馈了案件评查发现的问题，各庭室针对问题进行纠改，使评查活动圆满结束。

2014年，采取定期庭审观摩、审委会专题研讨、案件评查等诸多手段，切实强化案件质量管理，全面强化审判过程质量意识，并将确保案件质量的各项规定和要求，落实到每一个审判环节，乃至干警的心灵和作风，确保了立案、调解、审判、执行等各个案件的质量。全年上诉发还改判率比上年度同期有一定下降。

1980年人民陪审员名额分配表

单　位	名额（人）	单　位	名额（人）
西南㶥公社	3	橡胶厂	1
三郊公社	3	铸管厂	1
河底公社	3	农机厂	1
东村公社	3	工农机械厂	1
荫营公社	4	粉沫冶金厂	1
李家庄公社	3	金属结构厂	1
白泉公社	3	工农钢铁厂	1
杨家庄公社	3	汽车配件一厂	1
燕龛公社	2	搬运三队	1
义井公社	4	山铝阳矿	1
旧街公社	3	玛钢厂	1
辛兴公社	3	荫营煤矿	2
汉河沟公社	1	矾窑煤矿	1
河底硫铁矿	1	河底供销社	1
荫营硫铁矿	2	荫营供销社	1
渗水沟硫铁矿	1		
三泉硫铁矿	1		
化肥厂	1		

2012年—2015年人民陪审员陪审案件一览表

年份	刑事		婚姻家庭、继承		合同		权属、侵权及其他民事案件		行政		合计	
	件	人	件	人	件	人	件	人	件	人	件	人
2007												
2008												
2009												
2010												
2011												
2012	16	16	65	65	111	111	69	69	6	6	267	267
2013	51	51	67	67	96	96	51	51	8	8	273	273
2014	124	124	36	36	93	93	61	61	15	15	329	329
2015	108	108	180	180	77	77	9	9	63	63	437	437
合计	299	299	348	480	377	258	190	190	92	92	1306	1306

注：人民陪审员陪审案件表从2012年列入始列入司法统计报表

附：法院案件质量内部监督评查实施细则（试行）

第一章 总 则

第一条 为促进案件审判质量，进一步规范法院案件质量内部监督评查工作，总结审判经验，制订本细则。

第二条 案件质量内部监督评查是指对各类案件的程序、实体及法律文书的质量等进行的内部监督评查。

各类案件包括立案案件、一审案件、复查案件、再审案件、执行案件等。

法律文书包括判决书、裁定书、决定书、调解书、通知书，与案件相关的批复、公函、司法建议书等。

第三条 案件质量内部监督评查工作由审监庭向本院院长和审判委员会负责并报告。

第四条 审监庭除负责本院的案件质量内部监督评查工作之外，还应承担对本院的案件质量内部监督评查工作的指导、组织、协调和监督的工作。

第五条 在案件质量内部监督评查中发现的违法、违纪线索的，应及时报送本院纪检监察部门。

第六条 对案件质量的内部监督评查，通过以下渠道进行：

1.上级机关和领导的批示；

2.接待群众及案件当事人来信、来访；

3.查看微机资料、调阅案件登记；

4.庭审评议、法律文书评查；

5.案件质量评查；

6.其他方法、途径。

第二章 案件质量内部评查的范围

第七条 案件质量内部监督评查分为常规评查、重点评查和专项评查。

常规评查为每季度评查一次，是指按照工作计划，对各类生效案件的质量进行的经常性的监督评查。按各业务庭上季度结案总数的5%—10%抽取案件进行评查，有条件的法院可适当提高评查案件的比例。

专项评查，是指根据审判实践的需要，经上级法院、本院院长要求，对审判长的庭审情况、对裁判文书、对已生效的某一类或个别案件的审判质量等在指定期间内进行监督评查。

第八条 应对下列案件进行重点评查：

1.被二审改判或发回重审的案件；

2.被再审改判或发回重审的案件；

3.被提审或指令再审的案件；

4.因抗诉机关抗诉而被再审的案件；

5.其他需要重点评查的案件。

第九条 应对下列案件进行专项评查：

1.案情相似，判决结果有重大差异的案件；

2.无正当理由，超过法定审理期限未结的案件；

3.其他需要专项评查的案件。

第三章　案件质量差错的认定及责任承担

第十条 案件质量差错是指在案件办理过程中存在的程序、实体、法律文书等方面的错误。案件质量差错依其性质、过错程度、后果分为一般差错和重大差错。

第十一条　审判人员违法违纪、徇私舞弊等原因造成的错误裁判或执行人员违法违规造成错误执行，适用《人民法院审判人员违法审判责任追究办法（试行）》和《人民法院审判纪律处分办法（试行）》《人民法院执行工作纪律处分办法（试行）》的规定。审监庭应依照《人民法院审判人员违法审判责任追究办法（试行）》第二章、第三章的规定进行审查，对案件是否属于违法责任追究范围和是否构成违法责任提出建议，提交院审判委员会讨论确认。

第十二条　案件差错责任根据差错的性质、责任人员的过失程度及造成的后果分为一般差错责任和重大差错责任。

对于案件质量内部监督评查中发现的差错，审监庭应当听取被评查者及所在部门的意见。一般差错责任，由审监庭直接认定；重大差错责任，由审监庭与被评查者所在部门协商认定，意见不一致的，必要时，由本院审判委员会讨论决定。

第十三条　案件差错责任是指责任人员对于案件办理中存在的程序、实体、法律文书等方面的差错应承担的相应责任。差错责任按照《案件差错的分类及认定标准》，由直接责任人员及相关人员依过错程度承担，作为“星级创优”活动考评和“案件质量保证金”扣除的依据。

1. 程序方面存在差错　独任审理的，由独任审判员承担全部责任；合议庭审理的案件，一般差错由承办法官承担主要责任，重大差错，由审判长承担主要责任，其他合议庭成员承担次要责任；经过审判委员会讨论决定的案件，出现相关程序方面差错的，合议庭或独任审判员不承担责任，但因合议庭或独任审判员遗漏主要事实、重要证据，导致审判委员会作出错误决定的，由合议庭或独任审判员承担责任。

2. 实体方面存在差错　独任审理的，由独任审判员承担全部责任；合议庭审理的案件，可视合议庭成员的评议意见及案件的实际情况酌情分担责任；经过审判委员会讨论决定的案件，发生相关实体方面差错的，合议庭或独任审判员不承担责任，但因合议庭或独任审判员遗漏主要事实、重要证据，导致审判委员会作出错误决定的，由合议庭或独任审判员承担责任。

3. 法律文书方面存在差错　文字、语法、校对、排版等方面的差错，由承办法官、书记员承担责任；如属于文印室印刷上的差错，则由文印室负责；审判长对造成法律文书方面的差错有过错的，由审判长承担责任。

第十四条　案件因下列情形被二审或再审予以改判、发回重审的，不追究差错责任：

1. 当事人放弃或部分放弃权利主张的；

2. 对关键证据的审查认定有争议的；

3. 二审以应当并案审理为由发回重审的；

4. 有新证据的；

5. 对适用法律、法规、司法解释认识不一的；

6. 法律、法规、司法解释修订或政策调整的；

7. 其他可不追究差错责任的。

第十五条　各级法院审监庭应将案件质量内部监督评查的结果和处理意见报送本院政治部门，供政治部门考核参考，作为“星级创优”活动考评和“案件质量保证金”扣除的依据。

第四章 案件质量内部监督评查的工作制度

第十六条　案件质量内部评查工作实行反馈、听取意见制度。各级法院审监庭应及时反馈评查意见，听取被检者及其所在部门的意见。

第十七条　案件质量内部评查工作实行内部通报、讲评制度。各法院每季度应在本院通报或讲评一次评查结果。

第十八条　案件质量内部评查工作实行汇报制度。审监庭应适时向本院审判委员会汇报案件质量内部评查的情况。

第十九条　案件质量内部评查工作实行评查工作的抽查制度。中院审监庭每年至少一次有选择地对基层法院的案件质量内部评查工作的情况进行抽查，并公布抽查结果。

第二十条　案件质量内部评查工作实行工作经验交流制度。基层法院应及时总结本院案件质量内部评查工作，中院审监庭应及时推广、交流评查工作经验，指出审判工作中存在的普遍性、典型性、倾向性问题，明确下次评查的重点，提高案件质量内部评查工作的整体水平。

第二十一条　案件质量内部评查工作实行评查成果转化制度。院审监庭应积极探索，将评查报告中提出的意见、建议转化成相关的执法意见或操作规程。

第二十二条　本细则自 2006 年 2 月 1 日起试行。

第三编
政治工作和队伍建设

第一章　队伍建设

第一节　人事管理

1974 年夏天，中共阳泉市委下发文件，筹建“阳泉市郊区人民法院”。

1974 年下半年，阳泉中院派原荫营人民法庭审判员蔺贵生，前往阳泉市郊区，协助郊区区委、郊区革命委员会筹建“阳泉市郊区人民法院”。经中共郊区区委、郊区革命委员会研究决定：抽调革命委员会办事组副组长娄振国，配合阳泉中院审判员蔺贵生，负责筹建郊区人民法院；同时抽调的其他工作人员有：生产组工交办公室内勤杨珍秀（女）；政工组文教办公室干部杨芷华。稍后，调入下放干部贾玉花（女）。

1975 年 2 月，阳泉市郊区人民法院正式成立。3 月 7 日，阳泉市郊区革命委员会下发“阳郊革发〔1975〕第 11 号”文件，任命武义祯为郊区法院院长，娄振国为副院长。1975 年 5 月，武义祯正式到任。12 月 31 日，郊区区委下发“阳郊发”“〔1975〕39 号”文件，任命武义祯为郊区法院党支部书记。

1976 年，中共阳泉市郊区委员会和郊区革命委员会调任新义、赵鹏 2 名干部到郊区法院工作，任新义任办案员，赵鹏任法警。

1977 年 1 月 13 日，根据中共阳泉市委组织部“〔1980〕16 号”文件精神，中共阳泉市郊区委员会任命韩彦秀为郊区法院副院长。

1980 年 3 月，阳泉中院调赵维田到郊区法院工作，任刑事审理庭副庭长，中共郊区委员会和郊区革命委员会调 13 人充实郊区法院。

中共阳泉市郊区委员会先后下发“阳郊发〔1980〕10 号、46 号”文件：任命杨芷华为司法科副科长，李生林为刑事审判庭副庭长，孙三元为办公室副主任，赵维田任刑事审判庭副庭长。同时调入的干警有：王五宝、陈福顺、任怀金、韩慧芳、冯素林、张润旭、李福、魏仕琪、任东小（任东小，应为任东晓，原文如此，笔者注，下同）。是年，中共郊区区委组织部任命任东小、王五保为审判员，邵八锁为民事审判庭副庭长，孙喜爱为民事审判庭庭长。

1980 年 3 月 25 日，中共阳泉市郊区委员会根据 3 月 13 日会议决定，下发“阳郊发〔1980〕第 11 号”文件，任命武义祯、韩彦秀、娄振国、贾玉花为郊区人民法院党组成员。武义祯任党组书记。同日，中共郊区区委下发“阳郊人发〔1980〕第 10 号”文件，任命杨子华为郊区法院司法科副科长，李生林为刑事审判庭副庭长，孙三元为办公室副主任，赵维田任刑事审判庭副庭长。免去孙三元荫营公社党委副书记职务。

1980年4月12日，中共阳泉市郊区委员会根据3月13日会议决定，下发“阳郊发〔1980〕第15号”文件，由武义祯、娄振国、韩彦秀、贾玉花、赵维田组成郊区人民法院审判委员会。7月24日，根据“阳郊发〔1980〕第46号”文件，邵八锁任民事审判庭副庭长。任义牛于是年6月，调入郊区人民法院。

1982年3月15日，中共郊区区委下发“阳郊发〔1982〕11号”文件，任命孙三元为郊区法院办公室主任，兼审判员，赵维田为刑事审判庭庭长，李生林为经济审判庭庭长。3月17日，经郊区第九届人大常委会第四次会议讨论通过，3月20日，阳泉市郊区人民代表大会常务委员会下发“阳郊人发〔1982〕第6号”文件，任命武义祯、韩彦秀、娄振国、贾玉花、赵维田，为郊区法院审判委员会委员；任命韩彦秀、娄振国、贾玉花，为郊区法院副院长。任命赵维田为刑事审判庭庭长，李森林（一作李生林，原文件如此，编者注）为经济审判庭庭长，孙喜爱为民事审判庭庭长，邵八锁为民事审判庭副庭长。

1983年8月，为深入持久开展“严打”斗争，中共阳泉市郊区区委、阳泉市郊区政府，从各部门临时抽调13人，到郊区法院协助工作。最后，仅刘满贵1人，正式调入郊区法院工作。

1984年3月，孙喜爱任郊区法院院长。9月11日，在阳泉市郊区第十届人民代表大会常务委员会第三次会议上经孙喜爱院长提请讨论，并获得通过，任命韩彦秀为郊区法院副院长；韩彦秀、赵维田为法院审判委员会委员；王五保为审判员。同年，郊区人大常委会任命任义牛为经济审判庭副庭长，贾玉花调阳泉市司法局任职。

1987年6月，阳泉市郊区第十一届人大常委会任命侯艾为郊区法院院长，韩彦秀、赵维田为副院长。同时任命赵鹏为刑事审判庭庭长，邵八锁为民事审判庭庭长，任怀金为执行庭庭长，孙喜爱调离郊区法院工作。

1988年6月4日，郊区组织部下发“阳郊组字〔1988〕6号”文件，任命邵八锁为郊区法院办公室主任，同时免去魏仕琪办公室主任职务。6月16日，郊区人大常委会下发“阳郊人发〔1988〕6号”文件，任命魏仕琪为郊区法院民事审判庭庭长，郊区法院审判委员会委员，李福为郊区法院审判委员会委员，任东晓为经济审判庭副庭长，免去邵八锁民事审判庭庭长、任东晓民事审判庭副庭长职务。

1990年6月，阳泉市郊区第十二届人民代表大会第一次会议任命侯艾为郊区法院院长，赵维田继任副院长。

1991年1月，赵鹏被任命为郊区法院副院长，韩彦秀调出。是年6月，郊区法院党组对中层干部进行调整，任东晓（见前述任东小，笔者注）被任命为告诉申诉庭庭长，李永祥被任命为行政审判庭副庭长，主持行政审判全面工作。王宝翠、刘伟调入郊区法院。6月5日，阳泉市郊区第十二届人民代表大会常务委员会第七次会议根据院长侯艾提请，经大会讨论并获得通过，下发“阳郊人发〔1991〕2号”文件《关于陈福顺等同志职务任免的通知》，任命陈福顺为郊区法院刑事审判庭庭长；任新义为郊区法院民事审判庭庭长；魏仕琪为郊区法院经济审判庭庭长；蔡春喜为郊区法院平坦法庭庭长；董新河为郊区法院刑事审判庭副庭长；冯素林为郊区法院荫营法庭副庭长；任继华为郊区法院经济审判庭副庭长；李永祥为郊区法院行政审判副庭长；靳占阳为郊区法院执行庭副庭长；同时免去李福的郊区法院审判委员会委员、经济审判庭庭长、审判员职务；魏仕琪的郊区法院民事审判庭庭长职务；陈福顺的郊区法院刑事审判庭副庭长职务；任怀金的郊区法院经济审判庭副庭长职务；任新义的郊区法院荫营法庭庭长职务；蔡春喜的郊区法院平坦法庭副庭长职务。12月30日，郊区人大常委会下发“阳郊人发〔1991〕13号”文件，任命任新义、陈福顺为郊区法院审判委员会委员。12月30日，郊区编办下发“阳郊编字〔1991〕第5号”文件，为郊区下达4名增人指标。

1992年8月，魏仕琪被任命为郊区法院经济审判庭庭长，任新义被任命为郊区法院民事审判庭庭长。10月21日，郊区人大常委会下发“阳郊人发〔1992〕11号”文件，任命任东晓为告诉审判庭庭长，梁德广为经济审判庭副庭长，同时免去任东晓经济审判庭副庭长职务。

1993年5月13日，郊区组织部签发批复，同意郊区法院关于任义牛任经济合同调解中心主任。5月20日，郊区人大常委会下发“阳郊人发〔1993〕21号”文件，刘满贵被任命为河底人民法庭庭长，同时免去任义牛该法庭庭长职务。9月20日，郊区法院下发“阳郊人发〔1993〕6号”文件，任命蔡春喜为土地法庭庭长。11月18日，郊区法院下发“阳郊人发〔1993〕8号”文件，任命李永祥为公路法庭庭长。

1995年2月25日，经郊区人民法院院长侯艾提议，郊区人民法院党组研究，阳泉市郊区人民法院下发〔1995〕“阳郊法文第4号”文件，任命任东晓为政工科科长；商广万为法警队队长；任怀金为法警队指导员；秦建明为办公室副主任。同时免去邵八锁政工科科长职务。

1995年3月，王立明被郊区人大常委会任命为郊区法院代院长。4月，王立明被正式任命为院长。根据阳泉市人事局“阳人调字〔1995〕10号”文件，经过笔试、面试、考核、体检等程序，侯庆原、赵建军、王利军、杜军、史历文被郊区法院录用为正式干警。12月份，任命董新河为郊区法院计划生育法庭庭长。是年，侯艾调任平定县人民法院院长。

1996年12月25日，郊区法院下发“〔1996〕阳发字第7号”文件，决定成立“阳泉市郊区维护妇女儿童合法权益法庭”，与民事审判庭合署办公，任新义任庭长，聘请郊区妇联张风瑞、贾秋云为特邀陪审员。

1997年5月13日，郊区人大常委会下发“阳郊人发〔1997〕7号”文件，任命任怀金为执行庭庭长，任继华为经济审判二庭副庭长，李永祥为行政审判庭庭长，冯素林为荫营人民法庭庭长，罗小萍为刑事审判庭副庭长，张丽华为平坦人民法庭庭长。5月20日，根据郊区组织部“阳郊组复字”〔1997〕3号文件，秦建明任法院办公室副主任，同时免去任怀金办公室主任职务，邵八锁政工科科长职务。

本年度5月份，陈福顺任副院长。

1998年4月，郊区人大任命王立明为郊区法院院长。7月14日，根据“阳郊组干字〔1998〕第29”文件，陈福顺任郊区法院党组成员。9月21日，根据“阳郊组干字〔1998〕第82”文件，蔡春喜任郊区法院办公室主任。9月25日，郊区人大常委会下发“阳郊人发〔1998〕13号”文件，任命张丽华为刑事审判庭庭长，冯素林为民事审判庭庭长，李永祥为经济审判一庭庭长，任怀金为行政审判庭庭长，罗小萍为立案庭庭长，董新河为平坦人民法院庭长，梁德广为荫营人民法庭庭长，史计平为刑事审判庭副庭长，张海忠为民事审判庭副庭长，高志亮为经济审判一庭副庭长，任学斌为审判监督庭副庭长，秦建民为执行庭副庭长，翟希为河底人民法庭副庭长。

1999年1月，郊区人大常委会文件下发“阳郊人发〔1999〕2号《关于蔡春喜等职务任命的通知》，蔡春喜、李永祥被任命为审判委员会委员。郊区组织部下发“阳郊组干字〔1999〕5号”文件，任命任新义为郊区法院纪检组组长。4月30日，郊区人大常委会文件下发“阳郊人发〔1999〕27号”文件，根据院长王立明1999年4月29日郊区十四届人大常委会第七次会议上的提请，任命史先玲为阳泉市郊区人民法院副院长、审判委员会委员，郊区组织部任命史先玲为郊区法院党组成员（4月10日，阳郊组干字〔1998〕38号文件，原文件如此，编者注）。

1999年5月，院长、党组书记王立明因健康原因休养，由副院长赵鹏主持全面工作。

2000年4月，郊区人大常委会任命陈福顺为主持法院全面工作的副院长。

2002年1月24日，郊区人大常委会下发“阳郊人发”〔2002〕2文件，同意王立明因机构改革辞去院长职务。同时下发“阳郊人发”〔2002〕3文件，任命付金林为郊区法院副院长、代院长，免去陈福顺副院长职务。3月，李永祥任党组成员、副院长、审判委员会委员。6月，任命任怀金为副院长。本年度增补任怀金、李永祥、张丽华、罗小萍、蔡春喜为法院党组成员；任命张丽华、罗小萍、冯素林（兼任民事审判一庭庭长）、任继华（兼任执行二庭庭长）、董新河（兼任行政审判庭庭长）、梁德广（兼任民事审判二庭庭长）为审判委员会委员。王慧清为立案庭庭长，张海忠为刑事审判庭庭长，史计平为民事审判三庭庭长，靳占阳为执行一庭庭长，任学斌为审判监督庭庭长，翟希为河底人民法庭庭长，史历文为立案庭副庭长，杨继文为刑事审判庭副庭长，王志宏为民事审判一庭副庭长，李松青为民事审判二庭副庭长，杜军为民事审判三庭副庭长，王宝翠为行政审判庭副庭长，杨铁福为执行一庭副庭长，刘伟为执行二庭副庭长，任福庆为执行二庭副庭长，戴宣英为审判监督庭副庭长，王利军为河底人民法庭副庭长，赵建军为河底人民法庭副庭长。3月，任命赵红武为法警队队长。11月，任命张海忠为刑事审判庭庭长，梁德广为民事审判二庭庭长，史计平为民事审判三庭庭长，董新河为行政审判庭庭长，王慧清为立案庭庭长，任学斌为审判监督庭庭长，翟希为河底人民法庭庭长，靳占阳为执行一庭庭长，任继华为执行二庭庭长。

2003年4月，郊区人大常委会任命李保来为郊区法院院长，史先玲为常务副院长，任怀金、李永祥为副院长，张丽华为纪检组长，罗小萍为政治部主任，蔡春喜为执行局局长，高志亮为执行局副局长。5月12日，经郊区法院党组研究，段江洋任法警中队中队长，侯庆元任郊区法院纪检组纪律检查委员会委员。12月1日，郊区法院下发“〔2003〕49号”文件，确定了法警大队组成人员：大队长赵红武，副队长秦安良，副教导员王培忠。

2004年，郊区法院以制度建设为依托，创新管理机制，推行人事动态管理模式，按照“双向选择、优化组合、留职换岗、强化考核”模式选拔中层干部，有9名年富力强、德才兼备的审判人员，被选拔到庭、室领导岗位上。同年6月4日，为强化内部管理，进一步理顺工作关系，经阳泉市郊区人民法院党组研究决定，下发“阳郊法字〔2004〕第25号《关于翟希等四名同志职务调整的决定》，翟希任院长助理，不再履行河底法庭庭长职责；赵建军主持河底法庭工作，代行庭长职责；王志宏主持民事审判一庭工作，代行庭长职责；杨铁福任民商事审判合议庭审判长，代行庭长职责。

2006年12月，通过宣传发动、公布职位、自荐申报、资格审查、竞争考试、竞职演讲、信任投票、酝酿讨论、人大任命等九道程序，王培忠任郊区法院办公室主任，李松青任执行二庭庭长，赵建军任河底人民法庭庭长，杜军任平坦人民法庭庭长，秦安良任法警队教导员，王志宏任民一庭庭长，史忠喜任审判员。

2007年4月，中共郊区区委任命冯晋明为郊区法院党组书记、代院长，5月，当选为郊区法院院长。12月份，张朝晖任郊区人民法院副院长（挂职）、党组成员、审判委员会委员。

2008年2月，郊区法院任命董新河为院长助理，任学斌任执行局长。3月，任命蔡春喜为副院长，张海忠为副院长，任继华、史计平为审判委员会专职委员。6月，任命刘伟、杨铁福为执行局副局长，李慧斌为调研室主任，李军军为政治处副主任，黄彦江为办公室副主任，任丽莉为监察室主任。7月，任命高志亮为审委会委员专职委员，史历文为立案庭庭长，杨志荣为刑事审判庭庭长，杨继文为未成年人案件综合审判庭庭长，王利军为民事审判二庭庭长，王慧清为民事审判三庭庭长，王宝翠为行政审判庭庭长，侯庆原为审判监督庭庭长，任福庆为执行一庭庭长，王恕为义井人民法庭庭长。

2008年12月，常务副院长史先玲退休。2009年11月，副院长赵鹏退休。

2011年12月，张朝晖调任阳泉中院执行局副局长（正科）。

2013年5月，王培忠任郊区法院党组成员、纪检组长。高志亮任法院党组成员。董新河任党组成员、副院长。任学斌任党组成员、副院长，兼执行局局长、审委会委员。杨志荣任副院长。刘伟任审判委员会委员。同月，杨继文任郊区法院刑事审判庭庭长、审判会委员。王志宏任郊区法院审委会委员。6月，王慧清任郊区法院未成年人案件综合审判庭庭长。9月，任丽莉任监督室主任的同时，负责“司法辅助办公室”工作。

第二节 编 制

1974年2月29日，中共阳泉中院党组向中共阳泉市委呈报“阳发〔1974〕3号”文件《关于建立区人民法院的请示报告》，该报告确定的郊区干警职数编制为11人。

1975年2月，郊区人民法院正式成立，成立之初，干警编制7人，其中，2人为政法干部，其余5人，均为其他部门抽调的一般工作人员。

1980年，郊区法院成立刑事审判庭，开始受理刑事案件，根据编制指标，郊区法院新增干警13人。其中，10人为正式调入的干警，3人为“三不动”人员（工资不动、人事关系不动、粮油关系不动）。

1981年，为加强郊区法院警力，阳泉中院抽调3名干警到郊区法院工作。是年，该院有正式工作人员17人。其中，正院长1名，副院长3名，正、副庭长3名，办公室副主任1名，审判员2名，代理审判员1名，保管、统计人员1名，法警4名，书记员1名，另有“三不动”工作人员3名，借调人员1名，正式工作员和借调人员共21人。

1983年，为落实中共中央、国务院、全国人大常委会关于严厉打击刑事犯罪和经济领域犯罪活动的指示精神，确保“严打”斗争顺利进行和审理经济犯罪案件的开展，从郊区区委、郊区政府和阳泉中院借调20余名干部，到郊区法院工作。

1997年，郊区法院设9个庭、室、科，3个人民法庭，干部编制49人。

2000年7月，郊区法院对审判长、独任审判员岗位进行公开选任，经过报名、考试、庭审、观摩、打分、民主测评等程序，26人被任命为审判长，2人被任命为独任审判员。

2015年，郊区法院正式干警编制员额为56人。

2002年～2015年郊区法院编制情况，见《2002～2015年编制情况一览表》。

附：阳泉郊区人民法院职能配置、内设机构和人员编制方案

根据《中华人民共和国人民法院组织法》和中央、省、市、区关于机构改革有关规定，结合我院实际，制定本方案。

一、主要职责：

郊区人民法院是基层国家审判机关，在区委领导下独立行使审判权，对区人民代表大会及其常务委员会负责并报告工作。其主要职责是：

（一）审理法律规定管辖的第一审刑事、民事、经济和行政案件；

（二）审理上级法院交由审判的刑事、民事、经济和行政案件；

（三）依照法律监督程序，审理告诉申诉的刑事、民事、经济和行政案件；

（四）执行本院一审上诉后二审已发生法律效力的判决，裁定以及国家行政机关申请执行而又需要本院执行案件和外地法院委托执行的案件；

（五）依照权限管理本院的法官、执行员，书记员，司法警察和司法行政人员；

（六）承办其他应由本院负责的工作；

二、内设机构：

（一）刑事审判庭，编制6名，职数8名。

审理法律规定由基层人民法院管辖的第一审刑事案件。

（二）民事审判庭，编制4名，职数2名。

审理法律、法规规定由基层人民法院管辖的第一审民事案件。

（三）经济审判一庭，编制6名，职数3名。

审理法律、法规规定的由基层人民法院管辖的第一审经济案件。

（四）经济审判二庭，编制6名，职数3名。

审理法律、法规规定的由基层人民法院管辖的第一审经济案件。

（五）行政审判庭、告诉申诉审判庭（由于编制不足合并办公），编制4名，职数2名。

审理法律、法规规定的由基层法院管辖的第一审行政案件。负责各类案件的审查立案，审理根据审判监督程序提起的再审案件，以及法律咨询和上访人员的接待工作。

（六）综合审判庭，编制4名，职数2名。

审理领导机关指示督查的重大案件，庭室间有争议的案以及院领导交办的其他案件，受理不属于本院其他审判庭审的案件。

（七）调查研究审判工作中的法律政策及疑难问题，提出解决问题的办法和意见，针对案件审判中发现的问题提出司法建议。

（八）执行庭、司法警察大队（由于编制不足合并办公），编制8人，职数8人。

受理本院和上级法院交办的发生法律效力的判决、裁定、调解等法律文书中有关财产的执行工作，受理国家行政机关申请执行的已发生法律效力应由本院执行的案件；仲裁机关和

公证机关申请执行的案件，依法接受外地法院委托执行和协助执行案件；担负机关安全保卫、法庭警卫、提押犯人、送达法律文书。

（九）办公室，编制8名，职数3名。

协助院领导组织协调政务工作，组织安排各项会议和院领导公务活动；起草部分文件、文稿及院领导讲话稿，主管文电、机要、档案、夜间值班、财产购置及保管等后勤工作，负责财务管理和诉讼费收缴，同时负责全院司法行政工作，主管基础设施、通讯设施、办公设施、法官服装、车辆装备、武器配备和管理等工作。

（十）政工科，编制2名，职数1名。

负责全院队伍的思想政治工作，协助院党组搞好本院党的建设，负责干警的培训教育，负责呈报记功、评模、表彰工作，总结推广先进典型经验；负责法官的考试、考核、等级评定与展开工作，负责院干部的考察、工资、福利、辞职、辞退。监督检查法院干警的执法行为，查处法院工作人员中的违纪案件。同时研究审判工作中的法律政策问题，提出解决问题的办法和意见，研究并推广审判方式改革工作，编发《法院信息》、案件分析、调查报告，负责本院司法统计，负责审判委员会、党组会议会务及记录。

三、人员编制和领导职数：

郊区人民法院机关编制50名，区配编制14名，共计64名（包括内设的三个派出法庭，编制12人）。（工勤人员一般不超过10%）其中：院长一名，副院长三名，郊区法院设党组。

一九九七年五月二十二日

2002～2015年编制情况一览表

序号	文件名称	批准文号	批准时间	主题词	批准内设机构数	行政编制数
1	《中共阳泉市郊区区委办公室关于印发区人民法院、区人民检察院职能配置内设机构和人员编制方案的通知》	中共阳泉市郊区委员会办公室发〔2002〕10号	2002-2-4	机构改革定编	11	46
2	《阳泉市郊区机构编制委员会办公室关于区人民法院内设机构调整的批复》	阳泉市郊区机构编制委员会办公室字〔2002〕3号	2002-9-11	设立	2	
3	《阳泉市郊区机构编制委员会办公室关于区人民法院增加政法专项编制的通知》	阳泉市郊区机构编制委员会办公室发〔2005〕23号	2005-8-12	编制变动		48
4	《阳泉市郊区机构编制委员会办公室关于阳泉市郊区人民法院增设内设机构的通知》	阳泉市郊区机构编制委员会办公室发〔2006〕4号	2006-8-11	设立	7	
5	《阳泉市郊区机构编制委员会办公室关于阳泉市郊区人民法院增设内设机构未成年人案件综合审判庭的批复》	阳泉市郊区机构编制委员会办公室发〔2007〕9号	2007-5-17	设立	1	
6	《阳泉市郊区机构编制委员会办公室关于区人民法院增加政法专项编制的通知》	阳泉市郊区机构编制委员会办公室发〔2007〕29号	2007-9-12	编制变动		50
7	《阳泉市郊区机构编制委员会办公室关于区人民法院增加政法专项编制的通知》	阳泉市郊区机构编制委员会办公室发〔2008〕6号	2008-6-12	编制变动		53
8	《阳泉市郊区机构编制委员会办公室关于区人民法院增加内设机构的批复》	阳泉市郊区机构编制委员会办公室发〔2010〕4号	2010-3-15	设立	1	
9	《阳泉市郊区机构编制委员会办公室关于区人民法院增加政法专项编制的通知》	阳泉市郊区机构编制委员会办公室发〔2010〕46号	2010-7-16	编制变动		55
10	阳泉市郊区机构编制委员会办公室关于区人民法院增加政法专项编制的通知》	阳泉市郊区机构编制委员会办公室发〔2013〕15号	2013-3-12	编制变动		56
11	《阳泉市机构编制委员会办公室关于阳泉市郊区人民法院增加领导职数的批复》	阳泉市机构编制委员会办公室字〔2013〕96号	2013-11-20	职数变动		
12			2015	无变动		

第三节 班子和队伍

1978年，郊区法院在揭批林彪、江青集团运动中，遵照中共阳泉市委、郊区区委安排部署，开始清查郊区法院没有和“四人帮”有牵连的人和事。经认真清查，该院成立较晚，成立时调入的干部多为转业军人，政治素质好，业务能力强，廉洁自律，执法公正，既没有此类人物，也没有发现此类现象。是年，郊区法院还根据中共中央指示，在郊区区委和区革命委员会直接领导下，开展对干警队伍的基本路线教育活动。

1980年，郊区法院通过组织干警学习贯彻中共的路线、方针、政策和有关中央文件，提高了全体司法干警的思想觉悟，广大干警做到了识大体，顾大局，思想上、行动上均保持了同中共中央的高度一致。在郊区五届人大三次的考核中，获得较好成绩。

1981年，郊区法院组织干警学习《中共中央关于若干历史问题的决议》，通过大摆三中全会以来出现的好形势和学习有关文件，澄清了当时社会上存在的一些糊涂观念，提高了干警的思想认识，明确了做好本职工作与转变社会风气的关系，增强了做好本职工作的决心。同年，郊区法院制定“六条纪律”和推动责任制实行的“三条措施”，收到初步效果：一是促进了业务学习，增强了学习自觉性。除本院组织集体学习外，各庭、室、均能主动安排学习。二是工作作风有了改进，工作态度有了改变。全院工作人员结合“五讲、四美”活动，在工作中讲文明，讲礼貌，文明办案，礼貌待人，克服了干警态度生硬、不注意工作方法的问题。三是增强了办案责任感，提高了工作责任心，实行岗位责任制后，全体干警齐心协力，互相支持，不怕苦累，克服困难，尽职尽责地完成本职工作。

1984年，郊区法院狠抓干警思想建设和法院组织建设，认真落实各项规章制度，坚持每周五为政治学习日，以三中全会相关的文献和《邓小平文选》为政治学习主要教材，统一干警的思想。

1985年，郊区法院通过狠抓干警队伍的理想提高和纪律教育，全院干警的精神面貌发生深刻变化，在面对刚刚兴起的“送礼风、说情风”等不良风气面前，广大干警保持了“顶得住、站得稳”的良好作风。

1987年，郊区法院根据中共郊区区委和郊区人民政府针对区级机关的管理规定，根据本院干警管理工作实际，制定了郊区法院《劳动纪律的若干规定》和一系列规章制度，实现了法院人、财、物管理制度化、规范化。

1989年，在春夏之交北京政治风波期间，郊区法院党组织班子成员、庭室干部和全体干警，集体收听、收看中央电视台的相关新闻和专题，组织学习中共十三届四中、五中全会公报，学习邓小平和江泽民在这一重大政治历史时期的讲话，并联系实际进行讨论，使广大干警进一步明确了这场政治斗争的实质，认识到维护安定团结的重要性，认识到维护稳定是法院干警的神圣职责。其间，全院干警立场坚定，旗帜鲜明，坚守岗位，奋发工作，没有一人参加或支持动乱。4月和5月份，针对刑事审判工作在政治风波时期的不安定形势，针对性地制定了《工作制度》《考勤制度》，完善了《岗位责任制度》和“定人、定案、定时间、提高质量”的审判工作《任务目标考核制度》，以实际行动维护了当时郊区社会安定团结的政治局面。

1990年，郊区法院在干警中开展党的路线和改革开放形势教育。是年，郊区法院有党员19名，占全院干警总数的45%，党员素质直接关系着全院干警的政治素质高低，对此，郊区法院党组把党员队伍建设，放到最重要的议事日程，在本年度初，即组织党员参加全区开展的整党活动，对党员进行党风、党纪的教育。中共十三届六中全会后，该院党组又及时组织党员和干警，学习《中共中央关于加强党同人民群众联系的决定》，适时开展群众对党员的评议活动，帮助每个党员对照标准，检查自己的差距，开展自我教育，从而在全院干警中形成了勇于开展批评与自我批评和“起带头、作表率”的良好风气。在此基础上，该院党组对干警队伍开展四项基本原则、廉政教育、职业道德教育和遵纪守法教育，增强了干警遵纪守法的自觉性。

1991年，郊区法院根据中共中央关于清除腐败、为政清廉和密切联系群众的一系列指示，认真学习江泽民总书记“七一”讲话和中共山西省委第六次党代会，及省、市、区委各级领导机关“关于整顿执法队伍的决定”，开展干警队伍整顿。一是院领导带头开好民主生活会，自觉把自己摆进去，把问题亮出来，将自己置身于群众的监督之下。为此，法院党组邀请郊区人大、政协、区委政法委、区委组织部、纪检委和公、检、司等机关负责人参加，带头揭摆在思想、作风和联系群众等方面存在的10个问题，并进行深刻自查。二是把整顿工作，同理想教育、职业道德教育、廉政教育、革命传统教育结合起来，同学雷锋、学焦裕禄、学燕居谦、学翼城县法院结合起来，从思想上筑牢廉洁执法和为人民服务思想，树立全院干警学习的榜样和标杆。三是开展缅怀革命英烈、瞻仰英雄业绩的革命传统教育。四是开门整顿，郊区法院采取多种形式“开门评院”，如建立“一箱三簿”，即举报箱、参加整顿考勤簿、学习讨论记录簿和揭摆问题登记簿，印发公开信和征求意见卡。法院领导轮流接待群众，接受群众批评意见。同时组建巡回法庭，深入全区13个乡镇、区直厂矿企和事业单位，面对面请群众对法院工作“说长道短”。在本次干警队伍整顿中，该院共征求群众意见30多条，实地办案20多件，接待来访群众100多人/次，解答法律咨询50余条，对引深全院队伍整顿工作，确保干警队伍纪律作风进一步改善，起到良好的促进作用。

1993年，郊区法院通过正面教育与反面教育相结合、专题教育与常规教育相结合、点上教育与书面上教育相结合、党内组织教育与党外政治教育相结合、领导干部教育与普通干警教育相结合、典型教育与普通教育相结合的“六结合”模式，全面引深干警队伍整顿和思想作风建设，以解决执法中存在的突出问题，纠正冷、横、拖等不良作风，受到中共阳泉市委和郊区区委好评。

1994年，郊区法院结合整顿执法队伍活动，狠抓自身建设，在开好党组扩大会、民主生活会、干警座谈会、个别谈话会基础上，运用批评和自我批评武器，沟通思想，取得共识，形成合力，增强了党组的凝聚力、战斗力和对驾驭全局工作的能力。

1995年，郊区法院进一步强化干警队伍建设，建立健全了《民主生活会制度》《民主评议党组成员制度》《民主考评领导干部业绩制度》，同时开展“为人民服务宗旨教育、反腐倡廉纠风教育、爱岗敬业职业教育、实时政治形势教育和作风教育”，受到山西省高级人民法院、阳泉中院的高度评价，省、市两院均以《工作简报》形式，推广郊区法院干警队伍整顿教育的经验和做法。

1996年，郊区法院以中共六中全会精神为指导，按照“从严治警内强素质，从严治院外树形象”工作思路，在自身建设上，突出思想作风建设、政治素质建设和业务素质建设，以提高法院领导班子和环节干部政治上的凝聚力、廉政上的免疫力、工作上的创造力、作风上的号召力。为此，该院特别注重健全党内政治生活，一是实行民主评议，以提高党组领导和环节领导的工作质量，为确保院、庭两级干部始终保持高昂的工作热情和高度的负责精神，对在职干部实行民主评议制度，建立民主监督台、群众意见箱等，规定各庭室每季度向院党组交一次“政治账”，汇报工作情况、思想情况和规章制度落实情况，并做到制度化，规范化，增加了院领导和各庭、室（科）领导的工作积极性，赢得了干警普遍好评。二是坚持开展批评与自我批评制度，形成了领导干部之间沟通思想、坦诚相待、消除内耗、协调工作、团结互助、共同提高的良好情操和习惯，从而使院领导之间、院领导与环节干部之间、环节领导与环节领导之间取长补短，形成了强大的工作合力。三是加强理论学习和业务学习，提高领导班子整体素质，确定每周五为政治学习日，采取集体学和自学相结合的方法，学习邓小平建设有中国特色的社会主义理论、中共十四届四中、五中全会精神，强化为人民服务的思想。四是进一步落实岗位责任制，使各级各类人员的工作，均实现了量化、分化、细化，形成了人人有任务，任务有要求，要求有标准，标准分高下的管理格局。领导班子凝聚力、战斗力大大增强，保证了全院上下协调，高效工作。

本年度，该院班子成员和庭室干部，均自觉做到了“一约法、三到位、五带头”。“一约法”：即领导干部必须坚定党性观念，团结一致，同心协力。“三到位”：即重大政治或业务活动，院领导的监督职责必须到位；重大疑难案件的审理，院领导的把关职责必须到位；干警在工作、生活中遇到阻力和困难，领导的服务必须到位。“五带头”是：领导带头学政治、讲政治；带头廉洁奉公，严肃执法；带头开展批评与自我批评；带头调查研究，勤政创优；带头排除执法干扰。

1997年，为适应新时期、新形势对干警队伍的新要求，郊区法院全方位加大政治、业务、作风等方面的教育力度。该院以干警队伍整顿为契机，广泛开展以职业道德和执业纪律为主要内容的“揭、摆、议”活动，采取“三查三看三纠”的方法，开展干警队伍纪律作风建设。即：查思想，看为人民服务的思想牢不牢，纠有无对群众生硬、冷漠和要态度问题；查作风，看职业道德和执业纪律观念强不强，纠有无“吃、拿、卡、要”等为警不廉的问题；查案件，看案件质量好不好，纠有无办黑案、办私案、办人情案及其他违反程序法和实体法问题。通过上述活动，广大干警普遍树立了全局观、服务观、公平观、改革观、公仆观“五种观念”，做到了用邓小平理论武装“脑门”；用十五大精神砌垒“正门”；用一身正气的过硬作风堵住“后门”，也解决了干警中存在的“只埋头办案，不抬头看路”的思想认识问题。

1998年，郊区法院把“建一流班子，带一流队伍，创一流业绩，保一方平安”作为班子建设的奋斗目标，党组成员从自身做起，事事以身作则，处处率先垂范，自念“紧箍咒”，自办“学习班”，要求干警做到的，自己首先应该做到；要求干警不做的，自己坚决不做，把精诚团结作为工作的立足点，坚持集体领导；坚持分工负责；坚持通力合作，做到了通气不赌气、补台不拆台、谋事不谋人。同时在工作中，自觉走好“五字棋”，即：对待群众不摆“架子”；勤俭节约不乱花“票子”；做思想政治工作不拉“腔子”；勤奋工作不怜惜“身子”；对违法违纪干警不留“面子”，郊区人民法院党组一班人团结奋战，率先垂范的模范带头作用，在干警中树立了绝对权威。使全院上下出现了“不干好工作一点理由也没有；不熟悉业务一点本钱也没有；不联系群众一点基础也没有；不廉洁自律一点诚信也没有”的良好工作氛围。

1999年，郊区法院党组狠抓政治、思想、作风、业务素质，领导班子成员坚持讲政治、讲学习、讲正气，营造求实、务实、创新、高效的审判工作氛围，打造廉洁、刚直、公道、坦诚的司法清廉格局，把“不做贪官、不做昏官、不做懒官”的纯朴从政为民原则，贯穿于班子队伍建设始终，班子成员之间形成了“通气不赌气，补台不拆台，谋事不谋人”的干事创业新机制，增强了领导班子的凝聚力和向心力，激发了广大干警战斗力、创造力和创新精神。

2000年，郊区法院党组结合“讲政治、讲正气、讲团结”的“三讲”活动，认真查找班子建设中自身存在的问题和不足，深刻剖析产生问题的根源，针对存在问题，制定切实可行的整改措施，取得良好效果。与此同时，该院党组坚持“团结——批评——团结”原则，先后召开民主生活会5次，广泛开展批评与自我批评，班子成员之间畅所欲言，动真情、亮思想、揭不足、找差距，在批评他人中自察，在自我批评中自省，消除了矛盾和隔阂。本年度，该院党组组织全院干警集体学习12次，各庭室自行组织学习150余次，全院干警写出心得体会文章300余篇。通过“三讲”教育，党组成员的思想认识普遍得到提高，民主气氛更加浓厚，揭摆问题更加深刻实在，整改措施更加得力对路，有力地促进了党组议事规则和民主决策程序的落实力度。

2002年，郊区法院党组和干警认真开展以交流思想为主要内容的“谈心活动”，加强同干警的交流，增进院领导同干警的感情，营造团结一致干事创业的良好氛围。并利用春节假期，开展“关心法院工作，人人进言献策”问卷调查，共收回答卷58份，收集到各个方面的意见和建议210条。为进一步扩大调研范围，党组成员与部分庭长走访了8个乡镇及20个企业，征求他们对法院工作的整体看法和意见，从中抓住主要问题，提出了“除六害、匡院风、扬正气、强素质、创佳绩”的工作思路。

2003年，从4月份开始，郊区法院按照中共郊区区委、郊区政府和阳泉中院《关于开展优化发展环境、评优评差“双评”活动》要求，以“解放思想、开拓创新、同心同德、再创辉煌”为总体工作思路，成立“双评”工作领导组，在全院各庭室开展自查、自评活动。通过自查自评，暴露了一些平时不注意的问题，如有的干警对法律法规认识掌握不够全面、不够深刻；有的干警接待当事人不够热情，有的干警工作中存在推诿扯皮现象，法院党组对干警提出的一些合理建议重视不够，办案过程中存在拖拉现象，一些案件得不到及时执行等，根据上述问题，郊区法院提出了针对性制定整改措施。同时，全体干警严格遵守《阳泉市政法干警十条禁令》，全院各庭室均建立了政务公开园地，纷纷改进工作作风，并向社会作出公开承诺，努力提高工作效率和服务质量，杜绝乱收费现象，法院干警队伍建设得到进一步加强，推动法院各项工作的全面开展。

本年度，郊区法院针对平定县非典型肺炎期间发生的“5·11暴力抗法”事件，于5月12日，召开全体党员会议，要求全体党员干警积极行动起来，把防治非典工作，作为践行“三个代表”重要思想的实际行为，全身心投入到抗击非典的战斗当中，为确保人民群众根本利益在抗击非典型肺炎中最大限度的实现。同时要求全院干警，时刻绷紧保稳定、促发展这根弦，思想上、行动上必须统一到中央、省、市委的决定和部署上，认真落实院各项防非典工作措施，勇做防治非典斗争的“排头兵”。并牢固树立政治意识，以高度的政治责任感，对“法轮功”邪教组织、非法传销活动，以及一切破坏安定团结的行为挺直腰杆，坚决斗争。在此基础上，正确处理防非工作与审判工作的关系，坚持“两手抓，两手都要硬”原则，坚守岗位、严守纪律、尽职尽责、积极工作，圆

作风建设大家谈演讲比赛

满完成各项工作任务。

2004年，郊区法院以加强领导班子建设、支部自身建设和审判队伍建设为重点，一是以先进典型人物为榜样，“外学任长霞、内学于昌明”，以典型引路，树立追赶目标，在全院形成树典型、扬正气的氛围。二是以职业道德为重点，广泛开展“四比四看”活动，即一看干警思想认识是否有高度，比学习体会是否有深度；二看查找问题是否有力度，比纠正问题是否有速度；三看作风是否有好转，比审判工作是否有突破；四看能否坚持原则公正裁判，比是否敢与同不正之风作斗争。三是以开展“公正执法树形象”“执行工作三项清理”“政法队伍集中教育整顿”活动为契机，进一步改进审判作风。四是以制度建设为依托，创新管理机制，推行人事动态管理模式，采取“双向选择、优化组合、留职换岗、强化考核”的制度。本年度，有9名年富力强、德才兼备的审判人员，充实到庭、室领导岗位上。

此外，本年度，郊区法院在集中教育整顿、“双评”和“公正执法树形象”活动中，召开征求意见座谈会2次，到8个乡镇36个自然村，征求人民群众对法院工作的意见，对收到的128条建议，逐条进行梳理，对群众提出的意见和干警队伍建设中存在的问题，制定切实可行的整改措施，认真加以纠改，受到了人民群众和区人代会代表的广泛好评。2004年，在中共阳泉市委政法委检查验收中，郊区法院名列全市法院系统第一，在全市28个政法单位中排名第二。

2005年，郊区法院开展保持共产党员先进教育活动。2月7日，该院召开保持共产党员先进性动员大会，对教育活动作出全面部署。一是从全局高度，从提高司法能力需要出发，充分认识开展保持共产党员先进性教育活动的重要意义；二是紧密联系法院实际，活动中要着眼于解决制约司法公正高效的突出问题，把增强司法能力，解决存在问题，人民群众满意作为教育活动的重要标准；三是和“司法能力建设年”活动紧密结合，通过开展活动，真正使全院党员的精神面貌有新的变化，思想境界有新的提高，各项工作有新的进展。为实现这个目标，3月6日，郊区法院利用双休日，邀请曾在郊区“中华魂”读书演讲比赛中，获得一等奖的旧街乡联校教师田慧清、河底镇东村小学教师甄华荣，为广大党员干警上党课，以进一步促进保持共产党先进性教育活动的开展。4月3日，郊区法院召开保持共产党员先进性教育转段动员大会，全面总结保持先进性教育活动第一阶段工作，安排部署转入分析评议阶段的工作，把保持共产党员先进性教育活动引向深入。全体党员按照上级部署，把学习《党章》《保持共产党员先进性教育读本》等贯穿分析评议阶段的始终，该院党组在广泛征求意见、开展谈心活动、撰写党性分析材料、开好专题组织生活会、开好民主生活会、提出评议意见、反馈评议意见、通报评议情况等8个环节基础上，要求广大党员干部继续发挥示范表率作用，认真学习和实践“三个代表”重要思想，认真查找突出问题，积极开展批评与自我批评，坚持自我教育和从严治党、从严治院，努力做到学习工作“两不误、双促进”。

本年度，郊区法院结合“保持共产党员先进性教育”活动，推出九项措施，集中解决法院工作中存在的突出问题：一是开展规范化建设“回头看”，解决规定不健全、制度不到位、规章不落实问题。二是突出“三项制度”建设，全面落实公开审判制度、健全审判内部监督制约机制、强化错案追究制度。三是对重点部门和重点环节存在的问题进行整改。四是采用“请进来走出去”方式，广开言路，开门纳谏，广泛听取广大干警和社会各界对法院工作的意见建设。五是进一步落实巡回办案等方便群众诉讼的措施，为群众行使诉讼权提供最大便利。六是认真解决当事人申诉难、再审立案难，以及反复申诉上访问题，引导当事人依法有序上访。七是进一步健全监督机制，确保人大政协监督、检察法律监督、社会舆论监督、新闻媒体监督、人民群众监督，以及申诉、二审或再审监督渠道畅通，全面到位。八是深入开展向宋鱼水、蒋庆、于昌明等先进典型学习活动，为广大干警树立学习的榜样、比超的标杆。九是开展执行工作办案竞赛活动，最大限度地实现裁判文书确定的当事人合法权益。为确保本次活动取得预期目的，郊区法院以“三个结合”促进活动的开展：一是活动的开展同做好审判工作结合起来，注重发挥整改活动在推进司法公正、提高司法效率、促进审判和执行工作等方面的作用。二是活动的开展同强调领导干部的政治责任、调动普通党员干部的积极性结合起来。三是活动的开展同加强司法能力建设结合起来，提高法官的职业自律意识和职业素质，提升司法能力。

2007年4月，冯晋明任郊区法院党组书记、院长。5月28日，召开全院干警大会，就开展“干警队伍集中教育整顿专项活动”进行广泛、深入的动员，重点解决队伍中少数法官和工作人员，陷入非法利益格局、背离司法为民宗旨、监督管理不严，以及有法不依、贪赃枉法等问题：一是坚决纠正认识上的偏差，中层干部落实“一岗双责”，及时发现和纠正错误认识，做到全院干警认识到位，思想统一。二是强化制度执行力，坚持制度管人基本原则，严格执行党风廉政制度和各项管理制度，严肃纪律，端正作风。三是强化对审判的监督和管理，以案件流程管理为主导，依托审判质量与效率综合评估体系，落实审判责任追究、案件质量考评、审判监督等制度，对所办案件从立案、审理、执行到归档，进行全程管理。四是采取各种形式或方式，促进干警队伍集中教育整顿专项活动的开展，除组织干警观看警示教育片、集中学习、专题讨论、撰写体会等方式外，还结合实际，对存在的问题进行整改，确保本次专项活动取得实效。10月30日，组织全院干警认真学习十七大会议精神，深刻理解胡锦涛总书记在报告中提出的“全面落实依法治国方略，加快建设社会主义法治国家”的要求，全面领会报告中关于“维护社会主义法制统一、尊严、权威”，“深化司法体制改革，保证审判机关、检察机关依法独立公正地行使审判权、检察权”的论述。党组书记、院长冯晋明代表院党组，对干警提出四点要求：一是以科学发展观为指导思想，狠抓审判质量，将大会的精神实质认真贯彻落实到司法为民的具体措施之中，为构建和谐社会提供坚强有力的司法保障。二是以强化队伍建设为着力点，进一步严格、公正、文明司法。三是以优化审判管理为切入口，进一步规范司法行为。四是以弘扬法治精神为目标，进一步深入开展法制宣传教育。

年内，郊区法院按照“从严治院，科学管理，以岗定责，责任到人，奖罚分明”思路，注重教育，强化管理，狠抓廉政，扎实推进队伍建设。一是以“作风建设年”活动为契机，提高队伍管理水平，通过征求意见，查摆问题，边查边改，先后制定和修改各项规章制度40余则，使队伍建设、审判工作、管理工作的各个方面有章可循，有规可依，进一步改进了工作作风，规范了司法行为。二是以强化干警的政治业务学习培训为手段，提高队伍整体素质。三是制定政治学习制度，建立起政治学习机制，11月16日，郊区人大副主任杨承祥在法院四楼会议室，为全区政法系统干警作中共十七大精神辅导报告。全区公检法司100余名干警参加了会议。杨承祥干警介绍了十七大盛况，传达了十七大精神，畅谈了参加十七大的体会和感受，并结合时代特征和郊区的实际情况，就贯彻落实科学发展观、建设中国特色社会主义、建设和繁荣中国特色文化、提高自主创新能力、推进生态文明建设、解决“三农”问题、构建和谐社会等问题，作了深入浅出的分析，对广大政法干警学习贯彻中共十七大精神，发挥了重要的促进作用。

2009年，郊区法院开展学习践行科学发展观活动，3月27日，冯晋明院长以“讲一天党课”的形式，以“深入学习实践科学发展观，推动审判工作再上新台阶”为题，为全院干警作了科学发展观专题辅导报告，讲述了科学发展观的科学内涵、精神实质、基本要求，阐述了科学发展观对促进审判工作、依法对经济建设和社会发展提供司法保障的重要意义，分析了法院工作中与科学发展观要求不适应、不符合的地方，就基层人民法院如何践行科学发展观，具体的审判执行工作，如何落实科学发展观，提出了指导意见。

是年5月4日，郊区法院“深入学习实践科学发展观活动”转入第二阶段，党组书记、院长冯晋明对第二阶段的学习实践活动作了安排部署：一是继续加强学习，深化认识，在继续深入学习必读书目的同时，深化对开展学习实践活动重要意义的再认识，进一步增强做好分析检查阶段工作的自觉性。二是认真开好专题民主生活会，找准存在的突出问题，深入剖析问题产生的原因，夯实分析检查阶段工作的基础。三是全面梳理司法理念、司法作风、司法为民、审判质量和效率等方面存在的问题，实事求是分析存在问题的主客观原因，破解审判不公、效率不高、立案难、申诉难、执行难等突出问题的主要措施，对分析检查阶段查摆出来的领导班子自身存在的问题、领导干部自己存在的问题、部门工作中存在的问题，按照早发现、早改进、早提高的要求，及时予以整改。8月17日，郊区法院召开学习实践科学发展观活动群众满意度测评会。郊区学习实践科学发展观活动指导检查组第一组组长郭善祥、副组长张锐，进行现场监督指导。全院干警共74人经无记名投票，对郊区法院学习实践活动进行了测评，其中，满意的73票，基本满意的1票，满意率98.6%。

2011年，郊区法院按照“以党建带队建，以队建促审判”的思路，教育引导全院干警牢记“三个至上”，把科学发展观落实到司法工作全过程，同时进一步完善目标管理绩效考核制度，加强法官队伍廉政建设，以良好的审判作风，树立人民法院亲民、爱民、廉洁、高效的司法形象。

本年度，为进一步严肃工作纪律，加强机关作风建设，狠抓工作落实，郊区法院开展了为期一个月的纪律作风集中教育整顿月活动，本次活动的指导思想是：紧紧围绕“能动司法、一心为民”工作主题，牢固树立“司法为民”宗旨，以社会主义法治理念统领机关作风建设，力争在全院形成“文明、高效、清廉、热情、公正、进取”的机关作风，弘扬新风正气，抵制歪风邪气，解决突出问题，深化制度落实，进一步提升队伍整体素质，积极推动和谐社会建设，努力提高司法能力，服务郊区发展工作大局，建设最具公信力的人民法院。

为实现上述目标，该院成立“作风建设领导组”，党组书记、院长冯晋明任组长，其他院领导张丽华、罗小萍、蔡春喜、张海忠、董新河、任学斌任领导组成员。领导组下设办公室，由纪检组长张丽华兼任办公室主任，各庭室主要负责人作为办公室成员。

郊区开展“纪律作风集中教育整顿月活动”的重点目的，主要是在干警队伍思想认识上“确立作风建设是队伍生命线的意识；确立公正司法意识；确立奉献敬业意识；确立以民为本的公仆意识；确立作风建设中的榜样意识”。集中教育整顿月活动分学习教育阶段、查摆问题阶段、深化整改阶段、总结评估阶段，查思想作风是否踏实，是否坚持社会主义法治理念，是否坚持解放思想、与时俱进，有无得过且过、不求进步的情形，要做到敢为人先，勇于创新；查审判作风是否文明公正，是否树立全心全意为人民服务的宗旨，是否有办“三案”情形，要做到审判质量高、投诉率低；查工作作风是否求真务实，实事求是，是否有飘浮、散漫，有无阳奉阴违，当面一套背后一套的情形，要求能够深入基层，勇于实践；查纪律作风是否严明，有无不遵守院规章制度的情形，要求在全院各项活动中，每个干警都要积极投入，拿出最佳表现；查领导作风是否坚强有力，是否有管理不力，政令不通的情形，要求每个部门做到作风端正、人心凝聚、工作出色。通过“五查五要”深入开展集中教育整顿月活动，形成了与时俱进、开拓创新的思想作风，恪尽职守、真抓实干的工作作风，公正司法、热情服务的审判作风，严格规范、严明有序的纪律作风，严于律己、有效监督的廉洁作风，率先垂范、敢抓敢管的领导作风，干警队伍的思想建设和纪律作风实现了新的提升。

2012年，郊区法院开展“保持党的纯洁性学习教育”活动，制订《保持党的纯洁性学习教育活动实施方案》，召开保持党的纯洁性学习教育活动动员大会，要求干警一是充分认识到当前开展保持党的纯洁性学习教育活动的重要意义，牢固树立司法为民的根本理念，正确的行使好审判职权，增强党的纪律性和组织性，坚定好共产党员的政治立场，保持党的纯洁性；二是按照各级党委和本院实施方案认真开展活动，加强组织领导，促进活动扎实开展；三是正确处理开展教育活动与做好审判工作的关系，把活动的成效体现在审判实绩和推动郊区经济社会大发展、快发展当中，以优异的成绩迎接中共十八大召开。

是年10月18日，郊区法院召开“纪律作风集中整顿活动”动员会，安排部署纪律作风集中整顿活动，同时出台《关于开展纪律作风集中整顿活动的实施意见》，就如何开展纪律作风集中整顿活动，做了安排部署：一是充分认识纪律作风集中整顿的重要性、紧迫性。二是加强监督检查力度，坚持把督查指导寓于组织协调之中，通过强化督促指导，推动工作任务的落实。三是采取明查暗访、跟踪督办、公布举报电话等方式，对干警工作纪律、工作作风、服务态度、任务完成等情况，以及权力行使、关键岗位、纠而复发问题，开展经常性监督检查，对干警纪律作风方面群众反映强烈的问题，发现一起查纠一起。如涉及违法违纪问题，发现一件查处一件，绝不手软、绝不姑息。四是紧紧围绕中共郊区区委工作中心，按照区委要求，结合审判实际，本着“有什么问题解决就解决什么问题，什么问题突出就重点解决什么问题”的原则，进一步整肃作风，严明纪律，不断提升司法公信力和干警队伍的战斗力，建设业务素质过硬，纪律作风优良的法官队伍，为郊区经济社会转型跨越发展，提供坚强的政治保证和纪律保证。

年内，郊区法院在开展党的群众路线教育实践活动中，提出“十要十防”总要求：一是坚定理想信念，始终保持昂扬向上的精神状态，牢固树立社会主义法治理念和政法干警核心价值观，不断打牢忠于党、忠于国家、忠于人民、忠于法律的思想基础，保证理想不滑坡、信念不动摇、精神不“缺钙”。目的是“防庸”。二是坚持勤思好学、勤勉敬业，坚持理论学习与业务学习并重，注重审判经验的总结，做到学习与工作并重，调研与审判并举，督查与考核同步。目的是“防懒”。三是坚持严明纪律，自觉养成遵规守纪、令行禁止的良好习惯，从小事做起，从小节抓起，强化制度约束机制，真正实现“靠数字说话，靠制度管人管事”。目的是“防散”。四是强化案件审限意识，严格审限责任制，进一步落实审限跟踪管理制度，坚决杜绝超审限案件，同时全面加强诉讼服务中心建设，整合各项便民利民措施，对住在边远地区的群众、行动不便的群众，以及弱势群体，做到优先立案，优先审理，必要时提供上门立案、上门调解或开庭等服务；对符合条件的，加大司法救助力度，确保普通群众打得起官司。目的是“防拖”。五是扎实做好审判工作的基础工作，始终遵循司法规律，尊重群众意愿，换位思考，做好涉民生案件的审判及执行工作。目的是“防蛮”（执法粗暴）。六是扑下身子，深入群众，倾听呼声，做到与群众同呼吸，共命运，对特殊时期人民群众面对的法律问题，克服消极、被动、保守理念，关口前移，延伸服务，主动化解，做群众利益的法律捍卫者。目的是“防虚”。七是强力推进审判流程公开、裁判文书公开和执行信息公开三大平台建设。目的是“防畏”（畏难情绪）。八是坚持勤俭节约，努力形成厉行节约、反对浪费的良好风气。目的是防奢。九是坚持严于律己，坚守清正廉洁的底线。目的是“防贪”。十是法院各级领导干部切实负起“一岗双责”的责任，在活动中真正作表率，为全院干警树立榜样，目的是“防甩”。

2013年，郊区法院深入开展纪律作风教育整顿活动，深入学习、贯彻中共中央《关于改进工作作风、密切联系群众的“八项规定”》，9月30日，召开纪律作风教育整顿大会，就全面落实中央“八项规定”，提出严明“四项纪律”、强化“四种作风”的措施。

严明“四项纪律”：一是严明审判纪律。加大对审判纪律执行情况的监督检查力度，确保各项规定落实到审判执行当中。二是严明组织纪律。正确处理个人与组织、局部与整体的关系，坚决做到个人服从组织、小局服从大局、下级服从上级。三是严明制度纪律。领导干部要增强带头执行意识，牢固确立制度约束没有例外的思想。四是严明廉政纪律。认真落实中央、省、市委和法院系统关于反腐倡廉的各项规定要求，严格遵守《廉洁从政若干准则》，严格落实廉政责任制，严格规范权力行使，加大惩处力度。

强化“四种作风”：一是强化思想作风。抓好思想理论建设这个根本，深入学习实践科学发展观、社会主义法治理念，推进学习型党组织建设；抓好党性教育这个核心，学习新修改的党章，牢固树立政法干警核心价值观，坚定政治立场；抓好道德建设这个基础，以实际行动彰显共产党人的人格力量。二是强化审判作风。要强化服务意识；强化细节意识；强化责任意识；同时，要强化公仆意识。三是强化工作作风。抓好从立案到审判的每一个环节，处理好每一个群众来访，真正使当事人和人民群众感受到司法的人文关怀。要求真务实，脚踏实地，埋头苦干，将工作实绩作为第一标准来衡量，始终保持一个奋发有为的精神状态和一种锐意进取的工作作风。四是强化生活作风。自觉加强思想道德修养，始终保持洁身自好，保持政治上的坚定性和思想道德上的纯洁性。自觉培养健康的生活情趣，升华自己的思想境界，更好地为人民掌好权用好权。

同年11月14日，郊区法院召开党组中心组扩大会议，专题学习十八届三中全会公报。会议由院党组书记、院长冯晋明主持，院党组成员和全体中层参加会议。会上，与会人员认真学习十八届三中全会公报和最高人民法院院长周强的讲话，充分认识“全面深化改革”这一新的重大部署的意义，深刻理解十八届三中全会对推进经济建设、政治建设、文化建设、社会建设、生态文明建设方面的巨大促进作用。

2014年，郊区法院积极开展“党的群众路线教育”活动，转变工作理念，提升思想境界，转变工作方式，在换位思考上下作文章、下功夫，努力在每一起案件中，都做到践行群众观点，让当事人能看得到、亲身体会到司法的公平正义。同时把“党的群众路线教育实践活动”，同“一村一警”活动的有机结合。活动中，该院4次召开由人大代表、政协委员、服务对象共同参加的座谈会，到平坦镇、西南异乡、李家庄乡以及“一村一警”活动联系村进走访调研120余次，深入区信用联社、区耐火协会召开座谈会2次，到枣园村、上千亩坪村，聆听先进模范和农村支部书记讲授党课2次。在党的群众路线班子民主生活会、中层科级干部民主生活会、党小组民主生活会上，严格按照“红红脸，出出汗”要求，将民主生活会开得严肃认真，使全院干警的精神面貌发生了巨大变化：干警的精神面貌有了新变化，主动承担艰难复杂的审判任务；工作作风有了新变化，主动与群众“零距离”，在处理一些难缠的案件时，干警的厌烦情绪明显减少；办案的均衡度好于往年。特别是结合党的群众路线教育实践活动，将“四风”问题纳入考核指标，进行定期通报，定期考核，奖惩兑现。对各项指标一直排名靠后的部门，对其庭长进行提醒谈话，使考核成为一切工作的指挥棒，本年度，郊区法院按照“五个严格”要求，进一步加强对干警队伍的管理。一是严格值班制度；二是严格车辆管理；三是严格人员的管理及教育；四是严格禁止借用当事人的交通工具，与当事人一起外出游玩，严禁和当事人一起参加消费娱乐活动；五是严格落实明查暗访制度，强化监督，严格执纪，对干警和各庭室（局）的考核得到进一步强化、细化和具体化。

与此同时，在班子队伍建设中，该院开展“十个一”活动：一是为每名党员发放一本笔记本，随时记录学习的心得和体会。二是党组成员轮流为全体党员至少上一次党课，重点学习习近平总书记关于人民法院的批示精神，观看《苏联亡党亡国20年祭》、“四风之害”等警示教育片。加强对“第二批党的群众路线教育实践活动”的领导。三是每星期至少举行一次集中封闭式学习，充分利用周一下午例会学习时间，集中学习或收看焦裕禄先进事迹材料，或学习上级文件及上级领导讲话等。四是结合一季度目标考核，改变以往集中开会，集中听取中层干部汇报工作的传统做法。政治处主任、纪检组长分别深入各庭室，认真听取他们对党组的意见和建议，明确努力方向。五是开展一系列企业应对市场风险的调研。4月16日下午，该院立案、民庭、执行口分管领导及庭室负责人，深入郊区信用联社，与该社中层以上领导干部联合办公和座谈，结合郊区法院审结的涉及经济金融的案例，认真分析信贷员放贷过程可能产生的管理漏洞，就信用社收贷过程中遇到的困惑，进行深入细致的探讨。六是开展一系列征求意见和建议活动，在全区“两会”期间，该院重点向人大代表、政协委员，征求对法院工作的意见和建议。4月21日，邀请人大代表、政协委员、服务对象和企业代表、律师，以及区直部门负责人，开展群众路线教育活动座谈。七是开展法官向村官问计活动。5月6日上午，该院领导带领干警深入李家庄乡汉河沟村，听取该村党支部书记、村委会主任宋晓文的对法院工作的意见。八是开展向老干部“送学”活动，针对离退休老干部行动不便、年龄偏大、集中学习困难等情况，将党的群众路线教育实践活动的有关资料，及时上门送到老干部家中，征求他们对开展党的群众路线教育实践活动的建议。九是派员参加省高院组织的舆情信息的培训。十是进行一系列的探索和创新。河底法庭在受理一起山东当事人离婚案中，尝试了网上立案，收到良好效果。

2015年，郊区法院积极开展“学习讨论落实”活动”、专项治理及践行“三严三实”活动中，该院始终将治理“六难三案”（“门难进、脸难看、事难办”、“立案难、诉讼难、执行难”、“人情案、关系案、金钱案”）问题，作为活动解决问题的重点，出台了专门方案，明确了责任领导、责任部门、责任人员和整改时限。1月7日，根据《中共阳泉市郊区委员会关于在全区深入开展学习讨论落实活动的实施意见》的要求，郊区法院党组制定出台了详细的《关于开展学习讨论落实活动实施方案》。该《方案》包括一个指导思想，五项目标任务，六项抓落实和六项保障措施。学习、讨论和落实活动的重点，在班子成员及各庭室负责人中开展。本次活动的特点是不分段不转段。院党组要求各责任人要紧扣活动的要求，保证活动做细、做实，确保工作、活动两不误、两促进。1月12日，郊区法院结合正在开展的“学习讨论落实”活动，冯晋明院长作了专题辅导。冯院长从推进法治中国建设的基本含义、主要内容、重大举措，以及领导干部如何确立法治思维等方面进行了详细讲解，并围绕“如何面对司法改革”等问题，同大家共同探讨和学习。

郊区法院全院干警聆听了当天的党课。作为“学习讨论落实”活动的重要内容之一，1月12日下午，郊区法院“学习讨论落实”活动领导小组办公室组织全院干警，在院四楼会议室，集体观看了教育警示片《警钟长鸣》。

为确保学习讨论落实活动取得实效，切实解决法院工作存在的“六难三案”等突出问题，全面落实省委政法委和上级法院《关于在学习讨论落实活动中开展专项整治活动的实施方案》精神，1月19日，郊区法院召开专项整治活动动员大会，纪检组长王培忠对《郊区法院关于在学习讨论落实活动中开展专项整治活动的实施方案》进行了具体安排，张海忠副院长传达了中共郊区区委学习讨论落实活动办公室《关于转发〈关于深入查找政治生态突出问题认真讨论整理反思剖析报告的通知〉的通知》，全院干警对照自身存在的问题进行了学习讨论和深刻反思。冯晋明院长作总结讲话，要求全院干警要从思想上认真对待，要从突出重点方面认真对待，要增强责任心，统筹协调，做好各项工作。2月2日，郊区法院召开“学习讨论落实”活动第二次专题讨论会，紧密结合专项整治活动，围绕法院如何通过净化政治生态，实现弊革风清，努力使人民群众从每一件司法案件都能感受到公平与正义展开，班子全体成员参加。郊区区委第8督导组组长、区人大城环委主任侯建强及区委政法委领导到会进行现场指导。

6月8日下午，为了深入开展“三严三实”专题教育，提高全院干警的政治理论素养，郊区法院党组书记、院长冯晋明为全院干警讲授党课，重点强调了以下几点：一是心要静，做到清心省事。二是气要平，做到心平气和。三是手要廉，做到两袖清风。7月6日下午，郊区法院班子召开“三严三实”专题民主生活会，党组书记、院长冯晋明主持会议，并带头发言，针对自己在“不严不实”等方面存在的问题，进行个人对照检查，作了诚恳的自我批评，虚心接受班子其他同志提出的批评意见。其他班子成员联系自己思想、工作和生活实际，逐一对照检查，剖析了不严不实问题产生的根源，每个同志发言后，其他同志提出批评意见和建议，体现了严肃认真、实事求是的良好风气，达到了预期效果。

8月26日，郊区法院组织中层干部以上20余人，观看中央党校祝彦教授作的《“三严三实”与共产党员的修养》专题讲座，进一步深刻领会“三严三实”的重大意义、丰富内涵和实践要求。之后，组织开展集中讨论，部分班子成员和庭长联系实际进行深刻反思。8月31日，郊区法院组织全院中层以上干部20余人，观看省委书记王儒林“三严三实”专题党课。8月31日，郊区法院中层以上干部以“严守党的政治纪律和政治规矩”为题，联系反面典型，组织开展一次研讨。四名领导干部联系个人的思想、工作、作风和生活实际，结合周永康、薄熙来、郭伯雄、徐才厚、令计划、苏荣严重违纪违法案件，特别是对照原市委书记洪发科案件“三个典型”和发生在该市、该区的腐败案例，深入剖析成因，认真反思、汲取教训，引为戒鉴、检身正己。

9月14日，为中国人民抗日战争暨世界反法西斯战争胜利70周年，扎实推进“三严三实”专题教育开展，郊区法院组织干警赴郊区档案馆参观档案史料图片展、档案史料实物展，通过大量典型性、代表性的历史珍贵照片资料、文史资料，了解郊区人民的苦难史和抗战史，重温当年革命烈士为郊区的解放事业和革命胜利抛头颅、洒热血的英勇事迹，以此进行革命传统教育。

第二章 业务建设、思想建设和廉政建设

第一节 干警培训

1975年2月，郊区法院建院。其时，正值文化大革命末期，郊区法院审判任务重、办案干警少，在仅有的7名工作人员中，仅有2名政法干部，其余干警为郊区机关干部或阳泉中院派至该区帮助筹建郊区法院的干警，且军队转业干部占相当大的比重，故该院非常重视干警队伍建设，把提高工作人员的政治理论、业务水平和文化修养，作为队伍建设的主要工作狠抓落实。其业务知识主要培训方式为“传、帮、带”，由具有一定审判业务知识、审判经验的干警，对新调入法院工作的同志进行言传身教。

1979年6月，《中华人民共和国刑法》《中华人民共和国刑事诉讼法》正式颁布，为确保“两法”于1980年1月1日起正式施行，郊区法院对干警进行《刑法》和《刑事诉讼法》培训。

1980年，郊区法院通过学习和贯彻“两法”和全国第二次民事审判工作会议精神，弥补了法律知识贫乏和理论基础肤浅的状况，坚定了以事实为根据，以法律为准绳的办案方针，并通过对审判案件的观摩和实践，排除了办案人员对司法审判工作的畏难情绪，增长了干警的业务知识。

1981年，全国五届人大三次会议通过并公布了新的《婚姻法》，依照中共中央和最高人民法院《关于学习、宣传和贯彻新<婚姻法>》的指示，郊区法院当即组织全体干警，认真学习、大力宣传落实新《婚姻法》的基本精神和党的路线、方针、政策，深刻领会新《婚姻法》的基本精神和主要内容，掌握处理离婚案件的界限。与此同时，法院党组组织干警进行了五次以研究具体案件为主的集中业务学习，刑事审判庭干警侧重学习《刑法》，民事审判庭干警侧重学习《民事诉讼法》（草案），并联系办案实际进行座谈，交流经验，互相促进。郊区法院干警通过办案实践在干中学、学中干，有效地增强了审判业务能力，增强了学习法律知识的自觉性。

1982年，郊区法院开展《宪法》《婚姻法》《民事诉讼法》《经济合同法》等有关法律的专题学习，有4名干警参加阳泉市政法部门组织的司法业务培训班学习，1人参加政法业务函授学习，另有1名副院长参加中央政法干校为期一个月的《民事诉讼法》专题学习。

1983年，根据中共中央和全国人大常委会关于“严厉打击严重刑事犯罪活动”

的精神，“严打”斗争在全国范围内展开，郊区法院在办案人员少、受理案件多、严打任务重的情况下，鼓励干警以自学为主，强调在办案中学习业务，在实践中增长才干，是年，先后派出5名干警，分别参加了山西省和阳泉市组织的司法业务培训班的学习，全院干警在法律知识和业务水平上，均有了新的提高。

1985年，为建设一支思想觉悟高、业务素质强的干警队伍，最高人民法院把提高法官业务素质和文化知识，提到重要议事日程，决定在全国法院系统创办“业余法律大学”。郊区法院按照上级要求，坚持“一手抓审判、一手抓办学”的指导思想，坚持“长期办学、服务审判”的工作方针，努力克服人、财、物方面的困难，订购了十余种业务书籍和报刊杂志等供干警学习参考，并严格坚持学习制度，采取以自学为主、边学边干的办法，提高干警的业务知识和司法实践能力。“智力投资”也比上年度明显增加，有力地推进了“业大”教学进修工作。是年，全院有5名干警参加“业大”学习，一人参加“电大”学习，2人参加“人文”类大专课程的学习，1人参加“政法函大”学习，在职参加大专学历学习的干警占全院总人数的36%。

1986年，郊区法院继续狠抓干警业务培训和文化素质提高，全院参加“全国法院干部业余法律大学”“电大”和“政法函大”共9人，占全院总人数的30%，在时间紧、审判任务重的情况下，“业大学员”一边挤时间参加“业大”学习，一边认真对待日常工作，保证了学习、工作两不误、两促进、两提高。

1990年，郊区法院继续鼓励广大干警自学成才，尽最大努力，在时间上、资金上、资料上为参加各种类型培训学习的干警提供方便，并不断总结经验，采取有力措施，解决工学矛盾，取得了较好成效。广大干警以参加“全国法律业余大学”的教学为主体，坚持专业攻读与业余学习相结合，开展多层次、多形式的学习活动，是年，全院有8名干警取得大专文凭，12名干警参加大专函授和专业证书学习。最高人民法院“业大”教学检查组，亲临郊区法院检查指导教学工作时，对该院坚持理论联系实际、狠抓教学工作的做法给予高度评价。

1991年，郊区法院经过持续多年认真开展的“业大”教学活动和多层次、多形式的干警培训教育，取得可喜成果，全院有两批学员共20名干警，完成了大专函授和专业证书的学业。本年内，另有10名干警考入“全国业余大学”，进一步提高了广大干警的整体业务素质，促进了审判工作的开展。

1992年、1993年，郊区法院继续加强干警培训学习，努力改善干警队伍文化结构，提高业务素质：一是积极创造条件，高度重视干警的业务培训，在全院有10名干警参加法律业大和法律电大学习的情况下，院、庭领导在工作时间上，尽量给予安排配合，资金财力给予大力支持，交通问题上给予优先解决，为干警学好业务知识提供有利条件，调动他们的学习积极性。二是制订相应的规章制度，全力支持干警参加上级法院的集中培训和业务庭组织的对口法律应用培训，促进干警不断更新法律知识，领会和掌握新的审判技能，进一步提高干警的专业知识水平。三是组织有关干警逐条逐项学习讨论《产品质量法》《未成年人保护法》等法律法规。此外，还经常性组织干警就重大、疑难、复杂的案件进行研讨，为干警提供取长补短、增强提高业务技能的机会。四是组织各业务庭开展审判模拟练习和开放观摩活动，并进行统一的总结讲评。五是要求干警按照新的《法律文书样式》起草法律文书，使干警在案件事实与实体处理的表述上，提高语言表达的条理性，增强文理与法理逻辑性，法律文书质量全部达到了规范的标准要求。

1994年，郊区法院一是组织干警学习《保护知识产权法》《赔偿法》等新法律法规，更新干警的法律知识。二是对干警外出学习和参加函大学习给予全力支持，全年投资3000多元用于干警学习。三是经常性地组织干警对审判实践中遇到的疑难复杂案件进行研讨，增加干警的业务技能和处理新类型案件的能力，提高案件质量。

1995年，郊区法院为培养造就一支业务素质高、文化结构科学合理的干警队伍，在要求全院干警加强自学的同时，通过报考函授学校、参加专业培训等形式，进行文化提高和业务知识更新，有32名干警取得大专文凭，2人取得本科文凭，9人取得专业证书，全院82%的干警取得了“大专”以上毕业证书，其中，三分之一的干警为跨学科、“双学历”复合型人才，干警队伍的业务素质显著提高，有力地促进了审判工作的开展，全院所办案件与往年相比，出现了“两无”“两高”“两低”的新进步，即“无冤假错案，无超时限审结案；审结率高，执行率高；二审发还率底，改判率低”。

1996年，郊区法院认真贯彻《法官法》有关“法官的条件”和对“法官培训”的规定，为全面提高法官的业务素质，更加注重干警队伍的业务知识学习和综合能力的增强。为此，该院明确规定：法院在册人员，凡获得大专学历的40岁以下者，必须在五年内力争获得法律本科学历；学历在大专以下者，必须在四年内取得法律审判专业证书；同时对业务学习的奖励作了具体规定：凡按要求取得审判专业证书者，奖励200元；对取得法律大专文凭的干警奖励300元；对取得法律本科文凭的干警，奖励500元；其学杂费、车旅费由法院财务报销。此外，郊区法院还开展评选优秀审判员、优秀书记员、优秀执行员和优秀法律文书系列业务活动，组织干警开展经验交流、案例研讨，使广大干警及时学到庭审改革中的新经验、新办法，出现了翟希、李慧斌、杨铁福、任学斌、刘伟、赵建军、史计平等一批新的“办案能手”。上述鼓励干警学习文化、学政治、学法律、学业务有关措施的落实，有效地调动了全院干警的学习热情，本年度，又有18名干警考上“全国法律业余大学”，全院法官队伍基本上实现了“年轻化、知识化、专业化、革命化”。

1997年，郊区法院组织干警，对分别于1月1日和10月1日实施的新修改的《刑事诉讼法》和《刑法》进行专题培训学习。一是坚持学习贯彻“两法”，同转变思想观念相结合，对干警思想上存在的模糊认识，组织大家学文件、讲形势，使审判人员树立“法官就是裁判者”的观念，消除了传统审判方式的思维模式。二是坚持学习贯彻“两法”，同业务培训相结合，组织干警进行专题培训5次28天，展开专题讨论1次2天，派法官外出学习30余人/次，组队参加全区“两法”百题竞赛和阳泉市法院系统“两法”知识竞赛，并取得优异成绩，邀请郊区检察院起诉科干警，共同观看模拟庭审录像，探讨新的庭审方式，通过上述一系列业务知识的培训学习，实现了广大干警准确运用“两法”审理案件的目的。三是学习贯彻“两法”坚持做到强化合议庭职能、强化庭审功效，先判后审，审、判分离的情况得到初步改变，增强了合议庭成员的责任心和事业感，全年合议庭审结的案件达60件，占审结总数的66.7%，实现了办案干警依法严把庭前审查关、驾驭庭审关、认定证据关三个关口的目的。四是坚持贯彻“两法”，同提高案件质量相结合，保证所办案件事实不存疑、证据不断链、定性不偏差、量刑不失度。全年所审案件实现了无一超期审理，无一超期羁押，一审生效的判决无一申诉、上诉，无一因定性不准而改判的“四无”目标。

2000年，郊区法院积极倡导学政治、钻业务之风，新年之初即制定相应的学习规划，确定了学习内容，明确了学习目标，并在时间上、内容上、人员上、质量上做到“四落实”。在政治学习上，明确规定每周二为政治学习日，采取“个人分散自学，庭室集中交流，院里统一辅导”办法，做到每周学习一次，每次一人主讲，每次一个主题，干警每周写一篇心得体会，全年共组织干警集体学习12次，各庭室组织干警学习150余次，全院干警写出学习心得体会300余篇。在业务学习上，院领导身先士卒，在狠抓自身业务素质提高的同时，进行言传身教，帮助干警吃透吃准立法原意，指导干警在具体司法实践中，正确适用法律法规，是年8月至10月，开展了为期二个月的庭审观摩活动，每位审判员作为审判长，组成合议庭，主审一个案件，案件从新立案的各类案件中抽取，由立案庭按序排期，制定庭审观摩活动，然后进行庭审观摩评讲，通过这些活动，审判人员认识到自己的不足，接受了许多宝贵的实践经验和相关知识、技能、技巧，达到了取长补短、相互促进、共同进步的目的。与此同时，郊区法院一如既往地支持干警参加业大的学习和其他院校法律专业的学习，并在资金、工作、生活等诸多方面给予支持和照顾。是年，郊区法院业大毕业生达46名，在校生5名，大学本科毕业生达12名，在校生4名，有1人攻读研究生。全院干警大专以上学历人数占全院干警总数的86%以上，其中，本科学历的干警占17%。为适应法院内部改革之要求，郊区法院还积极派员参加上级法院组织的各种业务培训6次，人数达80余人/次，资金支出上万元。通过政治、业务学习，郊区法院干警的整体政治、业务素质有了新的提高。

2001年，郊区法院进一步加强干警的教育培训工作，一是组织干警开展对新颁布的法律法规的研究探讨，《法官法》和《婚姻法》修改颁布后，选派干警外出学习培训116次21人。二是广泛开展读书活动，购置业务书籍200余册，知识类读物

100余册，订阅报刊42余种，为每位干警订阅一本《司法文件选编》，副庭长以上干部每人增订一份《山西审判》和《人民司法》等书刊，确保干警能及时了解全国立法动态、司法解释和审判实践上的成功经验，全面提高干警司法实践能力。三是继续加大干警学历教育力度，特别是为适应《法官法》提出的担任法官必须具备法律专业本科学历的要求，一如既往地支持干警上好法律院校，在生活、工作、经费等诸多方面予以支持。本年度，全院有大学本科学历的干警16名，比上年度增加4人，有20名干警攻读本科学历，1名干警在职进修法律专业研究生。

2002年，郊区法院把对干警的教育培训工作，作为一项政治战略任务列入重要议事日程，一如既往地支持干警上好各类法律院校，本年度，有20多名干警参加电大远程本科教育，有25人/次到外地参观学习，同时组织了法警队伍进行擒拿格斗等技能培训，开展法官审判实践交流和庭审观摩活动，有效地促进了审判人员办案水平的提高。

2003年，郊区法院按照“一个并重，三个转变”原则，全方位开展干警的业务培训。“一个并重”，即：注重知识型教育与实践能力型培训并重。“三个转变”，即：干警的教育培训由以前的学历教育为主，向岗位培训转变；由过去的应紧性、临时性培训，向系统化、规范化转变；由以往的普及性教育，向专业性教育转变。院庭领导身体力行，身先士卒加强自身的政治学习和业务水平提高，为全院干警起带头、作表率，激发了全院干警的学习热情，广大干警积极参加各种类型的业务培训和专业提升，形成了浓厚的学习氛围，全年进行岗位培训10余次，派干警外出学习3次31人/次，学历教育水平和业务知识培训实现了质的提高。本年度，郊区法院本科学历达19名，大专以上学历的干警达45人，占全院干警总数的95%以上。干警的政治素质、业务能力和文化水平均得到全面提高。

2005年，郊区法院根据市场经济法律关系多样化、主体多元化、利益多极化、立法多面化实际，采取集中培训、案件研讨、庭审观摩、法律文书评选等形式，加强干警对新颁布的法律法规的学习和培训，丰富干警的法律知识，提高干警应对新情况、解决新问题的司法能力。6月25日，郊区法院举办人民陪审员培训班，对23名人民陪审员进行业务培训。常务副院长史先玲，副院长任怀金、李永祥、院纪检组长张丽华、郊区司法局副局长郭彦珑等，就《刑事诉讼法》和《民事诉讼法》的有关内容进行授课，并开展庭审观摩及庭后座谈活动。12月7日，郊区法院全院干警参加中共郊区区委组织部、郊区人事局举办的《中华人民共和国公务员法》和公务员公共管理核心课程培训班学习。《中华人民共和国公务员法》经十届全国人大常务委员会第十五次会议通过，2006年1月1日起施行，该法将法院干警纳入管辖范围。法官们通过认真听讲，深入理解公务员制度的基本内容，全面掌握公务员管理的具体规定，并联系司法能力建设的实际，增强学习的针对性和有效性，为规范公务员管理、保障公务员合法权益、提高公务员素质、提高审判工作效能打下坚实基础。

2006年，郊区在加强干警业务培训的同时，进一步强化域内人民陪审员专业知识的学习提高。4月3日，郊区范围的人民陪审员，在区法院组织下，集体到阳泉中院参加业务培训。培训期间，全体人民陪审员通过经验交流、理论授课、观摩庭审、座谈研讨等方式，学习了《刑法》《刑诉法》《民商法》《民诉法》《行政法》《行政诉讼法》的基础理论及实践运用，学习了与司法审判相关的职业道德、审判纪律要求等综合基础知识，有效地提高了人民陪审员的业务素质和相关知识。培训期间，全体人民陪审员就如何正确履行职责，谈了自己的感受，对不甚明了的专业法律知识，向法官进行了咨询。4月13日，郊区法院全院干警及部分人民陪审员60余人，参加了《合同法》知识培训班。

2007年5月，《中华人民共和国物权法》经第十届全国人民代表大会第五次会议表决通过，为了确保干警能在这部法律正式实施前，准确掌握其立法精神和详细条款，郊区法院一是由中心组带头学习，并将学习研讨《特权法》的人员扩大到中心组成员以外的各庭、室负责人，通过认真学习、积极宣讲、广泛讨论等方式，进一步明确《物权法》出台的作用和重大意义。二是专门下发通知，对全院干警积极开展《特权法》的学习活动作了安排部署，各庭室则利用专门时间，组织干警集中学习，带着问题学习，相互提问题、找答案，并从基本理念和法律制度入手，联系《民法通则》《土地管理法》《城市房地产管理法》《农村土地承包法》《担保法》等法律中关于物权的相关规定，注重掌握"立、改、废"等基本法治精神，加深干警对《物权法》的理解，融会贯通，确保在今后审理房屋买卖、房屋权属争议、拆迁安置、土地承包经营权，以及涉及财产分割的离婚等案件时，能够准确娴熟地利用《物权法》，保护所有权人的合法权益，促进社会和谐。

2009年，郊区法院全面创新干警教育培训方式方法，由外出参加培训学习的干警亲自授课，讲述学到的新知识、新经验。11月2日，郊区法院召开全院干警大会，冯晋明院长、李永祥副院长、王志红庭长分别就本年度外出培训情况，向全院干警作了介绍，并结合各自外出培训学到的新知识，分别讲述自己的认识和体会。冯晋明院长主要讲述了三个方面的内容：一是坚持党的事业至上，树立正确的司法和谐观，切实履行司法审判职能；二是坚持人民利益至上，树立正确的群众利益观，不断提升司法服务质量；三是坚持宪法和法律至上，树立正确的司法政绩观和文化建设观，大力加强法院队伍建设，积极弘扬法院司法文明。

2010年，郊区法院一是组织党组成员、中层以上干部，学习2月份最高人民法院新颁布的《人民法院工作人员处分条例》，院长冯晋明亲自作本讲座的理论辅导，从政治纪律、办案纪律、廉政纪律、组织人事纪律、财经纪律和失职行为、违反管理秩序和社会道德等七大方面，逐条予以详细解析。二是对新聘用的10名书记员进行集中岗前培训，8 月 12 日至 13 日，郊区法院邀请阳泉中院政治部副主任赵丽萍和两名优秀书记员，分别结合工作实际，详细讲解法院书记员的条件、地位、工作方法，及新时期法院工作任务、特点，郊区法院纪检组长张丽华，给书记员们讲解了廉政方面的相关知识。通过这次培训，使新录用的书记员明确了自己的工作职责，提高了其责任意识，增强了其组织纪律性，促进了书记员整体素质的提高。三是组织行政庭全体干警，针对 2010 年 11 月 18 日起施行的《最高人民法院关于审理房屋登记案件若干问题的规定》，开展集中学习研讨，着重学习该《规定》的背景意义、法律意图、疑难问题处理等。

2012 年，郊区法院对干警的培训一是对法官及其他工作人员进行全员培训，2 月 14 日至 15 日，该院集中两天时间，采取外出培训人员轮流授课方式，就刑事和民事审判工作的热点、难点问题，进行了全员培训和共同研讨学习。二是组织开展政法干警核心价值观教育实践活动，及应知应会考试。考试内容以政法干警核心价值观、人民法官职业道德基本规范、执法工作基本规范、《廉政准则》为依据，重点考察干警对主题教育实践活动内容的掌握情况。三是本着强化人权意识，实现惩罚犯罪与保障人权的统一，强化程序意识，确保程序合法公正，强化证据意识，保证刑事案件办案质量，强化时效意识，确保刑事司法活动公正高效，强化监督意识，防止刑事司法权滥用的目的，于 9 月份，组织干警集中学习新修改的《刑事诉讼法》，积极抓紧做好实施前的各项准备工作。

2013 年 11 月 12 日，郊区法院邀请山西省高院资深专家平磊，为全体干警举办了一场贴近法院工作、实用性较强的司法礼仪讲座，使全院干警对司法礼仪，有了一个全新的认识。平磊处长从“礼仪”的内涵和重要性、“礼仪”的表现形式等，结合基层人民法院日常工作面临的新形势，就法院工作人员的服饰礼仪、职场礼仪和交往礼仪等，进行了深入细致的讲授，同时结合司法实践中的正、反面事例，从古至今、从国内到国外、从图片到文字、从理论到实践、从工作到生活，向干警们展示了司法礼仪的风采和主要形式，干警通过专题培训，对司法礼仪在强化司法公正形象中的重要性有了深刻的理解。

2014 年，郊区法院以岗位培训、能力培训为重点，不断提高自身的业务能力。继续由外出培训人员轮流为全院干警授课的方式，共同学习、互相提高。并通过审判委员会案例研讨、定期开展庭审观摩等措施，促进全院干警及时改善和更新自身业务知识结构，提高业务水平和办案技能。本年度，郊区法院举办刑事审判研讨会 1 次，民事审判研讨会 2 次，行政审判研讨会 1 次，并派干警参加了省高院举办的舆情培训班。

2015 年，郊区法院以岗位培训、能力培训为重点，不断提高干警自身业务能力。由外出培训人员轮流为全院干警授课，重点围绕立案登记制改革、新《行政诉讼法》颁布展开。同时通过审判委员会案例研讨、定期开展庭审观摩等措施，促使自身业务知识结构得到及时更新，干警的业务水平和办案技能得到了新的提高。5月4日，郊区法院在四楼会议室举办立案登记业务专题培训会。这次培训会继续采取由外出受训人员轮流为全院干警授课的传统方式，由立案庭庭长史历文负责主讲。她深入浅出地解读了立案登记制度改革的背景、立案登记与审查的区别、登记和不予登记的情形和法院应对的措施等。冯晋明院长在培训会上对实施立案登记提出了相关要求。5月28日，郊区法院举办为期一天的“人民陪审员培训会”，对30多名人民陪审员进行了集中培训。冯晋明院长对各位人民陪审员提出了三点期望：一是要全面了解自我，树立强烈的职业自豪感和责任感；二是要要加强学习，充实自我，不断提高自身的业务素质和审判能力；三是要摆正关系，积极参与，自觉处理好人民陪审员工作与本职工作的关系。9月份以后，郊区法院法警队，充分利用工作间隙，狠抓日常训练，特别是针对体能训练和岗位练兵，开展了一系列科学规范、紧张有序的训练活动，将日常训练工作常态化。

第二节　思想政治工作

1977年，郊区法院在中共阳泉市郊区委和阳泉中院直接领导下，组织全体干警认真学习马列著作和毛主席著作，在积极参加区委、区政府中心工作、保卫中心任务的同时，联系郊区司法战线实际，批判文化大革命期间对司法工作的“一个砸烂”“三个否定”，把搞乱的思想、理论是非纠正过来，进一步提高干警阶级斗争、路线斗争和继续革命的觉悟。12月28日～29日，组织干警参加郊区区委主持召开“司法工作学大寨、学大庆”会议，并根据会议精神，掀起学习贯彻会议精神的高潮，即在全院开展学先进、赶先进、找差距、定措施活动，进行社会主义革命竞赛，把大寨、大庆的根本经验真正学到手，重点是把大寨大队的司法经验——“加强人民调解，小矛盾不出村（车间）、大矛盾不出社（厂、矿），矛盾不上交，解决在基层”，运用到具体的司法工作当中，让大寨、大庆精神在郊区开花结果。

1978年，根据中共阳泉市委、中共阳泉市郊区区委安排部署，把揭批林彪、“四人帮”活动放在思想政治工作的首位，组织干警广大继续深入学习马列和毛主席的阶级斗争论述，批判林彪、江青集团的极左路线。

1979年，郊区法院根据中共阳泉市郊区区委安排部署，组织干警开展基本路线教育，并遵照中共中央指示，积极参加新《宪法》的宣传，在全区掀起学习新《宪法》、贯彻新《宪法》、实行新《宪法》的高潮。与此同时，及时传达贯彻“全国第八次司法工作会议”和山西省、阳泉市相继召开的司法工作会议精神，在加强学习、广泛讨论，进一步提高干警思想认识基础上，结合郊区法院自身实际，继续批判文化大革命期间在司法战线上“三否定一砸烂”论调。

1980年，郊区法院组织全体干警认真学习、贯彻中共十一届三中全会精神，使广大干警对中共中央关于把全党全国的工作中心，转移到经济建设上来的重大战略部署有了深刻的理解和认识，有效地提高了全体干警的思想觉悟，在改革开放、全党全国工作中心调整的关键时刻，广大干警识大体、顾大局，保持了同中共中央的高度一致。

1981年，郊区法院思想政治工作主要做了四方面的工作：一是针对社会上各种不良思潮自由泛滥，社会风气比较混乱的实际，组织干警学习《中共中央关于若干历史问题的决议》，通过大摆三中全会以来出现的大好形势和学习有关文件，澄清了糊涂观念，提高了思想认识，明确了做好本职工作与转变社会风气的关系，增强了做好本职工作的决心和信心，增强了广大干警思想上、政治上、行动上同中央保持高度一致的自觉性。二是根据“中发〔81〕21.30号文件精神，从政治思想到组织行动等全方面开展整党工作，以进一步解放思想，提高广大党员对改革开放的认识。三是广泛开展“五讲、四美、三热爱”活动，在全院兴起了文明办案、礼貌待人、爱岗敬业的良好风尚。

1982年，郊区法院全体干警分四批，参加中共阳泉市郊区区委组织的十二大文件学习，进一步提高全体干警的政治理论水平和思想觉悟，保证了从思想上、政治上同中共中央保持高度一致这一政治纪律的落实。在郊区区委组织的政治经济理论学习考核中，郊区法院取得全区第二名的好成绩。

1983年，郊区法院根据中国共产党第十二届二中全会决定，从本年度下半年开始，对党的作风和组织进行全面整顿。与此同时，全面加强对全体干警的共产主义思想教育，组织全体干警认真学习《党员必读》《十一届三中全会以来重要文献简编》《毛泽东同志论党的作风和党的组织》（简称“三本书”）和《邓小平文选》，通过学习整党文件，广大党员包括全体干警，对党的性质、纲领和任务的认识进一步提高，对党员标准的认识进一步增强，更加坚定了广大党员和干警对十一届三中全会以来党的路线、方针和政策的信念，也增强了执行党的方针、政策的自觉性，确保了党员和干警在政治上保持了同党中央的高度一致。本年度，在全院工作中，涌现出两名模范党员，1个先进集体（刑庭），10名先进个人，其中，3人出席了阳泉市先进工作者大会，2名干警予以记功奖励。

1984年，郊区法院继续认真学习贯彻中共十二大二中全会精神，进一步加强干警队伍思想建设，狠抓政治学习和业务提高，把每星期五确定为全员学习日，以中共十一届三中全会以来的文献和《邓小平文选》为政治学习的主要教材，以《刑法》《刑事诉讼法》《民事诉讼法》（试行）、《经济合同法》《婚姻法》等为业务学习的主要内容，提倡能者为师，集思广益，坚持自学为主，辅导为辅的方法。是年11月，中共十二届三中全会公报公开发表后，法院党组又组织全体干警集中三天时间，对《中共中央关于经济体制改革的决定》进行学习、座谈和讨论，坚持用改革开放的理论和党的政策武装干警头脑，使干警的思想认识进一步提高，适应改革的新形势的能力进一步增强。

1985年，郊区法院狠抓干警的理想教育和纪律教育，确保法院干警在政治上与党中央保持一致。9月18日至23日，根据中共十二届四中全会决定，中共全国代表大会召开。郊区法院组织广大干警认真学习大会通过的《中共中央关于制定国民经济和社会发展第七个五年计划的建议》，深刻理解中共中央关于发展社会主义商品经济的精神，充分认识坚持四项基本原则，反对资产阶级自由化、进一步健全社会主义法制、加强和改进思想政治工作，以及深入进行有理想、有道德、有文化、有纪律的教育重大政治意义。同时结合老山英雄报告团的先进事迹，深入持续地开展思想政治工作。由于郊区法院党组对理想与纪律教育抓得紧、要求严，全院干警的精神面貌始终保持了积极向上、廉洁司法的良好风尚，保证了全院干警在送礼风、说情风面前原则性强，对各种歪风邪气顶得住、站得稳，公正、公平的法制战线坚守得牢。

1986年，郊区法院组织全体党员开展整风活动，采取"对照检查、提高认识，找出存在问题，制定整改措施"方法，整顿党风、整顿警风、整顿院风，思想政治工作深入到干警工作的各个层面，全院干警严格执法、文明执法、廉洁执法蔚然成风。

1987年，郊区法院认真开展干警队伍组织纪律整顿，进一步加强思想政治工作，全面改进机关工作作风，提高干警工作效率，促进了法院工作的制度化、条理化。

1989年春夏之交，北京发生政治风波期间，郊区法院党组一班人，严格按照中央要求，组织各庭、室领导和全体干警，集体收听、收看中央电视台专题节目，认真组织学习中共十三届四中、五中全会公报，深刻领会邓小平、江泽民针对北京政治风波的重要讲话精神，并联系实际，组织干警进行讨论。通过一系列形象生动的思想政治工作，广大干警进一步明确了北京政治风波的实质，认识到维护安定团结是法院干警的神圣职责，纷纷表示，一定要在这场斗争中经受住考验，高质量、高效率完成审判任务。经过认真细致的思想教育和政治引导，在北京政治风波期间，郊区法院全体干警立场坚定，旗帜鲜明，坚守岗位，奋发工作，没有一人参加或支持动乱。与此同时，郊区法院克服北京政治风波造成的社会上的不安定因素，针对性地制定了工作制度和考勤制度，完善了岗位责任制度和"定人、定案、定时间、提高案件质量"的任务目标考核制度。

此外，在北京政治风波期间，郊区法院党组要求党员干部必须严格遵守政治纪律，旗帜鲜明地反动动乱和暴乱，为确保这一政治要求得到全面落实，该院制定了外出办案"不围观、不信谣、不传谣、不离队"的"四不"政治纪律。凡外出办案，必须副院长和各庭长亲自带队，严守政治纪律，在北京政治风波期间，由副院长和各庭室领导，亲自带领五个办案小组15名干警，分赴京、津、黑、吉、辽五个省、市30多个地县，圆满完成了审判和执行任务。

1990年，郊区法院狠抓一个重点，开展四项教育，进一步加强思想政治工作，开展党的路线和改革开放形势教育，以提高干警的政治素质。一个重点，即以党员骨干队伍这个重点。是年，郊区法院有党员19名，占全院干警总数的45%，党员素质直接关系全院干警的素质的高低，因此，郊区法院始终把党员队伍建设放到重要的议事日程。年初，即组织党员参加全区整党，对党员进行党风党纪的教育；中共十三届六中全会召开以后，及时组织党员，认真学习《中共中央关于加强党同人民群众联系的决定》，引导广大党员对自己的工作进行检查，确立全心全意为人民服务的观念。同时利用民主评议党员的机会，组织群众对党员进行评议，在党内开展批评与自我批评，让每个党员按照标准对照检查自己的差距，看自己的先锋模范作用发挥得如何，进行自我教育，通过这些活动，有效的增强了党员队伍的党性原则，使全体党员的政治素质不断提高，党员在各个工作岗位上的表率作用得到充分发挥。是年，郊区法院坚持对全院干警进行四项教育，思想政治工作落到了实处：一是开展四项基本原则教育，引导大家回顾党的历史和改革开发的历史，认识我国实行社会主义制度和坚持中共领导的历史必然性，增强大家坚持四项基本原则的自觉性；二是开展廉政教育，以法院干部“八个不准”和廉政建设“七项措施”为主要内容，结合郊区法院廉政制度和审判工作面临的新问题，以及社会上的不正之风，全面加强干警廉洁执法教育，提高清正廉明、无私奉献的自觉性；三是开展职业道德教育，不断提高广大干警严肃执法、秉公办案的责任感，牢固树立全心全意为人民服务的观念，努力当好人民的公仆，积极为人民群众排忧解难；四是开展遵纪守法教育，引导干警认识组织纪律对党的事业和个人成长的重要性，增强干警遵纪守法的自觉性。在思想教育的同时，郊区法院党组还在日常工作、学习、生活上热情关怀每个干警，解决他们的实际问题，以进一步增强政治思想教育的说服力和凝聚力，使广大干警的整体素质有了新的提高。全院有三个庭室8名干警，被阳泉中院荣记集体三等功和个人三等功，12名干警受到市、区机关表彰。

1991年初，根据中共中央关于开展干警纪律教育和执法队伍整顿的精神，郊区法院针对存在的“十大问题”，通过召开党组民主生活会、“四教四学”教育、重温入党志愿书，开门整顿，把全院的党风、院风、警风建设提到了一个新的高度。

一，以正确的指导思想抓好队伍整顿工作。年初，郊区法院即着手进行纪律教育，在全院干警中开展“执法守法”和职业道德教育，为干警队伍整顿工作奠定了坚实的思想基础。在干警队伍整顿中，引导干警摆问题，查漏洞，开展自查自纠，从四月上旬开始，先后召开党组会、党组扩大会、庭室干部会和全院干警大会，认真贯彻中共山西省委关于整顿执法队伍的指示精神，结合审判机关的性质、特点，成立了领导组和办公室，制定了干警队伍整顿的实施方案，确立了一手抓整顿，一手抓审判，以整顿促审判的指导思想。在此基础上，组织干警认真学习党中央关于清除腐败、为政清廉和密切联系群众的一系列指示的精神实质，学习江泽民总书记“七一”讲话和山西省委第六次党代会精神，以及省、市、区委各级领导机关关于整顿执法队伍的决定，从三个方面入手，提高干警对整顿执法队伍工作的认识：一是从防止和平演变的战略高度，从建设有中国特色的社会主义的角度，认识的本次执法队伍整顿的必要性；二是从人民法院在新时期如何发挥好“专政”与“服务”两个职能的作用，来认识执法队伍整顿的重要性；三是从执法队伍存在着的腐败问题，来认识执法队伍整顿的迫切性。

二，强化措施落实，引深整顿工作。在开展队伍整顿中，根据整顿步骤和整顿工作在各个不同阶段的措施，使整顿工作扎扎实实地进行。一是院领导带头在民主生活会上揭摆自身存在的问题，自觉把自己摆进去，把问题亮出来，将自己置身于群众监督下。二是邀请区人大、政协、区政法委、组织部、纪检委和公、检、司等机关的领导参加，带头揭摆在思想、作风和联系群众等方面存在的10个问题，并进行深刻的自查。三是把整顿工作同“四教四学”结合起来，即同理想教育、职业道德教育、廉政教育、革命传统教育和学雷锋、学焦裕禄、学燕居谦、学翼城县法院紧密结合起来，结合庆祝“七一”党的生日，组织干警进行党的传统教育，进行党风、党纪和党的知识教育。创办“学习燕居谦，争做好党员”“七一”专栏，组织全体干警集体观看电影《焦裕禄》，要求广大党员以燕居谦、焦裕禄为榜样，持之以恒地为人民群众办好事、办实事。组织共产党员、共青团员和入党积极分子，参观狮垴山“百团大战纪念馆”，缅怀革命英烈，瞻仰英雄业绩，进行革命传统教育。

三，采取多种形式进行开门整顿，开门评院。一是建立“一箱三簿”即举报箱、参加整顿考勤簿，学习讨论记录簿和揭摆问题登记簿。二是印发公开信和征求意见卡，院领导轮流接待群众，接受群众的批评意见。三是组建巡回法庭，深入全区13个乡镇和区直厂矿企事业单位，面对面听取人民群众对法院工作“说长道短”，征求到群众意见30多条，实地办案20多件，接待来访群众100多人/次，解答法律咨询50余条，促进了全院干警队伍整顿进一步引向深入。

1993年，郊区法院继续深入开展思想作风整顿与组织纪律建设，大力加强干警队伍的思想建设。该院在思想政治工作中，坚持正面教育与反面教育相结合，坚持专题教育与常夫教育相结合，坚持点上教育与面上教育相结合，坚持党内的党组教育与党外的政纪教育相结合，坚持领导干部教育与普通干警教育相结合，坚持典型教育与普遍教育相结合等多种方法，开展“向周振国、张保怀同志学习的活动”和“反腐败纠风专题教育”，进一步增加了领导班子和干警队伍的严肃执法意识、甘当人民公仆意识、遵纪守法规范执法的责任意识、改革创新意识和服务意识。并在反腐纠风活动中，开展全员性自查自纠活动，特别是通过法院党组民主生活会深刻的批评与自我批评，找准了在领导作风、超标准接待等方面存在的问题，找准了整改措施，明确了开创法院新局面的新思路、新举措，增强了领导班子在政治上的凝聚力和组织领导能力，增强了干警政治上的免疫力和工作中的战斗力。其“六个结合”的思想政治工作经验，受到阳泉市、阳泉中院和郊区区委、区政府的好评。

1995 年，郊区法院结合学习孔繁森等先进模范求实奉献为人民的事迹，引导干警树立正确的人生观，增强服务意识，在干警的思想提高、业务能力增强和纪律作风过硬上下硬功夫，建立起《民主生活会制度》《民主评议党组成员制度》和《民主考评领导干部业绩制度》，强化“五个教育”：即为人民服务宗旨教育、反腐倡廉纠风教育、爱岗敬业职业教育、时事政治形势教育和纪律作风教育，起到了激励干警斗志、提高干警认识、增强全院团结、鼓舞全院士气的作用，受到山西省高院、阳泉中院充分肯定，并以《工作简报》形式，在全市和全省推广郊区法院的思想政治工作经验和教育整顿经验。

1996 年，郊区法院以中共六中全会精神为指导，按照“从严治警内强素质，从严治院外树形象”的工作思路，“抓例子，率先垂范；抓教育，锤炼内功；抓业务，提高素质；抓作风，从严治警；抓改革，改善环境”。在自身建设上，突出提高思想和政治、业务和作风四个素质，以此提高“一班人”和环节干部在政治上的凝聚力，廉政上的免疫力，工作上的创造力，作风上的号召力。在此基础上，进一步加大思想政治工作和学习教育力度，着重学习“中国特色社会主义理论”“两个决议”“四本书”及江泽民总书记《党员干部一定要讲政治》等一系列重要讲话，深刻领会和掌握精神实质，提高自身政治素质。通过学习教育，干警普遍树立和增强了“五种观念”，自觉处理好“五种关系”，促进了审判工作的开展：一是增强全局观念，把审判工作置于全区工作大局之中，正确处理完成审判任务同郊区中心工作的关系。二是增强服务观念，进一步拓宽服务领域，竭诚为人民，为社会，为大局服务，正确处理好办案的社会效益同经济效益、法律效果的关系。三是增强公平观念，以公平执法赢得社会信任，以公平执法树立法威，正确处理国家、集体和个人之间权利义务的关系。四是增强改革观念，认清形势，解放思想，摒弃陈旧作法，正确处理好“改革进取”和“规范执法”的关系。五是增强公仆观念，深刻反腐纠风，大树清正廉洁的清风正气，正确处理抓廉政同抓勤政的关系。与此同时，充分发挥政工科、办公室的职能作用，有目标，有计划，有组织地开展“三比三看”活动，即：比艰苦奋斗，看工作实绩；比公仆意识，看办案质量；比廉洁奉公，看遵纪守法，收到了良好效果。

1997 年，为“创高素质的法官队伍，创高标准的文明法院，创高水平的审判业绩”，郊区法院提出“不学政治不明方向；不学业务没有本钱；不联系群众没有基础；不廉洁奉公没有威信”的加强干警思想政治工作、审判业务能力和纪律作风建设的基本思路，思想政治工作上，组织干警学习邓小平理论和江泽民总书记一系列重要讲话，重点学习中共十五大政治报告，领悟其精神实质，并把十五大要求，落实在具体的审判实践工作中。在作风教育上，借队伍整顿之东风，采取“三查三看三纠”的方法，广泛开展以职业道德和执业纪律为主要内容的“揭、摆、议”活动，即：查思想，看为人民服务的思想牢不牢，纠有无对群众生硬、冷漠和耍态度问题；查作风，看职业道德和执业纪律观念强不强，纠有无“吃、拿、卡、要”等为警不廉的问题；查案件，看案件质量好不好，纠有无办黑案、办私案、办人情案及违反程序法和实体法的问题。通过上述活动，广大干警普遍树立了全局观、服务观、公平观、改革观、公仆观，做到了用邓小平理论武装“脑门”，用十五大精神砌垒“正门”，用一身正气的过硬作风堵住“后门”，解决了干警中存在的“只埋头办案，不抬头看路”问题。

1998 年，郊区法院坚持“从严治警内强素质；从严治院外树形象”，以政法队伍的教育整顿工作为契机，以班子建设为龙头，以强化管理为手段，以提高干警的政治、思想、业务、作风四个素质为依托，把队伍建设和学习贯彻中共路线、方针、政策有机结合起来，把队伍建设与制度管理有机结合起来，把队伍建设与业务建设有机结合起来，把队伍建设与法官法的实施有机结合起来，大力开展干警队伍的思想政治工作，在审判、执行工作中，树立了法制权威，重塑了人民法院公正执法、廉洁执法、司法为民的形象。

1999 年，郊区法院坚持用马克思主义世界观、价值观、人生观，武装干警头脑，着力开展以邓小平理论为内容的政治思想教育；开展以“勤奋立业、爱岗敬业、艰苦创业”为内容的作风教育，利用每周五的全员化学习日，大兴学习之风，组织干警学习 230 余次，开展“为谁执法、为谁服务”专题讨论 50 次。干警写出心得体会 280 余篇，通过学习教育，广大干警普遍树立了全心全意为人民服务的“公仆”观念，树立了依靠群众、密切联系群众的“群众”观念，树立了服从大局、服务两个文明建设的“服务”观念，树立了忠于职守、快审快结快执的“效率”观念；树立严于律己、廉洁奉公的“廉政”观念，使干警的思想政治业务素质明显提高。

2000 年，郊区法院把干警队伍建设，同贯彻执行党的路线、方针、政策有机结合起来，同法院内部改革有机结合起来，同强化内部管理有机结合起来，以进一步提高全体干警的政治、思想、业务素质。一是抓学习、强素质。把政治学习、业务提高，作为队伍建设的首要任务，大力倡导学政治、钻业务之风。年初，即制定全年、全员学习规划，确定学习内容，明确学习目标，保证了时间、内容、人员、质量的“四落实”。政治学习上，明确规定每周二为干警政治学习日，采取“个人分散学习，庭室集中交流，院领导统一辅导”的办法，坚持做到每周至少学习一次，每次一人主讲，每次一个主题，每周干警写一篇心得体会。业务学习上，院、庭领导身先士卒，在狠抓自身业务素质提高的同时，言传身教，帮助干警吃透吃准立法原意，指导干警在具体司法实践中正确适用法律法规。二是抓作风，塑形象。按照“领导抓，抓领导”的工作思想，出台具体的考核标准和考核程序，成立考核机构，配备相应的人员，全面推行党员干部廉政目标责任制，层层签订责任书，形成“一把手亲自抓，环节干部配合抓，纪检部门具体抓”的廉洁治院新格局，同时设立举报箱、举报电话，定期召开廉政监督员和社会各界群众座谈会，听取各方面的意见和建议，以进一步改进工作作风，堵塞管理漏洞。三是以“三讲”教育为契机，5至7月份，开展副庭以上干部“三讲”教育和全院干警纪律作风整顿，制定具体可行的实施方案，紧紧围绕“群众是否高兴，是否赞成，是否拥护，是否满意”四个标准，查看思想纯不纯，作风正不正，工作细不细，执法严不严，裁判公不公，采取自查、互查、评查方式，通过三讲教育和纪律作风整顿，广大干警自觉揭摆思想“疵点”和工作不足之处，对查出的问题，及时制定措施，加以纠改，同时开展“为谁执法，为谁服务”专题讨论20余次，组织评查各类案件1600余件，干警的政治觉悟有了提高，工作作风有了改进，勤奋立业、爱岗敬业蔚然成风，执法形象有了明显改善。

2001年，郊区法院继续深化“争创人民满意的好法院，争当人民满意的好法官”活动。5月份，根据上级法院指示，开展以职业道德为核心的“一教育、三整顿”活动。采取“自己找、相互查、大家评、互相帮”办法，对照活动的具体要求和“三个有利于”，查看思想纯不纯、作风正不正、工作细不细、执法严不严、裁判公不公。特别是紧紧围绕公正司法核心，确立建设高素质队伍的人本战略，以“基础建设年”“改革年”活动为载体，以强素质、改作风、树形象、保质量、求公正为目标，按照江泽民总书记“三个代表”要求，全面贯彻执行最高院《五年改革纲要》，以及加强基础建设的指示精神，重点解决学习制度不到位及重业务、轻政治问题，重点解决队伍中服务意识薄弱，对法院内部认识不足等问题；重点解决执行工作力度不强，措施不硬，效果不佳等问题，把整改效果转化到实现人民满意的公正司法形象上来，工作作风明显改进，执法形象明显改善。

2002年，是全国法院系统整顿和改进审判作风年。对此，郊区法院围绕“除六害、匡院风、扬正气、强素质、创佳绩”思路，一是组织干警深刻学习领会“三个代表”重要思想、中共十六大报告，以及上级法院有关文件精神，不断增强干警“公正和效率”意识，采取自查、互查、评查的办法，查思想，看宗旨意识牢不牢；查作风，看廉政意识强不强；查案件，看案件质量高不高，重点解决态度粗、蛮、横、硬、推和裁判不公、办事拖拉、效率低下问题，整治散、懒、软、混、闹、捞等不良作风。同时大力开展“三个代表”学教活动和回访复查工作，制定切实可行措施，将全院分成十个调研小组，深入农村农户，调查研究，征求意见，并制定相应措施，认真纠正存在问题，取得明显效果，受到区“学教”办好评。通过深入细致的政治思想建设和纪律作风建设，干警的思想和工作作风均有了明显改进，服务诉讼群众、服务中心工作的观念进一步增强。

2003年，郊区法院大力开展“执法为民”专题教育，组织干警展开“为谁掌权、为谁服务、为谁执法”专题大讨论，同时开展“做好公仆、服务群众，当好法官、确保公正”论文征集活动，广大干警积极响应，踊跃参与，有6篇论文在市、区报刊发表。通过一系列学习教育活动，干警的公仆意识、责任意识、大局意识、服务意识明显增强。

2004年，郊区法院进一步加强思想政治工作，一是深入开展“外学任长霞、内学于昌明”活动，着力开展政治业务学习教育、职业道德教育、警示系列教育，在全院形成了树典型、扬正气的工作氛围。二是开展以职业道德为核心的“四看四比”活动，一看干警思想认识是否有高度，比学习体会是否有深度；二看查找问题是否有力度，比纠正问题是否有速度；三看工作作风是否有好转，比审判工作是否有突破；四看能否坚持原则公正裁判，比是否敢与同不正之风作斗争。

2005年，郊区法院以“保持共产党员先进性教育”为主题，紧紧围绕“发展、平安、和谐”工作主线，营造良好的政治学习氛围。活动中，以集中学习为主，以个人自学为辅，统一安排时间、统一指定学习内容，在首先进行两次集中学习基础上，每周至少安排4个课时的集中学习时间，并要求干警根据学习内容，写出相应的心得体会，全年集中学习的学时达88小时，近50名干警写出心得体会文章440余篇，党组书记、院长李保来的心得体会在《警钟》杂志发表，其他干警的26篇文章，也在省部级以上报刊上相继刊登。

2006年，郊区法院从审判工作实际出发，政治思想以学习贯彻“八荣八耻”为主线，突出社会主义荣辱观教育。4月份，组织干警开展专题学习，要求广大干警要结合自己的思想和工作实际，将“八荣八耻”作为基本要求，要求干警将“以服务人民为荣、遵纪守法为荣”融汇到思想中，体现在行动上。一是深刻理解胡锦涛总书记关于“八荣八耻”的重要内涵和意义，充分认识提出“八荣八耻”的时代背景，逐字逐句理解讲话内容，牢固树立起社会主义荣辱观。二是党员领导干部率先垂范，树立良好党风政风，在党员干部中进行“以服务人民为荣、遵纪守法为荣”教育，确保党员领导干部用好手中权，时刻牢记为人民服务的宗旨。三是教育引导干警牢记“八荣八耻”，以身作则，不仅在本职岗位上贯彻全心全意为人民服务的宗旨，当好人民公仆，而且在社会生活中，严格自律，严格要求，做“八荣八耻”的积极实践者，用自己的模范言行和人格力量，为广大群众做出表率。四是以“八荣八耻”为指导，进一步提高政治素质，树立人民法官公正执法、廉洁奉公的良好形象，解决好“为谁掌权、为谁执法、为谁服务”这一根本问题，促进干警政治素质和业务素质双提高、双促进。

年内，郊区法院根据新形势下思想政治工作的新要求，认真开展十六届六中全会精神学习辅导。10月23日，该院党组召开专题会议，集体学习贯彻中共十六届六中全会《关于构建社会主义和谐社会若干重大问题的决定》，对全院掀起学习贯彻十六届六中全会精神高潮作出安排部署，以提高党组成员和广大干警对构建社会主义和谐社会的认识，要求全院干警把认真学习贯彻中共十六届六中全会精神，同郊区法院开展的社会主义法治理念教育专项整改活动紧密结合起来，同时结合郊区法院工作实际，按照构建民主法治、公平正义、诚信友爱、充满活力、安定有序、人与自然和谐相处的社会主义和谐社会要求，正确处理新形势下人民内部矛盾，认真解决人民群众最关心、最直接、最现实的利益问题，切实维护好当事人的合法权益。

本年度，郊区法院为进一步加强思想政治工作，全年组织干警集中学习50余次，法警大队集训达30多个工作日，新聘任法警训练达40个工作日。

2007年，郊区法院思想政治工作紧密结合“作风建设年、狠抓落实年”活动，一是开展“作风建设大家谈”演讲活动，引导干警创新观念，创新体制，创新服务，进一步优化郊区发展环境。二是开展“纪律作风整顿”活动，通过自查自纠，互查互纠，接受监督，普查普纠，使全院干警的工作作风建设，做到“五求五性”：思想上求进步，保持先进性；学习上求真，保持知识性；办事上求实，保持务实性；工作上求新，保持时效性；作风上求廉，保持廉洁性，广大干警通过“作风建设年、狠抓落实年”活动，工作作风有了明显改善，服务水平有了明显提高，群众满意度有了明显上升，整个法院的社会公信力得到进一步增强。

2008年，郊区法院把中共十七大精神和十七届三中全会精神，作为思想政治工作主要内容，深入开展“大学习、大讨论”活动。8月29日，组织干警观看“颜色革命”警示教育专题片，紧密结合各自的思想认识，进行深入细致的讨论，通过直观形象的警示教育专题片，广大干警全面了解了“东欧剧变”和独联体一些国家“颜色革命”背景、原因和后果，深刻了解了复杂的国际形势和西方敌对势力反华、反社会主义的野心和预谋，受到一次直观生动、刻骨铭心的思想政治教育。本年度，郊区法院还组织干警开展“读书思廉”活动，营造学廉、思廉、崇廉、守廉的良好执法氛围。通过上述形象生态、丰富多彩、形式各异的思想政治工作，进一步提高了干警的思想认识，坚定了他们的政治信念，使广大干警牢固树立了“党的事业至上，人民利益至上，宪法法律至上”的“三个至上”司法理念。

2009年，郊区法院深入开展学习实践科学发展观活动。3月27日，该院召开深入开展学习实践科学发展观活动动员会，就此项活动的主要任务、学习内容、时间安排，以及具体要求作了精心安排。院长冯晋明针对活动提出三点要求：一是希望全体干警充分认识科学发展观的重大理论意义，增强立足审判工作作为科学发展提供司法保障的自觉性和坚定性，增强运用科学发展观指导自身建设的主动性和创造性；二是希望广大干警明确活动的指导思想、任务、内容和方法，切实解决法院在队伍建设方面存在的问题；三是希望全体干警以高度负责的态度、改革创新的精神、求真务实的作风，认真学习、查摆问题、扎扎实实开展此项活动，圆满完成各项工作任务，有力推动郊区法院队伍建设不断向前迈进。

是年8月，郊区法院组织全院干警收看电视连续剧《苍天》，重温老一辈政法干警在工作、生活条件十分艰苦的年代，始终保持吃苦在先、享受在后，亲民爱民的优良办案作风和工作方法，从老一代干警创立人民司法事业这一最可宝贵的精神财富中汲取营养，营造“立足本职工作，从身边小事做起，发扬人民司法的优良传统，牢记司法为民根本宗旨，努力为大局服务，一心为人民司法，为建设中国特色社会主义事业做出新贡献”的良好工作氛围。

是年12月，该院召开党组中心组学习（扩大）会，按照山西省委关于学习“右玉精神”的决定，冯晋明院长代表院党组，就全院干警学习“右玉精神”，进一步加强司法作风建设提出四点要求：一是以“右玉精神”为榜样，坚持“三个至上”指导思想，增强对“司法人民性”的政治认同、理论认同、感情认同；二是在工作中把握重点，找准结合点，努力提高为大局服务、为人民司法的能力；三是抓重点、抢进度，全力冲刺全年各项工作目标。四是各部门要认真对照年初确定的目标任务，找差距、找原因，重点围绕做好调解工作、执行工作和当事人的息诉服判工作等三个重点，出实招、出重招，实现定纷止争，案结事了，为“保增长、保民生、保稳定”提供优质司法保障。

2011年，郊区法院以“发扬传统、坚定信念、执法为民”主题实践活动为抓手，继续深化创先争优和学习型党组织创建活动，扎实开展群众观点大讨论和“五个一”活动：进行一次重温入党誓词革命传统教育；参加一次上级举办的知识竞赛；开展一次“纪念党的华诞，实现创先争优”党建暨廉政征文活动；参与一次全区组织的“唱红歌”活动；举办一次廉政知识演讲比赛。在参加全市法院系统廉政知识竞赛中，获得了第一名。

是年，为全面加强干警思想政治工作，该院党组于7月4日，集体学习胡锦涛在庆祝中国共产党成立90周年上的重要讲话，并采取全院集中学、庭室分散小组学和个人业余学等形式，在全院掀起学习胡锦涛总书记七一重要讲话精神热潮，并将学习成果运用于工作实践当中，切实提高了司法为民能力，增强了司法为民意识。11月，召开全院干警大会，组织干警学习贯彻“全国法院系统社会主义法治理念再学习、再教育电视电话会议”精神，学习王胜俊院长在讲话中提出的“十个深刻理解和正确把握”和“三个至上”的法院工作指导思想，按照“两为”工作主题和“从严治院、公信立院、科技强院”工作方针，树立“公正、廉洁、为民”的司法核心价值观，采取专题学习、专题讨论、专题实践的方式，开展政治思想教育，把社会主义法治理念转化为推进法院各项工作的强大动力，以推动郊区法院各项工作科学发展。12月，组织干警收看“詹红荔先进事迹视频报告会”，学习詹红荔从事少年审判工作的9年中，秉持能动司法理念，结合审判实际摸索出的“三三九不工作法”；学习詹红荔经过不懈努力下，挽救了一批又一批少年犯和问题少年，化解了一个又一个社会矛盾的先进事迹；学习詹红荔在平凡的工作岗位上，做出不平凡业绩，受到人民群众的广泛赞誉的先进经验。党组书记、院长冯晋明希望全院干警以詹红荔为榜样，学习先进典型，弘扬“公正、廉洁、为民”司法核心价值观，在全院营造“学先进、争先进、当先进”的良好氛围。

2012 年，郊区法院以保持共产党员纯洁性教育和开展政法干警核心价值观活动为主线，开展政治学教活动，通过召开座谈会、演讲比赛、开辟宣传栏、进行革命传统教育等形式，使干警吃透、吃准政治学教活动的精神要领，实现思想政治工作内化于心、外化于行的目的。同时按照全国、全省政法工作会议要求，制订了《郊区法院五年发展规划（2012 至 2016）》，对 2012 年至 2016 年的政治教学和思想政治工作作了规划。3 月 26 日，召开以“忠诚、为民、公正、廉洁”为主题的政法干警核心价值观教育实践活动动员大会。党组书记、院长冯晋明希望广大干警，充分认识“忠诚、为民、公正、廉洁”为主要内容的政法干警核心价值观的重要意义，深刻领会社会主义核心价值观体系是政法干警的政治本色、宗旨理念、价值追求和基本操守的精神实质，要求广大干警深入学习贯彻中共十七届六中全会精神，把“忠诚、为民、公正、廉洁”政法干警核心价值观，贯穿于具体的执法办案当中，牢固树立社会主义法治理念，努力成为社会主义核心价值体系的坚定信仰者，积极传播者和模范践行者。6 月 27 日，为进一步增强思想政治工作的实效性和针对性，该院组织干警收看《苏联亡党亡国 20 年祭》《居安思危》党内系列教育参考片 (四集)。通过上述一系列思想教育，全院干警对前苏联亡党亡国的惨痛教训有了深刻认识，也更加坚决了在中国共产党领导下，走中国特色社会主义道路的信念。7 月 4 日，组织干警观看《忠诚与背叛》。7 月中旬，又组织干警观看“全国法院弘扬政法干警核心价值观报告会”上宋鱼水、陈燕萍、翟树全、詹红荔等 4 名优秀政法干警的精彩报告，领悟新时期政法干警“忠诚、为民、公正、廉洁”的深刻内涵。7 月 30 日，该院干警集中收看山西卫视播放的《彭云同志先进事迹报告会》，学习彭云同志致力于改变山村贫穷落后面貌，立党为公、执政为民、扎根基层、大公无私的可贵品质和崇高精神。广大干警表示，要认真学习好他忠诚于党、忠于人民事业的坚定信念，学习他对人民高度负责的伟大情怀，学习他兢兢业业、扎实工作的优秀品质。广大干警纷纷表示，在以后的工作中，要把彭云精神贯彻到本职工作之中，学先进、坚信念、讲奉献、比干劲，全力为实现转型跨越发展目标贡献自己的力量，以工作实绩迎接中共十八大胜利召开。

同年 11 月，郊区法院组织干警学习中共十七届七中全会公报，要求广大干警一是强化政治意识和政治纪律，切实把思想和认识统一到中央精神上来，把智慧和力量凝聚到中央的重大决策部署上来，在政治上、思想上、行动上同党中央保持高度一致，自觉维护党的集中统一；二是做好迎接服务中共十八大工作，努力营造迎接中共十八大胜利召开的良好氛围，动员全院党员立足岗位作贡献，加强思想引导，维护社会和谐稳定；三是在中共十八大召开后，通过组织中心组学习，开展十八大精神宣讲报告、专题辅导，举办学习研讨班等多种形式，迅速掀起学习贯彻中共十八大精神的热潮。同时，结合法院的实际，研究提出贯彻落实中共十八大精神、做好明年工作的思路和措施，不断加强制度建设，进一步落实党建工作责任制，推动形成长效机制。加强机关干部队伍建设，不断提高党员干部的思想政治素质和业务能力。

从 11 月 20 日到本年度底，郊区法院把学习中共十八大精神和习近平总书记的讲话精神，作为思想政治工作的重点，广大干警对十八大政治报告提出的新思想、新观点、新举措、新部署，尤其是“核心价值观”“廉洁政治”等，有了更加深刻的认识，切实增强了干警的政治责任感和历史使命感。

2013 年，郊区法院进一步引深十八精神的学习贯彻，结合中央颁发的“八项规定”，组织广大干警精心研读文件精神，理清思想脉络。特别是结合群众路线教育实践活动，努力实现由向书本学到向基层学的转变，先后两次组织全院中层以上领导干部，分别到平坦镇枣园村、西南舁乡，一方面聆听感悟郊区农村先进典型人物，对发展社会主义新农村的介绍和他们对司法工作的切身感受，另一方面，开展“法官向村官问计”活动，进一步拉近人民法院同基层单位的距离，贴近同人民群众的感情。同年 11 月，郊区法院组织全体干警，开展学习十八届三中全会公报和最高人民法院院长周强讲话专题活动，使广大干警充分认识到，十八届三中全会是对全面深化改革作出的新的重大部署，必将全面推进经济建设、政治建设、文化建设、社会建设、生态文明建设。广大干警纷纷表示，一定要把思想和行动，统一到党中央关于全面深化改革重大决策部署上来，一定要把中共十八届三中全会精神学习好、理解好、宣传好，使全会精神深入人心，并成为今后审判活动的行动指南。基层人民法院的工作，更要按照中共十八届三中全会对新时期司法工作提出的战略部署和总体要求，使法院中心工作和队伍建设取得新进步、新发展。

党的群众路线教育实践活动座谈会

2014 年，郊区法院进一步加强中共十八届三中全会、四中全会精神的学习贯彻，组织全院干警观看《苏联亡党亡国20年祭——俄罗斯人在诉说》专题教育片和《四风之害》专题片，增强党员和干警对党的群众路线教育实践活动重要意义的深刻理解。干警们一致认为，上述两部专题片具有很强的警示教育作用，人民司法工作一定要坚持中国共产党的领导，齐心协力，努力工作，公正技法，为构建和谐社会作应有贡献。同时按照《郊区人民法院关于开展党的群众路线教育实践活动实施方案》安排部署，郊区法院党组中心组开展党的群众路线教育实践集中学习活动，党组成员同全体中层以上领导干部共同学习《毛泽东论为人民服务》、“《人民日报》关于《习近平总书记视察兰考》系列报道”等文献。

中共十八届四中全会后，郊区法院按照“四结合”方式，认真学习贯彻全会依法治国的精神。一是“学研”结合，二是“学宣”结合，三是“学践”结合，四是“学考”结合，12 月 18 日，该院召开全院干警大会，对以“深入学习贯彻习近平总书记系列重要讲话精神，净化政治生态、实现弊革风清、重塑山西形象、促进富民强省”为主题的学习讨论落实活动进行动员部署，十八届四中全会精神的学习贯彻掀起了新的高潮。

2015 年，为深入贯彻落实党的十八届四中全会精神，展望司法改革主题，郊区法院结合正在开展的“学习讨论落实”活动，1 月 12 日，冯晋明院长作了专题辅导。冯院长从推进法治中国建设的基本含义、主要内容、重大举措，以及领导干部如何确立法治思维等方面进行了讲解，并围绕“如何面对司法改革”等问题，共同进行了探讨和学习。6 月 8 日下午，为深入开展“三严三实”专题教育，提高全院干警的政治理论素养，郊区法院党组书记、院长冯晋明为全院干警讲授党课，重点强调了三项要求：一是心要静，做到清心省事。二是气要平，做到心平气和。三是手要廉，做到两袖清风。

七一前夕，郊区法院召开全体党员大会。这次党员大会与以往不同的是，并没有对优秀党员进行表彰，而是通过院党支部成员为全体讲党课的形式迎接党的生日。这次活动紧紧围绕“三严三实”活动展开。会后，全体党员认真结合这次党课，分别写出了自己的心得体会。8 月 31 日，郊区法院组织全院中层以上干部 20 余人，观看了省委书记王儒林同志“三严三实”专题党课。干警一致表示，在今后工作中，要进一步深刻领会“三严三实”的思想内涵，深入查找自身不严不实问题，加强党性修养，转变工作作风，提高司法公信力。

第三节 廉政建设

1975年2月建院之初,郊区法院干警多为革命转业军人,或出生于工人、农民家庭、在区直机关工作的干部，其时，处于“文化大革命”后期，干警队伍极为清正廉洁。

1978 年，郊区法院根据中共中央有关，开展“揭、批、清”运动（即揭发批判林彪、江青集团罪行，清查本院有没有和“四人帮”有牵连的人和事），经查全院没有此类事件和人物。

1981 年，根据中发“〔81〕21.30 号”文件精神，郊区法院党组开展从政治思想到组织行动全方位整党工作，大力整治党风，进一步解放干警思想，提高广大干警对改革开放的认识，扭转党风建设中出现的脱离群众等不良倾向。

1984 年，郊区法院狠抓干警思想建设和组织建设，认真落实各项规章制度，廉政建设被提到重要议事日程。

1985 年，郊区法院狠抓对干警理想教育和组织纪律教育，把理想和纪律教育同学习老山英雄报告团先进事迹结合起来，涌现出许多不徇私情、秉公执法的模范干警。副庭长赵鹏和审判员王五宝不徇私情，拒收贿赂，依法办案，受到广泛赞扬。10 月份，书记员刘满贵拾到一个钱包，内有人民币 70 多元和粮票及其他票证，上交院领导后交还失主，受到大家好评。由于郊区法院党组对理想与纪律的教育抓得紧、要求严，全院干警精神面貌发生深刻变化，保证了干警在刚刚兴起的送礼风、说情风面前保持坚定的党性原则和职业操守，实现了“顶得住、站得稳、守得牢”目标。

1986 年，郊区法院组织全体党员开展整风活动，采取“对照检查、提高认识，找出存在问题，制定整改措施”方法，整顿党风、整顿警风。整顿院风，干警精神面貌大为改观，保持了党风正、警风清、院风廉的良好风气。

1987 年，郊区法院以改进机关作风，提高工作效力为目标，大力加强制度建设，促进法院工作制度化、条理化、规范化、标准化，廉洁从政、廉洁自律、廉洁执法，成为该院最重要的管理制度和干警最重要的从警守则。

1989 年春夏之交北京政治风波期间，郊区法党组从讲政治高度，旗帜鲜明地反对资产阶级自由化，同时建立廉政制度，注重标本兼治，进一步抓好廉政建设。一是以秉公执法为天职，在“八不准”基础上，结合实际制定了“三个不准”：即不准将审判人员将住址告诉当事人，不准在调查取证单位吃饭，不准接受代理案件律师宴请，受到市、区、乡（镇）三级人大代表一致褒扬。二是牢固树立公仆意识和全心全意为人民服务观念，在人民群众中树立法院干部的良好形象，把依法办好各类案件，作为具体的为人民服务的体现，要求干警心中想着人民，办事为了群众。三是严禁收受贿礼，贪赃卖法，徇私枉法，要求干警不得吃请，不得在自己家接待当事人，拒绝向当事人透露其他审判人员住址，对找上门的当事人，不得谈论案件情况，全年干警拒贿、拒礼、拒请、拒情 20 人 / 次，保持了人民法官廉洁奉公的工作作风。四是严肃执法，严禁暴露审判机密，不准向当事人和与案件有关人员，或社会其他人士透露未公开的结果，涉及正在审理的案件情况，不准随意表态。五是实行办事制度公开，除有法律特别规定案件审理不得公开外，所有案件均依照法律规定实行公开审理制度，审判流程实行公开告知制度，增进和密切了同人民群众的联系。六是接受人大代表和人民群众监督，定期不定期邀请人大代表和人民群众座谈，接受监督指导，全面推动和促进法院廉政建设。

附：《关于开展执法大检查工作的实施方案》

（阳泉市郊区人民法院阳郊法〔1989〕3号文件）

根据山西省高院“〔1989〕晋法研字第26号”文件、中共阳泉市委“〔1989〕9号”文件的安排和阳泉市中级人民法院“〔1989〕阳发第10号”文件《关于开展执法检查工作的实施方案》的文件精神，以及中共郊区区委、区人大常委会《关于执法检查的工作安排意见》，为了把执法检查这项工作搞好，经郊区人民法院党组研究，提出如下实施方案。

一、执法检查工作领导组，组长由院长侯艾同志担任，副组长由副院长韩彦秀、赵维田同志担任，成员有刑庭庭长赵鹏、民庭庭长魏仕琪、经济庭庭长李福，检查工作分刑事组、民事组和经济组进行，刑、经组组长由韩副院长担任，民事组由赵副院长担任。

二、检查工作的主要内容和重点。执法检查工作要紧紧围绕郊区人民法院各级干部的审判人员执法、守法的情况和一九七九年以来贯彻执行与法院审判工作密切相关的《宪法》《刑法》《刑诉法》《民法通则》《民诉法》《继承法》《经济合同法》《治安管理处罚条例》以及全国人大常委会关于从重从快打击严重刑事犯罪和严重经济犯罪的有关决定等法律、法规的情况进行检查。重点检查在刑、民、经等各项审判工作中是否做到了有法必依、执法必严、违法必究的原则；是否坚持了今年中央政法工作座谈会制定的方针；是否坚持了秉公执法，顶住了人情、送礼、行贿风的干扰侵蚀；是否存在徇私枉法、受贿卖法的行为，有无违反法院工作纪律、暴露（泄露，原文如些，编者注）审判秘密和事典事实、颠倒是非、造成错判现象，有无超职权办案和随意取舍隐匿案件证据材料或者歪曲民意、伪造假口供、假笔录等问题。有无久拖不决的、互相扯皮的、不能及时审结的和群众反映强烈的案件或者郊区人民法院已经审查发现尚未纠正的案件，有无违反实体法和程序法等问题。

三、执法检查的具体方法，根据中院实施方案精神，和区委、区人大的安排意见，结合郊区人民法院具体情况，方法上主要采取“三查一公开”。第一，查案件，在市法院系统进行评查之前，郊区人民法院对八九年上半年审结的案件进行认真的自查，对八0年至八八年的案件，主要采取回顾总结的方法进行，并把历年的工作和案件评查情况汇总综合起来，既要肯定成绩，又要找出存在的问题。第二，查申诉。对一些当事人申诉是重复申诉的案件，要责成专人进行认真的复查，看是否存在问题，对原判确有错误的案件，要按照审判监督程序，及时提起再审，依法重新处理。第三，查违纪。对于群众举报或反映的干警执法中存在的问题，要组织力量认真查处，做到件件有落实，对于违法违纪的人和事，一经查实要严肃处理。第四，增强执法检查的透明度和公开性。向社会各界和人民代表征求对法院工作是意见。广泛认真听取基层干部和群众的意见。在认真检查的基础上进行总结整改，对查出的问题能当即解决的当即解决，不能当即解决的限期解决。

四、执法检查工作的步骤

七月十五日至八月十五日为学习提高认识阶段，八月十六日至十月十六日为自查阶段，十月二十六日以后总结教育和整改阶段。

五、具体要求：

1.提高认识，加强领导。全院干警要充分认识这次执法检查工作的重要意义，切实加强领导，领导要亲自动手，保证不走过场。

2.把执法检查工作与加强廉政建设和提高干警素质结合起来，通过检查提高干警执行中共政策和国家法律加强廉政建设的自觉性。既要发出问题，又要健全措施，表彰先进，查处违法。进一步提高审判水平。

3.加强汇报请示制度。对于检查工作中发出的问题及时向上级法院请示汇报，得到及时指导，使检查工作扎扎实实开展起来。

4.学习先进经验。在检查中要认真学习上级法院和兄弟法院的先进经验和做法，与此同时，还要认真总结自己的经验和问题，一定要把这次执法检查工作搞出成效来。

1990年，郊区法院坚持从严治党，紧紧围绕“一个重点、四个教育”加强廉政建设，即以党员和业务骨干的思想建设为重点，开展四项基本原则教育、廉洁自律教育、职业道德教育和遵纪守法教育，规范干警行为，确保廉洁执法、文明执法、严格执法。

1991年，郊区法院以坚持四项基本原则为廉政教育的根本，以廉政建设为主题，坚持从严治院，在加强思想政治工作同时，开展严肃的思想作风、工作作风、组织纪律等方面的整顿，在公务活动中，坚决制止用公款吃喝送礼等化公为私的歪风邪气，建立、健全各项内部管理制度，保证了审判职能的充分发挥。

1992年，郊区法院认真学习贯彻邓小平南巡谈话精神，结合山西省、阳泉市和阳泉郊区关于全面加强党风建设和廉政建设的一系列决定，下发“阳郊法〔1992〕第1号”《阳泉市郊区人民法院引深法院队伍建设整顿实施方案》，进一步引深法院干警队伍专项整顿，坚持实事求是、正面教育为主原则，针对全市法院在“三件事”方面存在的违法乱纪问题，通过学习动员、自查自纠、重点查处、整改建制和检查总结四个阶段，突出三个重点，狠抓七项工作，确保全院党风、警风、院风明显好转。三个重点：即重点查处各类诉讼案件中徇私舞弊、枉法裁判问题和其他严重违法违纪案件；重点对象是法院中层以上领导干部，包括各庭室和人民法庭领导干部；重点范围是群众反映较大的“三件事”涉及的部分庭室和人员。七项工作：一是尽快查结上年度整顿中遗留的案件，及时查处本年度发现的各类违法违纪案件。二是认真检查1989年以来判处缓刑、管制、免予刑事处分的情况，重点为改判、发还的各类诉讼案件。三是查处和纠正应当受理而没有受理的“关系案”“人情案”，对泄露审判机密等违法乱纪问题，重点查处贪赃徇情、枉法裁判的问题。四是认真检查、处理在公务活动中，违章超标公款吃喝，及受馈赠礼品、挥霍浪费等问题，清理领导干部和普通干警拖欠公款问题。五是检查和纠正带有行业特点的不正之风，教育干警以依法办案为最高行为准则，廉洁自律。六是继续清调不适合做法院工作的人员。七是清理、查处诉讼费、执行费、罚没财物，及其他财经收支中存在的违法违纪问题。

此外，本年度郊区法院结合党风廉政建设实际，开展“三查、三揭、三议、三纠”：即查不廉洁表现、查管理漏洞、查行业不正之风；揭徇私枉法、揭露刁难群众，揭露办“关系案”“人情案”；议违法违纪的思想根源，议为政不廉的严重危害，议领导干部的带头作用；纠正思想建设、组织建设、作风建设上存在的共性问题和个性问题）。对查出的违法违纪问题进行清理查处。对个别性质严重、影响较大、涉及领导干部的问题，及时立案严肃查处。对查清的案件和问题，正确定性、准确把握政策和纪律界限。凡涉及追究党纪、政纪和刑事责任的，由专门人员按规定程序办理。对不适合在审判岗位和法院工作的人员，按照既要坚决又要慎重的原则，由党组集体研究提出处理意见，征得任免机关同意后，上报备案，查实一个清调一个，确保法院干警队伍的纯洁性。

1993年，郊区法院狠抓院风、警风建设，先后下发《关于立即停止超规收费以及对罚没款、赃款赃物进行全面清理的决定》和《关于深入开展反腐败斗争加强廉政建设的实施方案》，开展“反腐纠风”自查自纠活动，对办“关系案”“人情案”的违法违纪行为和收到的诉讼费等，进行全面查纠，对某一财务管理较为混乱的派出法庭，及时采取整改措施。在此期间，坚持边整边改、边查边改，健全和充实了“十严十禁”等纪律规范，并采取发放征询意见卡的形式，进行有选择的案后回访，同时聘请执法监督员，从党内到党外，从院内到院外，加强人大监督和社会监督，廉洁执法监督机制得到进一步强化。

1994年，郊区法院乘“两个东风”，狠抓三个方面教育，推进四项工作，确保廉洁执法、规范执法。两个东风：一是乘人大评议法院工作之东风，强化案件复查，从上年度5月份开始，郊区人大对法院工作进行全面评议，首先是对前一年的审判工作，进行全面彻底复查，在全院干警中，进行两次自查自纠，对查出的问题，结合队伍建设实际，制定行之有效的措施加以整改。二是乘中共阳泉市郊区区委开展的“政法队伍限期整顿”之东风，通过整顿干警队伍，狠抓三个方面的教育：一是加强职业道德教育，使干警认清形势，在市场经济改革和深化过程中，如果经不住商品经济大潮冲击，就会被击垮淘汰，使每个干警明确只有拒腐蚀、永不沾，才有两袖清风，只有说法办案才能秉公执法；二是以长治市公安局个别干警沦落为罪犯的沉痛教训作为反面教材，对干警进行规范执法、文明执法、廉洁执法教育，先后开展树新风、刹歪风教育，使干警增强了拒腐防变能力。三是深入持久开展廉洁奉公教育，组织干警对钱与法、权与法、情与法进行深入讨论，教育引导干警坚持正确的人生观、价值观，从而为干警穿上“防弹衣”。

1995年，郊区法院狠抓廉洁执法“薄弱点”治理，以全面提高干警队伍拒腐倡廉的自觉性。随着改革开放不断深化和社会主义市场经济全面发展，权、钱交易等问题时有发生，拜金主义不时侵袭人们的思想和灵魂，为增强干警抵制社会上不良风气侵蚀的自觉性，提高干警拒腐、防变、倡廉、保洁的能力，一是开展世界观、人生观教育，教育引导干警从政治思想上充分认识人的价值，认识人民法官的价值，认识人民法院的价值，特别是结合学习孔繁森活动，教育引导干警树立正确的人生观、价值观，在解放思想中，注重改造灵魂，在转变观念中，注重为人民服务。二是开展职业道德教育，教育引导干警正确行使审判权，以自己的实际行动，以合法、规范的司法行为，维护法律的尊严。与此同时，开展争当优秀审判员评比活动，先后进行“十不准教育”，制定了拒礼、拒贿、拒赠、拒请、拒情的“五拒”规定，增强干警拒腐蚀能力，树立起人民法官的高大形象。三是开展“廉洁办案竞赛活动”，把廉政教育同具体工作融为一体，渗透其中，确保廉政建设取得实效。全年法院干警拒礼、拒贿90余次，金额达2万余元；拒吃、拒请300余次，受到群众好评。

1996年，郊区法院以庭室为单位，以职业道德和职业纪律为主要内容，以“揭、摆、议”为主要形式，开展“整纪刹风”活动。活动中，采用“三查三看三对照”办法，加强廉政建设，即：对照“群众满意不满意，群众拥护不拥护，群众赞成不赞成，群众高兴不高兴”四个标准，看为人民服务的观念牢不牢，查思想纯不纯；对照最高院“八不准”和郊区法院廉政制度，看作风正不正，查为警廉不廉；对照《法官法》要求和标准，看工作细不细，业务精不精，查裁判公不公，执法严不严。与此同时，郊区法院党组印发《给当事人的一封公开信》，并设置举报箱，公布举报电话，聘请13名人大代表，15名政协委员，担任法院廉政监督员，自觉接受群众监督、党和人大监督、新闻媒体监督。全年干警拒贿420余人/次，价值达46000余元。

1998年，郊区法院开展“从严治警内强素质，从严治院外树形象”活动，以班子建设为龙头，以强化管理为手段，以提高干警政治、思想、业务素质为依托，以重塑法威、重塑形象为目的，采取六条措施，促进党风廉政建设全面加强：一是设立举报箱和举报电话；二是在新闻媒体上，公布“教育整顿”有关安排和部署；三是广泛征求郊区各乡镇、厂矿企业、事业单位干部群众对法院工作的意见，共发放《征求意见书》1125份；四是邀请35名人大代表，政协委员召开座谈会，认真倾听他们的意见和建议；五是走访13个乡镇65个自然村、35个企业，倾听群众呼声；六是对1996年、1997年审结的2300余件案件全部进行复查，做到有错必纠。此外，通过认真坦诚的“揭、摆、议”，广大干警大胆揭摆自身或同事存在的问题，特别是针对本院干警常奕被捕一事，展开广泛深入的讨论，深刻反思常奕被捕给郊区法院带来的负面影响，从中汲取沉痛教训，检查自己有无“吃、拿、卡、要”等为警不廉问题，有无对群众态度生硬、蛮横问题，以及有无“三同”“三争”“三滥”“三案”“三超”问题。为进一步扩大查找问题面，郊区法院设立举报电话和举报箱，并通过报纸、电台、电视台等新闻媒介，公布于众。全年向当事人印发《征求意见信》1125份，邀请30余名人大代表、政协委员召开座谈会，自觉接受社会监督。本年度，干警拒贿228人/次，拒请260余人/次，党风廉政建设进一步加强。

1999年，郊区法院党组继续狠抓领导班子政治、思想、作风、业务建设，以进一步提高法院领导班子政治上的凝聚力、廉政上的免疫力、工作上的创造力为目标，实现了重大活动领导监督到位、重大案件审理领导把关到位、干警遇到困难领导帮助到位。是年2月5日，郊区人民代表大会常委会下发“阳郊人发”〔1999〕4号”公告，郊区法院审判员常奕，因犯受贿罪，被阳泉市城区法院判处有期徒刑一年，缓刑两年，其审判员职务自然撤销。

2000年，郊区法院全面推行党员干部廉政目标责任制，出台具体考核标准和考核程序，成立考核机构，配备考核人员，层层签订责任书，并设立举报箱和举报电话，定期召开廉政监督员和社会各界群众座谈会，听取各方面的意见和建议，帮助法院改进工作作风，堵塞管理漏洞，形成了“一把手亲自抓，环节干部配合抓，纪检部门具体抓”的铁面治院新格局。与此同时，该院以“三讲”教育为契机，对副庭以上干部开展“三讲”教育，根据“群众是否高兴、是否赞成、是否拥护、是否满意”四个标准，对干警纪律作风进行整顿，全年共开展20余次“为谁执法，为谁服务”专题讨论，检查干警的思想纯不纯、作风正不正、工作细不细、执法严不严、裁判公不公。对查出的问题及时制定措施，加以纠改，是年，组织评查各类案件1600余件，尤其是通过纪律作风整顿，干警的政治觉悟有了提高，工作作风有了改进，勤奋立业、爱岗敬业蔚然成风，执法形象有了明显改善。

2002年，郊区法院狠抓廉政建设，重点整治“散、懒、软、混、捞”消极现象。是年初，该院党组即与各庭、室，签订了《党风廉政建设责任书》，形成了“党组牵头、成员分工、纪检具体负责、庭室协调配合”的廉政建设格局，并将干警的住宅、电话、电脑等情况、好人好事、受奖励和受处分情况，以及群众反映问题的来信来访情况逐一进行登记，建立健全了干警廉政档案，设立了举报箱、举报电话，邀请人大代表、政协委员召开座谈会，听取他们的批评意见，进一步强化内部和外部监督的有机结合，在干警中形成了自觉拒礼拒贿、严肃执法的良好风气。

2003年，郊区法院根据党风廉政建设工作重点及郊区纪委对党风廉政建设的具体要求，全面落实党风廉政建设责任制，狠抓“三个落实”，夯实廉政建设根基；做到“三个率先”，塑造廉政公正形象；抓好“四个结合”，制止奢侈浪费行为；贯彻执行“十条禁令”，强化队伍建设。特别是按照执法大检查活动的要求，开展以“三查三看三对照”为内容的执法检查自查活动。对照“群众是否满意、群众是否拥护、群众是否赞成、群众是否高兴”标准，看宗旨意识牢不牢，查思想纯不纯。对照《法官法》规定的“十三个不得有”行为、中共阳泉市委政法委“十条禁令”和郊区人民法院廉政制度，看作风正不正，查为警廉不廉。对照《法官职业道德准则》，看工作细不细，业务精不精，查裁判公不公，执法严不严。同时开展警示教育，印发警示教育材料4期68份，使干警从中汲取相应的沉痛教训。此外，同时加强举报箱、举报电话管理，使工作置于人民群众的监督之下。形成了清正廉洁、克己奉公、遵纪守法、严肃执法和以吃苦吃亏为荣、以争先创优为荣的新风新貌。

2004年，郊区法院按照“围绕中心工作、创新监督机制、突出工作重点、优化民生环境，提供司法保障”的工作要求，把廉政建设贯穿于整个队伍建设的各个环节，建立健全了“四项”机制。一是建立廉政建设目标责任机制，将责任层层分解，院长挂帅总体负责，党组成员分片包干分工负责，庭室领导具体负责，形成领导牵头，全院上下齐抓共管廉政建设的责任机制；二是建立工作竞争机制，将各项工作任务量化，分解到庭，细化到人，采取百分考核制，年中小考核，年终大考评，并与年终评先挂钩。三是建立投诉案件接访处置机制，对群众投诉的案件，逐一登记，认真调查，掌握实情，果断处置，做到有信必复，有问必答，有访必处，有案必果。四是建立执法行为监督机制，加强对干警执法行为的监督，以强有力的内部、外部两个监督，全面规范干警的执法行为，确保法院工作的公正性、公平性、公开性，提高人民法院在人民群众中的信力。

在此基础上，制定“七防九要”廉政措施。“七防”：一是防散，防止纪律松散和作风涣散，保持法院严谨的工作秩序。二是防懒，杜绝得过且过，只求过得去，不求过得硬，混事不谋事的倾向，杜绝工作中的粗放现象。三是防拖，养成雷厉风行的作风，提高工作效率，杜绝随意性和拖拉推诿、不负责任等现象；四是防怕，敢于坚持原则，特别是行政审判和审判监督工作，涉及本院同行政机关的关系，同郊区，以及阳泉市各方面的关系，更要树立“敢”字的精神，敢于严格执法，敢于正视矛盾，敢于解决问题；五是防乱，坚决防止乱交往、乱办事、乱拉关系等不良风气，坚持回避制度，依法办案，讲究程序；六是防枉，坚决防止枉法裁判，把良心摆正，不得突破法律的底线，不得触及法律高压线；七是防躁，克服心浮气躁心理，少想自己得到什么，多想自己都做了什么，少比待遇，多比贡献，珍惜自己良好的工作、生活环境，做到知足者常乐，把心思用在干事业上。“九要”是：一要学，培养良好的学习习惯，端正学风；二要全，胸中有全局、处处为全局；三要快，要真办事、办实事，注重工作效率；四要细，工作要细致，措施要细化，办案要细心；五要准，办每件事、办每起案件，都要有始有终，经得起反复推敲，经得起历史和时间的检验；六要实，要求真务实，深入实际；七要廉，要落实中纪委的廉洁规定和法院的“三个规定”“三个办法”，做到廉洁司法、廉洁为官；八要严，在队伍建设上做到严格管理、严格要求、严格约束，出现严重违法违纪问题的部门，领导要引咎辞职，分管领导要追查责任；九要高，真正做到高质量、高效率、高素质。廉政建设的力度进一步加大，有力地提升了司法为民意识，提高了司法为民水平，创新了司法为民机制，塑造了司法为民形象。

2005年，郊区法院认真学习践行中纪委《建立健全教育、制度、监督并重的惩治和预防腐败体系实施纲要》《法官行为规范》，以增强干警防腐拒变的“免疫力”。为此，该院一是狠抓党风廉政建设责任制的落实，年初，院党组书记同党组成员，即签订了党风廉政建设责任书，党组成员与分管庭室负责人，同时签订廉政建设责任书，形成了以党组为中心、纪检组具体抓、层层抓落实的廉政建设格局。二是坚持警示教育经常化，每月将两期警示教育材料，发放给全体干警，全年共发放警示教育材料24期2400余篇。三是组织干警到阳泉第一监狱参加警示教育活动，听取3名服刑人员的悔罪说法。四是分期分批观看“党风廉政建设宣传教育”系列片。连续三年，被中共郊区委、郊区人民政府授予“党风廉政建设先进集体”。

附：郊区人民法院法官廉洁自律承诺

一、严格依照程序法和实体法的规定审理案件、作出裁判；严格执行回避制度，决不利用审判权谋取私利；坚决抵制各种说情和干扰。

二、从严约束自己，不利用职权贪污受贿，挪用公款或挪用、坐留、坐支当事人的款物。

三、不利用审判权和执行权徇私枉法，办人情案、关系案。

四、不私下会见当事人及其代理人、辩护人，接受当事人及其代理人的请客送礼。

五、不向当事人及其委托人借款、借房、借用交通、通讯工具和让当事人报销有关费用等。

六、不利用职权为配偶、子女及其他亲属谋取不当利益。

七、不滥用职权、玩忽职守，泄露国家秘密和审判工作秘密，为当事人隐瞒和伪造相关证据，侵犯当事人的合法权益。

八、不利用职权为当事人说情，不在工作日中午饮酒或酒后执行公务，不参与赌博，不借婚丧嫁娶、生日节庆之机收敛钱物。

九、认真落实《党内监督条例》的各项规定，自觉置身于党和人民群众的监督之中。认真落实“公正司法，一心为民”的各项要求，虚心听取来自上级、干警和社会各界的批评、意见和建议，不断改进。

承诺人：

二〇〇五年十一月二十四日

2006年，郊区法院廉政建设一是贯彻中共郊区纪律检查委员会《关于开展“树荣辱观、唱正气歌”主题演唱活动的通知》精神，组织全体干警利用业余时间学唱指定的革命歌曲，进一步树立干警们清正廉洁的良好风气和“司法为民”的宗旨，以进一步促进全院党风廉政建设。二是制作《廉政监督卡制度》，要求“法院在受理案件和送达副本时，连同《廉政监督卡》发给当事人，请当事人对当任法官进行监督，并将意见卡片如数收回，上交纪检组”。全年发出《廉政监督卡》300余份，已结案件当事人，也及时将填写好的《意见卡》交回该院，促进了全院廉政建设进一步深入。三是对两节期间廉政工作进行安排部署：第一，全面加强节前廉政教育，结合社会主义法治理念教育活动，认真分析干警队伍廉政状况，针对存在的苗头性、倾向性问题，组织各级领导干部和广大干警，学习廉洁自律规定和党纪条规、《法官行为规范》，深入开展遵纪守法和职业道德教育，特别是加强对个别人的廉政教育，切实做到廉政教育领导到位、工作到位。第二，严格执行审判纪律和廉洁自律规定，自觉落实廉洁自律各项规定，严格用审判、执行纪律约束自己的行为，严格执行“十项”纪律。第三，认真履行工作职责，要求领导干部既要按照党风廉政建设责任制规定，认真履行岗位责任制，切实加强对全体干警的严格教育、严格管理、严格监督，又要以身作则，率先垂范，模范遵守各项廉洁自律和纪律规定，保证廉洁自律规定落到实处。第四，加强监督检查，充分发挥纪检、监察部门职能作用，在加强“两节”期间监督检查的同时，对执行廉洁自律好的干警予以表扬，对“两节”期间发生的违法违纪行为的干警坚决给予严肃处理。

2007年4月，郊区法院新一届党组成立，5月28日，党组成员认真学习了中共中央有关作风建设和胡锦涛在中央纪委第七次全会上的重要讲话，对照胡锦涛提出的“八个方面良好风气”的要求，对自身在思想作风、学风、工作作风、领导作风、生活作风等方面的问题，积极开展批评与自我批评，并针对民主生活会上查摆出的具体问题，研究制定了五项整改措施：一是加强政治学习，开展好以社会主义法治理念为主线的各种政治教育活动，进一步提高领导干部的政治责任感和政治敏锐性；二是加强业务学习，有计划地参加上级法院及郊区法院组织的集中业务培训，提高领导干部的业务水平和驾驭审判工作的能力；三是以队伍建设为重点，大力开展“队伍建设年”活动，进一步落实有关队伍建设和党风廉政建设的各项制度；四是切实加强错案追究制度，进一步明确领导干部在案件审理过程中的责任，提高案件的审判质量；五是落实廉政建设责任制，加强对领导干部的监督力度，在领导干部中，杜绝人情案、关系案和金钱案。在廉政建设中，突出抓好三项教育：一是狠抓司法理念教育，坚持每月学习一天的学习制度，学政治理论、党纪国法、法律法规、相关政策，通过学习，提高干警思想素质，夯实思想道德基础，坚定正确政治方向，保持清醒的头脑，坚持政治纪律，树立马克思主义世界观、人生观、价值观、地位观、权利观。4月份，组织干警集中学习《全国、全省法院纪检监察工作会议精神》《2007年全市法院纪检监察工作要点》，院长冯晋明要求广大干警，从学习教育、防范机制、作风建设、督察警示、廉洁自律、正反典型等六个方面，把纪检监察工作会议精神落到实处。二是狠抓职业道德教育，坚持开展职业道德、社会公德和家庭美德的“三德”教育活动，开展形式丰富多彩、内容健康有益的“作风建设年大家谈”演讲比赛，使广大干警在潜移默化中，陶冶情操、净化灵魂、升华思想，教育引导干警在单位做个好法官，在社会做个好公民，在家庭做个好成员。三是狠抓廉政警示教育，组织干警分期分批观看“党风廉政建设宣传教育”系列片，旁听冯礼堂等典型受贿案件庭审，让干警从腐败分子的沉沦中汲取教训，增强干警防腐拒变的“免疫力”。四是充分利用“作风建设年、狠抓落实年”有利时机，党组书记与党组成员，党组成员跟分管的庭室领导，层层签订《党风廉政建设责任书》，每个干警人人填写《廉政执法承诺书》，强化自我约束意识，确保廉洁从政。五是春节期间组织开展“六个一”反腐败主题活动促廉政：即开展一次“党风廉政自省日”活动，以廉洁过年为主题，人人撰写心得体会；观看一批“党风廉政教育”专题片，对全体干警尤其是党员干警进行节前强化教育，同时组织交流；召开一次“新任职干警”座谈会，政治处、纪检组对本年度新调整岗位的干警，进行任职谈话和廉政谈话；发一封“家庭助廉”公开信，以法院党组名义，号召全院干警的家属知廉、守廉、助廉；开展“一次禁赌”教育活动，贯彻落实郊区纪委文件有关精神，确保全院无一干警参与任何形式的赌博；召开一次“情况汇报”会，要求干警节后认真汇报节日期间遵章守纪、廉洁自律的情况。

2008年，郊区法院按照“一岗双责”要求，根据班子成员不同分工，划分“廉政建设责任区”，实行层级化管理。党组书记、院长冯晋明，同班子成员、班子成员同各分管庭室负责人，层层签订《廉政建设责任状》，明确各自职责，形成从上至下的“金字塔”型廉政建设层级管理网络。7月14日，该院召开党组扩大会，对新任命的中层领导干部，进行集体诫勉谈话，要求大家一要严格算好政治账、经济账、家庭账，堂堂正正做人，清清白白为官；二要正确使用党和人民赋予的权力；三要严把“名誉关、利益关、金钱关、权力关、人情关”等五大关口，牢记司法为民的宗旨。刚刚走上中层领导岗位的干部表示：“这次谈话为我们上了生动的一课，我们一定要变压力为动力，变动力为活力，做到政治坚定、业务精通、作风优良、执法公正，为当地的政治稳定和经济建设保驾护航”。

2009年，郊区法院继续按照“一岗双责”要求，班子成员按分工划分“廉政建设责任区”，进一步深化、细化廉政建设层级化管理体制。同时根据最高人民法院“五个严禁”，结合学习实践科学发展观活动，以整治执法不公八个方面的问题为重点，集中开展专项治理活动，整顿作风，堵塞漏洞，并结合贯彻落实《建立健全惩治和预防腐败体系2008 ~ 2012年工作规划》和省、市、区纪委的《实施办法》，根据全院工作实际，层层签订了2009年度《党风廉政建设及遵守“五个严禁”责任状》，切实做到警示教育常态化，特别是在审理具有重大影响的职务犯罪案件时，均组织全院干警进行庭审观摩，教育引导干警从中汲取教训，受到教育。

2010年，郊区法院组织干警认真学习贯彻中共中央颁发的《中国共产党党员领导干部廉洁从政若干准则》，并就如何贯彻落实《廉政准则》，制定了三项具体措施：一是切实加强组织学习，要求全院干警，特别是党员干部，切实增强学习贯彻《廉政准则》的紧迫性，并与贯彻落实最高法院“五个严禁”结合起来，与贯彻落实《人民法院工作人员处分条例》结合起来，把《廉政准则》的学习，作为全年党员领导干部开展主题教育和集中培训的重要内容，采取专题民主生活会、全院干警大会、撰写学习笔记和心得等形式，扎实抓好《廉政准则》的学习和贯彻落实，使全体党员干部熟知《廉政准则》，自觉用《廉政准则》规范自己的行为，进一步提高廉洁司法意识，筑牢思想道德防线，提高拒腐防变的能力。二是切实抓好贯彻落实，要求中层以上干部带头模范执行《廉政准则》，做到自律、自省、自警、自励，慎权、慎欲、慎微、慎独，做廉洁从政的表率，筑牢拒腐防变的思想防线；同时带头自觉接受监督，牢记“为大局服务、为人民司法”工作主题，恪尽职守，勤政为民，廉洁自律，慎重交友，带头遵守党纪国法，守护好头上的法律天平，促进党风廉政建设。三是加强对各部门贯彻《廉洁准则》情况的监督检查，加大对贯彻《廉洁准则》情况的明察暗访力度，监督、敦促党员领导干部，严格执行《廉洁准则》，并通过召开民主生活会、重要情况通报和报告、谈话和诫勉、述职述廉、报告个人有关事项，及考察考核等监督制度，进一步加强对全体法官廉洁司法的监督检查，对违法违纪行为的法官（干警）坚决查处，营造全院“零违纪”的良好工作氛围。4月28日，该院党组组织法官（干警）观看警示教育片《小官大贪警示录》，教育引导干警牢固树立正确的世界观、人生观、价值观，提高拒腐防变和抵御风险的能力，从《小官大贪警示录》上的反面典型案件中汲取沉痛教训，并引以为戒，加强自我反思，做到警钟长鸣，时刻严于律己，事事廉洁自律，筑牢拒腐防变的思想道德防线，做到“权为民所用、情为民所系，利为民所谋”，坚实树立和保持来之不易的司法公信力，维护人民法院的良好形象。

2011年，郊区法院为增强干警勤政廉政意识，于9月20日，举办“迎国庆、反腐倡廉”演讲比赛，选手们从不同角度，阐释了司法之根本在公正，公正之根基在廉洁。并围绕“公正、廉洁、为民”司法核心价值观和公正廉洁司法这一主题，论述了廉洁对确保司法公正的重要性，运用古代廉吏故事，当代廉洁司法典型讴歌了公正司法、清正廉洁的职业品格，弘扬了主旋律。有的选手用反面典型痛斥腐败的危害，自觉从中吸取教训，引以为戒，筑牢拒腐防变的思想道德防线。演讲者结合司法实践中，如何廉洁自律、秉公办案的做法，及今后该如何努力抒发所思，畅谈所为，丰富了法院文化，展示了法官风采。党组书记、院长冯晋明对廉政演讲比赛作了点评，认为廉政演讲比赛，既是廉政教育的有效形式，也是人民法院文化建设的重要内容，对本次廉政演讲比赛的成功举办和取得的效果给予充分肯定：一是各部门负责人、法庭庭长高度重视，选取庭里的骨干参加比赛；二是参赛者都能认真对待，准备充分；三是演讲稿紧扣主题，具有很强的教育性；四是演讲水平高，体现了法官的综合素质。

2012 年，郊区法院以深化“三好四廉”创建活动为载体，先后开展整治“吃拿卡要拖”和纪律作风集中整顿等专项活动。继续坚持警示教育常态化制度，及时组织全院干警，旁听在该院审理的职务犯罪案件；继续推行廉政监督卡制度，做到每案发放廉政监督卡，将监督工作向诉内外、院内外延伸；扎实推进“利剑工程”和廉政文化建设，制定出台《郊区法院廉政文化建设规划》。院党组书记、院长冯晋明与党组成员、分管院领导与分管庭室负责人，继续坚持层层签订《党建暨党风廉政建设责任状》。在廉政建设工作中，坚持标本兼治、综合治理、惩防并举、注重预防的方针，以“利剑工程”为龙头，狠抓廉政教育预防机制、廉政制度规范机制、权力监督管控机制、廉政引导保障机制、风险预警处置机制“五大机制”建设，严肃查处违法违纪案件，确保公正司法、效益司法、为民司法、廉洁司法，全面推进郊区法院反腐倡廉建设。

是年 2 月，郊区法院召开干警大会，学习传达中共郊区纪委八届二次全会精神，要求全院干警一是把学习贯彻会议精神作为一项重要政治任务，突出学习重点，把握精神实质，坚持集中学习和个人自学相结合制度，做到学中有思，思中有悟，把思想和行动统一到会议精神上，增强以人为本、司法为民的责任感和使命感，切实担负起党和人民赋予的职责。二是把学习贯彻全会精神与创先争优活动结合起来，与干部作风建设结合起来，牢固树立“忠诚、为民、公正、廉洁”的政法干警核心价值观，把实现好、维护好、发展好最广大人民根本利益，作为法院工作的根本出发点和落脚点，认真解决损害群众利益的突出问题和反腐倡廉建设中群众反映强烈的突出问题，切实维护社会公平正义。三是要求干警结合自身实际，提出具体落实意见、制定落实方案、抓好监督检查，切实推动会议精神的贯彻落实，为深入推进党风廉政建设和反腐败工作作出应有贡献。

同年 5 月，郊区法院为解决人民群众反映强烈的突出问题，以法院审判和执行等部门为重点，开展“吃拿卡要拖”专项治理活动。治理内容主要包括：索取、接受或者以借用为名，占用当事人的财物；接受当事人的礼品、宴请以及旅游、健身、娱乐等活动安排；接受当事人的礼金和各种有价证券、支付凭证；向当事人摊派钱物、索要赞助，或要求接受有偿服务、购买指定商品；让当事人报销应当由个人负担的费用；其他“吃拿卡要”行为。对“拖”的专项治理活动，重点治理干警办案拖拉、服务态度差、工作标准不高、创新能力不强、工作纪律松弛、管理不严，落实上级要求不到位、不彻底及其他影响工作绩效、违反工作纪律的行为。重点解决没有工作激情，不积极履行职责，办理事项超出规定时限（案件超审限）或承诺时限；工作拖拉，对能够当场办理的事项拖延办理；对办案中遇到的困难和群众反映的问题，不能提出有效的解决措施等问题。重点解决组织纪律涣散，工作期间酗酒；上班时间玩电脑游戏、上网聊天；作风粗暴，群众满意度低等问题。重点解决干警碌碌无为，工作质量达不到标准；不研究新情况、新问题，对当事人提出的判决质疑不予解答或解答无力等问题。

2013年，郊区法院以贯彻落实中央"八项规定"为载体，继续引深"三好四廉"创建活动和"利剑工程"。1月15日，郊区法院召开司法廉洁教育活动动员大会。党组书记、院长冯晋明就如何开展司法廉洁教育活动作了安排部署，要求广大干警充分认识司法廉洁活动的意义，通过开展司法廉洁教育活动，进一步树立正确的世界观、人生观、价值观、权力观和荣辱观，同时认清司法腐败对事业、家庭和身心的严重损害，筑牢思想道德防线，确保公正廉洁司法。为进一步推进廉政建设，8月13日，组织全院干警收看《陈光礼等系列腐败案》警示片，警示片开播之前，院领导讲述了系列腐败案中几位涉案官员，从党员干部蜕变为犯罪分子的动机和人生轨迹，讲述了他们从一名领导干部，一步一步走上腐化堕落的历程，深刻分析了他们走上犯罪道路的思想根源，剖析了他们的犯罪行为，给党和社会造成的负面影响，给国家和单位造成的巨大损失，给自己家庭和亲人带来的巨大不幸。使广大干警从心灵深处，受到深刻警示教育。

8月20日，该院召开以"廉洁司法、拒腐防变"为主题的专题民主生活会。班子成员对照《廉政准则》，认真开展批评和自我批评，牢固树立廉政意识，做遵纪守法、清正廉洁的表率；自觉接受监督，保持艰苦奋斗本色；认真履行职责，落实"一岗双责"，确保责任范围内党风廉政建设的落实。院党组书记、院长冯晋明提出四点要求：一是加强廉政教育，筑牢拒腐防变思想道德底线。二是加强作风建设，为人处世要审慎。三是加强制度建设，提高执行力，规范审判执行权公正运行。四是加强纪检监察工作，及时发现苗头性问题，确保队伍的廉洁。

此外，本年度郊区法院党风廉政建设的另一项重要内容是：一，始终坚持警示教育常态化制度，坚持对法院队伍从严教育、从严管理、从严监督，进一步完善廉政风险防控机制，加强制度约束，健全事前预警、事中监控、事后查究的监督防控体系。二，强化廉政文化建设，开展司法廉洁教育活动，扎实做好纪律作风整顿工作。三，以反对"四风"为主线，进一步强化干警的办案纪律和工作纪律，做到"会员卡"零持有，公务用车和办公用房按要求进行清理。

2014年，郊区法院认真贯彻落实中共十八届三中全会"关于落实党风廉政建设责任制，党委负主要责任，纪委负监督责任"要求，进一步强化党组在廉政方面的主体责任，结合一年一度《党风廉政建设责任状》签订工作，全面强化班子成员的政治责任意识，强化分管领导“一岗双责”主体责任和监督责任。本年度，纪检组认真履行监督责任，定期不定期对全院各项工作开展明查暗访，发现问题及时对责任人进行诫勉谈话。本年度，院监察室不再兼任其他工作，专职做好廉政建设的监督检查。与此同时，该院继续坚持廉政工作方面的传统做法，如警示教育常态化、案案发放廉政监卡等。8月份，根据上级要求，向社会开通了举报网站（全国法院四级举报网站），接受全社会监督。

2014 年 1 月 15 日，郊区法院召开 2013 年度中层干部述职述廉大会。

2015 年，该院院党组始终坚持党要管党、从严治党，认真践行“三严三实”，自觉增强体责任意识，以高度的政治责任感，不断加强对党风廉政建设和反腐败斗争领导，持之以恒、常抓不懈，进一步推动司法作风持续好转。一是明确主体责任。成立了由党组书记、院长任组长，其它班子成员为成员的党风廉政建设责任制领导小组，把党风廉政建设纳入审判业务和队伍建设总体规划，将党风廉政建设工作纳入年初工作目标，统一部署，统一实施，统一检查，统一考核。二是抓责任分解。本年年初，该院就廉政工作，专门出台当年的工作计划和责任分解。在此基础上，院长与分管领导、分管领导与各庭室负责人，层层签定廉政工作责任状。三是抓责任体系。经党组多次研究，制定出台《关于落实党风廉政建设“两个责任”的实施意见（试行）》，理清了责任边界，明确了责任内容。四是抓权力制约监督。坚持民主集中制，落实“三会”制度，加强“三重一大”监督；坚持抓早抓小，对苗头性、倾向性问题，通过述职述廉、约谈，早提醒、早把关。五是抓机制构建。及时把反对和纠正“四风”有效做法固化为制度成果，形成了加强作风建设制度机制。六是抓重点工作。将廉政工作与本年度开展的专项治理活动结合起来，将排查超审限案件作为这次活动的重中之重，制作了超审限案件和超执行期限案件统计表，严格管理案件审限。与此同时，纪检组、监察室认真落实党风廉政建设监督责任：一是认真抓好廉洁司法教育。二是重点突出案例式反面警示教育。建立推进反腐倡廉警示教育常态机制，将警示教育纳入新任职领导干部廉政谈话、新进人员岗前培训的重要内容。本年度，该院还将加强与区纪委的沟通工作放在反腐倡廉工作的重中之重，与区纪委共同组织全区的村干部、区直部门的负责人，旁听在该院审理的 2 起涉及阳泉一监干警的职务犯罪案，有效促进了全区的反腐倡廉建设。三是始终坚持从严执纪。注重对案件线索的收集，在原有案案发放廉政监督卡的基础上，重点发挥四级法院廉政专网的作用，广泛收集群众的网上举报、来电和来信，及时掌握违法乱纪线索，确保群众诉求得到回应。

本年度，该院共接到群众的举报9件，均为反映案件程序、认定事实、证据采信方面的意见，郊区法院及时给予了解答回复，消除了误会误解，增进了广大人民群众对法院办法程序、证据采集的理解。同时进一步加强经常性明查暗访工作，确保“四风”问题不回潮，纪律作风建设不留盲区。本年度，院纪检组已对全院工作纪律、诉讼服务、司法礼仪、公车私用等问题，进行了4次监督检查。

第四编
文化建设

第一章 概 述

法院文化建设是中国特色社会主义先进文化的组成部分，是人民司法审判机关文化建设系列工程的灵魂，是以法官为主体的全体工作人员，在长期的审判执行和管理活动中，逐渐形成的以公正和效率为特征，以追求法治为目标，凸显法院特点的价值观念、思维模式、行为准则等精神财富和物质财富的总和，具有丰富的内涵和特定的内容，其主要内容包括追求正义的理想信念、严格司法的价值取向、清正廉洁的职业道德、高效有序的管理规范、威严庄重的物质载体、丰富多彩的文体活动、繁荣活跃的文学创作、厚重历史元素的发掘整理、光荣革命传统的弘扬继承等。

法院文化是体现法院精神风貌、展现人民法院良好形象的重要载体，是提升队伍素质、增强队伍凝聚力、向心力和战斗力的有力抓手。加强文化建设，是推动社会主义文化大发展大繁荣的必然要求，是更好地发挥审判职能作用、推动各项工作的重要保障，是提升队伍素质、实现人民法院科学发展的有效途径。

1975 年郊区法院成立后，特别是 1978 年以来，郊区法院始终坚持服务大局、服务中心、服务人民的司法理念，坚持以人为本，通过评先创优、法院先进文化之间的学习交流，把激发干警工作的主动性、积极性和创造性作为法院文化建设的根本，使蕴含于干警队伍中的智慧、潜能真正成为法院发展的原动力。

20 世纪 90 年代以后，郊区法院坚持以邓小平理论、“三个代表”重要思想和科学发展观为指导，高举社会主义先进文化旗帜，坚持社会主义法治理念，激发全院干警工作的主动性、积极性和创造性，为法院审判工作和各项事业的科学发展，提供积极向上的文化支撑和精神动力，努力培养和造就一支政治坚定、业务过硬、一心为民、公正廉洁的法院队伍。

进入 21 世纪以来，“为大局服务、为人民司法”成为郊区法院文化建设的重要主题，坚持政治建院、素质兴院、管理强院、公信立院、科技强院工作方针，广泛开展以公正司法、和谐司法、廉洁司法为载体的法院文化实践活动，充分发挥法院文化的导向、凝聚、激励、约束功能，形成了独具特色的法院文化。

第一节 法制宣传

1975年，郊区法院认真贯彻落实中央9号、13号、17号文件精神，根据全区刑事犯罪形势和阶级斗争实际，同郊区公安分局配合，在荫营煤矿和有关部门大力协助下，选择有教育意义、有影响的重大刑事案件，先后召开6次声势较大的公判大会，公判游斗罪犯28名，严厉打击阶级敌人和刑事犯罪分子的破坏活动，保卫了郊区“农业学大寨”运动。6月16日、12月24日，分别在河底公社河底大队和荫营公社召开公判大会，参加公判大会的群众有10000余人。会后，郊区法院和区公安分局干警，押解罪犯在全区进行游斗（游行、批判、斗争的缩略语，笔者注，下同），并将公判大会通过各生产大队有线广播进行现场实况转播，大会录音则连在全区连续播放三个晚上，收到较好的法制教育效果。

附：郊区人民法院《法院工作简报》〔1975〕第5期

《宣判大会情况简报》

为了加强无产阶级专政，保卫农业学大寨运动的顺利进行，保卫市、区的大好形势，维护新年春节的社会治安，在区党委的直接领导下，在荫营煤矿的大力协助下，我院与区公安分局于七五年十二月二十四日上午在荫营召开了声势浩大的公判大会，到会群众一万余人，公安分局局长耿义德同志在会上讲了话。在讲话中畅谈了我市和郊区的大好形势，指出当前阶级敌人进行犯罪活动的规律、特点、手段，要求广大群众必须时刻提高警惕，加强安全防范，给阶级敌人以坚决的打击，保卫农业学大寨运动的顺利进行。大会上共宣布了十六名罪犯的处理决定，区法院武义祯同志代替市中级法院对诈骗犯崔时烈等四名罪犯宣了判（均为有期徒刑），随后市公安局吕源同志宣布对盗窃犯甄明海等四名罪犯的逮捕决定；坏分子张信义等三名罪犯给其戴坏分子帽的决定，盗窃犯甄换强等三名罪犯，坦白认罪，从宽处理，当场教育释放的决定，公安分局史东宝同志宣布了对盗窃犯朱丽勇等二犯的拘留决定。当天下午和二十五日押上以上罪犯（释放的除外）在全区各公社部分大队和农田基建工地进行了游斗示众，大灭了阶级敌人的志气，大长了革命群众的威风。区广播站将大会实况录了音，在全区进行了播放，为了进一步深入广泛的加强法制宣传，使广大群众提高对敌斗争观念，以区法院、分局共同写了个宣传材料，除宣传车在游斗罪犯中作了宣传外，并翻印了七百份，发给各公社大队、区属厂矿进行宣传。宣传材料中号召一切犯罪分子要认清当前大好形势，投案自首，坦白交代，重新做人，才是唯一的出路，如要执迷不悟继续犯罪必然要受到无产阶级专政的严厉惩处。并号召广大群众要进一步引深马列和毛主席关于无产阶级专政理论的学习，坚持中共基本路线，在当前农业学大寨运动中，时刻提高革命警惕，要狠抓现实阶级斗争，掀起一个大检举、大揭发、大批判一小撮阶级敌人的新高潮，把巩固无产阶级专政的人任务落实到基层，保卫农业学大寨运动的顺利进行。

游斗罪犯到工地

我们在游斗罪犯中到了十二个农田基建工地上进行了游斗和宣传，有五千余人在工地上看到了罪犯，听到了宣传，受到了教育。不少社员异口同声地说："拉上犯人来工地游斗，这是头一次，要求政法机关以后多来，这是保卫农业学大寨的好方法"。当我们押上罪犯上到辛庄与大凹大队交界的深山沟和高山上工地时，工地社员们说："你们把犯人拉到这里来游斗、宣传，这可真是把保卫工作做到工地了。你们这样宣传，更促进了我们农田建设大干快上"。

配合了对基本路线的教育

我们在游斗罪犯、宣传中，见到了工作队和公社大队的干部，他们多次地说："现在工作队进村正在开展大学习、大宣传、大发动、大贯彻之中，你们政府部门开展对敌斗争宣传、游斗罪犯，这样配合基本路线教育的开展很适时很重要，希望你们到的地方要多一些，宣传的更深入一些"。如曹家掌大队工作队负责人杨小祯同志说："我们真希望你们在这偏僻的山村多宣传几次，你们多来宣传更能促进农业学大寨运动的深入开展"。

公判会后的敌情动向及群众检举揭发坏人坏事等情况尚未收集回来，待收集回来后再报。

1977年，为保卫郊区中心工作和全区农业学大寨运动顺利进行，郊区法院和郊区公安分局互相配合，先后召开宣判大会3次，每次宣判大会后，均押解犯人在各人民公社和人口较多的生产大队进行游斗，以打击阶级敌人的破坏活动，教育群众，为"农业学大寨"运动顺利进行保驾护航。

1979年，新中国第一部《刑法》《刑事诉讼法》等七部法律正式颁布，郊区法院干警在坚守审判第一线的同时，加强《刑法》《刑事诉讼法》新颁法律的宣传，营造社会主义法制建设的舆论氛围，为实施新法律创造条件、奠定基础。

1981年7月15日，郊区法院认真贯彻全国整顿社会治安会议精神，同区公安分局、区人民检察院共同召开打击处理违法犯罪分子大会，从重从快惩办了一批严重破坏社会治安秩序的刑事犯罪分子。

附：配合整顿社会治安 依法惩办犯罪分子

（郊区法院《法院工作简报》〔1981〕第二期）

在中共六中全会精神鼓舞下，在区委的领导下，认真贯彻全国整顿社会治安会精神。在七月十五日，我院同区公安局、检察院共同召开了打击处理违法犯罪分子大会，从重从快地惩办了一批严重破坏社会秩序的刑事犯罪分子。通过公开审判、公开宣判、张贴公告、实况转播、游街示众、街头宣传等形式，进行了一次大张旗鼓的、广泛深入的法制宣传教育，揭露了罪犯，教育了群众，伸张了正义，打击了敌人，有力地配合了社会治安的整顿，为巩固和发展安定团结的政治局面，保障国民经济调整工作的顺利进行，起了积极的作用。广大群众反映：这次大会开的声势大，类型全，教育深，效果好，严明了法纪，震慑了罪犯。

在这次大会上宣判的十一名罪犯和逮捕、劳教人员中，有光天化日下拦路抢劫财物的，有撬门挖锁，大肆盗窃公私财物的；有轮奸、强奸少女，大搞流氓活动的，有盗窃牧畜，破坏生产的；有虐待父母，遗弃子女的。对这些不务正业、流窜社会、行凶作案，惨无人道，灭绝人性的犯罪分子，国法不容，群愤难平，民愤极大，影响极坏，均受到国法的严厉制裁。

奸淫幼女犯郭振业，男，20岁，系郊区荫营公社街上大队人。从一九八一年一月以来，该犯利用民办教师职权，以诱骗、威逼等手段，多次强行奸淫该大队学校女学生史××，特别严重的是，不但在史××月经期行奸，而且致使史××怀孕。手段恶劣，情节严重，严重地摧残了儿童的身心健康，依法判处奸淫幼女犯郭振业有期徒刑十三年。

盗窃、诈骗犯胡海银，男，49岁，山西盂县人。一九八一年一月十二日晚，该犯勾结李喜瑞，窜入西峪掌大队梨树沟羊圈，盗窃绵羊、山羊29只，销赃获款724元，胡犯曾在一九七九年六月骗得和顺县李杨公社马圈沟大队耕牛4头。又在一九八0年七月骗得我区旧街公社南沟大队耕牛4头，侵犯集体财产达3300余元。该犯不务正业，流窜社会，多次盗窃，诈骗作案，依法判处盗窃诈骗犯胡海银有期徒刑六年。同案犯李喜瑞主动投案自首，交出全部赃款，免予起诉。

盗窃犯王换喜，男，34岁，郊区三郊公社韩庄大队人。该犯从一九七九年以来，先后在韩庄、大河北、建工局等地，撬门挖锁，盗窃平车、手套、油漆、衣物等物品达80余件，侵害了国家、集体、公民的合法财产，依法判处盗窃犯王换喜有期徒刑五年。

盗窃牧畜犯娄经伦，男，19岁，河北饶阳县人，该犯于一九八一年六月三十日晚十一点许，窜至我区白泉公社上白泉大队饲养院，盗窃九岁的骡子一头，为了保证农业生产顺利进行，依法判处盗窃牧畜犯娄经伦有期徒刑三年六个月。

盗窃集团主犯李培林，男，22岁，同案犯姚钢，男，17岁，李聪明，男，17岁，吴玉隆，男，18岁，杨来生，男，19岁，均系平坦公社平坦垴大队人，一九八一年五月五日，在主犯李培林的勾结策划下，五犯于当晚九点许，携带作案工具，窜至李家庄公社上五渡大队砖厂，将砖机主件切变箱拆下，用盗窃的平车拉回平坦垴，待机销赃，价值一千余元，为了保护集体财产不受侵犯，判处主犯李培林有期徒刑二年；同案犯姚钢、李聪明分别判处有期徒刑六个月，同案犯吴玉隆判处拘役六个月，同案人杨来生，情节轻微，免予刑事处分。

在押故意伤害犯范建民，男，22岁，河北磁县人，现为荫营煤矿在押犯。该犯曾因盗窃、抢劫被判刑六年，在服刑改造期间，于一九八一年四月十六日，在坑下劳动中，与罪犯王锁柱发生争执斗殴，收工后趁王不备，该犯手持木棒向王头部、胸部猛打，致王伤残，为了打击重新犯罪，保障人身安全，依法判处故意伤害犯范建民加刑两年，合并执行六年六个月。

在押脱逃犯薛谈旺，男，29岁，山西省临县人，曾因盗窃两次判刑十二年，一九八零年又因脱逃加刑三年，该于一九八一年四月十四日凌晨，又装病脱逃，跑到阳泉火车站企图爬车逃窜，后被抓获，为维护改造秩序，打击重新犯罪，依法判处在押脱逃犯薛谈旺加刑五年合并执行十三年六个月。

会上，区委副书记程兆兰作了关于坚决及时严厉打击各种违法犯罪分子的现行破坏活动，为巩固和发展我区安定团结的政治局面的讲话。

宣判后，用一天半时间，对上述犯罪分子，在全区社队进行了游斗，在全区范围内进行了一次广泛深入的法制宣传教育。

1983年，郊区法院召开5次公判大会，对32名罪犯进行公开审判，上万名群众参加公判大会，受到较好的法制教育。

1984年，郊区法院把宣判工作与宣传社会主义法制结合起来，分别在荫营、河底、义井等乡镇召开公判大会，对发生在郊区的数起重大的刑事案件，进行公开审理和审判，运用公判和宣判大会的形式，对群众进行法制教育，近5万多群众参加公判大会。同时，积极开展维护妇女儿童合法权益的宣传月活动，在活动中，郊区公、检、法、司紧密配合，在荫营、河底设立两个法律咨询站，举办专项宣传栏，印发相关宣传材料，并与区广播站密切配合，举办法律知识讲座，每月4期，每期半小时，既使全区广大群众受到生动形象经常性的法制教育，又起到了“震慑犯罪、弘扬法制、教育群众、维护治安”的作用。

1985年，郊区深入开展社会主义法制的宣传教育，为了切实加强社会主义法制宣传，该院承包了三郊、平坦、西南舁三个乡的综治工作，由院领导亲自给3000余名师生讲法制课，对广大群众进行法制教育，使三郊、平坦、西南舁三个乡的综治工作，跨入全区社会治安基本好转乡镇行列。9月18日，中国共产党全国代表大会胜利开幕后，郊区法院党组成员组织5人宣传队，深入李家庄乡各个村，宣讲本次党代会精神，并选择有教育意义的典型案例，就地审理，取得了“震慑犯罪、教育群众、普及法制知识”的效果。如李家庄乡赵庆国爆炸案，经公开审理后，收到了良好效果。1月14日，又依法公开审理了被告李巨才、任占阅玩忽职守案，分别判处两被告有期徒刑三年、缓刑三年和有期徒刑二年、缓刑二年，给参加庭审的200多名乡镇领导和村镇小煤矿负责人，上了一场生动的法制教育课。全年有组织、有计划、有准备地召开了4次规模较大的宣判大会，对18案24人的严重犯罪案件，进行了公开宣判。参加大会的群众达9万余人/次。本年度，经郊区法院同区广播站联系，开展了以案说法的法律知识专题讲座，全年开展专题讲座48次，协助共青团区团委、区妇联等部门，进行法律知识竞赛活动。

1986年，郊区法院积极贯彻中央和全国人大《关于用五年左右时间，对全国公民普遍进行普法教育的决定》，深入开展普法教育和法制宣传活动，主要开展两方面的工作：一是有重点、有目的地对广大干部和人民群众，进行普及法律知识的教育；二是紧密联系审判工作实际，广泛开展社会主义法制教育，开展学法、懂法、守法教育，有计划、有目的地参与全区社会治安综合治理工作。

本年度，为了切切实实地把普法教育各项措施落到实处，实现普及法制知识、提高法制素养、增强法制观念的目标，郊区法院一是积极响应区委决定，认真配合司法部门，配备辅导员，认真编写法律课教材，为区直机关副科级以上干部300人/次讲授法律课程，院领导深入三郊、西南舁、平坦、义井等乡镇，亲自讲解法律课程、开展法制宣传，同时组织各村治保干部、民调人员，系统学习《刑法》《民法通则》《婚姻法》《继承法》和《经济合同法》，给中、小学师生上法制课23次，全区普法工作收到明显效果。

二是选择有教育意义的、在群众中影响较大的严重刑事犯罪案件，就地进行公开宣判，达到揭露犯罪、震慑犯罪、教育群众，扩大法制宣传的效果。是年，在区委政法委主持下，先后在荫营、三郊、河底等乡镇，召开34次规模较大的宣判会，对26件37名严重刑事犯罪案件进行公开宣判，同时就地就案选编典型案例和宣传材料，为3万多人讲授法律知识。

三是针对刑事案件和民事、经济纠纷案反映出的新情况、新特点，院领导分工负责，带头深入基层，进行实地调查，寻找问题，摸索规律，总结经验。在此基础上，向广大群众进行针对性的法制教育。是年，对判处缓刑、拘役的8人进行了回访，并向所在单位进行细致的考察，配合各单位进行法制教育。特别是根据刑事犯罪案件中反映出的6个单位存在的问题，以及域内在押罪犯、刑释人员重新犯罪案件增多的情况，进行总结分析，向有关单位提出8份司法建议。

三是民事审判工作积极发挥对社会治安综合治理作用，对罪犯家属起诉的离婚的案件慎重审理，向他们介绍犯罪的危害性，讲解“罪责自负，不搞株连”的原则，对于感情尚未破裂的罪犯配偶，则进行启发教育，劝其配偶珍惜其婚姻关系，既稳定罪犯的情绪，又有利于其罪犯改造，有效地预防了在押罪犯狱内重新犯罪。

四是采取“以会代训”的“短期培训”方法，与司法部门配合，对13个乡镇和各厂矿600名司法、调解人员，进行业务培训，提高他们的业务素质和工作能力，使大量民事纠纷解决在基层，解决在萌芽状态。同时积极响应中共阳泉市郊区委员会号召，配合司法部门，配备专职法制辅导员，认真编写法律教材，为区直机关副科级以上干部300余人讲授法制课程。郊区法院领导还深入三郊、西南舁、平坦、义井等乡镇，组织治保主任、调解人员和民政干部，系统学习《刑法》《民法通则》，同时深入各小学和初、高中学校，给中、小学生讲授法制课程23次，开展专题讲座61期，通讯广播开展法律知识专题讲座，协助区、乡镇和工矿企业，进行法律知识竞赛活动。本年度，还总结推广了东村乡山底村、河底镇关家峪村和白泉乡下白泉村普及法律知识和社会治安综合治理经验。

1990年，郊区法院在依法审理各类案件的同时，有重点地选择社会影响大、危害性严重的刑事案件，在郊区区委统一组织领导下，同各政法部门密切配合，举行集中“严打”公判大会5次，公开宣判刑事犯罪案26件61人，揭露和震慑了刑事犯罪分子的嚣张气焰。本年度，为进一步引深“严打”斗争，郊区法院在“严打”期间，与区公安分局、区检察院、区司法局等机关干警深入看守所，进行宣传教育，敦促在押人员交代余罪，揭发同伙犯罪。有38名在押人员，在政策感召下，交代余罪和揭发同伙犯罪共61件。此外，郊区法院根据执行惩办与宽大、改造与挽救相结合的方针，对本年度被宣告缓刑的28人，尤其是对失足青少年，继续坚持判前考察、庭审教育和判后回访制度，绝大多数缓刑人员，都能遵纪守法、自觉接受监督改造，没有重新犯罪行为。为进一步推进社会治安综合治理，该院主动深入平坦、荫营等乡镇，给有劣迹的违法青少年上法制教育课，收到了良好的社会效果。

1991年，为深入开展反盗窃斗争，促进对社会治安综合治理，郊区法院先后在荫营、东村、白泉、平坦、西南舁等乡镇，召开集中公判大会5次，公开宣判刑事犯罪案件25件49人。

1993年，郊区法院为进一步增强区内企业法人的合同意识，坚持送法律到企业，对13个乡镇200多个企业和区直企业的法人，进行“讲法疏导”，提高了他们执行《合同法》的自觉性。

是年，郊区法院积极参与社会治安综合治理，在充分发挥刑事审判职能主导作用的基础上，召开较大规模和声势的公开宣判大会5次，旁听群众达1.5万余人，形成了较好的宣传气氛，有力地扩大了办案效果。如审结高海平贪污一案时，为实现法律标准和社会效果的统一，庭审完毕后，在被告人所在单位，进行就地宣判，郊区区委政法委和有关领导到会讲话，以案说法，就案宣传法制，引起较大反响。同时对审判工作中发现的治安安全薄弱环节和隐患，及时提出司法建议，帮助基层单位查漏补缺，增强犯罪的安全防范，本年度共向企业或学校、机关等单位，提出司法建议24

条次。对判处缓、管、免进行回访考察，与基层组织和有关部门密切配合，建立帮教小组，签订帮教协议，定期回访考察，先后深入20多个乡村与单位，对“两劳”人员和判处缓、管、免的人员，进行考查帮教和跟踪帮教。此外，还协同有关部门，进行专门案例讲法教育4次，在运用专政武器开展专项斗争的同时，全面发挥人民法院在调解、帮教、法制宣传等方面的优势，积极参与社会治安综合治理。

1994年，郊区法院同有关部门密切结合，对严重危害社会治安的案件快审快结，及时宣判。4月26日，郊区法院到省第十三劳改支队（固庄煤矿），对两名脱逃犯进行公开宣判，狠狠地打击了在押犯当中的不稳定因素，有力地维护了监内秩序。4月28日，在郊区桥东广场召开4000人参加的公开宣判大会。会上，阳泉中院副院长周保武宣布了山西省高级人民法院关于对脱逃、盗窃犯王全科判处死刑、立即执行的《命令》；郊区法院院长侯艾宣读了4案5人判决书，故意杀人（未遂）犯莫启平，被依法判处有期徒刑十四年；盗窃犯王忠贵被处有期徒刑五年，盗窃犯王九成被处有期徒刑四年；抢劫犯王秋贵被判处有期徒刑五年，抢劫犯冯秋所有期徒刑五年。宣判大会结束后，进行游行宣传，严厉打击了刑事犯罪分了的嚣张气焰。

是年，为了震慑罪犯、教育群众，郊区法院先后在荫营、白泉、河底等地召开宣判会7次，集中宣判罪犯34名，4万余名群众受到法制教育。

1995年，为进一步扩大“严打”斗争的声势和效果，郊区法院与上级法院联合召开宣判大会4场，自行组织召开公判大会11场，累计参会群众14万人。9月29日，在辛兴村召开公判大会，7案10名犯罪分子分别被判处二年至七年又六月有期徒刑。

1996年，为巩固严打成果，扩大严打威慑力，郊区法院加大舆论宣传攻势，配合全区严打部署，先后在三郊、白泉、荫营、街上、大西庄等地，召开宣判会7场，对44案83名犯罪分子进行公开宣判，旁听群众累计达10万余人。在本年度严打斗争中，郊区法院利用线广播、板报展览、以案讲法等形式，大张旗鼓进行法制宣传。同时进一步加强青少年犯罪的“教育、感化、挽救”工作，突出加大庭审教育力度，延伸审教工作触角，特别是在民事、经济、行政等案件的审判工作中，及时发现和消化不稳定因素，较好地履行了社会治安综合治理的职责。

1997年，郊区法院把加强法制宣传同积极参与社会治安综合治理有机结合起来，坚持审判工作与依靠群众相结合，打击犯罪与预防犯罪相结合，惩治犯罪与教育群众相结合，治标和治本相结合，一是加大宣教力度，利用集镇贸易、庙会等有利时机，制作板报12块，先后进行法制宣传13次。同时设置法律咨询台，回答群众法律咨询上千次，散发宣传材料5000余份，并利用有线广播，开展法制完全40余次。二是在审理案件时，进行公开审判，以案讲法，先后组织被告人所在地群众参加庭审旁听24次。三是坚持预防为主方针，在依法严厉打击刑事犯罪的同时，针对发案单位的治安隐患，提出司法建议120余条，在民事、经济、行政等项审判中，及时发现和消化不稳定因素，把各种隐患化解在基层，消除在萌芽状态，达到了“治小”“化瘀”的功效。

1998 年，郊区法院经济庭开展法律咨询 428 人 / 次，并利用集镇庙会等时机，制作法制宣传板报 13 块，在传统庙会流动人口较多的区段，设置法律咨询台，对 1980 人 / 次提出的各类法制问题进行了解答，印发宣传资料 5600 份，向参加庙会的群众散发，开展针对性宣传教育。在审理案件时，组织被告人所在村村民参加旁听 45 次，全年参加旁听法庭公开审理案件的人达 3000 余人。

1999 年，郊区法院在加强刑事审判的同时，积极参加与社会治安综合治理，对有治安隐患的单位，提出司法建议 21 条。利用节假日、双休日，及农村庙会等时机，开展法制宣传 31 次，组织被告人所在村村民参加庭审旁听 20 次。

2000 年，郊区法院开展法制宣传 3 次，受教育群众 10000 余人 / 次，组织被告人所在村村民参加庭审旁听 35 次，比上年度增加了 14 次，总人数达 3000 余人，较好地履行了综合治理的部门责任，收到了良好的社会效果。

2001 年，郊区法院开展“送法上门”活动，先后举办《合同法》《担保法》《公司法》等培训活动 20 余次，参加培训的人数达 460 余人，同时围绕中心开展工作，服务大局，服务三农，促进了郊区经济的发展。

2002 年，郊区法院积极参与社会治安综合治理，充分利用新闻媒体辐射面广的特点，大力宣传严打整治斗争的重要意义，适时召开公判大会 3 次，对 11 案 14 人进行公开宣判。同时严格执行“教育、挽救、感化”方针，对所判缓刑人员和青少年罪犯实行跟踪、回访及帮教制度，同缓刑人员进行座谈，听取他们的思想汇报和近期表现，并向这个特殊群体讲解政策和法律，耐心细致地做他们的思想政治工作，促使其尽快回归社会。中秋、国庆节前夕，副院长史先玲亲自到阳泉一监、阳泉二监，给服刑人员发放《给在监服刑人员的感化教育挽救信》，郊区法院干警会同两个监狱教育部门，组织阳泉第一监狱、第二监狱服刑人员开展读信活动，让服刑人员深受全社会对他们的关爱，促使其积极改造，重新做人。

2003 年，郊区法院贯彻“群防群治、以防为主”综治方针，进一步扩大庭审功能，延伸审判触角，先后组织被告人所在村村民，参加庭审旁听 21 次，对 13 案 13 名罪犯，进行公开宣判，旁听群众累计达 2300 余人。同时利用电视、报纸、展览等形式，进行法制宣传，进一步扩大教育面，特别是针对驻地单位存在的治安隐患和漏洞，提出司法建议 15 条，敦促这些单位进行整改。

2004 年，郊区法院加大力度进行一系列法制宣传教育工作。一是充分利用农村庙会等时机，大力开展法制宣传教育和法律咨询，发放宣传材料上万份，解答群众咨询 800 余人 / 次。二是深入乡镇、学校讲授法制课，到阳泉一监、二监和看守所，对在押人员进行法制教育。三是在重大刑事案件案发地，召开大型公判会 3 次，依法对

21案34名被告人，进行公开宣判，努力扩大法制宣传效果。3月3日，常务副院长史先玲同刑事审判庭庭长张海忠，会同有关干警出席阳泉第一监狱召开的2003年度评审、总结、表彰大会，对服刑人员进行“遵纪守法、接受改造、洗心革面、重新做人”的法制教育。3月18日，副院长李永祥、民事三庭庭长史计平，深入平坦镇，指导综合治理和民事调解工作，并给平坦镇镇、村两极的民政调解人员讲授有关法律课程和调解技巧。5月11日至14日，该院河底法庭干警利用传统庙会，采取现场散发传单、法制广播等方式，宣传《宪法》，《民法通则》《婚姻法》和《农村土地承包法》，并以个案为载体，以案讲法，增强法制教育的亲和力、感染力。6月17日，郊区法院在西南舁乡西南舁村，召开《严厉打击刑事犯罪捕判大会》，依法对李强、王竹青、高峰、高明鹏四名抢劫、盗窃犯罪被告人，进行公开宣判，3000余村民参加宣判大会。6月19日，郊区法院召开“被判缓刑人员思想汇报会”。40余名被判处缓刑的人员，汇报各自的思想改造情况，当众宣读并签署《自觉改造保证书》，主持汇报会的法官，对判缓人员进行现场法制、法规教育。7月12日，该院干警深入下白泉村传统庙会，开展法制宣传，散发各种法制宣传资料200余份，解答群众提出的法制问题60余条。8月17日，在郊区崇文广场举办大型法律宣传咨询活动，展示法制宣传版面两组，发放法制宣传资料4000余份，进行法律咨询500余人/次。9月1日，该院会同郊区司法局、郊区公安分局，对全区100余名民事调解干部，进行以“婚姻、家庭纠纷的调解”“人身损害赔偿纠纷的调解”为主要内容的集中培训。是年，郊区法院舆论宣传工作同样取得较好成绩，全年印发各类信息96期，撰写调研材料30余篇，在《人民日报》（信息中心）、《人民法院报》《人民代表报》《山西工人报》《山西法制报》《山西审判》《阳泉日报》《阳泉郊区报》发表通讯报道和理论探索文章70余篇。

是年，郊区法院进一步强化参与社会治安综合治理的深度和广度，全力创建平安郊区，对适用缓刑的犯罪人员，均建立帮教档案，签订帮教协议，定期进行回访考察，了解其思想动态，针对性开展帮教活动，努力促使其弃旧图新，重新做人，回归社会。

2005年，郊区法院进一步加强法制宣传工作，一是开展“百村千人征求意见活动”，先后出动宣传车18（辆）次，深入100多个行政村，发放宣传资料3200余份，当场解答群众法律咨询1500余人/次，向1000余名群众，征求对法院审判工作的意见和建议。二是开展“送法下乡村、送法到企业、送法进校园”活动，组织庭审旁听26次，参加人数达2300余人。三是在《郊区报》开辟“法官教您打官司”专栏，促进人民群众法制意识的提高。法官梁德广利用业余时间，创立《百姓法缘》网站，设立“法缘救援”“法缘新闻”“专题报道”“百姓论坛”“古人说法”“百姓法官”“法缘案例”“百姓故事”和“百姓参谋”等栏目，义务宣传法律、法规，为群众提供免费法律援助和疑难法制问题咨询，点击率屡创新高，受到普遍赞扬。

2006年，郊区法院认真落实中央一号文件，采取了三项措施，加强法制宣传。一是开辟涉农诉讼绿色通道，广泛深入开展诉前协调、庭前调解的宣传，立案立到田间，宣传做到地头，开庭开进农家，注重调解，引导农民遇到邻里、家庭、婚姻、宅基地等纠纷，首选调解解决纷争，对经济确实困难的诉讼农民当事人，给予司法救助，减缓免交诉讼费用，最大限度减轻农民诉累，维护农民的实际利益。二是充分发挥人民法院法制宣传优势，选派优秀法官，担任审判辖区学校法制辅导员，运用典型案例，定期开展法制讲座，增强青少年自我保护意识、安全防范意识，树立遵纪守法观念，把加强校园普法活动，作为遏止青少年违法犯罪、增强青少年法制意识的有效载体，形成了院、校（法院和学校）互动的校园普法新模式，促使广大青少年学生认识到懂法、守法的重要性，在校园内营造人人争先学法、遇到首选法律保护的良好风气。11月中旬,即选派优秀法官在西南异中学,为该校上千师生讲解法律知识,进行普法教育。12月4日，按照郊区“普法”领导组统一部署，积极参加以“弘扬宪法精神、构建和谐社会”为主题的普法教育活动，向群众发放数千份法制宣传材料，为群众解答日常生活中遇到的有关法律问题。是年10月，郊区法院被山西省高级人民法院授予“全省新闻宣传先进单位”。

2007年，郊区继续大力开展普法宣传教育活动，利用各种宣传工具和有利时机，出动宣传车18辆次，发放法律宣传资料5000余份，解答法律咨询1500余人/次，同时继续开展“送法下乡镇、送法到企业、送法进校园”活动，组织庭审旁听26次，组织各类法制培训班26期，参加人数达1300余人。

2008年，郊区法院积极开辟法制宣传阵地，把法制宣传重点，放到各乡、镇、村的中学和小学。10月15日，该院未成年人案件综合审判庭庭长杨继文，会同该庭工作人员在荫营镇三郊中学，给1000余名在校师生讲法制课，受到全体师生一致好评，三郊中学党支部、校委会，当场聘请杨继文担任该校“法制副校长”。共青团郊区委员会、未成年人案件综合审判庭庭长杨继文和全庭工作人员，共同组成法制教育联合宣传队，分头依次在全区18所乡镇中、小学校，对师生进行遵纪守法普法教育。12月6日，召开被判缓刑和管制的未成年人罪犯思想汇报会，郊区法院未成年人案件综合审判庭庭长杨继文、郊区“关心下一代工

“12·4”法律宣传活动

作委员会”主任潘换梅、共青团郊区委员会、郊区妇联、郊区教育局和阳泉中院未成年人案件综合审判庭负责人出席会议，30余名被判缓刑和管制的少年罪犯，汇报了各自的思想改造状况，部分少年犯的监护人，也在汇报会上发言，汇报了他们教育自己子女、帮助其悔罪、认罪、积极改造等相关情况。郊区法院副院长任怀金希望社会、学校、家庭、法院，共同采取切实有效措施，加强对未成年人罪犯的法制教育，促进他们悔罪自新，重新做人。

本年度，郊区法院积极参与社会治安综合治理，注重在法制宣传上下功夫，在农民和学生两个群体上下功夫，在预防犯罪、防止矛盾纠纷激化和升级上下功夫，利用农村传统庙会、学校寒暑假放假前和开学后等时机，为辖区群众和学生发放法治宣传资料6000余份。

2009年，郊区法院创新法制宣传工作，会同阳泉市劳教所，联手共建普及法制教育平台。5月22日，该院同阳泉劳教所，联手共建的青少年法制教育基地——“送法进校园”活动正式启动，第一站为旧街中学，通过3名劳教学员在旧街中学1000多名师生面前“现身说法”，让师生们深切感受形象生动的法制宣传，教育引导中学生更多了解法律知识，促进学校与司法机关良性互动。在启动仪式上，旧街中学为郊区法院法官颁发“法制副校长”聘书。为了切实办好“法制教育平台”，郊区法院专门开通法律咨询热线，为中、小学师生提供法律服务和咨询。本年度，16名法官到各机关和各中、小学，就案讲法20场次；34名法官送法进企业，就《合同法》等企业经常涉及的相关法律、法规，对营销人员进行法制指导，并对企业存在的问题提出司法建议，帮助企业堵塞管理漏洞，保障企业财产安全，提升企业依法管理水平。

2010年，郊区法院采取“模拟法庭”进学校和服刑人员现身说法等形式，进一步加强对全区中、小学学生的普法宣传。4月28日，在郊区荫营二中，由中学生组成的“模拟法庭”，开庭审理一起“未成年刑事案件”，庭审结束后，郊区法院未成年人案件审判庭法官，就“庭审过程”进行点评，对“庭审”中有关法律知识进行讲解，使在场师生亲身感受到生动形象的法制教育。

2011年，郊区法院扎实开展社会治安综合治理宣传月活动，以法制教育基地为依托，进一步完善“模拟法庭”“服刑人员现身说法”等普法教育方式。全年法官进学校、上课堂进行普法宣传8次，聆听法制教育的师生达20000余人。该院民事审判和执行工作人员下乡村、进厂矿，为全区重点骨干企业举办《合同法》《劳动法》等有关法律知识培训班6期，同时根据农村传统庙会人员聚集特点，向赶会群众进行法制宣传，共发放各类法制资料4000余份。

2012年7月2日，郊区法院按照郊区“依法治区领导组”，关于“送法律进农村，维稳定促发展”总体部署，继续以农村传统庙会为契机，组织开展法律宣传咨询活动。同时以“农家书屋”为平台，进村入户，组织开展法律书籍无偿捐赠公益活动，使法制教育进一步贴近农村、贴近实际、贴近农民，有效提高广大农村干部，依法决策、依法管理社会主义新农村的能力。5月15日至16日，郊区法院开展“法官驻村、驻社区”活动，民一庭干警用两天时间，分别到河底镇、西南舁乡、平坦镇的王家庄、五里庄、东村、苏家泉、大河北、南沟、山底、牵牛镇、燕龛、程庄、北庄、小固庄、辛兴、西上庄、吴家掌和中庄等16个村，进行走访，了解村情民意，为群众提供法律咨询，法院干警同部分村的干部建立起常态化联系，及时发现矛盾，快速化解纠纷。是年，该院在《生活晨报》《阳泉日报》、阳泉电视台、阳泉郊区电视台，共刊发各类新闻70多篇。

2013年3月6日，郊区法院针对全区群众普遍关心《婚姻法司法解释（三）》，在旧街乡佛洼村举办“迎‘三八’法制讲座”，就“‘啃老房产’归个人”“婚内财产分割弱者为王”等新产生的焦点问题，通过发生在群众身边的简单案例，由浅入深地进行详细解释，500多人聆听了《婚姻法》讲座。全年在各乡村和企业举办《婚姻法》《妇女权益保障法》及《合同法》讲座3期。本年度，该院还购置了一批法律书籍，充实到“农家书屋”之中。3月18日，郊区法院结合学习贯彻中共十八大精神，积极探索法制宣传新思路，创新法制宣传新模式，以“法官教您打官司”为主要内容，在郊区广场开展“公正执法宣传日”活动。11月份，郊区法院网站和微博同时开通。12月16日《人民法院报》以整版篇幅，刊登王拉寿撰写的案件纪实文章《罪恶的嗜好》。

2013年12月4日，郊区法院举办普法宣传活动。左二为郊区法院院长冯晋明。

2014年4月9日，郊区法院按照“全市涉民生案件专项集中执行活动”要求，在郊区体育馆门前广场，积极开展宣传活动。通过现场解答、接受询问等方式，向群众讲解《最高人民法院关于公布失信被执行人名单信息的若干规定》，受到群众一致好评。4月22日，河底法庭以“党的群众路线教育实践活动”为契机，针对河底村“三月二十三”农村传统庙会人员聚集、人口流动量大的特点，积极开展普法宣传。活动当天即发放宣传资料300余份，解答群众法律咨询20多人/次。本年度，郊区法院把审判流程公开、裁判文书公开和执行信息公开三大平台建设，作为“一把手”

工程，先后召开专题会议，出台《裁判文书上网管理规定》等相关制度，并将此项工作与考核相挂钩，特别是与案件的结案有机结合起来，确保各项措施全部落实到位。到2014年10月，郊区法院实现了裁判文书全部上网，审判流程和执行信息，全部按上级要求予以公开。法制宣传进入网络化、信息化、快捷化、便利化新时期。

2015年5月8日，郊区法院为使青少年从小养成遵纪守法的良好习惯，提高依法防范和自我保护的能力，未成年人案件综合审判庭王慧清庭长到河底村中心小学，为该校2000余名学生及50余名老师讲授法制课。王慧清庭长结合审判实践，分析了青少年违法犯罪的现状、原因及预防办法，辅以发生在校园里的真实案例，向师生们讲述法律知识，特别是对学生如何避免不法侵害，进行了专门辅导，受到广大师生们一致好评。此外，为加大法制宣传和司法公开工作力度，让青少年更加直观地了解法律，增强法律意识，有效预防和减少犯罪，10月份，郊区法院开展“法庭开放日”活动，邀请郊区职业中学24名学生走进法庭，近距离接触法官，感受法院，取得良好效果。10月23日，郊区法院在荫营镇、李家庄乡、杨家庄乡、旧街乡设立法律服务点。设立法律服务点是郊区法院出台的一项便民利民措施，主要是为了在郊区不设法庭的乡镇，进行法律宣传教育，提供法律咨询，增强群众法律意识，增进法院与群众间的沟通、交流。

第二节 争先创优和劳动竞赛

1975年，是郊区法院建院初期，其时，全院仅有干警7名，社会主义劳动竞赛的主要形式为“比、学、赶、帮、超”，即“比先进”“学先进”“帮后进”“赶先进”。表彰奖励的办法，主要是授予某种称号、评为某一级先进个人或先进集体，如出席阳泉市、出席山西省的先进模范个人或集体。对先进人物和先进集体的表彰，主要以精神奖励为主，物质奖励为辅。精神奖励主要是奖状、镜匾、锦旗；物质奖励一般为纪念性、实用性的茶杯等。其时，该院积极参加中共阳泉市郊区区委组织的党组织序列的评先评优活动，参加阳泉市郊区革命委员会组织的行政序列的“比、学、赶、帮、超”活动，以及阳泉中院组织的全市法院系统开展的各种专业化类型的评比工作。此外，郊区法院参加郊区区直机关的评先评优活动。本年度，副院长娄振国被郊区革命委员会评为“先进工作者”。

1976年，贾玉花被阳泉中院评为出席阳泉市的“先进工作者”。

1980年，娄振国被阳泉中院评为出席阳泉市的“先进工作者”。

1981年，杨珍秀被授予出席山西省的“先进工作者”，被山西省高级人民法院荣记个人三等功。

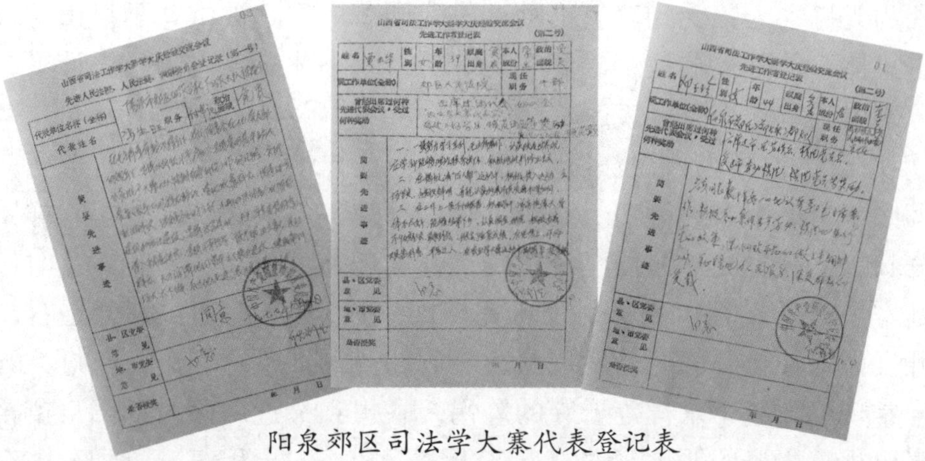

阳泉郊区司法学大赛代表登记表

1982年，任新义被阳泉中院评为出席阳泉市的“先进工作者”。

1983年，任五保被阳泉中院评为出席阳泉市的“先进工作者”。

1984年，在严打斗争中，郊区法院刑事审判庭被阳泉中院和郊区人民政府授予“先进集体”，12名干警被评为先进工作者，出席阳泉市和郊区表彰大会，3名干警被评为优秀党员。

1985年，中共阳泉市郊区人民法院党组，被阳泉市委和郊区区委评为“端正党风先进单位”等荣誉。

1990年，郊区法院有3个庭室、8名干警，被阳泉中院荣记“三等功”，12名干警受到阳泉市和郊区表彰。

1995年，在中共郊区委和上级法院领导和监督、指导下，郊区法院紧紧围绕改革、发展、稳定大局，着力维护社会稳定和市场经济秩序，从改革创新和自身建设入手，通过班子建设、制度建设、作风建设等措施，扎实有效地开展比思想、比业务、比贡献活动，全体干警政治素质、业务素质、文化素质明显提高，形成了争赶先进、多做贡献的良好工作氛围，创下了自1975年建院以来，19年中收案数最多、人均办案最多、年度结案最多、金额标的最大、案件质量最好五项历史纪录，被评为阳泉市郊区“精神文明建设先进单位”“综合治理达标单位”“先进党支部”，被郊区人大授予“群众信任执法单位”。

1996年，郊区法院以“建高素质法官队伍、创一流审判业绩、创一流管理水平”的“一建两创”工作目标，全院干警团结奋斗，积极进取，矢志改革，掀起全员化“比思想、比作风、比奉献、比干劲、比实绩”的社会主义劳动竞赛热潮，根据统计资料，全院干警年平均出差天数达120天以上，有的干警甚至达230天，为全区社会稳定、经济发展提供了司法保障。

本年度，郊区法院经济审判一庭等7个单位，被评为先进集体；王立明等37名干警，被评为先进个人，受到表彰奖励。该院刑事审判庭被中共阳泉市委政法委授予“严打先进集体”，陈福顺被荣记个人三等功，罗小萍、靳占阳、史计平、戴宣英、翟希等，分别受到省、市、区表彰奖励。

1997年，山西省高级人民法院为李永祥荣记个人二等功，为高志亮、李慧斌、赵建军、韩文华荣记个人三等功。是年1月2日晚，郊区法院干警李永祥（时任行政审判庭副庭长）、高志亮（时任经济审判二庭代理副庭长）、李慧斌（时任助理审判员）、赵建军（时任助理审判员）加班完毕回家途中，约7时30分左右，当车行至阳泉本市开发区未硬化路段时，发现路边停放的一辆红色夏利车，车灯大开、喇叭长鸣。这一异常现象引起李永祥等干警的警惕，联想到最近一段时期阳泉市曾多次发生抢劫、杀害出租车司机的恶性案件，五名干警迅即扑向出租车，听到车内有人呼喊：“杀人啦，救命啊！”干警们七手八脚打开车门，李永祥拧住歹徒持刀的手，将其拖出车外，其他干警夺刀的夺刀，抱腰的抱腰，将手持菜刀砍伤出租车司机，意欲杀害司机、抢劫汽车的凶犯杨晶当场擒获后扭送公安机关。为此，受到山西省高级人民法院记功表彰。

2000年，郊区法院被山西省高院荣记集体二等功，被授予“人民满意好法院”荣誉称号。1人被省高院荣记个人二等功，1人被省高院授予“优秀女法官”，1人被中共山西省政法委授予“人民满意政法干警”，7名干警受到阳泉市表彰奖励。因狠抓作风建设、班子建设卓有成效，郊区法院被评为区级“精神文明建设先进单位”，被山西省高院授予“基层建设先进单位”。

2001年，郊区法院深入开展“争当人民满意的好法官，争创人民满意的好法院”活动，全面提高队伍的思想建设、作风建设、业务素质建设，干警队伍精神面貌明显改善，工作效率和案件质量持续提高，“比思想、比作风、比干劲、比奉献、比实绩”的社会主义劳动竞赛热潮蔚然成风，好人好事层出不穷，该院连续两年被山西省高院授予“人民满意好法院”称号，受到中共郊区区委、阳泉中院表彰，党组成员罗小萍以最高票数，被评为“郊区人民满意的政法干警”。

2002年3月22日，山西省高级人民法院下发“晋高法发〔2002〕12号”文件《关于表彰全省法院基层建设先进单位的决定》，郊区法院被省高院授予“基层建设先进单位”。

2003年，法官史计平被山西省高级人民法院荣记个人二等功，郊区法院河底人民法庭被授予“山西省模范人民法庭”，郊区法院法警大队被授予“全省先进法警队”。郊区法院审判委员会委员、民事审判庭庭长冯素林，被授予“全省优秀调解工作者”。

2004年6月份和7月份，郊区法院“干警队伍整顿”工作在中共阳泉市委政法委检查验收中，名列全市法院系统第一名、全市28个政法单位第二名，中共阳泉市委政法委组织全市政法单位政治部（处）主任，到该院学习取经。是年，郊区法院被阳泉市人民政府和郊区人民政府授予“公正执法先进单位”“廉政建设先进集体”。该院司法统计工作，也受到上级法院表彰。

2005年，郊区法院审判、执行和其他工作中，涌现出一大批先进集体和个人，1人受到国家级表彰，1人受到省级表彰，18名干警受到市、区两级党委和人民政府表彰奖励。

2007年度工作总结暨表彰大会

2007年，郊区法院河底人民法庭赵建军，被省山西省高级人民法院授予“优秀法官”，义井人民法庭被共青团山西省委、山西省高级人民法院授予“青年文明号”。

2009年，郊区法院被山西省劳动竞赛委员会、山西省高级人民法院荣记集体一等功；先后被阳泉市文明委、阳泉市依法治市领导组，授予“市级文明单位”“2008—2009法治阳泉示范单位”。

本年度6月份，郊区法院联系实际，开展“争做文明接待窗口、争做文明接待员、争做人民群众贴心人”的“三争做”主题实践活动，以强化法官的责任感与事业心，积极为人民群众营造文明舒适、温暖宽松、公正可信的诉讼环境。为此，该院一是加强组织领导，专门召开会议，成立“三争做”工作领导组，制定相应的活动实施方案；二是完善工作机制，有针对性地完善信访案件工作制度，强化案件登记、交办、督查、验收等工作环节，以提高工作效率；三是强化接访监督，将信访纪律、接待要求、办事流程等制作成宣传版面，以接受人民群众的监督；四是提高服务水平，对信访接待室的办公和服务设备进行更新升级，接待人员热忱接待每一位当事人，耐心听取来访者意见，全力以赴帮助群众解决问题，使全院信访案件实现了“留得下、稳得住、解决得了”的既定工作目标。是年，郊区法院被郊区文明办授予“区级文明单位”。在2009年度总结表彰大会上，该院对表现突出的7个单位授予先进集体，同时授予39名干警“先进个人”，12名干警“国庆安保先进个人”，6名干警“清理执行积案先进个人”。

2010年，郊区法院找准创先争优活动“三个要点”，全体党员认真把握“三个方面”，积极开展创先争优活动：一是立足岗位职责，找准切入点。按照立足岗位、紧贴实际、注重实效的要求，立足审判工作实际，紧紧围绕“社会矛盾化解、社会管理创新和公正廉洁执法”三项重点工作，扎实推进“六大体系”建设，从注重诉讼调解化民争、加强审判保民安、破解执行难瓶颈维民权、完善便民举措等方面入手，找准创先争优

郊区法院被授予“依法治理”示范单位

活动的切入点，确保活动扎实推进，取得实效。二是注重活动衔接，把握着力点，把创先争优活动与上级法院部署的“人民法官为人民”主题实践活动、“四廉创建”等活动紧密结合，以活动为载体，多树典型，加大宣传力度，提高创建实效，抓出特色，打造亮点。三是扎实开展活动，挖掘闪光点，紧紧围绕审判工作，广泛开展庭审技能、调解技能、执行技能、书记员技能、法警技能、庭审观摩、裁判文书制作、裁判文书评比、案件质量评查、法警大比武、专业知识竞赛，设立“党员先锋岗”“党员示范庭”等，评选出一大批“办案能手”“调解能手”“执行标兵”等，提升工作质量，提高司法能力。同年11月，郊区法院未成年人审判工作取得突出成绩，未成年人案件综合审判庭受到全国妇联表彰。

2011年，郊区法院紧紧围绕“为大局服务、为人民司法”工作主题，坚持“三个至上”指导思想，以“三项重点工作”为抓手，忠实履行宪法和法律赋予的职责，法院工作保持了良好的发展态势。9月28日，全区窗口单位和服务行业为民服务创先争优推进会在郊区法院召开，该院立案庭、诉调中心、信访等工作，受到大会充分肯定和普遍赞扬。同年，郊区法院按照中共郊区委统一部署，广泛开展创先争优活动：一是以“人人争做岗位先锋，人人争做清正廉洁模范”为载体，在队伍建设上创先争优；二是以“加强调解促和谐，立足审判争先锋”为载体，在审判执行工作中创先争优；三是以“强化保障重长效，着眼长远早谋划”为载体，在机制建设上创先争优。11月份，该院社会治安综合治理工作受到山西省综治委表彰。

2013年，郊区法院通过“四比四看”，促进专项治理。是年5月，为进一步搞好“四个专项治理”活动，该院组织干警开展“四比四看”活动。一是比环境，看法院各项工作的整体推进是否比上年有新进步，通过刑事审判、民商事审判、行政审判及执行工作，执法环境进一步改善，全社会理解、支持法院工作的氛围逐渐形成。二是比服务，看当事人和工作对象的评价是否比上年度有新提高，结合中共十八大精神学习教育活动，研究落实兑现便民承诺的制度化措施，建立长效运行机制，做到承诺具体实在，落实扎实有效，当事人拥护满意。三是比水平，看干警工作能力是否比上年度有新增强，认真开展办案能手、调解能手、执行能手竞赛等活动，广大干警立足本职工作，爱岗敬业，司法能力进一步增强，执法水平明显提高。四是比作风，看干警和法院形象是否比上年度有新跨越，即切实转变工作作风，塑造便民、利民、亲民的良好社会形象，干群关系、警民关系明显改善。

2014年，郊区法院结合“党的群众路线教育实践活动”，在“转”字上狠下功夫，进一步推进社会主义劳动竞赛和创先争优工作。即“转变工作理念，提升思想境界；转变工作方式，着力在换位思考上下大力，努力在每一起案件中都做到践行群众观点，让当事人能看得到、亲身体会到司法的公平与正义”。采取定期庭审观摩、审委会专题研讨、案件评查等手段，确保了社会主义劳动竞赛和创先争优活动的开展，干警的精神面貌有了新变化，主动承担艰难复杂的审判任务；工作作风有了新变化，主动与群众“零距离”，较好地完成了工作任务，本年度，刑事审判庭被中共阳泉市委政法委授予“执法为民十佳集体”，被阳泉市劳动竞赛委员荣记集体一等功；法警大队大队长秦安良，作为阳泉法院系统唯一代表，受到最高人民法院表彰。

郊区法院历年个人、集体授奖情况一览表

时间	姓名	集体	授奖情况	颁奖部门
1975年5月	娄振国		先进工作者	阳泉市郊区革命委员会
1976年	贾玉花		先进工作者	阳泉中院
1980年	娄振国		先进工作者	阳泉中院
1981年	杨珍秀		先进工作者 个人三等功	山西省高级人民法院
1982年	任新义		个人三等功	阳泉中院
1983年	王五宝		阳泉市一等先进工作者	阳泉中院
1983年	任怀金		个人三等功	阳泉中院
1983年	赵 鹏		先进个人 记功奖励	阳泉中院 郊区政府
1983年	蔡春喜		先进个人 记功奖励	阳泉中院 郊区政府
1983年		刑事审判庭	先进集体	阳泉中院 郊区政府
1984年		刑事审判庭	先进集体	
1985年	李保来		全国法院先进工作者	最高人民法院
1985年	任新义		山西省政法战线先进工作者，个人三等功	
1986年	任东晓		先进个人	阳泉中院
1987年	罗小萍		“先进工作者”	郊区法院
1987年	任新义		阳泉市政法战线劳动模范	
1987年	刘满贵		先进工作者	阳泉中院
1988年	任新义		个人三等功	阳泉中院
1989年	任继华		三等功	
1991年		经济审判庭	受到上级好评，下千亩坪村干部群众送锦旗致谢	
1992年2月	张丽华		全省优秀女法官	
1992年	任继华		三等功	
1992年	董新河		阳泉市法院系统的先进个人	
1993年	冯素林		劳动模范	中共郊区委员会 郊区人民政府

郊区法院历年个人、集体授奖情况一览表（续表一）

时间	姓名	集体	授奖情况	颁奖部门
1993年	梁德广		省级先进工作者　个人二等功	山西省高级人民法院
1994年10月	李永祥		三等功	阳泉中院
1994年	李永祥		先进个人	山西高级人民院
1995年4月	史计平		人民好法官	中共阳泉市郊区区委
1995年5月	陈福顺		山西省少数民族优秀干部	
1995年8月	陈福顺		个人三等功	中共阳泉市委、市政府
1995年	史先玲		优秀检察官	
1995年	冯素林		“民事法律文书”二等奖	山西省高级人民法院
1995年	罗小萍		先进工作者	郊区法院
1995年	刘满贵		省级先进进工作者	山西高级人民法院
1995年		刑事审判庭	“综合治理先进单位”	
1995年		河底人民法庭	出席省、市、区的先进集体	
1996年1月	张丽华		个人三等功	山西省高级人民法院
1996年6月	张丽华		优秀共产党员	中共郊区区委
1996年10月	罗小萍		打团扫恶标兵	中共山西省委 山西省人民政府
1996年10月	陈福顺		阳泉市先进工作者	
1996年	史先玲		优秀检察官	
1996年	罗小萍		先进工作者	郊区法院
1996年	罗小萍		优秀妇女干部	郊区法院
1996年	罗小萍		劳动模范	中共郊区区委、区政府
1996年	高志亮		个人三等功	山西省高级人民法院
1996年	高志亮		严打先进个人 先进工作者	阳泉中院
1996年		经济审判庭	受到市、区的表彰	
1997年3月	史历文		法院系统先进工作者	阳泉中院

郊区法院历年个人、集体授奖情况一览表（续表二）

时 间	姓 名	集 体	授奖情况	颁奖部门
1997年5月	刘伟		个人三等功	阳泉市劳动竞赛委员会
1997年7月	翟希		全省百名好法官	山西省高级人民法院
1997年	史先玲		优秀检察官	
1997年	罗小萍		“先进工作者”	郊区法院
1997年	张朝晖		先进个人；办案标兵； 优秀公务员；个人三等功	阳泉中院
1997年	任怀金		通令嘉奖	山西省高级人民法院
1997年		经济审判庭	服务经济建设先进集体	中共郊区区委、区政府
1998年4月	冯晋明		劳动模范	中共阳泉市委 阳泉市人民政府
1998年12月		经济审判二庭	全省先进模范集体	中共山西省委 山西省人民政府
1998年	史先玲		优秀检察官	
1998年	史计平		先进工作者 严打积极分子	阳泉市
1998年	罗小萍		工会积极分子	郊区法院工会
1998年	任怀金		个人三等功	阳泉中院
1998年	王慧清		阳泉市政法系统先进个人	中共阳泉市委政法委
1998年	董新河		阳泉市法院系统的先进个人	
1999年3月	罗小萍		三等功	阳泉中院
1999年3月	史历文		先进工作者	阳泉中院
1999年6月	王慧清		社会主义劳动竞赛个人三等功	阳泉市总工会
1999年9月	王慧清		阳泉市职业道德建设标兵	阳泉市人民政府
1999年	史先玲		优秀检察官	
1999年	冯素林		个人三等功	
1999年	张朝晖		先进个人；办案标兵；优秀公务员； 个人三等功	阳泉中院

郊区法院历年个人、集体授奖情况一览表（续表三）

时 间	姓 名	集 体	授奖情况	颁奖部门
1999年	史计平		阳泉市先进工作者 严打积极分子	
1999年	罗小萍		信访工作先进个人	
2000年2月	侯 艾		个人二等功 人民满意的好法官	山西省高级人民法院
2000年3月	张丽华		全省优秀女法官	
2000年6月	黄彦江		执行会战先进个人	阳泉中院
2000年	张朝晖		先进个人、办案标兵、 优秀公务员、个人三等功	阳泉中院
2000年	黄彦江		先进个人	
2000年	史先玲		文明家庭	山西省省总工会
2000年	李永祥		先进个人	山西省高级人民院
2000年	罗小萍		先进工作者	郊区法院
2001年3月	史历文		三八红旗手	山西省妇联
2001年3月	史历文		全省法院系统优秀法官	山西省高级人民法院
2001年8月	王慧清		人民满意的政法干警	中共郊区区委、区政府
2001年10月	刘伟		先进工作者 个人三等功	山西省高级人民院
2001年	冯素林		三八红旗手	郊区妇女联合会
2001年	任怀金		个人三等功	阳泉中院
2001年	张朝晖		先进个人；办案标兵；优秀公务员； 个人三等功	阳泉中院
2001年	罗小萍		全市法院系统先进个人	
2001年	史计平		阳泉市先进工作者	
2001年	董新河		阳泉市法院系统的先进个人	
2002年2月	刘 伟		省级“人民满意的好法官” 个人二等功	山西省高级人民院
2002年2月	李永祥		个人三等功	阳泉中院
2002年4月	王慧清		省级“人民满意的好法官” 个人二等功。	

郊区法院历年个人、集体授奖情况一览表（续表四）

时 间	姓 名	集 体	授奖情况	颁奖部门
2002 年 6 月	张丽华		优秀党务工作者	
2002 年 12 月	杨继文		维护妇女儿童合法权益优秀卫士	阳泉市妇联、阳泉中院
2002 年	冯素林		维护妇女儿童合法权益优秀卫士	阳泉市妇女、阳泉中院
2002 年	张海忠		先进个人	阳泉中院
2002 年	杨铁福		法院系统优秀工作者	阳泉中院
2002 年	任继华		三等功	
2002 年	史计平		全省法院系统先进个人	
2002 年	任新义		个人三等功	阳泉中院
2003 年 2 月	史计平		全省法院系统先进个人 个人二等功	山西省高级人民法院
2003 年 9 月	冯素林		山西省法院系统指导人民调解工作先进个人	山西省高级人民法院
2003 年 11 月	冯素林		省级优秀调解工作者	山西省高级人民法院
2003 年	杨继文		山西省政法系统严打斗争先进个人	
2003 年	史先玲		个人三等功	阳泉市劳动竞赛委员会
2003 年	张海忠		劳动模范	中共郊区区委
2003 年	罗小萍		学习、创业、自强型母亲	郊区妇女联合会
2003 年	张朝晖		先进个人；办案标兵；优秀公务员；个人三等功	阳泉中院
2003 年		立案庭	先进庭室	
2004 年 3 月	史先玲		三八红旗手	山西省妇联
2004 年 5 月	王志宏		阳泉市人民调解工作先进个人	阳泉中院 阳泉市司法局
2004 年 5 月	赵建军		人民调解工作先进个人	阳泉中院 阳泉市司法局
2004 年	张朝晖		先进个人；办案标兵；优秀公务员；个人三等功	阳泉中院
2004 年	李惠斌		先进个人	阳泉中院
2004 年	黄彦江		年度工作先进个人	

郊区法院历年个人、集体授奖情况一览表（续表五）

时 间	姓 名	集 体	授奖情况	颁奖部门
2004 年	王志宏		市级调解工作先进个人；全市法院系统先进个人；个人三等功	
2004 年		立案庭	先进庭室	
2005 年 3 月	张丽华		纪检监察先进工作者	最高人民法院
2005 年 6 月	罗小萍		全省法院政治工作先进个人	山西省高级人民法院
2005 年 7 月	赵建军		优秀共产党员	中共阳泉市委员会
2005 年 8 月	史先玲		建设和谐社会模范	山西省精神文明建设委员会、中共阳泉市委政法委、阳泉市妇联
2005 年 9 月	罗小萍		推进公正执法暨涉法信访先进个人	中共阳泉市委政法委
2005 年	张朝晖		先进个人；办案标兵；优秀公务员；个人三等功	阳泉中院
2005 年	李惠斌		先进个人	阳泉中院
2005 年	张海忠		优秀共产党员	中共郊区区委
2005 年	任继华		全国青年文明号	
2005 年		立案庭	综合治理先进单位	中共阳泉市委政法委
2005 年		立案庭	先进庭室	
2006 年 1 月	史先玲		全国“五好文明家庭”	
2006 年 3 月	任学斌		全省法院审判监督工作先进个人	山西省高级人民法院
2006 年 3 月	史先玲		五好文明家庭标兵户	阳泉市
2006 年 3 月	王志宏		全市法院系统模范法官 个人三等功	阳泉中院
2006 年 7 月	史先玲		阳泉市优秀共产党员	
2006 年	李惠斌		先进个人	阳泉中院
2006 年	张海忠		优秀党务工作者	中共郊区区委政法委
2006 年	王志宏		市级“调解工作先进个人”；全市法院系统先进个人； 个人三等功	
2006 年		立案庭	先进庭室	

郊区法院历年个人、集体授奖情况一览表（续表六）

时 间	姓 名	集 体	授奖情况	颁奖部门
2006年10月		郊区法院	全省法院新闻宣传工作先进单位	山西省高级人民法院
2007年2月	杨铁福		阳泉政法系统十佳政法干警 五一劳动奖章	中共阳泉市委政法委 阳泉劳动竞赛委员会
2007年	杨铁福		五一劳动奖章	阳泉市劳动竞赛委员会
2007年	王慧清		山西省“信访先进工作者”	
2007年		立案庭	先进庭室	
2008年3月	罗小萍		三八红旗手	阳泉市妇联
2008年5月	赵建军		全省法院优秀工作者	山西省高级人民法院
2008年7月	王培忠		全市法院系统先进工作者	阳泉中院
2008年10月	刘 伟		先进个人	阳泉中院
2008年	王 恕		先进个人	阳泉中院
2009年5月	杨继文		妇女儿童工作先进个人	阳泉市妇联
2009年9月	赵 鹏		“从事人民法院工作三十年”荣誉奖章及荣誉证书	最高人民法院
2009年11月	史历文		处置涉法涉诉信访工作先进个人	中共阳泉市委政法委
2009年12月	王宝翠		“全省法院系统行政审判工作先进个人”	山西省高级人民法院
2009年	黄彦江		年度工作先进个人	
2010年1月	冯晋明		“三争做”活动人民群众贴心人	山西省委政法委
2010年3月		少年庭	全国维护妇女儿童权益先进集体	
2010年6月	任学斌		全省集中清理执行积案先进个人	中共山西省委政法委员会山西省高级人民法院
2010年	黄彦江		年度工作先进个人	
2010年	任丽莉		全市法院系统先进个人	阳泉中院
2011年3月	王利军		个人三等功	阳泉中院
2011年3月	史历文		山西省“三八红旗手”	山西省妇联
2011年3月	王志宏		全市法院系统先进个人	阳泉中院

郊区法院历年个人、集体授奖情况一览表（续表七）

时 间	姓 名	集 体	授奖情况	颁奖部门
2011年3月	赵建军		个人三等功	阳泉中院
2011年5月	杨志荣		个人一等功	山西省劳动竞赛委员会
2011年6月	黄彦江		优秀共产党员	
2011年7月	杨继文		山西省政法单位 优秀党员干警	
2011年12月	杨继文		“巾帼建功”标兵	阳泉市妇联
2012年1月	史历文		山西省涉法涉诉结案化解先进个人	山西省政法委
2012年2月	杨志荣		劳动模范	中共阳泉市郊区委员会 阳泉市郊区人民政府
2012年6月	黄彦江		“优秀共产党员”	中共郊区委政法委
2012年8月		郊区法院	全省优秀法院 集体二等功	山西省高级人民法院
2012年12月	杨继文		实施“十一五”妇女儿童发展规划 先进个人	阳泉市妇女儿童工作委员会
2012年12月	王利军		民事审判调解先进个人	山西省高级人民法院
2012年	黄彦江		年度工作先进个人	
2013年12月	秦安良		全国法院司法警察体能达标活动先 进个人	最高人民法院
2014年9月	杨继文		阳泉市“巾帼建功”标兵	阳泉市妇联
2015年		郊区法院	保留“市级文明单位”荣誉称号	阳泉市文明委
2015年		未成年人案件 综合审判庭	山西省巾帼文明岗	山西省妇联
2015年11月		郊区法院	“强健体魄·阳光生活” 羽毛球团体赛优秀组织奖	阳泉市体育局 阳泉市体育中心

第三节 司法研究与探索创新

司法研究工作包括调研、信息、案例、司法统计等多项工作，以法院领导和干警在具体工作中所作的调查研究、经验总结、创新探索等方面开展的活动和撰写的论文，以及主持或参与的专题研究中取得的调研成果。

1976 年，郊区法院在处理婚姻案件时，坚持走群众路线，针对郊区农村婚姻家庭实际和阳泉第一监狱（时称山西省阳泉第二劳动改造管理支队，下同）服刑罪犯婚姻问题突出等问题，深入开展调查研究，及时解决家庭婚姻矛盾纠纷中出现的新情况、新问题。在受理冯生存与现役军人贾长生离婚案时，由于没有依靠有关单位深入调查研究，主观草率地认为是一件普通的离婚案，造成一定负面效应，此后，通过依靠有关单位和人民群众，深入调查研究，最终作出对冯生存及其“第三者”拘留和教育决定。

在受理阳泉第一监狱服刑人员同原籍配偶婚姻纠纷案件中，其时，正值文化大革命后期，虽然在“以阶级斗争为纲”主导下，此类婚姻纠纷颇为复杂，但郊区法院依然本着调解为主的原则，对该监狱此类问题突出的原因进行了专题调研，从有利于服刑人员积极改造角度，以服刑人员同配偶的感情是否破裂为标准，会同阳泉一监干警，调解处置了大量涉及服刑人员的婚姻纠纷，挽回了一大批因政治因素提起离婚诉讼的家庭。

1983 年，郊区法院在民事和经济纠纷案件审理过程中，主动转变审判作风，携卷深入基层，调查研究，依靠群众，重点开展民事纠纷的调解。

1985 年，郊区法院针对域内经济纠纷案件成倍增长的趋势，为了探讨和研究郊区经济工作的新情况，总结探索指导经济审判工作的新方法、新方式、新路子，党组书记、院长孙喜爱带领经济庭、办公室干警，深入全区 10 个乡镇（村）进行实地调查研究，掌握了大量第一手材料，有力地推动了经济审判工作的进行，促进了郊区经济社会的健康稳步发展。

1987 年，郊区法院改进审判作风，坚持“依靠群众，调查研究，着重调解，就地解决”方针，深入基层乡镇（村）和域内企事业单位，就地办理简易民事纠纷案件，办案效率得到很大提高。

1984 年至 1987 年，郊区法院党组办公室主任李福，组织内勤人员，对建院十年的历史档案和文献资料，进行了整理归档，受到阳泉市和郊区档案管理部门的表彰。

1989 年，随着社会主义民主与法制建设不断完善和“严打斗争”逐步引向深入，域内刑事案件数量大幅度增加，依靠传统的审判委员会集中研究办理案件的方式，一是影响审判效率提高；二是影响合议庭成员积极性发挥；三是对于提高案件质量，不

郊区法院历年信息简报

利于推行案件质量责任制，已不能适应新形势下审判工作的需要，对此，郊区法院党组认真分析研究严打形势下，刑事审判工作出现的新情况、新问题，反复学习第十四次“全国法院工作会议精神”和最高人民法院院长有关此类问题的讲话精神，根据严打斗争中出现的特殊情况，经充分调查研究和科学论证，进一步扩大了合议庭的权力，改变了过去刑事案件全部由审判委员会研究决定的习惯做法，使合议庭真正成为有职、有权、有责的审判实体，有效地提高了审理刑事案件的质量和效率，这一做法被上级法院迅速推广到全市法院系统，阳泉中院于 1989 年 12 月 16 日，专门印发《法院工作简报》，对郊区法院扩大合议庭权利，推进案件责任制先进经验，作了专题通报，对全市法院系统起到了示范作用。

1992 年 3 月，为了更好发挥信息工作服务审判、服务决策、服务法院自身建设的作用，郊区法院抓信息工作和调查研究，对各庭、室（科）干警做了重新调整，配置一名兼职信息员，对信息员的职责和职能，做了明确规定：一是兼职信息员或其他干警，编写一条贴近审判工作的较好信息，在工作量上等同于办理一件案子；二是每月上报的信息原则上不得少于 2 条；三是凡是被市级有关部门和新闻单位采用的，等于完成 2 件案件的审理任务；被省级有关部门或新闻单位采用的，等于完成 3 个案件的审理任务。四是对成绩突出的信息员，分档次予以奖励，大力支持和鼓励广大干警，投入到法制宣传和信息调研工作当中，从而形成全员动员、全员上阵抓信息、抓宣传、抓调研的良好氛围。

1993 年，郊区法院根据区域社情民俗，积极探索依法审理民事案件、化解民事矛盾纠纷的新路子，取得了宝贵经验：

1. 坚持公开审理，实地巡回办案。本着贯彻“两便”原则，减轻当事人的诉累，密切联系群众，及时解决讼争的初衷，广大民事审判人员发扬人民司法工作与群众路线的光荣传统，送法上门，依法应公开审理的全部做到了公开审理，对依法不公开审理的，也尽可能深入实际地开庭审理讼争，以就案讲法，扩大民事审判的社会效果，使人民群众通过旁听审理，接受现实的法制教育，规范民事行为，达到审理一案，教育一片的社会效果，也提高了民事审判人员的执法水平，增强了民事审判的社会透明度，特别是突出了庭审中心，促进了办案质量的持续提高。如审理张某与胡某离婚一案时，胡某经二次合法传唤不到庭，法院没有简单地拘传其到庭审理，而是深入被告人胡某所在地去开庭审理，庭审中胡某承认了不到庭应诉的过错，经当庭调解，达成其离婚协议。

2. 坚持公开宣判，树立民事审判权威。公开宣判，既是宪法原则与民诉法原则，也是对群众和当事人进行民法教育的重要途径，是增强公民的民法观念和守法意识的有效措施。郊区法院注重在依法搞好公开审理的同时，对审结的案件一律依法公开宣判审理结果，并力争在发案地公开宣判，以扩大民法教育面。如在审理杨某与王某既不依照合法传唤到庭，又不履行给付共同债务的义务，针对被执行人不懂法、不知法的特点和少数群众的误解，不仅不回避矛盾，而且大张旗鼓进入败诉的被告人所在村，进行公开宣判，欢迎群众旁听，宣判后又当场对被告人，进行针对性法制教育，促使其反省自己的过错，很快履行了给付义务。

3. 坚持优质服务，改善执法活动。郊区人民法院在民事审判活动中，始终注重围绕农村工作中心，面向本区实际，不断适应新形势，改变旧做法，以提高办案质量和办案效率。一是积极推进举证责任制度，为了引导公民、法人和其他组织增强民事法律意识，规范自身民事行为，同时促进办案质量和加快诉讼运行效率，广大民事审判人员积极在审判工作中推行《民事诉讼法》第108条规定的举证责任，从受理起诉、审查立案开始，要求原告“谁主张，谁举证”，就起诉、主张的权利，案件事实和请求事项，逐一提供相应的证据事实；对被告在答辩中提出反诉，平等要求履行举证诉讼义务。并针对证据效力，相容与相斥关系，严格进行质证鉴别。对当事人在法定条件下难以取证又事关认定案件事实的，法院在进行依法审判的基础上认真调查取证，不仅有利于准确认定法律关系，正确区分是非责任，也大大加快了办案节奏。二是精心审理新型案件，随着改革开放的推行，新的民事法律关系不断出现，并逐步纳入诉讼轨道，过去极少发生的劳动纠纷、名誉权纠纷等新型案件，相继诉诸法律，凡是起诉有据的均予以受理，并严格依照新的民事诉讼秩序办理，使审理活动不仅在“操作方法”上达到法定的规范标准，而且在实体处理上，达到法律标准与社会效果的统一。在审理王某诉于某名誉纠纷一案中，被告先后向区、市二级人大与行政机关上访喊冤，提出其“说闲话构不成侵害他人名誉权”，对此，郊区法院严格执行秩序法办案，同时注重深入基层调查取证，先后走访二十多名知情当事人，根据案件事实与法律准绳进行了认真合议，并将有关情况及时向有关部门沟通，并对被告就案说法，释疑解难进行宣传教育，审结时限下判结案，原、被告均服判未予上诉。三是运用新的法律武器提高工作效率，首先针对不同案源案情特点，在学习掌握民诉法的基础上，依法对多起民事急案，难案采取诉讼保全，先予执行等措施，使一批案件得以创造执行条件，或及时保障了妇女儿童和老人的合法权益。其次，在严格审查的基础上，依法适用督促程序，减少不必要的诉讼环节，及时平息民事权益争议，将一些权利义务明确的简易矛盾在诉前就地消化，对此，广大民事审判人员针对农村实际，注重因地制宜地改进民事审判工作，使审判服务贴近农村工作与群众的要求，如在春播、夏管、秋收的农忙季节，对当事人提起民事诉讼的，及时深入基层就地审理；对夏收雨季因为排水发生纠纷的，打破常规，提供诉讼服务，不分上班下班，不分分内分外，以保障人民群众的生命，财产权益，及时排除住宅、生活中发生的不安定、不安全因素，把矛盾消化在萌芽状态，减少不必要的经济损失。第三，对年头岁末分配兑现与债务、赔偿发生纠纷的，采取诉内诉外相结合，教育与审判相结合，疏导与强制相结合的办法，及时服务到乡，服务到村，服务到事，以防止民事纠纷激化升级，先后有效地防止了10余起可能激化矛盾的讼争。2月份，郊区法院审结的义井、平坦两个乡镇部分种植户，诉阳泉市郊区蔬菜生产服务中心因劣质种子引发的赔偿案，最终以调解方式结案。此案例经山西省地方志选编，成为1994年《山西年鉴》的典型案例。

1995年，郊区法院立足实际，大胆探索，积极寻求拓宽服务领域的结合点，全力为改革发展稳定服务。一是把经济审判和维护企业利益相结合。随着经济活动日趋活跃，企业纠纷与日俱增，经济活动有法不依、不懂法、不会用法现象占有相当的比重。对此，郊区法院组织干警，对企业法人代表200余人/次进行了培训，并提供法律咨询400件次，受到有关方面一致好评。二是把刑事审判和惩治腐败相结合，根据计划经济向市场经济过渡中，有些人钻法律的空隙，搞以权谋私，进行权、钱交易的犯罪行为，该院运用刑法武器，严惩经济犯罪，遏制了腐败现象蔓延，保证了郊区改革开放的顺利发展。三是把民事审判与安定团结相结合，探索出“大案、要案重点办，急促案件抓紧办”的具体方法和措施，对民事案件当事人晓之以理、动之以情，坚持做好耐心细致的思想工作，积极化解矛盾，从维护安定团结的目的出发，为群众排忧解难。

1996年3月下旬，郊区法院党组全面贯彻全省政法工作会议精神，提出力创“五新”的“严打”思路。即：斗争要有新举措；打击要有新力度；宣传要有新突破；工作要有新部署；稳定要有新局面。全年受理刑事案件241件457人。其中：公诉案226件439人，附带民事案件9件，裁定减刑5件，案件比上年同期增长32.4%，犯罪嫌疑人增长47.9%，并全部审结。是年6月，阳泉市法院系统破产案件审判工作座谈会在郊区法院召开，会上，郊区法院介绍了破产案件审理程序的具体操作，实体法的具体适用，以及在职工安置和债权债务处置方面的先进经验，受到与会者好评。

1997年，郊区法院结合民事审判形势要求，对规范民事审判、提高办案质量和效率，进行积极探索，并总结出宝贵的经验：一是完善审判责任制，进一步提高民事审判运行的规范化程度，对办案责任制、合议庭职责等规章制度，针对其具体的操作适用情况，有的放矢地进行充实或修订，使之更加贴近程序化要求，贴近规范化要求。二是加大改革力度，进一步强化合议庭职责和庭审功能，即按照职、权、责相统一原则，重点强化合议庭、独任庭办案责任；按照审判方式改革要求，重点提高庭审质量，提高庭审能力，使庭审操作高度规范化，使一步到位开庭率达到85%以上。三是全面强化监督机制，进一步保持“还权”与“强责”的一致性，在严格执行庭、院领导旁听制，严格把好适用法律和规范文书制作关的同时，重点强化案后督查、评查、监督和合议庭共同办案制约机制，使诉讼前后的监督、制约融为一体，进一步细化和确立合议庭和审委会两个审判组织的办案责任，充分发挥审判方式改革形成的工作积极性，形成改革进取的最大合力。四是强化院、庭两级领导把关责任“六到位”，进一步提高改革实效，即宏观引导责任到位、微观组织责任到位、督办督查责任到位、业务管理责任到位、调研总结责任到位，以进一步加快庭审方式改革，促进干警整体司法水平提高，促进审判方式改革效力提高。

1999年12月，全市立案流程管理及硬件设施建设现场会在郊区法院召开。全市法院系统主要领导莅临现场，陈福顺副院长代表郊区法院党组和审判委员会，在会上介绍了该院在立案流程规范化、标准化和法院硬件建设方面取得的成绩、具体做法和获得的先进经验，受到与会代表普遍好评。

2000年，是全国法院系统“改革年”，根据最高人民法院《五年改革纲要》精神，郊区法院积极探索大立案、精审判、大执行的“两大一精”模式，取得了较好成绩。一是强化立案庭职能，建立“大立案”机制。根据长期以来该院审判管理工作基本上沿用行政管理的方式，立审不分，审执不分，审监不分，庭室间职责不分，权责不明的现象。根据上级法院指示，按照《五年改革纲要》要求，全面推行审判流程管理，为搞好这一改革，郊区法院一方面采取走出去的办法，到兄弟法院参观取经，学习其他法院的长处和先进经验，一方面多次召开专题会议，进行研究讲座，召集有关部门和人员反复论证，集思广益，审判流程管理办法几经易稿，于11月正式出台。该审判流程管理办法，赋予立案庭全面管理审判流程的职责，使立案庭成为审判工作的“窗口”和龙头，成为案件运行的调度中心，下设书记官组、外勤组、信访接待室、案件审查立案组、排期开庭组等内设机构，具有管理职能、保障职能、监督职能，通过上述职能的强化，使立案庭真正成为案件从入口到出口各个诉讼环节的调度中心和调控枢纽，实现审判流程的有序管理，保障案件各个环节的顺利进行，以此科学配置审判资源，达到机制和职能的有机统一，11月27日，审判流程管理工程启动运作。

二是规范审判机制，营造“精审判”氛围。为改变过去传统行政管理形成的审判长临时指定，合议庭临时组合，陪而不审，合而不议，审者不定案，定者不审案的问题，该院全面推行审判长、独任审判员负责制。4月份，制订《审判长、独任审判员选任工作方案》，在条件公开、标准公开、程序公开、结果公开的前提下，经资格审查、业务考试、民主测评、庭审考核，16名审判员被任命为审判长，2名助审员被任命为独任审判员。同时对审判长、独任审判员实行年审制，制定考核标准，如改判率、发还重审率控制在4%以内，排期案件结案率达到98%以上，公开宣判率实现100%，当庭宣判率不低于45%，并实行错案一案否决制，经考核，合格者留住，不合格下岗培训。使审判长、独任审判负责制，真正成为审判管理的动态机制，从而达到“精审判”的目的。民事审判方面，坚持公开审判为中心，加大民事审判方式改革步伐，全面规范民事庭审活动，强化合议庭职责和当事人举证责任的落实，全面推进“六公开”工作法，即：当庭举证、当庭质证、当庭辩论、当庭认证、当庭合议、当庭审判，使当事人有证当庭举，有话当庭说，有理当庭辩，赢者清清楚楚，输者明明白白。不仅增强了干警驾驭庭审的能力，而且增强了案件审理的透明度。本年度，该院公开审判率达100%，当事人举证材料6300件。

三是加强执行工作力量，形成“大执行”格局。该院针对执行工作作为诉讼活动的最后一道环节，在维护法律的尊严和人民法院的执法形象方面存在的问题，建立了“四统一”机制即：统一指挥，统一协调，统一行动，统一培训，对以前的执行机制进行了大胆改革，在机构设置上，增加扩充执行人员和力量，法警大队挂靠执行庭，执行人员由9名扩充到13人。在装备上向执行工作倾斜，在现有条件下为执行庭配备了两辆警车、一部手机，初步形成了“大执行”格局。

四是加大硬件建设投入，为“两大一精”工程夯实基础。全省基层建设运城现场会结束后，该院根据山西省高院关于基层法院建设的标准要求，集思广益，群策群力，确定了“因地制宜，发挥自身优势，大干50天，保证11月底流程管理正式启动”的总体目标，制定了“走出去，向兄弟法院观摩取经；挖自身潜力，以突击积案为突破口，收取诉讼费，筹集建设资金；向区委、区政府汇报省高院关于基层法院建设会议精神，征得区委领导的支持和区政府的政策倾斜”的工作措施，经过不足两个月的努力奋战，立案大厅、大小法庭、办公大楼和河底法庭等改建工程，均在11月中旬高质量、高标准地投入了运行。

五是进行网络化、电算化升级改造。是年，该院购进电脑12台，并全部实行了互联网操作，建立了法律法规信息资料库，为立案流程管理机制的建立奠定了高技术基础。与此同时，经过反复论证和探讨，于11月27日，《立案流程管理办法》正式实行，使立案庭真正成为了案件从入口到出口各个诉讼环节的监控中心，保障了各个环节的通畅。效果十分明显，案件运行速度明显加快，审限缩短，刑事案件审限比法定时限提前15天，普通程度的民事、经济案件提前近两个月；案件分流更趋专业化，依次排期，最大限度优化配置审判资源，案件质量出现了“上诉少、申诉少、改判少、发还重审少”的局面。此后，又购置了6部手机，改善了办公环境，提高了工作效率。

2002年7月，中共阳泉市政法委在郊区法院召开现场会议，推广郊区法院法警队伍建设、警备车辆管理和改革方面取得的先进经验。

2003年，郊区法院民事审判注重基层调研。4月份，副院长李永祥、纪检组长张丽华、民事审判三庭庭长史计平，带领民事审判三庭全体干警，与义井镇有关领导，及所辖13个行政村分管领导、民调人员进行座谈，基层组织民调人员紧密结合工作实际，给郊区法院工作提出许多宝贵意见和建议，归纳起来为“三少”“四弱”。即法院与基层民调组织沟通少，对民调组织业务指导少，到基层调查取证少，导致民调人员业务素质弱了，调解能力弱了，整体功能弱了，在百姓中的地位弱了。针对这些问题，李永祥副院长认真分析产生问题的原因，表示一定要根据座谈会精神，进一步改进法院民事审判工作，充分发挥基层法官的前沿阵地作用，加强对民调组织的指导力度，组织开展形式多样的业务培训活动，提高民调组织的整体素质，对于影响稳定的大案、难案以及社会热点问题，加强信息交流，搞好协调配合，化解矛盾，消除隐患，真正把“三少”“三弱”，变为“三多”“三强”。是年，郊区法院积极开展“执法为民”专题教育，组织全院干警认真开展“为谁掌权、为谁服务、为谁执法”专题大讨论，在全院开展“做好公仆、服务群众，当好法官、确保公正”论文征集活动，广大干警积极响应，踊跃参与，先后有6篇论文在市区报刊发表。郊区法院杨志荣的论文《挪用公物犯罪行为研究》，在2003年《理论与探索》增刊（第141期）上发表。

本年度，郊区法院继续探索实践庭审方式改革，强化当事人举证责任，突出解决民商事案件上升，与审判人员不足的矛盾。在民商事审判方式改革上，坚持当事人举证责任制度，坚持公开审判原则，培养法官居中裁判意识，使论争双方当庭主张、当庭举证、当庭质证、当庭辩论，法官当庭调解、当庭裁判。通过“一事一证一质一辨认”，使当事人赢得清楚，输得明白，充分显示裁判活动的公正性和合法性。

2004年，郊区法院把弘扬法制树形象作为调研工作的出发点，加强调研力度，促进调研工作网络化。全年刊发信息83篇，调研材料10篇，并在《人民日报》（信息中心）、《人民法院报》《人民代表报》《山西工人报》《山西法制报》《山西审判》《警钟》《阳泉日报》《阳泉郊区报》以及市有线电视台上发表各类文章40多篇，郊区法院院长李保来撰写的《从严治党也要坚持群众路线》，在中共阳泉市纪委主办的《警钟》杂志上发表。6月，经过积极探索、科学论证，郊区法院成立司法救助基金会，采取干警捐款和社会募捐等方法筹集资金，对符合条件的当事人提供了司法救助。

2005年，郊区法院先后邀请法官学院教授到本院讲授法律知识4次，派干警参加上级法院组织的培训活动 6 期 48 人 / 次，提高了干警的专业化水平。同时，注重审判调研工作，全年干警撰写调研论文 24 篇。1 月，《山西审判》杂志 2005 年第一期，刊登了郊区法院王拉寿撰写的《年终总结小心误区》。此文在 2005 年中国社会科学院首届“全国理论创新征文大赛”中获得二等奖。同年 5 月，郊区法院撰写的调研文章《工伤诉讼缘何增多》，被上级法院转发。

2006 年第 5 期《山西审判》杂志，刊登了郊区法院杨志荣根据审判实践撰写的论文《在法律与道德的冲突协调中构筑法官的职业道德》。同年 7 月，郊区法院根据域内村、支两委干部出现侵占、贪污等职务犯罪方面的苗头性问题，撰写的专题论文《郊区法院分析“村官”犯罪的原因、特点并提出防范对策》，被上级法院转发。

2008 年，郊区法院从有利于保护未成年人刑事被告人的隐私和权利出发，积极探索未成年人案件综合审理办法，对涉少刑事案件审判中，针对未成年被告人的审理进行创新，采用“圆桌审判”模式审理未成年人刑事案件。9 月 9 日，该院未成年人案件综合审判庭在开庭审理一宗放火、盗窃案件时，首次采用“圆桌审判”模式，以圆形的审判桌取代传统审判法庭的对抗式控辩格局，用平行座椅方式，取代规范式审判法庭的法栏，法官、人民陪审员、公诉人、辩护人围桌而坐，在温馨与严肃并重的氛围中，对未成年刑事被告人进行审判。这是郊区法院未成年人案件综合审判庭，首次对未成年被告人试行“圆桌”式审判。这种“圆桌审判”模式，在严肃中体现温情，在审判中体现关爱，在关爱中实现帮教，充分彰显了人民法官的人文关怀。10 月份，郊区法院邀请阳泉中院、郊区检察院、郊区公安分局、郊区司法局等有关部门负责人，召开刑事工作座谈会，就有关刑事案件方面的问题，进行广泛深刻的研讨。会议首先听取郊区法院本年度刑事审判工作情况介绍，与会人员围绕郊区法院刑事案件审判工作展开讨论，着重对在刑事诉讼中，公、检、法机关如何做好相互配合、相互协作，以及如何预防涉煤领域内的赌博行为和未成人犯罪等方面的问题，提出了各自的见解和建设性意见。

2009 年，郊区法院结合学习实践科学发展观活动，成立以党组成员为主的八个调研课题组，按照各位院领导分管的工作范围，分别深入全区 8 个乡镇，围绕“科学发展在身边”的课题，开展调查研究，撰写了《关于新形势下如何加强党风廉政建设的浅谈》等 8 篇调研文章。同年 10 月，在山西省高级人民法院在长治壶关召开的全省法院“信息、司法培训会”上，郊区法院作为阳泉法院系统的唯一代表，作了书面发言和经验介绍。

是年，根据国务院八部委文件精神，郊区法院在全市法院系统首家成立“刑事被害人司法救助基金”，为此，郊区财政每年拨付 30 万元，用于救助那些生活困难的刑事案件被害人。此外，郊区法院进一步加大对弱势群体和刑事被害人司法救助力度，全年为 20 名当事人，发放司法救助金 15.8 万元，解决了他们的生活困难。

2010年，《山西审判》第七期刊发郊区法院王拉寿的论文《关于劳动争议案件审理工作的几点建议》。此文在中国社会科学院“全国理论创新第三届征文大赛”中，获得一等奖。

2012年3月26日，郊区法院以《推进民事审判和弘扬社会主义法治精神》为主题，举办民事审判业务研讨会，从推进民事审判、弘扬社会主义法治精神的基本含义与要求入手，结合上级法院历年来发还重审及改判的案件，具体讲解了人身损害赔偿各项内容和《物权法》《民法通则》《侵权责任法》、最高人民法院相关司法解释的具体规定，从社会主义法治精神的角度，认真分析立法本意，从审判实践的角度，总结各项赔偿内容的实际操作，将理论与实践有机结合在一起。本次研讨是“保持共产党员纯洁性教育活动”和“政法干警核心价值观教育实践活动”，及“五个一”系列活动的重要组成部分，旨在进一步提高法官的能动司法能力。

2013年1月，郊区法院出台《关于开展案例编报工作的实施意见》《关于进一步加强司法研究工作的实施意见》《关于司法研究及宣传成果奖励的说明》等规章制度。至此，郊区法院的司法调研工作走上规范化轨道。4月16日，郊区法院民三庭，根据新《民事诉讼法》规定，对一起承揽合同纠纷案件，制作了由简易程序转为普通程序审理的《民事裁定书》，并送达当事人。这是自本年度1月1日新修订的《民事诉讼法》实施后，郊区法院首次适用新《民事诉讼法》裁定案件简易程序，转普通程序审理。郊区法院民三庭在适用简易程序，审理原告胡某与被告某公司承揽合同纠纷一案中，发现该案事实较为复杂，当事人争议较大，鉴于该案不宜适用简易程序进行审理，即依照新《民事诉讼法》第一百六十三条规定，裁定将案件转为普通程序，并告知举证期限及合议庭组成人员。新《民事诉讼法》实施后，通过裁定形式，使程序转换工作更加规范,更为严格,更有利于保护当事人合法权益,进一步提升司法公信力，真正实现了“案结事了”这一目标，实现了法律效果与社会效果有机统一的效果。5月份，王拉寿的论文《法院文化是一种人气》，在2013年第五期《山西审判》上发表；6月份，郊区法院完成了山西省高院指定的调研课题《论中国刑罚禁止令的适用》，获优秀奖。9月份，郊区法院撰写的《阳泉郊区法院就调研工作提出六项措施》等信息，被省高院转发。12月份，郊区法院根据司法研究的有关规章制度，对司法研究、宣传、信息等工作，根据考核情况全部予以兑现。

为了让广大人民群众更好地了解法院工作，深化“为大局服务，为人民司法”的工作主题，促进司法公开，本年度12月1日，阳泉市郊区法院网站（http://yqjqfy.chinacourt.org）正式开通。标志着郊区法院信息化水平迈上了一个新台阶。郊区法院网下设法院简介、新闻中心、审判动态、法官风采、法苑文化、裁判文书、诉讼指南、专题报道、法律法规、公告、荣誉展台等栏目。群众可以全方位的了解郊区法院的概况、机构设置及审判、执行等各项工作动态，法院及时提供和更新庭审公告、裁判文书等信息，主动接受社会各界和广大人民群众的监督，实现了“阳光审判”。郊区法院网的开通，有力地促进了法院司法信息化建设的步伐，成为展示法官风采和精神面貌的一个重要舞台，成为弘扬社会公平正义的一个重要平台，成为社会各界与法院沟通联络的桥梁和纽带，同时也为广大人民群众，及时了解监督法院审判执行工作，提供一个快捷和方便的服务窗口。

12月19日，继阳泉中院召开“全市法院信息化暨推进司法公开工作会议”之后，郊区法院召开信息化建设及司法公开推进会。在认真总结郊区法院信息化建设及司法公开现状的同时，进一步统一思想，提高认识，明确将法院信息化建设、推进司法公开，作为郊区法院2014年一项重要工作，并对下一步和即将到来的新的一年中，信息调研工作进行安排部署。冯晋明院长提出四点要求：一是把提高认识贯穿信息化建设始终，信息化建设作为推进司法公开和服务渠道的重要载体，要求广大干警从思想观念上充分认识加强法院信息化建设的重要意义，全力推进法院信息化及审判流程公开、裁判文书公开、执行信息公开三大平台建设，确保自2014年1月1日起严格按照市院的要求展开工作。二是加强培训，正视存在的困难，以更加坚决有力的态度、攻坚克难的勇气，解难题、抓落实，不断提高干警信息化应用水平。三是在人、财、物上给予最大的支持，统筹安排，落实到位。四是加强考核，明确责任。要把数字法院业务系统应用纳入各部门年终目标考核和干警年度评优以及晋升的考核范畴，责任到人。五是围绕深化司法公开平台建设，进一步改进完善郊区人民法院网门户网站功能建设，提升司法工作的透明度，让人民群众对公正司法看得见、感受到。

2014年1月，郊区法院针对涉及人身损害赔偿问题案件中，机动车交通事故责任案件占有比例大，且呈日益上升趋势，而且因治疗、鉴定期间过长，造成的案件越来越多，给当事人带来诸多不便，现有的法律、司法解释，在实际案件审理实践中明显滞后的劣势，经过充分论证、科学调研，对人身损害赔偿诉讼时效提出建议，建议司法解释机关根据实际情况，组织法学专家，针对此类案件审理期间的起算问题进行调整，如：将该诉讼时效的起算改为治疗终结之日，或者适当延长相应的诉讼时效期限，以减小当事人诉累，降低司法管理成本，并能以公正合理的程序，保障实体的公正，提高司法保障的公信力。7月份，郊区法院冯晋明院长撰写的论文《浅论基层法院如何贯彻中共十八大精神》在《山西政报》2014年第七期上发表；《努力使人民群众从每个案件中都感受到公平正义》也在《山西政报》上刊载。8月，郊区法院王拉寿撰写的论文《法律与法律人的真谛》，在国家级报刊上刊出；另一篇大型论文《论中国国学与现代司法理念》，入围最高人民法院第26届学术征文。

本年度，郊区法院认真落实公开审判制度，强力推进司法公开，除涉及国家秘密、个人隐私、商业机密、未成年人案件根据法律规定不予公开外，全部予以公开审理。并在2013年建立网站和开通微博的基础上，2014年，进一步完善有关栏目，将材料报送工作纳入日常考核，定期通报相关情况。同时把审判流程公开、裁判文书公开和执行信息公开三大平台建设，列入“一把手”工程，先后召开多次专题会议，出台《裁判文书上网管理规定》等相关制度，并将此项工作与考核相挂钩，特别是与案件的结案有机结合起来，确保各项措施全部落实到位。2014 年，郊区法院全部实现了裁判文书网络化、审判流程公开和执行信息公开化。

2015 年，郊区法院继续强力推进司法公开。认真落实公开审判制度，除涉及国家秘密、个人隐私、商业机密、未成年人案件根据法律的规定不予公开外，全部进行了公开。三大平台建设方面，郊区法院已按照上级法院的要求完成了工作任务。全年，共在中国裁判文书网上公布各类法律文书 349 件，其中：刑事 74 件；民商事 252 件；执行案件 22 件。法院信息化建设方面，全院已实现了全部案件从起诉状，到证据，直至最后的判决结果，全部实现了电子化。全年，郊区法院所有 1631 件案件均已 100% 录入系统，且基本达到信息录入的准确、完整、及时，案件所有的证据材料均同步扫描上传至系统中，使案件的流程实现多方面的信息共享。

第四节 服务中心工作

1975 年 2 月，郊区法院建院。6 月份，响应中共郊区区委、郊区革命委员会号召，一方面加强对敌斗争，另一方面，抽调干警积极保卫抗旱夏收，在夏季麦收、抢种晚秋作物时期，该院干警全部参加农村人民公社生产大队的夏季抢收抢种。9 月份，在全国农业学大寨会议在昔阳县召开之际，配合中共郊区区委、郊区革命委员会召开全区民政和法院民事工作会议，对各公社分管民政的书记或主任，各生产大队民政或调委会主任 112 人，开展民事调解经验交流和民调工作技巧技能培训。

1976 年，郊区法院在仅有 7 名干警、且有 1 人生病不能正常工作情况下，法院机关留 1 名干警，接待群众来信来访，办理其他日常事务，其余 5 人，携带案卷常年下乡，支持当时郊区农村的中心工作——农业学大寨运动，白天同农村人民公社生产大队社员兴修水利、耕田种地、春种秋收，晚上针对携案卷涉及的案情，进行民事案件的调解、审理。

1977 年，郊区法院根据中共阳泉市郊区委员会总体安排，抽调 4 名干警，参加“党的基本路线教育工作队”，在积极完成区委交办的基本路线教育任务的同时，对所包生产大队调解委员会进行了整顿，实现了所包大队民事纠纷案和轻微刑事案不出村的目标。

1979 年，郊区法院抽出 2 名干警，参与中共郊区区委组织的“政策落实办公室”工作，在该办公室综合领导和协调下，平反、纠正文化革命时期形成的“冤、假、错”案。

1981年，阳泉市郊区根据“中发〔81〕21号”文件精神，开展社会治安综合治理，郊区法院作为政法部门，会同郊区公安分局、郊区检察院、郊区司法局及其他区直、区下属乡、镇和域内国营大小型企业保卫部门，积极参加社会治安综合治理大会战。

1983年，郊区法院进一步解放思想，转变观念，更加自觉、更加明确地把主要精力，转移到保卫和促进以经济建设为中心的社会主义现代化建设方面，一是继续抓紧抓好审判经济领域、政治领域犯罪案件工作；二是继续坚持从重从快审判，坚决打击杀人犯、抢劫犯、强奸犯、爆炸犯、放火犯以及其他严重危害社会治安的六类犯罪分子，根据犯罪的不同情节和后果，区别对待，依法判处。三是切实加强和做好民事审判工作，及时准确、合法的处理好民事案件。特别是根据郊区行政区划较大，居民情况复杂，城乡结合部较多等实际，在平坦乡驻地平坦垴村设立“阳泉市郊区人民法院平坦人民法庭”，方便平坦、义井、辛兴、旧街等乡镇群众的民事诉讼，服从服务于郊区经济建设。

1984年，郊区法院根据阳泉市人民政府关于修建桃北东路的文件精神，积极协调阳泉市建设局、阳泉市政公司和此路段民居拆迁工作，对因赔偿标准明显低于当时的市场行情和郊区人民政府相关赔偿标准，下五渡大队社员周茂棣将阳泉市建设局和阳泉市政公司二家诉至郊区法院的诉讼请求，依法判决周茂棣胜诉，并由阳泉市建设局与阳泉市政公司按郊区政府的文件标准，给予周家拆迁赔付，保证了桃北东路工程的顺利进行，维护了法治的公正性和严肃性。

1985年，9月23日中国共产党全国代表大会在北京召开闭幕后，郊区法院党组成员组织五人宣传队，深入李家庄乡各村，宣讲党代会精神。是年，该院进一步加强社会治安综合治理，承包了三郊、平坦、西南舁三个乡的综治工作，法院干警深入群众广泛开展法制教育，院领导为3000余名师生讲授法制知识，三个乡跨入全区社会治安基本好转乡镇行列。

1986年，郊区法院采取“以会代训”“短期培训”方法，同郊区各司法部门配合，对13个乡镇和厂矿600百名司法、调解人员进行业务培训，并根据中共郊区区委要求，配合其他司法部门，选派法制辅导员，认真编写法律教材，为区直机关副科级以上干部300余人讲授法制知识。本年度，法院领导深入三郊、西南舁、平坦、义井等乡镇，组织治保、调解、民政干部，系统学习《刑法》《民法通则》，并深入学校给中、小学生面授法制课程23次，办专题讲座61期，推广东村乡山底村、河底镇关家峪村和白泉乡下白泉村普及法律知识和社会治安综合治理经验。

1989年，北京发生政治风波，郊区法院组织党员、干警学习中共中央、国务院决定及邓小平、江泽民讲话，学习中共十三届三中、四中全会公报。并研究制定外出办案干警“不围观、不信谣、不传谣、不离队”的工作纪律。

1990年，从5月起，郊区法院认真贯彻“严打”方针，积极参加确保“亚运”和“国庆”节安全的专项斗争，在继续开展严打斗争的同时，法院干警配合公安、检察、司法机关干警，深入市、区看守所，对在押人员进行宣传教育，督促在押人员交代余罪，揭发同案罪犯，38名在押人员交待余罪和揭发同伙犯罪共61案。

1991年，郊区法院发挥审判职能作用，服务改革开放和经济建设。从6月17日开始，组建七个巡回法庭分别到全区13个乡镇和区直厂矿企业，向各厂矿企业和人民群众宣传法制，深入贯彻《民事诉讼法》重点讲好审理程序、时效和管辖范围等内容；巡回审理就地办案，帮助处理诉外民间纠纷；虚心倾听人民群众对法院工作的意见，改进工作作风，直接接受群众监督；调查研究，体察民情，进一步密切同人民群众的联系。当年夏，江苏、安徽等省遭受特大洪涝灾害，全院干警踊跃捐赠，积极支援灾区人民的抗洪斗争；摒弃地方保护主义，秉公执法，及时审结、执行了一起唐钢下千亩坪耐火分厂拖欠江苏省邱县官湖草制品厂六万元草绳款诉讼案，为给灾区人民办实事。

1993年，郊区法院经济庭按照“经济建设发展到哪里，改革开放深化到哪里”的基本思路，牢固树立服务意识，努力拓宽服务领域，不断改进审判作风，注重规范执法行为，持续提高办案效率，经受了繁重任务的考验，为郊区乡镇企业实现“超常规，跳跃式健康发展”提供了全方位、多层次、高效益、快节奏的法律服务。获得了山西省高院、阳泉中院与郊区区委的一致肯定。

1994年，郊区法院经济庭下基层巡回办案，为郊区物资公司依法清理债权，经调查，发现该公司经营上存在流动资金缺乏、外欠款额数目较大，且无法讨回，影响正常经营的问题，对此，该院经济审判庭法官协助该企业成立清欠领导组，首先，在各分公司设立办公室，帮助本公司把各企业之间的内部债务结清、理顺，使之轻装上阵。其次，将公司的债权、外欠额加以澄清，对“死账”“老账”进行清理，从中依法将50多件近200多万元外欠额诉诸法律，增强了企业法人代表在经济工作中依法办事的法律意识。第三，郊区法院法官分兵把口，为清欠提供全程服务，经济庭审抽出三个审判员，每人着重负责两个分公司的清理债权和审理纠纷案件，为该公司正常的经济运行，提供有力的法律保障和法律服务。

1997年，郊区法院在强化服务上下功夫：一是深入企业、了解摸底的超前服务；二是送法上门、排忧解愁的主动服务；三是突出重点、急案急办的倾斜服务；四是法理债权、盘活资金的造血服务；五是宣传法制、规范经营的免疫服务。

2001年，随着社会主义市场经济的发展，郊区法院紧紧围绕中共郊区区委“抢抓机遇、争取发展”工作思路，加大司法保障、司法调整、司法服务力度，努力促进郊区经济发展。一是制定“一严格三一样”规定，提升法律服务水平，即：严格法律程序办案，不论标的大小、案情难易、外地本地一样的态度对待、一样的热情服务、一样的尽心审理。二是对特困企业、改制企业、骨干企业投诉的案件，繁简分流，简案快办，繁案精办，尽可能降低诉讼成本，减少企业诉累。三是开展送法上门、清理债权等系列服务活动，举办《合同法》《担保法》《公司法》培训20余次，参加培训人数460余人，为企业清理外欠1600余万元，有效缓解了企业资金短缺的矛盾。2001年，共受理各类案件1549件，审结l475件，特别注重服务经济中心工作，以法律手段调节经济关系，受理经济案件192件，审结168件，结案率87.5%，结案标的3100余万元，为维护郊区社会政治稳定，促进全区经济发展，发挥了保驾护航作用。

2003年，郊区法院采取“干警凑一点，院内挤一点”的办法，在全市法院系统首家成立司法救助基金，确保经济困难的群众打得起官司。

2004年，郊区法院针对域内涉农案件数量不断增加，案件类型日趋复杂的实际，妥善处理涉农案件，制定“四项原则”，创新“四种做法”，依法维护农民合法权益，保护和调动农民生产积极性，促进农业生产与农村发展和中共中央、国务院，以及省、市、区农村政策的贯彻落实。“四项原则”，即：积极贯彻农业农村工作政策的原则，在法律法规没有明确规定时，以中共农业农村工作政策精神为指导，结合民法的基本原则公正裁决、解决纠纷；依法保护农民合法权益的原则；坚决维护社会稳定的原则；紧密结合审判实践加强调查研究的原则。“四种做法”，即：专门安排庭室审理涉农案件，确保案件快审、快结；做到“当日立案，当日送达，当日排期”，对涉及土地紧急耕种事宜的案件，由当事人提出申请，可先予调解或先予执行；对生活困难的农民起诉案件，实行司法救济制度，依法减免诉讼费，确保农民依法行使诉权；抓住重点，加大力度审理和执行农村相邻纠纷案件，尽快排除农业生产中的障碍。

2005年，郊区法院紧紧围绕全区经济发展要务，把保障和服务经济建设，作为审判工作的根本目标，密切联系全区实际，全方位服务经济建设，使司法服务工作向庭前、庭后延伸，有效地为域内多元化市场主体提供了司法保障。特别是对改制企业、骨干企业及特困企业提起诉讼的案件，坚持倾斜投入警力，超常规投入精力，加快清理债权债务的节奏，用准用足用好法律手段，最大限度实现法律效果与社会效果的统一，促进了全区经济社会的可持续发展。如该院主动深入白泉工业园区，为驻地企业抗御市场风险提供法律帮助。全年受理各类商事案件378件，审结360件，结案率95%，累计为全区各类工商企业清理债权1200多万元。

2006年，郊区法院认真学习贯彻《中共中央、国务院关于推进社会主义新农村建设的若干意见》，结合法院工作实际，进一步更新司法理念，创新工作机制，服务和促进全区社会主义新农村建设。一是进一步强化全院干警的政治业务学习，提高干警对建设社会主义新农村的政治认识和服务新农村建设的技能和水平。二是充分发挥审判职能作用，对涉诉“三农”案件快立、快审、快执，为社会主义新农村建设创设良好的司法环境。三是建立完善各项规章制度，切实加强自身建设，做到“打铁先得自身硬”，其刑事审判，进一步加大对破坏农村经济发展和社会稳定犯罪案件的审判打击力度，维护良好的社会治安秩序；民商事审判，进一步落实司法为民、司法便民、司法利民各项措施，建立庭前调解和司法释明制度，全面强大民商案件调解力度，促进诚信制度建设，确保域内交易秩序有序进行；行政审判，则大胆引进民事调解机制，进一步加大行政案件协调力度，积极开展行政附带民事诉讼，把监督和促进行政机关依法行政，同保护行政相对人的合法权益，有机结合起来，最大限度减少当事人诉累；执行工作，着眼于建立起确保人民法院生效裁判文书，得以及时准确履行的长效机制，与有关部门密切配合，建立健全拒不执行人民法院判决裁定的惩戒威慑机制，解决“执行难”问题。

2007年9月3日，郊区法院召开全院干警会，认真学习贯彻中共阳泉市郊区区委、郊区人民政府《关于进一步优化经济发展环境加大招商引资力度的实施意见》。院长冯晋明对该《实施意见》作了深入浅出的诠释，广大干警充分认识到：招商引资是加快郊区经济社会发展的基本战略，是聚集发展资源、拓展发展空间的重要途径，是区委的中心工作，作为人民审判机关，一定要站在讲政治的高度，在做好审判工作的同时，加大招商引资力度，为郊区的经济社会又快又好地发展做出贡献。

2009年3月17日，郊区法院召开全院干警大会，冯晋明院长同各业务庭室签订《2009年度社会治安综合治理责任书》，要求各部门坚持“一手抓审判，一手抓综治”，切实担负起“一岗双责”，做到年初有计划、半年有检查，年终有总结，积极参加“平安郊区”创建活动，把平安创建工作的各项措施落实到位。5月份，该院开展党组成员重点企业联系活动，积极参加“科学发展、富民强区、人民法官为人民”主题实践活动，每一位党组成员，均确定了各自帮扶的重点企业联系点，帮助企业提高应对市场风险的能力，特别是随着全球金融危机向实体经济蔓延，该院根据中共郊区区委“保增长、保投入、保民生、保稳定”奋斗目标，进一步加大司法为民力度，扎实推进“千名法官进百企”调研服务活动，为企业发展勇于提出合理化建议和意见，并依法审理好涉企案件，使司法便企更加标准化、具体化。

2009年，郊区法院根据中共郊区区委文件精神，与荫营镇前洼村部分特困农民结成帮扶对象。由于领导重视、计划周密、措施实在、党员积极参与，帮扶活动取得较大成效，为解决该村部分村民的实际困难，维护和促进全区改革、发展、稳定大局，作出了积极贡献，同时也促进了郊区法院党组织和党员的作风建设，密切了党群关系。其具体做法有四：一是领导重视，广泛宣传动员，活动开始后，郊区法院党支部组织各党小组负责人，认真学习有关文件精神，从维护社会稳定和建设社会主义新农村高度出发，从密切党群干群关系的高度出发，把上级的工作要求，传达到每一位党员，动员全体党员积极参与这项活动。二是制定计划，落实活动措施，将全院党员划分为15个小组，分别负责一名帮扶对象，并制作《帮扶情况登记表格》，将党员的活动情况进行归档。三是坚持既扶贫又扶志，不仅从物质上给予帮助，更从思想上进行帮扶，帮助他们转变思想观念，树立自强、自立意识。四是积极开展送温暖活动，本年度“七一”前，郊区法院党员，先后为前洼村这15位特困村民，送去价值达2000余元的米、面、油，及茶叶、草帽等防暑用品。

2010年，郊区法院根据其他省份出现的歹徒袭击小学和幼儿园案件频频发生，且制造了令人震惊的血案的事例，充分发挥审判职能，筑牢校园安全网。5月，该院召开有关校园安全问题的专门会议，要求全体法官及其他工作人员，进一步认清加强校园及周边安全防范工作的重要性和紧迫性，充分发挥审判职能，筑牢校园“安全网”。一是要求全院干警，坚持做到“五个到位”：即传达贯彻到位、安全防范到位、专项整治到位、打击处理到位、排查管理到位，同时充分运用人民法院维护社会稳定的打击刑事犯罪功能，形成严厉打击侵害师生安全违法犯罪活动的强大声势，坚决打击犯罪分子的嚣张气焰，对严重危害师生的犯罪分子一律从重从快判处，确保不因审判工作不力，而导致当事人将激烈情绪，转嫁于社会、转嫁于校园。二是要求对已办和在办案件中，可能引发涉诉上访的敏感案件、重大案件，进行一次拉网式排查，全面摸清可疑对象的底数，发现有信访隐患或苗头的案件，立即启动预案，重视做好法律释明工作，最大限度追求案结事了，对涉法信访当事人，按照首问负责等相关制度，全面落实“四定一包”，确保把矛盾纠纷化解在萌芽状态。三是进一步健全法官担任学校法制副校长等制度，把“送法进校园”活动，作为一项经常性、制度性工作来抓，通过上法制课、开设模拟法庭等方式，提高广大师生防范意识和自我保护能力。四是积极开展司法建议活动，从审理案件中发现有关学校幼儿园安全普遍倾向性问题，及时向有关部门提出司法建议，并敦促整改，确保校园安全。

2011年，郊区法院紧紧围绕科学发展主题和全区加快转变经济发展方式主线，抓住人民群众最关心的公共安全、权益保障、社会公平正义问题，以深化三项重点工作为着力点，以加强法院党组织建设为保证，努力创造和谐稳定的社会环境、公平正义的法治环境、优质高效的服务环境，推动审判事业全面发展进步，促进和保障“十二五”时期郊区经济社会又好又快发展。3月份，根据中共交警区委关于“百个单位包村、千名干部帮农、万名党员联户”活动安排，该院干警与郊区荫营镇前洼村村、支两委班子进行座谈，并实地参观考察了该村的土地资源、矿产资源、全村建设和其他自然条件，增加了法官对农村经济发展的了解，拓宽法院审判工作为民服务新的着力点和切入点，提出了“不仅对前洼村进行物资帮扶，而且要从转变帮扶理念，强化智力帮扶和造血功能”的基本思路，以进一步拓宽前洼村干部的视野，提升村干部带领村民团结致富的领导能力和发展能力。

2012年，郊区法院强化四项工作，夯实十八大维稳基础。8月份，郊区法院召开维稳会议，学习传达贯彻中共山西省委、阳泉市委，及阳泉中院一系列维护社会稳定工作会议精神，采取有效措施，突出“四个强化”，努力为十八大胜利召开，营造良好的社会环境：一是强化思想认识，增强全院干警做好维护稳定工作的政治责任感和紧迫感。该院通过层层发动，层层动员，引导干警充分认识当前做好稳控工作是维护人民群众利益、促进社会和谐的需要，是保证中共十八大顺利召开的需要，要求全院干警做到思想重视，精力集中，真正把维护稳定工作当作头等大事，视为各项工作的重中之重，攻坚克难，严防死守，把当前的维稳工作抓紧抓实。二是强化维稳措施，狠抓预防、稳控和化解环节，按照“预防在先，发现在早、处置在小”原则，集中时间、集中力量，有计划、有步骤地开展“横向到边、纵向到底”排查化解工作，注重抓好源头防范工作，切实提高审判质量和效率，努力做到定纷止争、案结事了、息事宁人，同时加强调解协调工作，尽可能促成案件双方握手言和；妥善处理敏感案件和群体性案件，避免矛盾激化。三是强化组织领导，切实提升维稳工作实效，加大领导力度，成立维护稳定工作领导小组，统一组织指挥全院维护稳定工作；加强督促检查，对重点督查出的问题找准症结，对症下药，推动措施落实、问题解决。加强整体联动，坚持内外联动，积极争取党委领导、人大监督、政府支持，落实有效解决措施；坚持条块联动，对于跨地区、跨部门的案件，要加强协调，共同研究落实解决措施。四是强化责任意识，形成齐抓共管的良好局面；严格落实维稳工作领导责任制，坚决杜绝推诿扯皮、层层上交矛盾的做法；严格落实责任倒查制和责任追究制，将“五个坚决不发生”，作为各部门必须贯彻落实到位的目标，层层追责，层层落实维稳措施，严格落实请示报告制度，各部门对可能引发影响社会稳定的重大、敏感问题，或已经发生的影响社会稳定的重大事件，及时上报，不准拖延不报，更不准瞒报、漏报，确保十八大期间郊区范围不发生重大恶性涉法涉诉案件。与此同时，该院依法平等保护域内、外企业合法权益，全年共处理涉企案件73件，标的达5000余万元。

2013年，郊区法院针对涉及农业、农村、农民案件，占所审民事案件总数80%以上的实际情况，把“法官驻村”“访民生活动”，作为了解民意和调查研究的重要途径，加大巡回审理力度，深入乡村，走进田间地头，就地开庭，就地解决问题，全年邀请当事人所在村（居）委会，参与调解案件56件次。案件巡回审理率达到51%，不仅方便了百姓，而且维护了涉案职工、失地农民等弱势群体的合法权益，消除了影响社会稳定的不和谐因素。与此同时，进一步关注域内小微企业，服务郊区经济发展，妥善处置涉企案件，年内，该院出台《重点企业联系制度》，帮助化解重点企业、重大项目、招商引资过程中，遇到的各类涉诉纠纷，推动优势产业集群发展。对小型微型企业因资金链断裂引发的涉诉案件，尽可能采取调解、协调、和解方式化解纠纷，在切实保障当事人合法权益基础上，帮助困难企业渡过难关、发展生产。2013年，共为全区企业清回债权8000多万元，妥善化解金融风险，实行简案快审、专案专审，有效地遏制了民间融资的高利贷化和投机化倾向，依法保护了合法债权。

2014 年，郊区法院进一步落实重点企业联系制度，及时化解重点企业、重大项目、招商引资过程中遇到的各类涉诉纠纷，推动优势产业集群发展。同时高度重视域内小微企业因资金链断裂引发的涉诉案件，在切实保障当事人合法权益的同时，帮助企业度过难关、发展生产。2014 年，受理此类案件 270 件，审结 261 件，标的 1 亿多元。在全区第十届村民委员会选举工作中，严格按照《村民组织法》处理相关法律问题，出台专门方案，制定保障措施，内容主要包括：提前介入，迅速行动；依法把关，大力宣传；开通选民资格案件快速审理通道；及时调处；指定专人负责查询候选人档案等，通过上述措施，确实保障了全区 185 个行政村正常换届选举。

本年度，郊区法院进一步强化社会治理综合治理工作，采取建立帮教档案、定期回访、提出司法建议、利用农村庙会进行法制宣传等手段，强化社会治安综合治理工作各项措施，特别是进一步加强矫正工作，对拟判缓刑人员，向司法行政部门发出"调查评估函"后方作出判决，以保证帮教措施落实到位。全年共发出"调查评估函" 18 份，收到良好效果。

2015 年，郊区法院认真落实重点企业联系制度，定期到域内重点企业进行现场办公，及时帮助企业化解经济下行时遇到的各类涉诉纠纷。办案人员还多次到天津、北京、河北、四川、甘肃、浙江、河南、河北、新疆等地，采取保全措施，冻结款项累计达 2000 余万元，为诉讼企业挽回经济损失。特别是针对企业拖欠银行贷款较为严重的实际，及时开展专项审判活动，通过到等金融部门现场办公等方式，有效地化解了金融风险。

本年度，郊区法院积极参与管理创新。通过层层签定责任状，加强考核等措施，进一步强化对综治工作的领导。继续采取建立帮教档案、定期回访、提出司法建议、利用农村庙会进行法制宣传等行之有效的手段，强化综治工作的各项措施。向司法行政部门发出"调查评估函"，然后再下判，以保证帮教措施落实到位。与此同时，郊区法院将创新综治工作作为各项工作的重要推手。10 月份以后，该院狠抓"法庭开放日"等工作。10 月 16 日，在审理一起间歇性精神病人在发病时用茶壶打死其母亲的故意伤害案时，主动邀请郊区职业中学 24 名学生旁听审判，收到良好效果。

第二章 文化活动

第一节 文体活动

郊区法院 1975 年 2 月建院之时，仅 7 名干警，其文体活动较为单调，该院由于人数较少，故多作为区直机关组成部分，同区直机关干部职工，共同组队参加中共郊区区委、区政府组织开展的各类文体活动，且多为群众性歌咏活动、赛诗会或广播体操比赛。个别有文体特长的干警，则根据自己的爱好和专长，同区直机关其他有相同爱好的干部职工，共同组成乒乓球队、篮球队、广播体操队、合唱团等，参加相应文化活动的比赛，以活跃和丰富郊区机关干部职工的业余文体生活。这种文体活动模式，一直延续到 20 世纪 80 年代。

1981 年，中共郊区区委、郊区人民政府，为郊区法院增加 13 名干警，全院工作人员总数达到 20 余人，逢七一建党纪念日、十一国庆节，开始单独组队参加歌咏比赛，或组织干警参加区直单位或阳泉中院开展的乒乓球、跳绳、拔河、羽毛球等文体活动。

1983 年 8 月，中共阳泉市郊区委员会和郊区人民政府，为贯彻落实中共中央和全国人大常委会关于严厉打击刑事犯罪活动的文件精神，确保全区严打斗争顺利开展，从区直机关和其他单位借调 20 余人到郊区法院工作，全院各种类型编制的工作人员达到 40 余人。在紧张的审判和执行、调解工作之余，为进一步丰富和活跃文体生活，在郊区法院党组大力支持下，干警因地制宜，利用当时的条件，自发开展诸如乒乓球、羽毛球、篮球、拔河、象棋、军棋、围棋和唱歌、书法、绘画、舞蹈等文体活动。这种法院资助鼓励、干警自发开展的文体活动，成为 20 世纪 80 年代初到 90 年代初的主要方式。

这一时期，大、中专毕业的青年学生和山西省法院系统面向社会统一招录的青年干警，也陆续分配到郊区法院工作，为进一步丰富和活跃干警文体活动，注入新的活力。

1991 年，随着郊区法院办公条件逐渐改善，干警文体活动场地得到相应改建或扩建，特别是随着“严打”斗争进一步引向深入，正式在编的干警数量逐步增多，郊区法院初步形成相对独立的几支业余文体队伍，并单独组队参加郊区政府和阳泉中院组织开展的体育比赛或文艺汇演，并在多个项目比赛中，获得较好名次。

1995 年，在郊区政法系统第十二届运动会上，郊区法院干警团结拼搏，齐心协力，取得团体总分第二名的好成绩：男子篮球团体第二名；商广万、任怀金分别获男子乒乓球第二、第四名；侯庆原获男子象棋第二名；李永祥获男子五六式半自动步枪射击比赛第六名；刘伟获男子五四式手枪射击比赛第四名；女子半自动步枪射击比赛：罗小萍、冯素林、王宝翠分别获得三、四、五名；张丽华、王宝翠分别获得女子手枪射击比赛第二、第六名；蔡春喜、任学斌、赵维田、史计平分别获得拱猪大赛第一、第四名；张海忠、冯鹏获百分（扑克牌）比赛第六名。

之后，每年都单独组队，参加郊区政府和阳泉中院开展的各类文化活动，对陶冶干警情操、活跃文化生活、增强凝聚力，发挥了较好的促进作用。

2004 年 9 月 27 日，为期一周的全市法院系统第四届运动会闭幕，郊区法院参赛干警通过激烈的竞争，赛出了水平，赛出了风格。大会设置的四个团体项目，郊区法院均进入前三名，其中，“中华牌”比赛取得第一名的好成绩。在六个单项比赛中，任怀金获得网球第一名，李松青在围棋个人赛中称雄，王瑞伟在卡拉 OK 比赛中夺魁，李永祥、任学斌在华牌中折桂，而且四人获得亚军，三人取得第三名，在各参赛队中成绩突出。

郊区法院“迎奥运·促审判”体育比赛

2007 年 4 月 18 日，山西省第二届十大系列公德人物评选活动正式启动，活动以“道德楷模，魅力人生”为主题，通过展示先进人物崇高的思想境界和对真善美不懈追求的美好人生，发挥先进典型的带动作用，营造山西的良好社会氛围，郊区法院常务副院长史先玲以她的“在构建和谐社会中，工作上坚持法律效果与社会效果相结合，生活上态度平和，对社会充满一片爱心”的先进事迹，被推荐为十大道德修养典范候选人。5 月 17 日，郊区法院举办“作风建设大家谈”演讲比赛，来自全院各庭室的 16 名选手参加比赛，董新河、赵建军、王瑞伟、侯庆原、王慧清、史历文、刘伟荣、任丽莉获特别奖，史忠喜等 14 名同志分获优秀奖。

2008 年 7 月 17 日，为进一步丰富干警群众体育文化生活，营造健康和谐氛围，激发广大干警的团队精神，迎接 2008 年北京奥运会，郊区法院举办以“迎奥运，促审判”为主题，开展羽毛球、乒乓球、象棋、华牌体育比赛活动，各庭、室根据干警情况和比赛项目，自行组队参与竞赛活动，为即将召开的北京奥运会，营造热烈庆祝、维稳保安的氛围。

2009年1月13日，在郊区法院召开的2008年度总结表彰大会上，干警们表演了丰富多彩的文艺节目。同年，该院建起图书室、电子阅览室，被郊区文明办授予“区级文明单位”荣誉称号。2010年，被阳泉市文明办授予“市级文明单位”。

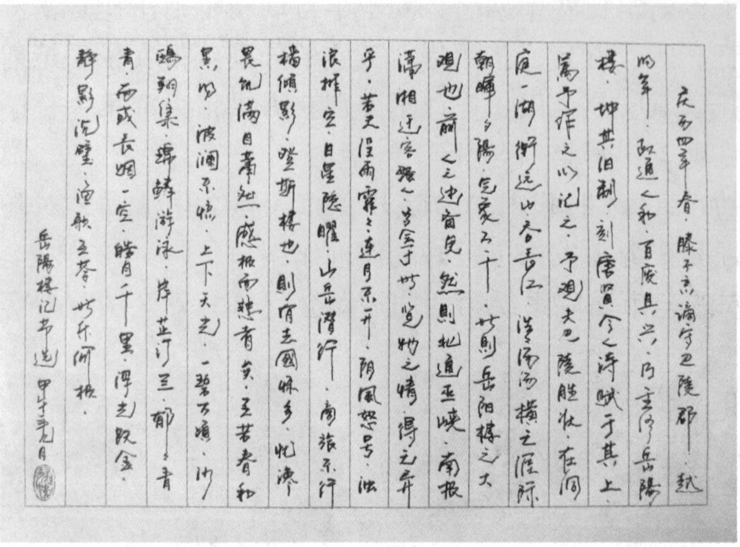

法警大队副大队长王瑞伟硬笔书法：《岳阳楼记》

2011年，郊区法院参加“唱红歌”活动，歌颂中国共产党90年光辉历程，激发干警爱党、爱国、爱院的热情，并参加了中共郊区区委组织的“七一唱支红歌给党听”大型主题文艺活动。

2012年7月5日，郊区法院举办保持共产党员纯洁性教育和政法干警核心价值观教育实践活动演讲比赛。参加比赛的选手围绕保持共产党员纯洁性、政法干警核心价值观，及公正廉洁这一主题，论述其对实现司法公正的重要政治保障和思想保障作用。在参加中共郊区区委政法委和中共阳泉市委政法委举办的政法干警核心价值观演讲比赛中，郊区法院获得较好名次，受到演讲比赛组委会的一致好评：一是院党组、各庭室负责人高度重视，选取庭里的骨干参加比赛；二是参赛者都能认真对待，准备充分；三是演讲紧扣主题，具有很强的教育性；四是演讲水平高，体现了法官的综合素质。

2015年4月30日，为进一步丰富全院干警的业余文化生活，全面增强干警的身体素质和主人翁责任感，展现新时期人民法院、人民法官的新形象、新风貌，提高法院的社会影响力，喜庆即将到来的“五一”国际劳动节，郊区法院举行了系列体育比赛活动，全院干警以饱满的热情参加了比赛。本次比赛共设乒乓球、羽毛球、踢毽、跳绳、拱猪等5个项目。

2015年11月，郊区法院在阳泉市“强健体魄·阳光生活”羽毛球团体赛中被阳泉市体育局、阳泉市体育中心授予优秀组织奖。

第二节 文学创作

阳泉市郊区人民法院一向鼓励和支持干警的文学创作，广大干警在审判实践中，创作了大量脍炙人口的文学作品，包括诗歌、快板、顺口溜、歌曲及小说等。20世纪 70 年代后期，该院干警携带他们的诗作，在区、市和上级法院组织的赛诗会、诗歌比赛中，取得较好成绩。20 世纪 80 年代、90 年代，也有许多佳作在市级以上文艺文学刊物上发表，获得较好的社会评价。

进入 21 世纪后，特别是从 2004 年至 2015 年，郊区的法官文学创作从小到大，逐渐走向全国，乃至国外的一些国家，该院干警的 300 余万字的作品及调研文章，分别发表在全国各级报刊。2009 年第二期《小说月报》，转载了郊区法院王拉寿创作的中篇小说《禅智寺风云》；2010 年 10 月，他的长篇小说《死城里的昭雪》，与北京电影制片厂签约；同年，他的长篇小说《3G 爱情》，在香港《大文豪》发表；2013 年 3 月，王拉寿创作的 24 万字的长篇报告文学《玉泉山作证》和 22 万字的长篇小说集《玫瑰舞者》，分别由中国文联出版社、中国戏剧出版社出版。其中《玉泉山作证》，被最高人民法院正式定位成“全国第一部以一个基层法院为例写全国法院、全国法官的长篇报告文学”。

2015 年 1 月，王拉寿创作的中篇小说《鬼楼奇案》在 2014 年度中国侦探推理小说排行榜荣列其中。中篇小说《鬼楼奇案》原发《中国故事》，后被 2014 年的《故事会》所转载，并被收入到《2014 年度中国侦探推理小说精选》之中。该书全部收录的是当年中国小说排行榜的文章，已由长江文艺出版社出版。

附 1：郊区法院廉政建设《三字经》：

讲正义，求公平。讲政治，方向明。讲法纪，守禁令。
讲礼仪，求文明。为民举，多践行。便民事，乐促成。
作风实，不图名。一曰快，不拖沓。二曰规，不逾行。
三曰热，不生冷。四曰恭，不气馁。五曰谦，听批评。
六曰细，精益精。七曰活，多疏通。八曰净，物齐整。
九曰清，行端正。审理案，要透明。流程管，杜超限。
质量控，多讲评。形象佳，手端平。求监督，勤沟通。
求理解，邀旁听。执行难，猛药攻。告状难，要肃清。
申诉难，要畅通。学业务，多练兵。树正气，祛歪风。
人心齐，队伍整。待遇实，心安平。保障好，装备精。
绕中心，听党令。多服务，大局明。金银杯，不争捧。
口碑好，众志成。根基牢，保公正。促和谐，建奇功。

附 2：《罪恶的嗜好》

王拉寿

他是一名“八零后”，又是一所大学的大专毕业生，本来应该有一种花一样的前程。但他却不珍视自己的机遇，将自身的兴趣爱好引向了歧途，从 2012 年 7 月至 2013 年 1 月底，短短几个月的时间，就破解了四个燃气公司的 IC 卡密码，自己也身陷五年牢狱之灾。案发后，当地涉 IC 卡的企业那是谈卡色变。社会上更是流传着一种说法，幸亏他破解的不是银行卡密码……

当前，我们正处在芯时代，各种卡已深入到千家万户。而密码安全保护工作是个大命题，需要引起我们的足够的警醒。

多舛人生立下畸志

山东省曲阜，是孔夫子的故里。1980 年 11 月 29 日，张舵就出生在这里。少年的张舵，生性聪慧，加上受孔夫子文化的熏陶，一直是班里的好学生。特别是数学成绩，一直排在年级的前列。面对老师的夸奖，此时的张舵有些飘飘然，立志长大成为一名科学家。

上了初中，父母先后来到山西阳泉，张舵就和爷爷奶奶一同过日子。隔代教育，造成了张舵的沉默寡言。张舵的学习成绩开始下滑，但一直处在班里的中上等。张舵有些偏科，语文、英语成绩一般，而数理化成绩却一直名列班里的前茅。上了高中，张舵选择了理科，他想：既然大学理科比文科录取率高，学理科也许是条出路。俗话说，天有不测风云，人有旦夕祸福。高考分数一出，张舵的成绩并不是很理想，并没有达到本科录取分数线。家里人说，那就上专科吧，现在经济系比较吃香。于是张舵就上了沈阳理工学院国际贸易系。“科学家梦”的破灭是张舵遭遇的人生道路的第一次打击。张舵还有一次打击，那就是大学毕业后一直找不到工作。经过几番周折，家里才给他在山西阳泉煤气公司找了一个普通工人的工作，一个月挣一千多元。在阳泉，张舵人生地不熟，三十多岁了还没成家。此时的张舵心想，成家得要房，还得要车，没有钱那是万万不能的。钱从何来？去偷去抢？他一个文弱书生干不出来。贩毒拐骗，他一个小工人绝不敢有那种想法。干什么来钱快？他望着自己的那张信用卡发呆。说起那张信用卡，他有不堪回首的过去，前些日子因为做生意失败，信用卡里已欠了好几万元。

张舵研究卡，已到了痴迷的程度，这在他朋友圈里是出了名的。他一直在想方设法破解各种卡的密码，就像买彩票中奖一样，一夜暴富。

初试牛刀走上邪途

下班后的张舵天天泡在网上，尤其对那些IC卡的破解设备感兴趣。2012年7月，他在淘宝网上认识了一个网名叫“白开水”的重庆人，从他那里分别用2800元和1000元购买了一套IC卡的破解设备、三套软件和一台二手笔记本电脑。到2012年9月，张舵的“研究课题”已有了些眉目，很想找一张IC卡试试。2012年9月的一天，张舵正坐在自己的家里生闷气，同学顾G打电话来邀他吃饭。三杯酒下肚，双方之间的感情又加深了一步，话就多了起来。顾G问他最近研究什么？张舵说，还是那些卡。顾G就问他，出租车的加油卡能不能破解？张舵说那就试试吧。几天后，顾G真得就从出租车司机石某那里搞到了一张阳泉华润天然气有限公司的加气卡。张舵回家后从这张加气卡上采集到了相关数据，最终破解了加气卡的软件程序。初次成功给了张舵极大的成就感，他仿佛看到了钞票像雪片一样纷纷扬扬地朝他飞来……

之后，张舵又通过靳某、张某，大肆招揽阳泉的出租车司机，先后对阳泉华润天燃所有限公司的加气卡非法充值127417.33元，造成该公司实际损失127417.33元，张舵非法获利83700元。为了稳妥起见，在交易过程中，张舵还为作了一番包装：称自己姓刘，是阳泉华润天然气有限公司的职工，能弄出加气站损耗部分产生的天然气。而且很便宜，每次给加气卡充值都是固定的，收司机520元，然后给出租车加气卡充值至700元。每次都是由靳某上午把加气卡给了“小刘”，到了下午，“小刘”就把充好值的加气卡给靳某。每充值一次，靳某和张某能赚70元钱，其中靳某40元，张某30元。

陷入深渊自搞“烟幕”

太原是山西省的省会，天然气公司自然要比阳泉的多。有太原天然气、国电科莱和晨光煤气等。张舵并不满足于在阳泉的“市场”。为了将自己的“事业”做大做强，张舵又在淘宝网上通过“白开水”购置了两套IC卡的破解设备和两台二手笔记本电脑。并在太原小店区亲贤村专门租了房子，作为自己的“办公场所”。将罪恶的黑手伸向了这三家公司。

为了自己联系“业务”方便，张舵又在网上注册了“品质生活”的网名，四处招揽“生意”。2012年11月底的一天，张舵通过网络认识了家住太原的王S。张舵吹嘘说自己在天然气公司有个同学当会计，姓刘（实际上就是张舵自己），能通过每个月报损耗给出租车司机便宜加气，从中可以挣个差价。并说，太原市的三家燃气公司的卡都可以用。张舵问王S能不能帮他找一个女孩当服务员。王S说她现在没有工作，问张舵看她能不能干。王S起初只是抱着一种“试试看”的心理，直到她的丈夫魏某拿了一张卡亲自作了试验，王S一颗悬着的心才放下来。夫妻俩一商量，何不利用“品质生活”改善一下自己的生活？魏某的弟弟的认识一个叫贾X的人，他有许多出租车司机朋友。魏某就对弟弟说，何不利用贾X的关系大家赚点钱？毕竟有钱大家挣嘛。魏某的弟弟就把贾X介绍给了哥嫂。三方一拍即合，一条罪恶的利益链条就这样形成了。他们的具体“业务”是这样的：贾X负责联系出租车司机，然后将加气卡交给魏某的弟弟,魏某的弟弟再把加气卡交给魏某夫妇,然后到张舵那里去充值。张舵每张卡充值都是800元，贾X、魏某的弟弟、魏某夫妇每张卡分别吃50至100元不等的“回扣”。

张舵雇用了一名叫贾W的司机作为他“公司”的“员工”，每个月给他开2000元的工资。为了保持与贾W的“距离”，张舵在进行自我介绍时，还不忘给自己起个好听的名字——“军号”。2012年11月底的一天，张舵对贾W说：“你现在帮我一个忙，去找一个叫王S的女的，和他拿上出租车加气卡，回来交给我。王S要是问起我的话，你就说我是晨光公司临时工的文员，就是帮会计接送加气卡”。说完，张舵又将自己的一部手机送给了贾W，让他以后就用这部手机联系王S。贾W从王S那里拿到了一张加气卡，转给了张舵。张舵进了太原国电科莱天然气公司西吴加气站，为这张加气卡充值了800元。之后，张舵又用自己买的破解设备读取了这张卡的数据，并将所有数据复制下来储存到他的笔记本电脑上。太原国电科莱天然气公司加气卡的密码就这样被张舵破解。2012年12月2日，贾W又从王S那里拿回一张太原天然气有限公司的加气卡，在到该公司下设的西温庄加气站给这张卡充值了800元之后，张舵又采取同样的手段，破解了太原天然气有限公司的加气卡密码。事后，张舵在总结这些经验时，得意不已：“这叫一箭双雕。既破解了加气卡的密码，又取得了王S对我的信任”。

张舵将自己隐藏得很深，王S和贾W直到太原市公安局小店分局作辨认笔录时，他们才知道了张舵的真实名字。

罪有应得身陷囹圄

世上没有不透风的墙。2013年2月5日下午16时许，太原市公安局小店分局龙城责任区刑警队在阳泉市开发区康达小区张舵住处将张舵抓获，并当场查获其作案用的IC卡破解设备三套和笔记本电脑三台。

望着张舵的加气卡记账本和记账表格，现场的公安人员愣住了。记账本里流畅的字体、条例分明的记录，分明在给人们传递一个信息，那就是专业。看来，张舵把他在沈阳理工学院国际贸易系学的那点儿东西，全部用在违法犯罪上了。

庭审中，被告人张舵对公诉机关指控的犯罪事实与罪名均没有异议。其辩护人认为，被告人每次充值后卡内一般都有50元余额，因此这部分不应该被计算为犯罪数额。

经法院审理查明，2012年7月间，被告人张舵从网上购买了一部IC卡破解设备，试图破解IC卡信息进行非法充值。其通过朋友顾G介绍使用王岩峰持有的阳泉华润燃气有限公司加气卡破解成功，进行了非法充值后，遂通过靳某、张某等人于2012年9月至10月期间，大肆招揽出租车司机，对阳泉华润燃气有限公司的加气卡进行非法充值127417.33元，造成该公司实际损失127417.33元。被告人张舵非法获利83700元。2012年12月，被告人张舵租住在太原市小店区，谎称其在燃气公司有内部关系，可以便宜加气，通过王S在太原市大肆招揽出租车司机为加气卡非法充值。并雇佣贾W专门和王S之间传递加气卡。截至2013年1月底，被告人张舵对山西国电科莱天然气公司的加气卡非法充值113600元，其中有13997元未遂，造成实际损失99603元。被告人张舵个人非法获利75600元。通过上述相同手段，截至2013年1月底，被告人张舵对太原晨光煤层气有限公司的加气卡非法充值72000元，其中有1512.68元未遂，造成实际损失70487.32元。被告人张舵个人非法获利50050元。通过上述相同手段，截至2013年1月底，被告人张舵对太原天然气有限公司的加气卡非法充值45600元，其中有4038.68元未遂，造成实际损失41561.32元。被告人张舵个人非法获利31650元。

案发后，被告人张舵的家人退赔全部损失共计356268.53元。

最终，被告人张舵被山西省阳泉市郊区法院以盗窃罪一审判处有期徒刑五年，并处罚金50000元。

沉重的思考

张舵的犯罪"路线图"可以概括为：罪恶的嗜好——从网上购买IC卡破解设备——中间人给张舵提供天然气公司加气卡——张舵到天然气公司下设的加气站给IC卡充值——用自己购买的IC卡破解设备读取卡的数据——将数据复制下来储存到自己的电脑上——修改数据——中间人给张舵大肆提供加气卡——双方获利——记账。

法院宣判的当日，笔者在阳泉市郊区看守所第一时间见到了张舵，采访了他。张舵文文雅雅，不象我们常在监狱中看到的那些服刑人员。

张舵看上去很平静。他说："我这是今年以来山西省第一起高智商犯罪案件。关于什么是犯罪，我认为偷、盗、抢和贩毒是犯罪，而我这个属于高智商犯罪，和那些人不处在一个层级"。

说起他的犯罪动机，张舵说："你别看一些大企业从表面上看，是很气派，有实力，但一说到管理，那肯定是漏洞百出。我就是利用他们的这一点实施的犯罪。如果他们经常对系统进行升级，那我就得不逞了。这就好比电脑一样，得经常杀毒"。

谈到他对此案的认识，张舵说："因为害怕，中间曾有过停止的想法，但中间人觉得钱来得快，于是就越陷越深。我被公安局抓获，全是因为出租车司机与中间人闹事，最终将我告发"。

谈到他犯罪的原因，张舵说："我是家里的独子，家里一直很惯我，从小家里就是我要什么给什么，对我的一些恶习加以放纵，导致我到了社会上生存能力不强。于是，为了生存，我就开始专门研究各种卡。至于学校学的那些条条框框，我认为用处不是太多，就学会一些记账”。

谈到出狱以后的打算，张舵淡淡一笑，不置可否。

看来，改造的路还很长很长。

大专毕业生，一个受人尊敬的社会群体。本应该通过自己的奉献来实现自身的人生价值。但就是有一部分人，却把自己所学的知识用在了危害社会上。由于家庭教育、学校教育、社会教育不到位，导致他们人格、人性方面与社会的格格不入，最终成为这个社会的“毒瘤”。

张舵盗窃一案给了我们很多深思……

（此纪实报道发于2013年12月16日《人民法院报》整版。作者王拉寿）

附3：《法院文化是一种人气》

王拉寿

一年之计在于春。在中国的传统文化中，每逢春节、元宵节，人们总是要大红灯笼高高挂，以期来年有个红火的日子。特别是在元宵节，人们还绕黄河、耍社火，聚在一起，青年男女还可以借此互吐衷肠，所以元宵节也称中国的“情人节”。

由两节的闹红火笔者想到了我们法院系统的文化建设。文化从广义来讲，范畴很大。例如法律就是一种严肃文化，法官的宗旨意识是一种服务文化，法官的为民态度是一种行为文化，法院的社会公信力是一种印象文化。

文化本质是“人化”和“化人”（哺育、教化）即：将自然状态加以“人化”；然后再用其经验和成果来“化人”。所以，我们的文化建设要以人为本。这个“人”当然包括两个方面：一是法官，二是当事人。对于法官，我们要通过各种政治学教活动和业务培训，努力提高他们的业务素质，特别是做群众工作的能力。对于当事人，主要是通过我们的巡回审理，将调解工作贯穿于诉前、诉中和诉后，达到“以理服人，以情感人，以法育人”的目的。每个案件背后都是一个灰色的故事。法官每天都要面对形形色色的当事人。这些当事人，从心理因素上分析，他们都是经过复杂的思想斗争，才不得已迈进法院来的。所以我们要牢固树立“审判就是服务”的意识，在当事人的诉求与法律要义之间找到一个平衡点，从而实现政治效果、法律效果、社会效果的三统一。这就需要我们不断加大廉政教育力度，切实改进工作作风，认真落实“案件首问责任制”，实现法官与群众之间思想上的“零距离”。法院文化建设还有一项重要的功能，那就是提升法院的人气。要通过政治学教活动、业务培训、廉政工作、司法为民、调研工作乃至各种文体活动，让群众看到我们奋发向上、创先争优的精神状态。每年全国法院都要进行优秀法官的评选，树典型就是一种文化。它向人们传达这样一个信息，就是如何做一名大写的法官，做一个大写的法院。

加强法院文化建设还必须以机制做保障。当前全国法院系统的各种考核措施不少。但根据笔者的调查了解，偏重于对业务工作的考核。而对队伍建设还没有进行细化分解。因此笔者建议将我们的队伍建设、廉政工作、调研信息宣传工作乃至各种文化活动尽快纳入“大文化”的格局之中，通过考核工作让群众看到我们法院的人气，让群众看到我们的社会公信力。

（此文发表于2013年《山西审判》第5期）

第五编
行政管理

第一章　硬件建设

第一节　办公用房

1975年2月，郊区人民法院正式成立。办公地址在郊区荫营人民公社下荫营村东北侧，原阳泉市供销社仓库大院。该院曾于1969年，改建为阳泉市郊区革命委员会机关。郊区法院建立后，即在此处办公、办案。全院办公用房共5间70余平方米，人均10平方米，其中，三个单间房屋（间，阳泉地区对房屋的数量称为，编者注，全书同），分别用作接待室、院长室和办公室。一个两间大的房屋，用作民事审判庭的办公室及临时法庭。

20世纪70年代末，郊区革命委员会办事组（20世纪80年代中期，改称郊区办公室），安排该院迁入区机关大院一栋上、下两层，底层为窑洞，二层为平房的5间办公室，办公室面积达到100多平方米。

从1980年开始，随着中央部署打击经济领域的犯罪活动的开展，特别是1983年严打斗争的深入，郊区法院人员编制逐步增多，办公、办案条件更加拥挤，故在郊区政府机关食堂和郊区人大常委会会议室，设立临时法庭，审理各类刑事、民事案件。

1983年，郊区法院设立平坦人民法庭，负责平坦、义井、辛兴、旧街四个人民公社的民事诉讼。

1984年，郊区法院设立河底人民法庭。负责河底、东村、西南舁、燕龛四乡镇民事案件审理。

1985年，郊区法院以“阳郊法〔85〕第4号文件”，向阳泉市人民政府、阳泉中院和郊区人民政府呈报《关于修建审判法庭的请求报告》。根据山西省计委“〔85〕309号”、山西省高级人民法院“〔85〕10号”文件，转呈最高人民法院，国家计委下发《关于加强建设审判法庭的通知》的通知，拟定审判法庭规模为960平方米，办公室1000平方米，两项约2000平方米，建设经费40万元，资金来源由市、区财政，按4：6比例解决，即阳泉市财政拨款16万元，郊区财政24万元。之后，阳泉市郊区计划委员会后以“阳郊计字〔85〕31号”文件，阳泉市郊区人民法院以“阳郊法字〔85〕8号”文件，分别向阳泉市计委和阳泉中院上呈《关于新建郊区人民法院审判法庭的报告》，请求解决部分审判法庭建设资金问题。

附：关于新建郊区人民法院审判法庭的报告

（阳泉市郊区计划委员会阳郊计字〔85〕31号）

郊区人民法院是一九七五年组建的，十年来办公条件虽有改善，但与实际的需要还差的很远。目前郊区法院办公用房拥挤，面积为165平方米，无档案室、无财务室、无文印室、无机要室、无执行室、无仓库、无值班室、无候审室，现在一屋多用，既是接待室，又是档案室，既是办公室，又是审判庭，既是打字室，又是财务室 ，既是值班室，又是赃物保管室，莫说正常办公，就连干警中午休息也无去处，有的是以桌代床，有的只好坐卧就寝了，久而久之，消耗体力，影响工作。尤其是在公开审理案件时，困难更大，往往不是借用机关会议室，就是在办公室内进行。一个进行审判，干扰他人无法办公，既影响了工作效率，又影响宣判效果，达不到更多的群众受教育的目的。

近年来，郊区法院管辖地域较大，人口约计27万（1985年，含厂矿），各类案件逐年剧增，然而办公条件依然如故，为了打击犯罪，搞好综合治理，修建法庭是当务之急。

根据国家计委和最高法院“法（司）发〔85〕8号”文件和省计委〔85〕309号、省高院〔85〕10号文件的精神，结合郊区人口多、发案增多的情况，从实际出发急需新建一座法庭，规模为1000平方米，座位500个，内设有大、中、小三个庭，法警室、证人室、羁押室。

审判法庭是行使国家审判权和审理案件不可缺少的场所，健全法制和法律尊严的一种体现，也是永久性的建筑。建筑总投资30万元，根据上述文件精神和郊区财政实际情况，郊区负责总投资的60%，请市解决其余的40%。

一九八五年八月十日

1987年，郊区法院设立荫营人民法庭，审理荫营镇、西南舁乡、三郊乡、白泉乡及荫营煤矿民事案件。

1989年3月6日，为尽快落实最高人民法院关于加强“两庭”建设指示精神，郊区法院向山西省高级人民法院、阳泉中院呈报《关于修建法庭投资的请示报告》，据该报告记载：“郊区人民法院现有平坦、河底、荫营三个法庭，均无办公地址，经同有关部门协商准备动工修建。初步研究，河底法庭由河底镇统一规划，河底村负责施工，从后半年开始动工，至年底完成主体工程（使用3号图纸一层，2号图纸二层），二层小楼计300平方米。另外，平坦、荫营两个法庭的修建，也正在加紧准备当中……。上述三个法庭修建，初步计划自筹资金6万元，请求省、市两上级法院，给郊区人民法院三法庭的修建，各投资4万元，计10万元”。7月份，在各方面的努力下，郊区法院办公楼在荫营东大街落成，为一座四层单面建筑，缓解了该院办公和审判用房紧张的问题。

1990 年 6 月，河底人民法庭建成，拥有办公室 7 间，中法庭 1 处，建筑面积 495 平方米。

1996 年 11 月，郊区法院西配楼工程竣工，新增建筑面积 1000 多平方米。增设办公室 10 间，中会议室 1 个、档案室 1 处，法官活动室 1 处，购置音响设备 3 套，总计投资 90 余万元。期间，平坦法庭租房 6 间，办公面积扩大 1 倍。

1997 年，为全面贯彻本年度分别于 1 月 1 日和 10 月 1 日实施的新修订的《刑法》和《刑事诉讼法》，郊区法院强化配套设施，投资 20 万元，改建小法庭 3 个，在原大审判庭，安装了音响设备，购置了审判员座椅、审判台，刑事审判工作初步实现了规范化、法律化、制度化。审判环境和执法环境得到改善，形成了办公区和审判区分离的格局。

2000 年 10 月，郊区法院立案大庭、大小法庭、机关大楼改建、扩建和装修工程全面启动。12 月份，上述改、扩建工程和装修工作全面竣工，并投入使用，改善了干警办公、办案条件，增强了刑事案件审判及刑事犯罪嫌疑人的看押安全。本年度，郊区法院投资 6 万余元，进一步加强基层法庭的建设改造。

2002 年，为改善办公拥挤、档案管理落后的状况，按照最高人民法院《五年改革纲要》要求，本着“有条件上，没有条件创造条件也要上”的精神，在中共郊区区委、郊区人民政府及上级法院支持帮助下，郊区法院执行大楼和大法庭，在年内交付使用，东配楼主体工程竣工，新增办公室 25 间，增加使用面积 1096 平方米。

2003 年至 2006 年期间，郊区法院按照规范化、制度化要求，不断加强基础设施建设，努力改善执法条件。2005 年，利用国家支持“两所一庭”建设的有利时机，争取到审判综合大楼国债项目工程和河底法庭基建工程资金，推进了基础设施建设，执法条件得到明显改善。

2008 年 4 月，在郊区人民政府及相关职能部门大力支持和密切配合下，郊区法院审判法庭综合大楼改扩建工程胜利完工，4 月 21 日，郊区法院举行审判法庭综合大楼改扩建落成暨执行局挂牌仪式，4 个中型法庭、1 处立案大厅和法警队办公室投入使用。

2008 年 4 月 21 日，郊区人民法院举行审判法庭综合大楼改扩建落成暨执行局挂牌仪式

2009年前后，郊区法院先后购入公用车9辆，文印设备3套（台），初步实现了办公系统化、信息化、自动化，财务管理实现了电算化，法院的基层基础建设上了一个新台阶。

2012年4月19日，郊区法院隆重举行审判法庭大楼迁建项目开工奠基仪式。阳泉市郊区法院现办公楼始建于20世纪80年代初期，随着社会经济的发展及人民法院审判案件的数量逐年增加，办公大楼明显不适应形势的发展要求。根据“十二五”规划、最高人民法院《五年改革纲要》及住房和城乡建设部、国家发展和改革委员会“建标〔2011〕143号”《关于批准发布〈人民法院法庭建设标准〉的通知》，该新建审判法庭大楼，位于阳泉市郊区荫营江正大街。

2014年1月8日，山西招投标网刊发“阳发改财便字〔2014〕1号”阳泉市发改委《关于阳泉市郊区人民法院审判法庭项目电梯设备采购改变招标方式的公示》，对阳泉市郊区人民法院审判法庭项目电梯设备采购项目进行公开招投标。

2015年，郊区法院新建办公大楼完成建设。总用地面积23亩，建筑面积13891.4平方米，地下1层，地上11层，其中，审判法庭10270平方米，人防工程3621.4平方米。主要建设有立案大厅、信访接待室、调解室、赃物室、听证室、档案室、电视电话会议室、党组会议室，及大、中、小法庭10个（其中，标准数字化法庭3个）、羁押室11个，另设置有新闻发布室、司法警察警务用房等。工程总投资7820.58万元，其中，建筑安装工程费6791万元，工程建设及其他费用608.87万元，基本预备费420.71万元。以上资金由中央预算内投资50%，省补助资金25%，其余资金由区财政出资。2016年5月，投入使用。

2016年5月投入使用的阳泉市郊区人民法院新办公大楼

第二节 警务装备

1975年2月建院时，设一名法警，为一岗多职。只有公用自行车2辆，主要用于送传票、传唤当事人。20世纪70年代后期，为解决交通工具，中共郊区区委专门拨款，为该院购置三轮摩托车1辆，方便及时送达法律文书。办公室桌子、椅子、文件柜等，由郊区革命委员会办事组按人员数量配备。工作人员下乡办案的交通工具为公共汽车，到达各人民公社所在地后，再步行到达各生产大队。

其时，法院没有专用音响设备，召开宣判大会时，由郊区广播站负责转播、录音等音响设备的安装和使用。

20世纪80年代初，郊区法院警备用车除1辆三轮摩托外，又增加了1辆吉普车。

1997年2月20日，郊区法院根据山西省高级人民法院紧急通知，成立处理突发事件分队，共12人。队长赵鹏，副队长陈福顺、秦建明，队员为商广万、侯庆原、史忠喜、张小军、史计平、翟希、郝晋平、靳占阳、史哲慧等9人。

2000年，郊区法院全面加强基层法庭建设，为各基层法庭配备了电脑、警车，充实了基层审判力量。

2002年，郊区法院根据最高人民法院武汉会议精神，建立健全法警序列管理体制，将政治素质好、年富力强的军转干部，选拔到领导岗位，明确职责任务，工作目标，出台管理办法和规章制度。并对法警进行作风整顿，开展为期一个星期的技能培训。由于郊区法院重视法警队伍建设，郊区法院法警大队经阳泉中院推荐，出席了山西高级人民法院召开的表彰大会，被授予“先进集体”。之后，郊区法院成立车队，隶属办公室，实行统一规范管理。全年仅车辆管理就节省经费5万元，比上年度下降近40%。对此，中共阳泉市委政法委在全市政法系统，推广了郊区法院的警备车辆管理先进经验。

2007年，郊区法院以“抓硬件，促保障”为主线，狠抓落实公用经费保障制度和福利待遇保障制度，切实改善办公用房、通讯工具、交通工具等硬件建设。重点落实四个倾斜：一是基础建设向法庭倾斜，积极推进人民法庭的正规化、规模化建设，在人、财、物的安排上向基层倾斜，合理调整法庭设置，使法庭的综合功能进一步增强，工作更加规范。二是基础建设向法警装备倾斜，先后投资3万余元，购置安检设备、羁押设备、防暴器材、通讯设施等装备，并加强法警队伍技能培训等工作。三是基础建设向审判法庭倾斜，多方筹资，抓紧建设，是年底，该院审判法庭综合大楼工程竣工投入使用，河底法庭、平坦法庭立项、设计、规划等，也完成了前期工作准备。四是基础建设向法院管理信息化倾斜，以建立审执信息平台为载体，把获取信息作为基础工作的重要内容，把利用信息作为队伍管理、审判管理的有效手段，先后投资26万元，购置电脑及其相关管理软件等信息设备，全院信息自动化工程投入使用，从根本上优化了法院的办公条件，初步实现基础工作信息化、信息工作基础化。

截至2015年，全院共有各式警备车辆27台，台式计算机得到全面普及，笔记本电脑实行按需分配，内线电话和外线电话实现了同线共用，打印、复印、扫描等办公设施、设备，在各楼层分布均匀，为干警办公、法官办案、人民群众办事提供了方便。与此同时，全院安检系统进一步完善，合理调整布置了监控设施，为司法警察大队配备了防刺手套、防弹钢盔，硬件装备得到全面提升。

第二章 软件建设

第一节 文书档案

法院诉讼档案是国家重要的专业档案之一，是人民法院审判活动的真实记载，是做好审判工作，实行审判监督的重要依据和必要条件。法院诉讼档案管理工作是人民法院审判工作不可分割的重要组成部分。为此，郊区法院专门成立档案管理领导小组，拨出档案管理专用基金，购置档案管理必要设备，改善档案管理工作条件和保管条件，使各类档案的归档率、完整率、案卷合格率达到100%。

1975年建院初，郊区法院的文件材料管理和立卷归档工作刚刚起步。4月28日，阳泉市郊区革命委员会办事组以“阳郊革办字〔1975〕2号”文件，就文书处理工作方面作了详细的规范性规定，是建院初文书处理的工作依据。

1984年，郊区法院对建院10年的历史档案、文献资料，进行集中整理和归档保存。刑事审判庭副庭长赵鹏组织刑事审判人员，对200余件历年已决案件遗留赃物3210件，赃款25000元作了全面清理，分别依法上交、归库、备卷，是年，郊区法院建立健全了涉案赃款、赃物的保管与交接制度。

1988年，郊区法院把案卷的装订整理，作为提高案件质量的重要基础工作，以两法（实体、程序）为依据，对案卷开展自查、互查、共同查活动，促进了全院文书档案质量的提高。

2000年，郊区法院实行“办案经费定额，办公费用定额，车辆统归办公室调拨”制度，全年节省经费10万余元。

2004年，郊区法院档案管理工作根据“统一领导、分级管理”原则，院长亲自挂帅，办公室主任全面负责，把档案工作列入院党组重要议事日程，形成重大事项统一决策，重要问题统一认识，中心工作统一部署，重点任务统一行动，有协作、有分工、有决策、有落实的团结协作机制：

一是健全档案管理体系，成立档案管理领导组、档案鉴定组，配备专职档案员2名，兼职档案员9名，档案管理水平进一步提高。

二是在全院推行归档报结案制度，收到良好的效果。为改变过去多年凭法律文书和送达回执，到立案庭报结案制度，专门出台《归档报结案制度》，规定全院所有案件卷宗归档后，方可算结案，凡滞留在各业务庭、案卷评查环节的卷宗，一律不算结案。各业务庭需当月归档的卷宗于本月20日前，交案件评查办，案件评查办进行评查后，于25日前，将卷宗及目录交档案室。档案室完成归档后，于当月27日前，将归档目录回复立案庭，由立案庭根据归档后的目录，制作当月统计报表。该项制度的推行，有效地解决了报结案后，卷宗不能及时归档的问题，对进一步加强档案管理，确保档案管理日益制度化、规范化、科学化，起到良好的推动作用。

三是加强档案软硬件建设。至2004年底，郊区人民法院档案到共藏档案、资料16604卷，其中：文书档案304卷488件、会计档案809卷、诉讼档案15173卷、声像档案1册、实物档案19件、资料290册，案卷质量合格率达95%以上。档案管理用房总面积达100平方米，其中：档案库房60平方米，阅览室20平方米，档案局办公用房20平方米，同时投资30万元，购置了密集柜、空调、计算机、扫描仪、复印机、照相机、灭火器等设施，从根本上保证了档案工作的发展需求。档案管理工作步入科学化、规范化、现代化的轨道。

附1：印发《关于调整档案管理领导组、调整档案鉴定组和健全档案工作管理体系的通知》

（阳泉市郊区人民法院“阳郊法字〔2004〕49号”文件）

为认真贯彻落实《中华人民共和国档案法》，完善郊区人民法院档案管理体制，加强档案队伍和档案业务的建设，促进郊区人民法院档案升级工作的顺利开展，使档案工作逐步实现规范化、科学化管理，从而进一步保护和开发档案资源，使诉讼档案更好地为审判工作提供服务，经郊区人民法院党组研究决定，调整郊区人民法院档案管理领导组，成立档案鉴定组，并健全档案工作体系。

一、档案管理领导组：组长：李保来

副组长：秦建明

成员：要文洁、徐强

二、档案鉴定组：

组长：秦建明

副组长：侯庆原

成员：要文洁、徐强

三、档案工作管理体系

分管领导：要文洁、徐强

专职档案员：要文洁、徐强

兼职档案员：刘瑕、王晓英、付娟、刘林瑞、王文华、张海娟、任丽莉、王晓阳、余健。

二〇〇四年十二月十一日

附2：《关于档案管理工作晋升省二级标准的自检报告》

（郊区人民法院“〔2004〕阳郊法字第50号”文件）

为了实现郊区人民法院档案工作管理达省二级标准的目标，从今年3月份以来，郊区法院积极筹措资金，集中人力、物力，组织开展了档案晋升二级达标工作。经过为时九个月的努力，基本上做到了健全档案规范标准，档案的安全保管得到进一步加强，档案业务和档案基础设施建设整体水平明显提高，档案管理工作步入科学化、规范化、现代化的轨道，为档案升级达标奠定了良好的基础。按照《山西省机关档案定级、升级标准》的要求，郊区人民法院对档案管理工作进行了全面自检，现将自检情况简要汇报如下：

一、郊区人民法院概况

郊区人民法院成立于1975年2月，办公地点设在了荫营东大街，截止2004年底，郊区人民法院下设有办公室、政治处、执行局、立案庭、刑事审判庭、民事审判一庭、民事审判二庭、民事审判三庭、行政审判庭、执行一庭、执行二庭、审判监督庭。派出机构有河底法庭，现在干警68人（男55人，女13人）。建院以来，在省、市法院和区委、区政府的领导下，充分发挥审判职能，坚持公平、公正、公开的原则，全面加强队伍建设，为郊区社会稳定、经济发展作出了积极的贡献。

二、档案管理升级工作情况

今年三月份以来，郊区人民法院以档案管理省二级标准为目标，具体做了以下几项工作：

1.提高思想认识，增强依法管理档案意识。为进一步实现档案管理工作的升级目标，院领导将档案管理工作纳入重要议事日程和工作目标责任考核，多次召开会议研究安排此次升级工作，及时调整了档案管理机构，配备了2名专职和12名兼职档案管理员，选派管理人员参加档案管理基础知识培训班，并组织全院专、兼职档案管理人员参加管理基础知识培训班，并组织全院专、兼职档案管理人员认真学习档案管理法律、法规和相应的档案业务基础知识，提高了档案管理人员的思想认识和业务素质，增强了依法管档的使命感和责任感。

2.加强组织领导，严格贯彻落实。在调整了档案管理、档案鉴定领导组的基础上，郊区人民法院认真制定了晋升二级档案管理标准的工作实施方案，指定了办公室主任专门负责此项工作，进一步完善了档案管理网络机构，使档案管理升级工作步入了正常化、规范化的轨道。

3.加强制度建设，完善档案管理。郊区人民法院按照档案管理工作的有关规定，结合郊区人民法院实际，修订完善了《立卷归档制度》《档案保管制度》《档案保密制度》《保密工作制度》《档案利用制度》《科技档案管理制度》《实物荣誉档案管理制度》《档案借阅制度》《文书档案管理办法》《会计档案管理办法》和《档案工作奖惩办法》等档案基础管理制度，并做到了制度上墙，职责明确，责任到人，同时又制定归档和不归档范围，档案保管期限表和各门类档案管理办法，形成了较为完善的档案管理制度体系。

4.加强硬件建设，实现现代化管理。依照档案管理有关要求，配备了档案室库房、档案阅览室和档案员办公用房。档案管理用房总面积达100平方米，其中：档案库房60平方米，阅览室20平方米，档案局办公用房20平方米，同时投资30万元，购置了密集柜、空调、计算机、扫描仪、复印机、照相机、灭火器等设施，从根本上保证了档案工作的发展需求。

5.配备安全设施，确保档案安全。郊区人民法院相继配备了防盗门、安置了防护网、避光窗帘、温湿度计、投放了防虫鼠药、完善了“七防”等设施，保证了档案库房的绝对安全，确保了档案的安全保管。

6.集中统一整理，实现科学管理。郊区人民法院集中各部门专、兼职档案员，同时抽调各庭室部分人员在区档案局的指导下，对建院以来的各类档案进行了全面系统的整理，按类别编号排列、上架。编制了全引目录、案卷目录等检索工具，档案管理初步实现了科学化、现代化。

7.开展档案鉴定，提高案卷质量。根据山西省《机关档案工作业务建设规范》和郊区人民法院制定的机关文件材料归档和不归档范围及各类档案保管期限表的规定，在郊区人民法院档案鉴定领导组的指导下，组织相关人员对郊区人民法院现有档案进行了鉴定，基本做到了卷内文件材料齐全完整、案卷组合正确，卷内目录、备考表填写规范，案卷题名符合要求，案卷内无金属物，无折叠现象，装订整齐、美观、牢固，案卷质量合格率达95%以上，达到了档案管理相关要求。

截止2004年底，郊区人民法院档案到共藏档案、资料16604卷，其中：文书档案304卷488件、会计档案809卷、诉讼档案15173卷、声像档案1册、实物档案19件、资料290册。

经过不懈努力，郊区人民法院档案管理工作在区档案部门的正确指导下，档案综合工作管理水平有了质的飞跃。郊区人民法院对照《山西省机关档案管理定级、升级标准》，逐项逐条进行认真自查，认为郊区人民法院的档案管理工作基本上达到了省二级标准。为此，特向阳泉市档案局提出申请，对郊区人民法院的档案管理工作进行考评，验收、希望在验收中针对郊区人民法院工作中存在的不足，提出宝贵意见，以便于今后改进和完善。

二〇〇四年十二月十五日

2005年，郊区法院档案管理工作围绕上档次、上水平总体规划和目标，重点突出规范化、科学化、现代化管理。为此，专门建立起30多平方米的档案室，投资20多万元，购买了现代化档案管理设备。为进一步提高案卷档案质量，严格执行卷宗评查制度，对案卷是否清晰整洁、案卷是否存在缺页等内容，进行层层把关，实行月通报制，对不合格案卷不予归档，并扣发相关责任人的奖金。1月28日，阳泉市档案局考评专家组，对郊区法院档案管理达标升级工作进行验收，认为郊区法院档案工作硬件条件良好，归档及时、立卷规范、利用便捷，经多项指标考评，郊区法院档案管理工作达省二级目标管理标准。

2006 年，郊区法院把服务审判工作，作为档案管理工作的出发点和落脚点，积极主动提供优质服务。在报务方式上，自做网页，利用法院局域网提供档案目录和文件全文的查询，选登档案管理工作法规，档案专题汇编、法院大事记等。在服务内容上，根据法院审判工作中心，开发档案管理信息，为领导决策服务。根据历年司法统计和卷宗材料，将各类审判通过数字和卷宗材料情况，进行对比、归纳、分析、研究，找出规律，为领导提供相关信息，或作为决策的依据。每年向公安、检察、纪检监察等部门办案人员，及企事业单位、民、商事案件当事人，提供档案利用卷宗达 1000 多件次，对打击犯罪、稳定社会，促进经济发展，构建和谐社会，起到了积极的推动作用。同时，注重整章建制，建立了一整套档案归档管理规定。根据《档案法》及最高人民法院和山西省档案局《关于档案管理工作的要求》，结合法院档案工作实际，建立健全《郊区人民法院档案工作人员岗位责任制》《立卷归档制度》《档案保密制度》《档案借阅制度》等八项制度。一是从制度上、工作程序上，纳入管理；二是举办档案管理业务培训，提高各业务庭、内勤人员，整理档案资料的技能；三是严格执行档案归档验收要求，通过签订《目标责任书》，采取行政、经济等多种控制手段，实施事前指导、事中控制、事后核查、验收把关的全过程管理体系，形成了制度完善、职责明确、程序规范、运转有效的档案管理工作机制。在此基础上，郊区法院为档案室配置 2 台柜式空调、2 台新式电脑，另有打印机、复印机、扫描仪、刻录机、采集卡、密集柜台 22 组等，功能齐全的档案服务设施，为全面加强基层人民法院档案管理工作，为全社会和当事人提供优质档案服务，创造了良好条件。

到 2015 年，郊区法院档案工作，完成录入各类诉讼档案、行政文书档案、会计档案、实物档案、声像档案等共计 60000 多卷。基本上实现了计算机目录检索、档案的全文查询、在二分钟内完成。实现了信息局域网络管理，并为法院局域网络建立文件交换中心、档案目录中心、档案信息中心，为最终建立“法院数字化档案”奠定了坚实的基础。

第二节　制度建设

1981 年，郊区法院针对民事、刑事案件中出现的收案量大，原、被告纠缠大，当事人变化大，执行困难大的新情况新问题，为了及时、准确、合法审结各种案件，实行了办案责任制，定人、定案，分片包干，携卷下乡，就地办案。有效地提高了结案的数量和质量。

1982年3月，为了进一步发挥人民法院的审判职能作用，加强各类案件的审理，根据法院各项不同工作的要求和各个岗位的职责范围，制定了从院长、副院长，到各庭室负责人，及全体工作人员的岗位责任制，建立健全了全员必须的“六条纪律”和促进岗位责任制落实的“三条措施”，岗位责任制的落实，有效地促进了干警的业务学习，增强了广大学政治、学文化、学法律的自觉性，全院的工作作风有了明显改善。

1983年，重点抓了三个落实，即制度落实、组织落实、人员落实，坚持了各种学习会议制度，执行出勤登记制度，实行了岗位责任制和奖惩制，调动了大家的积极性，是年，还出台了《机动车辆管理使用制度》，加强对法院公务用车的管理。

1984年，法院锐意进取，狠抓自身革命化建设，坚定不移地接受区委领导，重大案件实行党内联合办公，及时向区委、区政法委汇报，积极争取支持指导和帮助。

1986年，进一步充实和完善已有的岗位责任制和各项规章制度，制定了院长、副院长、庭长、副庭长、审判员、助审员及各级各类人员的岗位责任制以及岗位责任制考核奖惩暂行办法。为保证案件质量制定了错案追究实施细则和其他相关的25项25000余字的规章制度，为全面实施法官法奠定了基础，促进了审判工作的开展。

1988年，法院在抓好审判工作规范化工作的同时，坚持审判活动创新，多样化，努力适应改革、开放的新形势，服务经济建设，各项工作呈现喜人的局面。

1989年，建立全院各庭工作任务目标考核制，郊区人民法院党组根据形势和任务的要求，以庭室为单位，下达保证完成和争取完成的任务指标，对于大幅度提高效率地突击经济案起了极大的促进作用。是年底，各庭室均超额完成了年初确定的工作指标，除完成本庭任务外，尽最大努力开展经济审判，全年所审结的经济纠纷案件，突破400件，是历年审结数的4倍多。

附1：一九八九年郊区法院各庭工作任务、奖励及其差补的管理办法

就一九八九年各庭工作任务、奖励及其差补情况，郊区人民法院党组在广泛征求干警意见，经与庭室负责同志讨论后，决定如下管理办法：

一、刑庭（6人）

全庭全年办案120件（不足此数由经济案补）。达到以上标准，每人年终奖为10～60元。每人每月差补为10元，全庭全年共计720元。

郊区人民法院保证该庭全年用车60天。

全年超过120个案的部分，每案补助差旅费20元。

二、经济庭（6人）全庭全年办案100件。

达到以上标准平均每人年终奖为10～60元，每人每月差补由院领导审批。

全年超过100件案的部分，每超过一件补助差旅费20元。

三、民庭（3人）全庭全年办案65件。

达到以上标准每人年终奖为10～60元，每人每月差补10元，全年共计360元。

郊区人民法院保证该庭全年用车65天。

每超过一年案加补20元。

四、荫营法庭（3人）全庭全年办案65件

达到以上标准每人发给年终奖10～60元。每人每月差补12元，全年共计432元，郊区人民法院保证该庭全年用车24天。

每超过一件差补20元。

五、平坦法庭（3人）全庭全年办案65件，达到以上标准每人发给年终奖10～60元，每人每月差补12元，全年共计432元，郊区人民法院保证该庭全年用车24天。

每超过一件差补20元。

六、河底法庭（2人）全年承包完该庭辖区所有民事案件。

达到以上标准每人发给年终奖10～60元，每月差补平均每人12元，全年288元。

在民事案无积案的基础上，每超办一件经济案加差补费20元。

七、执行：由一人负责登记收案，执行费作为执行人的差补，用车每案抽10元，可抽各庭工作人员执行。

八、办公室

1.保证各庭（含经济庭）的办公用品。

2.保证各庭用车。

3.文书打印及时（一般不超过签发后的五天）。

4.月报按时准确，得分不低于90分。

5.简报每月最少二份。

说明：

1.对各庭所订的用车天数，如果少用一天，郊区人民法院加补差旅费20元，超用一天扣除各庭差旅费20元。

2.各庭要在本周向办公室提交下周用车计划，以便统一安排。

3.奖励、差补，节约用车补的，由各庭支配，年终结算时，走出部分扣除，节约费用由各庭支配。

4.增加编制人员另订，按人增案、增支、不含外借人员。

5.以上各自收的案件不足应办案件时，可由经济案补齐。

6.法庭摩托车、用油及修得，院内统一安排。

7.到省外办案每人每天补助伙食费4元，本市内嵌不另补助（以各庭固定的差旅费补）。本省除本市外可每天按2元补助。

以后到外市、外省办案报销时由院长批准，按人分到各庭的差补由庭长审批。

以上从三月一日起执行。

一九八九年三月五日

1991 年，郊区法院继续下大力气克服“重实体、轻程序”倾向，切实履行办案程序管理，建立健全案件管理制度，使各类案件从受理、立案、送达、开庭、宣判到执行，均严格依据法律程序办事，使 95% 以上的一审案件，能在法定的期限内审结完成。

1993年，郊区法院管理工作由过去的经验型、行政命令型，向制度化、科学化转变，用切实可行的制度，规范干警行为，以具体的管理办法，调动干警工作积极性。一是建立和充实《全员岗位责任制》，在以往实行的《岗位责任制》基础上，针对郊区法院管理工作中出现的新情况、新问题，重新作了修订和完善，进一步明确从院长、副院长到庭长、副庭长两个领导层，从审判员、助审员到法警、书记员和后勤人员两个干警层，各个不同岗位的职责范围，确保在管理工作中，在制度前面人人平等。二是按照职责利害相统一原则，确定具体的岗位工作责任，既有概括性规定，又有微观性要求，并实行奖罚与履行岗位职责挂钩制度，在岗位职责配套制度上，将行政与审判分成两个系列，定人、定岗、定职、定责，在工作任务上，定时、定量、定质、定员。三是实行一年一度年终考评制，即根据年初既定制度，实行年底考核评比制度，既体现按劳分配论功行赏，又对出勤不出力、在职不尽责的干警，形成鞭策和鼓励；既形成公平竞争的干事创业环境，又体现对干警的持续激励；既提高办案质量，又提高法院声誉。解除了当事人在人民法院投诉无门，或诉诸法律后，久拖不决的困扰，全院干警以高效、廉洁的办案作风，赢得了群众普遍信任。

1995 年，郊区法院改革陈旧的内部管理模式和传统的审判运行机制，在深入调研的基础上，在全市法院系统率先全面推行岗位责任制，实行《目标责任书制度》，及与之相配套的考核奖惩办法。年内，发生财务室被盗事件，该院进一步加强内部安全管理，制订出台了全面加强夜间值班环节安全防范工作的针对性措施。

附 2：

《郊区人民法院夜间值班制度》

为强化安全防范工作，加强保卫工作力度，经郊区人民法院党组研究，特制定本制度，望各庭室遵照执行。

一、从一九九五年十二月二十日开始，每庭室值班一星期（七天），每晚值班不得少于2人，值班工作由庭长负责。

二、值班顺序为办公室、刑庭、民庭、行政告申庭、执行庭、经济一庭、经济二庭，依次循环。

三、值班时间为晚八时至早八时。

四、值班内容包括：防盗、防火、防事故以及接待、处理夜间来访的当事人。

五、值班人员要将值班情况逐日登记在值班本上，庭与庭接班时由庭长负责交接，交接班时间为每周的星期一上午。

六、各派出法庭自行安排夜间值班工作、

七、各分管院长负责检查所分管庭室的值班工作，要定期与不定期进行检查。

八、值班要求：值班人员要高度警惕，高度负责，不准脱岗、不准迟到早退，不准睡觉，要不断进行巡逻，发现问题妥善处理并及时向分管院长汇报，由于不负责任造成事故者要严肃查处。

九、重大节假日，白天值班员另行安排，夜里值班仍按上述顺序进行。

一九九五年十二月二十日

附3：

《郊区人民法院关于安全防范工作的措施》

一九九五年十二月二十日，郊区人民法院财务室被盗，给郊区人民法院造成了极其恶劣地影响和不良后果，为了加强对安全工作的领导，杜绝此类事故的发生，经郊区人民法院党组决定，作出如下整改措施：

一、成立防火、防盗、防事故三防工作领导组，由赵维田、秦建民、李欣芬、陈福顺组成，赵维田担任组长，负责全院的安全工作。

二、加强防范设备、设施的建设，舍得投资，一楼窗户钢筋加固、门全改换为铁门，二楼入口处加一道铁栅门，保管要害部位“三铁一器”齐全，实行全方位、立体化、封闭式管理。

三、加强安全防范教育，树立安全防范意识。院各级领导要把安全防范任务列入日常工作的重要议事日程，克服“重审判轻安全”的思想，制定安全防范措施和制度，并不折不扣地贯彻执行。

四、实行集体值班制度，每庭一周，每晚不得少于两人，不准睡觉，不断进行巡查，同时立即出台门卫制度，枪支、械具制度，财产管理制度，防火工作制度，档案管理、财务管理制度等二十五项制度。做到各项管理有章可循，任务明确，责任到人。

五、建立安全抵押金和奖惩制度，有关人员包括门卫、汽车司机，每人交纳安全抵押金3000元，对安全工作搞得好的奖，差的罚，出现事故严肃查处。

六、对财务、枪支械具、财产、车辆加强管理，枪支、子弹实行分级管理的办法，杜绝此类事故及其他问题的发生。

七、严把进人关，对不符合条件、缺德少才人员拒之法院门外，做到权势面前不让步，关系人情面前不动摇，金钱面前不动心。

八、凡与此次失盗事故的有关责任人一律写出书面检查，报郊区人民法院党组、听候处理。

一九九五年十二月三十一日

1996年，随着社会主义市场经济体制迅速发展，为适应改革开放新形势对审判工作的新要求，郊区法院进一步加大自身改革力度，全面强化规范化、科学化管理，进一步提高整体执法水平，改善执法条件。一是进一步完善岗位责任制，依照《法官法》具体要求和标准，制定较为系统、易于操作的各类各级人员的《岗位责任制和考核办法》。二是实行工作目标责任制，把审判任务（包括清欠任务）案件质量、行政管理、队伍建设、综合治理等总任务量化分解，落实到庭，指标到人。三是建立错案追究制，结合本院实际，制定错案追究执行细则，对失职、失责处罚，作出明确规定，有效规范了执法人员的执法行为。四是全面规范管理制度，为使审判执行和行政各项岗位工作纳入制度化的轨道，该院紧紧围绕“从严治院”这一指导思想，制定了25项25000余字的成文管理制度，使审判业务管理和人、财、物管理等各项工作，纳入强有力的制度化、标准化、规范化管理体制当中，形成“年初下指标、年中比进度、年终大讲评”三步曲管理模式，增强了干警的责任感和争先创优意识，为确保各项工作的高效有序进行，奠定了坚实基础。

1997年，郊区法院对陈旧的管理模式进行改革，首先，修改完善岗位责任制、错案追究执行细则、案件督查制度，以及全面规范管理制度，并建立落实、监督机制，使各项制度落在实处。其次，在“进人”“用人”上，引入竞争机制，先后出台进人考试考核制，对新进人员实行试岗制，审判人员交流换岗制，新任干部代理试用制等。是年，有3人被择优调入，12人易岗考核，16名干警因德才勤绩较好，受到提拔，打破“论资排辈”和人情风、关系风约束，推行“实绩取人”新办法。

1998年，郊区法院继续完善并进一步加强《目标责任书制度》，将工作任务、案件质量、队伍建设、综合治理等项目捆在一起，采用百分制考核办法，对优秀庭室和优秀干警给予重奖，并在提拔、晋级、评比等方面优先；对业绩差的庭室和个人，则给予一定程度的处罚。对于考核奖惩，不唯年龄、不唯资历、不唯职务、只唯作风和实绩，起到“人叫人干人不干，一纸调动全院干”的动力效应，全院形成了你追我赶、明争暗赛、干劲十足的“比、学、赶、帮”竞赛热潮。全年工作创造了收案数、结案数、结案标的执行回款、案件质量、人均办案数的六项新纪录。

1999年，为规范执法活动，确保队伍建设顺利进行，郊区法院针对队伍建设中的薄弱环节和工作中存在的不足，从建立健全“五个制度”上加强管理，从建立健全“五项机制”上提升水平：一是全面完善《岗位职责制》《执法职责制》等责任制度，建立职责分明的工作约束机制，做到定人定岗定职定责，管理工作不缺一职一责，不漏一人一岗。二是全面完善《目标责任书制度》，在年初，即将审判任务、工作目标、行政管理等工作量化分解，落实到庭，院长与庭室签订《目标责任书》，到年底，进行总结考评，形成了奖勤罚懒的竞争激励机制。三是全面完善补充《错案追究制》《案件监督、督查制度》，建立有效地监督机制，对责任和处罚作出明确规定，规范干警的执法行为，使干警在不正之风面前不愿为、不能为、不敢为。四是制定完善《全面规范审判秩序的规定》《立案审批制度》《立案收费制度》《审判纪律》《执行工作细则》等审判制度，推行立、审、执三项职能的分离，建立科学的审判运行机制，使每个案件严格依照程序高效、快捷运行。为此，郊区法院进一步加快庭审改革步伐，全面规范庭审秩序，强化合议庭和当事人举证两个责任的落实，大大提高了司法效率。五是补充修改行政管理的方面的规章制度，出台《便民十公开制度》《干部考核，轮岗交流制度》《财务管理规定》等制度，建立起切实可行、管理严格、考核便捷、奖罚分明的行政管理机制，促进了各项工作的开展，有效地把行政、人事、后勤、审判等项工作，融于从严治院的一体化管理之中，全面提升了法院的管理水平和审判、执行效率。

2000年，郊区法院针对管理中存在的漏洞和不足，一是对原有的二十余则规章制度中，较为笼统、不易操作部分进行了修改、补充，使全院规章制度更加易于操作，重点加大《执行责任制》《错案追究制》《执法过错责任制》落实力度，特别是在《执法责任制》落实上，该院将队伍建设、制度建设、业务指标全部量化，并以《执法目标责任书》形式，在年初，由院长与各庭室负责人，层层签订《目标责任书》，形成制度健全、考核严格、奖罚兑现的管理机制，调动干警的工作积极性。二是加大后勤行政管理力度，坚持“增收节支”方针，压缩不必要开支，在车辆管理上，实行汽车修费定额、汽燃费定额，所有车辆划归办公室统一管理的办法，庭室使用车辆，提前一天填写车辆调拨单，报办公室统一协调安排；在电话使用管理上，安装了磁卡电话，实行电话费定额制度；在财产、物资、办公用品购置和发放等管理上，做到购置有计划、审批有手续、发放有登记、管理有台账，并经常性地对各庭使用情况进行检查，堵塞浪费现象和管理漏洞，仅此几项，全年即为郊区法院节省经费10万余元。

2001年，郊区法院制定《审判长、独任审判员年终考核办法》，详细规定了考核标准，实行错案一票否决制，进一步完善了审判长、独任审判员人事动态管理机制，并全面推行《行政后勤管理办法》，确定了行政后勤工作中的各个环节、每个岗位的职责、任务和目标，补充完善了管理制度20余则，将其纳入制度化、科学化管理轨道。

2002年，郊区法院从严管理内部事务，全面推进“规范化建设年”活动。针对管理上存在松、软、宽现象，该院进一步加强管理力度，本着“两手抓、两手硬”原则，把“管好自己人”，作为管理工作的第一任务，制定和完善一系列规章制度，对八小时之内应该干什么，八小时之外不该做什么，均作出详细规定。并全面贯彻落实《执法责任制》和《错案追究制》，以及最高院的“两个办法”，用规章制度约束规范干警行为。同时针对车辆管理中出现的漏洞和问题，成立了车队，划归办公室实行统一规范管理，在全市政法系统率先推行《公用车管理制度》改革。

2003年，郊区法院狠抓制度建设，构建"执法为民"机制。为适应形势发展的要求，该院实行《工作目标责任制》，把审判工作任务、案件质量、队伍建设、综合治理等任务量化分解，落实到庭，指标到人，公开指标，公开考核，公开奖惩，打破旧的管理体制，增强了干警的责任感和争先创优意识。同时继续执行《执法责任制》和《两错追究制度》，全面加大落实力度，形成了较为系统，较为规范的工作管理机制。本年度，郊区法院先后出台《执行案件流程管理暂行办法》《采取财产强制措施的暂行规定》《执行局执行听证暂行办法》，及《执行局内部管理制度》等规章制度。为进一步加强政务公开，方便群众诉讼，出台了包括《立审分离运行程序》《审执分离运行程序》《审监分离运行程序》《诉讼费用收费范围》《当事人诉讼须知》等一系列相应措施。靠制度管事、靠制度管人，成为该院本年度管理工作的一大特点。

年内，该院把"非典"防治工作作为重中之重，制订《防治"非典型肺炎"工作预案》，并狠抓各项防控"非典"措施的落实。一是指派专人，负责对楼道、公共设施的清洁，对包括办公室及大、小法庭在内的场所，进行消毒、通风。二是在门庭设置门岗，对来访来诉人员进行体温测试，认真排查，逐一登记。三是防"非典"工作领导组每日对全院各项工作，进行督促检查，并查验干警每日体温记录和外来人员情况登记，发现问题，及时采取措施。四是严禁干警参加婚丧嫁娶、生日宴会等活动，严禁到人员较多的公众场合和娱乐场所，不得参加庙会、集会，禁止到疫情严重的地区出差、旅游。法院的"非典"防治工作，做到了"挡得住、查得出、隔得开"，取得了较好效果。

2004年，郊区法院在学习和借鉴山东省东营法院管理经验基础，进一步强化内部管理，建立健全《工作目标责任考核机制》《法官业务实绩档案》和《百分制量化考核制度》，将每个庭室、每位审判人员的案件评查得分、上诉率、改判发回率等硬性指标，记入业务实绩档案，并把这些数据量化成一定分值，作为评先评优、晋级晋职的依据，定期对各类审判案件进行评查，并根据一定的标准，将评查结果打成分数，办公室每月一次通报审判工作和目标责任落实情况，同时将考核数字记入业务档案，根据《考核细则》进行考核，建立了各庭室相互配合、各项案件质量指标数字化体现的整体质量监督和目标管理体制，全院案件质量管理实现了数字化。

2005年，郊区法院开展"规范司法行为、促进司法公正"专项整改活动，紧扣民商事审判和执行工作中存在的热点问题，深入查摆，认真整改，共梳理排查问题3大类11条，研究制定了涉及全院工作的11项具体整改措施。同时将建章立制，作为专项整改活动的重点，本着有利于工作、有利于监督、有利于实现管理目标的要求，先后出台党务、政务、审务、事务四大类60余则规章制度，及《法院案件质量内部监督评查实施细则（试行）》，形成较为系统的制度管理体系，促进了司法工作规范化建设。

2006年，郊区法院狠抓诉讼费用管理和院内财产，及罚没物品的管理，先后建立《诉讼费用管理制度》《理财物资管理制度》和《罚没财物和赃物物品管理制度规定》，堵塞司法腐败方面的管理漏洞。

2007年，郊区法院新一届领导班子组成，党组书记、院长冯晋明上任伊始，即组织专人，编纂《阳泉市郊区人民法院规章制度汇编》，用以规范全院工作。这一《制度汇编》，紧贴审判、执行、监督、行政管理等法院工作实际，并将各个岗位、各个管理环节的管理，以制度的形式汇编成全院基本管理体系，全书12万余字，分《行政管理》《队伍管理》《便民利民》《廉政建设》《审判业务》五部分，实现了该院管理工作常态化、持久化、规范化、标准化、科学化。

2012年，郊区法院坚持“以考核总揽全局”原则，变压力为动力，将考核结果与评先评优、职级晋升相挂钩，真正做到奖惩兑现。同时进一步强化审判管理，实现从单一结果管理，向审判过程的节点控制、流程监督、结果评价的动态监控转变，促进审判、执行工作规范运行。在此基础上，进一步强化制度文化建设，修订、补助、完善了一系列规章制度，使“靠数字说话，靠制度管人管事”理念，进一步深入人心。

2013年，郊区法院领导班子认真学习，深刻理解并贯彻最高法院关于“大数据时代”的有关文章和论述,使之成为一种先进的管理观念,纳入法院日常行政管理当中，落实到法院工作的方方面面，进一步强化机制建设，构建法官业绩考评与岗位目标考核相联系的工作体系，出台《重大案件报告制度》等规章制度10余则，同时大力推进信息化建设，继阳泉中院召开“全市法院信息化暨推进司法公开工作会议”之后，12月19日，郊区法院召开信息化建设及司法公开推进会，在总结了郊区法院信息化建设及司法公开现状的同时，统一思想，提高认识，明确将法院信息化建设、推进司法公开，作为全院2014年度一项重要工作，进行周密的安排部署：一是把提高认识，贯穿于信息化建设始终，全力推进法院信息化及审判流程公开、裁判文书公开、执行信息公开三大平台建设。二是加强培训，不断提高干警信息化应用水平。三是在人、财、物方面，给予最大限度的支持，统筹安排，落实到位。四是加强考核，明确责任，把“数字法院”业务系统应用，纳入各部门年终目标考核和干警年度评优及干警晋升、考核范围之内，做到责任到人。五是围绕深化司法公开平台建设，进一步改进完善郊区法院网门户网站功能建设，提升司法工作的透明度，让人民群众对公正司法看得见、感受得到。

本年度，该院继续将审判流程公开、裁判文书公开和执行信息公开三大平台建设，作为年度工作的重中之重，明确规定裁判文书不上网，不能算结案。同时通过法院网站、微博，对全院事务、院务、审务工作进行了公开。

是年，在党的群众路线教育实践活动中，该院多次召开党组专题会，对需要整改的问题进行研究，并确定了分管领导和责任人，采取分片整理的方式，对《行政后勤管理办法》《审判委员会议事规则》多项工作制度进行修订完善，同时根据新形势下整章建制的新要求，针对法院网站和微博管理实际，制定了《网管岗位职责》；针对公务卡的管理，制定了《公务卡管理办法》等，创新制度建设和完善制度建设，成为阳泉市郊区法院的管理新常态。

2015年，郊区法院继续坚持“靠制度说话，靠制度管人管事”的原则，狠抓审判管理，重点突出对审判流程的节点控制，制定出台了审判流程节点监督管理细则》、《审判流程节点权限配置规定》、《庭长、审判长轮值制度》等规章制度。本年9月，郊区法院又根据上级的统一要求，专门制作了《领导干部干预司法活动、插手具体案件情况登记表》和《司法机关内部人员过问案件情况登记表》，有效防止了案件审理及执行过程中不必要的干扰。

第六编 人 物

第一章　院领导

第一节　现任院领导

冯晋明（1964～），山西省运城市盐湖区人，中共党员，大学文化，阳泉市郊区人民法院党组书记、院长，四级高级法官。

1983年9月参加工作，任阳泉中院代书记员。1984年3月，任阳泉中院书记员（其间，1984年9月～1987年6月，在中国政法大学法律专业专科学习），1988年11月，任阳泉中院助理审判员。1992年加入中国共产党。1996年3月，任阳泉中院副科级审判员。1997年12月，任阳泉中院经济审判一庭副庭长。1997年8月至1999年12月，在中央党校法律专业本科学习。2002年1月，任阳泉中院办公室主任。2003年6月，任阳泉中院审判委员会委员。2007年4月，任阳泉市郊区人民法院党组书记、代院长，在郊区十六届人大一次会议上，当选为院长。

1998年4月，被中共阳泉市委、阳泉市人民政府授予“阳泉市劳动模范”。2010年1月，被山西省委政法委授予“三争做”活动人民群众贴心人。

是阳泉市法官协会常务理事，阳泉市郊区第十六届、十七届人大代表，阳泉市郊区第八次党员代表大会代表。

张海忠（1969～），阳泉市人，中共党员，副院长。

1987年8月参加工作，阳泉市郊区燕龛乡曹家掌小学教师。1989年，任阳泉市郊区人民法院书记员。1990年8月，任书记员。1993年3月，任助理审判员。1997年9月，任审判员，1998年9月，任民事审判庭副庭长。2002年11月，任刑事审判庭庭长，2004年2月，任副科级审判员。2006年12月，任郊区人民法院审判委员会委员。2008年2月，任院党组成员。2008年3月，任副院长、党组成员、审委会委员（正科级）。

2002年，被阳泉中院评为先进个人；2003年、2005年和2006年，被区委、区政府、区政法委分别授予“劳动模范”“优秀共产党员”和“优秀党务工作者”。

董新河（1963～），河北邢台人，中共党员，法律自考本科学历，四级高级法官，党组成员，副院长。

1981年6月参加工作，1986年3月，经山西省法院系统统一招聘考试，分配至阳泉市郊区人民法院工作。历任书记员、助理审判员和审判员。1991年4月，任刑事审判庭副庭长。1995年12月，任计划生育法庭庭长。1998年9月，任审判委员会委员、平坦人民法庭庭长。1999年1月，任副科级审判员。2002年11月，任审判委员会委员、行政审判庭庭长。2004年3月，任正科级审判员。2008年2月，任院党组成员、审判委员会委员、院长助理。2013年4月，任副院长。

任学斌（1969～），河北省获鹿县人，中共党员，中央党校函授本科学历，法院党组成员，副院长兼执行局局长，四级法官。

1989年7月参加工作，任阳泉市郊区人民法院书记员。1990年2月任助理审判员1996年2月，任审判员。1998年9月，任审判监督庭副庭长，主持工作。2002年11月，任审判监督庭庭长。2004年3月，任副科级审判员。2004年10月，任审判委员会委员。2008年2月，任法院党组成员、审判委员会委员、执行局局长、（正科级）。2013年4月任法院党组成员、副院长兼执行局局长、审委会委员。

2006年3月，被山西省高级人民法院评为全省法院审判监督工作先进个人。2010年6月，被中共山西省委政法委员会、省高院批准，评为全省集中清理执行积案先进个人。

是阳泉市法官协会会员。

杨志荣（1972.8～），山西省昔阳县人，法学硕士，副院长。

1994年7月参加工作，任职于阳泉市郊区人民法院河底法庭。1997年6月，任职于该院执行庭。1998年6月，任职于计生法庭。1998年11月，审判监督庭任职。2002年9月，任郊区法院办公室副主任；2002年～2004年，在山西大学法学院研究生部学习，获法学硕士学位。2006年12月，任审判委员会委员，2008年7月，任刑事审判庭庭长。2013年4月，任副院长。

2011年5月，被山西省劳动竞赛委员会荣记个人一等功，并颁发劳动奖章。2012年2月，被中共阳泉市郊区委员会、阳泉市郊区人民政府授予劳动模范称号。

是阳泉市第十四届人民代表大会代表、政协阳泉市郊区第八届委员会常委、政协阳泉市第十一届委员会委员。

罗小萍（1962～）（女），山西省五台县人。郊区人民法院政治处主任。四级高级法官。

1981年5月参加工作，在山西省阳泉市第一监狱工作，1986年3月，参加山西省法院系统统一招聘考试，经审核合格，分配到阳泉市郊区人民法院工作，历任经济审判庭书记员、助理审判员。1991年3月，任郊区法院刑事审判庭审判员。1997年1月，任副科级审判员。1997年5月，任刑事审判庭副庭长，主持工作。1998年9月，任立案庭庭长。2002年4月，任政治处主任（正科级）。2002年7月，任郊区法院党组成员。2002年11月，任审判委员会委员。

1987年、1995年、1996年、1997年和2000年，被郊区法院评为“先进工作者”。1996年，被郊区法院评为“优秀妇女干部”，被区委区政府授予“劳动模范”。同年10月，被评为“打团扫恶标兵”，受到山西省委、省人民政府通令嘉奖。1998年，被郊区法院工会评为“工会积极分子”。1999年，被评为“信访工作先进个人”。同年3月，被阳泉中院荣记三等功。2001年，被评为全市法院系统先进个人。2003年，被郊区妇女联合会评为“学习、创业、自强型母亲”，同时被命名为“三八红旗手”、先进工作者。2005年6月，被山西省高级人民法院评为“全省法院政治工作先进个人”。2005年9月，被中共阳泉市政法委授予“推进公正执法暨涉法信访先进个人”。2008年3月，被阳泉市妇联授予“三八红旗手”。

是中共阳泉市第八次、第九次党员代表大会代表，阳泉市郊区第六次、第七次党员代表大会代表，阳泉市法官协会理事，阳泉市女法官协会副会长、常务理事。

王培忠（1974～），阳泉市郊区人，中共党员，大学文化，二级警督，党组成员、纪检组长。

1992年12月参加工作，中国人民武装警察部队新疆总队阿克苏地区支队任战士、班长。1996年12月转业。同年6月，阳泉市郊区粮食局工作。1997年6月，经统一考试、审核，被阳泉市郊区人民法院录用，任该院司法警察大队法警。其间，兼任书记员，参与各类案件的庭审工作。2004年，任郊区法院司法警察大队副教导员。2006年12月，任郊区人民法院办公室主任。其间，负责审判大楼维修改扩建工程、信息化系统工程建设，并主持建立健全了全院各种规章制度。2013年4月，任党组成员、纪检组长。

2008年7月，被阳泉中院授予全市法院系统先进工作者。

蔡春喜（1960～），河北省井陉县人，中共党员，中央党校函授本科毕业，四级高级法官。

1976年7月参加工作。1977年8月，在郊区西南异乡张家井村插队。1980年7月，阳泉市郊区人民法院工作，任法警、书记员。1986年7月，任郊区法院平坦法庭副庭长。1988年12月，任副科级审判员。(其间: 1987年9月～1990年6月，在中国政法大学函授班学习)。1991年4月，任平坦人民法庭庭长。1998年9月，任郊区人民法院办公室主任。1999年1月，任正科级审判员。1999年2月，任郊区人民法院审委会委员。(其间：1998年8月～2000年12月，在中共中央党校函授学院学习。)2002年7月，任郊区法院党组成员、执行局局长、审委会委员。2008年3月，任郊区法院党组成员、副院长、审委会委员。2014年，任党组成员。

高志亮(1970～)，山西省昔阳县人，中共党员，中央党校函授本科毕业。四级高级法官。

1988年8月参加工作，1988年12月，调阳泉市郊区人民法院工作，分别任郊区法院刑庭书记员、助理审判员，任民二庭代理副庭长，审判员。1998年9月，任经济审判一庭副庭长。2000年7月，任审判长。2002年9月，任郊区法院执行局副局长。2004年3月，任副科级审判员。2006年11月，任审判委员会委员。2008年6月，任正科级审判员，同年7月，任该院审判委员会专职委员，2013年4月，任郊区法院党组成员。

1996年，荣立山西省高级人民法院授予个人三等功。阳泉中院授予“严打先进个人”“先进工作者”。

任继华(1961～)，山东省东平县人，中共党员，大学文化，四级高级法官。

1977年7月参加工作，在山东省文登市艺品厂工作。1979年10月，在山西省阳泉市钟仪公司工作。1984年10月，在山西省阳泉市郊区农机中心经济开发公司工作。1985年10月，选调入郊区人民法院工作。1990年12月，经统一考试，被录用为国家干部。先后任书记员、助理审判员、审判员职务。1991年4月，任经济审判庭副庭长。1997年5月，任经济审判二庭庭长。2002年11月，任审判委员会委员、执行二庭庭长。2005年，调义井人民法庭工作，负责全面工作。2008年3月，任专职审委会委员(正科级)。2007年10月，晋升为四级高级法官。

1998年12月，经济审判二庭，被山西省委、省人民政府授予“先进集体”。2005年，义井人民法庭被授予“全国青年文明号”。1989年、1992年、2002年均获三等功。

史计平(1964～)，阳泉市郊区人。中共党员，中央党校函授政治专业本科毕业。

1980年5月参加工作，为机电科工人。1985

年6月，为阳泉市第一监狱管教科干部。1989年5月，调郊区人民法院工作。1998年9月，任刑事审判庭副庭长。2002年11月，任民事审判三庭、平坦巡回法庭庭长，副科级。2004年3月，任副科级审判员。2006年11月，晋升为一级法官。2006年12月，任审判委员会委员。2008年2月，任正科级审判员。2008年3月，任郊区人民法院专职审判委员会委员（正科级），民三庭、平坦法庭庭长。2010年11月1日，晋升为四级高级法官。

1995年4月，被阳泉市郊区区委授予"人民好法官"称号。1995年8月，受到省委、省政府通令嘉奖。1998年、1999年，均被评为阳泉市先进工作者、"严打积极分子"。2001年，被评为阳泉市先进工作者。2002年、被评为全省法院系统先进个人。2003年2月，被省高级人民法院荣记个人二等功。

是阳泉市郊区荫营镇第五届人大代表。

第二节　历任院领导

武义祯(1929～2016.4)阳泉市郊区人。

1945年4月参加工作，同年9月，加入中国共产党，任平定解放区七区（平定县）半脱产青年小区委员。同年，任平定县七区小学教师。1947年5月，任阳泉市新解放区农村小学教师。1949年底，任阳泉市公安局预审科科员。1958年8月，任阳泉市公安局石卜嘴派出所所长。1960年3月，任阳泉市公安局劳教队副队长。1970年7月，任阳泉市工业服务公司白羊墅货站党支部书记、站长。后任阳泉市公安局处长。1975年2月，任阳泉市郊区人民法院院长。1980年，被任命为郊区人民法院党组书记、审判委员会委员。

1984年5月离休。

孙喜爱（1942～），山东省即墨市人，中共党员，大专文化程度，四级高级检察官。

1959年参加中国人民解放军，步兵一九九师独立高炮营文书。1963年，任中国人民解放军炮兵第六十五师六二六团政治处书记。1964年，任中国人民解放军炮兵第六十五师政治部干部科干事。1969年，任炮兵六二六团四连政治指导员，后任中国人民解放军昆明军区炮兵政治部秘书处秘书。1970年，任炮兵六二三团二营任政治教导员。1976年转业，任阳泉市郊区三郊公社党委书记。1980年，调郊区人民法院工作，任法庭庭长。1984年，任郊区人民法院院长、党组书记，兼郊区政法委副书记。1988年，任阳泉市荫营地区检察院副检察长（主持工作），兼任院党组成员。

是阳泉市郊区第十届、第十一届人大代表。

侯艾（1946～），阳泉市郊区人，大专文化，中共党员，三级高级法官。

1965年7月至1971年6月，在阳泉市新华小学任教。1971年7月至1978年1月，任城区团委副书记、书记。1978年2月至1987年5月，任郊区团委书记、宣传部部长。1987年6月任阳泉市郊区人民法院党组书记、院长。1995年4月任平定县人民法院党组书记、院长。2006年5月退休。

2000年2月，山西省高级人民法院为其荣记二等功，并评为“人民满意的好法官”。

2006年退休。

王立明（1944～2012）山西省太谷县人，大专文化，中共党员，三级高级法官。

1963年3月入伍，中国人民解放军铁道兵46团任战士、班长。退役后任山西省高级人民法院政治处干事，阳泉市公安机关军事管制委员会审判办公室副主任，阳泉中院刑事审判庭副庭长，1978年7月组织筹建矿区人民法院，1981年9月起历任矿区人民法院副院长、院长。1995年4月至2002年4月，任阳泉市郊区人民法院党组书记、院长。

2004年4月退休，2012年去世。

付金林（1948～），山西省盂县人，中共党员，大专学历，三级高级法官。

1965年8月参加工作，重庆北碚军校学员、部队服役。退役后，任盂县农机厂工会干部，盂县人民法院助审员、审判员、刑庭副庭长，盂县司法局副局长，盂县人民检察院副检察长，盂县司法局局长，盂县人民法院党组书记、院长。2002年4月至2003年4月，任郊区人民法院党组书记、院长。

李保来（1953～），山西省平定县人，大专文化程度，中共党员，三级高级法官。

1972年4月参加工作，平定法院法警。1974年4月，任平定法院书记员。1982年10月，任平定法院审判员。1984年3月，任平定法院党组成员、副院长。1995年4月，先后任阳泉中院先告申审判庭庭长、审判监督庭庭长、审判委员会委员。1998年4月，任阳泉市城区人民法院党组书记、院长。2003年5月，任阳泉市郊区人民法院党组书记、院长，2007年6月，任阳泉中院审判员。

1985年，被最高人民法院授予“全国法院先进工作者”称号。2002年6月，阳泉市城区人民法院，被最高人民法院授予全国法院系统"人民满意的好法院"荣誉称号。

李永祥（1965.3～），河南省济源市人，中共党员，大学本科，四级高级法官。现任阳泉中院党组成员、执行局局长。

1982年12月参加工作，阳泉市钟表仪器公司职员。1986年3月，选调至郊区人民法院，任民事审判庭书记员。1987年9月，任执行庭助理审判员。1991年3月，任行政审判庭副庭长、审判员。1997年5月，任行政审判庭庭长。1998年9月，任经济审判庭一庭庭长。1999年1月，任经济审判一庭庭长、审判委员会委员（副科级）。2002年3月，任郊区法院副院长、党组成员、审判委员会委员（正科级）。2011年5月，任阳泉中院党组成员、执行局局长。2012年4月，任阳泉中院审判委员会委员。

1994年，被省高院评为先进个人。1994年10月，被阳泉中院荣记三等功。2000年，被省高院评为先进个人。2002年2月，阳泉中院为其荣记个人三等功。

陈福顺（1957～），回族，河北省盐山县人，中共党员，本科学历，三级高级法官。

1974年12月参加工作，曾在阳泉郊区三郊乡韩庄村插队、郊区文化馆工作，先后任阳泉市郊区人民法院刑庭副庭长、郊区法院刑事审判庭庭长、审判委员会委员、副院长（主持工作）、盂县人民法院党组书记、县委政法委委员，2002年～2011年5月，任盂县人民法院党组书记、院长。

1995年5月，评为省少数民族优秀干部。1995年8月，被中共阳泉市委、市政府荣记个人三等功。1996年10月，被评为阳泉市先进工作者。

张朝晖（1971.6～）山西省陵川县人，大学文化，中共党员，一级法官，执行局副局长。

1993年7月毕业于杭州大学，1993年7月至1995年2月，在阳泉市第一高级职业中专学校任教，其间，被评为"中教二级"职称。1995年2月至1997年7月，任阳泉中院办公室干部。1997年7月至2004年4月，先后任阳泉中院执行局书记员、助理审判员、审判员。2002年4月至2003年12月，任中院基建办副主任（副科级）。2003年12月至2005年6月，任中院执行局执行长。2005年6月至2007年12月，任中院执行局副局长（副科）。2007年12月，任郊区人民法院副院长（挂职）、党组成员、审判委员会委员。2011年12月，任阳泉中院执行局副局长（正科）。

在市中级人民法院工作期间，分别于1997年、1999年、2000年、2001年、2003年、2004年和2005年，被阳泉中院评为"先进个人"、办案标兵、"优秀公务员”，并荣立个人三等功。

史先玲（1953.11 ~）（女）中共党员，大学文化。四级高级法官。

1970年9月，阳泉师范学习。1971年11月，任荫营公社妇联主任。1973年12月，郊区妇联工作。1975年11月，阳泉市公安局郊区分局工作。1986年12月，任郊区政法委办公室主任、综治委副主任。1991年12月，任郊区检察院副检察长。1999年4月，任郊区人民法院副院长。2002年起，任常务副院长。

1995年到1999年，连续五年被评为优秀检察官。1997年，被省委省政府通令嘉奖。1998年，被市委市政府通令嘉奖。2000年，山西省省总工会授予“文明家庭”。2001年至2003年，在严打整治斗争中，获“阳泉市严打整治斗争先进个人”称号。2003年，被阳泉市劳动竞赛委员会荣记个人三等功。2004年3月，荣获山西省“三八红旗手”称号。2005年8月，被山西省精神文明建设委员会、阳泉市政法委、阳泉市妇联授予“建设和谐社会模范”称号。2006年1月，被评为全国“五好文明家庭”。3月，被阳泉市授予“五好文明家庭标兵户”。2006年6月，代表中国女企业家协会出席了开罗全球世界妇女峰会。7月，被评为阳泉市优秀共产党员。

2008年12月退休。

赵鹏（1949.10 ~），山西省阳泉市人，中共党员，大专文化。

1965年10月参加工作，任荫营区通讯员。1968年12月，参加中国人民解放军，在38军114师341团炮三连任通信员，副班长。1969年12月，在北京军区机委学校就读。1970年10月，加入中国共产党。1970年12月，任38军114师机要科参谋。1975年7月，转业到郊区人民政府工作，先后在办事组、车队工作。组建郊区人民法院时，调法院工作，先后任法警、书记员、助理审判员、审判员、刑事审判庭副庭长、庭长。法院党组成员、审判委员会委员、常务副院长、党支部书记、三级高级法官。2009年9月，最高人民法院为其颁发“从事人民法院工作三十年荣誉奖章”及“荣誉证书”。

是阳泉市郊区政协第三、四届委员会委员。

2009年11月退休。

赵维田（1941.8 ~）山西省阳泉市人，初中文化，中共党员，四级高级法官。

1966年5月参加工作，平定手管局职工。1970年2月，阳泉矿务局一矿工作。1979年9月起，历任阳泉市郊区人民法院审判员、庭长、副院长。1988年12月，任正科级审判员。

任新义（1949.8～）山西省阳泉市人，大学文化，中共党员，四级高级法官。

1969年参军。1976年，任郊区人民法院法警、审判员。1981年，任民事审判庭副庭长。1985年，任荫营法庭庭长。1988年，任副科级审判员。1991年，任民事审判庭庭长、审判委员会委员。1999年1月，任党组成员、纪检组组长，正科级审判员。

1985年，被评为山西省政法战线先进工作者，1987年，被评为阳泉市政法战线劳动模范。

任怀金（1956～），阳泉市郊区人，中共党员。郊区法院副院长、党组成员。四级高级法官。

1971年参加工作，阳泉市革命委员会机关通讯员。1973年参军，第二炮兵部队通讯总站服役。1978年转业，任中共郊区区委宣传部干事。1979年10月，调阳泉市郊区人民法院工作，任书记员。1983年，任助理审判员。1985年，任审判员。1988年，任经济审判庭副庭长（副科级）。1993年，任办公室主任。1995年，任执行庭庭长。1999年，任行政审判庭庭长。1999年1月，任正科级审判员。2002年6月，任郊区法院副院长、党组成员、审判委员会委员。

1997年，受到山西省高级人民法院通令嘉奖。1983年、1998年、2001年，被荣记个人三等功各一次。

张丽华（1963～）（女），阳泉市人，中共党员，郊区法院党组成员、纪检组组长。四级高级法官。

1979年10月参加工作，在郊区电杆厂任职。1981年1月，在阳泉市针织厂工作。1984年6月，任阳泉市郊区人民法院书记员。1988年5月，任助理审判员。1991年4月，任审判员。1995年3月，任郊区法院平坦人民法庭副庭长。1998年9月，任刑事审判庭庭长（副科级）。2002年3月，任郊区法院党组成员，纪检组组长、审判委员会委员（正科级）。2008年起，兼任党支部书记。

1996年1月，荣立个人三等功。1992年2月，被评为“全省优秀女法官”，1996年6月，被评为区机关优秀共产党员。2002年6月，被评为优秀党务工作者。2000年3月，被评为“全省优秀女法官”。2005年3月，被最高人民法院授予“纪检监察先进工作者”。

第二章 中层干部、先进模范和退休法官

第一节 中层干部

李军军（1968～），阳泉市郊区人，中共党员，山西大学本科，郊区法院政治处副主任。

1991年10月，在矿区蔡洼办事处工作。1995年2月，调至阳泉市郊区人民法院工作。

黄彦江（1974～），阳泉市郊区人，中共党员，电大本科文化，郊区法院办公室主任、科员。

1994年9月，魏家峪小学任教。1995年9月，郊区法院工作。

2000年6月，被市中级人民法院授予“执行会战先进个人”。2012年6月，被区政法委授予“优秀共产党员”。2000年、2004年、2009年、2010年、2012年度被授予“年度工作先进个人”。2011年6月，被授予“优秀共产党员”。

任丽莉（1973～）（女），阳泉市郊区人，中共党员，大学本科文化，郊区法院监察室主任，一级法官。

1991年参加工作，郊区人民法院办公室任职。1996年12月，任河底人民法庭助理审判员。1999年1月，任荫营人民法庭审判员。2001年1月至2003年12月在立案庭工作。2004年1月，在执行二庭工作。2005年1月，任义井人民法庭副庭长。2008年7月，任郊区人民法院监察室主任兼办刑事案件。2013年9月，在任监察室主任的同时，负责司法辅助办公室工作。

多年多次被评为院先进个人。2010年被评为全市法院系统先进个人。

史历文（1966.5～），女，阳泉市郊区人，中共党员，法律本科，立案庭庭长，一级法官。

1984年8月，师范毕业，分配到郊区李家庄乡联校任教。1995年1月，经公开招聘，

被郊区法院工作录用，历任书记员、助理审判员，审判员。2003年11月，被任命为立案庭副庭长，2008年7月，被任命为立案庭庭长。

1997年3月、1999年3月，被阳泉中院授予先进工作者。2009年11月，被中共阳泉市委政法委授予“处置涉法涉诉信访工作”先进个人。2011年3月，被山西省高院授予全省法院优秀女法官、女干警。2011年3月，被山西省妇联授予“三八红旗手”。2012年1月，被中共山西省委政法委授予“涉法涉诉结案化解先进个人”。

杨继文（1967～）（女），阳泉市郊区人，大学文化，中共党员，阳泉市郊区人民法院刑事审判庭庭长。

1989年9月参加工作，山西省司法学校毕业分配到阳泉市郊区人民法院工作。1989年9月，任阳泉市郊区人民法院经济审判庭书记员、助理审判员。1995年12月任经济审判一庭助理审判员、审判员。2002年11月，任阳泉市郊区人民法院刑事审判庭副庭长。2006年12月，任研究室主任。2008年6月，任副科级审判员。2008年7月，阳泉市郊区人民法院未成年人案件综合审判庭正式成立，任首任庭长。2013年5月任郊区法院刑事审判庭庭长、审判会委员。

2002年12月9日，被阳泉市妇联、阳泉中院授予维护妇女儿童合法权益卫士。2003年，被评为“山西省政法系统严打斗争先进个人”。2011年7月，被评为山西省政法单位优秀党员干警。2009年5月，被阳泉市妇联授予妇女儿童工作先进个人。2011年12月，被阳泉市妇联授予“巾帼建功”标兵荣誉称号。2012年12月，被阳泉市妇女儿童工作委员会授予实施“十一五”妇女儿童发展规划先进个人。2014年9月，被阳泉市妇联再次授予阳泉市“巾帼建功”标兵。

王慧清（1964～），阳泉市郊区人，中共党员，中央电大本科文化，郊区人民法院未成年人案件综合审判庭庭长。

1987年7月，在郊区法院民庭工作。1998年10月，在郊区法院平坦法庭工作。2003年1月，在郊区法院立案庭工作。2008年7月，在郊区法院民三庭工作。2013年5月，任郊区法院审委会委员，6月，任郊区法院未成年人案件综合审判庭庭长。

王志宏（1968～），阳泉市郊区人，中共党员，电大本科文化。

1989年9月参加工作，任阳泉市郊区人民法院民庭书记员。1990年3月，任河底法庭书记员。1991年10月，任经济审判庭助理审判员。1996年7月，任经济审判一庭助理审判员。1998年8月，任荫营法庭审判员。2005年11月，晋升为二级法官。2006 年 5 月，任民事审判庭一庭庭长。2008 年 6 月，任副科级审判员。2013 年 5 月，任郊区法院审委会委员。

2004 年 5 月，被阳泉中院、市司法局联合评为阳泉市人民调解工作先进个人。2006 年 3 月，被阳泉中院评为全市法院系统模范法官，荣记三等功。2011 年 3 月，被评为全市法院系统先进个人。

王利军（1970 ~ ），阳泉市郊区人，中共党员，中央党校函授本科学历。

1991 年 11 月，参加工作，在阳泉市平坦水泉厂工作。1995 年 1 月，通过公开招聘，被选调入郊区人民法院工作。历任书记员、助理审判员、审判员职务。2008 年 7 月被区委组织部任命为副科级审判员。2008 年 7 月，被任命为民事审判二庭庭长。2005 年 11 月被授予二级法官。

2011 年 3 月，被阳泉中院荣记“三等功”。2012 年 12 月，被山西省高级人民法院授予“民事审判调解先进个人”。

李惠斌（1968 ~ ），阳泉市郊区人，郊区人民法院民三庭庭长。

1986 年 8 月东村联校工作。1988 年调至郊区人民法院工作。

2004 年、2005 年、2006 年，被阳泉中院评为先进个人。

王宝翠（1963.3 ~ ），女，中共党员，法律本科。

1979 年 9 月，参加工作，在荫营南窑庄学校任教。1986 年 9 月，在荫营下千亩坪学校任教。1991 年 11 月，历任郊区法院科员、助理审判员、审判员、行政庭副庭长，现任行政庭庭长。

2009 年 12 月，被山西省高级人民法院授予“全省法院系统行政审判工作先进个人”。

侯庆原（1964 ~ ），阳泉市郊区人，中共党员，电大本科文化，郊区人民法院审监庭庭长。

1984 年 9 月，参加工作，在阳泉市城区北大街街道办事处工作。1995 年 1 月，调至阳泉市郊区人民法院。

是阳泉市法官协会会员。

杨铁福（1966 ~ ）阳泉市郊区人，中共党员，大学文化。

1988 年参加工作，任阳泉市郊区西南舁乡政府共青团委书记、文化站站长。1993 年，调郊区人民法院工作，任书记员。1996 年 6 月，任经二庭助理审判员。1998 年 5 月，任经一庭助理审判员。2002 年 11 月，任执行一庭副庭长，审判员。2008 年 6 月，任执行局副局长。

2002年，被阳泉中院授予“法院系统优秀工作者”2007年，被中共阳泉市委政法委授予“政法系统十佳政法干警”，被告阳泉市劳动竞赛委员会授予“五一劳动奖章”。

是郊区法院工会主席。

任福庆（1962～），阳泉市郊区人，中共党员，法律业大大专文化，郊区人民法院执一庭庭长，科员。

1981年7月，参加工作，在荫铁矿工作。1983年10月，在郊区粮食局工作。1984年10月在郊区法院工作。

赵建军（1969～），山西省平定县人，中共党员，大学本科文化，副局长，副科级。

1991年12月参加工作，在阳泉荫营煤矿子弟学校任教。1995年1月，调阳泉市郊区人民法院，现任河底人民法庭庭长。

2004年5月，阳泉中院、阳泉市司法局授予“人民调解工作先进个人”。2005年7月，中共阳泉市委员会授予“优秀共产党员”。2008年5月，被山西省高级人民法院荣记二等功。2011年3月，被阳泉中院荣记“三等功”。

李松青（1965～），阳泉市郊区人，中共党员，大学本科文化，郊区法院执行二庭庭长。

1985年8月，参加工作，任阳泉荫营煤矿管教干部。1989年，调至郊区法院任书记员、助审员、审判员。

秦安良（1973～），河北省高邑人，中共党员，中央党校函授学院本科文化，郊区法院法警队大队大队长，二级警督。

1990年3月，在52891部队服兵役。1993年12月，在家待分配。1994年7月，在阳泉市粮食局饲料公司工作。1997年7月，在阳泉市郊区法院工作。

2013年12月，被最高人民法院授予全国法院司法警察体能达标活动先进个人。

刘伟（1966～），河北省徐水县人。中共党员，大学文化，阳泉市郊区人民法院执行局副局长，一级法官。

1987年7月参加工作，在阳泉市城区公安局北大街派出所工作。1991年，调阳泉市郊区人民法院工作，任平坦法庭书记员、助理审判员。1997年6月，任郊区法院行政庭助审员、审判员。1998年10月，任郊区法院执行庭副庭长。2005年4月，任执一庭庭长。2008年6月，任执行局副局长。

1997年5月，被阳泉市劳动竞赛委员会荣记个人三等功。2002年2月，被评为山西省“人民满意的好法官”，山西省高级人民法院为其荣记二等功。2008年10月，被阳泉中院评为先进个人。

杜 军（1967 ~ ），阳泉市平定县人，中共党员，大学本科。

1990年7月毕业于山西大学毕业，同年9月参加工作，阳泉市平定一中教师。1995年1月，参加法院系统统一招干考试被录取，分配至阳泉市郊区人民法院工作。先后担任书记员、助理审判员和审判员职务。2002年10月，任阳泉市郊区人民法院副庭长。2006年12月，任平坦人民法庭庭长。2005年11月，被授予二级法官。2008年6月，任副科级审判员。

王 恕（1969 ~ ），阳泉市郊区人，大学本科学历、中共党员。

1991年7月参加工作，任阳泉市郊区荫营镇政府干事。1995年9月，经组织部门审核选拔，调阳泉市郊区人民法院。

1995年9月，任郊区法院计划生育案件审判庭书记员。1998年，任郊区法院审判监督庭助理审判员。2003年，任该院民事审判三庭任审判员。2006年12月，任平坦人民法庭副庭长。2008年7月，任义井法庭庭长。2003年12月，被授予三级法官。

2008年，被阳泉中院评为先进个人。

梁德广（1959 ~ ），山东省莱阳人，中共党员，中央党校函授本科毕业，四级高级法官。

1972年5月参加工作。1986年6月起，先后任郊区人民法院民事审判二庭庭长、副科级审判员、正科级审判员、审判委员会委员。

史忠喜（1970 ~ ），阳泉市郊区人，中共党员，大学本科文化，郊区人民法院刑庭副庭长。

1991年8月，在阳泉市郊区温河灌区工作。1995年10月，在阳泉市郊区法院工作。

王瑞伟（1974 ~ ），阳泉市郊区人，中共党员，中央广播电视大学本科文化，郊区人民法院法警大队副队长。

1994年12月，毕业分配至阳泉市郊区文化局工作。1995年9月，调入阳泉市郊区法院工作。

第二节 退休法官和其他先进模范

冯素林（1957.7～），女，山西省阳泉市人。中共党员，大学本科。

1976年7月参加工作，在阳泉市郊区杨家庄联校任教。1978年7月，在山西省水利学校学习。1981年7月，任郊区法院民事审判庭审判员。1989年7月，任郊区法院荫营法庭副庭长。1996年5月，任荫营法庭庭长。1998年5月，任郊区法院民事审判庭长。2002年11月，任郊区法院审判委员会委员。

1993年，被中共郊区委员会、郊区政府授予“劳动模范”；1995年，获山西省高级人民法院“民事法律文书”二等奖。1999年，荣立个人三等功。2001年，郊区妇女联合会授予“三八红旗手”。2002年，阳泉市妇女联合会、阳泉中院授予“维护妇女儿童合法权益优秀卫士”。2003年9月，山西省高级人民法院授予“山西省法院系统指导人民调解工作先进个人”。

2012年8月退休。

翟希（1953～2005）北京市人，大专文化，四级高级法官。

1969年1月参加工作，阳泉市重工局机关干事，同年7月参加中国共产党。1975年，任阳泉市建筑工程局干事。1988年，任山西省汽车运输公司阳泉分公司干事。1989年起，先后任阳泉市郊区人民法院助理审判员、审判员。1999年9月，任河底人民法庭副庭长、庭长。1995年1月，任副科级审判员，2004年12月，任正科级审判员。

1997年7月，当选为山西省“百名好法官”。

2005年病逝。

任义牛（1941～）阳泉市郊区人。中共党员，初中文化程度，四级高级法官。

1961年12月参加中国人民解放军。1971年转业，任阳泉市第一钢铁厂政工科干事。1978年11月，调阳泉市郊区检察院工作。1983年6月，调阳泉市郊区法院工作，先后任书记员、助理审判员、审判员。1984年任经济审判庭庭长。

2001年退休。

任东晓（1940～），阳泉市郊区人，初中文化。四级高级法官。

1958年参加工作，阳泉市建设局工人，1959年参军。1965年转业至甘肃省商业厅工作，1970年，调阳泉市建材局工作。1972年，任郊区三郊乡公安特派员。1977年，调郊区法院工作。1980年，调阳泉市公安局郊区分局工作，任李家庄派出所指导员。1984年，调任郊区法院河底人民法庭庭长。1987年，任郊区法院告诉庭庭长。

2001年退休。

刘满贵（1945～），阳泉市郊区人。中共党员，大专文化。四级高级法官。

1971年1月加入中国共产党，1975年1月参加工作，阳泉市水暖器材厂工人。1983年1月，调郊区法院工作，历任助理审判员，审判员。1991年4月，任办公室副主任。1993年5月，任河底人民法庭庭长。1999年1月，任副科级审判员。

2005年11月退休。

祁斌（1951～）阳泉市郊区人，中共党员，大专文化。

1975年8月参加工作，曾任郊区平坦镇甘河学校校长。1987年9月，至北京教育学院进修，结业后分配至阳泉市郊区职业高中任教导主任，1991年1月，调任郊区区委农工部干事。1994年2月，调任阳泉市郊区人民法院工作书记员，同年10月，加入中国共产党。1996年，任助理审判员。2001年，任审判员。

2011年退休。

邵八锁（1942.3～）山西省阳泉市人，初中文化，中共党员，四级高级法官。

1958年10月参加工作，荫营铁厂职工。1961年9月参军。1968年4月，任阳泉市农机公司厂长。1980年3月，调阳泉市郊区法院工作。1988年11月，任该院政工科科长，12月，任正科级审判员。

魏仕琪（1943.6～）山西省霍州人，法律业大专业证书文化，中共党员，四级高级法官。

1963年3月参加工作。1982年2月，任郊区法院审判员、科员。1987年9月起，历任审判委员会委员、民事审判庭庭长（副科级）。1990年6月，任审判委员会委员、经济审判庭庭长（副科级）。1998年9月，任审判委员会委员。1999年1月，晋升正科级。

曾荣立个人三等功一次。

第七编
文献辑录

第一章 历届郊区人民代表大会《法院工作报告》

阳泉市郊区人民法院一九八二年工作报告

——1982 年 4 月 30 日在阳泉市郊区第九届人大常委会第六次会议会议上

报告人：武义祯

郊区人大常委会：

郊区第九届人民代表大会以来，我院在区委领导和区人大常委会的监督下，根据区九届人大会议批准的《郊区人民法院工律报告》决议的要求，结合当前形势，认真执行决议，为加强社会主义法制，维护社会治安的根本好转，保卫“四化”顺利进行，做了大量的工作，取得了一定向成绩。

一、基本情况

1. 运用审判职能，严格依法办案。

刑事审判工作，我们始终把审判刑事案件，惩罚刑事犯罪分子，维护社会治安，保卫四化，作为首要任务。从去年十月至今年四月，共受理刑事案 54 件，其中公诉案 42 件，自诉案 12 件。审结 41 件，结案率为 76%，在判决案中，强奸案 7 件 7 人，爆炸案 1 件 2 人，抢劫案 2 件 4 人，盗窃案 7 件 13 人，伤害案 10 件 18 人，交通肇事案 4 件 4 人，其他案 7 件 11 人，六类案件比去年同期增加 5 件，判刑十年以下五年以上的 5 人，四年以下的 88 人（其中判缓的 13 人），拘役 8 人，管制的 1 人，免刑 6 人，罪犯年龄在十八岁以下的 10 人，十八岁至二十五岁 19 人，青少年犯罪占 51%，在判刑罪犯中，工人 15 人，农民 15 人，闲散人员 18 人，在判决的 41 案中，同意本院判决的 30 件，占 78%，其中事后又不服原判申诉的 6 件，占 17%，现已复查了 5 件（因申诉无理维持原判的 8 件，改判的 2 件，尚未复查的还有 1 件）。在判决的 41 案件，不服原判上诉的 11 件，占判决案的 27%，上诉后二审法院维持原判的 8 件，占上诉案的 72%，改判的 1 件，发还更审的 2 件，占判决案的 4%。我们在审判工作中，严格执行了以事实为依据，以法律为准绳的原则，按照《刑法》和《刑事诉讼法》的规定，做法办案，打击了罪犯，较好地完成了审判任务。其特点，一是突出了打击重点，从重从快依法严惩六类案件的犯罪分子。在这七个月内判决的六类案犯13人中，判刑五年以下的7人，拘役1人；在本院收案后一个月内结案的11件，两个月内结案的2件，无超过时限审理的案件。二是坚持执行了打击少数、争取教育多数的方针，对具有法定从轻、减轻情节的犯罪分子，做了依法从轻判处。如对罪犯扬子光、靳宝敏、张富抢劫一案，其性质严重，但靳宝敏有投案自首行为，张富随同作案，情节轻微，故对二犯从轻判处免予刑事处分。三是坚持有错必纠，认真复查申诉案件。如对盗窃犯梁长锁一案的申诉，经重查调查核实，其确有自首的情节，故原判三年改判二年。四是根据情况尽量组织较多的群众旁听，就地开庭，就地宣判，扩大教育面。如对罪犯赵文合等偷盗一案的审理。我们到罪犯作案地三郊公社进行了公开审理。旁听群众达300余人。起到了较好的法制宣传教育效果。

在民事审判工作上，由于过去多年来左的政策的影响，使人民群众中的婚姻家庭、房屋宅基、财产继承等民事纠纷，不能得到正确处理，使公民的正当权益得不到保护。三中全会以来的方针、政策的深入贯彻和新《婚姻法》的实施，保护公民合法权益的政策深入人心，因此，民事纠纷的诉讼大幅度上升，据统计，从去年十月至今年四月共受理民事案件248件，其中今年1～4月共受理90件，比去年同期的55件增加35件，比七五年至七八年同期收集增加三倍。从今年新受理的案件来看，婚姻、宅基房屋纠纷比较突出，婚姻案40件，占收案的44%，房屋宅基案88件，占收案的85%。为了及时、准确地解决民事纠纷，处理好人民内部矛盾，减少不安定因素，促进安定团结，我们多次召开民事工作会议，研究讨论抓紧处理民事案件，克服多种困难，携卷下乡。依靠群众，调查研究，就地解决。从区九次人大会以来，我们共审理结案179件，占积存断收案总数的72%。其中判决案68件，调解案99件，其他办法处理17件。在判决的63件中服判未上诉的14件，占22%，事后又申诉 的3件，其中2件经复查申诉无理，答复了本人，还有1件尚来复查。在判决案中，不服原判上诉的49件，其中二审法院维持原判的35件，调解的8件，改判的6件，占上诉案的11%，上诉后二审法院在审理的2件。同时，为了充分发挥基层调解组织的作用。在今年三月份，对全区公社一级调委会负责人，进行了一次业务指导，并对有关民事纠纷案件的处理、诉讼程序做了研究和安排，从而使绝大部分民事纠纷和轻微刑事案件，及时地解决在基层，打下了基础。

在经济审判工作方面，随着我国经济建设的发展，因国民经济调整和管理体制改革，诉讼到人民法院的经济案件日益增多。根据各级对加强经济司法工作的指示精神，我院在今年三月份，经区人大批准，建立了经济审判庭。在边学习、边工作、边总结的情况下，已开始了对经济案件的审理工作。三月十七日公开审理了罪犯尹庆亮、米恒盈贪污一案，根据二犯的犯罪事实和情节，依法从轻判处贪污犯尹庆亮有期徒刑两年，缓刑两年，判处米恒盈有期徒刑八个月，缓刑一年。

接待群众来信来访工作，是人民法院一项经常性的重要工作。从去年十月以来，除调处简易民事纠纷案 85 件外，还处理了两起轻微刑事自诉案，同时接待处理了群众来信来访及有关法律询问 800 余人 / 次。

2. 实行岗位责任制，调动了工作积极性。

为了进一步发挥人民法院的审判职能作用，加强各类案件的审理，根据法院各项不同工作的要求和职责范围，制定了从院长到所有工作人员的岗位责任制。并提出了全体工作人员共同遵守的六条纪律和推动责任制实行的三条措施。从当前情况来看，已收到了初步效果：一是促进了业务学习，增强了学习自觉性。除本院组织集体学习外，各庭、室、均能主动安排学习。民庭同志们主动安排学习《民诉法》，接待员冯素林经常学习到深夜，出现了领导带头学，自己抽空学，联系实际学，法律书籍抢着学，业务训练争着去的可喜局面。二是工作作风有了改进，工作态度有了改变。全院工作人员结合“五讲、四美”活动，在工作中讲文明，讲礼貌，文明办案，礼貌待人，过去有的同志讯问案情时态度生硬，不注意工作方法的问题已有明显转变。三是增强了办案责任感，提高了工作责任心，实行岗位责任制后，全体干警齐心协力，互相支持，不怕苦累，克服困难，尽职尽责地完成本职工作。副院长娄振国同志，年过六旬，不顾多病，顶风冒雨，下乡办案，为民解愁。三月份到三泉大队，一气解决了四个民事案件。法警张勤文同志，既当法警，又当刑庭、经济庭的书记员，从不叫苦叫累，办公室同志们从对工作负责出发，打印文书的错漏现象已有明显下降，对来信来访人员的诉讼，分门别类，详细登记，对存档案件认真装订，加强了管理。四是任务指标比较明确，工作效率有了提高，民事审判庭今年一、二月份共结案 18 件，结案率为 44%，但三、四月份结案 70 件，比一、二月份增加了 162 件，结案率提高了两倍多。民庭副庭长邵八锁同志三、四月份结案 18 件。

3. 发扬领导带头作风，推动了各项工作的完成。

领导带头，以身作则，身先士卒，为人表率，是我党的光荣传统和优良作风。我院领导的带头作用是表现在多方面的。一是党性强，作风正派。能按照《总则》精神，严格要求自己，不搞特殊化，二是团结好，思想一致，书记不一言堂，成员能取长补短，一切从工作出发，大家能相互谅解，在认识上的争论，均能通过党组谈心解决，三是带头办案，今年以来副院长娄振国办案 9 件，贾玉华办案 12 件。

二、存在问题

1. 审判人员量少质弱。

我院现有工作人员 21 名，有两名借调人员，四个庭室，十多种工作项目。除院，庭、室领导 9 人外，审判员只有 3 人。经济审判庭也只有庭长 1 人。现存积案 234 件。特别是除市区的公房以外，全市的房产宅基，山林水利纠纷都属我们受理，但作为民庭现有的四名审判人员的实际情况。这样大数量的积案和正常新收案与我院办案人员相比，是很不适应的，任务大大超过办案力量，工作相当被动，再加努力也无法做到按时全部按诉讼程序依法办案。

2. 办公用房拥挤狭窄。

我院现有办公用房 1 6m^2 的五间，30m^2 的一间，共有面积 105m^2，23 名工作人员要在这里工作、休息，20 套桌椅、10 个床铺、文件档案柜同样也要装放在这 105 ㎡的面积里，在办案中存放的各种赃款、赃物和我院的其他公物也没有别的可存地方，摩托车辆长期在外停放，无有立脚之地。在这样的条件下，再加上每天约有 50 多人的打官司当事人和来访人员，我们实在是难以工作。

3. 交通工具破旧、缺乏。

我院共有摩托车两辆，其中一辆是借的，并因损坏无钱修理不能使用，我区十三个公社，一百九十二个大队和分布在整个阳泉市，东至娘子关，西至寿阳，南至平定，北至盂县的五十多个企事业单位，均有各种案件时常发生。这么大范围送达各种法律文书、通知、执行任务和紧急调查任务的完成，是十分困难的。特别严重的是对公诉案件的审判，因每案均需用车到阳泉看守所提押被告到庭，在我院没有囚车和任何运输车辆押犯人的情况下，每次开庭都向机关各部求借使用，鉴于求借使用的实践，是保证不了按时开庭的，对审判工作按计划进行已受到了严重影响。

4. 经费不足已超支。

我院全年使用区政府下拨包干经费公用部分 8816 元。鉴于去年 8900 元的公用部分超支 1000 元的实际情况，今年的公用经费是很不够用的，并现在已超支近千元。所以现在我们对必须支付的一些经费也无法支付，使工作的开展受到了严重的影响。如必备器材、设备不能购买，车辆修理不敢花钱。陪审、辩护费用，不能按时付给，更严重的是在三月份停止了下乡办案，调查材料的旅差费的报销。

三、一九八二年打算：

1. 继续认真学习贯彻六中全会决议和中央 (81)30 号文件精神，在政治上和中央保持一致，批判资产阶级自由化倾向，整顿党风，克服思想领导上的涣散软弱状态。

2. 坚决执行中央 (82)17 号文件精神和五届人大二十二次常委会公布的打击经济领域罪犯的决定，按照有关规定，在区委领导下和区人大常委会的监督下，及时依法审理严重经济犯罪案件，坚决打击经济犯罪活动。

3. 继续贯彻中央 (81)21 号文件精神，坚决打击杀人、放火、强奸、抢劫、爆炸和其他严重危害社会治安的六类案件，和公安、检察机关积极配合，从重从快，依法办案。为我市我区社会治安根本好转而努力工作。

4. 加强民事审判工作，为实施《民诉法》做好准备。民诉法规定，人民法院审理民事案件除涉及国家机密和个人隐私案件。一律公开进行，实行合议、陪审、辩护制，任务大程序多。为此，要认真学习《民诉法》，掌握法律依据，熟悉诉讼程序，设法突击处理积案，轻装上阵。继续优先解决可能矛盾激化的纠纷案。对拒不执行已生效判决或裁定的当事人。采取强制措施，以保护法律的严肃性。

5.发扬艰苦奋斗的工作作风，克服困服，积极工作，条件再差，也要严格依法办案，保证办案质量。尽力不发生冤、假、错案。

6.加强党支部领导，加强政治思想工作，发挥党团模范作用，坚持执行岗位责任制，经常总结，不断完善。加强对本院工作人员的教育，加强组织纪律，搞好自身革命化建设。

7.鉴于我院在人员、住房、经费、交通工具等方面存在的问题和困难，迫切要求领导尽快调配三间办公用房；设法选调8名审判人员和4名书记员；增加办公经费，请求能否暂定机关一个部门的车辆，专门协助我们押解犯人以应付急需。

以上报告，如有不妥之处，请批评指正。

一九八二年四月三十日

阳泉市郊区人民法院一九九四年工作报告

1994年4月在阳泉郊区十三届人民代表大会第二次会议上

报告人：侯 艾

各位代表：

我就一九九三年的法院工作向大会报告如下，请予审议。

一九九三年，在区委、区人大和上级人民法院的领导、监督和指导下，郊区人民法院围绕党的中心工作，密切联系郊区实际，适时调整工作思路，勇于坚持严肃执法，全面加强审判工作，充分发挥“打击、保护、调整、服务”的整体审判职能，为郊区的改革开放和经济发展，提供了卓有成效的法律服务。

一、全面发挥审判职能，维护社会稳定，保障改革开放，促进经济建设。

一年来，郊区人民法院坚持“审判就是服务”的指导思想，共受理一审刑事、民事、经济、行政类诉讼案件840件，审结805件，结案率为95.8%；受理执行案件283年，执行202件，执行率为71.4%，从而较好 地完成了各项审判、执行任务。

（一）充分发挥专政职能，全力维护社会。

在刑事审判工作中，郊区人民法院继续坚持从重从快的方针，运用刑法武器，严厉惩处严重危害安全犯罪分子，共受理一审刑事案件168件256人，审结168件256人，结案率为100%。其中判处5年以上有期徒刑的62人，占24%；判处不满5年有期徒刑的184人，占72%，拘役和管制10人，占3.9%。

第一、坚持严打方针，保持严打声威。一年来，郊区人民法院以党中央关于整治农村社会治安的重大决策为指针，不断增强专政意识，提高了对加强刑事审判工作的政治、经济、社会意义的认识。牢固树立“两手抓”“两手都要硬”的思想，结合郊区治安形势和案源特点，不断突出打击重点，增大打击力度，重判了一批严重危害社会治安的累犯、惯犯和犯罪集团的首要分子。对32件盗窃案、14件抢劫案、5件强奸案从重从快进行判处，有力地促进了农村社会治安的稳定与好转。在上年五至七月份夏季严打期间，共受理一审刑事案件35件，全部在法定期限内审结，快速及时地给予了犯罪分子迎头痛击。第二、严惩经济犯罪，引深反腐败斗争。在中央关于开展反腐败斗争精神指导下，区委统一部署，郊区人民法院与公安、检察机关密切配合，运用刑罚武器，重点惩办贪污、贿赂、偷税、抗税等经济犯罪分子。在新形势下的惩治腐败斗争中，坚持“一要坚决，二要慎重，务必搞准”的方针，严格依法区分罪与非罪、此罪与彼罪、重罪与轻罪的政策界线，共受理一审经济犯罪案件31件，依法判处犯罪额在万元以上的人犯二名。在打击经济犯罪分子的工作中，始终坚持抓好大案要案的审判，组织精兵强将提前介入，认真调查短期内审结，从而震慑了腐败分子，有效地遏制了经济犯罪上升的势头。积极参加综合治理，切实维护一方平安。郊区人民法院在发挥刑事审判职能主导作用的基础上，依托审判工作，发挥自身优势，利用多种途径，积极参加社会治安综合治理。一是扩大办案效果，选择突出的典型案件，社会舆论浓的热点案件，在发案地进行较大规模的公开宣判，邀请区政法委和有关领导到会就案宣传法制，扩大办案效果和法制教育的影响面。二是对审判工作中发现的薄弱环节，及时提出司法建议，加强了预防犯罪的治安防范。一年来提出司法建议24条，增强了干警的服务意识。三是对判处缓、管、免的人犯进行回访教育，20多个单位与有关部门密切配合，及时反馈管教信息，做好这些人的转化工作。四是突出庭审教育，在审理未成年人犯罪案时，严格按照特别程序，依法聘请有关人士为少年法庭陪审员，特邀妇女、青年和教育部门负责人到庭旁听，开展针对性庭审教育，准确定罪量刑，以挽救、教育和偶犯少年。

（二）运用民事审判职能，及时消化社会矛盾。

在民事审判工作案件数量上升、类型增多，审理难度大的情况下，坚持以保护公民、法人的合法权益为出发点，通过审理案件，预防减少矛盾，维护社会安定团结，促进市场经济的发展。一年来共受理一审民事案件284件，审结280件，结案率为91.9%。其中婚姻家庭案件192件，债务纠纷33件，其他纠纷55件。在审结方式上，调解结案171件，判决82件，其他方式结案27件。我们主要抓了以下几个方面。

一是坚持“谁主张，谁举证”的原则，各庭普遍建立了当事人举证责任制度实施办法，对当事人举证项目、种类作了明确规定。使审判人员的工作中心逐步从查证、取证转移到质证、核证上来，庭审的作用日益发挥出来，明显加快了办案节奏。二是用新的《民事诉讼法》处理新式复杂案件。随着改革开放的深入，新的民事法律关系不断出现，并逐步纳入了诉讼轨道，过去极少发生的劳动纠纷、名誉权案相继诉诸法律，我们为了适应新形势，凡起诉有据的，都按照新的民事诉讼程序办理。在郊区人民法院审理过的一起名誉纠纷案中，曾先后走访二十多名当事人调查取证，认真合议，在处理新的复杂案件上取得了突破性进展。并且针对不同案情特点，依照新的《民事诉讼法》，对多起急案、疑难案采取诉讼保全、先予执行等措施，及时保护妇女、儿童的合法权益。三是注意因地制宜改进民事审判方式。在农忙季节、雨季、排水纠纷中，对当事人提起民事纠纷的，我们都打破工作常规及时审理，把矛盾消除于萌芽状态。一年来先后防止了十余起可能激化的矛盾纠纷，为家庭与社会的和睦安定做出了贡献。

（三）拓宽经济审判服务领域，促进经济健康发展。

上年国家为了维护经济的稳定发展，从整体上宏观调控，紧缩银根，企业需要贷款渠道受阻，大部分企业都把精力集中到了清理债权上来，郊区人民法院本着“经济发展到哪里，经济审判工作就延伸到哪里”的基本思路，把经济审判作为服务经济建设重要环节来抓，共受理经济纠纷案件 337 件，审结 356 件，结案率为 90.4%，比上年多结案 125 件，结案标的金额达 1762.86 万元，在经济审判工作中，我们抓了以下几个方面。

一是通过诉内诉外服务，使资金得以通融。首先是以经济审判职能为主导，将购销合同、建筑工程合同纠纷等纳入诉讼渠道的各类纠纷精心审理，使 30 多家乡镇企业走出了“等米下锅”的困境，为企业提供了高效率的法律服务。其次是提供求实的诉外服务，从企业法人在市场经济条件下的经营实际出发，我们对投诉主体，特别是骨干企业的服务要求进行了翔实调查，根据目前企业到期债权多，又因多年业务交往和双方资金普遍紧张的现实，根据企业请求，本着三个“有利于”的原则为他们诉外清偿债权，对双方自愿进行诉外解决的提供诉外服务。一年来诉外调处经济纠纷 26 件，标的金额 39.5 万元，既使资金得以融通，又保持了双方业务交往。二是通过诉前、诉后服务相结合，为企业牵线搭桥。在调查中我们发现，有不少企业享有债权，但又不知如何利用法律武器来维护企业的合法权益，针对这种情况，郊区人民法院在区委区政府领导支持下，先后深入厂矿企业，组织了两次广泛的法制宣传，使企业法人代表走出了不会诉、不愿诉的误区。在诉后针对审理中发现的问题，提出了多项规范经营建议，帮助审查较大金额的合同，通过精心的诉后服务，使企业双方沟通、理解，也减少了纠纷的发生。三是通过专项与普遍服务，促进经济健康发展。在区政府的安排下，郊区人民法院先后组织了五个精干小组先后深入 3 个乡镇企业开展了全区性清理债权债务工作，对企业投诉的案件，只要符合法定起诉条件，不分标的大小、地域远近，不分案情难易，一律受理，解决了一些小型企业因争议金额小投诉无门的问题。与此同时，对各乡镇的“龙头企业”投诉标的大的案件，实行优先审查立案、优先组织审理、优先提起执行的重点服务。有力地促进了乡镇企业的持续、调整、健康发展。四是精心审理连环纠纷，及时解开债务链，配合清理整顿三角债工作，妥善处理了市场、价格变化和因国家宏观调控，企业关、停、并、转引起的不履行合同、拖欠贷款等纠纷。使 1229 余万元的呆滞资金从“债务链”中解脱出来，这个效益相当于郊区人民法院的每个工作日疏通资金 4.1 万元。

（四）加强行政告诉申诉审判工作，强化执行机制。

第一、积极稳妥地开展行政和告申工作，在去年的行政审判工作中，郊区人民法院主要抓了两个方面。一是坚持依法保护公民、法人和其他组织的合法权益，理顺依法办案与维护稳定的关系，对合法有效的具体行政行为依法给予支持，对违犯程序法，确有不当的行政行为依法予以撤销，通过行政审判工作促进了行政部门的依法行政。二是改进告申工作制度，为群众排忧解难。首先是解决了申诉中的缠诉现象，改单纯坐堂讲法为走出院门送法，对缠诉人宣讲具体法律依据，使之息诉服判。其次是慎重做好信访的接待处理，属于郊区人民法院管辖范围内的，努力在初次提出异议后妥善处理，堵塞重信重访，对 125 位来访人员和 31 件信件做了妥善处理，及时消除了不安定因素。

第二、强化执行机制，确保审判效果。执行工作是审判活动的归宿与体现，也是近年来法院工作的难点。一年来，郊区人民法院在执行工作中，一是采取审执并重的方法，把案件的执行完毕才能视为结案的做法纳入责任制考核范围，办案人员基本上做到了在审判结案后根据当事人申请及时执行，加快了执行运行节奏。二是规范执法行为，提高执行艺术。在执行中既注重依法强制执行，又注重疏导执行，使执结率达到了 71.4%。

二、着力加强队伍建设，强化制度管理，提高整体执行水平。

党历来十分重视和关怀政法队伍的建设，全省开展的整顿执法队伍活动为我们加强法院自身建设提供了良好的外部环境。党组一班人认真学习领会党中央一系列重要指示精神，从建立社会主义市场经济体制中人民法院的特殊地位出发，把为人民服务为宗旨的教育与邓小平视察南方讲话中提出的“三个有利于”结合起来；把进一步解放思想，建立社会主义市场经济体系与反腐败斗争的教育结合起来；把依法办案稳定社会秩序与服务于经济工作、服务于党的中心工作结合起来；使广大干警认识建立和完善社会主义经济体制是我国经济体制改革的根本性变革，必须解放思想转变观念，牢固树立为市场经济服务的指导思想和审判观念，同时保持清醒头脑，不被金钱物质所诱惑，廉洁公正，保持旺盛的革命意志。在队伍建设、制度管理上，我们抓了以下四点：一是通过党组扩大会、民主生活会、干警座谈会和个别谈心等形式，使党组一班人运用批评和自我批评的武器，沟通思想，取得共识，形成合力增强党组的集体凝聚力、战斗力和驾驭全局的能力。二是把各庭室班子的建设紧紧抓在手上，对庭室干部从政治上严格要求，业务上力求提高，工作上目标考核，生活上关心爱护。同时有计划有重点选配了一批三十岁左右实绩突出的青年干部，放在关键岗位上，给他们压担子、增重量，使他们经风雨见世面。三是在干部教育上舍得下血本，我们在继续抓好“业大”教育的同时，每有新的法律出台，以庭室组织干警认真学习，力求准确把握，定期确定选择一些疑难案例进行研讨。去年投资近万元用于干部教育。四是强化制度管理，首先健全岗位责任制。对各个层次的执法人员在工作上定岗、定人、定职责，在任务上定时、定量、定标准。一年一度年终考评，按劳分配目标管理，既促成了公平竞争，又达到了持续激励；既提高了案件质量，又提高了办案效率。其次是实行错案追究制。在确定评定机构、标准、追究责任等方面规定后，组织审判人员仔细审度，对照检查，以进一点强化办案责任心。再次是推行文书规范化。对高院下达的《诉讼文书》的样式、标准，组织各庭对照进行模拟练习，在起草法律文书时从严要求，使文书质量逐步走向了规范化。通过以上措施，使干警队伍的责任性得到了加强，政治、业务、文化素质也有明显提高。

各位代表：

去年，区法院在区委、政府、区人大和人民群众的关怀、理解、支持下，义不容辞地做了大量工作，但是我们还必须清醒地看到：个别案件质量不高，社会效应不好；一些案件结案后仍然得不到执行；廉政建设还需要进一步加强，所有这些顽症，需要我们下大决心、花大力气去克服与解决。

一九九四年，是我国经济体制改革整体推进和重点突破的关键一年，随着各项改革措施的出台，原有的不合理的利益格局将被打破，市场经济的逐步建立和经济立法的加快，社会生活中需要用法律渠道解决的矛盾和纠纷也越来越多，社会不安定因素增加，社会治安形势仍然相当严峻。在新的形势下，郊区人民法院将坚定不移地以维护党和人民的利益为宗旨，打击罪犯，维护稳定，高效廉洁，振奋精神，团结奋斗，开拓前进。以出色的成绩来接受今年八月人大对法院工作的全面评议考察，以更加有力的法律服务为促进郊区经济的再上新台阶做出更大贡献。

阳泉市郊区人民法院一九九七年工作报告

——1997 年 3 月 23 日在阳泉市郊区第十三届人民代表大会第五次会议上

报告人：王立明

各位代表：

现将一九九六年主要工作情况报告如下，请予审议。

一九九六年，郊区人民法院在区委、区人大和上级法院的领导、监督和指导下，以邓小平同志建设有中国特色社会主义理论为指针，认真贯彻党的十四届五中、六中全会精神，紧紧围绕郊区工作中心，以及郊区人民法院制定的“建设高素质法官队伍、建设高标准文明法院，创一流审判业绩，创一流管理水平”的总体目标，大力加强队伍建设，严厉打击严重刑事犯罪，积极开展经济、民事等审判工作。全年共受理各类案件 2123 件，比上年上升了 17.8%，审结 2044 件，比上年上升 11.3%，审结率达 96.3%，创出了建院以来年度收案、结案、结案率、审结标的、执行标的、人均办案数和办案质量的各项最高纪录。为郊区社会稳定、经济繁荣提供了有力的司法保障。

一、刑事审判工作

一九九六年，郊区人民法院受理各类刑事案件 241 件 457 人，案件数比上年增长 32.4%，人数比上年增长 47.9%，审结 241 件 457 人，结案率为 100%。在发生法律效力的 270 名人犯中，判处 10 年以上有期徒刑的 162 人，拘役 6 人，管制 3 人，免予刑事处分 6 人，终止（死亡）1 人，减刑 5 人。

打击犯罪、维护稳定是人民法院的首要任务，是郊区人民法院审判工作的重中之重。郊区人民法院始终坚持依法从重从快的严打方针，突出抓了“打团扫恶”专项斗争。主要特点是：

（一）部署早。三月下旬全省政法工作会议后，郊区人民法院党组立即召开专题会议，适时提出力创“五新”的严打思路，即：斗争要有新举措，打击要有新力度，宣传要有新突破，工作要有新部署，稳定要有新局面。并出台了“打团扫恶”斗争行动方案，对严打斗争进行了周密的安排部署。随后相继召开庭、室、科长以上干部会、全院干警会，层层动员，解决好五个问题：一是解决好认识问题，教育干警认清形势，真正认识到严打斗争的严峻性和迫切性；二是解决好组织领导问题，成立了“打团扫恶”领导组，院长亲自抓，分管院长具体抓，刑庭、执行庭、办公室相互配合抓；三是解决好队伍问题，为保证严打斗争取得圆满成功，我们对干警进行了为期一个月的整顿，使队伍的思想、作风有了很大改观；四是解决好打击重点问题，针对刑事案件发案特点及辖区实际，突出打击团伙犯罪和危害一方的流氓恶势力；五是解决好后勤保障问题，在“打团扫恶”斗争中，经费、警力、车辆等向刑事审判倾斜，使严打畅通无阻。

（二）力度大。严打中，刑庭干警充分发挥严打主力军的作用，始终保持快速反应和大打、猛打、狠打的凌厉攻势。坚持全方位突破，多形式攻坚，大态势推进，迅速形成了“打团扫恶”行动高潮，始终把打击矛头有力地指向那些民愤大、危害大、影响大的恶性案件的主犯、累犯、惯犯以及横行乡里、无恶不作、危害一方流氓恶势力，有效地遏制了重、特大案件的上升势头。工作中我们还坚持了“四个结合”。即坚持攻坚战与持久战相结合；全面推进和各个击破相结合；集中宣判和巡回审判相结合；严惩犯罪和教育群众相结合。并对现存案件进行了摸底排队，涉及严打对象的案件优先审理，大案要案提前介入，难案疑案突击审理，事实证明了案件不纠枝节。以审查立案快，送达起诉快，开庭审理快，上会定案快，文书打印快，公开宣判快，移送执行快的“七快”节奏使每个案件依照程序高效运行，给犯罪分子以迎头痛击。严打中，打掉团伙 39 个，从重判处 87 名罪犯，在审结的 241 案中，平均比法定时限提前了 12 天，真正让犯罪分子坐上了“特别快车”。实现了无一超期审理，无一超期羁押，提前十九天完成了九六年度刑事审判任务。

（三）质量高。刑事审判是严打斗争的最后一个环节，办案质量是刑事审判的生命。工作中我们始终把握了“审”与“判”两个环节，定罪与量刑两个重点，坚持“严”字当头，时时严要求，件件严把关。认真审查事实、核实证据，该退补的退补，该移送的移送，先后退卷补侦 73 件次 174 人 / 次。在定罪量刑上，坚持“罪刑法定”和“罪罚相当”的原则，做到事实不存疑，证据不断链，定性不偏差，量刑不失度，从重从轻不草率。去年“严打”的案件，一审生效的无一申诉，上诉的无一因定性不准而改判。

（四）效果好。为了巩固严打成果扩大严打威慑力。我们先后在三郊、白泉、荫营等地召开大型宣判会七场次，对 44 案 83 名犯罪分子进行了公开宣判，旁听群众累计十万余人。有力地打击了犯罪分子的嚣张气焰，人民群众对此无不拍手称快。我们还利用有线广播、板报、展览等形式，大张旗鼓地进行法制宣传。由于形式活泼，内容丰实、新颖，吸引了众多群众。形成了严打斗争的强大声势。同时针对驻地单位存在的治安隐患和漏洞，及时提出司法建议近百条。并注重加强对青少年犯罪的“教育、感化、挽救”工作，突出加大庭审教育力度，延伸审教工作触角。在民事、经济、告申、行政等项审判工作中，及时发现和消化不稳定因素。通过以上工作，较好地履行了综合治理的部门责任。

二、民事审判工作

一九九六年，郊区人民法院受理民事案件416件，比上年增长8%，审结415件，比上年增长10%，结案率99.7%，比上年增长1.8%。

民事审判工作政策性强，涉及面广，认真搞好民事审判对全区的精神文明建设具有十分重要的意义，因此我们在工作中做到了“四坚持四强化四突出”。（一）坚持审判工作为社会稳定服务的宗旨，强化审判职能，突出解决诉讼热点和难点。随着形势的发展，人们的婚姻家庭观念发生了较大变化，全年受理婚姻案件288件，占民事案件的74%，比上年增长8个百分点，婚姻案件的增多一方面反映了资产阶级腐朽生活方式的毒害。这类案件情况复杂，“公说公有理，婆说婆有理”，处理起来难度大，因此，我们一方面从维护社会主义婚姻家庭制度，维护妇女、未成年人合法权益出发，依法公正处理财产和抚养子女等问题；另一方面，反对轻率离婚，反对喜新厌旧，把感情是否破裂作为离与不离的标准，同时加强思想疏导，把纠纷化解在基层，消除在萌芽。（二）坚持巡回审理，强化为人民服务的观念，突出解决与群众生活密切的土地、水利、宅基地等纠纷。全年受理此类案件87件，在审理上述纠纷时，院领导不但要求审判人员做到接待群众要热心，思想疏导要耐心，调查取证要细心，处理问题要诚心，而且要公开审理，这样做不仅增强了办案的透明度，又让群众了解了诉讼过程，掌握法律法规，同时方便了群众诉讼，减轻群众诉累，达到审理一案、教育一片、安定一方的社会效果，全年巡回审理民事案件331件，巡回审理率达80%以上。（三）坚持公正执法，强化维护稳定的全局意识，突出解决容易引发不安定的赔偿、债务、“三养”纠纷。在处理这类案件时，我们认真分析、区别情况、及时解决。对侵害人身财产权利引发的纠纷，注重稳定当事人情绪，针对性地缓解双方对立，并有的放矢讲法，分清双方是非责任，平息诉争，消化矛盾；对债务引起的纠纷注重查明事实及时进行调处；对“三养”纠纷，注重维护妇女、儿童、残疾人等特殊主体的合法权益，主动送法上门，公开庭审，伸张正义。（四）坚持庭审方式改革，强化当事人举证责任，突出解决民事案件上升、审判人员不足的矛盾。随着改革开放的不断深化，审判方式与国际接轨已成为必然趋势，郊区人民法院根据上级的安排，在民事审判方式改革上，以庭审改革为中心，以规范活动为重点，坚持当事人举证责任，坚持公开审判原则，实行一步到位直接开庭的审判方式，使诉争双方当庭主张、当庭举证、当庭质证、当庭辩论、法官当庭调解、当庭裁判。通过“一事一证一质一辩一认”，使当事人赢得清清楚楚，输得明明白白，充分显示裁判活动的公正性和合法性。同时抓住庭审前准备工作这一基础环节，力求开庭前做到“三熟悉三把握”，即：熟悉案情，把握讼争焦点；熟悉证据，把握证据效力；熟悉法律关系，把握法律适用。全年直接开庭率达到68%。由当事人举证的材料达1250余份，彻底改变了过去庭审方式带来的“当事人动动嘴，法官跑断腿”的弊端，提高了办案效率。

由于采取上述措施，民事审判取得了三个明显进步：一是调解结案率显著增加，比去年提高5个百分点；二是巡回审理辐射面大，扩大到十三个乡镇60余个自然村；三是案件质量明显提高，上诉后二审发还、改判率下降，上诉维持率上升，生效后申诉率下降。

三、经济审判工作

去年，郊区人民法院受理经济纠纷案件701件，比上年增长47.9%，标的6402万元，比上年增长55.5%；审结率为97%，比上年增长3%，执行回款4056万元，比上年增长71%。提前十五天完成了区委、区政府下达的4000万元清欠任务，同时还审理破产案件十三件，标的14584万元，各项指标均超过历史最高水平，取得突破性实绩。

（一）思想认识有了新突破

年初，区委、区政府给郊区人民法院下达了4000万元的清欠任务，任务重、压力大。为此，郊区人民法院党组多次召开会议进行研究，首先从统一思想入手，加强干警的思想教育，层层发动，广泛动员，达成了“三统一，三明确”的共识。即：统一了强化服务，全力清欠的指导思想，进一步明确清欠工作对振兴郊区经济的重要性；统一了适应形势变压力为动力的时取思想，进一步明确清欠工作对缓解郊区企业资金短缺的迫切性；统一了负重拼搏，争创一流的创优思想，进一步明确严肃执法，无私奉献，艰苦创业对完成清欠任务的必要性。认识上的共同点，为清欠工作奠定了思想基础，形成了“四力合一”。一是郊区人民法院党组坐镇指挥，一马当先的号召力；二是全院上下一条心，全力以赴开拓经济审判的创造力；三是成立经二庭，充实执行庭，由原来专职经济审判人员8人增至12人，执行庭由1人增至8人，充分发挥专职干警的战斗力；四是层层签订目标责任书，实行清欠任务双向考核，使人人有“压力”。上述“四力”相互作用，形成了清欠工作的巨大合力。

（二）工作作风有了新突破

运用法律手段调节经济关系是人民法院为经济建设服务的直接手段，为圆满完成清欠任务，郊区人民法院在开展“六项”服务的基础上，又有新的特点：归纳起来就是“好、快、多、省”四个字。“好”就是服务态度好，服务质量好，服务效果好；“快”就是掌握信息快，深入基层快，排忧解难快；“多”就是为企业提供多形式、多方位、多渠道、多层次的法律服务；“省”就是发扬艰苦奋斗、勤俭节约的优良传统，少花钱，多办事，办大事，办好事。在工作中，全院干警鼓足干劲，力争上优，以高度的责任感，事业心投身清欠第一线。同志们舍小家顾大家，吃大苦流大汗，战严寒酷暑，历尽艰难险阻，长年奋战在二十五个省、市、自治区，合计行程达百万余公里，有的同志大年三十晚、正月十五晚，还在外办案，表现了特别能战斗的过硬作风。据统计，去年全院干警人均加班加点可折合100个工作日，人均出差时间120天以上，月均回款达330万元，巨额资金的回笼，为郊区80多个企业注入了活力，有效地缓解了资金不足的问题，提高了企业经济效益。

（三）处理新类型案件有了新突破

一九九六年审理破产案件13件，标的达14584万元。破产案件是在改革形式下出现的新类型案件。我们根据案件的特点，认真探索、敢为人先，坚持法律标准与“三个有利于”相统一，正确处理维护大局和审判本职的关系，服务与裁判的关系。既考虑保护债权人合法权益，又考虑破产企业职工安置问题，较好地完成破产案件的审判工作，没有发生因审判工作不当而造成债权人或破产企业职工整体上访事件。不仅保证了依法审理案件，也在探索中，取得了可贵的经验。去年六月，全市法院系统破产案件审判工作座谈会在郊区人民法院召开，会上郊区人民法院介绍的破产案件审理程序的具体操作、实体法的具体适用，以及职工安置、债权债务处置等方面的经验。受到与会者一致好评。

四、行政、告申、执行工作

（一）执行工作：随着案件的不断增多，执行工作任务愈来愈重，由于地方保护主义，部门保护主义以及其他方面的干扰，执行难已成为人民法院亟待解决的突出问题。特别是在经济案件执行中，由于法律关系较为复杂，纠纷双方相隔甚远，债权债务拖欠时间长，企业领导更换频繁，企业在银行多头开户等，给执行工作带来许多困难，为此郊区人民法院着重抓了以下几点，一是立场坚定敢于执法。郊区人民法院党组明令干警：执行工作关系到维护稳定大局，关系到保护当事人合法权益，关系到人民法院形象，关系到法律的尊严。要理直气壮，敢于运用法律手段。不畏权、不畏情、只唯法，要以有法必依，执法必严的实际行动树立法威。要坚持保护正当竞争，制裁违法行为的原则，对那些销售假冒伪劣产品，坑害消费者，扰乱市场秩序的要依法严厉制裁，对那些耍手腕、顶、拖、赖不执行生效法律文书和妨害执行公务的必须绳之以法。去年郊区人民法院共采取各种强制措施4200余次，拘留32人，逮捕2人，打开了执行工作的新局面。二是善于总结，善于执法。执行人员在注重掌握新法律，改进办案作风的同时，不断总结经验，提高执行能力。郊区人民法院党组要求干警在执行程序上强调一个“严”字，方式方法上注重一个“智”字，采取措施上做到一个“硬”字，作风上讲究一个“快”字，手续上掌握一个“全”字。由于措施得力全院干警在工作中讲文明、讲规范、讲法律、讲艺术。敢于执法树形象、善于执法树形象、善于执法树法威已成为郊区人民法院干警的自觉行动。如经一庭赴河南沁阳逮捕非法动用冻结账户资金的某银行办事处主任陈某，保定智取非法转移被查封财产的某设计院领导，执行庭上太谷拘留逃匿债务的当事人王某，均在规范执法中保质保量完成了任务，由于郊区人民法院全方位加大执行力度，高质量依法操作，快节奏部署运行，全年受理执行案件753件，执行705件，执行率为93.6%。保证了清欠任务的实现。

（二）行政、告申工作。行政审判工作，由于审判人员主动走出去，促进和支持行政机关依法行政，努力减少诉讼。全年没有发生一起行政起诉案件，告诉、申诉工作。全年共接待来信来访186人（件次），其中转有关部门处理51人（件次），回答咨询135人/次。基本上做到了件件有登记，事事有着落，以真心实意为群众分忧解难的实际行动，保持了告诉、申诉案件持续下降的良好势头。

五、队伍建设

加强队伍建设是严肃执法的保证，是建设文明队伍、文明法院的前提条件。面对“完成审判任务难，改善执法环境难，审判队伍管理难”的三个主要难题，郊区人民法院党组认为，建设一支政治上坚强、作风上过硬、业务上精通的执法队伍是解决三个难题的切入点和突破口。基于这一认识，确立了“从严治警内强素质，从严治院外树形象”的思路，把学习贯彻六中全会与队伍建设有机结合起来，把制度管理和思想教育有机结合起来，把队伍建设与法官法的实施有机结合起来，着重抓了以下工作：

（一）抓班子，率先垂范

“要正人、先正己”。院领导一班人在自身建设上，突出提高了思想和政治上的凝聚力，廉政上的免疫力，工作上的创造力，作风上的号召力。郊区人民法院党组还注重健全全党内政治生活制度，坚持民主集中制原则，定期召开民主生活会，对自己的工作、思想进行检查，开展批评与自我批评，同时实行干部民主评议制度，定期对领导干部进行民主考评。一年来，班子成员和庭室科领导比较自觉地做到了“一约法、三到位、五带头”。“一约法”领导干部必须坚定党性观念，团结一致，同心协力。“三到位”：重大活动领导监督职责必须到位；重大疑难案件的审判领导把职责必须到位；干警在工作、生活中遇到阻力和困难，领导的服务职责必须到位。“五带头”：领导要带头学政治、讲政治；带头廉洁奉公，严肃执法；带头开展批评与自我批评；带头调查研究，勤政创优；带头排除执法干扰。并要求全院干警监督领导干部遵守和执行两个“三不”的规定：即不做贪官，不做懒官，不做昏官；要通气不赌气，补台不拆台，谋事不谋人。一年来院领导一班人以实打实的创佳绩行动，激励着干警争先创优的积极性。

（二）抓教育，锤炼“内功”

年在繁重审判任务的重压下，郊区人民法院加大政治思想工作和学习教育力度，教育和引导干警严肃执法，知难而进，发奋向上，负重创优。着重学好“中特理论”“两个决议”“四本书”以及江总书记《党员干部一要讲政治》等一系列重要讲话，深刻领会和掌握精神实质，提高自身政治素质。通过学习教育，干警普遍树立和增强了“五种观念”，自觉地处理好“五种关系”。一是增强全局观念，正确处理好完成审判任务与区中心工作的关系；二是增强服务观念，正确处理好办案的社会效益与经济效益、法律效果的关系；三是增强公仆观念，正确处理好国家、集体、个人之间的权利义务关系；四是增强改革观念，正确处理好“改革进取”和“规范执法”的关系；五是增强纪律观念，正确处理好抓廉政与抓勤政的关系。在此基础上，广泛开展了“三比三看”活动，即比艰苦奋斗，看工作实绩；比公仆意识，看办案质量；比廉洁奉公，看遵纪守法。收到了良好的效果，出现了史计平等同志家人病重，不下严打火线，罗小萍等同志有病坚持工作，任学斌等同志一年出差230天的先进事迹，充分体现了加强思想政治工作的巨大效力。

（三）抓业务，提高素质

业务建设是队伍建设的根本出路。郊区人民法院不仅引导干警加深这一认识，而且注重干警的业务学习，更新法律知识。为了全面提高干警的业务素质，郊区人民法院党组明文规定：凡郊区人民法院在册人员，已获大专学历的40岁以下者要在五年内获得法律本科文凭；学历是大专以下者，要在四年内取得法律大专文凭；40岁以上学历在大专以下者，要在四年内取得法律审判专业证书。同时对业务学习的奖励作了具体规定，以激励干警的学习热情。今年有18名干警经全国统考被法律业大录取。在实际工作中，院、庭领导身体力行，指导干警吃透，吃准立法原意，提高运用法律解决审判难题的能力。同时还开展了庭审观摩、案例研讨、经验交流、评选优秀审判员、优秀书记员、优秀执行员等系列活动。这些活动，不仅提高了全院干警的文化素质，而且使执法水平有了明显提高。出现了一批新的“办案能手”，开创了审判工作一年一个新台阶的大好局面。

（四）抓作风，从严治警

警风的好坏直接影响执法形象。为此，郊区人民法院在去年四月大张旗鼓地进行了为期一个月的“整纪刹风”，在整纪刹风中开展了“三查三看三对照”为内容的“揭、摆、议”活动。对照“群众满意不满意，群众拥护不拥护，群众赞成不赞成，群众高兴不高兴”四个标准，看为人民服务的观念牢不牢，查思想纯不纯；对照最高法院“八不准”和郊区人民法院廉政制度，看作风正不正，查为警廉不廉；对照法官法的要求和标准，看工作细不细，业务精不精，查裁判公不公，执法严不严。同时还印发了“给当事人的一封公开信”，设置了举报箱、举报电话，聘请了十三名人大代表，十五名政协委员担任郊区人民法院廉政监督员，使郊区人民法院执法工作置于人民群众的监督之下，清正廉洁，克己奉公的良好职业道德和遵纪守法、严肃执法的好风气，正在郊区人民法院逐步形成。据初步统计，去年郊区人民法院干警拒礼拒贿420余人/次，价值达46000余元。与此同时，院、庭领导大力培养和倡导吃苦耐劳、艰苦奋斗的工作新作风，形成了以吃苦吃亏为荣，以争先创优为荣的新风新貌。

（五）抓制度，从严治院

为适应形势发展的要求，加大自身建设力度。在制度建设上，郊区人民法院主要抓了规范化、科学化管理，制定和完善了四项制度。

一是完善岗位责任制。依照法官法的具体要求和标准，制定了较为系统，易于操作的各级各类人员的岗位责任制和考核办法。二是实行了工作目标责任制。郊区人民法院党组针对审判任务重的特点，把审判任务（包括清欠任务）、案件质量、行政管理、队伍建设、综合治理等任务量化分解，落实到庭，指标到人。院长和各庭室负责人签订了工作目标责任书。在全市法院系统率先以“责任书”的形式对各庭室公开指标，公开考核、公开奖惩，打破了死水一潭的管理体制。形成年初下指标，年中比进度，年终大评比的三部曲。三是制定了错案追究执行细则，对失职失责处罚作了明确规定，从而有效地规范了干警的执法行为。四是全面规范管理制度，为使审判工作和行政管理纳入制度化轨道，郊区人民法院紧紧围绕“从严治院”这一指导思想，制定了二十五项 40000 余字的成文管理制度，使审判工作和人、财、物管理立足于强有力的制度依托，为确保各项工作的高效有序进行奠定了坚实的基础。

总之，在过去的一年里，郊区人民法院在区委、区人大和上级法院的领导、监督、指导下，在全区人民的理解支持下，各项工作都取得了较好的成绩，经市法院考核，各项指标都达到了上级要求，名列全市各法院之首，被授予“先进集体”称号。但是，我们必须清醒地看到问题仍然存在不少，如对新形势下出现的新情况、新问题研究的不深不透，改革的步伐还迈的不大，特别是对党的方针、政策和国家法律法规学习的还不精、不细，程度不同地影响着办案质量和速度，个别干警思想作风和工作作风还不能很好地适应新形势的需要，与党和人民的要求还有很大差距，今后我们将努力纠正存在的问题。

各位代表：

一九九七年是我国发展史上十分重要的一年，我国将对香港恢复行使主权，迈出和平统一祖国的重要一步，党的十五大将要召开，把建设有中国特色社会主义的伟大事业向新世纪全面推进，这两件举世瞩目、意义深远的大事必将给我们提供强大的精神动力。我们将认真贯彻党的十四届五中、六中全会和十五大精神，紧紧围绕全区工作大局，坚持从重从快的严打方针，打击势头不减，行之有效的措施不丢。要始终把打击的锋芒指向那些杀人、放火、抢劫、强奸、重大盗窃等危害大、影响大的恶性案件和为害一方的流氓恶势力、带有黑社会性质的犯罪团伙。打胜打好“打团扫恶”第二战役，要把打击经济领域的犯罪活动作为规范和整顿经济秩序，直接为两个文明建设服务的一项紧迫任务抓紧抓好，推动反腐败斗争的开展；继续搞好民事审判工作。做到想当事人所想，急当事人所急，深入调查不怕苦，耐心调解不嫌烦。坚持急案急办，防止矛盾激化，发扬巡回办案的优良传统，加大庭审方式改革，一步到位开庭率达 80% 以上；要继续加大经济审判力度。从思想上树立审判工作自觉服从服务于经济建设的思想，要主动登门宣传法制，开辟案源，树立改革深入到哪里，开放扩大到哪里，审判工作就延伸到哪里、服务到哪里的指导思想，实行全方位服务，加大执行力度，在去年的基础上再上一个新台阶，再创一个4000万元；要狠抓队伍建设。继续加强思想教育，提高广大干警的政治素质，树立人民利益高于一切，全心全意为人民服务的思想。抵制拜金主义、个人主义和腐朽生活方式的侵蚀，坚决杜绝对群众冷漠、生硬、蛮横、推诿的“官老爷”作风；要继续加强制度建设，实现制度化、规范化、科学化管理体制。做到职责分明，奖惩严明。要狠刹办案中的吃、拿、卡、要问题，要严把案件质量关，对贪赃枉法、徇私舞弊等违反纪律的人和事一经发现要严肃查处，绝不姑息养奸。努力把法院队伍培养成为一支政治上坚定、作风上过硬、业务上精通、坏人害怕、人民爱戴的执法队伍，为维护郊区社会稳定，保障经济建设的顺利进行做出新的、更大的贡献。

阳泉市郊区人民法院二〇〇二年工作报告

——2002年6月29日在阳泉市郊区第十四届人民代表大会第六次会议上

报告人：付金林

各位代表：

现在我代表郊区人民法院向大会作工作报告，请予审议，并请区政协各位委员提出意见。

2001年，在区委的正确领导下，在区人大和上级法院的监督指导下，在区政府大力支持下，我院坚持以邓小平理论为指导，努力贯彻和实践江泽民同志“三个代表”重要思想，围绕改革、发展、稳定大局，严格履行宪法和法律赋予的职责，为我区社会稳定和经济发展提供了较为有力的司法保障。执法水平和审判效率有了新的提高，自身改革有了新的成效，队伍建设有了新的进展。

一、审判工作

随着社会主义市场经济的发展，势必要求加大司法保障、司法调整、司法服务的力度。过去的一年，我院共受理各类案件1549件，审结1475件，审结标的3100余万元。为维护社会的政治稳定，促进经济发展，充分发挥了审判机关的职能作用。

（一）从重从快，严厉打击刑事犯罪

我们始终坚持从重从快的严打方针，把打击的矛头指向恶势力犯罪、暴力性犯罪和多发性犯罪。工作中，一是部署早。中央政法工作会议和全国“严打”斗争电视电话会议后，我院随即成立了严打的优势，大力宣传严打斗争的重要意义，适时召开公判大会，对10案16人进行公开宣判。对于青少年犯罪，坚持“教育、感化、挽救”的方针，力求使审判成为他们走向新生的转折点，寓教于审，审教并重，与26名青少年罪犯的家庭、单位签订帮教协议书，并坚持回访制度，被判缓刑人员无一重新犯罪。同时加强信访接待工作，对400余名来访群众热情接待，耐心解答法律咨询，说服息诉213件次，对符合立案条件的1549案及时进行了立案登记。对申诉案件实行申诉听证制度，成立了速裁法庭，29件申诉案件及时审结。对21件区政法委和区人大要结果的案件严格审查，果断处理，较好地履行了综合治理的部门职责。

2001年，我院受理各类刑事公诉案件118件162人，审结116件158人，受理刑事附带民事诉讼案件44件，全部审结。

（二）化解矛盾，依法保护合法权益

市场经济日益完善，因而人民法院对各类矛盾纠纷终局裁判的地位越来越受到重视，社会主义民主法制建设的不断推进，人民群众依靠法律解决纠纷的意识明显增强，通过诉讼解决纷争已经成为相当一部分群众的主要选择，必然地带来案件数量和复杂程度增加的局面，依法独立审理好各类民事案件，是人民法院为经济发展和社会全面进步，为人民群众安居乐业提供司法保障和法律服务的重要内容。民事审判人员牢固树立民事案件无小事的意识，工作中，首先是抓住重点。婚姻纠纷案件一直是民事审判的重头戏，占民事案件总数的46%，在处理此类案件时，我们深刻领悟新《婚姻法》的立法原意和精神，积极稳妥处理此类案件267件。其次是解决难点。劳动争议和赔偿案件数量呈逐年上升趋势，我院认真分析造成此类案件上升的社会根源，找准解决诉争的切入点，深入实地，积极疏导，化解了矛盾纠纷。去年受理此类案件118件，结案106件。配合区有关部门，解决土地、相邻等诉外纠纷40余件，有力促进了社会稳定。再次是突出热点。全面推行民事审判方式的改革一直是社会关注的热点问题，我们紧紧抓住庭审改革的实质。突出庭审中心，强化合议庭和当事人举证两个责任的落实。紧紧抓住诉争焦点，全面规范诉讼程序，从而使案件质量明显提高，出现了“上诉少、申诉少、改判少、发还少”的局面，去年，我院受理民事案件584件，结案567件，结案率97%。

（三）服务中心，促进我区经济发展

以法律手段调节经济关系是市场经济的客观要求。由于受经济形势影响，诉至我院的经济案件数量及标的下降幅度较大，全年，我院受理经济案件192件，审结168件，结案率87.5%，案件数量减少了，审理难度却相应加大。对此，我院紧紧围绕区委“抢抓机遇、争取发展”的工作思路，自觉把经济审判工作放在重要位置来抓，继续推行“一严格”“三一样”的规定，即：严格法律程序办案，不论标的大小、案情难易、外地本地一样的态度对待、一样的热情服务、一样的尽心审理。对特困企业、改制企业、骨干企业投诉的案件，繁简分流，简案快办，繁案精办，尽可能降低诉讼成本，减少企业诉累，并开展了送法上门、清理债权等系列服务活动，举办了《合同法》《担保法》《公司法》等培训20余次，参加培训人数460余人。为企业清理外欠1600余万元，有效缓解了企业资金短缺的矛盾，为企业振兴注入了活力。

（四）加大力度，打开执行工作局面

执行工作是司法工作的最后一个环节，不仅关系到当事人合法权益是否得到保护，更重要的是关系到司法权威的尊严和统一。去年，我院认真贯彻执行中央11号文件，强化执行机制，针对执行旧案积压多、执行新案数量不断增加的情况。执行庭一分为二，成立两个“执行组”，每组配备了8名人员，调配两辆警车，负责人配备了手机。四月中旬，我院在市电台、电视台、报社播发了召开执行大会的公告，大造舆论声势，进一步扩大了执行会战的影响力和威慑力。期间，先后召开两次执行大会，集中传唤执行5次，对35名有能力拒不履行的当事人依法予以司法拘留或罚款，并且对46名债务人公开曝光，在强大的舆论、法律攻势下，有41名被执行人自动履行了义务，21名被执行人向我院提交限期还款保证书并提供了担保，16案的双方当事人达成执行和解协议书，从而使执行大会战达到了预期效果。除此之外，还从一批标的达60余万元的重大执行案件入手，推行被执行人财产申报、审计制度，在发现部分被执行人有转移财产的行为后，果断采取了强制措施，使这批案件得以圆满解决。我们根据群众举报，集中警力，夜间突击行动，拘留了14名在外逃匿数年的被执行人，强制其履行义务。同时注重执行方法与社会效果的统一，对确有困难、无力偿付债务的被执行人，采取“执行第三人，分期分批支付，放水养鱼”的办法，使之不至于因偿还债务而濒临倒闭，稳定了职工情绪，取得双方当事人都比较满意的效果。去年，我院受理执行案件555件，执结2113件，并执结积案111件，执行工作取得较大突破。

（五）依法办案，积极推进依法行政

行政诉讼的双方当事人，因社会地位的不同，对立情绪大，矛盾尖锐，对此，我们严格程序办案，准确适用法律，积极化解双方对立情绪，对受理的行政诉讼案件快审快结，保护了双方当事人的合法权益。同时我院协助行政机关，在对城镇改造建设、交通道路建设、计划生育等方面给予大力支持，并对行政机关履行职责时存在的问题和漏洞适时提出司法建议，有效地减少了行政诉讼的发生。在过去的一年间，我院认真落实“依法治国”方略，严格行使行政审判职权，办理行政诉讼和非诉执行案71件。

二、队伍建设

去年，我们继续深入开展“争当人民满意的好法官，争创人民满意的好法院”活动，全面提高队伍的思想、作风、纪律和业务素质。

（一）讲学习，政治素质有了新的提高

院党组借“三个代表”学教活动的东风，明确了学习目标，制订了学习计划，确定了学习内容。规定了每周五为政治学习日，采取“以庭组织学习，以院统一辅导”的办法，大力开展“三个代表”学教活动，院每半月组织全院干警学习一次，每周五庭室组织学习。为巩固学习成果，院里召开了学习经济交流会，16名同志在会上向大家介绍了学习体会和经验。同时我们紧紧围绕“三个代表”重要思想，开展了“权力是谁给的，为谁掌权，为谁服务”“假如我是当事人”等专题讨论，由此使全院干警学习热情越来越高，学习氛围越来越浓。在此基础上组织干警先后到8个乡镇20个自然村，30个区镇企业，倾听群众意见，并到区直机关发送征求意见卡48份，召开各种征求意见会 3 次，从不同的角度广泛征求各方面意见，结合我院实际，制定整改措施，逐一落实。通过学教活动，干警的政治素质明显增强。

（二）抓整顿，队伍形象有了新的提高

公正司法是对法官最基本的要求。去年五月，根据上级法院的指示，我院着力开展了以职业道德为核心的“二教育三整顿”活动，采取了“自己找、相互查、大家评、互相帮”的办法，对照活动的具体要求和“三个德化于”（2011 年 3 月，在全国高级法院院长会议上，肖扬院长提出开展法官职业道德教育的重要命题，并指出法官职业道德教育必须实现“三个德化于”，即德化于自身，德化于本职，德化于社会。编者注），查看思想纯不纯，作风正不正，工作细不细，执法严不严，裁判公不公。对查出的问题，每位干警都要写出剖析材料，深刻剖析产生问题的根源，制定措施加以整改，同时广泛开展批评与自我批评，使干警在批评他人中自查，在自我批评中自省，消除了矛盾和隔阂，增进了团结。同时继续推行廉政目标责任制，层层签订责任状，进一步建立健全干警的廉政档案，大力开展“忠于法律，树公正形象；清正廉洁，树清廉形象；文明执法，树文明形象”的“三形象”活动，广大干警勤奋工作不怕苦，为民服务不图报，对待群众不生硬，依法办案不违纪。工作作风明显改进，执法形象明显改善。

（三）重业务，司法水平有了新的提高

法官素质是法律正确实施的保障。培养“精英”法官是法院队伍建设的出路所在。为此我院把提高法官业务水平和文化修养作为队伍建设的主要工作抓紧抓实。首先坚持对新法律法规的研究探讨，提高干警司法实践能力，为每位干警订阅了一本《司法文件选编》，副庭长以上干部还增订了《山西审判》和《人民司法》等书刊。及时让干警了解我国立法动态。去年《法官法》和《婚姻法》修改颁布后，我院派外学习培训 116 次 21 人。其次广泛开展读书活动，购置业务书籍 200 余册，知识类读物 100 余册，订阅报刊 42 余种。为适应《法官法》提出的担任法官必须具备法律专业本科学历的要求，加大学历教育力度，一如既往地支持干警上好法律院校，在生活、工作、经费等诸多方面予以支持。现已有大学本科生 16 名，20 人在攻读本科学历，还有一名在职进修研究生。

（四）严管理，管理水平有了新的提高

为了规范执法活动，进一步巩固学习教育、作风整顿的成果，我院针对队伍建设中的薄弱环节和工作中存在的不足．在队伍管理上着重抓了以下几点：一是进一步完善审判流程管理机制，审判流程管理全面实施以来，社会效果十分明显，方便了诉讼，提高了效率，但仍存在许多不足和漏洞，对存在问题，我院召集有关部门和人员进行研究探讨，制定对策予以解决。特别是与审判流程管理相配套的规章制度出台，使审判流程管理机制在司法活动中发挥出越来越大的作用。二是继续推行执法责任制和“两错”追究制。签订了目标责任书，实行百分考核制，形成了年初定目标，年中比进度，年底大考评的竞争格局。三是继续推行审判长、独任审判员选任制。制定《审判长、独任审判员年终考核办法》，规定详细的考核标准，实行错案一票否决制，是审判长、独任审判员这一人事动态管理机制更趋完善。四是全面推行行政后勤管理办法，确定了行政后勤工作中的各个环节每个岗位的职责、任务和目标，并补充完善管理制度20余则，使之纳入制度化、科学化管理的轨道。

由于我院加大队伍管理力度，整个队伍的精神面貌有了明显改善，工作效率和质量持续提高，比思想、比作风、比干劲、比奉献、比实绩的争先创优热潮蔚然成风，好人好事层出不穷，我院连续两年被省高院授予“人民满意好法院”称号。

各位代表：

成绩的取得，离不开区委的正确领导，离不开区人大的有力监督，离不开区政府及社会各界和人民群众的鼎力支持。但是我们的工作仍然存在一些问题和不足，如审判任务逐年增大，执法难度有增无减，法官队伍素质需进一步加强和提高；法院改革受经费等因素的制约，难以深入进行，硬件建设相对滞后；个别干警受市场经济中消极因素的影响，为人民服务的观念树的不牢，生、冷、硬现象时有发生；在内部管理、制度建设等方面，还存在许多漏洞和不足。以上问题充分说明，人民法院的工作和自身建设任重而道远。

江泽民总书记5月31日在中央党校省部级干部进修班毕业典礼上发表了重要讲话，深刻分析了我党面临的国际和国内形势，精辟地阐述了党的理论问题，明确提出了党在新世纪的历史任务，重大决策和重大部署，是当代马克思主义的重要文献。我们要认真学习5.31讲话，认真践行“三个代表”重要思想，紧紧围绕全区工作大局，弘扬与时俱进、开拓进取的精神，忠实执行和维护宪法和法律，惩罚犯罪，维护稳定；依法调节经济关系，平等地保护市场主体合法财产和契约关系，促进经济发展；妥善处理各类民事纠纷，保护公民的合法权利，实现“公正与效率”主题，努力做好以下工作：

一是坚持严打方针，维护社会稳定。打击罪犯维护社会长治久安是司法工作的重中之重，我们要始终坚持从重从快的严打方针，打击势头不减，打击措施不变，严厉打击各类刑事犯罪，为全区人民创建一个良好的生活工作环境，实现刑事案件无积案。

二是化解矛盾纠纷，促进安定团结。我们要以维护最广大人民群众的根本利益为目标，继续推行审判方式改革，增强案件审理透明度，想群众所想，急群众所急，用耐心细致的思想工作，妥善解决各类民事纠纷，把矛盾化解在基层，消除在萌芽状态。

三是服从服务大局，服务经济建设。我们要紧紧围绕区委中心工作，树立大局意识，全力服务我区经济建设，规范企业改组和改制行为，大力开展送法上门、清理债权等专项服务，依法为我区企业清理外欠资金，提供优质、高效、快捷的法律服务。

四是加大执法力度度，确保执行效果。我们要继续对执行工作实行倾斜政策，坚持集中大会战和小规模执行行动相结合；个案执行和整体推进相结合；分组执行和分片清理相结合；面上执行与点上突击相结合：使执行工作有较大突破，执结率力争达到 85% 以上。

五是强化监督机制，保证案件质量。我们要充分发挥立案庭的审判监督、审监庭的案后监督和纪检组的执法行为监督等职能，逐步形成三位一体的执法监督机制，同时主动接受社会各界和人民群众的监督，特别是提高接受人大监督的自觉性。要请进来，走出去倾听群众意见。力争使我院案件优秀率达 90% 以上，无错案。

六是整顿工作作风，塑造公正形象。按照我院制定的“除六害、匡院风、扬正气，强素质、创佳绩”的工作思路，要继续开展干警队伍纪律作风整顿，全力开展“整顿和改进审判作风年”活动，大力倡导学政治、钻业务之风，加强干警的职业道德教育，不断改进工作作风，全面提高队伍素质，在人民群众中树立公正无私的良好形象。

七是加强干警教育，树立现代司法理念。思想教育工作要紧跟时代步伐，要强化职责意识，增强公正与效率理念，坚持在党的领导和人大监督下，忠实履行宪法和法律赋予的职责；要强化全局意识，增强法制统一理念，适应社会主义市场经济发展和加入 WTO 的新形势，保证国家法律的正确实施；要强化居中裁判意识，增强审判独立和法官中立理念，不偏不倚，不枉不纵，适用法律一律平等；要强化宗旨意识，全心全意为人民服务，保护广大人民群众的最根本利益。

八是深化司法改革，适应形势发展。要不断探索，锐意进取，努力构建公开、公正、高效、廉洁的现代司法新机制，同时要加大与司法改革相配套的硬件建设的投入，力争年内把东配楼建设、执行局办公楼改建、大法庭内部装修和顶部维修等工程全部完工，保障改革的顺利进行。

各位代表：

人民法院面临的任务是艰巨的，面对新形势的要求，我和全院干警有信心、有决心，以饱满的工作热情，以敬业的工作态度，以求实、务实、扎实的工作作风，共同努力，与时俱进，建立一支全心全意为人民服务的法官队伍，为我区社会稳定、经济发展做出应有的贡献。

阳泉市郊区人民法院二〇〇四年工作报告

——2004年4月25日在阳泉市郊区第十五届人民代表大会第二次会议上

报告人：李保来

各位代表：

2003年以来，我院在区委的正确领导下，在区人大和上级法院的监督指导下，以邓小平理论和“三个代表”重要思想为指针，以“司法为民”为宗旨，以“公正与效率”为主题，解放思想，开拓创新，同心同德，奋力拼搏，为我区全面建设小康社会提供了有力的司法保障，创造了良好的法制环境。现就去年以来的工作情况报告如下，请予审议，并请列席会议的同志提出宝贵意见。

一、关于审判和执行工作

2003年，我院克服非典疫情带来的不利影响，努力完成审判执行任务，审结刑事案件95件、民商事案件680件、行政案件13件、申诉案件15件、执结案件578件，共计1381件，标的2100余万元，较好地履行宪法和法律赋予的审判职责。

（一）加强刑事审判工作，确保我区社会稳定

打击犯罪、保护人民、维护稳定是人民法院工作的首要任务。2003年，我院共受理各类刑事案件97件138人，审结95件135人，结案率98%。我院在刑事审判工作中，注重了“四个结合”。一是坚持从重从快与宽严相济相结合。我们坚持从重从快的严打方针，与公安、检察、司法等部门密切配合，始终保持严打的高压态势，把抢劫、强奸、重大盗窃等严重危害社会治安犯罪作为打击重点，依法对刘素文、王建华、李德全等6名严重刑事犯罪分子判处10年以上有期徒刑。对具有法定从轻、减轻情节的初犯、从犯以及未成年犯罪被告人，依法予以轻处。做到罚当其罪，不枉不纵。二是坚持打击经济犯罪与规范经济秩序相结合。我院加大对经济领域犯罪活动的打击力度，先后对金融诈骗、挪用资金、非法经营、偷税、倒卖增值税发票等破坏市场经济秩序的6案11人予以惩处。同时对贪污、受贿、职务侵占等5案7名经济犯罪分子依法给予刑事制裁。不仅整顿和规范了市场经济秩序，而且推动了全区的反腐败斗争。三是坚持更新司法理念与确保案件质量相结合。在司法实践中，我们既注重

司法的人性化、人道化、人权化，大胆探索非监禁刑和财产刑的适用范围，又严把案件的事实关、证据关和适用法律关，注重案件质量，力求使每个案件办成铁案。所审结的刑事案件无一超期审理，无一超期羁押。四是坚持法律效果与社会效果相结合。我院积极参与社会治安综合治理，将法律效果与社会效果有机统一起来。被告人张福故意伤害（重伤）一案，直观看，被告人将其妻左手砍断致残，行为恶劣，后果严重，理当重判，但考虑到被害人伤势严重不能自理，尚有两个未成年子女无人照顾等情况，依法对被告人处以缓刑。事后，被害人与被告人张福一同到法院送来了写有“真心为民”的锦旗，当地村委也送来了写有“扎实工作，秉公执法”的锦旗。同时我们坚持“教育、感化、挽救”方针，与18名被判缓刑的青少年所在单位、学校、家庭签订帮教协议，定期回访考察，被判缓人员无一重新犯罪。我们还深入阳泉一监、二监，对监内服刑人员进行法制教育，院领导亲自给服刑人员授课、致信，监管部门专门开展了读信活动。服刑人员纷纷表示：社会没有抛弃我们，法官仍在关爱我们，一定好好改造，重新做人。

（二）加大民商案件审理力度，促进我区发展

民商事审判工作是调节经济关系、化解社会矛盾的重要手段。去年，我院受理民商事案件715件，审结680件，结案率95 %。工作中，一是强化宗旨意识，突出解决诉讼热点和难点。近年来，婚姻纠纷案件、“三费”案件居高不下，一直是民商事案件的热点。我们从司法为民的高度出发，强化干警的责任意识，坚持繁案精办，简案快办的原则，扩大简易程序适用范围，注重运用调解手段解决诉争。所审案件调解率达61%。对一些突发案件、有可能引发群体上访的案件，迅速组成合议庭，深入实地，依靠基层，妥善处理。达到审理一案、教育一片、安定一方之效果。二是强化大局意识，突出解决与创建政治文明、创优发展环境密切相关的纠纷。我们紧紧围绕我区工作大局，开展民商事审判工作，对一些影响我区投资环境的典型案件，快审快结。如我区某企业与被告韩 ×× 房屋租赁合同纠纷一案，在诉讼期间，被告韩 ×× 认为自己是外乡人，对我院心存疑虑，便手举写有“阳泉投资环境差、坑害外地投资者”的牌子，先后到市委、市政府、市中院上访告状。不仅有损我市对外形象，且在社会上造成不良影响。我院对其进行了严肃的批评训诫，并组织人员尽快审理此案。在查明事实的基础上，经我院主持调解，双方达成调解协议，使纠纷得以圆满解决。三是强化服务意识，突出 解决企业外欠问题。我院紧紧围绕经济建设这个中心，加大合同、债务案件的审理力度，对涉及企业改制、区骨干企业及特困企业起诉的案件优先审理。同时开展形式多样的法律服务，采取支付令等便简快捷方式，加大清理债权力度。我区某企业与国营华晋厂买卖合同欠款纠纷一案，被告是外地企业，我院审判人员赶赴被告所在地，查账户，清资产，用足法律手段，经过18天的连续作战，将拖欠原告的40万余元货款全部清回。去年，我院为企业清收外欠900余万元，为我区经济发

展注入了活力。

（三）搞好行政审判工作，促进行政机关依法行政

随着群众法制意识的增强，行政案件数量呈上升势头。去年我院受理行政案件14件，审结13件，结案率92.8%。工作中，我们注重对被告的具体行政行为合法性进行全面审查，强化被告对具体行政行为的举证责任。对败诉的行政行为，及时与行政机关交换意见，提出司法建议，支持和监督行政机关的依法行政。特别是加大行政案件的执行力度，在重点工程滴苇公路建设中，河底镇政府对山底村一些拆迁户作出强制拆迁的行政处理决定，并提出执行申请，我院及时审查，吃透案情，成立执行攻坚组，采取宣传教育与强制执行相结合的办法开展工作。对撕掉法院公告，公开干扰执行的一村民，当即实施了司法拘留。其他被执行人看到法院是在动真的，来硬的，便主动与村委签订了安置补偿协议，及时腾出了房子。这样既维护了拆迁户的合法权益，支持了行政机关的依法行政，又确保了重点工程建设的顺利进行。

（四）搞好立案和审判监督工作，认真接待群众来信来访

去年，我们进一步规范立案和审判监督工作，制定了“三声、四心、五优先”的爱民、便民、利民措施。即：对群众来有迎声，问有答声，去有送声；接待当事人热心，听取陈述专心，宣讲政策细心，解释疑问耐心；对残疾人、外来民工、下岗职工、特困户等弱势群体，优先接待、优先审查、优先立案、优先审理、优先执行，并给予他们司法救助。先后为7名生活拮据的当事人免交诉讼费4760元，为31个困难企业和41名符合条件的当事人办理了缓交手续，金额达11.5万元，使他们无钱也能打官司，有理能够打得赢官司。全年立案庭接待群众来信来访1314人/次，回答群众咨询的问题860余个，对符合立案条件的1350件及时立案。特别是院领导坚持院长接待日制度，全年接待群众210余人/次，对提出的一些涉案问题，逐一梳理，分案督办，明确责任和办理期限，做到了有信必复、有访必答、有诉必理、有求必果。同时我院着力建立立案庭的事前监督、审判监督庭的事后监督、院纪检组的全程监督相结合的三位一体的审判工作监督体系。去年我院下发督办通知书5份，处理申诉、再审案件15件，督办信访案件12件，预防和消化上访苗头性案件53件。从而使我院涉法信访案件的上升势头得到了有效遏制，并呈现平稳下降的良好态势。

（五）健全执行工作机制，强化案件执行力度

执行工作是审判工作的最后一道环节，事关人民群众合法权益的保护和社会正义的实现。去年我院共受理执行案件711件，执结578件，标的1200余万元，执结率达81%。一是注重改革，创建良好执行机制。按照上级法院的指示，根据执行工作统一领导、统一管理、统一协调的要求，成立了执行局，并增加了警力和装备，改善了办公条件，使执行队伍的快速反应能力明显加强。同时制定了《执行听证暂行办法》《执行局内部管理规定》等制度，形成了较为系统规范的执行工作管理机制。二是敢

于执法，用足一切法律手段。为打开执行工作的新局面，我院利用新闻媒体辐射力强、覆盖面大的特点，对64名拒不履行生效法律文书的当事人进行公开曝光，使21名被执行人迫于社会舆论压力，主动履行法律文书确定的义务。我们把一些被执行人长期外逃、社会影响大的执行案件作为重点，在获悉被执行人下落和被执行财产状况后，组织精兵强将利用早、晚及双休日等时机果断出击。并适时召开了执行大会，发放执行传票654份，集中传唤26次。期间，51名被执行人主动履行了义务，131名被执行人提供了担保，写出了限期还款保证书，35案的当事人达成执行和解协议。三是善于执法，注重执行社会效果。执行人员不断总结经验，注重文明执法。对有执行诚意而无执行能力的被执行人，采取“放水养鱼”的办法，暂缓或分期执行，以扶持企业恢复生机；对生活确有困难的被执行人，中止执行，让其休养生息，有能力偿付时，恢复执行；对有可能引发不安定后果的执行案件，及时向党委汇报，依靠社会力量，多做思想疏导，协调解决，化解纠纷。如阎玉明、张浩礼等一批老大难案件都是在党委的有力支持和协调下妥善解决的。四是盯住热点，攻坚克难。工伤赔偿、劳资纠纷、拖欠农民工工资等是社会广泛关注的热点问题，也是执行工作的一大难点。我院全方位加大执行力度，高质量依法操作，快节奏部署运行。从而使司法为民重行动，公正执法塑形象成为干警的自觉行动。市某装潢设计公司欠河南籍民工李××工资一案，由于被执行人生产经营十分困难，无财产可供执行。为此我院将市开发区某企业作为到期债权第三人予以执行，由于第三人持有异议，执行工作陷入了困境。李××多次到有关部门上访，新闻媒体跟踪报道，引起了多方关注。为此院领导主动出面沟通，执行局负责人从中协调，在春节前李××领到执行回的5万元工资，高高兴兴地回了家。

二、关于队伍建设

队伍建设是严肃执法的根本保障。我院始终把队伍建设放在突出的位置抓紧抓好，着力抓了“四个环节”：

（一）抓政治学习，提升“执法为民”意识

学习是提高素质的有效途径。我院以“双评”活动为契机，坚持周一学习制度，着重学习十六大报告、“三个代表”重要思想以及毛泽东、邓小平等革命家关于政法工作的一系列重要论述，深刻领会和掌握精神实质。特别是去年以来，大力开展了“执法为民”专题教育，展开“为谁掌权、为谁服务、为谁执法”专题大讨论，并在全院开展了“做好公仆、服务群众，当好法官、确保公正”论文征集活动，广大干警积极响应，踊跃参与，先后有6篇论文在市区报刊发表。

（二）抓业务素质，提高“执法为民”水平

我院始终坚持“一并重，三转变”的原则，全方位开展业务培训，不走形式，不走过场。院领导身体力行，既当教员，又当学生，极大地调动了干警们的学习热情。

"一并重"就是应知与应会并重，"三转变"就是由学历型向岗位型，临时型向经常型，普及型向专业型转变，从而极大地提高了广大干警的业务水平。去年，我院组织开展业务培训20余次，派外参加上级组织的培训活动6期48人/次。同时加大对基层民调组织指导工作，先后在义井、平坦等地举办了民调人员培训班，并参与了市广播电台《法律夜导航》栏目活动，宣讲法律，解难释疑，收到良好的效果。

（三）抓工作作风，塑造"执法为民"形象

我院始终把群众呼声作为第一信号，把群众需要作为第一选择，把群众利益作为第一考虑，把群众满意作为第一标准，以执法大检查为载体，大力改进工作作风，强化审判纪律。同时我们狠抓队伍的廉政建设，全面推行廉政目标责任制，层层签订责任书，形成了"院长带头抓、庭长配合抓、纪检具体抓"的廉政建设格局。并设置了举报信箱、举报电话，开展了警示教育，发放警示材料8期128份，强化干警的廉洁为民意识。

（四）抓制度建设，构建"执法为民"机制

2003年是省高院确立的"制度建设年"。为适应形势发展的要求，我院把制度建设贯穿于队伍建设的各项工作中，靠制度来规范干警行为，靠制度严明工作纪律，靠制度提高工作水平，先后对法院党务、政务、审务、事务等方面的20多项制度进行了修订、补充和完善。并继续落实执法责任制和两错追究制，初步形成权责明确、分工合理、高效运转、有效监督的规章制度。

通过狠抓队伍建设，干警的整体素质明显提高，工作作风明显改善，法院的公信力和群众的满意度明显增加。我院被市政法委授予"推进公正执法先进单位"，被区委区政府授予"党风廉政建设先进集体"，法警队、河底法庭被省高院授予先进集体，刑事审判庭被市委荣记集体三等功，有五名同志先后受到市级表彰。

三、关于司法改革和基层基础建设

我院进一步解放思想，加大司法改革力度，努力以改革保公正、促效率、求发展。一是进一步强化合议庭、审判长职责。严格实行审判长、独任审判员办案负责制，还权于庭，还责于庭，理顺了合议庭与审判委员会、审判长与院长及庭长之间的关系，初步改变了过去"审者不判，判者不审"的陈旧格局和案件质量出现问题无人负责的弊端，极大地强化了独任审判员、审判长的工作责任心。二是深化人事制度改革，合理配置审判资源。我们本着精减、统一、高效的原则，大力进行机构改革，逐步形成刑事、民事、行政三大诉讼格局，理顺了内设机构职能，调整了人员编制和配置，达到了机构设置合理，审判资源优化，诉讼成本降低的效果。三是大力加强硬件建设。近几年在硬件建设上虽有所突破，但与时代的要求及现实需要仍有较大差距，面对经费困难、外债沉重的实际，我们严格执行"收支两条线"的规定，发扬艰苦创业的精神，想方设法，千方百计拓宽筹资渠道，多方寻求支持，经过全院上下的拼搏努力，我院的交通、通讯设施得到了有效改善，为各项工作的开展奠定了良好的基础。

各位代表：

成绩的取得，离不开区委的正确领导，离不开区人大的有力监督，离不开区政府、区政协以及社会各界和人民群众的鼎力支持。在此，我代表区法院向各位代表以及社会各界表示真诚的感谢！

成绩固然可喜，但存在的问题不容忽视。审判任务艰巨繁重，法官队伍素质需进一步加强和提高；法院内部改革力度不够，硬件建设相对滞后，与形势的要求还有一定的差距；个别干警司法为民观念树得不牢，人民群众还有这样那样的反映；内部管理仍有薄弱环节，还需要进一步加强和改进；“执行难”问题还没有彻底扭转等等。以上问题充分表明，人民法院的工作和自身建设任重而道远。

四、今年工作意见

2004年是继续贯彻党的十六大和十六届三中全会精神，实现“十五”计划的重要一年，全面做好法院工作十分重要。我院工作的指导思想和主要任务是：以邓小平理论和“三个代表”重要思想为指导，紧紧围绕“公正与效率”工作主题，牢记司法为民宗旨，充分发挥审判职能作用，维护社会稳定，依法促进我区国民经济持续快速协调健康发展，切实保障人民群众的合法权益，为贯彻实施“四走四变四集中”战略，营造稳定的社会环境和良好的法治环境，为全面建设小康社会提供更加有力的司法保障。

（一）强化审判工作，创建良好的发展环境。

我们要牢固树立服务大局、服务中心、服务稳定意识，深刻认识人民法院在新形势下的特殊地位和历史责任，全面发挥审判职能。一是以维护社会稳定为重点，继续开展“严打”斗争。要密切关注社会治安动态，结合我区刑事案件发案特点，确定打击重点，高压不断，力度不减，严厉打击严重危害社会治安的刑事犯罪活动。同时要坚持罪刑法定和罪刑相适应原则，宽严相济，惩教并重，积极参与社会治安综合治理。二是以服务经济建设为重点，为我区经济发展保驾护航。要积极支持企业改制、产业结构调整等工作，为推进全区企业战略性改组，建立现代企业制度提供有力的司法保障。同时对区骨干企业开展优质快捷的清理债权法律服务，回笼资金，增强企业发展后劲。三是以弱势群体诉讼案件为重点，切实保护人民群众的合法权益。要高度重视和妥善处理涉及“三农”问题的诉讼案件以及拖欠职工工资、农民工工资纠纷案件。对来诉的弱势群体案件继续给予司法救助。同时要强化调解制度，能调则调，多调少判。要繁简分流，多适用简易程序处理诉争，及时妥善化解矛盾纠纷。四是以克服执行难为重点，切实维护法制的统一。要强化执行工作措施，坚持个案执行与集中会战相结合；分组执行和分片清理相结合；疏导执行与强制执行相结合。继续推行被执行人财产举报有奖制度、执行听证等制度，彻底转变执行工作被动局面。五是以支持行政机关依法行政为重点，保护不同诉讼主体的合法权益。要加大行政审判工作力度，妥善处理行政诉讼案件，保护合法，制裁违法。同时要进一步规范立案、信访工作，认真开展涉法上访专项治理，文明接待，化解纷争，促进稳定。

（二）深化司法改革，创建科学的管理机制

司法改革是推进法院工作的动力。按照“公正与效率”工作主题的要求，重点做好以下工作：一是深化审判方式的改革。要坚持公开审判，实行审判工作的“阳光作业”，完善速裁制度和诉讼调解制度。强化当事人举证制度和证人出庭制度，进一步规范庭审活动，保障当事人平等行使诉权，实现裁决公正。二是完善公正高效的审判机制。进一步规范独任法官、合议庭和审判委员会的活动。继续落实审判长和独任审判员责任制。要建立以审判为中心、以后勤服务为手段的保障管理体系，压缩后勤人员数量，充实审判一线队伍，实行“双向选择、留职换岗”人事动态管理机制，优化人员组合，合理配置审判资源，降低工作成本，提高工作效能。三是积极推进我院基层基础建设。要按照建有所值、物尽其用、务求实效的要求，积极推进法院硬件建设。今年河底法庭重建工程已通过立项审批，正在申请国债资金。档案硬件设施业已到位，档案管理的达标升级工作正在进行当中。要逐步改善交通、通讯等设施，加快管理工作的信息化、网络化建设步伐。四是引入奖惩分明的竞争激励机制。要将审判工作、队伍建设、信息工作等任务量化分解到庭到人，制定考核标准，实行百分制考核，并将考核结果与干警的晋级、晋职、评先挂钩，狠抓落实，奖惩兑现，最大限度调动干警的工作积极性。

（三）加强审判队伍建设，提高法院的整体形象。

要以推进法官职业化建设为主线，以“政治坚定，业务精通，作风优良，司法公正”为目标，着眼于发展，起步于当前，大力强化队伍建设。一是大力加强思想作风建设。要加强干警的政治理论学习教育，使广大干警牢固树立“立党为公、司法为民”的指导思想，把“司法为民”贯穿于法院的整体工作之中。做到思想上亲民、爱民，工作中便民、利民，效果上护民、保民。二是大力加强法官职业化建设。要以目前在全市法院开展的“司法公正树形象”活动和向全国法官“十杰”于昌明同志学习活动为载体，大力开展职业道德教育，并按照公正、廉洁、高效的要求，制定法官培训计划，着力培养具有较高理论素养的实践型法官。三是大力加强干警的廉政建设。要大力开展廉政教育和纪律作风整顿，狠刹为警不廉、执法不严、吃拿卡要等不正之风。要认真落实党风廉政建设责任制，严厉查处违法乱纪现象，确保队伍的清正廉洁。

（四）紧紧依靠党的领导，自觉接受人大监督

法院的一切权力都是党和人民赋予的，必须对党负责，对人民负责。只有党领导司法工作，人民群众监督法院工作，法院才不会懈怠。我们要牢固树立党委意识和人大意识，在区委的领导下，自觉接受区人大及其常委会的监督，主动向区人大及其

常委会报告工作。积极开展人大代表联络工作，主动邀请人大代表到我院视察工作、参加庭审旁听，虚心听取他们的意见和建议，不断改进我们的工作。要建立健全人民陪审员制度，让人民群众参与到审判工作之中，增强审判工作的透明度，促进审判工作的公正和效率。同时自觉接受政协的民主监督、检察机关的法律监督和新闻媒体的舆论监督，努力使我们的工作让党放心，让人民满意。

各位代表：当前我区已进入全面建设小康社会的新的历史时期，法院的工作光荣而又艰巨。我们要在区委的正确领导下，在区人大的有力监督下，继续高举邓小平理论的伟大旗帜，以“三个代表”重要思想为指针，与时俱进，开拓创新，求真务实，努力工作，为推进我区“四走四变四集中”发展战略，全面建设小康社会做出新的、更大的贡献。

阳泉市郊区人民法院二○○七年工作报告

——2007年4月20日在阳泉市郊区第十六届人民代表大会第一次会议上

报告人：冯晋明

各位代表：

现在，我受李保来院长委托，代表郊区人民法院向大会报告工作，请予审议。并请区政协各位委员和其他列席人员提出意见。

一、四年来的工作回顾

区十五届人大一次会议以来，区法院在区委的正确领导、区人大的有效监督、区政府、区政协和社会各界的大力支持下，坚持以邓小平理论和“三个代表”重要思想为指导，紧紧围绕“公正与效率”工作主题，充分发挥审判职能作用，认真履行宪法和法律赋予的职责，积极为我区的经济发展、改革开放和社会稳定提供法律服务和司法保障，各项工作取得了较好的成绩。

四年来，共受理各类案件6450件，其中刑事案件388件、民商事案件3729件、行政案件43件、执行案件2290件。其中2006年受理各类案件1371件，结案1300件，结案率95%。

（一）严厉惩治犯罪，促进平安郊区建设。区法院坚持把维护社会稳定、促进社会和谐作为审判工作的首要任务，依法打击各类犯罪活动，四年来共受理刑事案件

388件，审结388件（其中2006年受理95件160人）结案率为100%。一是坚持严打方针，开展专项斗争。根据我区社会治安状况和刑事发案特点，及时组织开展“打黑除恶”专项斗争，把抢劫、重大盗窃等严重刑事犯罪和带有黑社会性质的犯罪团伙作为打击重点，依法从重惩处了一批重大盗窃犯、盗窃惯犯及抢劫犯，特别是对盗窃团伙和抢劫团伙的首要分子给予了严厉惩处。共审理抢劫、强奸等严重刑事犯罪案件139件176人，占刑事案件总数的42%，特别是2005年以来，我院与公安、检察机关密切配合，适时开展了打击私挖滥采的“春雷”行动，并在财力、物力、人力等方面予以倾斜，迅速形成了高速运作的严打态势，共审结此类案件型6件，判处罪犯6人，有力地震慑了破坏国家资源的犯罪活动。同时对贪污、贿赂、职务侵占等犯罪依法予以严惩，依法及时审理了原盂县安监局局长韩斌巨额财产来源不明、受贿等在我市影响重大的案件，其中2006年审结此类案件5件7人，有力地推动了反腐败斗争。二是转变执法理念，强化案件质量。我们坚持罪刑法定原则。严把案件的基本事实关、证据关和适用法律关，力求使每个案件办成经得起时间检验的铁案。特别是在执法理念上，注重司法领域的人权保护，变有罪推定为疑罪从无，四年来共宣告2人无罪。同时认真贯彻宽严相济的刑事审判原则，对能主动投案自首、认罪态度好、积极退赃以及偶犯、失足青少年罪犯，根据法定情节依法予以从宽处理；对符合判处缓刑条件的依法判处了缓刑。三是参与综合治理，注重社会效果。通过公开审判，开展法制宣传教育，扩大办案的社会效果。针对案件审理过程中所反映出的问题，及时向有关部门提出司法建议30余条，以堵塞漏洞，强化监管。贯彻教育、感化、挽救的方针，配合有关部门落实帮教措施，预防和减少未成年人犯罪。对婚姻家庭、邻里纠纷、亲情之间因生活琐事引起的偶发性激情犯罪和交通肇事犯罪，在妥善处理好民事赔偿问题的前提下，依法适用缓刑、管制、拘役等较轻刑罚，消除积怨，维护社会长久安定。

（二）依法调处民事关系，促进和谐郊区建设。区法院把审理民事案件作为化解社会矛盾、维护社会稳定的重要工作，不断总结经验，依法妥善解决各类民事纠纷，共受理各类民商事案件3729件。其中2006年受理774件，审结743件，结案率为96%。一是围绕工作大局，服务经济发展。我院将区委、区政府的重大决策和部署与有关法律法规有机结合，以维护市场主体合法权益、促进经济发展为主线，紧紧围绕全区工作大局，加大合同案件的审理力度，开展了清理外欠债权服务。四年共审结合同案件1313件，占民商事案件总数的35%。并先后到20余个省市，清回债权4300余万元，为我区“大发展”注入了活力。同时在审理企业改制案件中，加强与相关部门的联系协调，最大限度地实现改制企业债权、解决改制企业债务、保护企业职工权益，促进了企业改制工作的顺利进行。二是抓住社会热点，消化矛盾纠纷。随着农村经济的不断发展，涉及农村生产及农民利益的土地、相邻、宅基地、承包纠纷等案件在我区不断出现，处理不好容易激化矛盾，为此我们把涉农案件作为促进新农村建设的重点，坚持繁案精办、简案快办的原则，实行案件繁简分流审理制，并加大巡回审理力度，就地取证，就地调查，就地开庭，大大缩短了办案周期，降低了诉讼成本，减轻了群众诉累，由此打击和制裁了各种坑农害农行为，保护了农民的合法权益，维护了农村生产和生活秩序。四年来及时审理涉农纠纷 477 件，依法适用简易程序审理民商事案件约占审理案件总数的 30%，巡回审理率占 45%。三是强化调解手段，促进社会和谐。按照“能调则调、当判则判、调判结合、案结事了”的要求，我院加大调解工作力度，用足用好调解手段，做到合情、合理、合法，在婚姻、家庭、赡养等案件的审理中，注意保护妇女、老人、儿童和无过错方的合法权益，引导当事人正确处理婚姻家庭关系，树立良好的道德风尚。在群体性案件的审理上，只要有一点点的调解可能，我们就努力去争取，晓之以理，动之以情，导之以法，力争把矛盾化解在基层，消除在萌芽。四年来，调解结案占案件总数的 60% 以上。

（三）加强协调机制，审理好行政案件。随着法制的不断健全和公民法律意识的不断增强，行政案件受理数呈逐年上升趋势，四年来共审理行政案件 43 件，其中 2006 年受理 8 件，结案 7 件。工作中，我们坚持从促进依法行政和维护社会稳定的大局出发，积极做好疏导和协调工作，及时化解矛盾，减少社会不稳定因素。在非诉行政执行尤其是房屋拆迁等矛盾较为尖锐的案件时，注重加强与政府有关部门的沟通，仔细研究最佳执行方案，既保障行政行为的顺利开展，又注意维护人民群众的合法权益。同时我们先后到区直有关单位进行行政执法指导，为行政执法单位上法制课 8 次，召开座谈会 3 次，及时解决行政机关在执法中遇到的问题，帮助行政机关提高执法水平。

（四）加强执行工作，维护法律权威。针对案件判决后执行难的问题，区法院在过去的四年中努力克服各种困难，不断加强执行工作，扭转执行难的被动局面。共受理执行案件 2290 件，执结 1993 件，执结率为 87%。其中 2006 年受理 255 件，执结 234 件，执结率 95%。一是不断加大执行力度。对有执行条件的案件依法引导当事人履行义务，对涉及困难群众利益和社会稳定的案件，优先予以执行，对拒不执行法院裁判、暴力抗法的行为，依法予以严厉制裁，以维护法律权威。四年来，共对 13 人 / 次采取了司法拘留措施。同时适时组织集中执行活动，共开展大型集中执行活动 6 次，收到了良好的执行效果。二是改进执行方法。针对不同的案件制定不同的执行措施，采取执行和解、分期执行、债权转股、抵债返租等各种方法，努力使债权人的合法权益得以实现。同时注意从维护稳定的大局出发，深入细致地做好工作，力求做到强化执行与取得最佳社会效果的统一。对事关群体性案件，及时向区委人大请示汇报，向政府及有关部门通报情况，争取支持，防止矛盾激化。同时坚持内部交叉执行和外部协调执行相结合，强制执行和执行和解相结合，采取执行情况通报、执行听证和强化申请执行人举证责任等措施，收到明显效果。三是建立执行长效机制。2005 年，我院在总结以前执行驶作的基础上，建立了以执行局为龙头，实行统一管理、统一协调的执行工作新机制。执行局下设五个执行大队，两个大队专司旧案、积案的执行，三个大 队专门对口执行当年的新案件，有效避免了“旧案未执行，新案变积案”现象。

（五）积极推进审判方式改革，提高审判质量和效率。为了提高办案效率，保证办案质量，区法院不断完善审判管理制度，加强审判监管，保证立案及时准确、裁判公正高效、执行迅速有力、管理规范有序。一是强化审判流程管理。在全面落实立案、审判、执行和监督相分立的审判管理机制的基础上，认真总结经验，制定了《审判流程管理办法》，对各类案件的立案、送达、开庭审理、结案、审理期限、执行、案卷归档等各个环节进行科学、规范的管理。认真落实案件评查制度。共评查各类案件3243件，其中优秀良好2756件，占评查总数的85%。二是建立和落实各项便民措施。积极开展爱民、便民、利民的司法服务活动，将司法为民的各项措施落实到审判工作的各个环节。共为38名人身受到损害而无力支付医疗费用的当事人先予执行费用32万余元；对4件拖欠农民工工资的案件通过院领导亲自督办，及时得到结案；对136名符合救助的当事人减、免、缓诉讼费用27万元；向17名特困当事人捐款捐物金额达2万余元。三是做好涉诉信访工作。通过加强信访接待力量和制度建设，规范信访工作程序，为群众排忧解难。共解答群众来信212件，接待群众来访520人（次），解决上访案件39件，有效地防止了矛盾激化和群体性事件的发生。四是全面落实人民陪审员制度。2005年，会同司法行政机关完成了人民陪审员的培训和任职工作，区人大常委会任命了24名人民陪审员。2006年审理的案件中，人民陪审员参加审理的案件约占受理案件总数的30%，为人民群众参与和监督审判工作提供了条件。

（六）加强队伍建设，提高司法能力。法院队伍素质的高低，直接关系到司法公正。因此，四年来，我们始终不渝地坚持从政治思想的教育整顿、业务知识的学习培训，管理制度的制定完善等方面加大力度，促使队伍整体素质的提高，为公正执法奠定了坚实基础。一是以开展各种教育整顿活动为契机，努力提高干警的政治素养。按照区委和上级法院的安排部署，四年来，我院认真开展各种形式的政治思想教育整顿活动，如2003年的政法系统警示教育、法院系统“回顾过去、开拓未来”活动；2004年的“司法公正树形象”活动；2005年的保持共产党员先进性教育、“规范执法行为，促进执法公正”活动；2006年的社会主义法治理念教育活动及以“八荣八耻”为主要内容的社会主义荣辱观教育活动等，院党组对这些旨在提高队伍思想政治素质和工作作风的教育整顿活动都予以高度重视，将其作为当年的重要工作来抓，成立了相应的组织领导机构，制定出实施方案，并扎扎实实地抓好落实，不搞形式、不走过场。通过这些活动的开展，提高了干警的政治业务素质。二是扎实推进司法能力建设。以岗位培训、能力培训为重点，结合审判实践开展“一素养三能力”培训，不断提高法官职业素养和庭审驾驭能力、裁判文书制作能力、法律适用能力。邀请了省法官学院的讲师为干警讲课。鼓励审判人员在审判实践中研究疑难问题，开展应用型审判研究，自我学习提高。组织开展审判能力集中考评和优秀审判文书评选活动，对在审判岗位上的审判人员庭审能力、裁判文书制作能力和法律适用能力进行一次量化考核，通过考核，在全院形成一股比能力、争先进的良好氛围。三是继续抓好廉政建设。年初院党组书记与党组成员签订了党风廉政建设责任书，党组成员与分管庭室负责人签订了廉政建设责任书，形成了党组为中心，纪检组具体抓，层层抓落实的廉政建设格局。坚持警示教育经常化，每月将两期警示教育材料发放给全体干警，增强了干警防腐拒变的“免疫力”。加强与社会廉政监督员、人民陪审员的联系，强化对干警八小时外廉政情况的监督。四是以制度建设为依托，创新管理机制。在人事制度上，2004 年，我院坚持以人为本的方针，确定了“压缩后勤，充实一线，减少内耗，提高效能”的工作思路，全面推行了“双向选择、优化组合、留职换岗、强化考核”人事动态管理制度。同时为优化审判资源配置，调动广大干警的工作积极性，提高工作质量和效率，2006 年，我院按照民主、公开、竞争、择优的原则，对中层领导干部进行了一次调整。通过调整极大地调动了广大干警的积极性。在队伍管理上，我院本着“两手抓、两手硬”的原则，把管好自己人作为管理工作的第一任务，制定和完善一系列规章制度，对八小时之内应该干什么，八小时之外不该做什么，做了详细的规定。并全面贯彻落实执法责任制和错案追究制以及最高院的两个办法，用制度约束规范干警行为，使干警的执法行为置于强有力的管理监督之中。

（七）不断加强基础设施建设，执法条件得到明显改善。在区委、区政府和相关部门的大力支持下，我院按照“规范化、制度化”的要求，不断加强基础设施建设，努力改善执法条件。2005 年，利用国家支持“两所一庭”建设的有利时机，争取到了审判综合大楼国债项目工程和河底法庭基建工程资金。目前，河底法庭建设资金也已到位。审判综合大楼按照最高人民法院《基层人民法庭建设标准》和“功能齐全、设施完善、庄重实用、适度超前”的要求设计，主体工程已基本完成。

二、四年来法院工作的体会与存在的困难

过去的四年，区人民法院在审判工作、队伍建设、法院改革、基础设施建设等方面取得了一些成绩，回顾四年的工作，主要体会是：第一，始终坚持为大局服务的指导思想。围绕区委和区政府的中心工作和改革发展稳定的大局，不断增强全局观念和服务意识，树立社会主义法治理念，充分发挥审判工作维护稳定、促进发展、保障改革的职能作用。第二，始终坚持紧紧依靠区委的领导，自觉接受人大的监督，积极争取政府和有关部门的支持，虚心听取社会各界和人民群众的意见，以此作为不断加强和改进法院工作的动力。第三，始终坚持以“公正与效率”为主题，落实便民、为民、利民措施，努力提高审判质量和效率，树立人民法院公正司法、全心全意为人民服务的良好形象。第四，始终坚持与时俱进、改革创新的精神，立足实际积极探索推进法院改革的新思路、新举措，以改革为动力，推动法院各项工作不断向前发展。第五，始终坚持以提高队伍素质为根本，大力加强队伍建设，努力造就一支政治坚定、业务精通、作风优良、执法公正的法官队伍，为审判工作的发展提供有力组织保障。第六，始终坚持审判工作和司法行政工作统筹兼顾、共同发展的原则，切实抓好后勤、技术装备、基础设施建设、司法警察等各项工作，不断改善物质装备条件，为审判工作的发展提供有力的保障和服务。

第一，必须依靠党的领导和人大监督，大力加强党的执政能力建设，为和谐郊区建设大局服务。中国共产党是领导我们一切事业的核心力量，人民代表大会是我国的根本政治制度。无论形势如何变化，人民法院都必须自觉地把法院工作置于党的绝对领导和人大的法律监督之下，自觉地为党的中心工作服务，为经济社会建设服务，为和谐社会建设服务。四年来，区法院始终坚决贯彻区委的各项工作部署和区人大的各项决议决定，坚持所有重大事项都及时向党委、人大报告制度，主动接受党委领导和人大监督。在总体部署 和具体工作中积极围绕全区中心工作，全面落实科学发展观，树立现代司法理念，充分发挥审判职能作用，打击犯罪，保护人民，化解纠纷，构建和谐，自觉地为大局服务，区法院工作才始终保持了良好的发展势头，各项工作才取得了新的进展。

第二，必须坚持“公正司法，一心为民”的指导方针，更好地履行人民法院审判职责。“公正司法，一心为民”是人民法院根本的工作追求和价值观所在。四年来，区法院不断强化司法为民意识，落实司法为民举措，建立规范法官行为的长效机制，使司法工作真正体现人民群众的愿望，维护人民群众的合法权益，使审判工作始终围绕公正司法这条主线不动摇。正是因为如此，才树立起人民法院公正司法的形象，树立起人民法官可亲、可信、可敬的形象，司法权威得以维护，司法公信力得以增强。

第三，必须紧紧抓住司法改革这个重点，推进法院工作的全面发展与进步。人民法院改革是经济社会全面协调可持续发展的必然要求，是全面加强党的执政能力和构建社会主义和谐社会的必然要求。四年来，区法院始终贯彻解放思想、实事求是的思想路线，坚持以审判改革为重点和龙头，把握机遇，积极探索，以点带面，大胆改革，锐意进取，有计划、分步骤地大力推进法院改革，基本建立起了体现现代审判规律与特点的、符合现代司法理念要求的新审判运行机制和管理机制。

第四，必须抓住队伍建设这个根本，为增强司法能力、提升司法水平提供坚强的组织保证。人民法院要充分发挥职能作用，不断增强司法能力、提升司法水平，队伍建设是重要保证。四年来，我法院以公正司法为核心，以专业化建设为方向，在思想政治、职业道德、纪律作风和专业化建设等方面常抓不懈，并不断推向深入。区法院结合实际，认真开展了先进性教育等一系列活动，加强党风廉政建设，加大业务培训力度，落实科学发展观，树立社会主义法治理念，基本建立起一支政治坚定、业务精通、作风优良、司法公正的高素质法官队伍。

各位代表，过去的四年，我院所取得的这些成绩，是区委正确领导、人大、政协有力监督、政府和社会各界大力支持的结果，也是广大法官和全体法院工作人员辛勤工作的结果，在此，我代表区人民法院向关心、支持、理解法院工作的各位领导、人大代表和政协委员表示衷心的感谢！

在充分肯定成绩的同时，我们也清醒地看到法院工作仍存在不少困难和问题，主要表现在：我区社会治安形势依然严峻，盗窃犯罪居高不下，未成年人犯罪不断上升，劳动争议、房屋拆迁、土地塌陷和征用土地纠纷等深层次的矛盾不断出现，交通肇事引发的刑事、民事案件增多，给审判工作带来的困难和压力越来越大。我们在工作中还存在许多不足和问题：一是一些法官思想素质不高、司法理念滞后；二是少数法官审判作风不正、办事拖拉；三是个别案件审判质量不高，裁判不公现象依然存在；四是影响解决执行难的因素未得到根本解决；五是基础设施及配套建设资金缺口较大等等。对上述问题，我们将在今后的工作中采取各种措施，克服困难，着力加以解决。

三、关于今后的工作打算

今后五年，是实施“十一五”规划、全面构建和谐社会的关键时期。我们的主要工作任务是：高举邓小平理论和“三个代表”重要思想伟大旗帜，深入贯彻党的十六届六中全会精神，按照区委七届二次全会提出的总体要求，围绕和谐郊区建设，以“作风建设年，狠抓落实年”活动为载体，创新工作机制，践行司法为民，努力营造“权利受尊重、纠纷可诉求、利益得维护、公正有保障”的法治环境，促进全区经济社会又好又快发展。着重要抓好以下几个方面的工作。

一、以“三个代表”重要思想、科学发展观统揽工作全局。深刻领会“三个代表”重要思想和科学发展观的内涵和精神实质，牢固树立社会主义法治理念，把握好审判工作的政治方向。牢固树立法院工作为区委和区政府工作大局服务、为改革开放和经济发展服务的观念，增强责任感和使命感，充分发挥审判职能作用，为实现全区经济快速发展、社会和谐稳定提供有力的司法保障和法律服务。进一步加强法院领导班子建设，努力提高队伍的政治素质和业务能力，不断开创队伍建设的新局面。

二、以审判工作为中心，努力提高审判和执行工作水平。一是进一步加强刑事审判工作。依法审理好各类刑事案件，切实把握好事实证据关、程序关和适用法律关，树立铁案意识，确保办案质量。认真做好社会治安综合治理工作，加大普法治理工作力度，全力维护社会稳定，从源头上预防和减少犯罪。二是大力加强民商事审判工作。认真审理好改革和发展中出现的各类案件，依法规范经济秩序，促进经济健康持续发展。加强企业改制等各类案件的审判工作，促进公平竞争、诚实信用的市场经济体系的建立。 加强对民间纠纷的调解力度。依法妥善处理好婚姻家庭、继承、人身损害赔偿等民间纠纷案件，依法保护妇女、儿童、老人的合法权益。从建立和谐郊区的高度，加强对群体性纠纷案件的处理，及时做好教育疏导工作，防止矛盾激化。三是积极稳妥地审理好行政案件。随着依法治国方略的逐步推进，起诉到法院的行政案件将会增多。要把加强行政审判工作作为一项重要工作来抓，依法保护公民、法人和其他组织的合法权益，促进行政机关依法行政。四是进一步加大执行工作力度。探索和改进执行工作的新思路、新措施，进一步争取社会各界的支持，建立健全统一领导、管理科学、监督有力、执法规范、廉洁高效的执行工作运行机制，认真贯彻落实执行长效机制，扭转执行难局面。五是加强和规范立案、审判监督工作。严格依法受理各类案件，自觉接受人大监督，及时主动报告各项工作，加强与人大代表的联系和沟通。进一步加强司法救助工作，依法为符合救助条件的刑事被告人提供司法救助，积极为处于弱势地位的当事人提供诉讼指导和司法帮助。

三、以规范化建设为主线，努力提高管理水平。建立科学、完善、高效的管理制度，使法院的每一项工作都能做到有章可循、有据可依，进一步将法院工作运行程序向社会公开，增强透明度，提高公信力，让老百姓清清楚楚地看到法院办案每一步是怎样操作的，明明白白地懂得打官司为什么有输有赢，以更好地接受人民群众和社会的监督，树立人民法院公正执法的良好形象。要狠抓信访窗口建设，制定信访的接待程序及具体要求，做好每件信访案件的审查处理工作。

四、以法院队伍建设为保障，大力推进法官职业化建设。要进一步加强思想作风教育和职业道德教育，扎实推进“作风建设年，狠抓落实年”等各项活动，时刻牢记“公平和正义”的神圣使命、增强责任感和使命感，牢固树立正确的世界观、人生观和价值观，培养和发扬艰苦奋斗、乐于奉献、清正廉洁的工作作风，确保队伍的凝聚力和战斗力。要进一步健全党风廉政责任制，落实“一岗双责”，加强对队伍的监督管理。

五、抓好基础设施和信息化建设，不断向现代化法院迈进。一是努力克服困难，争取各方面的支持，按照“功能齐全、设施完善、庄重实用、适度超前”的要求建设好审判综合服务大楼，力争在2007年10月投入使用；二是抓好审判综合服务大楼中局域网、视屏系统、监控系统、安检系统等电子信息化建设，并与市中级法院、省高级法院三级联网，实现信息化办公，向科技要质量、要效率；三是要进一步改善办公条件。

各位代表，在新的一年里，区人民法院审判和其他工作任务繁重，我们一定要在区委的正确领导、人大的有力监督、政府的大力支持下，认真履行宪法和法律赋予的审判职责，以昂扬的斗志、饱满的热情、奋进的精神，认真搞好法院各项工作，为我区的社会稳定、经济发展做出新的贡献。

阳泉市郊区人民法院二〇一一年工作报告

——2011年6月9日在阳泉市郊区第十七届人民代表大会第一次会议上

郊区人民法院院长 冯晋明

各位代表：

现在，我代表郊区人民法院向大会报告工作，请予审议。并请区政协各位委员和其他列席人员提出意见。

四年工作回顾

在区委、区人大和上级法院的领导、监督、指导下，我院坚持以邓小平理论和“三个代表”重要思想为指导，牢固树立“三个至上”，认真践行科学发展观，紧紧围绕社会矛盾化解、社会管理创新、公正廉洁执法三项重点工作，切实在能动司法、和谐司法、公正司法、廉洁司法上下功夫，认真履行审执职能，努力为大局服务，为人民司法，推进了法院各项工作全面发展进步。

一、强化能动司法，服务发展大局

四年来，我院充分发挥审判、执行职能，共受理各类案件7575件，其中刑事案件481件、民商事案件4212件、行政案件69件、执行案件2813件。其中2010年受理各类案件1627件，审结1522件，审结率为94%，执结率78%。

维护稳定是人民法院的首要任务，我院充分运用刑事法律武器，依法惩处各类犯罪。四年来共受理刑事案件481件，审结481件，结案率为100%。（其中2010年受理161件，审结161件）。工作中，一是坚持严打，维护社会稳定。我们依法严厉打击危害国家安全、破坏市场经济秩序等各类严重刑事犯罪活动。共审理危害公共安全案件57件，侵犯公民人身权利、民主权利案件106件，侵犯财产案件124件。二是明确重点，开展专项斗争。我院与区公安、检察、国土等部门密切合作，适时开展了打击非法采矿、重大安全责任事故等犯罪的专项斗争，打掉非法采矿犯罪团伙6个28人，对杨家庄兴通烟花爆竹有限公司和荫营煤矿等重大安全责任案件的事故直接责任人依法予以惩处，并对负有领导和监管责任的有关人员以玩忽职守罪予以刑事追究。三是惩治腐败，严惩职务犯罪。我们严惩贪污、受贿、渎职等职务犯罪，依法审理了原平定县县委常委、宣传部长梁岗平，原阳泉华越机械有限责任公司董事长冯礼堂等贪污受贿案件37件，有力促进了反腐斗争。四是宽严相济，拓展庭审功效。我院坚持注重惩罚犯罪与人权保护并重的原则，稳妥适用非监禁刑。依法对过失犯罪、轻微犯罪、认罪态度好、有悔过的被告人适用了缓刑。四年来，判处十年以上有期徒刑51人，五至十年62人，五年以下241人，判处缓刑183人。在未成年人刑事审判工作中，全面推行"圆桌审判"方式，寓教于审，在关爱中实现帮教，并聘请23名社会调查员，拓展了帮教功效，未成年人犯罪案件明显下降。

民事审判维系社会和谐，担负着化解社会矛盾的艰巨任务。四年来我院共受理民商事案件4212件，审结3957件（其中2010年受理1038件，审结1004件）。一是调解优先，妥善解决民事纠纷。我院坚持"能调则调、当判则判、调判结合、案结事了"的原则，将调解率作为民事审判年度考核的重要指标之一，把调解贯穿于立案、审理、执行、再审、信访等工作的各个环节，妥善处理社会各方面的利益关系，有效化解了社会矛盾，最大限度地实现了案结事了。四年来，民事案件调解结案2413件，调解率达61%。二是围绕中心，提供优质司法保障。近年来，"阳五高速"、"漾泉大道"、城镇改造等重点工程和重点项目相继开工，我院针对房屋拆迁、企业搬迁、土地征用等案件上升的问题，按照区委部署，全力提供司法服务和保障，四年来，及时审理涉及重点工程的案件88件，提供案外服务113件次。三是巡回办案，注重办案社会效果。在传统案件的审理中，我们坚持诉讼便民原则，根据人民群众的司法需求，改变传统的"坐堂办案"审理方式，将庭开到田间地头，乡村农户，就地取证，就地开庭，就地解决问题，减轻了群众诉累，教育了一方百姓。四年来我院民事案件巡回审理率达43%。四是服务大局，创优辖区发展环境。我们紧紧围绕发展要务，加大经济合同类纠纷案件的审理力度，有效地为辖区多元化市场主体提供了司法保障，用准用足用好法律手段，力求法律效果与社会效果的统一。四年来，受理各类商事案件2173件，审结1956件，为全区各类工商企业清理债权近2亿元。

我院积极化解行政争议，促进依法行政。四年来，共受理行政案件69件，审结69件（其中2010年受理6件，审结6件）。在规划许可、房屋拆迁、环保治理等案件中，加强行政协调力度，推进调解方式解决行政争议，促进行政案件双方当事人相互理解和信任，依法支持行政机关依法行政，加强协调沟通，既保障行政行为的顺利进行，又注重维护人民群众的合法利益。同时对在审理中发现的问题和不足，我院及时向行政机关提出司法建议67件次，有效促进了行政机关的依法行政。

执行工作是实现公平正义的最后一道环节，事关当事人权益的实现。我院针对造成执行难的诸多原因，进一步加大执行力度，收到良好的效果。四年来，共受理执行案件2813件，结案2024件，执行到位总标的2.6亿元。工作中。一是规范执行，完善工作机制。我院严格按照上级的要求，对执行工作进行全方位的信息化管理，进一步规范执行行为，强化执行公开，规定执行期限，严格暂缓、中止、终结执行的条件。加强了对委托评估拍卖、财产查封、扣押、冻结、执行款物保管交付等执行重点环节的制度建设。二是多措并举，强化执行威慑。在执行的具体措施上，特别强调执行工作社会效果和法律效果的统一，坚持内部交叉执行和外部协调执行相结合，强制执行和执行和解相结合，对涉及民生的案件，优先立案、优先执行、优先分配、优先支付，使执行工作得以有效开展。三是集中突击，清理执行积案。我院于2009年根据最高人民法院关于开展集中清理执行积案活动的统一安排，认真落实执行工作联席会议制度，继续完善“党委领导，人大监督，政府支持，政法委协调，人民法院主办，社会各界配合”的执行工作格局，圆满完成了清理执行积案任务，共清理执行积案487件。

二、推进和谐司法，践行为民宗旨

和谐司法是形势所需，为民司法是人民法院人民性的体现。四年来，我院牢固树立司法为民意识，从和谐司法上切入。一是服务三农，关注民生民计。针对涉及农业、农村、农民案件占我院所审民事案件总数80%以上的实际，我院审判工作重点向服务三农倾斜，高度重视涉及民生案件的审理。四年共审结婚姻家庭、人身损害、劳动争议和财产权属确认等案件2039件。切实做好涉诉妇女、儿童、老人、残疾人以及下岗职工、农民工的维权工作，为妇女、儿童、老人追索抚养费、抚育费、赡养费415万元，为务工农民追索劳动报酬628万元。基层人民法庭发挥前沿阵地作用，加强对人民调解组织的业务指导，初步形成了司法调解、人民调解、行政调解相结合、诉讼与非诉讼相衔接的矛盾纠纷解决机制。四年来人民法庭巡回审理率达65%，诉前调解纠纷218件。二是强化措施，完善便民机制。深化立案信访窗口文明创建，设立导诉台、导诉员，为当事人提供立案接待、诉讼引导、材料收转等“一站式”服务。对一些法律关系明确、争议不大的纠纷，当日立案，当日调处，力争当日兑现，对于符合立案条件的案件，当日立案率达100%。积极推行简单案件简化审，提高审判效率，降低诉讼成本，简易程序适用率达52%，案件平均审限为29天。同时认真落实司法救助制度，向96名特困当事人发放救助金45万元，为41名符合救助条件的刑事被告人指定了辩护人，为生活确有困难的196名当事人和26个困难企业减、免、缓诉讼费用108万元。三是多措并举，化解信访矛盾。着力解决信访合理诉求，坚持领导约访和定期接访制度，院领导共接待群众来访2185人次，督办各类案件417件。大力开展集中清理涉诉信访积案专项治理，既注重解决法律诉求，又积极化解“法度之外、情理之中”的问题，努力探索“诉访分离、诉访相济，多元疏访，息诉罢访”的信访工作机制，着力破解涉诉信访难题，找准解决问题的突破口和切入点，以扎实有效的工作化解了信访矛盾。四年来，12件上访老案都得以彻底解决。四是明确责任，搞好稳控安保。为搞好安保稳控工作，我院成立了工作领导组，责任到人，措施到位，努力做到，纠纷矛盾早排查，隐患问题早发现、矛盾纠纷早解决。如阳光购物中心预售商品房纠纷一案，涉及108户群众，标的达1200余万元，涉案群众情绪很不稳定。为此我院及时予以审理执行，执行案款全部兑现，妥善化解了纷争。四年来共化解群体性纠纷24件。

三、立足公正司法，深化机制建设

司法公正是对人民法院的本质要求，为此我院在深化机制改革上下大力，做文章。一是加强和创新审判管理。强化审判流程管理，完善审判绩效考评体系，实现从单一结果管理向审判过程的节点控制、流程监督、结果评价的动态监控转变，促进审判、执行工作规范运行。同时强化案件质量监督，将案件评查与责任倒查紧密结合，对查出的问题，集中归类，分析原因，提出纠正问题的措施和办法。四年来，我院每年自查、评查案件600余件。二是加强和推进司法公开。我院出台31项措施，全面落实立案、庭审、执行、听证、文书、审务六大公开。加大判后释疑力度，对所审结的案件就判决理由、事实依据，适用法律条文等向案件当事人进行说服解释，让当事人全面理解法院裁判的公正性、合法性，增进群众对裁判结果的理解和认同。2010年，判决案件服判率达91%。同时认真落实最高法院《关于人民陪审员参加审判活动若干问题的规定》，充分发挥人民陪审员来自基层，了解民情，善于疏导的特点，积极开展人民陪审员的选任工作，人民陪审员由12人增加到23人，增强了人民陪审力量，仅去年人民陪审员参与审理案件380余件。三是加强和规范量刑工作。认真贯彻最高法院《关于开展量刑规范化的工作方案》，组织学习培训，加强检查指导，开展庭审观摩，积极稳妥地推进量刑制度的改革。以量刑程序的公开、透明、规范为重点，大胆探索实践，为完善和规范量刑制度积累了宝贵经验。四是加强和规范司法委托评估拍卖机制。针对过去对外委托工作中存在的问题，我院成立了司法辅助工作办公室，采取了司法鉴定归口管理等措施，将涉讼资产的司法委托评估、拍卖、变卖事项一律纳入社会公共交易平台运行。由此使委托评估、拍卖的过程更加公开透明，程序更加规范，有效维护了各方当事人的合法权益。五是加强和改善审委会的审判职责。认真落实最高法院《关于改革和完善人民法院审判委员会制度的实施意见》，充分发挥审判委员会在总结审判经验，审理疑难、复杂、重大案件中的重要作用，就预防和惩治恶意诉讼、部分特殊债务纠纷的审理、无证驾驶情形下交强险的适用等审执工作中遇到的新情况、新问题，适时提出指导性意见，统一裁判认识和尺度，切实履行监督、管理、指导审判工作的职责。

四、突出廉洁司法，狠抓队伍建设

高素质的干警队伍是确保公正廉洁司法的关键。四年来，我院按照“抓班子、带队伍、促公正”的要求，狠抓干警队伍建设，有效提高了干警的综合素质。

加强思想政治教育。我们把提高队伍思想政治素养，作为提高队伍战斗力的首要工作，明确定位、优先部署、率先推进。狠抓三个结合，一是把提高队伍政治素养与政治活动有机结合起来。近几年，我们先后开展了“人民法官为人民”、“学习实践科学发展观”等活动，精心研读文件精神，理清思想脉络。坚持周一学习制度，进一步强化了干警的政治素质和政策能力。二是把提高队伍政治素养与法院文化建设有机结合起来。开展了“党在我心中”、“为民司法”演讲比赛、文艺汇演、学习心得体会交流等内容丰富、形式多样的文化活动，通过文化建设促进队伍文化修养和司法理念的全面提升。三是把提高队伍政治素养与“创先争优”活动有机结合起来。大力宣传、表彰先进典型，开展了学习、办案之星等竞赛活动，营造你追我赶、负重拼搏的氛围，体现了公正、廉洁、高效的司法文化精神，弘扬了崇廉尚洁的司法正气。

加强司法能力建设。将提高化解矛盾和司法为民的能力作为教育培训的核心内容，实现培训由理论研究型向理论与实践结合型转变，由知识型向知识与能力结合型转变，着重培养干警的群众工作能力。四年来共派出 28 人次参加了上级法院组织的业务培训 42 次，外出受训人员制作教育培训课件，为全院干警授课，组织开展培训活动 23 期。在新的法律法规颁布后，及时组织全院干警进行集中辅导。并通过专题研讨等形式进行学习成果深化。同时广泛组织庭审观摩、司法警察警务考核、审判理论研究等活动，并对新聘用的书记员进行业务培训，有力地促进了队伍业务能力的提高。

加强廉政风险防控。我院把廉政教育经常化，班子成员带头讲廉政教育课，深入开展司法廉洁大讨论活动，深刻反思在法官队伍管理、权力运行监督等方面存在的问题，有针对性地开展诫勉、警示谈话，组织干警旁听职务犯罪庭审活动，引导法官加强自我约束。同时每月两期警示材料发放干警手中，让大家从中汲取教训。特别是针对不同岗位特点，认真查找出可能诱发不公、不廉问题的重点环节及风险点，研究制定防控风险发生的具体措施 48 条；加强对“人情案、关系案、金钱案”的专项治理；充分发挥廉政监督卡的作用，对关键岗位和重点环节进行直接实时监督，使廉政风险的防控真正落实到办案全过程；围绕落实“五个严禁”，以群众观念、庭审规范、司法礼仪、警车使用、便民措施为重点，深入基层法庭以及立案、信访等窗口部门和庭审现场，开展司法巡查，及时纠正司法活动中的不规范行为。

五、主动接受监督，建设人民信任的法院

更加主动地接受国家权力机关监督。我院认真落实监督法，完善与人大代表联系制度，先后就审判工作和队伍建设等情况向市、区人大常委会报告工作，逐项落实审议要求。并定期邀请人大代表视察法院、旁听庭审、参与听证、监督案件审判和执行。并采取座谈、上门走访、电话回访等形式，虚心征求意见。认真办理人大交办事项和代表意见、建议，及时报告办理进度和结果。2010 年采取各种形式联系各级人大代表 123 人次，市、区人大交办的 5 项建议全部按期办结，回复率为 100%。同时进一步加强与政协和各民主党派、工商联、无党派人士的联系沟通，进一步促进我们的工作。

各位代表，区人民法院工作在你们的关心、支持和监督下取得了新进展。四年来共有6个集体和32名个人受到市级以上表彰，未成年综合审判庭受到全国妇联的表彰，区法院被省劳动竞赛委员会、省高院荣记一等功。回顾四年的工作，主要体会是：一是始终坚持党的领导。党的领导是审判工作的政治保障，我们始终把法院工作置于党的绝对领导之下，围绕区委和区政府的中心工作和改革发展稳定的大局，充分发挥审判工作维护稳定、促进发展、保障改革的职能作用，认真贯彻区委的各项工作部署，各项工作取得一定的成绩。二是始终坚持人大监督制度。接受人大监督是司法工作的动力。四年来，我们牢固树立“监督就是爱护、监督就是支持”的思想，坚决贯彻区人大的各项决议决定，坚持所有重大事项都及时向党委、人大报告制度，主动接受人大监督。虚心听取人大意见建议，以此作为不断加强和改进法院工作的动力。三是始终坚持“司法为民”主题。我们不断强化司法为民意识，落实司法为民举措，使审判工作始终围绕公正司法这条主线不动摇。正因为如此，司法权威才得以维护，司法公信力才得以增强。四是始终坚持以提高队伍素质为根本。队伍建设是审判工作的基础和保证。四年来，区法院以公正司法为核心，以专业化建设为方向，在思想政治、廉政建设、职业道德、纪律作风和专业化建设等方面常抓不懈，培养了一支党和人民信赖的法官队伍。

成绩固然可喜，但我们清醒地认识到，面对当前社会矛盾凸显、经济形势复杂多变、社会司法需求不断增加的新形势，法院工作还存在诸多不适应的地方：一是司法能力还需进一步提高。有的案件办理质量和效率不高，有的社会效果不够好，案结事不了的情况依然存在。“执行难”的状况虽有缓解，但远未根本解决。对审判、执行中的很多新情况、新问题缺乏深入的研究和应对。对不尊重生效裁判、藐视司法权威甚至辱骂、殴打法官的现象，依法制裁的措施还不够有力。二是司法作风还需进一步改进。少数法官工作责任心不强，作风不深入、不细致，方法简单生硬，工作处于被动应付的状态，不能适应社会公众对司法工作的要求和期待。三是廉政风险的预防控制还需进一步加强。个别法官司法不公、不廉问题影响恶劣，损害了人民法官形象和司法公信力。在司法面对诸多压力诱惑的情况下，加强教育、监督、预防、查处等廉政制度建设，从严治院不能有丝毫放松。四是司法保障还需进一步给力。基层法庭装备建设滞后问题仍有待进一步解决。数字化法庭建设步伐不快，离中央关于实现庭审全程录音录像的要求尚有较大差距。对这些问题和困难，我们将在各方面的关心支持下，以更大的决心、更有力的措施，努力加以解决。

今后主要工作任务

各位代表，今后我院工作的基本思路是：以邓小平理论和“三个代表”重要思想为指导，深入落实科学发展观，全面贯彻党的十七届五中全会精神，紧紧围绕科学发展这个主题和加快转变经济发展方式这条主线，抓住人民群众最关心的公共安全、权益保障、社会公平正义问题，以深化三项重点工作为着力点，以加强法院党的建设为保证，努力创造和谐稳定的社会环境、公平正义的法治环境、优质高效的服务环境，推动审判事业全面发展进步，促进和保障“十二五”时期我区经济社会又好又快发展。

2011 年是十二五规划的开局之年，为此今年我们要做好以下工作：

（一）坚持服务大局，在推动全区经济社会又好又快发展上有新作为

坚持从全局的高度来观察、分析、解决问题，把办理具体案件与服务大局紧密联系起来，充分发挥审判职能，打击犯罪，化解纠纷，维护稳定。在刑事审判中，要进一步贯彻宽严相济刑事政策，教育多数打击少数，遏制和预防犯罪，减少社会对抗；坚持公开、公正、均衡标准，全面推行刑事案件量刑规范化改革，确保司法公正；为减少青少年犯罪，密切与有关部门的协调配合，加强对在校学生和失学青少年的教育和管理；依法惩处贪污、贿赂、渎职等职务犯罪，维护国家机关勤政廉洁形象；突出重点，严厉打击“两抢一盗”、诈骗等多发性侵财案件，保障人民群众生命财产安全。在民事审判中，要进一步贯彻“调解优先、调判结合”原则，在案结事了上下功夫。坚持依法调解，注重调解质量，提高调解效率，化解矛盾纠纷；进一步完善诉讼与非诉讼相衔接的矛盾纠纷解决机制，深化和推进“大调解”格局建设，着力构建以基层调解组织为基础，法院指导、社会参与、多方联动的民事纠纷调解工作新格局，努力从根本上化解矛盾；依法妥善审理在招商引资、片区开发、城市拆迁、新农村建设过程中引发的各类案件，注重保护消费者的合法权益，注重平等保护各类投资主体的合法权益，促进形成消费、投资协调拉动经济增长新局面。行政审判要坚持支持与监督相结合，进一步探索行政争议协调和解机制，尽力以和解方式化解行政争议，既维护行政机关的执法权威，又要保护行政管理相对人的权益。执行工作要在巩固“清积”成果的基础上，以深入开展“无执行积案法院”活动为契机，进一步夯实联动执行机制，创新执行措施、规范执行行为、改进执行工作作风、加大执行力度、加强协作配合、提高执行效率，力争使执行难问题得到有效解决。

（二）公正廉洁执法，在提高队伍素质和司法能力上有新举措

要始终把队伍建设放在首位，坚持以党建带队建，以队建促审判，为公正廉洁司法提供有力的组织政治保障。一是抓观念提升，促进队伍学习达成共识。深入开展

“创先争优”、“人民法官为人民”和“发扬传统、坚定信念、执法为民”主题实践活动，以建设学习型法院、学习型党组织为切入点，坚持“公正、廉洁、为民”的核心价值观，大力开展贴近实际、贴近审判、贴近干警的思想政治教育，着力培养良好的职业道德，进一步增强干警的大局意识、服务意识，提高干警的司法能力和做好群众工作的水平，以崭新的面貌迎接建党九十周年。二是抓管理创新，促进队伍整体焕发新面貌。要按照“整体工作抓亮点、部门工作抓特点、个人工作抓重点”的工作思路，充分挖掘队伍的潜力，进一步完善干部轮岗交流及中层干部竞争机制，优化队伍结构，激发干警的工作热情和活力；加强教育监管，建立干警业绩档案，着力解决个别干警群众观念淡薄、工作简单粗暴、损害群众利益等问题，不断改进人民法院的司法作风；以提高审判质量效率为目标，从抓制度的完善、检查、考核、落实入手，开展多形式的岗位技能竞赛，加强规范化建设，努力在创新队伍管理机制上实现新突破。三是抓司法廉洁，进一步夯实拒腐防线。充分运用正反典型和各种行之有效的方式，坚持不懈地抓好示范教育和警示教育。对容易滋生腐败的重点岗位和环节，要加强惩治和预防腐败体系建设，健全完善违纪违法责任追究等制度，努力实现制度建设与反腐倡廉同步推进。继续推行廉政监督卡制度，完善举报查处机制，以查处司法不廉为重点，坚定不移地落实“五个严禁”。通过上述措施，进一步推进队伍作风大转变、效率大提高，促进公正、高效、廉洁司法。

（三）坚持司法为民，在保障和改善民生上有新办法

坚持“一切为了群众、一切依靠群众”方针，认真落实各项便民措施，服务群众。一是加强诉讼指导工作。继续加强举证规则、诉讼风险的提示、判后释疑，为当事人正确行使诉讼权利、合法实施诉讼行为提供帮助。二是落实各项司法救助制度。对符合司法救助条件的案件，依法缓、减、免收诉讼费，确保经济确有困难的当事人能够依法行使诉讼权利，维护其合法权益。三是进一步推进和完善巡回审判制度。对涉及民生、民计，影响较大的案件，深入案发地审理，实现政治效果、法律效果与社会效果的有机统一，促进辖区的和谐稳定。四是继续深入开展送法进农家、进社区、进机关、进企业、进校园活动，不断提高人民群众的法律素质和守法用法意识。五是加大涉诉信访排查化解。始终把解决实际问题、化解社会矛盾放在首位，下大决心、花大气力对涉诉信访案件和重大矛盾纠纷问题进行全面的排查和清理，以深厚的感情、极大的耐心、严谨的作风，按照“事要解决”的要求，努力解决当事人的合法合理诉求，从源头消除隐患、解决问题。建立信访协调制度，完善信访听证机制，组织公开听证、公开质证、公开答复，将矛盾解决在基层。

（四）坚持改革创新，在深入推进三项重点工作上有新进展

深刻认识社会矛盾化解是目的、社会管理创新是手段、公正廉洁执法是保障的辩证统一关系。把深入推进三项重点工作作为法院工作的重中之重，找准切入点，在改革机制上下功夫。抓住贯彻落实最高法院“三五”改革纲要这个机遇，建立和完善重大敏感案件和社会稳定风险评估、矛盾预警、民意沟通表达、审判监督指导、司法公开等制度，规范群众诉求表达和司法权运行，保障民众权益，树立司法公信，维护社会和谐；积极探索司法为民工作机制，下决心、想办法，满足人民群众对司法的新期待、新要求；立足审判职能，探索实践社会管理的新方法、新渠道、新举措，切实加强社会管理，促进社会稳定。

（五）强化基层基础，在改善司法条件上有新的变化

抓住最高法院提出的“精力向基层集中、力量向基层加强、政策向基层倾斜”的工作思路这一发展机遇，着力在改善基层基础条件、增强基层司法能力上下功夫。以创建“优秀人民法庭”为重点，加快河底、平坦、义井三个人民法庭的基础设施建设步伐，稳步推进规范化建设。在区委的领导下、政府和社会各界的支持下，尽快完成院审判综合大楼的迁建任务，把审判综合楼建成功能齐全、外观庄严、设施先进完备、信息化程度高的现代化建筑。坚持“科技强院”，切实抓好信息化建设，认真落实省法院的统一部署，积极推进三级专网建设，重点抓好数字化法庭、计算机局域网、审判流程管理系统、执行案件信息管理系统、法院网站建设，全面实现网络化管理，在改善执法环境的同时，让辖区群众更好地享受司法资源和司法服务。

各位代表，新的一届，新的挑战，新的使命。我院将在区委的正确领导下，认真贯彻区第八次党代会精神，全面落实本次人代会各项决议，以迎难而上、积极进取的精神和勇气，以求真务实、开拓创新的作风和措施，不断开创工作新局面，为建设富裕、文明、和谐、幸福的新郊区提供更加有力的司法保障。

附：有关名词解释

1.“三个至上”：2007 年 12 月 26 日，胡锦涛总书记在全国政法工作会议代表和全国大法官、大检察官座谈会上指出，要“始终坚持党的事业至上、人民利益至上、宪法法律至上，切实承担起带领广大法官、检察官和其他工作人员保障科学发展、促进社会和谐的历史使命和政治责任，为建设公正高效权威的社会主义司法制度而不懈努力。”

2.“能动司法”：人民法院要坚持走群众路线，通过审判职能的延伸，主动介入社会纠纷的预防和处理，主动参与建立健全矛盾纠纷解决机制，善于运用社会资源化解纠纷，构筑预防、处理、化解纠纷的渠道，尽可能将大量的矛盾纠纷在进入司法渠道之前通过政治优势和社会力量得以解决。

3. 量刑规范化：2010 年 9 月 16 日，最高人民法院决定在全国法院全面试行刑事案件量刑规范化改革，目的在于进一步规范量刑活动，规范法官裁量权，同时将量刑纳入法庭审理程序，引入量刑建议，增强量刑公开性与透明度。规范裁量权，将量刑纳入法庭审理程序，是中央确定的重要司法改革项目，也是人民法院第三个五年改革纲要的重要内容。

4.廉政监督卡：法院在原告立案以及被告领取起诉状副本时向其发放廉政监督卡，当事人在案件审理过程中可以随时填写对法官的意见或建议并交付法官、法院纪检监察部门或邮寄给法院的一种制度。

5.恶意诉讼：是当事人利用诉讼为自己获取不正当利益的诉讼行为。由于恶意诉讼往往是恶意当事人牺牲对方的利益来换取自己的不正当利益，法院若处理不当不仅会侵害到当事人的个人利益，同时会影响司法的权威和声誉，因此杜绝恶意诉讼势在必行。

6.三项重点工作：2009年底，全国政法工作会议提出深入推进社会矛盾化解、社会管理创新、公正廉洁执法三项重点工作。

7.审判过程的节点控制：是指人民法院内部建立的廉政权力点、风险点防控监督体系。

8.“百万案件大评查”：去年7月全国政法系统开始进行的活动，为期三年，评查重点是涉诉信访案件，包括群众反映强烈的信访案件，结案不息访、非正常访、越级访、重复访案件等。

9.“五个严禁”：2009年1月8日，最高人民法院举行新闻发布会，向社会公布了针对当前影响司法公正和司法廉洁最为突出的问题，向全国法院提出“五个严禁”硬性规定。即严禁接受案件当事人及相关人员的请客送礼，严禁违反规定与律师进行不正当交往，严禁插手过问他人办理的案件，严禁在委托评估、拍卖等活动中徇私舞弊，严禁泄露审判工作。

10.判后释疑：是指审理案件的法官在判决生效后，针对当事人对裁判提出的疑问，从事实认定、证据采信、法律适用等方面，运用法理、情理、事理相结合的方法，说明裁判程序的合法性和裁判结果的公证性，以使当事人自觉接受法院裁判、履行生效裁判所确定义务的活动，达到对案件当事人输赢皆服的效果。

11.三级专网：三级专网是集语音专网、视频专网、数据传输专网三网合一的综合信息化网络，在上级法院和基层法院之间通过电信专网联通并实现数据传输和应用。三级专网的开通为法院推进远程立案、远程调解等方便人民群众诉讼提供了条件。

阳泉市郊区人民法院二〇一五年工作报告

——2015 年 4 月 15 日在阳泉市郊区第十七届人民代表大会第五次会议上

郊区人民法院院长 冯晋明

各位代表：

现在，我代表郊区人民法院向大会报告工作，请予审议，并请各位政协委员和其他列席人员提出意见。

2014 年工作回顾

2014 年，我院在区委的正确领导下，在区人大及其常委会和上级法院的监督指导下，在区政府、区政协和社会各界的关心支持下，深入学习贯彻党的十八大和十八届三中、四中全会精神，紧紧围绕着全区社会经济发展大局开展工作，积极开展党的群众路线教育实践和“学习讨论落实”活动，勇于担当，公正司法，积极维护社会稳定，促进社会公平正义，各项工作取得了新的进展。全年共受理各类案件 1666 件（旧存 24 件，新收 1642 件），较上年同期上升 33.8%，审结、执结案件 1587 件。

一、坚持依法履职，努力提升司法公信力

依法惩治刑事犯罪，维护社会秩序稳定。全年，刑事案件收 199 件，结 199 件。工作中，严格庭审程序，认真执行宽严相济刑事政策，重点打击侵财、涉毒、涉资源性犯罪。其中：审结故意伤害、强奸、非法拘禁等侵害公民人身权利犯罪案件 26 件，判处罪犯 28 人，保障了公民的人身安全；审结抢劫、盗窃、诈骗、敲诈勒索等多发性侵财犯罪案件 47 件，判处罪犯 73 人，维护了公民的财产安全；审结非法采矿、妨害公务、寻衅滋事等涉资源犯罪 11 件，判处罪犯 15 人，有效维护了社会管理秩序；审结容留他人吸毒等案件 18 件，判处罪犯 24 人，有力打击了涉毒犯罪行为；加大职务犯罪惩治力度，审结贪污受贿、渎职、侵占、挪用资金等犯罪案件 12 件，判处罪犯 17 人；加大未成年人司法保护力度，共审结涉少刑事案件 7 件 10 人，判处缓刑 5 人。全年，共判处刑事罪犯 207 人。其中，判处十年以上有期徒刑的有 4 人，五到十年的有19人，五年以下94人，判处非监禁刑90人。

依法化解民商纠纷，主动服务新常态。充分发挥民商审判在化解矛盾、定纷止争、规范市场秩序、促进诚信社会建设方面的作用。全年，共受理民商事案件815件，审结792件，分别比上年同期上升21.7%和26.9%，标的1.85亿元。审结婚姻家庭、继承、相邻关系、损害赔偿案件306件，及时化解了群众之间的矛盾纠纷；审结劳动合同、劳动报酬等劳动争议案件46件，维护了劳动者的合法权益；审结买卖、租赁、承包、建设工程等合同纠纷123件，依法制裁了社会违约失信行为；审结借款、担保、民间借贷案件192件，标的为3852万元，有效防范了金融风险。同时不断规范调解工作，民事案件的调撤率为56%。加强巡回审理，将法庭开到乡村农户、厂矿社区，巡回审理率为45%。

依法实施集中管辖，积极促进依法行政。2014年是实行行政案件集中管辖试点的第二年。我院认真履行司法审查职责，切实畅通行政相对人的维权渠道。全年，行政案件收24件，结24件，分别比上年同期增加了100%。其中：不服行政决定、行政登记案件9件，不服行政处罚案件5件，不服劳动和社会保障案件10件。审理中，适时向行政机关发出司法建议，促进依法行政。

依法强化执行工作，实现当事人胜诉权益。全年，共受理执行案件342件，执结286件，标的7501.56万元。针对经济下行压力加大，部分被执行人履行生效文书能力不足或故意逃避、隐匿财产等问题，我们认真做细当事人的思想工作，采取集中执行、交叉执行、“放水养鱼”等办法，力争达成执行和解，促使当事人主动履行生效文书，并将查封、冻结、拘留等强制措施当作最后的保障手段。全年，共对5案7人采取了司法拘留措施，有8案6人在被纳入失信人名单后，4人主动到法院履行了法律义务，执行和解率为43%。特别关注人身损害赔偿、劳动报酬、赡养费、抚养费等民生案件，坚持简化程序，力争达到最好最快效果，共执结此类案件24件，标的248.18万元。

依法加强立案信访工作，充分保障合法诉求。进一步完善立案信访接待机制，认真接待来访群众，继续坚持每个工作日都由一名院领导接访，及时掌握立案信访动态。全年，共接待来访群众15640人次，院领导接访3000人次，受理申请再审案件1件，办结1件。同时落实诉调对接、诉前调解等措施，共办结诉前调解案件285件，把纠纷化解在萌芽状态。建成了远程视频接访系统，为申诉信访群众提供了更加便捷高效的反映渠道。

二、践行司法为民，不断完善司法服务

推进司法公开，着力实现阳光司法。认真落实公开审判制度，除法律规定不予公开审理的案件以外，其余案件均进行了公开审判。2014年，我院把审判流程公开、裁判文书公开和执行信息公开三大平台建设作为重点工作抓好落实，先后召开了专题会议，出台相关制度，并加强考核，建立了立案、审理、执行的电子化卷宗。全年，共在中国裁判文书网上公布各类生效裁判文书423份。通过三大平台建设，当事人可以查询案件审理、执行有关信息，增强了司法透明度。同时，完善法院网站、微博、短信平台的使用功能，适应了新媒体时代的需求。目前，我院信息化建设已提前两年完成上级法院布置的任务，走在全市法院的前列。

强化诉讼服务意识，落实司法便民措施。完善诉讼服务中心建设，整合审判资源，为当事人提供一站式的诉讼服务。引导当事人正确使用查询一体机，全年为300余名当事人提供了查询服务。对残疾人、老年人、文盲等弱势群体来院诉讼的案件，由立案庭认真做好诉求记录，提供全方位的法律服务。我院的3个人民法庭经常性地开展送法下乡、巡回审理、预约开庭等。特别是河底法庭在受理一起山东当事人的离婚案中，积极尝试网上立案，还审结全市首例小额诉讼案件，收到良好效果。同时加大司法救助，减、免、缓诉讼费用达43万元，确保有理无钱的人打得起官司，发放司法救助金38.56万元，彰显了司法的人文关怀。

积极延伸审判职能，推进社会综合治理。通过层层签定责任状，强化综治工作的措施。结合“一村一警”活动，深入偏远乡村、困难企业、学校、社区进行法律咨询，为基层群众出谋划策，将优质法律服务送到百姓身边。特别是我们加强矫正工作，对拟判缓刑人员，向司法行政部门发出“调查评估函”18份，保证帮教措施落实到位，收到良好效果。并积极到中小学校进行法治宣传，利用国家宪法日、农村庙会发放各种法治宣传资料3000余份，解答群众咨询800多人次，普及了法律知识。

三、加强队伍建设，着力提升司法能力

认真开展党的群众路线教育实践活动。严格按照区委的安排部署，不折不扣做好“动员部署、学习教育、查摆问题、整改落实、回头看”每个环节。活动中，我院共召开各类人士参加的座谈会6次，深入8个乡镇，走访调研120余次，查摆出“四风”方面存在的5个方面21个问题。高标准地召开班子民主生活会，对发现的问题进行严肃认真地整改落实。在“学习讨论落实”活动中，深刻反思剖析，集中开展专项整治，努力营造风清气正、积极向上的法院文化和政治生态。通过学习教育，全院干警主动担当精神增强，厌烦情绪减少，工作作风明显转变；在案件数量大幅上升的情况下，仍然较好地完成了工作任务。

切实加大廉政建设力度。认真履行党组的主体责任，强化纪检组的监督责任，推动“两个责任”落实。细化责任分解，层层签定党风廉政建设责任状，强化压力传导，确保党风廉政建设“一岗双责”落实。深入推进“利剑工程”，加强对审判、执行各环节的监督制约，努力把权力关进制度的笼子里。同时，完善了廉政监督卡制度、请销假等工作纪律规定。纪检组经常性地对全院进行明查暗访，开通举报网站，做到了警示教育和人民群众监督的常态化。

继续强化业务素质建设。以能力培训为重点，不断提高业务素质。由外出受训人员为全院干警授课，共同学习提高。2014年，采取审判委员会案件研判，庭审观摩，举办刑事、民事、行政审判研讨会等措施，促进了知识结构的更新，业务能力得到提高。并注重调研、信息的报送工作，共有7篇法学论文在国家或省部级报刊发表。新闻发言人参加了在省高院举办的舆情培训。

自觉接受监督，加强审判管理。主动接受人大、政协监督，认真办理人大代表、政协委员的议案、提案和建议，积极向人大常委会报告专项工作，接受人民群众和社会各界的监督。扩大司法民主，增选人民陪审员14人、总数达40人，参审案件454件，陪审率为78%。加强审判管理，进一步量化细化指标，并做到了定期通报、定期考核，努力使考核成为一切工作的指挥棒。认真开展案件评查，确保案件质量提高。全年，共评查案件483件。还对省内外四个基层法院的30件案件进行了网上评查。

2014年，我院刑事审判庭被市政法委评为“执法为民十佳集体”之一，并被市劳动竞赛委员会荣记集体一等功；法警大队队长秦安良作为阳泉法院系统的唯一代表，受到最高法院的表彰。

各位代表，过去一年，我院工作取得了新的成效，这是区委正确领导、人大有效监督以及政府、政协和社会各界关心支持的结果，也是全院干警勤奋工作的结果。在此，我代表区人民法院，向大家表示崇高的敬意和衷心的感谢！

我们也清醒地认识到，随着社会经济发展进入“新常态”，机遇与挑战并存，各种社会矛盾凸显。人民法院维护稳定、服务发展、保障民生的审判任务日趋繁重。面对新的挑战，我们还存在不足。从宏观讲，部分法官的境界仍然停留在定纷止争、化解矛盾的浅层次价值追求上，还没有上升到引领价值、指导行为、消除不良情绪的深层次价值追求上。从微观来说，大量的社会矛盾以诉讼形式进入法院，案多人少的矛盾表现更加突出，审判压力加大，法官的司法能力还不能适应新常态；司法作风还需改进，社会上信访不信法、信权不信法的现象依然存在，诉讼心理需要疏导，诉讼行为需要引导。对此，我们正视这些困难与问题，迎难而上，努力完成各项工作任务。

2015年的工作安排

2015年，郊区人民法院的总体工作思路是：认真贯彻党的十八大和十八届三中、四中全会精神，深入学习习近平总书记系列重要讲话精神，全面落实上级法院和区委的工作部署要求，认真履行职责，严格公正司法，全面加强队伍建设，全力维护社会稳定，促进公平正义，为我区实施“五大战略”和建设城郊强区提供有力的司法保障！

重点做好以下几方面工作：

一是充分发挥审判职能作用，服务经济社会发展大局。要强化刑事审判，维护社会稳定。深入开展“打黑除恶”专项斗争，严厉打击黑恶势力犯罪及贩毒、容留他人吸毒、非法采矿等涉毒、涉资源的犯罪；依法惩治“两抢一盗”、危害食品药品安全、侵害妇女儿童权益等严重影响人民群众生命财产安全的犯罪；依法惩处贪污、受贿、渎职、职务侵占等犯罪；认真落实“宽严相济”刑事政策，做到罪刑法定，罪责相适应；积极稳妥推进轻微刑事案件快速办理工作机制。要妥善审理民商案件，服务经济发展新常态。切实找准新常态下人民法院促进经济社会发展的结合点和着力点，妥善审理各类民商事案件；做好重点领域、重大敏感案件的司法应对，依法保障经济转型升级。积极稳妥审理民间借贷、房地产与建设工程、金融借款纠纷等案件，保障经济稳定健康增长；依法保障和改善民生，稳妥审理婚姻家庭、就业、医疗、社会保障等领域的矛盾纠纷，合理保障群众诉求。要加强行政审判工作，推动依法行政。认真执行修改后的《行政诉讼法》，积极发挥司法审查职能，推动依法行政；总结行政案件集中管辖试点经验，提出意见建议。要提高执行效率，保障胜诉权益。继续把涉民生案件作为执行工作的重点，规范执行行为，重点解决人民群众反应强烈的消极执行、规避执行、阻碍执行等突出问题。大力推行“失信被执行人名单制度”，制裁、打击拒不执行判决、裁定等违法犯罪行为，合力破解“执行难”。要落实立案信访改革，保障当事人诉权。根据上级的安排部署，认真落实好立案登记制的相关要求，着力解决人民群众反映强烈的“立案难”问题。严格执行涉诉信访改革政策，落实诉访分离制度，将涉诉信访纳入法治轨道。

二是强化司法为民措施，优化司法服务。继续完善文明接待、办事公开、首问负责制度，做到“一站式”服务、一次性告知，提高办事效率。进一步完善诉讼服务中心等便民利民配套措施。要探索在我区未设人民法庭的乡镇建立法律服务点，为群众提供形式多样的法律服务。坚持“以公开为原则，以不公开为例外”，完善审判流程、裁判文书、执行信息三大公开平台，利用多种方式推进司法公开工作，要在去年实现裁判文书上互联网的基础上，力争实现审判流程和执行信息也在互联网上公开，努力实现司法公开的常态化。建立新闻发布例会制度，及时发布权威信息，实现司法与媒体、司法与大众之间的良性互动。同时继续加大法院微博和网站建设，传播正能量，积极应对网络舆情，回应社会关切。

三是强化审判责任，做好司法改革前的准备工作。要按照“六权治本”的思路，建立以审判为中心的诉讼机制，不断完善司法权力运行机制。要进一步完善合议制度，明确审判长、其他法官、书记员职责，保障合议庭成员平等参与案件审理、评议和裁判；规范合议庭合议行为，避免合而不议、合议走过场。要认真落实“以庭审为中心”的要求，着力提高庭审驾驭能力和水平。依法保障诉讼参与人诉讼权利，使庭审真正成为查明案件事实、归纳争议焦点、形成内心确信的必经过程；要着力强化庭审规范化建设，进一步完善细化庭审规则，全面贯彻证据认定和非法证据排除规则，确保庭审有序进行；健全错案责任追究机制，做到有权必有责，用权受监督。

四是强化队伍建设，着力提高队伍素质。坚持以党建带队建促审判，狠抓思想政治建设。要把守纪律讲规矩摆在更加重要的位置，遵守政治纪律，始终坚持党的领导，自觉将审判工作置于经济社会发展大局中谋划；遵守组织纪律，严格执行民主集中制、党内组织生活制度和请示报告制度。要加强法官职业道德和司法良知教育，多种方式进行教育培训，优化知识结构，着力提升法官的庭审驾驭、法律适用和裁判文书写作水平，增强公正司法的能力。要完善人民陪审员使用和考核制度，拓展司法民主，提升司法公信力。

五是强化廉政和作风建设，营造风清气正政治生态。全面贯彻落实党组廉政建设的主体责任和纪检的监督责任，把审判权、执行权关进制度的笼子里。同时，继续完善人大、政协联络制度，坚持认真办理每一件议案、提案和建议，及时回应人大代表、政协委员的关切，自觉接受法律监督和社会监督。要狠抓司法廉洁，着力形成“一级抓一级，层层传导压力，各司其责”的廉政工作大格局。坚持做到审判流程进行到哪里，党风廉政建设就深入到那里，要注意抓早抓小，勇于担当，敢于碰硬，防止小错酿成大错。法院纪检组、监察室要坚持聚焦主业，切实履行好责任。要持之以恒地反对“四风”，加大对“四风”隐性变异问题的研判、查处力度。

各位代表，新形势、新任务对法院工作提出了更高的要求。郊区人民法院将在区委的正确领导下、在区人大及其常委会的有力监督下，认真贯彻本次大会决议，忠实履行宪法和法律赋予的职责，公正司法，服务社会经济发展，服务人民群众，全力做好各项工作，为我区实施“五大战略”，打造生态宜居新城、建设现代城郊强区继续提供有力的司法保障！

附：名词解释

1. 以庭审为中心：庭审是现代刑事诉讼的核心，以庭审为中心是现代刑事法治的必然要求。推动建立以审判为中心的诉讼制度，促使侦查、审查起诉活动始终围绕审判程序进行；强化庭审中心意识，保证庭审在查明事实、认定证据、保护诉权、公正裁判中发挥决定性作用；全面贯彻证据裁判原则，严格实行非法证据排除规则。

2. 轻刑快办机制：是轻微刑事案件快速办理机制的简称。轻刑快办案件，指案情简单、事实清楚、证据确实充分，犯罪嫌疑人、被告人自愿认罪，对指控的犯罪事实没有异议，且可能判处三年以下有期徒刑、拘役、管制或者单独适用附加刑的刑事案件。建立轻刑快办机制，县级公安机关、人民检察院、人民法院应当加强相互沟通和协调配合，在依法执行法律规定的程序和期限、保证案件质量的前提下，最大限度简化内部工作流程，缩短侦查、批捕、起诉、审判、执行等办案各环节的期限，加速案件流转，确保案件及时办理完毕并将罪犯交付执行。

3.“利剑工程”：为全面贯彻党的十七大精神，深入贯彻落实中央建立健全惩治和预防腐败体系实施纲要，促进法院公正、廉洁司法，人民法院推出的一套廉政风险防控工作体系。

4.“六权治本”：就是要依法确定权力、科学配置权力、制度限制权力、阳光使用权力、合力监督权力、严惩滥用权力。

5.三大平台：是指审判流程公开、裁判文书公开、执行信息公开三大平台。特点在于法院通过审判流程公开平台建设，对案件的立案、庭审、调解、宣判等诉讼过程，依法向当事人和社会公开。裁判文书是法院审判工作的最终产品，是承载全部诉讼活动的重要载体。根据法律规定，已生效裁判文书应当在中国裁判文书网公布，但有下列情形之一的除外：涉及国家秘密、个人隐私的；涉及未成年人违法犯罪的；以调解方式结案的；其他不宜在互联网公布的。执行信息公开是指通过公开执行信息，让公众和当事人及时了解法院为实现当事人的胜诉权益所采取的执行措施。

6.非法证据排除规则：是对非法取得的供述和非法搜查扣押取得的证据予以排除的统称，也就是说，司法机关不得采纳非法证据，将其作为定案的证据。主要法律依据是《中华人民共和国刑事诉讼法》第43条规定：“审判人员、检察人员、侦查人员必须依照法定程序，收集能够证实犯罪嫌疑人、被告人有罪或者无罪、犯罪情节轻重的各种证据。严禁刑讯逼供和以威胁、引诱、欺骗以及其他非法的方法收集证据。”

第二章 新闻报道

第一节 省级媒体通讯报道

一、耕耘在希望的田野上

——阳泉市郊区法院支持社会主义新农村建设纪实

（原载 2008 年 7 月 21 日《山西法制报》）

山西阳泉市郊区地处该市北部，总面积 634 平方公里，辖 8 个乡镇，总人口 242666 人，其中农业人口占 79%，是阳泉市重要的农业发展区。由于近年来改革开放和社会主义新农村建设的步伐不断深入，农村城镇化建设规模的不断扩大，一些新的矛盾也随之显现出来，阳泉市郊区人民法院针对近年来涉及“三农”案件比例不断上升的实际情况，院党组及时调整工作思路，工作重点向服务新农村建设倾斜，确定了“关注民生服务三农促进和谐 维护稳定”的工作方针，收到了良好的法律效果和社会效果。

妥善处理涉农案件 和谐工农城乡关系

2008 年 1 月 10 日中午 11 点 30 分，阳泉市郊区常务副区长郭少敏、阳泉郊区人民法院院长冯晋明和副院长李永祥刚刚走出郊区法院大门，便被当事人“围堵”，法警见状赶忙上前疏导，群众见法警上前，反倒一同拽起法警就走。这次，参加“围堵”的群众全部是阳泉郊区“阳光购物广场”购房纠纷一案的申请执行人。阳泉郊区阳光购物广场工程是阳泉郊区 2005 年的重点工程之一，也是阳泉郊区农村城镇化建设的主要工程。其开发商在 2006 年 6 月 30 日依法取得《商品房预售许可证》后正式开始销售。2006 年 7 月到 2007 年 3 月间，白小红等 108 人与开发商签订了商品房买卖合同，协议购房总价款 10852401 元。合同签订后，108 位购房者先期向开发商支付了 8144258 元购房款，约定 2007 年 3 月 30 日前交付房产。然而，开发商一拖再拖，合同到期两个月后，开发商不仅没有交付房产，反而工程停建，开发商悄然撤离施工现场。108名购房者心急如焚，一时群情激愤，在联名向阳泉郊区区委区政府上访的同时也向阳泉郊区人民法院提起民事诉讼。

阳泉郊区法院受案后，立即抽调精兵强将，在短短不到三个月的时间里，将这一案件审理完毕。判令解除白小红等108人与开发商的商品房买卖合同；开发商返还原告购房款8144258元、并支付违约金1221638.7元。判决生效后，开发商未能在指定期限内主动履行付款义务，108名原告依法申请阳泉郊区法院强制执行。法院受理申请后，立即委托有关单位对阳光购物广场的楼盘及办公资产进行价格评估，并于11月24日对其公开拍卖。在首次拍卖流拍的情况下，执行法官再次组织在各新闻媒体上刊发广告，并通过各种途径四处联系竞买单位。在众多法官的不懈努力下，终于在2008年元旦以前拍卖成功，并于新年前将93658976.7元购房款和违约金如数发放到108位购房者的手中。这108位购房者拿到本以为没啥希望了，但在拿到的欠款后，激动的心情无法言表，便想约法院的执行法官一块吃顿饭，但每次都被法官们婉言拒绝。于是，这次他们提前在法院附近一家酒店定了餐，然后相约一起来“围堵”法院和政府领导，一定要让他们了却这一心愿。最终，法官们还是没有能“帮助”他们实现心愿，108名群众只能用一大束鲜花表达他们的感激之情。

在社会主义新农村建设的过程中，农村与城市的距离逐渐缩小，农村劳动力也逐渐向城镇转移，城镇经济社会、现代化和集约化的程度逐渐提高。在这一系列的转变中，稳定是前提，效率是核心，维护经济发展是目的，这也正是阳泉郊区法院支持社会主义新农村建设的工作方针。就在近期，阳泉郊区法院仅用5天时间便调处了一起城乡之间的工程承包合同纠纷案，涉案标的近630万元。收到了良好的社会效果。此类案件的稳妥处理，有效地和谐了城乡关系，在阳泉郊区社会主义新农村建设的过程中起到了积极的作用。

积极指导基层民调 力促健康文明乡风

人民法庭是审判机构最基层的组织，除担负辖区大量的民事案件的审理和执行外，还担负着指导辖区人民调解的重要任务。俗话说，清官难断家务事，可基层人民法庭的法官们却把大量的精力放在了这家长里短的家务事当中，为维护基层的稳定团结夯实了基础。

苏某是阳泉郊区河底镇中佐村的一位农民，已年逾古稀。2007年的一天，他夜里外出，从一20余米高的建筑工地上滚落下来，在医院救治了十余天后，家人在无力承担巨额的医疗费用的情况下，索性将其抬到了河底镇政府，放在了镇长办公室。为了维护政府的正常办公，同时解决农民的实际困难，河底法庭庭长赵建军同其他法官一道来到河底镇政府，为人民调解员出主意想办法，并一道为苏某的家人做工作。一次不行两次，两次不行三次……经过数天的调解，苏家终于和镇政府达成了一致意见，把老人抬回家里安心养伤。

阳泉郊区韩庄的王某，年近七旬，且身带残疾，一段时期以来，由于儿子不孝，竟成了法庭的“常客”。他经常哭哭啼啼地来到法庭，向法官诉说他的不幸遭遇，并有起诉儿子的准备。法庭的法官考虑到：王某已年近七旬，为了将来养老有保障，还是以案外调解为好。于是，法官们首先作通了王某的工作，然后找到韩庄民调委，向他们说明情况，指导民调委出面调解父子俩的矛盾。为了使民调委顺利调解，法官们经过充分的准备后，在村委会大礼堂，为村民们讲了一堂关于赡养老人的法制教育科，一个个生动的案例，听得在场群众点头称是。果然，课后村民调委再去调解的时候，儿子便很快承认了错误，表示以后一定好好赡养老人，让父亲过一个安逸的晚年。

人民法庭的法官身处最基层，他们虽然没有办过什么惊天动地的大案，但就是在这每天的家长里短中实现着自己的价值，维护着农村的稳定，为建设“生产发展、生活宽裕、乡风文明、村容整洁、管理民主”社会主义新农村贡献着自己的力量。

加大司法救助力度　切实保障农民权益

多次到阳泉市委市政府上访、两次进京上访的老上访户武某息诉罢访了！吴某的爱人虽然还时不时地来趟法院，却只是来看看原来因为诉讼和上访而熟悉的几个法官和院领导。吴某的爱人不仅来法院经常看看，法院的法官也经常到吴某那里瞧瞧。

2008 年 3 月 25 日，阳泉郊区人民法院的冯晋明院长第二次来拿到武某家中，并为武某带去了 1000 元的司法救助基金，并嘱咐武某安心在家养病。武某是多年前一个人身损害赔偿案的原告，官司打赢以后，由于被执行人常年在外躲避赔偿，多年来一直使法院的执行工作处在尴尬的境地，武某的合法权益也未能完全实现，加之武某伤及的是腰部，丧失了部分劳动能力，家庭生活比较困难。重重的生活压力导致武某和爱人一时想不开，走上了上访之路。针对武某的实际情况，阳泉市郊区人民法院司法救助基金会经研究决定，先行给予武某司法救助，以及时保障吴某的合法权益。在 3 月 25 日，冯院长到武某家之前，武某在孩子做手术时和逢年过节已接受过法院的多次救助。

阳泉郊区法院的司法救助基金制度开始于 2004 年，基金来源由法院干警自愿筹集，旨在服务于经济困难的诉讼当事人和执行不能的申请执行人，以体现社会主义和谐社会的人文关怀，达到为群众解难，为政府分忧，促进社会和谐稳定发展的目的。2008 年以来，阳泉郊区人民法院再一次扩大了司法救助基金的救助范围和对象，对老年人、残疾人、外来民工、下岗职工、特困户等弱势群体给予优先接待、优先立案、优先审理、优先执行和优先救助。今年上半年，郊区法院共为当事人减、免、缓诉讼费18万元，为49名生活困难的当事人提供司法救助2万元。

农业丰则基础强，农民富则国家盛，农村稳则社会安。阳泉郊区人民法院的法官们长期默默地耕耘在郊区这片沃土上，他们以农民为兄弟，以农村为家园，以扶持农业发展为己任，为夯实郊区的农业基础地位，走中国特色农业现代化道路，建立以工促农、以城带乡长效机制，形成城乡经济社会发展一体化的新格局奉献着自己的青春，贡献着自己的力量。

二、阳泉市郊区法院为经济发展护航

（原载2011年1月31日《山西法制报》）

在深入开展“三项重点工作”活动中，阳泉市郊区法院充分发挥审判职能，为辖区经济发展、社会和谐稳定提供强有力的司法保障和优质的法律服务。

该院坚持调解优先、调判结合，积极探索人民调解、行政调解、司法调解“三位一体”的大调解格局，广泛深入地开展离婚、民间借贷、损害赔偿以及教育、医疗、住房、社会保障、征地拆迁、劳动争议以及涉农等方面的纠纷案件的调解、协调和执行和解工作，最大限度地化解社会矛盾，平息纷争，维护社会稳定。

（记者潘帅 编辑：闫芳芳）

第二节 市、区级媒体通讯报道

一、阳泉郊区法院多措并举加强廉政工作

（原载2014年2月24日《阳泉日报》）

煤焦领域反腐败专项斗争开展以来，郊区法院着力从审判方式、案件质量监督、审判流程管理、审判组织的规范衔接上入手，在严格队伍管理、完善工作纪律和岗位责任上下大力，重点加强了诫勉谈话等规章制度的落实工作，防范干警参与煤焦领域的违法乱纪。

郊区法院强化学习力度，教育干警算好政治账、经济账和家庭账，坚持警示教育常态化，每月定期将有关警示材料发放给全体干警。同时，组织干警观看《小官大贪》等教育片，筑牢拒腐防变思想防线，特别是结合每年制定的《工作目标考核办法》，

将制度的落实情况及干警的学习情况列入其中，进行量化考核，并和干警的晋级晋职相挂钩，廉政问题实行一票否决。具体工作中，一旦案件进入法院，法院就向当事人发放“法官廉政行为监督卡”，并做到了一案一卡，以方便群众对法官的行为进行监督。该院还定期向人大代表、政协委员、服务对象征求他们对法院的意见和建议，采取“走出去，请进来”的方式，努力拓展监督工作的覆盖面。另外，郊区法院还加强了对法官“八小时外”的监督工作，定期走访干警的居住地，及时了解他们的业外动态，发现干警违法违纪的苗头，院纪检组及时进行诫勉谈话。

二、阳泉市郊区开展打击私挖滥采专项行动

（原载2010年11月20日《阳泉日报》）

日前，阳泉市郊区启动了“秋风行动”专项整治工作，严厉打击非法采矿行为、叫停涉煤工程。

在这次专项整治行动中，阳泉市郊区成立了区长为组长，分管区长为副组长，有区国土、公安、纪检、煤炭、安监、环保以及相关乡镇的负责人组成的专项整治领导组，领导组每天召开一次碰头会，及时通报工作进展情况，研究解决工作中出现的新情况新问题；设立关卡严防死守，区、乡、村三级联合行动，对全区的非法采矿和涉煤工程进行了拉网式、全方位的排查，并在全区各乡镇的主要路口共设立28个关卡，杜绝无证非法开采的矿产资源进出辖区；对重点区域进行突击整治，抽调区国土分局、区公安分局、区检察院、区法院、区纪委、区安监局等部门88人组成4个行动小组联合执法，重点对郊区和阳煤集团结合地段的北头咀、小南沟、石卜咀等5处区域和平坦镇范围内的洞采点进行了查处，并协同阳煤集团有关部门认真研究制定具体工作方案、措施和进度，着力治理当前矿地结合部突出的安全隐患问题，确保通过开展“秋风行动”解决困扰矿地双方多年的非法采矿行为。

“秋风行动”以来，阳泉市郊区边排查边打击边取缔，共出动执法人员400多人/次对全区范围内的非法采矿和涉煤工程进行了排查，出动车辆30余辆，累计督察矿点30多个，下达责令停止违法行为通知书50份和监管函44份，查扣大型非法采矿设备21台。（记者李雅琼）

三、阳泉郊区取缔非法采矿点118处

（原载2013年3月14日《阳泉日报》）

全市开展严厉打击私挖滥采和盗采国家资源专项行动以来，郊区政府多措并举、重拳出击，截至3月11日已取缔非法采矿点118处。

从2月19日到3月11日，郊区共出动执法人员8800多人/次，车辆120台次，扣押4辆大型机械，没收4台电镐发电机，抓捕非法矿主3名。全区共排查了7个乡镇61个行政村，其中41村涉煤、20村涉铝矾土。共排查出非法采矿及存在安全隐患坑点156处，其中洞采63处、露采93处，彻底取缔了洞采53处、露采65处，对取缔不彻底的38处非法采矿点将严格按照标准进行重新填埋取缔。

在专项行动中，郊区成立了由纪检、公安、检察院、法院等部门相关负责人组成的专项行动督察组。区委书记、区长带队深入到乡镇、村一线督促检查任务落实情况，强调要不断加强巡查力度，进一步强化重点区域的监管督察责任制，以确保专项行动取得实效。同时积极发挥群众和社会力量，鼓励监督举报，真正让私挖滥采行为无处藏身。（记者樊博 郑铭经 任昊）

第三节 新型媒体通讯报道

一、郊区法院给力辖区综改试验区建设

（原载2013年11月11日《中国法院国际互联网站》）

郊区法院紧紧围绕区委关于“四带战略”建设的决策部署，立足本职，依法审判，化解矛盾，服务大局，为郊区综改试验区建设创建平安社会“大环境”、和谐民间“小环境”和提供司法保障“正能量”，有效保障和促进了综改区建设。

（一）延伸职能，能动司法，积极参与综改建设，为转型跨越创建平安“大环境”。

为转型综改提供优质高效的法律服务是法院的优势所在。郊区法院拓展能动司法途径，加强对经济发展方式转变过程中涉诉问题的研究，积极参与综改区建设，从源头抓预防，在过程重指导，妥善处理因经济结构调整、重点项目规划实施引发的涉法涉诉问题，实现了法律效果、经济效果和社会效果的有机统一，为建设“法治郊区”创建了良好外部环境。

参与重点项目规划，为综改转型提供法律支持。郊区法院不断完善政府法律顾问制度，积极发挥政府“参谋助手”的作用，参与政府重大决策和项目建设的法律论证，努力促进政府依法科学决策。从2009年起，郊区法院安排蔡春喜副院长，先后参与到阳五高速、西环高速、金隅通达高温材料有限公司等郊区多个综改调产重点工程建设工作领导组，提供法律服务。五年来，及时预警涉及重点工程的涉法问题88件，提供法律服务113件次。同时，郊区法院充分发挥司法建议作用，结合具体案例，深入剖析项目实施中出现的突出问题和原因，及时向有关行政职能部门提出涉诉重点。三年来，参与重大项目决策9件，提出各类司法建议67件。另外，郊区法院还无偿帮助辖区重点企业把关经营方面的法律文书，对企业经营中存在的缺陷和潜在风险，从法律角度提出了建议，引导企业依法经营，提高了企业防范法律风险的能力。

积极倡导柔性司法，为综改项目顺利实施保驾护航。郊区法院紧紧围绕发展要务，积极配合区委、区政府搞好招商引资、大项工程建设、新农村建设、矿产资源整合等中心工作，对项目建设中涉及的涉法涉诉案件及时进行社会风险评估。特别注重柔性司法，对于损害企业合法权益的案件，开辟绿色通道，快立快审、快执快结确保企业合法权益得到尽快实现。对于企业之间的经济纠纷，努力通过调解的方式化解矛盾，帮助企业减少诉讼成本、及时挽回损失。三年来，无一案对企业经营管理者使用强制措施，无一案对企业使用扣押、查封、冻结等措施追缴涉及项目和企业的经营款物而影响企业正常生产经营秩序的事件发生，促进了项目建设依法有序、健康推进。同时郊区法院还逐步完善了同重点企业的联系制度，用准用足用好法律手段，及时帮助化解重点企业、重大项目、招商引资过程中遇到的各类涉诉纠纷，有效地为辖区多元化市场主体提供司法保障，推动优势产业集群发展。三年来，受理各类商事案件2173件，审结1956件，为全区各类工商企业清理债权近2亿元。

配合政府普法宣传，为综改建设营造法治环境。郊区法院积极配合区委、区政府开展普法工作，广泛深入进行法制宣传，推动依法治区。通过开展法律服务进工厂、农村、机关、学校、街道等送法到基层活动，以巡回庭审、上法制课、以案讲法、提供法律咨询等多种形式，进行法律宣传和法制教育，强化了人民群众的法律意识和各行业依规经营的意识。三年来，共举办法治培训11次，举办法治讲座16次，发放宣传资料8000余份，为企业提供法律咨询和30余件次。

（二）转换机制，和谐司法，提供优质司法服务，为转型跨越营造和谐“小环境”。

和谐司法是形势所需，为民司法是人民法院本质的体现。郊区法院牢固树立司法为民意识，从和谐司法上切入，以实际行动不断丰富和完善便民举措，努力提供优质、便利的司法服务，为建设“和谐郊区”创建了良好的内部环境。

关注三农，服务民生民计。针对涉及农业、农村、农民案件占郊区法院所审民事案件总数80%以上的实际，郊区法院高度重视涉及民生案件的审理，始终坚持审判工作重点向民生案件倾斜，快立、快审、快执，力求在最短时间解决民生问题，减轻百姓诉累。三年共审结婚姻家庭、人身损害、劳动争议和财产权属确认等案件2039件。切实做好涉诉妇女、儿童、老人、残疾人以及下岗职工、农民工的维权工作，为妇女、儿童、老人追索抚养费、抚育费、赡养费415万元，为务工农民追索劳动报酬628万元。同时，郊区法院认真落实司法救助制度，向96名特困当事人发放救助金45万元，为41名符合救助条件的刑事被告人指定了辩护人，为生活确有困难的196名当事人和26个困难企业减、免、缓诉讼费用108万元。

提升服务，落实便民措施。郊区法院深化诉讼服务大厅规范化建设，设立导诉台、导诉员，为当事人提供立案接待、诉讼引导、材料收转等“一站式”服务。对一些法律关系明确、争议不大的纠纷，坚持走诉前调解特色之路，采取多项措施确保诉调工作的有效开展。三年来，共受理诉前调解案件720余件，调撤600余件，调撤率达到83%。对于确需立案审理的案件，努力做到当日立案，尽快排期。发挥三个基层法庭的前沿阵地作用，建立对话机制，针对困难群体，实行上门立案、巡回办案、就地开庭等一系列方便诉讼措施。三年来人民法庭巡回审理率达65%。加强对“和事佬协会”等人民调解组织的业务指导，强调用当事人“身边的人”“敬重的人”做调解工作，力争将矛盾化解在基层，化解在萌芽状态。如，郊区这几年土地纠纷相当多，通过法院指导，多数在村镇及农业局、国土局得以化解，无一件通过诉讼程序解决，取得了良好的社会效果。

强化责任，化解信访矛盾。郊区法院坚持领导约访和定期接访制度，着力解决信访合理诉求，三年来，共接待群众来访2185人/次，督办各类案件417件，做到了件件有回复，件件有落实。集中开展清理涉诉信访积案专项活动，既注重解决法律诉求，又积极化解“法度之外、情理之中”的问题，努力探索“诉访分离、诉访相济，多元疏访，息诉罢访”的信访工作机制，着力破解涉诉信访难题。三年来，通过努力12件上访老案全部得以彻底解决。同时，高度重视社会风险评估机制建设，专门成立了工作领导组，责任到人，措施到位，努力做到信访隐患早排查，社会风险早评估，矛盾纠纷早解决。如阳光购物中心预售商品房纠纷一案，涉及108户群众，标的达1200余万元，涉案群众情绪很不稳定。为此郊区法院及时予以审理执行，并将执行案款一次性全部兑现，妥善化解了纷争。三年来共提前评估并化解群体性纠纷24件。

（三）立足本职，公正司法，强化法院整体工作，为转型跨越提供强大“正能量”。

执法办案是人民法院的第一要务，公正和效率是法院工作永恒的主题。郊区法院围绕“公正、廉洁、高效司法”的工作思路，大力加强审判职能、机制、队伍建设，司法公信力不断提升。三年来，审判工作呈现出调撤率上升、社会满意度上升、收案数下降、涉诉信访下降的“两升两降”良好发展态势，为郊区社会经济又好又快发展提供了优质高效的法律保障。

严格公正司法，突出审判服务职能。司法公正是对人民法院的本质要求，也是服务转型跨越发展的立足点。郊区法院紧扣综改区建设的重大、突出、多发问题，采取简案快审、专案专审，难案精审、快执快结，严格高效执法，有力保障了郊区社会和谐稳定。依法从重处罚故意危及人民群众生命财产安全的严重刑事犯罪和职务犯罪，净化投资环境。特别是对严重危害社会治安和项目建设的故意伤害、抢劫、妨害公务、绑架、破坏环境资源等暴力犯罪，加大了处罚力度。三年来，共受理刑事案件 481 件，审结 481 件，结案率为 100%，打掉非法采矿犯罪团伙 6 个 28 人，有效维护了正常的社会秩序。对重点企业、重大项目、招商引资过程中遇到的各类民商事纠纷，加大审理调解力度，确保综改项目顺利推进。对于劳资纠纷，努力维护好涉案职工、农民等弱势群体的合法权益。同时妥善化解金融风险，坚决遏制民间融资的高利贷化和投机化倾向。三年来郊区法院共受理民商事案件 3159 件，审结 2968 件；受理执行案件 2110 件，执结 1518 件，标的达 1.95 亿元，一大批涉及综改项目建设案件妥善处理，民事权益得到保障。

促进规范司法，深化审判机制建设。规范司法是提升法院工作水平的关键，也是助力郊区转型跨越发展的着力点，为此郊区法院在深化司法改革上下大力，做文章。加强和创新审判管理。先后出台了一系列制度。强化审判流程管理，完善审判绩效考评体系。实现从了单一结果管理向审判过程的节点控制、流程监督、结果评价的动态监控转变，促进了审判、执行工作规范运行。同时强化案件质量监督，建立了案件评查长效机制，将案件评查与责任倒查紧密结合，对查出的问题，集中归类，分析原因，提出纠正问题的措施和办法。三年来，郊区法院每年自查、评查案件 600 余件，案件文书、卷宗瑕疵大大减少，审判质量得以提高。加强和推进司法公开。郊区法院出台了 31 项措施，全面落实立案、庭审、执行、听证、文书、审务六大公开。加大判后释疑力度，让当事人全面理解法院裁判的公正性、合法性，增进群众对裁判结果的理解和认同。三年来，判决案件服判率达 91%。充分发挥人民陪审员来自基层，了解民情，善于疏导的特点，积极开展人民陪审员的选任工作，人民陪审员由 12 人增加到 23 人，增强了人民陪审力量，三年来，人民陪审员参与审理案件 1000 余件，司法透明度进一步提升。

突出廉洁司法，狠抓法院队伍建设。高素质的干警队伍是确保公正高效司法的保障，也是支持郊区转型跨越发展的硬要求。郊区法院按照“抓班子、带队伍、促公正”的要求，狠抓干警队伍建设。完善机制建设。积极完善队伍建设各项制度，突出抓好工作绩效考核机制，科学考评，奖优罚懒，真正发挥了考评的“风向标”“指挥棒”作用。强化业务建设。继续以岗位培训、能力培训为重点，通过专家授课、案例研讨、专题学习等一系列措施，促使干警业务水平和办案技能得到新的提高。2011 年 12 月，郊区法院被评为全省法院系统“三好四廉”活动先进单位。抓好廉政建设。切实加强“利剑工程”建设，认真查找不同岗位可能诱发不公、不廉问题的重点环节及风险点，研究制定防控风险发生的具体措施48条，使廉政风险的防控真正落实到了办案全过程。继续坚持警示教育常态化，每月两期将有关的警示材料发至全院干警手中，让他们汲取教训；利用审理职务犯罪案件之时，及时组织全院干警旁听，引导干警加强自我约束。几年来，郊区法院无一名干警发生不廉问题，无一名干警违法乱纪。

二、共青团阳泉市郊区区委书记参与区少年法庭案件审理

（原载2010年2月4日《中国共青团网》/稿：共青团山西省委）

近日，未成年人张某涉嫌盗窃一案在山西省阳泉市郊区法院少年法庭开庭审理，区未成年人保护委员会办公室主任，区人民陪审员朱建芳参与了案件的审理。在庭后合议过程中，朱建芳请求对未成年人张某酌情减轻处罚。

去年以来，团区委针对未成年违法犯罪逐年上升的情况，积极采取措施，“进村庄、进家庭、进校园”的三进方式，邀请少年犯以身说法，法官以案例说法，对未成年人及其监护人进行法制宣传。先后入校18次，入户6次，入村14次。此外，会同未成年人法制宣讲团对缓刑青少年及刑满释放青少年实施“一帮一”活动，了解他们的思想动态，为他们的学习、工作、生活提供必要的支持。

2009年，团区委参与未成年人案件审理6起，减刑请求均被受理，为维护青少年合法权益做出了努力。

三、阳泉郊区法院“五农服务”促和谐

（原载2010年1月8日《山西法院网》）

在“人民法官为人民”主题实践活动中，山西省阳泉市郊区人民法院坚持能动司法，倡导“五农服务”，促进农村发展。

一是“扶农”，对涉及农村居民借贷案件，提倡办理续借手续，立案前，主动做起诉方工作，要求起诉方继续与农村居民签订借款合同，对原到期未还的借款，办理续借手续，缓解农户发展资金短缺的问题；审理中，加强借贷双方的调解工作，主动提议双方办理续借手续或分期还款。二是“养农”，对涉农案件，细做调解工作，同时在执行中，做到“三个不轻易”，即不轻易冻款、不轻易拘留、不轻易查封财产，放水养鱼。三是“兴农”，花大力气，大手笔加强农村法制建设，利用就地开庭、上法制课、公开审判等形式，加大对农村居民的法制宣传力度，优化农村法制环境，促

进乡风文明。四是“助农”，对涉及影响农村生产的坑农、害农案件，影响农村安定团结的各类纠纷，快审快结快执，确保农村生产有序。五是“联农”，该院班子成员定期到包村点解决实际困难，同时深入农户家中，征求农户对村级管理中存在问题，促进农村民主管理；此外，还指定副科级以上干部分别帮助 1 名农村困难户，帮助其解决在生产、生活中的困难，促进农村居民生活宽裕。

（记者武文静 通讯员胡忠宏）

四、阳泉市郊区人民法院用“五四三二一”工作法做好群众工作

（原载 2011 年 9 月 8 日《山西政法网》）

为切实加强和改进新形势下人民法院做好群众工作，提升人民法院保障和服务经济社会又好又快发展，阳泉郊区人民法院用“五四三二一”工作法，开展进村入户走访活动，了解社情民意、破解发展难题、化解社会矛盾，促进干群关系融洽、促进基层发展稳定、促进机关作风转变。

“五”就是要求每一名干警选择一户生活比较困难的家庭，居住不少于 5 天，同吃同住同劳动，促使干警把感情用在群众上。

“四”就是调研期间，分别召开老党员、困难群众、能人大户、村组干部四个层面座谈会，广泛听取群众的意见建议，促使干警把心思用在发展上。

“三”就是对走访调研了解到的信访、治安、审执工作、干警作风等方面问题，分类梳理，逐条剖析，深入查找原因，提出解决建议，促使干警把精力用在为民上。

“二”就是形成两篇调研文章，即：一篇高质量调研报告、一篇心得体会“千字文”，促使干警把智慧用在创新上。

“一”就是详细记好一本民情笔记，促使干警把作风用在务实上。

五、阳泉首例集中管辖行政案在郊区法院宣判

（原载 2013 年 9 月 27 日《中国法院国际互联网》）

本网讯（记者 陈伟 通讯员 胡忠宏）近日，山西省阳泉市郊区人民法院行政庭公开宣判了最高人民法院进行行政诉讼集中管辖试点以来受理的第一件行政案件，判决撤销了被告阳泉市人力资源和社会保障局对原告谷小芬作出的工伤认定不予受理决定。

原告谷小芬陈述，其丈夫刘怀让是阳泉市大阳泉煤炭有限责任公司职工，2006年始在阳泉市新华西街派出所借调任司机。2012年7月5日刘怀让在该所值班，20时许，派出所领导让刘怀让回家取机动车燃油发票。刘怀让回家后，突发头痛以致昏迷，家人急拨120救护车抢救。后刘怀让因突发脑干出血经抢救无效于2012年7月6日死亡。

行政诉讼集中管辖的目的在于抵制地方保护主义，保证具体行政行为相对人的合法权益得到公平保护。实践证明行政诉讼集中管辖制度对实现这一目的是有效的，阳泉市郊区人民法院行政庭审判人员在审理这一案件过程中，摆脱了以往对地方政府利益的顾虑，公平、公正依法作出判决。

第三章　司法审判论文

一、我国刑事禁止令问题研究

冯晋明、杨志荣

引言

2011年，我国刑法修正案（八）确立了刑事禁止令制度，规定对判处管制和宣告缓刑的犯罪分子，可以根据犯罪情况，同时宣判禁止令，并依法实行社区矫正。此后，国家又颁布了一系列相关法律文件，刑事禁止令一时备受瞩目。然而从2011年5月1日刑法修正案（八）生效至今，司法实践中适用刑事禁止令的情况却并不多见。[1] 如何推动刑事禁止令的适用或实施，使这一新制度能实实在在地造福于我国社会，是目前困扰法律学术界和实务界的一个难题。作为法律工作者，若能对我国法治建设有所助益，实乃幸事，故不揣浅陋，以撰此文，诚望抛砖引玉，求教于方家。

一、禁令概述

（一）西方国家的禁令

禁令[2] 在西方国家的历史由来已久，古罗马法中已有出现。古罗马法中的禁令是裁判官据以直接命令何事应为或不应为的裁决，主要用于占有或准占有的案件，可分为禁止禁令、出示禁令与复原禁令三类。作为一种救济方式，它曾广为使用，但后来使用渐少，查士丁尼时已基本废止。[3]

1. 民事禁令

---

1. 到2012年底，阳泉市三区两县基层法院及阳泉市中级法院共判处刑事禁令案件4件（其中郊区法院2011年判处2件，盂县法院2011年、2012年各判处1件），晋中昔阳法院2011年共判处4件，2012年未适用刑事禁令。

2. 目前我国学界普遍将Injunction译为禁令，对Prohibition及与之相关的词组翻译时，有的译为禁令，有的译为禁止令、禁制令。鉴于最高法院等"四院部"已在刑事领域正式使用禁止令，为免歧义，本文在民事领域使用"禁令"，在刑事领域使用"禁止令"。

3. 冷霞：英国早期衡平法研究，华东政法大学2008年博士学位论文，第257–268页。

现代意义上的禁令包括民事禁令和刑事禁止令。

根据牛津大辞典的定义，西方的民事禁令（Injunction）也叫强制令，是指在诉讼过程中，侵权表面（prima facie）成立，根据权利人或利害关系人的申请，在对争议事项进行全面审理之前，裁判者作出要求侵权当事人实施某种行为或禁止一定行为的命令。[4]按内容民事禁令可分为阻止被告继续实施不法行为的阻止禁令（Prohibitory Injunction）、要求被告采取措施除却其已实施的不法行为的强制禁令（Mandatory Injunction）和阻止被告尚未实施但有实施之危险的不法行为的害怕禁令（Quia Timt），按作出的时间及有效期民事禁令可分为最后禁令（Final Injunction）和中间禁令（Interlocutory Injunction）、临时禁令（Interim Injunction）。

民事禁令是英国衡平法法院发展出来的一类命令，用以补充普通法法院给予的法律救济的不足，被誉为衡平法救济的精髓。除非普通法上的救济已经足够，否则由法官对是否授予民事禁令自由裁量，民事禁令的强制执行一般适用刑事藐视法庭罪项下的监禁和罚款。[5]

2. 刑事禁止令

刑事禁止令普遍存在于两大法系国家的刑法之中。在性质归属上，“刑事禁止令”中的内容在大陆法系国家一般属于保安处分制度，在英美法系国家则一般属于社区矫正制度。不过，由于大陆法系国家的保安处分制度和英美法系国家的社区矫正制度都以功利主义行刑社会化思想为指导，所以在“刑事禁止令”的执行方面，两大法系国家都大量借助社区矫正来完成。在“刑事禁止令”的具体规定方面，各国刑法大同小异，其适用都充分体现了法官的自由裁量权。[6]例如：

1）德国刑法典第56条C（1）1概括规定，为防止被判决人重新犯罪，法官可指示其在缓刑考验期间应遵守的事项。第56条C（2）规定，法官对被判决人尤其可作如下指示：…3. 不得与可能提供再犯罪机会或诱惑其再犯罪的特定人或特定团体的人交往，不得雇佣、培训或留宿，4. 不得持有、携带或让人保管可能向其提供再犯罪机会或诱惑其再犯罪的特定物。[7]

2）《法国刑法典》第131 ~ 31条规定：禁止居留之刑罚，即告禁止被判刑人犯出现在法院确定的特定场所。第131 ~ 32条规定：如禁止居留刑并科无缓期之自

---

4. 牛津法律大辞典编译组：牛津法律大辞典，光明日报出版社，1988年1版，第453页。

5. 沈达明编著：比较民事诉讼法初论，中国法制出版社2002年6月第1版，第557页；杨良宜、杨大明著：禁令，中国政法大学出版社2000年2月第1版，第35页、第391页。

6. 两个被英国大法官称为恶魔的十岁孩子残忍地杀害了一个两岁的孩子，18岁后他们被释放时，为了使其可以很好地回归社会，英国法院作出禁令禁止媒体披露这两个人的身份。——一个改变英国刑法的案子，政府法制，2008年第20期。

7. 徐久生、庄敬华译：德国刑法典，中国方正出版社2004年版，第21-22页。

由刑，该禁止事项自自由刑开始，即予实施；自自由刑终止之日起，禁止事项在判决规定的时间内仍继续执行。第 131 ~ 34 条规定：禁止承包公共工程之刑罚，即告禁止直接或间接参加由国家、国家公共机构、地方行政部门、其联合团体、地方公共机构所缔结的，以及由国家或地方行政部门或其联合团体租让或控制的企业所缔结的任何工程承包合同。[8]

3）《瑞士联邦刑法典》第五十六条规定：重罪或轻罪是在过量饮用含酒精饮料后实施的，除科处被告刑罚外，法官还可禁止被告在 6 个月到 2 年期间内进入出售含酒精饮料的商店。禁止进酒店的命令随判决生效而生效，判决中所科处的是自由刑的，禁止进酒店的期间自自由刑被执行完毕或被赦免之日起算。被附条件释放者禁止进酒店的期间自被附条件释放之日起计算。在被告经受住考验的情况下，法官可撤销禁止进酒店的命令。[9]

4）《美国量刑指南》第五章 B 部分第 1 节第 3 条（C）规定：…（7）被告人应避免服用过量的酒精，并在没有医生处方的条件下不得购买、持有、使用、传播或管理任何管制药品或任何与管制药品相关的随身用品；（8）被告人不得经常出入非法出售、使用、传播或管理管制药品的场所或法院指定的其他场所；（9）被告人不得与任何从事犯罪活动的人相联系，并且，除非得到缓刑官的许可，不得与任何被宣告实施重罪的犯人联系。[10]

（二）我国的禁令

1. 一般意义上的禁令

以“禁令”为关键词检索中国知网数据库，从古代的酒事禁令[11]到现代的茅台禁令[12]、不让男教师单独接触女学生的禁令，[13]有关中国禁令的文章可谓汗牛充栋。然而这些禁令都是一般意义上的禁令，即所有违反刑法的犯罪行为、所有违反行政法律法规的违法行为和所有违反企、事业单位的规章制度的内部违纪行为都是上述“禁令”所禁止的。

2. 我国的民事禁令

我国的民事禁令与西方的民事禁令语义相同，最早出现于 1986 年的《民法通则》

8. 罗结珍译：法国刑法典，中国人民公安大学民公安大学出版社 1995 年版，第 21 页。

9. 徐久生、庄敬华译：瑞士联邦刑出版社 1995 年版，第 21 页。

徐久生、庄敬华译：瑞士联邦刑法典，中国方正出版社 2004 年版，第 22 页。

10. 吕忠梅主编：美国量刑指南，法律出版社 2006 年版，第 351 页。

11. 马洪根：中国古代酒事禁令的特征、执行及违禁处罚，宝鸡文理学院学报，2011 年 10 月第 5 期。

12. 张慧慧：“茅台禁令”能禁住什么，国企，2012 年第 4 期。

13. 王淦生：禁令背后的道德话题，基础教育研究，2012 年第 13 期。

第134条，其中的“停止侵害”相当于西方的最后禁令。1988年最高人民法院关于贯彻执行《中华人民共和国民法通则》若干问题的意见（试行）第162条第1款、2000年第二次修正后的《专利法》第61条（2008年第三次修正后的第66条）、2001年第二次修正后的《商标法》第57条及2001年修正后的《著作权法》第49条都规定了诉前禁令制度，在内容上相当于西方的阻止禁令和害怕禁令，在时间上则与西方的中间禁令相似。

3. 我国的刑事禁止令

我国的刑事禁止令目前仅见于2011年2月25日通过的《刑法修正案（八）》、最高人民法院、最高人民检察院、公安部、司法部（以下简称“四院部”）于2011年4月28日颁布的《关于对判处管制、宣告缓刑的犯罪分子适用禁止令有关问题的规定（试行）》（以下简称《规定》），于2012年1月10日颁布的《社区矫正实施办法》。

其中，《刑法修正案（八）》并未使用“刑事禁止令”一词，仅原则性地规定人民法院判处管制、宣告缓刑，可以根据犯罪情况，同时禁止犯罪分子在管制执行期间、缓刑考验期间从事特定活动，进入特定区域、场所，接触特定的人。“四院部”的《规定》首先使用了“刑事禁止令”概念，并对有关适用条件进行了细化。《社区矫正实施办法》则对于包括刑事禁止令在内的管制、缓刑、假释及保外就医人员的执行监管程序进行了系统规定。

根据上述法律文件，违反刑事禁止令的法律后果包括县级司法行政机关的警告、县级公安机关的治安管理处罚和原审人民法院对缓刑的撤销。

二、刑事禁止令的理论渊源——理性主义基础上的报应主义与功利主义

（一）理性主义

理性主义发端于公元前6世纪古希腊的米利都学派，后经毕达哥拉斯、赫拉克利特、阿那克萨戈拉等人不断发展，最后由苏格拉底、柏拉图和亚里士多德等人集其大成，并在此后两千多年的西方主流文化中始终占据着支配地位。[14] 在刑法领域，理性主义的核心观点是人通常具有理性和意志自由，因此，当他们能动地选择了违反社会道德观念的行为时，就会构成犯罪，应当受到惩罚。同理，精神病人由于缺乏智识，对行为缺乏选择自由，所以不负刑事责任。但由于精神病人具有社会危险性，因而还需要对其采取措施，如医疗、监护或隔离等，使之得到救治或远离社会。可见，这些远在古罗马时期的法律规定就已经具备了现代保安处分的特征，被视为保安处分制度的萌芽。[15]

14. 闫红茹：论古希腊哲学中的理性精神，榆林学院学报，2011年第1期。
15. 张志泉：保安处分的多维度考察与分析，山东大学学报，2009年第2期。

（二）报应主义与功利主义的对立

在论证刑罚的正当性问题上，根据方法论的不同，理性主义又分为报应主义和功利主义。[16]

1. 报应主义

报应主义以正义为出发点，从行为本身来寻找刑罚的正当性理由，是回顾过去型的。其核心观点是“权利优于可行性”，即犯罪是一种最严重的罪恶，刑罚的根据来源于过去所发生的罪行，而不是刑罚可能带来的利益，因而“即使一个市民社会决定自我解散……关在监狱里的最后一个谋杀犯也应予以执行……”。[17]

2. 功利主义

与报应主义相对的功利主义以效益和人道主义为出发点，从行为的效果上来寻找刑罚的正当性理由，是面向未来型的。在自由资本主义时期，为了反对残酷的封建刑罚和保护人民免受专横的司法擅断，贝卡利亚、边沁等人从具有自由意志的理性人假设出发，认为一切法律的目的在于促进社会的总体幸福最大化，法律应该被用来尽可能地排除一切痛苦和不愉快的事情，而犯罪和刑罚都是令人不愉快的，因此在一个完美的社会里，两者都不应该存在。但完美的社会并不存在，所以功利主义者认为，只有当刑罚所带来的痛苦可以减少可能发生的犯罪所带来的痛苦时，刑罚才是正当的。另外，功利主义者相信，人类行为通常遵循快乐主义和理性。所以当一个预谋犯罪的理性人预见到潜在的痛苦（刑罚）超过了预期的快乐（犯罪回报），他就不会实施犯罪行为。

尽管在柏拉图和盖尤斯的著作里，就已经明确提出了矫正和威慑的功利主义刑罚思想，但由于经济基础和意识形态两方面的原因，以严刑酷法为基本政策主张的报应主义长期支配着人类的刑罚历史。18 世纪中期以后，由于资本主义经济对劳动力的需求和监狱爆满的矛盾和人道主义的长期影响，刑罚功利主义才得以广泛传播并在很大程度上影响了美、英、法等西方国家的监狱改革运动。[18] 但是，这场意图让罪犯在全面隔离的状态中通过严格的纪律约束达到自我反省和忏悔目的的改革，却因过于严厉和“非人道”引起了社会的强烈反对。原因在于：第一，这场改革以独居监禁、强制劳动和宗教感化为主要内容，要求犯人必须终日保持沉默，这在犯人眼里无异于

16.【美】约书亚·德雷斯勒著，王秀梅译：美国刑法精解，北京大学出版社，2009 年 1 月第 1 版，第 13 页以下；董淑君：刑罚的要义，中国政法大学 2003 年博士学位论文，第 17 页（认为与报应主义相对的是工具主义，即广义的功利主义，而工具主义包括哲学上的功利主义和刑事政策上的减少主义）。

17.【美】约书亚·德雷斯勒著，王秀梅译：美国刑法精解，北京大学出版社，2009 年 1 月第 1 版，第 23–24 页；董淑君：刑罚的要义，中国政法大学 2003 年博士学位论文，第 17 页。

18. 刘志松：19 世纪西方监狱改革运动及其对后世的影响，青少年犯罪研究，2010 年第 4 期。

巨大的精神折磨。第二，当时实行严格的定期刑，缺乏激励机制，犯人所考虑的是刑期结束的时间，而不是如何改过自新。

针对这种状况，美国的一些民主人士于1787年提出了一系列旨在改善罪犯狱内生活状况的新方案，包括对犯人实行分类关押；要求给罪犯提供狱内的生活、娱乐场所；根据犯人的改造成绩决定关押期限等。受其影响，美国费城、波士顿、新泽西、纽约等地的民间组织纷纷成立了为出狱的罪犯提供各种食宿、就业等服务的慈善机构，如“费城减少公共监狱悲惨状态协会”，以帮助罪犯顺利回归社会。此外，由于当时社会普遍认为家庭和社团的解体是产生贫困、流浪等社问题的根源，因而，美国从18世纪末开始出现了许多救济院、感化院和少年犯收容所。这些机构采用家庭式的管理模式，让管理者和罪犯共同生活，犯人的活动基本不受约束，可以同他们想接触的任何人交往。这种监禁方式实质上是为罪犯创造一种社区环境，让罪犯在家庭关系中过正常人的生活，使其在出狱后能顺利融入社区。这些早期的行刑社会化实践为美国后来社区矫正制度的发展奠定了基础。[19]

3. 功利主义的“后派”——实证主义

到了19世纪后半期，自由资本主义开始向垄断资本主义过渡，为了应对不断激化的社会矛盾和日益攀升的犯罪现象，功利主义法学的“后派”改用实证的方法从犯罪原因入手去寻找刑罚的正当理由，并在否认“前派”自由意志说的基础上提出了旨在减少刑罚的适用、重在特殊预防的刑罚观。在具体的理论主张方面，龙勃罗梭从犯罪人类学的角度出发，认为犯罪受遗传因素（是最主要因素）、自然因素和社会因素的影响而产生，如同出生和死亡一样是一种自然现象，所以从犯罪原因上不可能找到犯罪与刑罚之间的道德关系，并进而主张应当根据犯罪人的具体类型并结合环境、文明程度甚至气候等因素对症下药，以达到防卫社会的目的。菲利继承了龙勃罗梭的理论，但认为犯罪的主要原因不是个人因素，而是社会原因，并按照其犯罪饱和法则，认为用刑罚对付犯罪几乎是无效的，治理犯罪应主要致力于消除犯罪的社会原因。李斯特在犯罪原因方面主张二元论（即个人原因和社会原因），认为犯罪并非由犯罪人的意志所产生，国家出于道义对其进行制裁没有任何意义。在刑罚观上，李斯特主张应当以教育、挽救、改造为目的，根据犯罪人的个体差异来确定刑罚，并提出了“矫正可以矫正者，不可矫正者使之不为害”的个别预防方针。[20]

19. 梁茹茹：美国社区矫正制度的历史发展及对我国的借鉴，中国政法大学2005年硕士学位论文，第12页；英国的假释出现在1790年，19世纪20年代又建立了缓刑制度。——朱红伟：英美社区矫正的历史发展，黄河科技大学学报，2007年第5期。

20. 董淑君：刑罚的要义，中国政法大学2003年博士学位论文，第21页以下；万志鹏：大陆法系刑法中的旧派与新派，百度文库，2013年3月9日访问，http://wenku.baidu.com/view/fe4bc8fe910ef12d2af9e7cf.html

哲学家的书房中酝酿着风暴。

1870年，来自全美24个州和加拿大、南美洲等国家的130多名代表在俄亥俄州的辛辛那提召开了第一届美国监狱大会，同时成立了全国监狱协会（1943年改称美国矫正协会）并通过了以矫正而不是惩罚为主导思想的《原则宣言》。

1871年，《德意志刑法典》问世并规定了以功利主义为宗旨的保安处分制度。

1876年，美国第一所具有教育改造性质的矫正机构——爱尔米拉教养院在纽约建立，由该教养院制定的《爱尔米拉教养院法令》首次规定了美国的不定期刑制度和假释制度。

1878年，美国马萨诸塞州颁布了第一部缓刑法，1891年马萨诸塞州又颁布了第二部缓刑法。

1895年，德国刑法确立了缓刑考验制度。[21]

1899年，芝加哥市成立了世界上最早的少年法庭。

1909年，美国《犯罪人缓刑法》颁布，1910年《联邦假释法》颁布。[22]

在这一时期，由于法律传统上的差异，大陆法系国家的刑法典则普遍建立了系统的保安处分制度，如1930年意大利刑法典、1932年波兰刑法典、1933年德国刑法典、1935年中华民国刑法典、1937年瑞士刑法典。[23]不过，英美法系国家虽无保安处分之名，但其社区矫正法律中的大部分内容与大陆法系国家的保安处分制度极其相似，并且在法律的执行方面，两大法系一样，都需要依靠社区和大量的志愿者来完成。[24]

（三）报应主义与功利主义的修正——混合主义

由于正义和效益均属于价值判断的范畴，因而导致报应主义和功利主义在长期的论战中此消彼长，难分胜负。20世纪中后期，两派开始在坚持自己基本立场的基础上彼此借鉴，从而形成了各种修正的混合理论，[25]受到了理论界和司法实践部门的广泛推崇。不过，由于两派间所固有的分歧，混合论者至今并未找到能促成二者和谐的因素，各种混合理论往往变成修正的报应主义和修正的报应主义，实质上仍脱离不了报应主义和功利主义的窠臼。

20世纪70年代，随着犯罪率和累犯率（高达70%[26]）的持续上涨，美国从19世

21. 司法部赴德国社区矫正培训团：德国社区矫正概览，中国司法，2005年第11期。

22. 朱红伟：英美社区矫正的历史发展，黄河科技大学学报，2007年第5期。

23. 蒋明：西方保安处分制度发展演变述略，吉林公安高等专科学校学报，1999年第4期。

24. 司法部赴德国社区矫正培训团：德国社区矫正概览，中国司法，2005年第11期。

25. 修正的报应理论主要包括最小限度理论、“不当得利”理论、传达信息理论、与犯罪人作斗争理论及该当和预防理论；修正的功利主义理论主要包括罗尔斯的理论、哈特的理论。——董淑君：刑罚的要义，中国政法大学2003年博士学位论文，第28页以下。

26. 董淑君：刑罚的要义，中国政法大学2003年博士学位论文，第44页。

纪70年代开始实行了近百年的不定期矫正刑制度宣告失败。为了应对公众的报应主义情绪，尼克松政府开始实行以“严惩犯罪”为目的的刑罚政策，包括：恢复死刑、废除假释、少判缓刑、废除不定期刑法，通过下限判刑法和定期判刑法延长刑期以及采用“轻轻重重”政策——对轻微犯罪的处理比以往更轻，对严重犯罪的处理比以往更严重，以重为主的刑罚政策。根据上述政策，从1977年到1982年，美国有37个州通过了下限判刑法，11个州通过了定期判刑法。此外，伊利诺斯、印第安纳、明尼苏达、缅因和新墨西哥5个州实际上废除了假释制度，到70年代末，通过立法限制假释的州达到了2/3。

不过，“严惩犯罪”政策虽然满足了公众的报应情绪，却导致了监狱爆满和财政经费的大幅度增加。在1980年到2000年的20年间，美国监狱的在押犯增加了100万人以上，州政府的行刑设施运作费用由1984年的59亿美元，增加到1996年的207亿美元。巨大的财政压力促使里根政府重新选择了社区矫正并提出了一系列的刑罚改革措施，其中包括引导官方和民间的研究力量对“严惩犯罪”政策进行反省，寻求新型的更加有效的社区矫正方法，并投入巨额经费用于矫正措施及效果方面的研究。社区矫正制度又获得了进一步的发展。[27]

据不完全统计，2000年世界各国监禁刑和缓刑、假释人员所占比例分别如下：加拿大服刑人员总数是152146人，其中监禁刑为30790人，只占服刑人员总数的20.24%，同期的缓刑、假释有121358人，占79.76%；澳大利亚服刑人员总数为76121人，其中监禁刑为17142人，仅占22.52%；新西兰服刑人员总数为24847人，其中监禁服刑人员为5926人，仅占23.85%；在法国，服刑人员总数为187142人，其中监禁刑人数为52122人，仅占27.37%；美国服刑人员总数是6498562人，其中监禁人数为1933503人，仅占29.75%；英国服刑人员总数为194642人，监禁人员87500，占服刑人员总数的44.95%；日本服刑人员总数为129260人，监禁人数61242人，占47.38%；韩国服刑人员总数为117314人，监禁人数63472人，占54.10%；俄罗斯服刑人员总数为1214669人，监禁人数671054人，占55.25%。各国的服刑人员中除了监禁人员，其余的都要在社区进行矫正，可见，在世界范围内，以社区矫正为基础的非监禁刑已经取代监禁刑成为目前占支配地位的矫正方式。[28]

当功利主义者津津乐道于社区矫正在减少再犯率、节约财政开支和缓解监狱过度拥挤方面的优势时，作为矛盾的另一方，报应主义却从未认输。在报应主义者看来，功利主义者仅仅把被惩罚的人当作社会进步的一个工具而忽视了被惩罚者个人的尊

27. 梁茹茹：美国社区矫正制度的历史发展及对我国的借鉴，中国政法大学2005年硕士学位论文，第17页。

28. 李明：国外主要社区矫正模式考察及其借鉴，中国司法，2008年第1期。

严和人权。为了追求社会的整体福利，功利主义者还会为惩罚无辜的人提供正当的理由。[29] 另外，报应主义者还通过大量的实证加以证明：从监狱获释的人与从社区矫正获释的人具有相似的再犯率；社区矫正节约经费的真正原因不是社区矫正比监狱矫正省钱，而是囚犯在社区环境度过的时间少于矫正计划；美国的刚性刑法产生了众多根本不应被判处监禁刑的轻罪犯人，而这些轻罪犯人正是社区矫正的对象，所以社区矫正对于缓解监狱过度拥挤问题帮助不大。[30]

可见，在西方，刑罚报应主义和功利主义之间的争论虽然已经持续了几个世纪，但至今短时间内仍不会结束。所以，我们不必急于投票。

三、我国刑事禁止令的发展简史及其功利主义倾向

（一）我国刑事禁止令的发展简史

如前所述，我国的刑事禁止令是在 2011 年刑法修正案（八）中才得以确立的，但在此之前，与其紧密相关的社区矫正思想或制度却早已诞生，并由此为我国刑事禁止令的最后确立奠定了较为充分的基础。

“社区”本是一个外来词汇，最初由德国社会学家 F. 滕尼斯于 1881 年在社会学中加以应用，并由费孝通先生于 20 世纪 30 年代初翻译而来。目前学界关于社区还没有形成统一的定义，但通常认为社区的要素至少包括：一定的地理区域、一定数量的人口、社区居民有着共同的语言、风俗和文化及较密切的社区内互动、社区居民习惯以社区的名义与其他社区的居民沟通，对社区具有明确的“归属感”和“社区情结”。所以，“社区”一词旨在强调成员之间的文化维系力和内部归属感。

社区矫正也是一个外来词汇，是西方国家为了预防和减少犯罪，有效保卫社会安全而普遍采取的一种行刑社会化的措施。在我国，类似社区矫正的思想最早可见于解放初期的管制刑。改革开放之后，为了应对严峻的社会治安管理形势，1991 年 2 月 19 日《中共中央、国务院关于加强社会治安综合治理的决定》虽未使用“社区矫正”一词，但其主导思想与西方的社区矫正无异。该决定明确规定：“当前，我国社会治安形势仍很严峻，刑事犯罪和其他治安问题有增无减，不少地方人民群众缺乏安全感。仅靠打击不可能有效地减少产生犯罪和社会治安问题的复杂因素，必须全面加强综合治理才能奏效。社会治安综合治理的工作范围，主要包括“打击、防范、教育、管理、建设、改造”六个方面。改造工作是教育人、挽救人、防止重新犯罪的特殊预防工作，要继续实行改造工作的“向前、向外、向后延伸”，动员全社会都来参与、支持改造工作”。

29.【美】约书亚·德雷斯勒著，王秀梅译：美国刑法精解，北京大学出版社，2009 年 1 月第 1 版，第 18 页以下。

30. 王志亮、王俊莉：美国的社区矫正制度，法学，2004 年第 11 期。

2003年7月10日，“四院部”联合下发的《关于开展社区矫正试点工作的通知》正式使用了西方意义上的社区矫正概念并明确规定：“社区矫正是与监禁矫正相对的行刑方式，是指将符合社区矫正条件的罪犯于社区内，由专门的国家机关在相关社会团体和民间组织以及社会志愿者的协助下，在判决、裁定或决定确定的期限内，矫正其犯罪心理和行为恶习，并促进其顺利回归社会的非监禁刑罚执行活动。社区矫正是当今世界各国刑罚制度发展的趋势”。

2009年10月22日，“四院部”又联合下发了《关于开展社区矫正试点工作的通知》，规定“把那些不需要、不适宜监禁或者继续监禁的罪犯放到社区里，充分利用社会力量有针对性地对其实施矫正，促进其顺利回归和融入社会，对于贯彻落实宽严相济的刑事政策，探索完善中国特色刑罚执行制度，降低刑罚执行成本、提高刑罚执行效率，最大限度地增加和谐因素，最大限度地减少不和谐因素，维护社会和谐稳定，具有重要意义”。

2011年2月25日通过的《刑法修正案（八）》规定，判处管制、宣告缓刑，可以根据犯罪情况，同时禁止犯罪分子在管制执行期间、缓刑考验期限内从事特定活动，进入特定区域、场所，接触特定的人。而且，对判处管制、宣告缓刑的犯罪分子，要依法实行社区矫正。根据全国人大常委会法制工作委员会对《刑法修正案（八）》的立法理由的说明，这些规定的立法目的在于“加强对管制犯、缓刑犯的监管，促进犯罪分子教育矫正，同时有效保护被害人、证人等人员的安全，维护正常社会秩序”。在法律适用方面，“人民法院作出禁止令，要按照法律规定的原则和精神，从维护社会秩序、保护被害人合法权益、预防犯罪的需要出发”。[31]“要根据犯罪分子有无再次危害社会的人身危险性决定是否适用。对罪行虽然比较严重，但是几乎没有再犯可能的，就不需要，也不应当决定适用禁止令”。[32]

2011年4月28日，“四院部”颁布了《关于对判处管制、宣告缓刑的犯罪分子适用禁止令有关问题的规定（试行）》，对在理解和适用禁止令过程中需要进一步明确的有关问题作了较为全面、明确的规定，并要求人民法院既要依法积极地加大非监禁刑的适用力度，充分发挥非监禁刑的重要功能，又要稳妥地适用禁止令制度，以免影响罪犯的改造和转化。[33]

2012年1月10日，“四院部”《社区矫正实施办法》颁布，其对象包括所有的

31. 全国人大常委会法制工作委员会刑法室编：《中华人民共和国刑法修正案（八）》条文说明、立法理由及相关规定，北京大学出版社2011年版，第4页。

32. 张军：“加强对适用禁止令监督指导”，人民法院报，2011年5月11日。

33. 最高法院等四院部就管制、缓刑的禁止令问题答记者问，中国刑事辩护网，http://www.chnlawyer.net/ShowArticle.shtml?ID=2011548442795273.htm，2013年2月19日访问。

刑事禁止令对象和其他非监禁刑对象。

可见，虽然在逻辑上我国的社区矫正制度位于刑事禁止令之后，是为刑事禁止令服务的，在理论来源上刑事禁止令制度却脱胎于社区矫正制度，并且二者均源自西方，其哲学基础与英美法系国家的社区矫正制度和大陆法系国家的保安处分制度和也是一脉相承，都以功利主义尤其是其“后派”理论为基础。

（二）功利主义在我国刑事禁止令制度中的政策倾向

综观我国的刑事禁止令制度，包括其裁决及执行等，均体现了功利主义的思想或倾向。

1. 个性化、人性化的行刑方式及法官和矫正机构较大的自由裁量权

如前所述，刑事禁止令和相应的社区矫正制度以李斯特等人的理论为基础，而这些理论必然要求个性化、人性化的行刑方式并授予法官和矫正机构较大的自由裁量权。这既有利于实现个案公正同时也有可能造成社会不公，所以法官和矫正工作者的职业素质和道德水平将变得更加重要。比如，对于未造成其他后果而应当判处缓刑的醉酒驾驶，按照报应主义的观点，由于行为对社会所造成的危害后果是一样的，所以不管其主体差异如何，犯罪人都应当受到同样的惩罚。但是按照功利主义的观点，刑罚的目的不是惩罚，而是保卫社会安全，而为了保卫社会安全，功利主义要求法官要对犯罪人作具体分析，判决可以也应当因人而异：对于具有一定犯罪人格的嗜酒之人，禁酒令绝对必要；而对于偶尔饮酒之人，禁酒令就是无的放矢了。因为，在犯罪人身上，威胁社会安全的最大因素不是酒精，而是过度自信。所以，为了对犯罪人漠视社会安全的行为进行矫正，以绝后患，对犯罪人判处必要的罚金可能比禁酒令更有效，而如果要判处罚金的话，对于富人，往往需要判处高额的罚金，否则起不到警戒作用；对于穷人，则应点到为止，否则有可能迫使其铤而走险，进一步危害社会安全。

同样，在禁止令的执行环节，矫正对象的个体差异也会影响矫正方案的内容。比如在矫正对象的外在行为监督方面，如果是禁酒令，矫正机构完全可以要求居住在市区的矫正对象每天进行酒精检测，但对于居住在偏远农村的矫正对象，矫正机构则只能进行不定期抽查，否则将对农村矫正对象造成过重的负担而使禁酒令偏离了其矫正目的。如果禁止令是禁止进入特定的场所，如某中学，矫正机构也可以因矫正对象的人身危险性程度及该特定场所的具体情况而选择不同的矫正措施如校园监控摄像头、校园保安人力监控或电子监控手链一类的卫星定位跟踪设备等。在犯罪人的内心矫正方面，如果禁酒令的起因是酒后交通肇事，那么参观、照顾事故被害者及其家属的悲惨生活可能被列为矫正教育的内容，而如果禁酒令的起因是酒后斗殴，则制怒教育将成为矫正教育的重点。

2. 刑事禁止令执行过程的严肃性和强制性

如前所述，刑事禁止令的教育矫正功能决定了法官和矫正机构必须像“慈父”

一样善意地行驶权力，再加上刑法修正案（八）之前我国对于管制、缓刑和假释执行过程的失权状态，这两个因素容易给人以误解，认为在刑事禁止令的执行上——社区矫正不过是一种软弱无力的说教，是“判了刑不进监狱”。实际上，“不进监狱”是有条件的，社区矫正对象必须在判决宣告的期限内遵守法律及各项规章制度，履行自己的义务，接受有关机构和人员的监督考察，转变犯罪意识和行为恶习。[34]而刑事禁止令的功能之一，就是有效解决过去对管制犯、缓刑犯在实际执行中所存在的监管乏力乃至缺位问题。[35]花香来自苦寒，慈悲不等于溺爱，对于社区矫正对象这样的特殊人群尤其如此。所以，社区矫正过程必须是一个严肃的和强制性的过程。在目前我国的民间慈善组织还欠发达的情况下，社区矫正的强制性也就决定了其政府主导性：政府矫正机构负责监督、矫正，唱黑脸；民间慈善组织、社会志愿者负责教育，唱红脸。

3. 大量借鉴国外相关制度的经验

鉴于以功利主义为基础的刑事禁止令及相应的社区矫正制度在西方发达国家早已取代监禁刑成为占支配地位的行刑方式，再加上国内学界的对于西方相关制度的普遍赞扬和官方目前的政策倾向，在未来一定时期内我国可能会大量借鉴国外刑事禁止令制度特别是其中有关社区矫正的经验。对此需要注意的是：在社区矫正方面，发达国家之所以发达，或者与其刚性刑法造成的众多“不必要”的轻罪犯人有关，或者与其成熟的社区建设和众多的宗教慈善组织有关，很多国家实际上是三者兼而有之。而反观我国，以上三个方面与发达国家都存在着较大的差异：在矫正对象方面，我国的轻罪基本上相当于西方国家的中度犯罪，而西方国家的轻罪，在我国可能只够行政处罚（比如加拿大有威胁罪，而单单的威胁在我国很难够格遭受治安管理处罚），所以我国的矫正对象过犯程度较重、矫正难度较大而人员数量较少。在社区建设方面，由于我国市场经济建设和城镇化建设的快速发展造成的人口快速流动和价值观念的巨大变化等原因，目前我国城乡社区居民之间的陌生化和隔离感较为严重，社区的凝聚力及社区居民的归属感较差。在矫正志愿者方面，受经济、文化和意识形态等因素的影响，我国的民间慈善组织目前还欠发达。所有这些差异意味着，在社区矫正方面，我们还有很长的路要走，在借鉴国外经验的时候，要注意国情的差异，以免淮南为橘，淮北为枳。

四、我国刑事禁止令的性质

（一）常见的几种观点

34. 司法部部长张福森就社区矫正答记者问，新浪网，http://news.sina.com.cn/c/2003-09-30/0037841809s.shtml，2013 年 2 月 19 日访问。

35. 最高法院等四院部就管制、缓刑的禁止令问题答记者问，中国刑事辩护网，http://www.chnlawyer.net/ShowArticle.shtml?ID=2011548442795273.htm，2013 年 2 月 19 日访问。

关于我国刑事禁止令的性质，可谓众说纷纭，莫衷一是。较常见的有：

①禁止令与社区矫正一样，是刑罚执行的辅助措施，不是管制或者缓刑的具体内容。[36]

②禁止令是执行非监禁刑的监管措施，禁止令不是一种新的刑罚，不是新刑种，其适用的对象是被依法判处管制、缓刑两类非监禁刑的犯罪分子，是对管制犯、缓刑犯的刑罚执行过程中具体监管措施的重大创新。[37]

③禁止令是一种：行政措施与刑法措施的复合体。[38]

④禁止令不是新的刑罚，而是对管制犯、缓刑犯具体执行的监管措施。[39]

⑤禁止令是一种刑法意义上的保安处分。与国外保安处分的性质相同，都是一种刑事司法处分，即由刑法予以规定，由法院予以裁量宣告，适用刑事诉讼程序。[40]

（二）对于常见观点的评析

1. 争论的法律意义

对于刑事禁止令的性质问题，我们认为，性质，乃是一种事物区别于其他事物的特征，[41] 所以，在讨论我国刑事禁止令的性质的时候，应当首先明确：被归纳出的所谓“性质”是与谁相比较而言的？作此比较的意义何在？用这一观点进行分析，可以发现，第①至④种观点都是根据我国刑法修正案（八）等现行法律规定，运用语意解释的方法进行的形式逻辑推理，其争论的焦点在于刑事禁止令究竟是一种实体法上的刑罚还是一种程序上的措施。这种争论的法律意义主要在于，“刑罚观”将赋予刑事禁止令以道德上的谴责性，并且根据“刑罚观”，法官的判决只能根据已然之罪，不能着眼未来；刑事禁止令的执行过程也将增加惩罚的成分、减少教育矫正的成分。而如果将刑事禁止令定性为一种程序上的措施的话，刑事禁止令本身将不再具有道德上的评判，其道德上的色彩将依其所依附的管制和缓刑而定，其教育矫正色彩也将因管制和缓刑的功利主义特点而增加。

2. 对常见观点的逻辑分析

在前四种观点中，第①、②种观点既然指明禁止令是一种刑罚执行措施，那就同时认为刑事禁止令不是刑罚。第③种观点从缓刑不是刑种和刑罚执行措施出发，指

36. 皇甫长城：刑事禁止令的法律性质及执行机关，检察日报，2011 年 5 月 23 日。

37. 詹菊生：禁止令：刑罚制度的重大创新，人民政协报，2011 年 5 月 9 日。

38. 李怀胜：禁止令的法律性质及其改革方向，中国刑事法杂志，2011 年第 11 期。

39. 周斌、袁定波：“公检法司四部门有关负责人解读‘禁止令司法解释’”，法制日报，2011 年 5 月 4 日。

40. 张勇：禁止令：保安处分刑法化的试金石，湖南师范大学社会科学学报，2011 年第 6 期。

41. 中国科学院语言研究所词典编辑室编：现代汉语词典，商务印书馆，1973 年 9 月初版，第 1151 页。

出了①和②在逻辑上的错误，并正确地证明针对管制的禁止令是一种行政措施，针对缓刑的禁止令是一种刑法措施，但未言明是什么样的行政措施和刑法措施。这虽然对①和②起到了证伪作用，但对于作者在文章最后关于将刑事禁止令改造成真正的、独立的资格刑的建议却没有起到证立作用。不过，根据作者关于资格刑的建议，可知作者主张将来把刑事禁止令定性为附加刑。

第④种观点是目前的官方观点，也是运用语意解释的方法进行的形式逻辑推理，认为刑事禁止令不是刑罚，而是一种监管程序上的措施。根据第④种观点，刑事禁止令既然不是刑罚，所以不具有道德上的谴责性。相应地，刑事禁止令针对的也不是已然之罪，而是未来危害社会的可能性，即犯罪人的人身危险性。

根据第⑤种观点，刑事禁止令属于一种保安处分措施。作为一种法律制度，保安处分是大陆法系国家所特有的；作为一个概念，大陆法系国家目前的立法尚无统一称谓，[42]保安处分仅在学理上取得了统一称谓。在定义方面，一般来说，保安处分是指为了保护社会安全，对具有犯罪或类似犯罪的反社会行为具有危险性的人或物采取的刑罚之外的保安性强制措施。[43]根据定义可见，保安处分是一个与刑罚相对的概念，其适用对象既包括有刑事责任能力的犯罪人又包括无刑事责任能力但给社会造成了一定危害的未成年人和精神病人，其所针对的也不是已经发生的过犯行为，而是未来危害社会的可能性，目的仅在于保卫社会安全而不是惩罚，所以，保安处分是一个中性的概念，不具有道德评价的功能。

综上可见，关于我国刑事禁止令的性质问题，争论的焦点是刑事禁止令是否具有道德谴责性，如果有，刑事禁止令将成为一种刑罚，具有惩罚的性质；如果没有，刑事禁止令将被定性为保安处分或程序上的措施，其教育矫正色彩将有所增加。所以，刑事禁止令的性质问题，本质上属于价值判断的范畴。在哲学上，价值判断本无正误之分，但在法律领域，任何价值判断都不得超出宪法的范畴，不得与宪法相矛盾，[44]而刑法是依据宪法制定的，所以关于刑事禁止令的性质问题，在学理上可以有多个答案，但是其"标准答案"只能到刑法甚至宪法中去寻找。

（三）本文的观点

---

42. 有的国家称之为"保安处分"，如意大利、瑞士；有的国家称之为"保安措施"，如罗马尼亚、巴西；有的称"改善及保安处分"，如前联邦德国；有的国家则无概括性的称谓，而是将具体的保安处分措施合称为"医疗性和教育性的强制方法"，如前苏联和蒙古；奥地利则合称为"收容处之收容与剥夺自由之预防处分"。——董邦俊、王振：保安处分之合理性思辨，理论月刊，2008 第 1 期。

43. 李维丽：西方保安处分制度的源起及其本质，法制与社会，2007 年第 10 期。

44.【德】卡尔·拉伦茨著，陈爱娥译：法学方法论，商务印书馆，2003 年第 1 版，第 193 页以下。

1. 刑事禁止令的性质因国而异

根据学理，我们认为，刑事禁止令的性质问题在不同的国家有不同的答案，关键要适合自己的国情。理由是：

1）刑事禁止令是一个外来词汇，在国外具有悠久的历史和成功的经验，所以国外的观点具有较大的参考价值。

2）刑事禁止令在我国刚刚起步，其能否适应我国国情，未来如何发展，还处于探索阶段，所以目前应当力求实效，理论上不宜太早定论。

3）揆诸外国刑法，刑事禁止令在法国是一种独立的刑种，但除法官将这种刑法作为替代监禁刑的主刑加以运用，并具有报应性质与威慑性质外，这一制裁措施从性质上更多的是一种旨在避免将来犯罪的保安处分措施。[45] 在瑞士，刑事禁止令位于附加刑一节，是附加刑。在德国，刑事禁止令的内容属于保安处分措施，[46] 但在体系上刑事禁止令又必须依附于缓刑，属于缓刑考验规则。在美国，由于法律传统的不同，缓刑属于刑罚，而刑事禁止令则属于缓刑考验规则。所以，刑事禁止令的性质问题可以有多个答案，关键是要适合自己的国情。

4）宽严相济是我国的一项基本刑事政策，与刑事禁止令和社区矫正制度相关的管制与缓刑制度体现的都是刑法“宽”的一面，再加上目前行刑社会化的国际趋势及我国社会转型时期的各种复杂矛盾和监狱超员现象，[47] 这一切决定了我国刑事禁止令和社区矫正制度体现的应当是刑法政策中“宽”的一面、教育矫正的一面，而不是惩罚的一面。

2. “执行监管措施说”较为便利稳妥

根据现行刑法和刑事政策，我们认为，将刑事禁止令定性为执行监管措施的官方观点较为便利稳妥。理由是：

1）“附加刑说”不符合我国现行刑法。根据我国现行刑法，《刑法修正案（八）》在增设刑事禁止令的同时，并未对刑法总则第三章第一节“刑罚的种类”一节进行修改，将刑事禁止令增设为新的刑罚种类。在体系安排上，刑事禁止令既位列刑法总则第三章“刑罚”章的“管制”一节，又出现在第四章“刑罚的具体运用”的“缓刑”一节，所以根据体系解释，刑事禁止令不是刑罚。另外，根据我国刑法第 34 条，附

45.【法】卡斯东·斯特法尼等著，罗结珍译：法国刑法总论精义，中国政法大学出版社 1998 年版，第 480 页。

46. 徐久生：德语国家的保安处分制度，中国监狱学刊，2009 年第 4 期。

47.2004 年末我国在押犯数量为 155.8 万，2005 年末为 156.5 万，在全国的 600 多个监狱中，超押约 24 万。——颜九红、李文娟：加拿大社区矫正介评，河南司法警官职业学院学报，2008 年第 1 期。

加刑既可以与主刑附加适用，也可以独立适用。但根据刑法修正案（八），刑事禁止令只能附加适用。而且，在我国，附加刑无论是附加适用还是独立适用，都必须以刑法分则或总则有特别规定为限（如刑法第56条关于对故意杀人等严重破坏社会秩序的犯罪分子可以附加剥夺政治权利的特别规定）。[48] 所以，在刑法未对刑事禁止令的适用作特别规定之前，“附加刑说”只能是一种以修改现行刑法为前提的“纯理论”。

2）“保安处分说”与我国现行刑法并不矛盾，但其政策主张将大大增加我国法制改革的风险。如前所述，保安处分在各国立法上并无统一称谓，甚至在德国，刑事禁止令既属于缓刑考验规则，又属于保安处分，所以刑法是否给刑事禁止令冠以保安处分之名并不重要，重要的是刑事禁止令的内容有无保安处分之实。根据《刑法修正案（八）》，我国刑事禁止令的三项内容——禁止从事特定行为、禁止进入特定区域、禁止接触特定的人——都能在大陆法系各国保安处分制度中找到类似规定。而且最重要的是，保安处分制度关于预防和减少犯罪的功利主义宗旨与我国《刑法修正案（八）》新增设的刑事禁止令和社区矫正制度的宗旨是完全一致的。所以，尽管我国现行刑法中并无保安处分之名，但将刑事禁止令定性为保安处分并不违反我国现行刑法的立法宗旨和体系。

不过，保安处分说的政策主张在于以刑事禁止令为契机，在我国逐步发展治疗监护、强制禁戒、强制工作、保安监禁[49]、感化教育、保护观察、更生保护、限制居住、禁止出入特定场所、剥夺驾驶许可、禁止执业、善行保证处分、没收处分等措施以保卫社会安全。[50] 在刑事禁止令和社区矫正制度的初创阶段，这将大大增加我国法制改革的风险。

因为在上述措施中，除保安监禁、善行保证处分外，保安处分制度中的大部分内容我国现行制度中均有类似规定，如剥夺人身自由的措施有劳动教养、收容教养[51]、

48. 高铭暄、马克昌主编：中国刑法解释，中国社会科学出版社，2005年第1版，第637页。

49. 指以特殊预防为目的，以人身危险性为适用基础，对符合法定条件的特定人所采用的，对其进行隔离关押，以矫正、感化、医疗等方法，改善适用对象，预防罪犯的特殊措施。其适用对象包括有犯罪行为的人（累惯犯及自由刑执行完毕后仍有实施严重犯罪行为之虞的犯罪人）和有犯罪嫌疑或妨害社会秩序嫌疑的人。2011年5月4日，德国的保安监禁被宪法法院确认违宪，以使此类具有人身危险性的罪犯得到真正的护理和治疗，而不是囚禁。——黄礼登：德国保安监禁的终结，载方圆法治网，2013年2月13日访问，http://www.fyfzw.cn/a/fangyuan/2012314/2012030821600.html。

50. 徐久生：德语国家的保安处分制度，中国监狱学刊，2009年第4期；王丽霞：我国大陆社区矫正制度与台湾地区保安处分制度之比较分析，法治博览，2012年第5期。

51. 指我国刑法第17条规定的，对实施了危害社会的行为但又不负刑事责任的已满16岁的少年所采取的行政强制性教育保护措施。

收容教育[52]、强制治疗[53]、强制戒除[54]；非剥夺人身自由的措施主要有疗护处分[55]、保护监督[56]、禁止驾驶、剥夺职业或营业权、驱逐出境、管教[57]、没收财物[58]和查封、封闭营业处所等。[59]

但问题是，我国的类似规定大多是作为国家管理过程中的应急性对策而出现的，与西方国家的保安处分制度相比，在理论基础和规范体系方面缺乏统筹安排，从而造成了政出多门、体系庞杂、彼此矛盾且缺乏可操作性等缺点。在《立法法》生效之后，很多规定已不适应社会主义法治建设的要求，急需整合。

可见，“保安处分说”的政策主张最终会落脚在对我国现行制度的全面整合上，而这将是一个庞大的系统工程，不可能一撮而就。

另外，与“保安处分说”相比，“执行监管措施说”的对象较为单一，仅限于被判处管制、缓刑的轻罪犯人，而保安处分的矫正对象范围要复杂得多，包括已造成社会危害的精神障碍患者、瘾癖人员、未成年人，特殊危险人员（通常指本该刑满释放但尚未释其恶习的人、被宣告缓刑或假释的人[60]）及其他危险人员等。虽然保安处分措施不具有道德上的谴责性，但不可否认，所有的保安处分措施本质上都是对处分对象法益的一种限制、剥夺，都会给保安处分对象造成痛苦。

过多的对象意味着过多的痛苦和风险。所以，把刑事禁止令定性为管制、缓刑的执行监管措施，既有助于解决目前管制、缓刑执行过程中的失权状态，又可以实践、检验功利主义刑罚观关于刑罚社会化的理想，同时也不会改变我国现行刑法的体系，从而大大降低了法制改革的风险。

---

52. 指对卖淫、嫖娼人员强制集中在收容教育所，进行法律、道德教育和生产劳动的矫正性保安措施。

53. 主要是针对那些实施了危害社会的行为，但无刑事责任能力的精神病人和患有性病的卖淫、嫖娼人员，强制其接受治疗的保安措施。

54. 指针对吸食、注射毒品成瘾的人，将其收容于戒毒所，强制其戒绝不良瘾癖嗜好的行政性的保安措施。

55. 指我国刑法第 18 条规定的对于无责任能力而实施了危害社会行为的精神病人应当由其家长、家属或监护人采取的监护与治疗措施。

56. 指我国刑法第 39、75、84 条所规定的，对于管制、缓刑、假释犯人的监管措施，与德国、日本的保护观察制度及美国的缓刑制度非常相似。

57. 指在不使其脱离原生活环境、不拘束其自由的前提下，将不予处罚的违法、犯罪少年托付给其家庭或者学校加以约束、辅导和保护，促使其改过从善的一种少年保护处分执行方法。

58. 包括犯罪分子违法所得财物及供犯罪所用的物品或者有诱导犯罪危险性的物品如毒品、淫秽物品、枪支弹药、犯罪工具等。

59. 侯保田：我国现行法中的保安处分，法律科学，1994 年第 4 期；林淑蓉：保安处分研究，西南政法大学 2009 年硕士学位论文，第 27 页以下。

60. 屈学武：保安处分与中国刑法改革，法学研究，1996 年第 5 期。

五、刑事禁止令的适用及相关的程序问题

（一）刑事禁止令适用的大前提——法律依据

1.《刑法修正案（八）》

在审判环节，能够作为刑事禁止令的大前提的，是《刑法修正案（八）》第二条第一款、第十一条第二款和《规定》的第一至六条。其中，《刑法修正案（八）》仅原则性地规定判处管制、宣告缓刑，可以根据犯罪情况，同时禁止犯罪分子在管制执行期间和缓刑考验期限内从事特定的活动，进入特定的区域、场所，接触特定的人。但“犯罪情况”“特定的活动”“特定的区域、场所”都包括哪些情形，“特定的人”又应包括哪些人，《刑法修正案（八）》没有，也不可能作出详细规定，否则法条将太过冗长。

2.“四院部”的《规定》

“四院部”的《规定》是对《刑法修正案（八）》的一种具体化，是为了解决《刑法修正案（八）》的原则性和可操作性问题而专门进行的解释。

1）《规定》第一条揭示了刑事禁止令的功利主义立法思想，要求法官须从“促进犯罪分子教育矫正、有效维护社会秩序”的善意出发，不得滥用权力。然而“善意”是一个主观性概念，客观上不易甄别，再加上刑事禁止令的内容范围宽广而且极有可能涉及到犯罪人的重大法益，所以“确有必要”一词实际上是为法官的裁量权划定的界限。

2）《规定》第二条是对法官判处刑事禁止令时的一种方法上的要求，包括三部分内容：

①据以判处刑事禁止令的证据必须与已经发生的犯罪事实密切关联，不得考虑与已犯罪行无关的因素。虽然这种不得针对“莫须有”（即可能有）的罪行的思想在我国拥有广泛的社会基础，但《规定》的这种“关联性”要求却并非具文。因为出于保卫社会安全的目的，功利主义有可能允许对仅仅具有人身危险性但尚无危害行为的人采取强制措施，甚至有可能对完全无辜的人定罪。这也正是来自报应主义的批评之一。[61] 如果说这只是一种极端的理论推理的话，那么在实践中，公众对于针对瘾癖人员的强制禁戒制度早已“常见则不疑”的事实说明报应主义的担忧并非空穴来风，在我国这样一个不久前还盛行集体主义思想的国家，功利主义的上述政策倾向将有可能对个人权利构成重大威胁。所以，虽然从保卫社会安全的角度来看，法官应当考量所有可能导致犯罪人再次危害社会的诱因，但为了保护个人权利，《规定》不得不对法官的自由裁量权作出必要的限制。

61.【美】约书亚·德雷斯勒著，王秀梅译：美国刑法精解，北京大学出版社，2009年1月第1版，第18页以下。

②刑事禁止令的内容必须具有预防性。根据《规定》第二条，拟判处刑事禁止令时，法官至少需要考量犯罪原因、犯罪性质、犯罪手段、犯罪后的悔罪表现、个人一贯表现等证据材料。这些证据材料虽然都与过去已经发生的罪行密切相关，但刑事禁止令的功利主义性质决定了法官考量这些证据的目的是着眼未来的，即未来哪些因素可能导致犯罪人再次危害社会，哪些因素就将成为禁止令的内容。所以刑事禁止令的内容是预防性的，而不是惩罚性的。“对罪行虽然比较严重，但是几乎没有再犯可能的，就不需要，也不应当决定适用禁止令”。[62]

这一观点似乎与缓刑的条件相矛盾：刑事禁止令的对象之一是缓刑犯，而缓刑的条件之一是“确实不致再危害社会”，一个有可能再次危害社会的人怎么可能判处缓刑呢？如果没有缓刑，又何来禁止令呢？但实际上，“确实不致再危害社会”只是审判人员的一种推测。法律属于社会科学，绝对做不到自然科学那样精确（甚至自然科学中也存在模糊数学），所以法律只能追求最大可能性，所以在司法实践中，只要现有证据证明犯罪人未来再犯新罪的可能性较小即可满足“确实不致再危害社会”这一条件。缓刑的考验期限也同样证明缓刑犯人仍有犯罪的可能，只不过“不致再危害社会”的可能性更大而已。由此可见，刑事禁止令是在承认犯罪人具有再犯可能性的基础上，对缓刑的一种加强和补充。

③只要确有必要，法官有权在“禁止从事特定的活动、进入特定的区域、场所、接触特定的人”中任选一项或几项作为刑事禁止令的内容，但基于刑事禁止令的功利目的，法官在作出这样的选择时，应善意为之。

3）《规定》第三、四、五条是对刑法修正案（八）中“特定活动、特定区域、场所、特定的人”的一种解释。虽然“四院部”此举的目的是为了方便法官裁判，使其更加有法可依，然而不难发现，在“立法”技术上，“四院部”采用的是典型列举外加兜底条款的方法，这就意味着，在未来的刑事司法实践中，法官将根据这些兜底条款自由裁量。而且，即便是已经明文列举的内容，在具体案件中不够“清晰”，需要解释，因而需要法官自由裁量的内容也是所在多有。比如，关于“犯罪原因”“悔罪表现”“个人的一贯表现”以及“高消费活动”[63]、幼儿园园区“周边地区”、举办大型群众性活动的“场所”。任何法律都有漏洞，“完整”到无所不包，“清晰”到简明易懂、没有歧义，“连贯”到内部没有任何矛盾，这样完美的立法只存在于狂热的理性主义

62. 张军：加强对适用禁止令监督指导，人民法院报，2011年5月11日。

63. 与《最高人民法院关于限制被执行人高消费的若干规定》中的“高消费”不同，前者旨在防止民事被告人恶意减损责任财产损害债权人债权，后者旨在矫正刑事被告人的堕落行为，防止“高消费”行为引发其再犯罪，以保卫社会安全。

者的幻想之中。[64]“四院部”的这一“立法”技术体现了对客观规律的尊重。

另外，由于人类语言所固有的模糊性，刑事禁止令的内容很难“特定”到毫无歧义。有关“特定”问题的争议，将来仍然离不开法官的解释和自由裁量。比如大型群众性活动往往在露天场所举行，而且常常人满为患，越过“场所”的法律上的界限，那么，“场所”的范围如何界定？若身负该禁止令的人在不经意间碰巧路过，与越界之禁令保护人遭遇，算否“接触”，算否“进入”呢？法律能要求法官须将禁止令的内容具体到“在此情况下，须迅速离开，不得逗留”的程度吗？

可见，刑事禁止令中的功利主义因素和法官所固有的自由裁量权使得刑事禁止令的判决充满了主观色彩，而刑事禁止令巨大的涵摄范围又将这种主观色彩进一步放大了。

（二）刑事禁止令适用的小前提——事实依据

被证据证明了的事实构成裁判的小前提。在一般公诉案件中，证据主要由侦查机关调查取得，小部分由辩护律师提供，法官只能居中裁判。然而《社区矫正实施办法》第四条却规定，法院有权委托县级司法行政机关进行调查评估，调查评估的内容包括罪犯的居所情况、家庭和社会关系、一贯表现、犯罪行为的后果和影响、居住地村（居）委会和被害人意见、拟禁止的事项等。这些情形都属于酌定量刑情节，在管制、缓刑还处于拟判阶段，这些情节在具体案件中是有可能促使法院改变初衷的，而且单就刑事禁止令而言，这些评估材料也会影响被告人的重大法益。这一规定显然不符合法院居中裁判的原则。相应地，被告人的辩论权利也不会得到应有的尊重。因为，如果允许被告人就法院委托调查的这些材料进行质证的话，那么，谁来与被告人辩论呢？辩论又有何用呢？所以，从保护被告人合法权益的角度出发，上述评估材料应当通过刑事诉讼法规定的补充侦查程序取得，而且应当经过法庭质证，允许被告人上诉。

（三）刑事禁止令的判决

在刑事禁止令的判决问题上，目前困扰着法官的，除了法律适用方面的问题外，还有一个刑事禁止令的可执行性问题。有不少法官认为，如果现实条件还不能保证有关刑事禁止令得到有效执行的话，则毋宁不判。对此，我们认为，由于刑事禁止令是一项新制度，我国目前的社区矫正工作也尚未成熟，有些刑事禁令确实还缺乏有效的执行措施，但这不应成为法官拒绝判处刑事禁止令的理由。原因在于：

1. 刑法修正案（八）已经生效，必须执行。如司法者有法不依，该判不判，将比常人违法更加有损于法律的尊严。

64.【美】约翰. 亨利. 梅利曼著，顾培东、禄正平译：大陆法系（第二版），法律出版社 2004 年 1 月第 1 版，第 26 页以下。

2. 万事开头难。刑事禁止令是我国刑法规定的一项新制度，是舶来品，而任何新法律的执行都必须有一个探索和磨合的过程，才能为人们所理解，最终变成生活中的活法。

3. 有些刑事禁止令即便没有现实的执行措施，也会对犯罪人造成潜在的威慑，即便仅从督促其改过从善的意义上，刑事禁止令也不是毫无意义的。比如禁酒令，除非矫正工作人员具有高度的敬业精神，否则就目前国内的设备而言，很难对有关犯罪人进行有效监督。但是，一旦某人有禁酒令在身，其酒后驾驶就将面临数罪并罚的危险，而且被处罚时，他还将因未听法官在禁酒令里的谆谆教诲而自责。而一旦犯罪人体会了法官的善意，则判决的遵守将因此而升华。

（四）关于刑事禁止令的程序问题

刑事禁止令是我国刑法的一项新制度，在调研过程中，不少法官对庭审程序表示了疑虑：刑事禁止令是一项执行措施，不是刑罚，那么，为了执行这项新制度，要否设置专门的庭审程序？如果被告人对禁止令不服，能否上诉？对此，我们认为：

1. 无需为刑事禁止令设置专门的庭审程序。

刑事诉讼法的修改发生在刑法修正案（八）之后，但修改后的刑事诉讼法并没有为刑事禁止令设置专门的程序，因此，对于拟判刑事禁止令的案件，应该和其他公诉案件适用同样的程序。在具体操作上，根据“四院部”的《规定》第 7 条及我国刑事诉讼法的有关规定，侦查机关在移送审查起诉时可以就刑事禁止令的宣告和具体内容向公诉机关提出意见；公诉机关在提起公诉时和庭审过程中也可以就刑事禁止令的宣告提出建议或退回侦查机关补充侦查；人民法院对有关刑事禁止令的证据材料有疑问的，可以进行调查核实。另外，如果人民法院在审理过程中发现了可能影响刑事禁止令的宣告及具体内容的重要证据有所遗漏，虽不宜直接委托司法行政机关进行调查评估，但根据最高人民法院关于执行《中华人民共和国刑事诉讼法》若干问题的解释第 343 条等条款的原理，人民法院可以建议检察机关补充侦查。

2. 应当允许当事人上诉。理由是：没有救济的权利不是权利，因此，不论实体法上的权利还是程序法上的权利都应该获得救济的途径。而刑事禁止令涉及到了被告人的重大权益。所以，被告人应该获得法律的救济。在具体的救济途径上，虽然法律目前尚无专门规定，然而司法救济是最后的救济，所以，允许被告人就刑事禁止令进行上诉，无论如何不会违反程序法的基本原则。

对于刑事禁止令的上诉问题产生疑问的原因有二：第一，刑事禁止令不是刑罚，其目的是为了被告人“好”，所以不应允许被告人上诉。这实际上是一种政府无限理性理论，这种理论以政府全知全能为假设，往往导致私人权利以“公益”的名义被剥夺，法治国家早已摒弃了这种理论。第二，刑事禁止令既然是一种执行监管措施，根据权力分工，刑事禁止令就应当由司法行政机关而不是作为司法机关的法院来决定和执行。同样，根据形式逻辑，刑事禁止令也不应允许上诉。因为，被判处监禁刑的犯罪人如果对其具体执行措施（如劳改的工种）不服，只能在监管系统（如监狱）复议、申诉，不能到法院上诉；被判处非监禁刑的犯罪人如果对其具体执行措施（如关于犯罪人离开所居住的市、县的审批）不服，也只能在监管系统（如公安机关）复议、申诉，无权到法院上诉。刑事禁止令既然属于“管制、缓刑的执行监管措施”，在性质上就与上述两类监禁刑和非监禁刑的具体执行措施相同。同质的东西应当同样对待，所以，刑事禁止令也不应允许上诉。

从形式逻辑来看，上述观点完全正确。但如果按照这种逻辑继续推理，在实践层面，将得出荒谬的结论：在刑事禁止令的问题上，由于刑事禁止令作出与否应当以全部“犯罪情况”为依据，而全部管制、缓刑案件又都有可能涉及刑事禁止令，所以，如果由司法行政机关来决定刑事禁止令的适用和内容的话，将意味着法院在审理完全部管制、缓刑的案件后，再由司法行政机关专门就刑事禁止令问题进行全案审查。这将是多么巨大的人力资源浪费！

徒法不足以自行，立法者从来不对经济基础发号施令。所以，不论逻辑是否违反，体系是否周全，各国刑事禁止令的适用和内容都是由法院来决定的。

另外，对于刑事禁止令的救济问题，我们认为，在程序法上，不论刑事诉讼法还是民事诉讼法，效率都是确定管辖权的根据和原则。[65]而如前所述，根据效率原则，刑事禁止令应当由法院作出，再加上刑事禁止令又是与其他判决事项同属一张判决，所以与司法行政机关的复议、申诉程序比较而言，由上诉法院按照普通二审程序对刑事禁止令的上诉进行审理既经济高效，又充分保障了被告人的合法权益。

六、刑事禁止令的执行

如前所述，刑事禁止令以功利主义行刑社会化思想为基础。这一以人为本、面向未来的思想基础决定了对刑事禁止令的执行不应当简单地停留在对当事人外在行为的监督上，对当事人的思想进行矫正可能更加符合刑事禁止令的功利目的。圣人诛心，此之谓也。所以，在讨论刑事禁止令的执行问题时，我们考虑的更多的，甚至是犯罪人的内心矫正问题和相应的社区矫正制度。

（一）发达国家的经验

在刑事禁止令的执行方面，发达国家有诸多可供借鉴的经验：

1. 高素质的矫正队伍

1）人品。在发达国家，社会公众一般把担任矫正志愿者一职看作一种崇高的荣誉，

65. 陈卫东主编：刑事诉讼法，中国人民大学出版社，2008年第2版，第97页；张卫平著：民事诉讼法，中国人民大学出版社，2011年第1版，第59页。

因而在国外想成为矫正志愿者并非易事。比如日本的民间志愿者必须在社会上享有威望、对更生保护事业有热情且时间充裕、生活安定、身体健康并经过严格选考。

2）学历。美国、英国、加拿大等国家要求社区矫正工作者最低须有本科学历，美国有的州甚至要求研究生学历，而美国对警察的最低要求是高中学历。1998年，英国政府将原来担任社区矫正官须具备的“社会工作资格”提高为“缓刑研究资格”，该证书通常需要两年的大学学习。

3）专业。在专业方面，发达国家的社区矫正工作者一般须有刑事执法学、犯罪学、心理学、社会学、法学等教育背景。

4）数量。在矫正工作者的数量方面，发达国家领薪的政府工作人员数量普遍较少，各国一般通过大量使用无薪的社会工作者的方式来满足对矫正工作者的人数需求。比如美国早在20世纪70年代中期，矫正志愿者的人数就高达30万~50万人，每年提供2000多万小时的服务。[66]德国黑森州的矫正队伍中有30%为不领薪酬的社会义工。[67]而将大陆法系保安处分制度和英美法系社区矫正制度完美结合起来的日本则主要依靠民间力量实现其保护观察制度，而且在人数上，日本的“保护观察对象每年约6万人，有近5万人的保护司（即民间矫正志愿者）和约1100人的保护观察所工作人员（在第一线负责保护观察事件的保护观察官约有650人）”。[68]

2. 种类繁多、形式多样的矫正措施

与功利主义的特殊预防理论相对应，为了实现矫正目标，西方发达国家孕育出了种类繁多、形式多样的矫正措施，以应对矫正对象的个体化差异。并且在长期的矫正实践中，这些矫正措施经过法律的确认已经形成了一套系统化的制度，从而为矫正对象顺利回归社会提供了可靠的保障。比如在社区矫正最发达的美国，矫正措施共有三大类十八小类，包括缓刑（包括标准缓刑、严格监督的缓刑、休克缓刑、复合刑罚、矫正训练营）、假释（包括法定的假释、裁量的假释、准假、工作释放、学习释放、震惊的假释、假释合同）、中间制裁（包括日报告中心、家中监禁、电子监控、赔偿、中途住所、社区服务）；[69]英国的矫正措施主要包括缓刑令、假释、社区服务令、宵禁令、毒品治疗与检测令、出席中心令、监督令、行为规划令等。[70]

3. 雄厚的政府财政保障

66. 李明：国外主要社区矫正模式考察及其借鉴，中国司法，2008年第1期。

67. 社区矫正考察组：加拿大社区矫正概况及评价，法治论丛，2004年第3期。

68. 苏明月：日本保护观察制度研究，中国政法大学2007年博士学位论文，第47页、第108页以下。

69. 赵波：中美两国社区矫正比较研究，理论月刊，2011年第9期。

70. 刘晓梅：英国的社区矫正制度及其对我国刑罚制度改革的启示，犯罪研究，2006年第3期。

在社区矫正制度发达的国家，除日本主要依靠其民间力量完成社区矫正外，其他国家都靠政府财政的强力支撑。比如在德国黑森州，虽然也使用大量的社会义工，但在人员比例上，社会义工仅占矫正工作队伍的30%，其余70%的人员是与政府签约受政府雇佣的缓刑帮助者，其工资构成了社区矫正的最大开支，平均每人每月2000~3000欧元，是办公设施开支和业务经费的10倍。[71]在经费方面，英美法系国家也毫不逊色，其中美国政府每年投入到社区矫正方面的费用平均每个矫正对象约17692美元；加拿大为1.3万加元；英国政府2002-2003年社区矫正的支出为6.93亿英镑，根据社区矫正刑的监控程度不同，平均每个服刑人员1500-6000英镑不等。[72]

（二）我国刑事禁止令的执行现状

1. 目前的困难

与上述发达国家相比，我国的社区矫正制度虽然经过部分省市的试点，已经积累了一定的经验，然而在全国范围内，社区矫正才刚刚起步，在矫正队伍建设和矫正措施制度化建设方面都还存在较大差距。

1）矫正队伍建设方面。以阳泉地区为例：阳泉市下辖三个区两个县，市司法局下设社区矫正工作管理处，各县区司法局成立社区矫正工作领导组，但具体工作由各县区司法局下设的社区工作办公室承担。目前阳泉市在一线从事社区矫正工作的政府工作人员有数十人，社会志愿者队伍正在组建之中，但根据我们的调研，很多有能力从事社区矫正工作的人士对担任矫正志愿者一职缺乏热情。就目前的矫正工作状况而言，阳泉市一线矫正工作人员和矫正对象的比例是1:50，[73]矫正措施则尚付阙如，所以矫正工作目前难以有效开展，基本靠矫正对象自律。

2）矫正措施制度化建设方面。从2004年司法部颁布的《司法行政机关社区矫正工作暂行办法》开始，我国在矫正措施制度化建设方面开始有了具体规定，但种类较少，形式简单、笼统，并且大多属于说教类的“软”措施，需要依靠矫正工作者高尚的职业道德和精湛的专业知识方能奏效。

2012年1月10日，“四院部”《社区矫正实施办法》颁布。从立法技术来看，“新《办法》”内容更加全面，行文更加简洁。然而在社区矫正措施的规定方面，“新

71. 司法部赴德国社区矫正培训团：德国社区矫正概览，中国司法，2005年第11期。

72. 李明：国外主要社区矫正模式考察及其借鉴，中国司法，2008年第1期。

73. 从每个政府矫正工作人员具体负责矫正对象的人数上来看，美国是30~120人，加拿大是17人，日本是60000/650人，德国是70~90人。可见，在工作强度方面，我国的矫正官员与发达国家相似；在人数方面，我们缺少的不是政府矫正官员，而是矫正志愿者。—— 李明：国外主要社区矫正模式考察及其借鉴，中国司法，2008年第1期；社区矫正考察组：加拿大社区矫正概况及评价，法治论丛，2004年第3期；司法部赴德国社区矫正培训团：德国社区矫正概览，中国司法，2005年第11期。

《办法》”与2004年的“旧《办法》”相比，并无丝毫改观。社区矫正工作的难度之大由此可见一斑。

3）思想文化建设方面。在思想文化建设方面，以儒家宗族伦理思想为基础的复仇主义传统至今在国人的思想中根深蒂固，其与功利主义均属意识形态和价值判断范畴，一旦形成，很难改变，这是妨碍矫正者队伍建设的一个主要障碍。另外，个人主义和拜金思想在我国现阶段也具有相当的社会基础，这是妨碍矫正者队伍建设的另一个障碍。

2. 我国的相对优势

通过对发达国家的介绍，我们似乎要得出一个悲观的结论。然而尺有所短，寸有所长，在社区矫正方面我们若能扬长避短，辨证施治，短期内或能有所作为，也未可知。我们的长处是：

1）与日本相比，我国的社区矫正是政府倡导型的，从一开始就有政府的强力支持，具有先天优势。而日本的社区矫正从古至今都是民间主导的，政府至今处于被动、消极地位。

2）社区矫正工作的核心不是外部监督，而是内心矫正，因而成败的关键不是财政投入和物质设施，而是人的智力和心灵。在发达国家，最昂贵的是劳动力，尤其是智力，而社区矫正工作恰恰是复杂劳动，需要高智商，因而许多国家不得不借助大量的无薪志愿者。相比之下，我国目前的工资水平普遍不高，财政压力相对不大。

3）我国传统文化以儒、释、道为代表，虽具体主张不同，但都以真、善、美为终极追求，而且我国目前的主流文化仍然是儒家文化，而儒家文化主张经世致用，主张“挟泰山以超北海，明知不可为而为之”。所以，与盛行个人主义的西方社会相比，我国并不缺乏开展慈善事业的社会文化基础。这是我们在思想文化建设方面的相对优势。

4）发达国家的矫正措施种类繁多，形式多样，这虽然有利于矫正目标的实现，但同时也会造成政府财政压力和矫正工作量的增加。

与发达国家相比，我国因法律所限，目前矫正措施种类较少，形式简单，因而容易集中力量在短期内取得成效。

5）发达国家多为刚性刑法，获刑标准较低，因而轻罪犯人众多、矫正对象众多。[74]

---

74. 如美国截至1999年底，共有被矫治人员632万人，其中进行社区矫正的占377万人，在监狱的只有200余万人；2000年，被监禁的罪犯人数为1933503人，同期处于社区矫正的缓刑和假释人数高达4565059人；根据2004年7月美国司法部的一项最新统计资料，当年处于监禁刑和缓刑、假释的罪犯有690万，其中缓刑人数407万，假释人数为77万，美国社区矫正的比例基本保持在70%左右。——李素琴、谭恩惠：美国社区矫正制度对我国的借鉴，中国人民公安大学学报，2012年第5期；另见注释28、48。

相比之下，我国的矫正压力不大。[75]

（三）改善我国刑事禁止令执行状况的建议

1. 大量使用电子监控

就我国目前的国情而言，在短期内解决矫正队伍的建设问题恐非易事，所以要有效执行刑事禁止令，当务之急，应借助大量的技术设备，实行电子监控。这样一方面可以缓解人力的不足，另一方面也可以增加监督的客观性，避免举证困难问题。根据我们的调研，虽然目前国内市场上的现有设备在技术性能、价格上还不能完全满足监督的需要，但我们有理由相信，根据中国目前的技术水平，如果政府招标的话，巨大的需求和利润将刺激厂家攻克一切难题。

当然，执法过程是如此复杂，尤其是在个性化特征显著的刑事禁止令和社区矫正领域，任何想用技术设备完全取代人工智能的想法都不过是狂热的理想主义的又一次翻版。所以，要想从根本上解决问题，最终仍然离不开高素质的人。

2. 实现信息共享

建立信息平台，实现数据共享，《社区矫正实施办法》第三十五条已有明文规定。但是，仅仅在司法行政机关、公安机关、人民检察院和人民法院之间实现信息共享是远远不够的。因为，“不得从事特定行为”“不得进入特定区域、场所”把刑事禁止令的适用范围推向了各行各业，比如银行、工商局、民政局，如果这三个部门不能共享禁止令信息，矫正机构是很难对诸如禁止申领、使用信用卡，禁止设立企、事业单位这样的禁止令实施有效监督的，即便勉强为之，也是事倍功半，劳民伤财。另外就是外来务工的犯罪人，如果一律不允许其离开审判法院所在的市、县，在个案中可能会构成滥用权力；但在禁止令信息没有实现全国联网的情况下，其一旦离开，禁止令便很难执行。管制、缓刑、假释信息也是一样道理。所以我们建议以二代居民身份证为范例对社区矫正人员的信息实行全国联网，各行各业共享。

3. 尽快建立矫正志愿者队伍

对于当前阶段的矫正志愿者队伍建设，我们建议：

1）宣传。在本质上，功利主义和报应主义之间的分歧属于价值判断的范畴，所以任何一方都不会取得彻底胜利。不过，法律上的价值判断取决于立法者所代表的主流意识形态，而立法者一旦作出了抉择，实践部门就必须贯彻执行。所以，在我国，

---

75. 截止2010年12月底，全国31个省（区、市）和新疆生产建设兵团已开展社区矫正工作，覆盖全国91%的地（市、州）、72%的县（市、区）和65%的乡镇（街道）。北京、上海、江苏、内蒙古、海南等13个省（区、市）已经在全辖区开展社区矫正工作。各地累计接收社区矫正人员59.8万人，累计解除矫正32.1万人，现有社区矫正人员27.8万人。各地累计接收社区矫正人员59.8万人，累计解除矫正32.1万人，现有社区矫正人员27.8万人。——赵波：中美两国社区矫正比较研究，理论月刊，2011年第9期。

立法者既然已经以刑事基本法的形式确定了功利主义在管制、缓刑以及刑事禁止令制度中的胜利，主流媒体就应主动宣传，努力使国人尤其是矫正志愿者早日接受该制度和思想，以达到立法者的要求。

2）“海选”。鉴于国人当前对于矫正工作的陌生和反感，我们建议降低门槛，不分学历、不分专业，只要有一技之长，又愿意担任矫正志愿者的，都应准许。然后“因才是举”，并在实践中积累经验，遴选精英。

3）无偿。矫正工作是在重塑心灵、改变人生，须用良心才能完成。若一旦有偿，其纯洁性将难以保证，矫正效果也将受到影响，所以无偿已成各国惯例。

4. 各办案部门在执行环节中的合作与分工

如前所述，刑事禁止令的功利目的决定了对刑事禁止令的执行不应简单地停留在对当事人外在行为的监督上，对当事人的思想进行矫正可能更加符合刑事禁止令的功利目的。然而思想矫正工作的整个过程更是充满了个性化特征和主观色彩。比如，从矫正组成员的选择、对犯罪人人身危险性的评估、矫正方案的制定到矫正方案的实施、评估、修改以及对矫正工作成果的验收，都离不开有关工作人员的专业素质和职业道德。这也为检察机关的监督工作增加了难度。所以，为了提高禁止令的有关执行和监督工作的效率和质量，我们建议：

1）对当事人人身危险性的评估往往涉及犯罪学、心理学、社会学等知识，而这些知识对于当事人的后期矫正工作又至关重要，所以前期曾经参与当事人人身危险性评估的人员应当优先考虑进入矫正组。

2）受本职工作所限，曾经参与案件侦查和审判的人员不宜进入矫正组，但作为一个熟悉本案的办案人员，可以应邀列席矫正方案的制定、评估、修改和验收会议。

3）禁止令执行工作的主观性决定了检察机关监督工作的灵活性，因此检察机关可以改变以前定期检察和事后检察的成规，进行事中检查甚至同步检察。作为被监督对象的司法行政机关，为示诚信，在一些主观性较强的环节（比如矫正方案的制定和实施环节），也可以主动邀请检察机关进行现场监督。

结　语

我国的社区矫正工作起步较晚，各方面的改善工作也非一日之功。理论上的思辨或可旷日持久，司法实践却时不我待。如今，刑法修正案（八）及其他相关法律文件既已生效，刑事禁令就应勇于先行。

二、在法律与道德的冲突协调中构筑法官的职业道德

杨志荣

摘要：法官职业道德机制的建立迫在眉睫，现实生活中法官所面临的法律理念与道德观念的整合需要我们去重新思考、定位，直面司法实践中法官职业道德的政治化，观念和司法权异化等不容乐观的现状，构建一个既具有先进理念双具有司法独立性保障及监督机制的司法偷道德体系已成为当务之急。

关键词：法官职业道德 观念整合 司法现状 机制的建立。

正文：“司未能难承贪欲失衡之重”。历史的发展告诉我们：有权力的人总会走到有界线的地方。法官手中的权力，也如同其他权力一样被滥用，正如卡多佐所言：“我们不打算在权力授予问题上畏缩不前，也不能因为存在着司法权的滥用而不授予司法权”。那么，作为公正的化身，社会主义事业最后一道防线守门人法官。如何去防止作为现代社会三大权力之一的司法权发生异化，特别是在我国政治体制改革，司法体制改革，尤其是法制传统的变革难以一蹴而就的情况下，法官的角色原重要性就显得尤为突出。加之在现实的生活中公民对司法公正所持的迷惘和怀疑的态度，如何通过对法律和道德的冲突的直辖市，从而构筑良好的司法伦理道德的冲突的直辖市，从而构筑良好的司法伦理道德体系，就成为当前司法建设的当务之急。

一、法律与道德的关系在法庭理念中的整合

道德是一个关系到某些规范性模式的价值侧重要领根据。根据美国 E. 神登的海默的划分，在道德价值的这个等级体系中，可以区分出两类要求和原则，第一类，包括社会有序化的基本要求，第二类，包括那些极有助于提高生活质量和增进人与人之间的紧密联系的原则，针对第一类原则，即那些被视为是社会效的基本而必要的道德不当原则在所有的社会中都赋予了具有强大力量的强制性质，这些道德原则的约束力的增强，当然是通过将他们转化为法律规则而实现的。但是，从另一个方面讲，那些在法律所规定的权利和义务范围之外的道德准则，其特点是，他们只具有较弱的强制力。任何可以被用来维护法律权利的强制执行制度是无力适用于纯道德的要求的，结合该理论意义上的划分，我们不难发现，二者理论体系中现状和观念上可能存在冲突、对立。法律中的权力本位和我国伦理道德中的集体主义原则的对立是其根本表现。权利本位法律精神的必然逻辑是提倡人们为权利而斗争。这不仅仅是每个人的利益需求，也是每个公民应该对社会所尽的义务，而集体主义原则的必然结论是要求个体对集体的无私奉献精神。以上对立的出现冲突时，我们应该

如何抉择，也许有人会不假思索地说：当然是选择法律。因为，为权利而斗争是实现中国法治的基本要求。但是，我们又怎能忽视与人相适应的文化价值和道德观念的支撑。其实，我们没有必要也绝不应该把道德赋予更多的阶级性，误认为道德是权力的丫环，为个人的权力而斗争的获益与对集体利益的服从，对社会秩序的稳定，平和同样的重要，而且从根本性质上讲，二者应该是统一的，他们之间的对立性完全可以在社会发展的进程中得到很好的融合，如果为集体利益而牺牲个人利益，破坏了法律的社会功能，此行又何益于社会和大众，我们完全有理由相信，也有可能使“权利本位”和传统的文化道德与社会现实相结合，绝不应该仅仅停留在抽象理论认识的高度上。

二、我国法官职业道德建设的现状。

我们国家现阶段法官职业道德建设的客观状况实在不容乐观。正如有的学者坦言：“中国公众对中国司法公正所持的悲哀态度表明，法官对司法伦理道德的践踏已经到了可能毁掉司法制度设计的初衷的程度”。尽管我国在法官职业道德建设方面已经做了很多的工作。并在继续做着不懈的努力。比如：全国人大常委会颁布实施的《法官法》，中华人民共和国最高人民法院于二OO一年十月十八日颁布的《法官职业道德基本准则》都对法官的职业道德做了比较全面和群尽的规定，各级人民法院也相应地制定了诸多《法官职业道德建设实施细则》，然而，法官职业道德建设的现状却并不能令人乐观。笔者认为，法律及司法伦理道德的政治化，经济利益的追求导致伦理，道德观念的改变以及司法权力的异化，是我们应面对的现实问题，必须引起足够的重视。

不可否认，法律和政治是不可分离的，但是随着社会的发展，文明的进步，法律和政治的区别也日趋明显，从特性上来分析，政治是相对灵活的，而法律则是相对稳定的，如果人为地把法律赋予过多的政治性牲，必然破坏了法律的相对稳定性，究其实，法律的社会性的日渐突出，也不仅仅是政治特性所能涛盖的，纵观中国几千年的历史，我们不难看出，在绝大多数历史时期，国家的司法职能是和行政管理职能合二而一的，地方各级行政长官同时也就是该辖治内的司法长官。这种历史格局的形成且不该辖治内的司法长官，这种历史格局的形成须不断延续，究其根源，是因为中国商品经济的不发达所导致的中国伎的社会政治，伦理、道德、法律的一体化的制约，而伦理道德政治化是这一牲的必然结论和产物，改革开放近三十年，随着我国商品经济的发展，市场经济化体系与制度的逐步建立，道德和政治法律的相对分离已成为社会发展的必然要求。但是，综观我国的社会生活，道德作为政治宣传的重要工具的状况并没有得以根本改变，现阶段的中国，国家司法仍然呈行政化的管理，人民法官并没有独立，超然的社会，政治和工作地位，社会上的其他人以及法官本人并不认为他所从事的一项神圣的职业，其掌管的司法权力完全等同于同级行政长官所握有的行政权力。

由此可以说明，制度设计本身就否定了司法的社会权威，法官群体良好的职业道德建立的基础自然也就无法存在。在司法的实践中，我们的法官总是要受到这样的似是而非的要求。法律以人为本位，应该保护人作为世上万物主宰的权利，但是，某一方面，为了某些“领导”所奢谈的“稳定压倒一切”的大局意识，往往在他们认为适当的时候，采用自以为适当的方式，甚至干脆不惜任何代价牺牲个人的利益。即：法官的工作必须服从“社会稳定压倒一切”的集体与全局利益，误以为依法保护了个人权利就与整个社会的稳定之间出现和存在了不可调和的矛盾，殊不知此种认识有失偏颇，用阶段分析的观点来解析，法律属于上层建筑的范畴，法律是由统治阶段制定，而又为其服务的，是统治阶级意志和利益的集中反应，法律的职能是保护人的权力，非此不能达到人心所向，社会和谐，那种认为“牺牲个人利益才能保持社会稳定”的观点是十分错误的,因为由此而引发的,就是社会的最大的不稳定。法律、伦理道德政治化的另一侧面，即是反应是法官，虽不是全部，但也尖少数的法官的对权力的滥用。甚至有极少数法官，把社会赋予其的司法权力变成了慈善正义的手段。之所以如此，是因为他们认为，法律是以义务为本位的，法律是为当时的政治服务的，法律的实施不是为了保护公民的权力，实现社会的平和秩序，而是为了对公民的行为进行干预。

经济利益的追求，尤其是个人经济利益的追逐，导致法官职业道德的低下，从而使司法权力异化，是我们面临的另一个现实问题，现阶段，我国的法院业务虽是单一的系统，但其人权。财权是不独立的，法官及领导的任命归同级人民代表大会常务委员会或同级的党委组织部门负责；财务拨付均由同级政府的财政部门管辖。这两项，极大地限制了法院执法的独立性。加之我国的经济发展水平还不算高，与这相应的司法者应该享有的或与其相对应的精神的和物质的财富不能得到很好的保障，特别是在“老”“山”“边”贫困地区的基层人民法院，这类问题显得戊为突出。据笔者所塑封，有一位基层法院的普通法官，靠不多的工薪验证以养家，只得利用业余时间摆地摊做小买卖艰难度日。再者，一些法官不注意职业道德的培养，思想觉悟不高，私欲膨胀，验证以抵挡金钱，地位与人情的诱惑，从而以权谋私，徇情舞弊，继而走上贪赃枉法的犯罪道路。法官的执法不廉，大大破坏了司法的公信力。

三、法官职业首先机制的构建

良好的司法职业道德是做一个了法官的基本条件。如何将司法伦理首先制度化，即如何从法律制度的层面上解决司法实践中的偷道德问题，将司法伦理道德具体化为可操作和具有外部强制力的具体活动，从而规范和约束法官的司法活动，保证法官行为的公正，是我们急需解决的问题。因为司法偷道德毕竟需要有一个理性的环境未培育和运用它。

首先，司法职业道德要求法官思想上要具有人权理念，以实现制度设计的人权保护目的法官应该知道，司法的终极目的是指向人权、保护人权、尊重人的尊严，这也是法治的最终目的，必须把人权视为最高法律，充分认识“法律以保证人权为目的”的本质属性。司法实践中尽管人权理念，理念的欠缺未必导致个案的不公正，但可能有碍于整体案件的质量，更有碍于法官人格魅力的发挥与升华，有碍于法官坚定自己的法律信仰，有碍于树立司法的权威。

其次，以司法的独立性保障司法职业道德的完整性。司法的独立体现在两个方面：第一为司法权的独立、中痒痒和超然，司法权的相对独立是现代社会发展与司法进步的趋势。司法权必须与行政权分立，司法不能作为专政的工具，法官要变成中痒痒的裁判者。只有司法权的独立才能建立完整意义上的司法职业道德，使公正、中痒痒等道德规范具有真正的依托，第二要司法系统的人权和财权的独立。现实中不可否认制度设计的缺陷导致法官缺乏“自主性”，从而造成法官“唯命是从的品质”。试想，一个承受时有可能因为未取悦于人财管理花官而会丢掉自己饭碗的人，如何会对法律云负。这种现实必然导致一个结果“法官晋升的关键不是取决于自己的智慧、能力、业绩，而是所谓的“关系”，故，我们应建立司法系统自主的财政供应制度和人事进出任免制度，使司法者享有与其知识、能力、道德相对应的财富、地位、荣誉，从而使司法职业道德建设具有完整的精神与物质的保障。

再次，建立相应的教育与监督制度，教育制度包括两个方面的内容，第一为司法偷道德教育，当代西方诸多国家都把司法偷道德教育列为法学院学生的必修课，这有助于学生在成为法官之前就对司法偷首先有良好的理解与信仰。可是，我国的法学院却大多数未开设此类课程，更谈不上对任职的法官进行在案司法偷道德的再教育。今后，我国的法学教育务需弥补这一缺陷。第二，强调成为一个法官之前必须具备相应的业务素质和司法教育及实践经历，建议进入司法系统的人员第一学历务须在大学本科以上，且，不论学历高低，一律从基层法官做起，规定工作年限，具备一定的实践经验后方可调为上级法院的法官。同时，建议逐步落实从优秀律师中任命法官的制度，监督制度的实质是落实，除法院内部的监督，诉讼制度的监督及权力机关的监督，尚须建立社会上的学论、群众、新闻监督。并建议成立各级法官协会，专司法偷道德评价与惩戒的职责，作为法官晋升中一个必不可少的重要的参考因素。

（本文发表于 2006 年第 5 期《山西审判》，其时，作者为阳泉市郊区法院刑事审判庭长，现为该院副院长）

阳泉市郊区人民法院全体干警

◀ 2008 年 1 月 10 日，郊区法院举行阳光广场购房案执行款返还仪式，108 户申请执行人拿到了执行款。

▶ 人民群众向郊区法院院长冯晋明赠送锦旗：为民作主 心系百姓。

◀ 2008 年 4 月 21 日，郊区人民法院举行审判法庭综合大楼改扩建落成暨执行局挂牌仪式。

▶　2012 年 4 月 19 日，郊区法院隆重举行审判法庭大楼迁建项目开工奠基仪式。右四为郊区法院院长冯晋明。

◀　2014 年 5 月 6 日，郊区法院院长冯晋明（左）带领法院全体干警深入郊区李家庄乡汉河沟村进行调研。

▶　2013 年 5 月 20 日，郊区法院冯晋明院长（左）和办案人员亲自把 1.5 万元司法救助金送到郊区荫营镇三泉村的高某家。

后　记

《阳泉郊区法院志》在阳泉市郊区人民法院党组关怀支持下，在院志编纂委员会直接领导下，经过编纂人员的辛勤工作，经郊区人民法院党组反复评审，历经多次修改，终于顺利完成了。山西省高级人民法院党组书记、院长左世忠在百忙之中为本志题词、作序。阳泉中院党组书记、院长陈明华为本志题词。山西银桥文化传媒有限公司主持了本志的编写。阳泉市郊区档案局、郊区档案馆，为本志的编撰工作提供了大量的第一手资料。法制文学作家闫建生担纲本志的总纂工作。郊区法院政治处、办公室、监察室及各庭、室（局、队），均为本志的编撰工作提供了帮助，并积极参与了本志的编写。

《阳泉郊区法院志》的编纂出版，受到了方志出版社领导和编辑同志的热情指导。借此机会，谨向为本志书提供资料、提出意见、提供方便的单位和个人，为指导志书编写出版的阳泉市郊区地方志办公室及方志出版社领导及参加评审的专家学者，向所有关心、支持、参与本志编纂工作的同志，表示衷心感谢。

由于本志涉及面广，时间跨度长，建院初期和某些重要时期的历史资料严重匮缺，加之编纂人员水平所限，志书一定存在许多疏漏和不足，不妥之处诚望海涵，敬请批评指正。

2016 年 1 月